HERVÉ RYSSEN

PSICOANALISI DEL
GIUDAISMO

OMNIA VERITAS.

Hervé Ryssen

Hervé Ryssen (Francia) è uno storico e un ricercatore esaustivo del mondo intellettuale ebraico. È autore di dodici libri e di diversi documentari video sulla questione ebraica. Nel 2005 ha pubblicato *Planetary Hopes*, un libro in cui dimostra le origini religiose del progetto globalista. *Psychoanalysis of Judaism*, pubblicato nel 2006, mostra come l'ebraismo intellettuale presenti tutti i sintomi della patologia isterica. Non si tratta di una "scelta divina", ma della manifestazione di un disturbo che ha origine nella pratica dell'incesto. Freud aveva pazientemente studiato la questione sulla base di quanto osservato nella sua comunità.

La Francia ospita una delle più grandi comunità ebraiche della diaspora, con una vita culturale e intellettuale molto intensa. Hervé Ryssen ha potuto sviluppare il suo ampio lavoro sulla base di numerose fonti storiche e contemporanee, sia internazionali che francesi.

Psicoanalisi del giudaismo

Psychanalyse du Judaïsme, Levallois-Perret, Baskerville, 2006.

Tradotto e pubblicato da
Omnia Veritas Limited

⊘MNIA VERITAS.

www.omnia-veritas.com

PARTE PRIMA

MESSIANISMO EBRAICO

Ebraismo[1] non è solo una religione. È anche un progetto politico

---

[1] Il termine "ebraismo", che designa la religione degli ebrei, pur comprendendo anche aspetti etnici e culturali, merita una precisazione preliminare. Secondo il rabbino Adolph Moses, "tra tutte le disgrazie che si sono verificate, quella le cui conseguenze sono state più deplorevoli è stata l'invenzione della parola "ebraismo". (...) Peggio ancora, gli stessi ebrei arrivarono a designare la loro religione con il nome di "giudaismo", (...) mentre né nella Bibbia, né negli scritti successivi, né nel Talmud, c'è una sola menzione di questo termine (...) Fu Flavio Giuseppe a coniare il termine "giudaismo" per istruire i greci e i romani su questa questione, e per distinguere questa religione dall'ellenismo (...).…) Così il termine "giudaismo", coniato da Flavio Giuseppe, rimase completamente sconosciuto agli ebrei, (...) e non fu usato da loro fino a un periodo relativamente recente, dopo che gli ebrei iniziarono a leggere le opere cristiane. Per questo motivo, iniziarono anche a chiamare la loro religione Giudaismo." (in Adolph Moses, *Yahvismo e altri discorsi*, 1903). Infatti, nell'*Encyclopaedia Universalis* si legge, nell'articolo sui Farisei, quanto segue: "Il farisaismo è un grande movimento che, per molti secoli e fino a poco tempo fa, ha assicurato la permanenza di un giudaismo senza Tempio e di una religione senza Stato. I Farisei rimasero soli sulla scena ebraica e, non avendo più motivo di chiamarsi Farisei, poiché l'etichetta rifletteva una distinzione non più rilevante (essendo scomparsi i rappresentanti delle altre tre sette [Sadducei, Esseni e Zeloti]), divennero e rimasero semplicemente: "i Giudei" (...) Così, sotto il nome di Farisei, divennero e rimasero i Giudei (...).…) Così, sotto il nome di giudaismo, il farisaismo divenne una vera e propria religione: parallelamente al cristianesimo, divenne rabbinico e poi talmudico. "
La dottrina dei farisei era la più ortodossa e accettava tutti i libri della Torah come ispirati da Dio. I farisei promuovevano la religione della sinagoga e davano grande importanza alla tradizione orale (la grande maggioranza degli scribi era farisea). Solo i farisei credevano nella legge orale. È una cosa molto importante da tenere a mente.
L'eminente rabbino americano Louis Finkelstein avrebbe scritto: "Il farisaismo è diventato talmudismo, il talmudismo è diventato rabbinismo medievale e il rabbinismo medievale è diventato rabbinismo moderno. Ma attraverso tutti questi cambiamenti di nome (...), lo spirito degli antichi farisei rimase lo stesso (...) Dalla Palestina a Babilonia, da Babilonia al Nord Africa, poi in Italia, Spagna, Francia e Germania, e quindi in Polonia, Russia e tutta l'Europa orientale, l'antico farisaismo continuò il suo viaggio, (...) dimostrando la sua importanza come una delle grandi religioni del mondo. " (in Louis Finkelstein, *The Pharisees: The Sociological Background of Their Faith*, 1962). Va inoltre sottolineato che i rabbini non sono sacerdoti, ma i leader che riuniscono la comunità ebraica nelle sinagoghe. I sacerdoti della religione ebraica

basato su un'idea principale: la scomparsa delle frontiere, l'unificazione della terra e la creazione di un mondo di "pace". Per gli ebrei religiosi, questa aspirazione a un mondo pacificato, unificato e globalizzato si confonde con la febbrile speranza della venuta di un Messia che attendono da tremila anni. Egli verrà a restaurare il "regno di Davide". Per gli ebrei non credenti, questo messianismo ha assunto la forma di un attivismo politico secolarizzato a favore di tutte le utopie del globalismo.

Ecco perché tanti ebrei si sono impegnati nell'avventura comunista per tutto il XX secolo con un entusiasmo e un abbandono così particolari. Ma già prima della caduta del sistema sovietico, molti si erano resi conto che la democrazia liberale era molto più efficace nel cancellare i confini e dissolvere le identità nazionali. Si tratta di lavorare instancabilmente per la creazione dell'Impero globale, che deve essere anche l'Impero della Pace. Questa è la "missione" del popolo ebraico.

Per secoli, questa speranza ha alimentato e plasmato lo spirito degli ebrei di tutto il mondo, isolati tra gli altri popoli e incoraggiando fortemente questo isolamento come se ci fosse una futura vendetta da compiere sul resto dell'umanità. Questo spirito di rivalsa si manifesta in numerosi testi della letteratura cosmopolita. È uno dei tratti caratteristici dell'ebraismo. Lo studio della produzione religiosa, filosofica, letteraria e cinematografica permette infatti di rivelare ed esporre le idee predominanti dell'ebraismo in generale, in particolare della personalità intellettuale ebraica. Osserviamo poi una sorprendente omogeneità di pensiero tra gli ebrei ai quattro angoli del mondo, siano essi credenti o atei. Sembrano essersi formati tutti alla stessa scuola, parlando ed esprimendosi in lingue diverse solo per diffondere le stesse idee, le stesse emozioni, gli stessi paradossi, la stessa speranza messianica, la stessa fede nella vittoria finale.

---

scomparvero con la distruzione del Tempio di Gerusalemme, nell'anno 70.

1. Propaganda planetaria

Il popolo ebraico è il popolo militante per eccellenza. Sono un popolo di propagandisti, un popolo di "sacerdoti" che hanno un messaggio da trasmettere al resto dell'umanità e una "missione" da compiere. Ma a differenza del cristianesimo o dell'islam, gli ebrei non cercano di convertire gli altri all'ebraismo, ma di farli rinunciare alla loro religione, alla loro razza, alla loro identità, alla loro famiglia e a tutte le loro tradizioni in nome dell'"umanità" e dei "diritti umani". L'impero globale, infatti, può sorgere solo sui resti delle grandi civiltà, con la polvere umana prodotta dalle società democratiche e dal sistema mercantile capitalista.

Un mondo finalmente unificato

L'idea di un mondo senza confini è una prospettiva che da tempo entusiasma i giovani occidentali. Ma se nel XX secolo questo ideale era sposato principalmente dal marxismo militante, oggi sembra aver trovato la sua vera realizzazione attraverso il trionfo dell'ideologia liberale e della democrazia plurale. Il crollo del blocco sovietico è stata l'occasione per raddoppiare gli sforzi in questa direzione. Si sperava che la fine del mondo bipolare e il trionfo della democrazia avrebbero portato a un mondo di pace e alla "fine della storia", come pensavano un po' ingenuamente alcuni filosofi. I principali rappresentanti di questa corrente di pensiero cosmopolita sono, tra l'altro, spesso ex marxisti. Edgar Morin, ad esempio, è un sociologo francese della seconda metà del XX secolo che incarna perfettamente lo spirito "planetario". È autore di numerose opere e articoli di stampa che da anni invariabilmente propugnano una "confederazione planetaria" e l'unificazione del mondo. In un libro intitolato *Un nuovo inizio*, pubblicato nel 1991, ricordava al lettore che il processo di unificazione dell'umanità era piuttosto recente, avendo iniziato a concretizzarsi nel XVI secolo con la scoperta delle Americhe: "Cristoforo Colombo aveva portato l'umanità nell'era planetaria. "In questo senso, Morin ha affermato quanto segue: "Siamo ancora nell'età del ferro dell'era planetaria", nella "preistoria dello spirito umano... Non ci siamo separati dai primati, siamo diventati superprimati[2]."

È un'idea che Edgar Morin riprende sistematicamente in tutti i suoi libri. Così, a *Terre-Patrie*, nel 1993, ha ribadito le sue convinzioni cosmopolite. Il nostro compito, ha detto, è quello di "riformare la civiltà occidentale", di "federare la Terra" per "realizzare l'era della cittadinanza planetaria[3]." Dobbiamo "considerare la cittadinanza planetaria, che darebbe e garantirebbe i diritti terrestri a tutti". "È, secondo lui, l'unico modo per "uscire da questa età del ferro planetaria".

La "coscienza planetaria" deve essere innanzitutto antropologica: tutti gli esseri umani sono fratelli e sorelle. Ma deve essere anche ecologico, e persino cosmico, perché, dopo tutto, siamo solo Umani sperduti nell'universo: "La nostra Terra è già solo un minuscolo pianeta sperduto in un cosmo gigantesco dove proliferano miliardi di stelle e galassie. È un piccolo pianeta caldo in uno spazio infinito dove regna un freddo glaciale[4]."

Presentata in questo modo, capiremo che la solidarietà umana si impone, al di là di ogni divergenza. Notiamo anche che questa visione intergalattica della vita sulla Terra è anche la trama di molti film catastrofici e futuristici prodotti da Hollywood. In questa ricerca dell'universale, la lotta per il rispetto dell'ambiente è oggi un motivo essenziale di mobilitazione, tanto più che l'inquinamento di ogni tipo minaccia il nostro pianeta: "La minaccia ecologica ignora le frontiere nazionali", scrive Morin. Una minaccia su scala planetaria incombe sull'umanità. Dobbiamo quindi "pensare a tutto in una prospettiva planetaria".

Per costringere i popoli a fondersi in una nazione comune, l'intellettuale cosmopolita sembra prendere in ostaggio la Terra sotto la minaccia di un catastrofismo apocalittico: "Civilizzare la Terra, trasformare la specie umana in umanità, diventa l'obiettivo fondamentale e globale di ogni politica che aspiri non solo al progresso ma anche alla sopravvivenza dell'umanità[5]. "Avete capito: è in gioco la nostra vita, è in gioco la nostra sopravvivenza.

Le nazioni devono quindi essere distrutte al più presto, le frontiere abolite, le vecchie civiltà trasformate in polvere umana con cui plasmare finalmente un mondo unificato e realizzare la "confederazione mondiale", condizione della nostra salvezza: "Gli Stati nazionali sono

---

[2] Edgar Morin, *Un nouveau commencement*, Seuil, 1991, p. 192, 23, 186.
[3] Edgar Morin e Anne Brigitte Kern, *Tierra-Patria*, Editorial Kairós, 2005, Barcellona, pagg. 136, 143.
[4] Edgar Morin, *Un nouveau commencement*, Seuil, 1991, p. 19, 21.
[5] *Le Monde*, 21 aprile 1993

di per sé mostri paranoici incontrollabili... L'ideale da annunciare al mondo non è più l'indipendenza delle nazioni, ma la confederazione delle nazioni. "E non c'è motivo di limitare questi grandiosi progetti alla piccola Europa: "l'idea confederale è un'idea non solo valida per l'Europa, ma di portata universale."

"Questo è il nuovo futuro, incerto e fragile, che dobbiamo coltivare. Non abbiamo la Terra Promessa, ma abbiamo un'aspirazione, un desiderio, un mito, un sogno: realizzare la patria[6]." È verso un mondo di pace che il filosofo vuole condurci, perché questo mondo unificato e pacificato sarà finalmente la Terra Promessa.

Anche il pensiero di Jacques Attali è totalmente impregnato di idee cosmopolite. Nel suo libro del 2003, *L'uomo nomade,* ha anche profetizzato il mondo di domani con una visione molto personale: "Dopo molti disordini, persino terribili disastri, il pianeta diventerà un'unica entità, senza confini; le persone saranno sia sedentarie che nomadi, godendo di diritti e assumendo nuovi tipi di doveri: una democrazia universale al servizio di un "bene comune" dell'umanità. "In questo Nuovo Ordine Mondiale, gli "*ipernomadi* (artisti, titolari di un bene nomade, di un brevetto o di un know-how)" formeranno una *iperclasse* di decine di milioni di persone. " Essi costituiranno "la rete che governa il mondo alla ricerca di nuove conquiste e colonie da popolare nello spazio reale e virtuale[7]."

Per farci accettare l'idea del futuro dominio dei nomadi, Jacques Attali ha riscritto la storia dell'umanità da un punto di vista cosmopolita: "Il sedentarismo è solo una breve parentesi nella storia dell'umanità. Per gran parte della sua avventura, l'uomo è stato plasmato dal nomadismo e ora sta tornando a essere un viaggiatore. "In questo nuovo mondo, rivisto da Jacques Attali, le identità tradizionali non servono più. Non ci sono più bretoni, fiamminghi o francesi che contino:

"Il transumano avrà il diritto di appartenere a più tribù contemporaneamente, obbedendo, a seconda del luogo in cui si trova, a diverse regole di affiliazione, a molteplici riti di passaggio, a varie forme di cortesia e codici di ospitalità". Dovrà fare i conti con le sue molteplici affiliazioni, onestamente...La poliandria e la poligamia vi permetteranno di condividere con altri, temporaneamente o permanentemente, un tetto, dei beni, dei progetti, un partner, senza desiderare di avere o crescere dei figli, o di portare lo stesso nome, o di mantenere relazioni sentimentali o sessuali, riscoprendo così le varie

---

[6]Edgar Morin, *Un nouveau commencement,* Seuil, 1991, p, p. 190, 204-206, 9
[7]Jacques Attali, *L'Homme nomade,* Fayard, 2003, Livre de Poche, p. 451, 32

pratiche di alcuni popoli nomadi come i Nuer dell'Africa, dove le donne senza figli si sposano tra loro e mettono in comune i loro beni, mentre altri conciliano la poligamia e la poliandria con la stessa tolleranza. Potrà mescolare culture, fedi, dottrine, religioni, prendere a piacimento elementi dall'una o dall'altra senza essere obbligato ad aderire a una Chiesa o a un partito incaricato di pensare per lui[8]."

Infatti, nel mondo futuro descritto dal profeta Attali, la vecchia civiltà europea sarà definitivamente scomparsa, sostituita dal modello nomade africano considerato nettamente superiore. La globalizzazione democratica "non riguarderà solo la tecnologia, ma anche la reinvenzione di nuovi modi di vita, ispirati a quelli dei popoli originari". Ciò richiederà un ripensamento delle culture e dell'organizzazione del lavoro nelle città e nella politica; l'invenzione di un governo del pianeta; una democrazia transumana.... Si intravede allora, al di là di immensi disordini, una promettente miscellanea planetaria, una Terra ospitale per tutti i viaggiatori della vita."

In questa nuova organizzazione, "il governo del pianeta sarà - utopia finale - organizzato attorno a un insieme di agenti e reti dipendenti da un Parlamento planetario" e sarà "al servizio del Bene Comune". Sarà il tempo benedetto "di un pianeta sereno e unito". Jacques Attali conclude il suo libro con queste parole: "I viaggiatori della vita emergeranno allora come promessa di una Terra finalmente accogliente per tutti gli esseri umani. "All'inizio del suo libro, scrive: "Il nomade finirà per avere un solo sogno: fermarsi, stabilirsi, prendersi il suo tempo; fare del mondo una terra promessa[9]."

Al di là della poesia che sostiene il discorso della loro visione del mondo, possiamo osservare una certa somiglianza di vocabolario nei due filosofi. Tra "Fatherland" di Edgar Morin e "Promised Land" di Jacques Attali, si potrebbe quasi pensare che attraverso questi libri profani rivolti al grande pubblico si proponga un'interpretazione laica delle antiche profezie ebraiche.

Il disprezzo per le culture radicate

La promessa di un mondo unificato non è priva di denunce virulente da parte degli intellettuali cosmopoliti delle società tradizionali. Il disprezzo per la "Francia profonda" e le tradizioni locali era già stato espresso in modo offensivo dal filosofo Bernard-Henri

---

[8]Jacques Attali, *L'Homme nomade*, Fayard, 2003, Livre de Poche, p. 451, 32
[9]Jacques Attali, *L'Homme nomade*, Fayard, 2003, Livre de Poche, p. 35, 471, 472, 34

Levy, molto favorevole ai media, nel suo libro del 1981 *La ideologie française*[10]. François Mitterrand e i socialisti stavano salendo al potere in Francia e si poteva sognare un mondo migliore. Nel bel mezzo di queste speranze liberatorie, un altro autore cosmopolita, Guy Konopnicki, stava a sua volta facendo a pezzi i vecchi valori tradizionali e i pregiudizi di quei francesi ancora troppo "timorosi" di fronte alla modernità. Nel 1983, in un libro intitolato *Il luogo della nazione*, cercò di liberare il Paese da tutto ciò che di esasperante poteva ancora avere: "Il culto della terra, l'estasi di fronte alle virtù contadine, la filosofia spontanea, il buon senso popolare e tutte le antichità reazionarie".

E per screditare ulteriormente questa aborrita Francia profonda, Konopnicki la equiparava a un regime politico su cui erano già stati versati cumuli di rifiuti dalla fine della guerra e che era stato chiaramente rimproverato da tutti: "Quell'immagine è dovuta a Vichy e rimane la sua caratteristica dominante[11]. "Così, Marcel Pagnol[12] simboleggia per Konopnicki tutto ciò che la natura impoverita della Francia può produrre di più radicato: "*La Fille du puisatier* ha ripulito l'anima nazionale dalle macchie inflitte dal cosmopolitismo degli intellettuali parigini", ha scritto. Certo, un film di Pagnol come *Regain*, ad esempio, farebbe rabbrividire gli intellettuali di oggi per la sua bellezza e per la direzione artistica che ha preso, controcorrente rispetto ai valori di sradicamento e nomadismo. Questa cultura eccessivamente francese non può che suscitare disprezzo: "Il Paese aveva perso una battaglia, ma aveva ancora Tino Rossi e Marcel Pagnol. "E dobbiamo riconoscere, concordando con Konopnicki, che "non c'è mai stato un cinema più francese di quello prodotto durante l'occupazione tedesca".

Dopo la clamorosa sconfitta del 1940, la Francia cercava infatti di leccarsi le ferite e di riprendersi attingendo alla sua storia, alla sua cultura e ai suoi valori nazionali. Certo, vent'anni dopo il massacro della Prima guerra mondiale, i francesi avevano lanciato con riluttanza una nuova guerra in nome della "democrazia" e dei "diritti umani", e non avevano mostrato l'ardore bellicoso che gli intellettuali si aspettavano da loro per combattere il regime hitleriano. Per Guy

---

[10]Si legga in Hervé Ryssen, *Speranze planetarie,* 2022, p. 97.

[11]Guy Konopnicki, *La Place de la nation*, Olivier Orban, 1983, p. 112, 60, 62. Il regime di Vichy era il regime collaborazionista del maresciallo Petain istituito dopo la sconfitta della Francia nel giugno 1940.

[12]Marcel Pagnol, romanziere e regista francese la cui opera è stata caratterizzata da una visione popolare e realistica del mondo e dall'attenzione per i temi regionali. È considerato un precursore del neorealismo italiano.

Konopnicki questo atteggiamento era difficile da perdonare. Non capiva la mancanza di combattività dei Galli e criticava la loro mancanza di spirito di sacrificio: "Quanti ufficiali si sono dimessi? Quanti ufficiali si sono suicidati piuttosto che essere fatti prigionieri? Tutti quei professionisti francesi rimasero al loro posto[13]. "Dobbiamo comprendere il disgusto e l'indignazione di Guy Konopnicki per la codardia di coloro che si sono rifiutati di morire per i "diritti umani".

Questa bassezza francese non ha mai smesso di manifestarsi nella realtà. Negli anni Cinquanta, questa Francia "stentata" continua a trascinare il Paese con la sua inerzia, incarnata dalla figura paterna di Antoine Pinay. Pinay, scrive Konopnicki senza nascondere il suo disprezzo, era un uomo "molto popolare in quella Francia profonda che fa scorte di patate al minimo sciopero e che si vanta di non investire più nell'industria da quando la crisi di Suez e i prestiti alle ferrovie russe sono stati giocati."

Il piccolo risparmiatore francese è indubbiamente esasperante, con la sua mania di risparmiare per la vecchiaia e la sua istintiva diffidenza verso i truffatori della finanza. "La tradizione dell'anticapitalismo di destra, una tradizione molto francese", che traeva i suoi riferimenti da autori antisemiti come Edouard Drumont, non poteva soddisfare il nostro intellettuale, che ha sottolineato: "È una tradizione fondamentalmente ipocrita, perché con il pretesto di preferire i valori nobili della terra e della pietra, fa sì che il denaro si rifugi in titoli e immobili. In Francia non si investe, si nasconde il denaro. Non si gioca d'azzardo con il denaro. È sepolta, nascosta in pile di lenzuola e materassi. E quando il gallo viene battuto, rimane il piccolo scoiattolo delle casse di risparmio[14]."

È vero che dopo i continui scandali finanziari e le innumerevoli truffe che hanno costellato la storia della Terza Repubblica, i piccoli risparmiatori ingannati tendevano a guardare con sospetto agli investimenti finanziari. Possiamo quindi comprendere il dolore di Konopnicki, che avrebbe ovviamente preferito che il bottino fosse consegnato agli speculatori internazionali.

Questa meschinità molto francese è continuata naturalmente fino alla Quinta Repubblica, la cui costituzione e prassi hanno seguito la stessa logica: "Ombrello istituzionale di una costituzione presidenziale, ombrello economico delle riserve auree della Banca di Francia, senza

---

[13]Guy Konopnicki, *La Place de la nation*, Olivier Orban, 1983, p. 55, 56.
[14]Guy Konopnicki, *La Place de la nation*, Olivier Orban, 1983, p. 77, 173 [Lo scoiattolo è l'effigie di una nota cassa di risparmio francese (La Caisse d'Epargne)].

dimenticare, naturalmente, il nostro piccolo "cetriolo" nucleare[15]."
Questo modo di rafforzare lo Stato protettore è costitutivo dello spirito
francese. "Questo modo di rafforzare lo Stato protettore è costitutivo
dello spirito francese: "Lo Stato investe in oro, i francesi in pietra e
terra... Così la Francia si libera nuovamente dal gusto del rischio
industriale, culturale e politico. "Questa pusillanimità non può che
ispirare il massimo disprezzo del nostro intellettuale: "Sotto le piume
del gallo, il gollismo vedeva una gallina... L'Esagono[16] era diventato un
giardino alla francese: nessuna sorpresa nei nostri viali, nessun
disordine nei nostri prati. "Certamente, i giardini di Luigi XIV -
bellezza, sobrietà e armonia - sono l'esatto opposto di ciò che può
produrre lo spirito cosmopolita di un Konopnicki.

Ma il disprezzo dell'intellettuale non era solo per la Francia
"reazionaria", aggrappata alle sue vecchie virtù contadine e "piccolo-
borghesi". Era anche contro una parte della cultura di sinistra
rappresentata dal Partito Comunista, che diffondeva ancora concetti
troppo impregnati dell'idea di terroir: il PCF, diceva, "sostenuto dal
corporativismo", non fa che avvolgere le sue posizioni reazionarie in un
discorso plebeo. A lui dobbiamo la paternità dello slogan "Facciamo il
francese".

Una parte della sinistra francese coincideva quindi con la destra
nella sua venerazione dei valori nazionali. Per Konopnicki, era proprio
questo attaccamento all'identità che spiegava perché i francesi fossero
ancora in qualche modo impregnati del fetore dei loro antenati
contadini: "Come stupirsi, allora, che l'immaginazione e la novità
abbiano così poco spazio in questo paese? Da tempo due forze si sono
unite per emarginare tutti coloro che, dai vecchi mendisti[17] agli ebrei
tedeschi del maggio '68, hanno cercato di guardare oltre un orizzonte
chiuso su sei lati. Il gollismo e lo stalinismo sono le due ganasce che
stringono la Francia, i due pilastri del conformismo francese. I due
convergono nel vietare l'audacia; coincidono nel timore suscitato in
loro da tutte le filosofie che non esalano il terroir."

Ma se Konopnicki ci onora tutti vivendo in Francia, nonostante
tutto ciò che lo infastidisce, è perché alcune cose gli piacciono:
"Sarebbe davvero ingiusto passare sopra il panorama ideologico senza

---

[15]Alain Minc usa lo stesso linguaggio quando parla di una "Francia che si nasconde
dietro la sua capacità nucleare". (*La Grande illusion*, Grasset, 1989, p. 255).
[16]La geografia della Francia forma un esagono. La Francia viene spesso definita un
esagono.
[17]Sostenitori di Pierre Mendès-France, ex primo ministro della Quarta Repubblica
francese.

menzionare l'esistenza di boccate d'aria fresca come *Libé* o il *Canard* che rendono la Francia ancora sopportabile[18]. "Siamo felici di potergli dare almeno questa soddisfazione.

L'intellettuale era naturalmente soddisfatto dell'immigrazione di massa che ha profondamente trasformato la popolazione francese negli ultimi decenni. Ecco come ha celebrato questa "mutazione irreversibile": "Nei sobborghi delle grandi città, le generazioni sono cresciute insieme, hanno frequentato le stesse scuole e vibrato al suono degli stessi ritmi. Che piaccia o no, la miscegenazione è lì, irrimediabile, definitiva... La vecchia repubblica è morta."

Secondo lui, infatti, il "popolo francese" non corrisponde più a nulla: "L'espressione è ridicola o repellente. Nessuno parla più così, se non nei tribunali per condannare in nome di...; il popolo francese non ha più alcuna coerenza interna, se mai l'ha avuta, è unito solo dal caso geografico e dalla tutela amministrativa e politica. "Quindi è tutto finito.

"Per fortuna i reazionari sono arrivati troppo tardi: la Francia tradizionale di cui parlano non è minacciata, è morta e sepolta."

La propaganda cosmopolita ha superato in pochi decenni la diffidenza e le ansie di quei piccoli e spregevoli bersagli: missione compiuta, vittoria!

"Il capitalismo non sarà mai ringraziato abbastanza per aver sradicato i contadini dalla loro terra per portarli in città. È lì che avviene la mescolanza delle popolazioni, che avviene lo scambio delle cose più preziose, più essenziali di tutte quelle vecchie capanne rurali: cinema, teatri, luoghi di intrattenimento costretti a rinnovarsi costantemente sotto la pressione delle leggi più culturali possibili come quelle del mercato e della concorrenza[19]."

Tutti i francesi possono oggi godere degli spettacoli offerti dal cinema cosmopolita di Hollywood e dalle mostre d'arte moderna. Questa è la vera cultura. Tuttavia, Konopnicki non nasconde che esistono culture superiori e altre decisamente inferiori: "Anche la più scadente delle repliche di Broadway supererà sempre il pietoso spettacolo delle danze popolari con i souk."

Si potrebbe obiettare che i popoli africani, le tribù del Maghreb, gli indios dell'Amazzonia o i popoli asiatici potrebbero sentirsi offesi da queste parole. Ma sembra che Guy Konopnicki disprezzi solo le culture

---

[18]Guy Konopnicki, *La Place de la nation*, Olivier Orban, 1983, p. 79, 87, 115. [*Libération*, giornale di sinistra progressista e *Le Canard enchaîné*, giornale satirico e d'inchiesta].

[19]Guy Konopnicki, *La Place de la nation*, Olivier Orban, 1983, p. 114, 122, 123, 113

europee, stando a questo passaggio che scrisse dopo aver assistito a un "festival delle repubbliche sovietiche" durante un viaggio in URSS: "Non ho mai visto nulla di così imbarazzante come quelle danze popolari che sembrano tutte uguali, con quelle trecce da villaggio, le sciarpe e i souk[20]."

Possiamo supporre che Guy Konopnicki abbia nostalgia del tempo dei bolscevichi, prima della guerra, quando numerosi ebrei avevano preso il controllo completo dell'apparato statale, ridicolizzato le tradizioni russe, arrestato centinaia di migliaia di persone, massacrato milioni di cristiani e distrutto chiese e tutto ciò che poteva ricordare la vecchia Russia[21]. Konopnicki ha riconosciuto: "In quegli anni folli non si è prestata molta attenzione al folklore delle repubbliche sovietiche. "Ma, come i suoi colleghi, preferì rimanere discreto su quel tragico periodo prebellico. Per lui, come per tutti gli intellettuali planetari, il grande, l'unico responsabile di quegli abomini non era altro che Stalin, sul quale si preferisce gettare tutto il peso dell'ignominia[22].

In definitiva, secondo Konopnicki, tutto ciò che non è cosmopolita deve essere scartato. Solo "il grande incrocio di culture, che prefigura e accompagna l'incrocio generale dell'umanità", può trionfare sulle resistenze e aprire la strada a quel mondo di Pace annunciato dai profeti. "Qualcosa sta apparendo, qualcosa che ci supera e ci sfugge[23]", scriveva enigmaticamente.

Intellettuali ebrei e immigrazione

L'apologia dell'immigrazione è una costante del discorso planetario. Il saggista liberale Alain Minc, molto pubblicizzato, ci ha dato un buon esempio di questo desiderio implacabile di imporre l'idea di una società plurale nelle menti delle persone. In un libro intitolato *La vendetta delle nazioni*, pubblicato nel 1990, si scaglia costantemente contro l'atteggiamento retrogrado dei francesi autoctoni, che non sembrano comprendere i vantaggi di questa evoluzione e si allarmano per quella che considerano un'invasione. Alain Minc ha così ristabilito la verità dei fatti:

"Gli immigrati non sono affatto più numerosi oggi di quanto non lo fossero quindici anni fa; rappresentano una parte più debole della

---

[20]Guy Konopnicki, *La Place de la nation*, Olivier Orban, 1983, pagg. 175, 176.
[21]Cfr. Aleksandr Solzhenitsyn, *Deux Siècles ensemble*, Fayard, 2003.
[22]Hervé Ryssen, *Speranze planetarie*, 2022, p. 268
[23]Guy Konopnicki, *La Place de la nation*, Olivier Orban, 1983, pagg. 185, 220, 114.

popolazione rispetto agli anni Trenta. Tuttavia, il problema ha raggiunto una dimensione inedita, come se i fatti si confondessero di fronte a una realtà più forte: un'angoscia collettiva sotto assedio."

In queste condizioni, l'avanzata dell'estrema destra in Francia alla fine del XX secolo è un fenomeno allarmante e incomprensibile. Questa anomalia "ci fa sembrare un popolo di pazzi" agli occhi del resto del mondo. La Francia, infatti, "ha inventato il problema dell'immigrazione... Quanto più i francesi sono impazziti per l'immigrazione, tanto meno capiscono la realtà del fenomeno". "Le paure e le "ansie della piccola, media e anche grande borghesia" sono in realtà del tutto ridicole: "Le fantasie e le fobie sono sempre alimentate dall'ignoranza collettiva: ma a questo punto, è stupefacente! Bisognerebbe quasi ribaltare la teoria del complotto tanto cara alla Le Pen e sostenere che l'ignoranza viene deliberatamente coltivata per far posto alla paura[24]."

Le analisi di Alain Minc possono essere sconcertanti se si guarda all'evoluzione della popolazione francese negli ultimi vent'anni. In realtà, si tratta di un discorso ideologico di "sensibilizzazione" piuttosto che di un'analisi sociale. Le parole di Minc lo dimostrano: La popolazione immigrata è in realtà "più piccola di quanto si sostiene"; "i numeri sono ancora inferiori a quanto l'agitazione politica potrebbe far credere". "Il numero di immigrati clandestini, ad esempio, "non deve essere superiore a quello del 1981". Per Alain Minc, l'immigrazione è una fortuna per la Francia, perché in realtà rappresenta "meno un problema per la popolazione che una scusa per il malessere della società francese... perché cresce debolmente e contribuisce, come fa da un secolo, alla rigenerazione della demografia francese". "Possiamo quindi concludere con Alain Minc che è proprio l'"ignoranza" ad "alimentare la xenofobia" e che non c'è alcuna "invasione" in atto, poiché questa esiste solo negli stupidi cervelli dei dottrinari di estrema destra.

Per l'intellettuale cosmopolita "la questione dell'immigrazione non si pone" perché esiste solo "il dramma dei ghetti come negli Stati Uniti". L'Islam radicale può essere un problema, ma Alain Minc ha proposto una soluzione che potrebbe lasciare perplessi: "La risposta più intelligente, ha scritto, sarebbe quella di accelerare la normalizzazione e non, attraverso un atteggiamento di rifiuto, spingere i musulmani a ripiegarsi su se stessi. Da qui una politica contraria a quella auspicata dagli xenofobi illuminati: più luoghi di culto, autorizzazioni speciali per

---

[24]Alain Minc, *La Vengeance des nations*, Grasset, 1990, p. 11, 21, 15, 154.

i musulmani simili a quelle per le feste ebraiche, organizzazione semplificata delle macellazioni rituali, previsione di spazi per i musulmani nei cimiteri[25]."

Con la stessa onestà e acuto senso di osservazione, Minc denuncia il "mito della soglia di tolleranza" e le tipiche fantasie francesi sull'insicurezza. Infatti, secondo le sue statistiche personali, "gli incidenti sono numerosi nel Var, con una bassa percentuale di immigrazione, e rari in Seine-Saint-Denis, dove l'immigrazione è massiccia".

Pensare che "l'immigrazione sia la causa principale dell'insicurezza" è davvero una convinzione sbagliata. Bisogna essere in malafede per dire queste cose. Sebbene gli immigrati rappresentino effettivamente "il 27% dei detenuti nelle carceri francesi, vale a dire quattro volte il loro peso demografico in Francia[26]... uno sguardo più attento, che tenga conto del tipo di reati, porta delle sfumature alla questione: da quando l'immigrazione è cessata nel 1974, i reati di soggiorno illegale si sono moltiplicati... Rappresentano il 20% della detenzione degli immigrati... e non corrispondono ad alcuna forma di insicurezza."

D'altra parte, "i fattori sociali e l'età attenuano la specificità degli immigrati rispetto all'insicurezza... Sarebbe quindi meglio ripristinare l'immigrazione nella sua giusta misura, piuttosto che alimentare le campagne xenofobe con repliche abusive"."

Gli immigrati, come capirete, sono in realtà le prime vittime della società francese: sono "disoccupati di lunga durata, emarginati, persone in situazioni di vulnerabilità, vittime di una serie di svantaggi che li lasciano ai margini", oltre a essere i "capri espiatori" del malessere francese.

Di fronte all'incomprensibile razzismo dei piccoli bianchi deboli di cuore, l'intellettuale cosmopolita si è posto alcune domande: "Come trattare la malattia psicologica dei francesi? "Quale psicoanalisi collettiva ci libererà da questa paranoia? Beh, ripetiamolo: "Non c'è un problema di immigrazione, ma solo la somma di alcune difficoltà locali intorno ai ghetti e di una paranoia collettiva... La Francia è paranoica. La Francia è paranoica, deve guarire e le sue élite devono fare il loro dovere. "Deve quindi "lottare contro il delirio xenofobo", "svolgere un'instancabile opera di informazione sulle cifre, sulla realtà dell'immigrazione e sulla natura dei fenomeni di esclusione sociale di

---

[25]Alain Minc, *La Vengeance des nations*, Grasset, 1990, pagg. 155-160, 166, 171-174.
[26]I dati del 2005 erano più vicini al 70%.

cui gli immigrati sono le sfortunate vittime[27]."

Il liberale Alain Minc ha infine proposto una soluzione molto concreta, che consiste nel copiare il modello americano di "discriminazione positiva", noto anche come "preferenza per gli stranieri": "Un'integrazione riuscita richiede che ci si allontani dal modello egualitario francese, riconoscendo gli svantaggi specifici degli immigrati. "Si tratta quindi di "rompere con la nostra rigidità mentale", e di "applicare metodi non egualitari", prendendo esempio dagli Stati Uniti, dove si applicano quote che "riservano un certo numero di posti alle minoranze nelle università e nell'amministrazione[28]."

Infine, Alain Minc ci ha avvertito con tatto che l'immigrazione sarebbe aumentata comunque. È "una prospettiva inevitabile", ha detto con una certa malcelata soddisfazione: "L'immigrazione aumenterà: è meglio prepararsi a questo piuttosto che lasciare che i francesi fantastichino su una situazione attuale che è molto meno critica di quanto pensino[29]. "Il modo migliore per prepararsi è senza dubbio leggere i libri di Alain Minc.

A differenza di Alain Minc, Guy Konopnicki è un giornalista di sinistra. Tuttavia, c'è una certa convergenza di vedute tra questi due intellettuali cosmopoliti, perché anche Konopnicki difende l'idea di una società multirazziale e denuncia il mito dell'immigrazione come causa di insicurezza:

"C'è sicuramente un aumento impressionante del numero di reati", ha scritto, ma le statistiche includono i reati finanziari, compresi i due sport nazionali della frode fiscale e i reati legali che riguardano gli assegni bancari. L'aumento delle aggressioni è apprezzabile, ma in proporzioni molto più ridotte di quanto si potesse temere in un Paese che sta battendo tutti i record storici di disoccupazione. Nessuno ha ancora dimostrato con dati concreti che la percentuale di immigrati sia un fattore determinante nell'aumento della criminalità. Il criminale immigrato, facilmente identificabile, è più vulnerabile alla repressione; è più facilmente dichiarato contro e più duramente condannato."

In realtà, scrive Konopnicki, "la principale categoria sociale criminogena non è quella che pensiamo: il vivaio più prolifico di criminali è riconoscibile dall'abbigliamento mimetico che vi si indossa. Si chiama esercito francese. La percentuale di criminali è massima tra gli ex volontari algerini e indocinesi. Sono pochissimi i delinquenti e gli assassini che non hanno combattuto nelle risaie e nei djebel. Dalla

---

[27]Alain Minc, *La vendetta delle nazioni*, Grasset, 1990, pagg. 176-179, 207, 208.

[28]Alain Minc, *La vendetta delle nazioni*, Grasset, 1990, p. 206, 194, 195.

[29]Alain Minc, *La vendetta delle nazioni*, Grasset, 1990, p. 11, 158.

fine delle guerre coloniali, la curva dell'aggressività è aumentata. Si potrebbero citare anche altri gruppi altamente criminogeni come la polizia, la gendarmeria o le milizie private. Quanti ex poliziotti abbiamo visto seduti in tribunale! Ma di questo[30] si parla poco."

Per completare il quadro, Konopnicki avrebbe potuto parlare dei crimini finanziari e delle truffe di ogni tipo in cui i suoi compagni hanno primeggiato per secoli[31].

Come si vede, il discorso dell'intellettuale cosmopolita non corrisponde tanto alla realtà quanto a una visione del mondo incentrata sull'idea ossessiva di realizzare, a qualunque costo, un mondo senza confini. Ragiona solo sulla base delle sue visioni profetiche e scarta tutti i "danni collaterali", che possono essere solo temporanei. È un discorso di propaganda, in cui il fine sembra giustificare i mezzi. Così, come abbiamo visto nell'esperienza comunista, tutto è giustificato in nome dell'ideale, anche le peggiori atrocità.

Questa apologia dell'immigrazione e della mescolanza dei popoli europei non è un fenomeno nuovo. Ci sono precedenti antichi, come la Spagna all'inizio dell'VIII secolo, che avrebbe subito l'invasione musulmana. Gli ebrei dell'epoca trasudavano idee disfattiste e divennero "collaboratori" dell'invasore, come scrisse lo stesso Jacques Attali: "Con il loro aiuto, le truppe musulmane sconfissero il re Roderico nel luglio del 711 e conquistarono rapidamente l'intera penisola, ad eccezione di alcune enclavi nel nord che rimasero cristiane. Le relazioni tra ebrei e musulmani si fecero più intense. "Così, l'arcivescovo di Toledo accusò gli ebrei di tradimento a favore dei saraceni, provocando una rivolta; organizzò anche il saccheggio delle sinagoghe. A Barcellona, a Tortosa, le "dispute "si trasformano in processi contro i testi ebraici[32]."

La Spagna sotto il dominio musulmano, quando i cristiani dovevano cavalcare gli asini e pagare una tassa speciale, mentre i musulmani andavano a cavallo, rimane un'età dell'oro che gli ebrei desiderano ardentemente. Il grande storico ebreo Leon Poliakov ha scritto: "Nel 711, l'invasione araba li catapultò in cima alla scala

---

[30]Guy Konopnicki, *La Place de la nation*, Olivier Orban, 1983, p. 102, 103.

[31]Hervé Ryssen, *Le speranze planetarie*, 2022 e *La mafia ebraica*, 2022

[32]Jacques Attali, *Les Juifs, le monde et l'argent*, Fayard, 2002, p. 134, 204. ["È noto che l'invasione degli arabi fu sponsorizzata esclusivamente dagli ebrei residenti in Spagna. Hanno aperto loro le porte delle principali città. Erano infatti numerosi e ricchi e già al tempo di Egica avevano cospirato, mettendo in serio pericolo la sicurezza del regno. "Marcelino Menendez Pelayo, *Historia de los Heterodoxos españoles*, Tomo I, Ed. F. Maroto, Madrid, 1880. p. 216].

sociale, come consiglieri e alleati dei conquistatori[33]. "Jacques Attali lo ha confermato: "Gli ebrei non hanno mai conosciuto un luogo di soggiorno più bello di questo Islam europeo dell'VIII secolo".

Avremo anche notato che il discorso cosmopolita si esprime sempre con un indiscutibile aplomb, permettendosi di fare affermazioni incredibilmente false. Il fine giustifica sempre i mezzi.

L'ex ministro della Cultura, Jack Lang, si è espresso con lo stesso aplomb dei suoi colleghi sull'argomento: il 3 settembre 2005, ad esempio, in un talk show di prima serata davanti a milioni di telespettatori, ha risposto a una domanda improvvisa e inaspettata: "Non crede che ci siano troppi immigrati in Francia? - No, ha risposto subito, sapete che la Francia è il Paese in Europa con il minor numero di immigrati[34]."

Questo riflesso a bruciapelo è in realtà molto rivelatore di una tendenza probabilmente naturale a prendere gli "altri" per ritardati. Questa sfacciataggine sfrenata è assolutamente caratteristica della mentalità cosmopolita. Gli ebrei la chiamano "chutzpah[35]."

E' questa la *sfacciataggine che ha* permesso anche al filosofo marxista Jacques Derrida di scrivere quanto segue: "Ho sottolineato che c'era molto più spazio di quanto si sostenesse per accogliere più stranieri, e che l'immigrazione non era aumentata, contrariamente a quanto si sosteneva[36]."

La stessa *spavalderia* con cui l'ex anarchico e leader studentesco del Maggio '68, Daniel Cohn-Bendit (che ora ammette con coerenza di essere un "liberale libertario") ha dichiarato: ""Potremmo dedurre che per frenare la xenofobia sarebbe meglio aumentare, e non voler diminuire, il numero di stranieri[37]."

La stessa *spavalderia* con cui il saggista liberale Guy Sorman ha osato scrivere: "Di conseguenza, non sarebbe la presenza degli stranieri a provocare il razzismo, ma la loro assenza: sarebbe il fantasma dell'immigrato, piuttosto che l'immigrato stesso, a provocare la violenza. "Guy Sorman ha aggiunto: "D'altra parte, la Francia, che un secolo fa contava centinaia di dialetti, *patois* e lingue regionali, era più

---

[33]Léon Poliakov, *Histoires des crises d'identité juives*, Austral, 1994, p. 22.

[34]Programma *Tout le monde en parle*, France 2, sabato 3 settembre 2005.

[35]*Chutzpah*: parola yiddish. La *chutzpah* è l'impudenza più insolente e spudorata. Sarebbe la qualità dell'uomo che, dopo aver ucciso i suoi genitori, invoca la clemenza del tribunale perché è orfano (NdT).

[36]Jacques Derrida, Élisabeth Roudinesco, *Y mañana, qué....* Fondo de Cultura Económica, Buenos Aires, 2002, p. 71.

[37]Daniel Cohn-Bendit, *Xénophobies*, Amburgo, 1992, Grasset, 1998, pagg. 43-45.

multiculturale allora di quanto non lo sia oggi[38]."

Il pensiero cosmopolita mira anche a farci capire che il fenomeno dell'immigrazione è inevitabile e che quindi non ha senso opporsi ad esso. Jacques Attali ha profetizzato quanto segue sui grandi flussi migratori che dovremo accettare: "La Francia, il primo Paese, dovrà cambiare radicalmente il suo atteggiamento in termini di sforzo e di movimento. Dovrà darsi i mezzi per un notevole ringiovanimento e accettare l'ingresso di un gran numero di stranieri[39]."

Ecco cosa ha spiegato il direttore della stampa Jean Daniel (Bensaid) nella rivista *Le Nouvel Observateur* del 13 ottobre 2005: "Nulla fermerà i movimenti di popolazioni miserabili verso un Occidente vecchio e ricco... Ecco perché, d'ora in poi, la saggezza e la ragione consistono nel prepararsi a ricevere e accogliere sempre più migranti... Dobbiamo accettare l'idea che le nazioni non saranno più quelle di oggi."

Notiamo semplicemente che nel discorso marxista era la "società senza classi" a essere "ineluttabile". Ma avete capito, qui non si tratta di analisi sociali, ma di discorsi propagandistici che cercano di eliminare dalla nostra mente l'idea di difenderci. Questa tendenza è il riflesso di un discorso profetico molto caratteristico della mentalità cosmopolita: ci si proietta nel futuro, lasciandosi trasportare dalle "profezie", e si dichiara che tutto ciò che è "scritto" deve inevitabilmente realizzarsi.

Il processo di colpevolizzazione

Per far penetrare meglio negli "altri" l'ideale della società plurale e dell'unificazione planetaria, il pensiero cosmopolita deve scardinare ogni sentimento di appartenenza etnica, nazionale, razziale, familiare o religiosa. Così, la storia degli europei ci verrà presentata come una successione di ignominie e i loro antenati come criminali. In un libro pubblicato nel 2005 con il titolo esplicito *Cultura europea e barbarie*, Edgar Morin ha scritto ad esempio: "Si può affermare che, attraverso i ricordi delle vittime del nazismo, ma anche della schiavitù delle popolazioni africane deportate e dell'oppressione coloniale, ciò che emerge nella coscienza è la barbarie dell'Europa occidentale... Il nazismo è solo l'ultima fase."

Questo processo di colpevolizzazione non dimentica mai di

---

[38]Guy Sorman, *Aspettando i barbari*, Seix Barral, 1993, Barcellona, p. 47, 163.
[39]Jacques Attali, *L'Homme nomade*, Fayard, 2003, Livre de poche, p. 436.

sputare in faccia al cattolicesimo e di aprire nuove prospettive per combattere un'altra religione concorrente:

"Una delle armi della barbarie cristiana è stata l'uso di Satana, scrive Morin... È con questa delirante macchina argomentativa [sic] che il cristianesimo ha esercitato la sua barbarie. Evidentemente, non ha avuto l'uso esclusivo dell'arma satanica. Oggi vediamo il ritorno di Satana attraverso il virulento discorso islamista[40]."

Anche Viviane Forrester ha lavorato nella stessa direzione nel suo libro intitolato *Crimine occidentale* (con la maiuscola). In esso vediamo come l'ignominia degli europei non si limiti all'episodio della Seconda guerra mondiale. Tutta la loro storia dimostra la loro crudeltà e abiezione. Viviane Forrester ha insistito su questo punto: "Spoliazioni, massacri e genocidi di popoli sono stati perpetrati in altri continenti per secoli da e per gli europei. Tutto questo in buona coscienza, con l'approvazione e l'ammirazione del pubblico per tali imprese e la sua gratitudine una volta saziato il gusto per il possesso. Tutto questo grazie all'attitudine degli occidentali a gestire, cancellare e nascondere ciò che li mette a disagio, senza alterare l'immagine del mondo che hanno, o il ruolo che pretendono di svolgere?In nome della loro supremazia, con un innato senso di arroganza e la certezza di una naturale superiorità che giustifica la loro universale prepotenza, gli occidentali si sono dati il diritto di decretare, senza scrupoli e come se fosse una cosa ovvia, la non importanza di numerosi esseri viventi giudicati fastidiosi e la nullità subumana di intere popolazioni, anche nella loro presunta nocività. Da quel momento in poi, spogliare, opprimere, perseguitare, assassinare senza limiti queste masse alogene considerate sgradite e spesso disastrose, divenne ammissibile, persino necessario, o meglio ancora: esigibile[41]. "Lo stile è un po' grintoso, ma l'idea c'è.

In *Récidives*, un compendio di articoli pubblicato nel 2004, Bernard-Henri Levy ha schiacciato ulteriormente la bestia sotto il suo tallone, dichiarando che non è solo l'ignominia della civiltà europea a dover essere incriminata, ma l'uomo bianco stesso che è intrinsecamente perverso e marcio fino al midollo: "L'uomo occidentale, strutturato e definito da centinaia o migliaia di anni", ha scritto Bernard-Henri Lévy, citando il libro di Jean-Claude Milner del 2003 *Le tendenze criminali dell'Europa democratica*, è "potenzialmente criminale[42]."

Questa tendenza a infangare il passato dell'uomo europeo non è

---

[40]Edgar Morin, *Culture et barbarie européennes*, Bayard, 2005, p. 89, 90, 16
[41]Viviane Forrester, *Le Crime occidental*, Fayard, 2004, pag. 57, 65.
[42]Bernard-Henri Lévy, *Récidives*, Grasset, 2004, pagg. 436, 448, 455.

propria degli intellettuali cosmopoliti che vivono in Francia. Si ritrova anche nei loro colleghi dall'altra parte dell'Atlantico, come Michael Moore, che nel 2002 ha pubblicato un libro gentilmente intitolato *Stupidi uomini bianchi*, che è stato ampiamente trattato dai media[43] in Europa. Nell'introduzione, Michael Moore spiega l'origine dei mali che attualmente affliggono gli Stati Uniti:

"Tutto è andato a rotoli. Tutto ha iniziato a crollare. L'economia e le scorte energetiche che vacillano, la pace nel mondo che si affievolisce, l'assenza di sicurezza del lavoro e della previdenza sociale... Per gli americani era chiaro che non c'era nulla che funzionasse. "E se tutto è andato male, è stato solo per colpa di quei cretini bianchi razzisti al potere: "Il virus della stupidità bianca è così potente che ha infettato anche neri come Colin Powel, il Segretario agli Interni Gale Norton o il Consigliere per la Sicurezza Nazionale Condoleeza Rice... Quegli stupidi uomini bianchi [la squadra del Presidente Bush] devono essere fermati. "Naturalmente, Michael Moore ha dimenticato di menzionare gli innumerevoli ebrei che hanno ricoperto posizioni importanti nelle successive amministrazioni statunitensi e che hanno gravitato strettamente intorno alla presidenza degli Stati Uniti....

Il capitolo IV era intitolato semplicemente: *"Uccidere Whitney"*. Michael ha dichiarato con franchezza il suo odio per l'uomo bianco: "Non so perché, ma ogni volta che vedo un uomo bianco camminare verso di me divento teso. Il cuore mi batte forte e cerco subito un posto dove scappare o un modo per difendermi... I bianchi mi spaventano a morte. Può essere difficile da capire visto che sono bianco, ma è proprio per questo che lo dico... Dovete credermi sulla parola: se vi trovate improvvisamente circondati da bianchi, fate molta attenzione. Potrebbe succedere di tutto... Tutti coloro che mi hanno fatto del male nella vita erano bianchi... Non credo di essere l'unica persona bianca a poter fare queste affermazioni. Ogni parola velenosa, ogni atto di crudeltà, tutto il dolore e la sofferenza che ho provato nella vita avevano tratti caucasici. Perché mai dovrei temere i neri?".

Certo, se Michael Moore andasse in giro con una lampada frontale girevole sulla testa e una tuta fluorescente, saremmo molto più sospettosi. Ma lasciamo parlare Michael:

"Guardo il mondo in cui viviamo e, ragazzi, odio fare i pettegoli, ma non sono gli afroamericani ad aver trasformato questo pianeta nel luogo pietoso e fetido che abitiamo oggi. Recentemente, un titolo in

---

[43]Michael Moore, *Mike contre-attaque!* 2001, La découverte, 2002. *Stupidi uomini bianchi*, Ediciones B, 2005, Barcellona (http://biblioteca.d2g.com)

prima pagina nella sezione scientifica del New York Times chiedeva: "Chi ha costruito la bomba H? "L'articolo approfondisce il dibattito sul dispositivo, conteso da due uomini. Francamente non mi importava, perché conoscevo già la risposta che mi interessava: era un uomo bianco. Nessun uomo di colore ha mai costruito o usato una bomba destinata a spazzare via migliaia di persone, sia a Oklahoma City che a Hiroshima. Sì, amici miei. C'è sempre un uomo bianco dietro.

Fortunato Michael! È vero che Einstein, Hahn e Oppenheimer, i padri della bomba atomica, sono galiziani puri, così come Cohen, l'inventore della bomba al neutrone, o Weizmann e Fritz Haber, gli inventori dei gas asfissianti durante la Prima Guerra Mondiale. Questa mania di proiettare le proprie nefandezze sugli altri è innegabilmente un tratto caratteristico della mentalità cosmopolita, e vedremo più avanti che questa tendenza è profondamente radicata nella mente di alcuni intellettuali. Sappiamo anche, d'altra parte, che il ruolo e la responsabilità degli ebrei nella tratta degli schiavi, ad esempio, sono semplicemente schiaccianti e inconfutabili. Ma andiamo avanti e guardiamo più da vicino quello che il nostro amico Michael stava dicendo:

"Chi ha diffuso la peste nera? Chi ha inventato i PCB, il PVC, il BPB e tutte le altre sostanze chimiche che ci uccidono ogni giorno? Uomini bianchi. Chi ha iniziato tutte le guerre in cui gli Stati Uniti sono stati coinvolti? Uomini bianchi. Chi sono i responsabili della programmazione della Fox? Bianchi. Chi ha inventato la scheda elettorale a farfalla? Una donna bianca. Di chi è stata l'idea di inquinare il mondo con il motore a combustione? Un uomo bianco. L'Olocausto? Quell'uomo ci ha dato una pessima reputazione. Per questo preferiamo chiamarlo nazista e i suoi aiutanti tedeschi. Il genocidio degli indiani d'America? Sono stati i bianchi. La schiavitù? Lo stesso. Nel 2001, le aziende americane hanno licenziato più di 700.000 persone. Dirigenti bianchi. Chi continua a far saltare la mia connessione internet? Una fica bianca. Se un giorno scoprirò chi è, sarà un bianco rigido[44]."

Nel suo feroce odio per l'uomo bianco, Michael Moore non poteva che concludere con un appello al miscegenation per porre fine a questi arroganti goyim: "Perché non scappiamo a gambe levate quando vediamo un bianco? Perché non ci caghiamo addosso quando le nostre figlie ci presentano i loro fidanzati bianchi?... C'è un metodo infallibile per contribuire a creare un mondo senza distinzioni cromatiche: sposare un nero e avere dei figli. I neri e i bianchi che fanno l'amore insieme...

---

[44]Probabilmente si tratta di un individuo antisemita.

daranno vita a un Paese di un solo colore. E quando saremo tutti dello stesso colore, non dovremo odiarci e non dovremo litigare. "Sarà allora un mondo perfetto; o quasi: solo gli ebrei saranno lasciati ad incrociarsi.

Alla fine del 2004, il *Nouvel Observateur ha* pubblicato in prima pagina una grande foto di Moore con il titolo: "L'America che amiamo, non l'America di Bush". *Il Nouvel Observateur* ci ha quindi offerto scelte limitate, come fa tradizionalmente la democrazia: se non vi piace la "destra", potete sempre scegliere la "sinistra". L'importante, come ben sapete, è rimanere all'interno del cerchio, altrimenti ci si "perde".

Questa sistematica colpevolizzazione è in pieno svolgimento in tutti i sistemi mediatici democratici. In questo senso, la Seconda guerra mondiale è un terreno molto fertile per far crescere tutte le piante velenose che alimenteranno la nuova storiografia transgenica per le generazioni future. Elie Wiesel, ad esempio, ha cercato di denunciare la responsabilità collettiva dei bianchi per l'Olocausto; di tutti i bianchi, non solo dei tedeschi: "Dal momento che Mosca e Washington erano consapevoli di ciò che gli assassini stavano facendo nei campi di sterminio, perché non è stato fatto nulla per ridurre almeno la "produzione"? Il fatto che nessun aereo militare abbia tentato di distruggere le ferrovie intorno ad Auschwitz rimane per me un mistero sconvolgente. All'epoca, Birkenau "curava" diecimila ebrei al giorno[45]... Ma che gli ebrei vivessero o morissero, che scomparissero oggi o domani, per il mondo libero era lo stesso."

Elie Wiesel era quindi veramente indignato dall'ipocrisia degli Alleati: "C'è stato un periodo in cui tutto mi faceva arrabbiare e indignare. Contro l'umanità complice. Più tardi, ho provato soprattutto tristezza... Vigliaccamente, gli uomini si sono rifiutati di ascoltare[46]."

Lo scrittore Marek Halter ha affrontato la questione nello stesso modo: "Cosa faceva il mondo mentre gli ebrei venivano massacrati? Questa domanda ossessiva assilla i miei pensieri ogni volta che esprimo la mia solidarietà alle vittime perseguitate... Voglio capire: perché la morte dei bambini ruandesi è insopportabile per noi oggi, mentre ieri la morte dei bambini ebrei ha lasciato indifferente l'opinione pubblica mondiale[47]? "

Per Elie Wiesel e Marek Halter, le decine di milioni di Goyim europei morti durante la guerra non erano apparentemente sufficienti per espiare i crimini dei loro leader. Ci limiteremo qui a sottolineare che né le memorie di Churchill, né quelle del generale de Gaulle, né quelle

[45]In basso!
[46]Elie Wiesel, *Mémoires, tome I*, Seuil, 1994, p. 97, 133, 134.
[47]Marek Halter, *La force du Bien*, Robert Laffont, 1995, p. 154.

di Roosevelt, menzionano le camere a gas durante la guerra. Ma questo probabilmente perché queste persone erano dei codardi.

Lasciamo l'ultima parola su questo terribile capitolo dell'Olocausto al filosofo Bernard-Henri Levy: "Questo crimine senza tracce, questo crimine senza archivi... questo crimine senza tracce, questo crimine senza rovine, questo crimine senza tombe è un crimine perfetto, non nel senso che resterebbe impunito, ma nel senso che sarebbe come se non fosse mai accaduto."

E a coloro che chiedevano: "Quando verrà il tempo del lutto, quando sarà chiusa la ferita? "È una ferita senza sutura, senza cicatrice, senza lutto possibile, è una di quelle ferite che Emmanuel Levinas diceva negli anni Sessanta "deve sanguinare fino alla fine dei tempi"... Questa memoria infinita, scriveva Levy, questo lavoro senza fine, credo profondamente che non sia una questione che riguarda solo le vittime e i sopravvissuti, e ancor meno i soli ebrei. Credo che sia doveroso per tutte le nazioni in generale[48]."

Avete capito: tutti i popoli di tutti i continenti devono espiare fino alla fine dei tempi questo "crimine senza vestigia, senza tracce, senza rovine e senza archivi". "È la nuova religione dei tempi moderni. Questo sorprendente egocentrismo è senza dubbio un'altra caratteristica della mentalità planetaria.

Islam e cosmopolitismo

Mentre la maggior parte delle persone in Occidente ha ormai capito che l'ebraismo va accolto, i musulmani sembrano vedere le cose in modo diverso. L'Islam è ora effettivamente la principale forza che si oppone all'ebraismo. Tanto che gli intellettuali planetari, mentre promuovono freneticamente da decenni l'immigrazione nei Paesi europei, continuano a metterci in guardia dal pericolo dell'Islam radicale che li minaccia direttamente. A partire dalla seconda Intifada in Palestina, nel settembre 2000, molti giovani musulmani di origine francese hanno iniziato a opporsi, talvolta in modo violento, alla comunità ebraica. Ed è proprio questa nuova minaccia che ha spinto l'establishment mediatico a demonizzare l'Islam radicale come un nuovo avatar del fascismo.

Dopo aver distrutto l'omogeneità etnica dell'Europa e indebolito fortemente la sua religione tradizionale, si tratta ora di dissolvere la minacciosa forza interna dell'Islam: "Il cristianesimo e l'Islam, ha

---

[48]Bernard-Henri Levy, *Récidives*, Grasset, 2004, p. 435.

scritto Pascal Bruckner su *Le Figaro* del 5 novembre 2003, hanno in comune il fatto di essere due religioni imperialiste, convinte di possedere la verità e sempre pronte a portare la salvezza all'umanità, che sia con la spada, l'auto de fe o il rogo dei libri. "Il saggista ricorda che in Francia l'integrazione della Chiesa cattolica nella Repubblica non era avvenuta senza scontri: "La straordinaria virulenza della lotta anticlericale in Francia e in Europa rasentava talvolta la barbarie: chiese, templi, conventi bruciati e rasi al suolo, oggetti di culto degradati, preti, vescovi, suore ghigliottinati, impiccati, massacrati... Un prezzo terribile è stato pagato in una lotta settaria inconcepibile, ma che ci ha liberato dalla tutela ecclesiastica."

Con la legge del 1905 sulla separazione tra Chiesa e Stato, il problema del cattolicesimo fu risolto, e anche la Chiesa si sviluppò favorevolmente verso gli ideali democratici dopo il Concilio Vaticano II del 1965[49].

"Questo lungo processo di ricucitura è ancora da fare nell'Islam, perché l'Islam è certo di essere l'ultima religione rivelata, e quindi quella autentica... Dovrà impegnarsi in una sorta di riforma radicale come quella che hanno fatto i cattolici e i protestanti nel corso dell'ultimo secolo. "Dopo di che, supponiamo, spetterà agli ebrei fare la propria riforma.

La questione dell'Islam è oggi al centro delle preoccupazioni degli intellettuali cosmopoliti, non solo per il peso crescente e preoccupante dei musulmani in Francia, ma anche per l'ascesa del radicalismo islamico nel mondo. Ciò si è manifestato ancora una volta con l'elezione del presidente Ahmadinejad in Iran nel giugno 2005 e con la vittoria di Hamas in Palestina nel gennaio 2006.

Nel settimanale *Le Point* del 13 ottobre 2005 (pagina 100), il grande romanziere internazionale peruviano Mario Vargas Llosa ha espresso la sua opinione sulla questione palestinese. Dopo un'escursione nella Striscia di Gaza a bordo di una Range Rover blindata, lo scrittore ha raccontato le sue impressioni e ha solidarizzato con la situazione di queste persone sfortunate: "Atroce... Quello che ho visto è atroce... Peggio delle peggiori baraccopoli dell'America Latina... E il futuro non è roseo per questa povera gente che vive lì. "Non siamo abituati a sentire questo tipo di discorso compassionevole nei confronti dei palestinesi oppressi, ma bisogna leggere Mario Vargas Llosa fino in fondo: "Sharon ha fatto bene a eliminare Gaza."

---

[49]Su questi sviluppi religiosi e politici si legga Vicomte Léon de Poncins, *Judaism and Vatican, an attempt at spiritual subversion*, Christian Book Club of America, 1967, Léon de Poncins, *El Judaísmo y la Cristiandad*, Ediciones Acervo, Barcelona, 1966.

Sulla situazione in Francia alla vigilia dei gravi disordini etnici del novembre 2005, lo scrittore progressista non ha nascosto le sue preferenze. Sarkozy: "Una piccola speranza per la Francia. Islamismo: "Il più grande pericolo del nostro tempo"."

Se Mario Vargas Llosa è passato dall'estrema sinistra a sostenere la destra liberale "dura" e filoamericana, come molti suoi colleghi, non è perché mette in discussione la società plurale, ma piuttosto perché si tratta di ristabilire l'ordine per meglio stabilirlo.

Ascoltiamo ora un dialogo tra due eminenti figure della democrazia francese della fine del XX secolo: Daniel Cohn-Bendit, ex leader anarchico della rivolta del maggio '68 e importante deputato europeo, e il suo compagno Bernard Kouchner, ex ministro socialista e cofondatore di Medici senza frontiere.

Bernard Kouchner: "Ogni volta che leggo il Corano, sono spaventato dallo spirito di superiorità espresso da questa religione proselitista e conquistatrice. Subordina così tanto il commercio, il dominio degli uomini e la sottomissione delle donne a dogmi e riti, che può solo - se non si evolve - apparire provocatorio... Resto convinto che un giorno l'Europa dovrà affrontare questo oscurantismo. È inutile presentarsi con la bandiera bianca: i fascisti islamici sono i nostri nemici. "Al che Daniel Cohn-Bendit ha risposto:."... Come l'Europa nel XIX e all'inizio del XX secolo, l'Islam ha una grande riforma laica da realizzare. Questo avverrà attraverso la lotta e il dolore."

Per gli intellettuali cosmopoliti non si tratta di espellere i musulmani, introdotti in massa in Europa, ma di neutralizzarli, come è stato fatto con la religione cattolica e i popoli europei. Lo ha espresso chiaramente Bernard Kouchner quando ha detto di voler favorire l'Islam per poi addomesticarlo: "Questo comunitarismo, sia chiaro, sarebbe semplicemente la prima tappa necessaria all'integrazione, il tempo necessario per armonizzare le culture familiari e religiose. Spetta a noi costruire le moschee, e non negli scantinati[50]!"

Lo stesso ragionamento ha portato Bernard Kouchner a sostenere progetti di discriminazione positiva che favoriscono gli immigrati a scapito dei francesi e degli europei autoctoni: "Sono abbastanza favorevole", si limita a dire.

Sulla scena internazionale, invece, non c'è motivo per non combattere l'Islam e il mondo arabo con ogni mezzo. Daniel Cohn-Bendit si era opposto all'intervento degli Stati Uniti in Iraq nel 2003 perché temeva che la guerra avrebbe "destabilizzato l'intera regione e

---

[50]B. Cohn-Bendit, B. Kouchner, *Quand tu seras président*, Robert Laffont, 2004, p. 320, 183, 190

rafforzato le forze più distruttive unendo le parti opposte". "Ma una volta che il Paese è stato schiacciato dalle bombe, ha espresso il suo vero pensiero: "L'intervento degli Stati Uniti ha liberato gli iracheni", ha infine riconosciuto. L'ex anarchico era stato più deciso nel sostenere il primo intervento statunitense. Nel 1991, alla fine della prima guerra del Golfo, dichiarò che la coalizione "doveva andare a Baghdad e abbattere Saddam Hussein". Koweit era stata liberata, ma non i curdi o gli sciiti... È legittimo dire che per vent'anni abbiamo avuto il diritto e il dovere di rovesciare Saddam Hussein."

Entusiasta delle sue parole, il suo amico Bernard Kouchner ha risposto: "Grazie Dany, sei un vero sostenitore dell'interferenza! [51]"E ha aggiunto: "È Wolfowitz, l'ideologo neo-conservatore del Pentagono, che sta dietro a questa decisione. Voleva addirittura occuparsi contemporaneamente dell'Afghanistan e dell'Iraq[52]. "In effetti, molti ebrei svolgono un ruolo decisivo nella politica statunitense.

Con la questione irachena appena risolta, nel 2006 l'Iran è emerso come portabandiera della resistenza musulmana. Già prima dell'elezione del presidente Ahmadinejad, il regime dei mullah preoccupava gli intellettuali, che già sognavano un intervento armato. Questo è ciò che Daniel Cohn-Bendit ha suggerito in modo un po' velato: "Quando si parla con gli studenti in Iran, si può vedere perfettamente, anche se affermano di non volere un intervento americano, che in realtà lo sognano di notte[53]."

Nel 1983, dopo la rivoluzione islamica, Guy Konopnicki confuse i suoi desideri personali con la realtà, insinuando che anche gli iraniani volevano essere bombardati per poter adottare il sistema democratico occidentale e la cultura americana: "A Teheran non si sente la mancanza dello Scià, ma dei film americani e della dissolutezza importata dall'Occidente[54]."

L'ex Primo Ministro israeliano Ehud Barak, in visita negli Stati Uniti alla vigilia degli attacchi anti-statunitensi dell'11 settembre 2001, ha fornito un'analisi di quella che dovrebbe essere la risposta antiterroristica. Scrivendo su *Le Monde* il 14 settembre, ha scritto: "La portata stessa di questi atti e la sfida che pongono sono tali che

---

[51]Bernard Kouchner si è distinto per le sue campagne in difesa del principio dell'ingerenza umanitaria davanti agli organismi internazionali. Nel 2010, *il Jerusalem Post* lo ha classificato al 15° posto tra i 50 ebrei più influenti del mondo.

[52]Cohn-Bendit, Kouchner, *Quand tu seras président*, Robert Laffont, 2004, p. 228, 229, 219, 222.

[53]Cohn-Bendit, Kouchner, *Quand tu seras président*, Robert Laffont, 2004, p. 326.

[54]Guy Konopnicki, *La Place de la nation*, Olivier Orban, 1983, p. 138.

dovrebbero provocare una lotta globale contro il terrorismo... È giunto il momento di lanciare una guerra globale contro il terrorismo, nello stesso modo in cui l'Europa ha combattuto la pirateria marittima."

Avete capito: se Israele è minacciato e se New York, la prima città ebraica del mondo e cuore della finanza internazionale, può essere stata l'obiettivo di questi attentati, allora sono gli occidentali che devono reagire e andare in guerra contro il mondo musulmano e i "nemici della civiltà". Israele, infatti, sembra voler fare le sue guerre con il sangue degli altri. Gli islamisti vengono demonizzati proprio come un tempo venivano demonizzati i "fascisti" e in generale tutti i nemici della finanza internazionale e del cosmopolitismo. Ehud Barak ha scritto: "L'unica causa di ciò che è accaduto è la natura diabolica del terrorismo... Vogliono distruggere lo stile di vita occidentale, anche se non lo sanno, per varie frustrazioni. Vogliono minacciare l'Occidente, imporgli le loro decisioni e umiliarlo."

Riconosciamo lo stesso discorso nel filosofo Bernard-Henri Levy quando scriveva nel novembre 2003: "Lo stesso demone manipola i militanti dell'Islam radicale di oggi come faceva con i maurrasiani ai suoi tempi[55]. E quel demone è l'antisemitismo[56]."

Anche il romanziere americano di fama internazionale Norman Mailer è stato in grado di individuare e denunciare la presenza del demonio: "Ecco perché sono propenso a pensare che la migliore spiegazione dell'11 settembre sia che quel giorno il diavolo ha vinto una grande battaglia. Sì, Satana è stato il pilota che ha guidato quegli aerei verso quell'atroce risultato".[57]."

Gli uomini bianchi, che per decenni sono stati dipinti come perversi, ipocriti e intrinsecamente malvagi, dovevano ora andare a sconfiggere i musulmani in Medio Oriente, mentre venivano costretti a integrarli in massa nei loro Paesi. Tutto questo è un po' grasso, ma il martellamento mediatico permette di mascherare queste contraddizioni cognitive. Nel settimanale *Le Point* del 22 dicembre 2005, Bernard-Henri Levy ha titolato il suo articolo: "È ancora possibile fermare i fascislamisti di Teheran? "Rispetto all'attuale regime iraniano, che minaccia di mettere le mani sulla bomba atomica, le "velleità bellicose" di Saddam Hussein erano in realtà "un bello scherzo"", ha scritto Levy. Si trattava quindi di superare la "pusillanimità del mondo libero":

---

[55]Sostenitori di Charles Maurras (1868-1952). Ideologo nazionalista, monarchico, antiparlamentare e antisemita dell'*Action Française*.
[56]Bernard-Henri Levy, *Récidives*, Grasset, 2004, p. 886.
[57]Norman Mailer, *Perché siamo in guerra?* Editorial Anagrama, 2003, Barcellona, p. 121.

"Dobbiamo affrettarci, scriveva il filosofo, perché ci resta poco tempo."

Dopo averci portato in guerra contro l'Iraq nel 1990, contro la Serbia nel 1999, contro l'Afghanistan nel 2002 e di nuovo contro l'Iraq nel 2003, gli intellettuali cosmopoliti ci portano ora in guerra contro l'Iran con una propaganda esagerata che pretende di farci credere che è nostro dovere andare a "liberare" questi popoli "spaventati" che "aspirano solo ai diritti umani". Ancora un po' e potremmo pensare che si tratta delle stesse persone che ci avrebbero condotto in guerra contro l'asse Germania-Nippone nel 1940. Ma, in fondo, non si tratta forse di costruire l'Impero della "Pace"?

Europa e modello statunitense

Gli intellettuali cosmopoliti hanno lo stesso entusiasmo per il modello americano che un tempo avevano per la rivoluzione bolscevica e il comunismo. Solo dopo la Seconda guerra mondiale questo fervore verso il sistema sovietico si è affievolito, a causa del nuovo orientamento antisionista del regime. Questi intellettuali si impegnarono massicciamente nelle varie correnti del trotskismo e svolsero un ruolo decisivo durante gli eventi del Maggio '68. Da allora, molti di loro si sono resi conto che la democrazia era in definitiva molto più efficace del marxismo nel costruire le basi della società mondiale desiderata. Il famoso romanziere Mario Vargas Llosa è un esempio di come molti di questi intellettuali oggi esaltino gli Stati Uniti. In *Le Point* del 13 ottobre 2005, è stato presentato così: "In Francia, Vargas Llosa potrebbe passare per un uomo di destra - ma con una memoria di sinistra... Un tempo, pensava di essere un marxista - ma negli anni '70, tutto è lentamente cambiato."

La verità è che oggi la divergenza politica non è più tra destra e sinistra, ma tra i sostenitori dell'Impero globale e i sostenitori delle resistenze nazionali. Mario Vargas Llosa è chiaramente un sostenitore dell'Impero e del Grande Hodgepodge:

"Sono rimasto inorridito dalla vittoria del No al referendum sulla Costituzione europea" nel maggio 2005, ha dichiarato Vargas Llosas, rammaricandosi amaramente per questo voto reazionario e quasi insopportabile dei francesi: "Fino a quando la Francia, questo Paese storicamente esemplare, resterà arrabbiata con la globalizzazione, con il liberalismo, persino con le leggi di gravità?". Vi auguro con tutto il cuore... di far rivivere l'universalismo che ha sempre fatto, contro il nazionalismo, la grandezza della vostra nazione[58]. "Globalista quando era comunista, Mario Vargas Llosa rimane un globalista dalle sue posizioni liberal-capitaliste.

Questo punto di vista getta luce sui fondamenti ideologici della costruzione europea, che in definitiva non è altro che un'altra versione del modello americano e un passo verso la costruzione di un governo mondiale. Il sociologo Edgar Morin si rese conto della portata universale del modello americano: "Come il sogno della Rivoluzione francese è diventato l'orizzonte di tutti i popoli europei, così il sogno americano di una società in cui è possibile inventare forme concrete e diverse di utopia è diventato patrimonio inalienabile dei popoli del mondo[59]."

Nel 1991, Edgar Morin chiedeva già una "confederazione europea": "L'idea confederale", scriveva, "permette all'Europa di affrontare i problemi della civiltà planetaria. "Quando i diritti civili e democratici del cittadino sono minacciati in uno dei paesi della confederazione, possiamo considerare un diritto di intervento congiunto da parte della confederazione[60]. "Lo scatenamento delle guerre, come abbiamo visto negli ultimi anni, è in effetti una delle principali specialità della politica cosmopolita.

Bernard-Henri Levy è stato molto più esplicito. Le sue parole esprimono perfettamente questa volontà cosmopolita di distruggere le nazioni: "La macchina europea - scrive - è arrivata a opporsi a questi nazionalismi mistici e ha già cominciato a espellerli nel museo degli orrori storici. Con la morte di questi nazionalismi messianici, gli ebrei si liberano del più temibile dei loro avversari."

Bernard-Henri Levy si è affrettato a precisare la natura di questa Europa democratica che, secondo lui, non dovrebbe essere "solo un'altra nazione", ma "un dispositivo la cui funzione è quella di lavorare, fratturare, polverizzare e infine provocare la necrosi delle identità e delle fissazioni nazionali[61]."

Proprio per questo motivo, egli venera la società cosmopolita americana. Per lui l'antiamericanismo è una "passione morbosa": "Dai tempi di Maurras e Drieu, tutte le regressioni sono state citate in esso. Attira come una calamita il peggio e il più nauseabondo di ogni famiglia politica[62]. "Vent'anni prima, Levy aveva già scritto in *L'ideologia*

---

[58]*Le Point*, 13 ottobre 2005, p.100

[59]Edgar Morin, *Un nouveau commencement*, Seuil, 1991, p. 124.

[60]Edgar Morin, *Un nouveau commencement*, Seuil, 1991, pag. 90, 94.

[61]Bernard-Henri Levy, *Récidives*, Grasset, 2004, p. 458.

[62]Bernard-Henri Levy, *Récidives*, Grasset, 2004, p. 830.

francese: "Affermo che l'odio brutale e totale dell'America in quanto tale è sicuramente l'odio della libertà[63]."

Gli intellettuali planetari, che possono permettersi di insultare gli avversari senza temere azioni legali contro di loro, sono generalmente piuttosto virulenti quando criticano il sacrosanto modello americano. Sulla scia del potente genio di Bernard-Henri Levy, anche Bernard Cohen, uno scrittore minore, ritenne di avere il diritto di insultare chi non la pensava come lui. In *The Return of the Puritans* (non c'è da stupirsi che ci siano editori che pubblichino una simile nullità), ha dato sfogo al suo piccolo sputo e ha proclamato la sua "volontà di allontanarsi dall'antiamericanismo europeo che, invece di esalare come un buon terreno, puzza alla fine di sterco[64]. "L'intolleranza della frustrazione è una caratteristica della mentalità cosmopolita.

Il modello americano incarna l'ideale di sradicamento cosmopolita e di società multirazziale di cui questi intellettuali sono tanto entusiasti. Guy Konopnicki non aveva torto quando scriveva: "L'angoscia dell'americanizzazione è legata alla paura dell'immigrazione. La Francia "americanizzata" è quella delle bande di giovani nordafricani, dei musicisti neri nella metropolitana, del popolo della notte nel centro delle grandi città. Questo mix è il nostro futuro. È stato a lungo l'incubo di tutti i regimi d'ordine del pianeta. "Sarebbe logico allora che la sinistra sostenesse il modello americano, invece di combatterlo, e che facesse una svolta politica, come hanno fatto tutti gli intellettuali cosmopoliti, dal vecchio marxismo militante al liberalismo democratico. Perché è solo questa società multirazziale e multiculturale che permette di mettere a tacere le voci dei bianchi "razzisti". L'integrazione degli immigrati è, in fondo, la possibilità di sciogliere la resistenza dei popoli europei ancora troppo riluttanti al dominio globale della finanza internazionale. Certamente, queste nuove identità ibride e sradicate saranno le più permeabili e gestibili per i messaggi della propaganda cosmopolita: "La popolazione della Francia e dell'Europa occidentale assomiglia sempre più a quella degli Stati Uniti", si rallegra Konopnicki. Questo "movimento di universalizzazione culturale" è "globalmente liberatorio[65]." Konopnicki scrisse queste righe nel 1983. Vent'anni dopo, dopo le numerose aggressioni anti-bianco durante le manifestazioni del marzo 2005 e le rivolte di novembre in quasi tutte le città francesi, si possono legittimamente indicare questi intellettuali

---

[63]Bernard-Henri Levy, *Récidives*, Grasset, 2004, p. 280.

[64]Bernard Cohen, *Le Retour des puritains*, Albin Michel, 1992, pag. 16.

[65]Guy Konopnicki, *La Place de la nation*, Olivier Orban, 1983, pagg. 123, 124, 175, 148.

come i principali responsabili di questa situazione[66]. Ma sappiamo tutti che sarebbe illusorio chiamarli a rispondere in un dibattito pubblico. Anche il filosofo André Glucksman, ex leader maoista durante gli eventi del maggio '68, ha compiuto la sua mutazione ideologica per meglio mantenere la rotta verso la globalizzazione[67]. Nel suo libro *"L'undicesimo comandamento"*, si è spinto oltre per spiegare la difesa del modello americano, tracciando un parallelo tra l'antiamericanismo e l'antisemitismo: "Legati insieme nella partitura dell'odio... i due pilastri del catechismo fondamentalista - l'odio per gli ebrei e la rabbia anti-yankee - sono complementari e si alimentano a vicenda. Quando uno dei due diventa momentaneamente inutilizzabile a causa dell'uso eccessivo, l'altro subentra[68]. "In effetti, i due concetti sono correlati, perché sappiamo che la comunità ebraica esercita una grande influenza sui vari governi americani e che il suo potere finanziario e mediatico fanno degli Stati Uniti il cuore dell'ebraismo mondiale.

In realtà, questo è esattamente ciò che ha dichiarato il direttore della stampa Jean Daniel, che vedeva negli Stati Uniti, piuttosto che nello Stato di Israele, la "patria dell'ebraismo mondiale": "È superficiale, anche se non inutile, sottolineare il potere degli ebrei americani nella stampa e quindi nella produzione di notizie in tutto l'Occidente. Questa spiegazione deve essere menzionata, ma poi rapidamente superata. È vero che gli Stati Uniti sono la patria del giornalismo, a prescindere dai suoi difetti o dalla parzialità della sua stampa. È vero che all'interno di questa fabbrica di notizie, di questo laboratorio dell'informazione, gli ebrei svolgono un ruolo fondamentale, e sono anche una minoranza finanziaria e culturale molto influente. In questo senso, posso dire che la vitalità, il vigore, lo splendore dell'ebraismo mi hanno colpito molto di più a New York che a Tel-Aviv.... Sono stato così colpito dall'effervescenza culturale ebraica, dal genio dei suoi scrittori, dei suoi artisti, dei suoi accademici, dall'incredibile fecondità del suo umorismo e anche, naturalmente, dalla sua modesta potenza finanziaria, che mi è sembrato che la patria

---

[66]Si noti il gravissimo deterioramento della situazione attuale in Europa occidentale e negli Stati Uniti.

[67]André Glucksmann è noto anche per aver sostenuto l'intervento della NATO in Serbia, insieme ad altri intellettuali. Si è anche espresso a favore della causa cecena, dove è rimasto per un mese, denunciando l'atteggiamento compiacente dei Paesi occidentali nei confronti della politica di Vladimir Putin. Suo figlio Rafael Glucksmann ha sostenuto il colpo di Stato di Euromaiden e la "rivoluzione" ucraina nel 2013 e attualmente è un veemente difensore della causa della minoranza musulmana uigura in Cina. (NdT).

[68]André Glucksmann, *Le XIᵉ commandement*, Flammarion, 1991, p. 142.

dell'ebraismo mondiale non fosse nella fortezza assediata dei pionieri dello Stato ebraico, ma nei bastioni costruiti dai fondatori del Nuovo Mondo per la maggior gloria della libera impresa[69]."

Quindi, dopo queste considerazioni, possiamo permettere a Guy Konopnicki di parlare liberamente e di dichiarare il suo amore per l'America: "Gli Stati Uniti d'America sono stati il luogo del mondo in cui ha avuto luogo la più grande miscegenazione di tutti i tempi". Oggi è "la prefigurazione della cultura mondiale"."

E questa cultura mondiale non ha un veicolo migliore delle immagini, che richiedono un piccolo sforzo da parte dello spettatore per essere assorbite. È attraverso il cinema che le masse planetarie si renderanno conto dei vantaggi della civiltà liberale e cosmopolita: "Credo sinceramente", ha scritto Konopnicki, "che la Metro Goldwyn Mayer, la Warner Brothers, la Fox e la Columbia siano nel nostro tempo ciò che le cattedrali erano nel Medioevo[70]. "In effetti, Konopnicki ha dedicato un capitolo a parte a questo culto religioso di Hollywood; un capitolo eloquentemente intitolato: *"Yerushalayim - Hollywood, Hallelujah!"*

Hollywood simboleggia il potere della propaganda e il dominio della mente. Come previsto dalle profezie di Israele, tutti i popoli si sottomettono infine al modello cosmopolita, abbandonando le proprie tradizioni per inginocchiarsi ai piedi del popolo ebraico: "Nella città del cinema, tutte le maledizioni sono finite, compresa quella della torre di Babele, annientata da doppiaggio e sottotitoli. Tutte le tribù di Israele, tutte le nazioni della creazione sono state riunite con le loro greggi e i loro cavalli... Si diceva che la storia sarebbe ricominciata, che ci sarebbe stato un grande *remake* e che *l'Alleluia* sarebbe stato cantato con una colonna sonora di Leonard Bernstein[71]. "In definitiva, per Konopnicki, la redenzione avverrà attraverso il cinema: "Alcuni profeti hanno persino detto che il Messia sarebbe stato la Luce", ha scritto. Il discorso dell'intellettuale cosmopolita è stranamente impregnato di termini profetici:

"Sta crescendo qualcosa che non assomiglia affatto alle rivoluzioni previste dagli uomini barbuti del secolo scorso, né al progresso trionfale annunciato al tempo dell'Illuminismo. Qualcosa di impalpabile che

---

[69]Jean Daniel, *L'Ère des ruptures*, Grasset, 1979, pagg. 106, 107.

[70]Guy Konopnicki, *La Place de la nation*, Olivier Orban, 1983, pagg. 145, 155.

[71]Jacques Attali ci dice in *Gli ebrei, il mondo e il denaro* che Hollywood è un feudo ebraico: "Le aziende essenziali di oggi sono: Universal, Fox, Paramount, Warner Bros, MGM, RCA e CBS sono tutte creazioni di immigrati ebrei provenienti dall'Europa orientale.... " *(Les Juifs, le monde et l'argent*, Fayard, 2002, p. 413).

nasce attraverso gli scontri e le crisi del nostro tempo... Qualcosa emergerà da questa crisi. Come in tutte le crisi precedenti, qualcosa che non sarà né francese, né americano, né russo[72]."

Non assomiglia forse alle parole di Edgar Morin: "Lo scoppio degli odi razziali, religiosi, ideologici, comporta sempre guerre, massacri, torture, odio e disprezzo. Il mondo sta attraversando i dolori lancinanti di qualcosa che non sappiamo se sia la nascita o la morte. L'umanità non è ancora riuscita a dare vita all'Umanità[73]. "Questo singolare vocabolario nasconde segretamente convinzioni religiose che siamo impazienti di presentarvi.

Cinema planetario

Ne *Le speranze planetarie avevamo* già individuato e commentato sinteticamente un'ottantina di film di propaganda cosmopolita prodotti dalla "Matrice" progressista. Questo capitolo completa tale studio, senza ovviamente pretendere di essere esaustivo.

Il cinema planetario ha sempre esaltato le virtù della democrazia multiculturale e del miscegenariato. Già negli anni Cinquanta, un regista cosmopolita cercò di sensibilizzare l'opinione pubblica sul razzismo nella società americana. *Nessuna via d'uscita* (USA, 1950) racconta la storia di un tirocinante nero dell'ospedale, il dottor Brooks. Un giorno cura due criminali, Ray e John Biddle, feriti durante una rapina. John muore e Ray accusa il dottor Brooks di averlo ucciso... "Un'accusa di antirazzismo che all'epoca fece scalpore", riporta lo storico Jean Tulard in *Guide to the Movies* (2002). Il film è di Joseph Mankiewicz.

La Frontera (USA, 1982) racconta la storia di un agente della polizia dell'immigrazione statunitense che controlla gli immigrati clandestini a El Paso. Un giorno si trova in un dilemma morale quando il bambino di una giovane donna messicana viene rapito per essere venduto a una coppia sterile. Possiamo dedurre che il film di Tony Richardson vuole insegnarci la fratellanza universale.

In Above *All* (USA, 1992), Michelle Pfeiffer interpreta il ruolo di una bella bionda che ama i neri. È il 1963 negli Stati Uniti e il presidente Kennedy è appena stato assassinato. Scioccata, Lurene decide di andare al funerale a Washington nonostante l'opposizione del marito, uno stronzo del momento. Sull'autobus incontra un uomo di colore e la sua

---

[72]Guy Konopnicki, *La Place de la nation*, Olivier Orban, 1983, p. 215, 225-229.
[73]Edgar Morin, *Un nouveau commencement*, Seuil, 1991, p. 206.

giovane figlia. Ma è freddo e distante. Trova strano il comportamento di questo "uomo di colore" e la ragazza sembra essere stata rapita. A una fermata, Lurene decide di chiamare la polizia prima di rendersi conto del suo errore: la bambina è infatti sua figlia, che ha liberato da un orribile orfanotrofio dopo la morte della madre. Affezionata alla bambina, la bella bionda decide di non abbandonarli e fugge con loro. La polizia è ora sulle loro tracce, convinta che questo "negro" abbia rapito la ragazza e la giovane bionda che lo avrebbe denunciato. La scena della violenza razzista tarda ad arrivare, ma alla fine avviene come previsto: mentre l'auto rubata è in panne, il buon negro viene pestato a sangue da tre bastardi bianchi nel bel mezzo di una strada sperduta. La bella bionda cerca di curarlo in una fattoria e gli offre il suo corpo. Da quel momento in poi, il dado è tratto. In un motel, dove il marito geloso e furioso la sta aspettando, scoppia una rissa tra i due uomini. Il Nero, buono e gentile, vincerà ovviamente sul Bianco, represso, cattivo e "pusillanime", come direbbe Alain Minc. La fuga in avanti non durerà per sempre, ovviamente, e tutto tornerà alla normalità dopo gli arresti. La bella bionda divorzierà per vivere in coppia con il negro. Questo bellissimo film è di Jonathan Kaplan. Questo regista, che aveva esitato tra la carriera di regista e quella di rabbino, ha così realizzato un capolavoro antirazzista.

Men in Black (USA, 1997) è un film che ci insegna ad accogliere lo straniero, tutti gli stranieri, persino gli alieni. Non lo sappiamo ancora, ma ci sono già molti di loro che vivono tra noi in forma umana. I membri di un'agenzia speciale ultra-segreta sono incaricati di monitorare e regolare questo nuovo tipo di flussi migratori e di tenere segreta l'esistenza di questi stranieri per non allarmare la popolazione. I due super agenti speciali - un Nero e un Bianco - hanno il compito di dare la caccia a un Alieno ostile, che non potrà resistere all'efficienza dello spietato duo. Ma, sebbene entrambi siano molto competenti, il Bianco è un po' stanco. Sarà il nero a continuare la lotta e a godere dei favori del suo nuovo compagno di squadra, un bianco. Il film diretto da Barry Sonnenfeld, basato su una sceneggiatura di Ed Solomon e sulle musiche di Danny Elfmann, è prodotto da Steven Spielberg. Sono tutti alieni travestiti da umani e agenti di "Matrix".

In *Tears of the Sun* (USA, 2003), il regista nero Antoine Fugua ha rappresentato una guerra civile tra tribù nere in Africa. Un'unità dell'esercito americano ha il compito di salvare una giovane donna americana che gestisce un ospedale. Lei, come possiamo immaginare, è un'idealista piena di principi umanitari; tanto che si rifiuta di seguire Bruce Willis e il suo commando d'assalto se non vengono evacuati anche i feriti africani. Bruce Willis disobbedisce agli ordini e arriva a massacrare metà degli uomini dell'unità al suo comando per salvare gli africani. Un dialogo nel film permette allo spettatore di capire che se gli americani agiscono in questo modo è per "redimersi" da tutti i crimini commessi dall'uomo bianco nel corso della storia. Ma questo significa trascurare rapidamente il fatto che molti dei neri venduti ai bianchi durante la schiavitù sono stati venduti dai loro fratelli di razza. Inoltre, se il regista Antoine Fugua avesse ricordato il ruolo e la responsabilità inconfutabile dei commercianti ebrei nella tratta dei neri, per non parlare dei negrieri musulmani nell'Oceano Indiano per quattordici secoli, non avrebbe certo potuto produrre il suo film.

The Day After Tomorrow (USA, 2004) è un film catastrofico. Dopo vulcani, tornado e meteore, il riscaldamento globale provoca un maremoto seguito da un'ondata di freddo glaciale. Il film è noioso, ma il finale è rivelatore della mentalità del regista. In effetti, gli abitanti del Nord sono costretti a migrare verso sud. Il presidente americano dichiara: "Gli americani, e anche molti altri popoli, sono ora ospiti di quello che una volta chiamavamo Terzo Mondo. Eravamo nel bisogno e ci hanno fatto entrare nei loro Paesi, ci hanno accolto; voglio esprimere la mia gratitudine per la loro ospitalità. "Il messaggio del regista è chiaro: dobbiamo far entrare gli immigrati nei nostri Paesi perché è possibile che in un futuro, diciamo ipotetico e incerto, anche noi avremo bisogno del loro aiuto". Ricordiamo che Roland Emmerich è anche il regista del film *Independence Day*, che racconta come la Terra venga salvata dalla catastrofe da un nero e da un ebreo chassidico. Un grande uomo, questo Roland.

In Francia non mancano i film antirazzisti e moralisti. In *Unione sacra* (*L'Union sacrée*, Francia, 1989), due poliziotti sono costretti a indagare insieme su una rete di islamisti finanziati da ogni tipo di traffico. L'ebreo Simon Atlan (Patrick Bruel) e l'arabo Karim Hamida (Richard Berry) si odiano. Tuttavia, di fronte all'intolleranza e al fanatismo dei malvagi islamisti, diventano gradualmente amici. In questo film, l'ebreo è un po' pazzo e simpatico, mentre l'arabo è serio ed efficiente. Il commissario, interpretato da Bruno Kremer, si rivolge ai suoi uomini con un linguaggio molto diretto: "Dovete comportarvi come crociati, difensori del mondo occidentale! Con questi bastardi, tutto è permesso!"Con queste parole dobbiamo capire che i francesi autoctoni devono andare in guerra contro i malvagi islamisti che minacciano la nostra bella democrazia multiculturale. Gli islamisti sono ovviamente descritti come bestie feroci. Vediamo le parole di uno di questi pericolosi idioti che il regista del film ha probabilmente ascoltato sulla terrazza di un bar: "Trasformeremo la vita di questo Paese in un incubo". Oggi scioperiamo qui, domani scioperiamo là. Non ci sono innocenti degni di nota."

Simon è separato dalla moglie Lisa. È una goy, una donna francese molto carina che ama gli ebrei ma che non sopporta di vivere con Simon, troppo infantile. Lisa non lo sopporta più; inoltre, come racconta a Karim, la suocera ha circonciso il figlio quando lei non lo ha mai fatto battezzare in chiesa. Lisa è responsabile delle inaugurazioni e delle mostre in una galleria d'arte. Quando un funzionario dell'ambasciata, un certo Rafjani, si presenta alla mostra di arazzi che sta organizzando, non esita a rimproverarlo per la condizione delle donne nel suo Paese. Le donne francesi sono così: predicatrici, saccenti e, soprattutto, molto aperte ai venti d'Oriente. È così che ci piacciono. E infatti Lisa, che ha lasciato l'ebreo, subirà il fascino di Karim.

Ma si dà il caso che Rafkhani sia anche il capo della rete islamista. I due superpoliziotti hanno individuato il quartier generale di questa rete mafiosa. Si tratta di un centro pseudo-culturale che, secondo i due protagonisti, è "un vero e proprio arsenale; sembra Beyrouth". "Lì gli islamisti, che sono davvero molto cattivi, torturano un povero cabilo versandogli in bocca due bottiglie di whisky attraverso un imbuto. Quando si trova faccia a faccia con Rafjani, il poliziotto buono Karim gli dice: "Mi vergogno di essere della tua stessa razza! Ecco come ci piacciono i musulmani: divisi, pieni di rancore e di vergogna, e pronti a uccidersi a vicenda. Ma prima di essere espulso dal territorio, Rafjani esclama con odio: "Mi vendicherò, anche se dovessi mettere Parigi nel sangue e nel fuoco. *Allah Akbar!*"

Un'altra scena imbarazzante si verifica quando Lisa, la bella ragazza francese, cena al ristorante con Karim. Simon, che è ancora innamorato di lei, appare all'improvviso: "Stai scopando mia moglie di nascosto!"Sempre impulsivo, Simon decide di giocare alla roulette russa: "Se vinci, ti prendi mia moglie". Coraggiosamente, si punta la pistola alla tempia e spara: click. Karim si rifiuta di partecipare a questo stupido gioco e si alza in piedi. Poi l'ebreo preme il grilletto e questa volta la pistola esplode: "Sei morto, vattene!"Karim, tuttavia, non se ne va a testa bassa e, molto dignitosamente, schiaffeggia Simon prima di andarsene. Vediamo come, in questo tremendo duello per la conquista della donna bianca, i due semiti sappiano competere galantemente.

Ma i malvagi islamisti sono determinati a liquidare questi due poliziotti troppo invadenti. Ecco una scena antologica del cinema francese. Il ristorante *kosher* della madre di Simon74 viene mitragliato in pieno giorno, proprio come a Chicago! Lisa, gravemente ferita, muore in ospedale. Durante la cerimonia funebre in chiesa, Simon, pieno di odio e vendetta, non ce la fa più e si precipita fuori, interrompendo la cerimonia cattolica (un tema ricorrente nel cinema planetario, ovviamente). La scena successiva mostra Simone che prega nella sinagoga con una kippah e uno scialle di preghiera in testa. Sentiamo anche il padre che prega per lui al ristorante: "Signore, dagli forza, dagli furore"!

Il diplomatico islamista viene infine espulso senza che Simon sia riuscito a placare la sua sete di vendetta. Davanti alle telecamere, Rafjani cerca ancora di fare la vittima, lamentandosi del duro trattamento ricevuto dalla "patria di Voltaire e Anatole France, protettrice degli oppressi" (la perfidia di questi islamisti non conosce limiti). Fortunatamente, questo bastardo islamico non la fa franca e vediamo la sua auto esplodere di notte, con la Torre Eiffel illuminata sullo sfondo. Il film si conclude con alcune righe che appaiono sullo schermo: "Simon e Karim hanno probabilmente sognato questa vendetta. La legge di Talion non sarà mai una risposta alla violenza. Questa storia è una finzione. La realtà è altrettanto crudele. "Bellissimo, non è vero? Infine, appaiono i volti dell'ebreo e dell'arabo, che guardano l'orizzonte lontano, come statue di proletari sovietici. Questo è il cinema in lettere maiuscole. Il regista è Arcady, che non ci ha mai fatto fare un giro...

Trop de bonheur (Francia, 1994) mostra la vita di quattro adolescenti nel sud della Francia durante l'estate: Valerie, Mathilde, Kamel e il loro amico Didier. Si incontrano una sera con alcuni amici nella villa di Mathilde mentre i loro genitori sono via. Kamel ama Valerie. Musica, ballo, alcol, emozioni e sentimenti, tradimento e violenza. Quando si rincontrano anni dopo, si riconoscono a malapena. Kamel ora vive con Mathilde. Questo film dal timbro cosmopolita è di Cedric Kahn.

In *La città è tranquilla* (Francia, 2000) vediamo come si incrociano i destini di diversi personaggi: Michelle, lavoratrice al mercato del pesce del porto di Marsiglia, è sposata con un disoccupato alcolizzato. Alla fine della sua dura giornata di lavoro, deve ancora occuparsi del bambino della figlia tossicodipendente, un'adolescente che si prostituisce per pagarsi l'eroina. Viviane, matura borghese e insegnante di canto, è stufa del cinismo del marito. Si innamora di uno dei suoi ex

---

[74] Un tipo di cibo preparato ritualmente e autorizzato dalla legge ebraica.

allievi, il giovane Abderaman... Il regista è lo stesso del film *Marius et Jeanette*, un'altra opera con la stessa ossessione per la miscegenazione della razza bianca: Robert Guediguian.

Fatou la maliana (Francia, 2001) ha 18 anni. È nata in Francia da genitori maliani e ha appena conseguito il diploma di maturità. Lavora in un negozio di parrucchieri africani a Parigi. È bella, allegra, piena di vita e di ambizioni. La famiglia maliana è perfettamente integrata. Il padre lavora in un negozio di alimentari. L'appartamento è molto pulito e ben arredato. I costumi africani sono magnifici e colorati, proprio come a teatro. Purtroppo, i genitori di Fatu decidono di darla in sposa al cugino che lei non ama, e lei viene letteralmente rapita senza possibilità di fuga al sesto piano, proprio accanto all'appartamento dei genitori. Ma Fatou viene salvata dalla sua amica Gaelle, una giovane francese che si diverte molto con i suoi amici magrebini, un esempio di ragazza! Gaelle vuole liberare la sua amica Fatou e portarla in Bretagna per aprire un salone di parrucchieri. La Bretagna si arricchirà così di nuovi piccoli bretoni. Il film di Daniel Vigne, presentato da Fabienne Servan-Schreiber, è stato ovviamente premiato nel 2001. "Un successo" secondo *L'Express*; "eccezionale" per *France Soir*; "commovente" secondo *Télé 7 Jours*.

Venerdì 19 agosto 2005, la serie televisiva *P.J.* (Police Judiciaire) - una serie "molto francese" - ha presentato un episodio sull'antisemitismo: una molotov è stata lanciata contro una sinagoga. Agathe è incaricata delle indagini, il che le permette di tornare alla sua religione. I sospetti vengono fatti sfilare alla stazione di polizia. Un giovane moro insolente ha insinuato - incredibilmente! - che "le camere a gas non sono esistite". Infuriata e spaesata, la poliziotta si è avventata su di lui prima di essere allontanata dai suoi colleghi. Il secondo sospetto è entrato nella stanza per essere interrogato. È un colosso nero che non dà una buona immagine dei giovani immigrati. Il terzo uomo è un bianco di estrema destra che sembra più umano e comprensivo rispetto agli altri due. I francesi autoctoni non sono di solito trattati molto bene in queste serie, ma sembra che, all'inizio del XXI secolo, la comunità ebraica si sia resa conto che l'estrema destra, da sempre demonizzata dall'establishment mediatico, rappresenta un rischio minore rispetto alle bande di immigrati fanatici che possono entrare nel Paese. Tuttavia, il colpevole non è uno di questi sospetti, ma un giovane ebreo che si ribella ai suoi insegnanti della comunità Chabad-Lubavitch. Uno dei rabbini viene interrogato alla stazione di polizia. In effetti, vediamo un uomo religioso che sembra vivere su un "altro pianeta", che rifiuta qualsiasi idea di felicità fornita dalla società liberale occidentale. Imprigionato da un esemplare così reazionario, il giovane ebreo, che desiderava "divertimento" e libertà, ha perso la testa. Questo copione corrispondeva in realtà ad alcuni eventi dello stesso tipo che erano stati recentemente oggetto di cronaca.

Nell'agosto 2004, infatti, è stato appiccato un incendio in un centro sociale ebraico parigino. Il caso è stato molto pubblicizzato, come sempre quando un rappresentante della comunità santa viene calpestato. Ma si scoprì che il colpevole era un ebreo emarginato, che i media si affrettarono a descrivere come "malato di mente".

Infine, non tutto è perduto in questo capitolo, perché tutto si conclude abbastanza bene. L'altra poliziotta è incinta: "È Karim? - No, no, rispondete. Non te lo dico. Ma ha qualcosa in comune con Karim. "Questo episodio di forte impatto ideologico è di Gilles-Yves Caro, con una sceneggiatura di Brigitte Coscas.

Un'altra serie: *Josephine, angelo custode, Il colore dell'amore* (Francia, 2005). "Assunta come lavoratrice nella fattoria Revel, Josephine incontra il proprietario Tomas, che sta per sposare Aminata, una giovane senegalese conosciuta su Internet. Nonostante i suoi sforzi, Aminata non riesce a farsi accettare dalla suocera Claudine. "Possiamo facilmente immaginare che sia un po' razzista, testarda e una testa di rapa. Questa serie televisiva è stata realizzata da Laurent Levy. Per *TV Grandes Chaînes,* si tratta indubbiamente di "un episodio pieno di buon umore e generosità" che merita di essere "il beniamino" della critica.

Matrimonio bianco (Francia, 2005) è un episodio di un'altra serie "molto francese": tutor a Marsiglia, François Etchegaray aiuta chi è ai margini della società. René è uno dei suoi protetti. È un uomo grande e grosso, sulla quarantina, con un bel viso nordico, ma è un po' sempliciotto e un po' capriccioso. In effetti, nulla va per il verso giusto per lui. Fallisce in ogni piccolo lavoro che il suo tutor gli affida, e a quarant'anni vive ancora a casa con la madre che sembra dirgli cosa fare. Questo francese poco virile si innamora improvvisamente di una donna africana. Si presenta a casa di François, orgoglioso di mostrargli la foto della sua fidanzata, Lela, che naturalmente vuole sposare, anche se non l'ha mai vista di persona. L'associazione *Amistad Africa* lo aiutò a trovare l'amore della sua vita in cambio di una considerevole somma di denaro. Perché una donna africana è il massimo per un idiota francese: la Rolls Royce dei poveri! Tuttavia, la somma di denaro richiesta dall'associazione fa dubitare François Etchegaray dell'onestà di questi intermediari. Si rende subito conto che René è stato ingannato come uno sciocco e che la donna africana vuole solo un matrimonio di convenienza. È una bella storia, vero?

All'inizio dell'episodio, lo spettatore ha potuto vedere che il generoso François si è preso cura anche di una coppia di anziani omosessuali un po' amareggiati e preoccupati per i loro diritti di eredità. Apologia della miscegenazione e dell'omosessualità: questo è il marchio di fabbrica del cinema planetario di Edouard Molinaro. Purtroppo, la fine di questa magnifica serie non si saprà mai.

La difesa dell'omosessualità è infatti un tema centrale del cinema cosmopolita. *In and out* (USA, 1997) è una commedia "esilarante": il professor Howard Brackett insegna letteratura all'università di una piccola città dell'Indiana, USA. È amato da tutti i suoi studenti e dalla comunità locale, finché un giorno la sua reputazione viene stravolta quando, durante un programma televisivo, un ex studente diventato star del cinema ringrazia pubblicamente il suo ex professore "gay". Ovviamente, l'insegnante è scioccato da questa affermazione. Genitori, studenti e amici lo guardano ora con sospetto. Decide quindi di sposare rapidamente la sua ragazza per stroncare le voci sul nascere. Ma questo senza il giornalista che lo segue ovunque con la sua macchina fotografica, incoraggiandolo a "*uscire* dall'armadio". Il giorno del matrimonio, nel bel mezzo della cerimonia all'altare, quando sta per dire "sì" alla sua sposa, finalmente si arrende e dichiara a malincuore e con rassegnazione: "Sono gay". Gli assistenti sono sbalorditi e la sposa ha una crisi di nervi. La cerimonia religiosa viene interrotta (un'ossessione cosmopolita) e la coppia finisce per litigare in pubblico. Tuttavia, il regista ci fa capire che è meglio così. L'entourage, la famiglia e gli amici di Howard sono finalmente comprensivi. Il problema sta nel fatto che ha perso il lavoro all'università, vittima dell'intolleranza di quei cristiani prudenti. La scena finale è un altro grande momento di cinema cosmopolita: all'università, durante la cerimonia di laurea, studenti e genitori apprendono che il professore è stato licenziato. Poi si alzano tutti in piedi, uno per uno, per dichiarare che anche loro sono "gay". Il film è di Frank Oz.

Sulla stessa scia, *A Taste of Honey* (Regno Unito, 1961) racconta la relazione di due emarginati: un'adolescente incinta a causa di un'avventura di una notte con un uomo di colore e un omosessuale. Il regista è Tony Richardson. *First Summer* (*Presque rien*, Francia, 1999) è un altro film che fa l'apologia dell'omosessualità maschile bianca. È "un film sull'amore che cerca di banalizzare l'omosessualità maschile mostrando scene molto crude", secondo la *Guide des films* di Jean Tulard. Il film è del regista Sebastian Lifshitz.

La propaganda cosmopolita che esce da "Matrix" non è solo "antirazzista". Numerosi film "razzisti" vengono regolarmente prodotti dagli studi cinematografici di Hollywood. *In Heat of the Night* (USA, 1967), un agente di polizia criminale di Filadelfia viene inviato in una piccola città del Sud per aiutare la polizia locale a risolvere il caso dell'omicidio di un industriale. Il problema è che è nero e quegli stronzi bianchi non lo sopportano. Ma Virgile Tibbs, un criminologo specializzato, scopre rapidamente che i poliziotti bianchi si sbagliano. È un uomo calmo, rigoroso e intelligente, e mantiene sempre la calma di fronte al disgustoso razzismo di quei bianchi arroganti che non riescono a tenergli testa. Ma per quanto stupidi, alla fine si rendono conto di non poter fare a meno di lui. Più volte sono costretti a recarsi alla stazione di polizia e a pregarlo di restare. Le loro indagini li portano rapidamente al più grande agricoltore della regione. Si sospetta che abbia ordinato l'omicidio dell'industriale perché aveva intenzione di aprire una fabbrica e assumere centinaia di persone di colore. I giovani di questa città "arretrata" non lo accettano di buon grado e perseguitano selvaggiamente e radunano Vigile Tibbs. La questione sarà risolta con colpi in una fabbrica abbandonata, con catene e sbarre di ferro. Quattro contro uno, perché i bianchi sono così: vili, codardi e spregevoli. Fortunatamente, il capo della polizia arriva al momento giusto e salva Virgile da una morte certa. Questo sceriffo, inizialmente prevenuto, suggella la riconciliazione tra le due comunità. Il film ha naturalmente ricevuto cinque Oscar. Forse avrebbe vinto un sesto posto se Virgile fosse tornato a Philadelphia con la vedova dell'industriale assassinato. Perché era una donna bianca molto bella. Ma nel 1967, il regista Norman Jewison probabilmente non voleva spingersi troppo oltre, per evitare la reazione di quegli imprevedibili stronzi bianchi.

Barton Fink (USA, 1991): Nel 1941, Barton Fink è un giovane attore che raggiunge la celebrità grazie a un'opera teatrale. La prima scena del film ci fa entrare subito nell'atmosfera. È dietro le quinte e si stupisce del successo fenomenale della sua opera: è un trionfo! Il pubblico gli tributa una fragorosa ovazione e si alza in piedi, entusiasta del sublime genio di questo poco conosciuto drammaturgo ebreo. Ma Barton Fink è una persona timida ed egocentrica. La nuova notorietà gli permette di ottenere un contratto a Hollywood, anche se inizialmente rifiuta: "Mi porterebbe via dal villaggio", dice. In effetti, Barton è diventato rapidamente il nuovo idolo di Broadway. Tuttavia, incapace di resistere alla tentazione di una maggiore gloria, si reca a Los Angeles, dove incontra un produttore intrigante. È rapido e molto appariscente. È un ebreo di Minsk che sostiene di essere "più intelligente degli altri ebrei della zona".

Ecco Barton Fink in albergo davanti alla sua macchina da scrivere.

Ma il suo vicino nella stanza accanto è troppo rumoroso e gli impedisce di concentrarsi. All'improvviso irrompe nella sua vita. È grasso, rosso, rozzo e alcolizzato: è un goy! Tuttavia, il timido e delicato intellettuale Barton Fink apprezzerà questo individuo semplice e autentico. Ma deve finire la sceneggiatura molto velocemente per poter girare il film. Il problema è che Barton ha grandi difficoltà a scrivere la sceneggiatura che gli viene richiesta. Rimane bloccato per diverse settimane. Quando il suo produttore lo riceve nella sua casa a bordo piscina, Barton, rattristato, non ha altra scelta che confessare che l'ispirazione non lo ha ancora colpito. Riceve il sarcasmo dell'assistente, che non si aspetta la reazione violenta del produttore, che lo butta fuori senza pensarci due volte prima di ribadire la sua fiducia nel piccolo genio che ha preso sotto la sua ala. La sua ammirazione per Barton è tale che arriva persino a leccargli la suola della scarpa, in segno di rispetto per la nobile funzione di uno scrittore!

Barton può tornare in albergo in tutta tranquillità. Fortunatamente, l'ispirazione finalmente colpisce e Barton riesce a scrivere la sua sceneggiatura in una sola notte. Il risultato è semplicemente brillante: sì, Barton Fink è un genio! Al mattino è traboccante di gioia. Mai prima d'ora aveva raggiunto un tale grado di sottigliezza e perfezione: "Sono un creatore!" La sera festeggia in grande stile ballando in un jazz club. Nei giorni successivi, incontra un grande scrittore, che però si rivela essere un individuo molto deludente, alcolizzato, brutale e maleducato, che tratta male anche la sua ragazza. In un equivoco, per così dire, Barton passa la notte con lei in albergo. Ma la mattina dopo scopre con sgomento e orrore il corpo insanguinato della donna nel suo letto. Cosa è successo? Lui non c'entra nulla, ovviamente, e avvisa immediatamente il suo vicino. Quest'ultimo gli crede e si incarica di far sparire il corpo.

Improvvisamente tutto sta crollando intorno a lui. Inoltre, il suo produttore è molto deluso dalla sua sceneggiatura. Quando Barton si presenta al suo cospetto, questa volta viene trattato come l'ultima delle canaglie e insultato pesantemente. Tutto va male per Barton. La polizia indaga presto sulla scomparsa della giovane donna: ma si scopre che il vicino di casa, paffuto, arrossito e alcolizzato, è un pericoloso psicopatico che ha l'abitudine di fare lo scalpo alle sue vittime. È anche un nazista: "Heil Hitler!" grida prima di sparare con il suo fucile a due poliziotti nell'hotel in fiamme. Il film si conclude così. Alla fine, in questo film dei fratelli Ethan e Joel Coen tutti i bianchi sono spazzatura. Il film è stato evidentemente premiato con la Palma d'Oro al Festival di Cannes nel 1991. John Turturro è davvero magnifico nel ruolo dell'intellettuale ebreo "vicino al popolo".

Desperately Seeking Susan (USA, 1985): una giovane donna un po' repressa viene trasformata in una sfacciata punk dall'amnesia. La scrittura indigente non ha alcuna importanza. Osserviamo semplicemente come in una società "aperta", "liberata" e molto multiculturale, il sassofonista nero nel suo appartamento occupi il posto dell'icona democratica, e che il ruolo del cattivo bastardo spetti immancabilmente a un uomo biondo. È una coincidenza? Il film è di Susan Seidelman.

Music box (USA, 1989) è un film che ricorda le atrocità della Seconda Guerra Mondiale: Michael Laszlo è un rifugiato ungherese che vive negli Stati Uniti da 37 anni. Da un giorno all'altro viene accusato di crimini di guerra. Le dichiarazioni dei testimoni sono rimaste bloccate per quarant'anni negli archivi delle Nazioni Unite. È vedovo, ma a difenderlo c'è la figlia avvocato. Naturalmente, la donna non crede a queste sordide storie e decide di difendere il suo povero padre. "Ci sono i comunisti dietro a tutto questo", le dice per rassicurarla. Tuttavia, è costretto a confessare che, prima di lasciare la natia Ungheria dopo la guerra, era stato poliziotto sotto il regime fascista, anche se solo come "impiegato in un ufficio", niente di più. La figlia, tuttavia, comincia a dubitare del ruolo del padre durante la guerra: "Hanno una foto della tua tessera delle sezioni speciali con la tua firma. Lo ha inviato il governo ungherese. "Inoltre, i testimoni lo hanno identificato e lo accusano di cose orribili: "Quando mi fermo a pensare a tutto questo, mi vergogno di essere ungherese, papà", dice la figlia (ecco quanto vogliamo dispiacerci noi ungheresi).

Un gruppo di sopravvissuti ha poi manifestato davanti alla sua casa con striscioni per rendere la vita difficile al noto militante anticomunista. I vetri delle finestre sono stati spaccati con le pietre. Un nuovo indizio allarma la donna quando il figlio le ripete ingenuamente le parole del nonno: "Ha detto che l'olocausto è stato inventato, che è esagerato!"

Il processo ha finalmente inizio e i testimoni dell'accusa si presentano uno dopo l'altro per raccontare le atrocità commesse dai fascisti ungheresi, una più orribile dell'altra, di cui conserviamo che "il bel Danubio blu era rosso di sangue": "Michka fu la peggiore di tutte". Amava uccidere gli ebrei. Cercava oro e denaro... il bel Danubio blu era rosso. È stato lui, lo ammetto. "La figlia riesce però a scagionarlo, dimostrando i legami sospetti di questi testimoni con i governi comunisti e il KGB. Fortunatamente il padre è stato scagionato.

Ma più tardi a Budapest, durante un viaggio per interrogare un testimone, scopre in un carillon le foto atroci che tradiscono il suo stesso padre. Questa volta la prova della sua colpevolezza è inconfutabile: "Non voglio vederti mai più, papà". Non voglio che tu veda mai più mio figlio", le dice, con il cuore pieno di odio e disprezzo. E quando la figlia minaccia di raccontare tutto al figlio, il malvagio nonno risponde, sicuro di sé e arrogante: "Non ti crederanno, non ti crederanno". Non ti crederanno, diranno che sei pazzo!". È così che ci piace vedere le famiglie ungheresi: divise e pronte a uccidersi a vicenda. Alla fine l'avvocato invia le foto alla stampa e il film si conclude con lei che guarda la foto del padre in uniforme della milizia sulla prima pagina di un giornale. Si noti che Costa Gavras ha avuto cura di integrare nel film immagini e musiche del folklore ungherese. Probabilmente per rendere il tutto ancora più ripugnante per lo spettatore.

False Seduction (USA, 1992) inizia con una scena sorprendente: in una villa di una bella cittadina di periferia, una giovane coppia scopre un ladro che cerca di entrare in casa loro di notte. L'uomo riesce a fuggire minacciando la giovane donna con un coltello da cucina. L'aggressore è nero e le vittime sono bianche, cosa non comune nel cinema planetario. Sospettiamo che il regista non si sarebbe fermato qui, e infatti, nella scena successiva, ci rendiamo conto che ci sono anche neri simpatici, perché uno dei due poliziotti che appaiono per rassicurare la bella coppia è un uomo di colore. Anche il suo collega - un bianco - è un ragazzo molto gentile e professionale... ma solo in apparenza. In realtà si tratta di un pericoloso psicopatico che si è innamorato della giovane donna e che ha intenzione di rendere la vita di suo marito un inferno. Arriva persino a uccidere il suo collega di colore insieme a un giovane spacciatore, facendo sembrare il crimine una sparatoria tra i due uomini, il che non gli impedisce di piangere la morte dell'amico davanti alle telecamere. Alla fine del film, l'aggressione dell'uomo di colore armato di coltello viene dimenticata e lo psicopatico dagli occhi blu diventa il protagonista. Dobbiamo ringraziare M. Jonathan Kaplan (ancora lui!) per questo film.

Cop Land (USA, 1997) rivela i metodi di polizia poco ortodossi di alcuni poliziotti di New York. La maggior parte di loro ha lasciato la grande città cosmopolita che detesta per stabilirsi a Garrisson, una tranquilla cittadina sull'altra sponda del grande fiume Hudson dove possono vivere in pace - tra i bianchi. Ben presto ci rendiamo conto che questi poliziotti bianchi, che seppelliscono i loro morti al suono della musica irlandese, sono altamente organizzati e non esitano a falsificare le indagini e a liquidare i poliziotti che li ostacolano. È una vera e propria gang mafiosa. Ma il piccolo sceriffo della zona, che fino a quel momento aveva chiuso un occhio sulla situazione, trova finalmente il coraggio di agire. Tutti questi bastardi sono poliziotti bianchi, mentre la polizia multirazziale di New York è davvero super gentile. Questo film "di marca" è opera dell'astuto James "Mangold".

In *Conspiracy* (1997), ci sono i cattivi e i buoni. Ma non tutto è così semplice, perché tra i cattivi alcuni non sono poi così cattivi e si rivelano addirittura buoni. C'è solo una certezza: tutti i cattivi sono bianchi. Anche in questo caso, le quote obbligatorie non vengono rispettate. Il film è di Richard Donner.

Il razzismo del cinema planetario può essere rivolto anche ad altre comunità. *Arma letale 4* (USA, 1998) ha come protagonisti due agenti di polizia di Los Angeles, un nero e un bianco, che hanno scoperto un traffico di immigrati cinesi. I due colleghi scoprono quattrocento persone indigenti stipate nella stiva di una nave, ma il Nero, in preda alla pietà e forse ricordando i suoi antenati schiavi, decide di infrangere la legge e di accogliere una famiglia dimenticata su una barca di recupero. I due poliziotti scoprono presto il boss della mafia che contrabbanda migliaia di cinesi negli Stati Uniti. Devono lavorare per anni per rimborsare il costo del viaggio e dei documenti falsi. È una temibile organizzazione criminale che produce anche valuta falsa. Il film di Richard Donner è innegabilmente divertente e spettacolare. Ma è anche uno dei film più razzisti mai realizzati. Per quanto ne sappiamo, nessuna comunità, a parte quella dei bianchi, è mai stata rappresentata da registi ebrei in modo così offensivo e oltraggioso. Questo trattamento è forse dovuto al fatto che la comunità cinese è l'unica a respingere la comunità ebraica nel campo degli affari e dell'organizzazione comunitaria.

Sulla stessa scia, si può vedere il film francese *XXL* (Francia, 1997), che presenta i cinesi a Parigi in una luce molto negativa, in quanto le loro attività commerciali competono vantaggiosamente con quelle della comunità ebraica nel quartiere Sentier[75]. Qui abbiamo un proprietario di bar dell'Alvernia e un commerciante di tessuti ebreo che uniranno le forze contro l'insopportabile invasione asiatica. L'alverniate (Gerard Depardieu) è un uomo di spettacolo sicuro di sé e di conquistare, mentre l'ebreo (Michel Boujenah) è un tipo angosciato, timido e inquieto. Ma lo spettatore deve rendersi conto che le loro differenze sono superficiali e che hanno interessi comuni da difendere contro questi cinesi corrotti, per cui possono essere insultati senza cerimonie e senza paura di essere portati in tribunale. Il regista di questo

---

[75]Tradizionale quartiere ebraico parigino, l'area è dominata dal commercio tessile.

film è Ariel Zeitoun.

In *The Panic Room* (USA, 2001), una giovane donna ricca (Jodie Foster) e sua figlia si trasferiscono in un'enorme villa nel cuore di Manhattan. La casa è dotata di un caveau progettato per resistere alle aggressioni esterne. Una notte, tre ladri entrano in casa. Inizia un'avventura terrificante che finirà molto male, perché il bottino che stanno cercando si trova proprio nel caveau dove si sono rifugiate le due donne, del tutto ignare delle intenzioni degli assalitori. Dei tre ladri, il colosso nero è l'unico un po' intelligente: è stato lui, infatti, a ideare il caveau. È anche tecnico e il più scrupoloso dei tre criminali, rifiutando fin dall'inizio l'uso della violenza. Il caposquadra, invece, è Blanco, un ragazzo alto, nervoso e imprevedibile che finirà con una pallottola in testa quando cercherà di fuggire. Il terzo, un altro Blanco molto tranquillo, si rivela essere un pericoloso psicopatico e un folle assassino. Alla fine del film, questo idiota sta per spaccare la faccia alla donna. Fortunatamente, il Nero interviene in extremis. Il negro riesce anche a salvare la ragazza da morte certa facendole un'iniezione in condizioni molto difficili. I bianchi sono cattivi, i neri sono buoni; il film è di David Fincher.

In *O Brother!* (USA, 2000), tre simpatici furfanti riescono a fuggire da un penitenziario del Sud americano. L'inizio del film sembra essere un omaggio alla cultura del profondo Sud, con la fuga dei tre fuggitivi accompagnata da musica *country*. Ma, come al solito, il messaggio antirazzista arriva dopo un po': i politici maschi bianchi sono aggressivi, razzisti, racket senza scrupoli. Il Ku Klux Klan viene naturalmente messo a dura prova e ci rendiamo conto che non c'è niente di meglio di una buona società multirazziale. Il messaggio politico è abilmente incarnato da una troupe di tre compari e da un chitarrista "negro". Certo, la loro musica è davvero stimolante. Per non parlare del sistema elettorale - *un uomo, un voto* - *che* viene descritto per quello che è: una truffa, dove il candidato vincente è quello con la migliore campagna pubblicitaria. Un punto a favore, quindi, per i fratelli Joel e Ethan Coen.

Il cinema planetario è spesso caratterizzato come anticristiano. In televisione e nei film, i cristiani, soprattutto i cattolici, sono infatti spesso ritratti come persone prive di valori, testarde e intolleranti, e persino come stupratori e assassini disturbati. Per quanto riguarda il clero cattolico, il più delle volte viene rappresentato come un covo di sadici e polimorfi perversi.

Abbiamo già analizzato in *Speranze planetarie* i casi di film come *Elmer Gantry* di Richard Brooks (USA, 1960), *Fanny e Alexander di*

Ingmar Bergman, *Il nome della rosa* di Jean-Jacques Annaud, *La differenza di* Robert Mandel, *Life Sentence* di Frank Darabont, *The Virgin Suicides* di Sofia Coppola, *Seven* di David Fincher e *Amen* di Constantin Costa-Gavras. Completiamo qui l'elenco.

La notte del cacciatore (USA, 1955), Robert Mitchum interpreta un pastore protestante dall'animo buono e generoso. Ma tutto questo è solo una falsa apparenza, perché in realtà si rivela un uomo pericolosamente squilibrato alla ricerca di una grossa somma di denaro donata da un padre ai figli prima della sua incarcerazione. Inseguiti senza pietà da questo pastore psicopatico, i due bambini fuggono disperatamente. Questo film di Charles Laughton incarna perfettamente la volontà cosmopolita di infangare la religione cristiana.

The Cardinal (USA, 1963) è un film notevole per la bellezza delle immagini e la nobiltà d'animo del futuro cardinale. Sebbene il Vaticano e la Chiesa siano trattati relativamente bene, il peso dell'ignominia ricade sulla gente comune e praticante. Così è, perché i cattolici che ancora rifiutano di far sposare le loro figlie con un ebreo dimostrano di essere odiosi bigotti. Lo stesso vale per l'aborto. E dato che il film è una serie di cliché, capiamo bene perché il Vaticano si guardi modestamente dall'altra parte quando si tratta di prendere una posizione sulla questione razziale che sta sconvolgendo l'America degli anni Sessanta. Il protagonista, un vescovo americano, interviene ufficialmente in questa città del Sud dove una chiesa cattolica è stata bruciata perché il prete era nero. I razzisti della zona non lo accettano e assistiamo a una scena da antologia quando il giovane e intrepido vescovo viene rapito dai militanti del Ku Klux Klan. Sarà fustigato fino a sanguinare, in mezzo a un gruppo di uomini incappucciati che cantano e scandiscono ritmi dixieland al suono dell'armonica, mentre un crocifisso gigante brucia nella notte sullo sfondo. Geni della messa in scena, questi Klansmen! - o piuttosto Otto Preminger, se preferite.

Scrive Guy Konopnicki a proposito del film *Ben-Hur* (USA, 1959): "William Wyler è il prototipo dell'insopportabile cosmopolita: nato a Mulhouse nel 1901, arrivò a Hollywood quando la Francia aveva appena riconquistato l'Alsazia. tedesco? francese? svizzero? americano? Regista internazionale, Wyler ha giocato con tutte le leggende del mondo. Il modello di cristianesimo che emerge dal capolavoro di Wyler prefigura il Concilio Vaticano II, e Giuda Ben-Hur lancia un monito a Ponzio Pilato rivolto sia a Washington che a Roma[76]. "Siamo stati avvertiti.

---

[76]Guy Konopnicki, *La Place de la nation*, Olivier Orban, 1983, p. 209.

In *Una ragazza perbene come me* (Francia, 1972), Charles Denner interpreta il ruolo di un cattolico che si dedica a sradicare le fattorie... Il film è di François "Truffaut" e la sceneggiatura di Jean-Loup Dabadie. *La vedova nera*, di Arturo Ripstein (Messico, 1977) è un film blasfemo che denuncia la Chiesa e i "bien pensantes". *The Runner Stumbles* di Stanley Kramer (USA, 1979) è la storia di un prete che si innamora di una giovane donna e finisce in tribunale.

Monsignore (USA, 1982) è la storia di un cardinale depravato che riesce a sedurre un uomo e finisce anche in tribunale. Ma il cardinale è potente: gestisce i conti bancari ed è in contatto con la mafia. Il Papa, che è a conoscenza del caso, ne tace discretamente. Il film è di Frank Perry.

In *Crimini passionali* (USA, 1984), Anthony Perkins interpreta un pastore evangelico docile e molto pio che legge la Bibbia con fervore, ma che frequenta cinema a luci rosse e si innamora di una cleptomane. Finisce per ucciderla in una scena di sfrenata depravazione per "salvare la sua anima"!

Agnes of God (USA, 1985) è ambientato in un convento canadese. In una notte d'inverno, una suora dà alla luce un bambino trovato morto strangolato in un bidone della spazzatura. Suor Agnes è accusata dell'omicidio, ma dice al giudice di non ricordarlo. Il dottor Livingstone, un giovane psichiatra nominato dal tribunale, arriva al convento per cercare di chiarire il caso. La suora che le apre la porta è evidentemente di aspetto detestabile. Lo psichiatra ha interrogato la madre superiora, che ha confermato che nessuno sapeva nulla. Per lei il bambino è un miracolo; ma lo psichiatra è molto più pragmatico e realistico: "Lei si rifiuta di vedere che Agnes è stata violentata o sedotta. "L'intervista a suor Agnes è molto più interessante: è totalmente innocente, oltre che ignorante in materia di sessualità e procreazione. D'altra parte, spesso va in estasi e parla del suo amore per la Vergine Maria. Alla fine veniamo a sapere che questa povera ragazza, martirizzata da una madre alcolizzata, è stata in realtà violentata in un passaggio segreto attraverso il quale talvolta passava, di cui lo psichiatra ha scoperto l'esistenza curiosando negli archivi del luogo. Questa ragazza pietosa è l'unica persona un po' simpatica del convento, perché tutte le altre sorelle sono antipatiche da morire. E a quanto pare questo è il caso di tutti i cattolici, perché anche la madre del dottor Livingstone, sola nella sua stanza d'ospizio, è un ronzino scontroso, moralista e xenofobo. Questo film goffo e pesante è di Norman Jewison, che a quanto pare non sembra apprezzare molto i cattolici.

Silver Bullet (USA, 1985): Una piccola città americana vive sotto il terrore di una bestia che di notte uccide e mutila i suoi abitanti. In realtà, è il pastore che si trasforma in lupo mannaro. Fortunatamente, verrà ucciso con una pallottola d'argento. Il film è di Daniel Attias e la sceneggiatura di Stephen King, che a quanto pare è un "grande" scrittore. Conosce qualche film su un rabbino che si trasforma in vampiro nella notte di luna piena?

In *Il penitente* (USA, 1988) di Cliff Osmond, Paul Julia interpreta un contadino del Nuovo Messico che si imbarca in un culto cattolico primitivo e brutale in cui gli adepti si divertono a compiere sacrifici umani in cui le vittime vengono crocifisse... Si dice che in altri film dello stesso genere si assiste a scene di sacrifici di bambini cristiani da parte di rabbini sanguinari. Ma tutto questo, fortunatamente, non è altro che finzione.

Ancora nel 1988, *L'ultima tentazione di Cristo* di Martin Scorsese mostra un Cristo omosessuale, amante dei piaceri carnali e posseduto dal demonio.

The Handmaid's Tale (USA, 1990) è una distopia che ritrae un orribile Stati Uniti governati da fondamentalisti cristiani. Il governo teocratico vieta i libri che non diffondono il messaggio biblico, raduna le masse per assistere a impiccagioni e torture e usa la forza e la brutalità per far rispettare le leggi della Bibbia, anche quelle più obsolete. Inoltre, istituisce politiche genocide contro le minoranze etniche. Tutte queste assurdità non impediscono ai cristiani ipocriti di frequentare i bordelli. Il film è di Volker Schlöndorff.

The Favour, the Watch and the Very Big Fish (USA, 1991): Luis è un fotografo d'arte presso lo studio che Norberto dirige, specializzato in composizioni di ispirazione religiosa. Sono alla ricerca di un nuovo modello fotografico per incarnare Gesù quando trovano un pianista un po' matto con il volto di Cristo (Jeff Goldblum!). L'accordo è concluso. Il nuovo modello incarna magnificamente Cristo, sulla croce, a cena con gli apostoli e in tutte le immagini bibliche. Ma ecco che, a poco a poco, il falso Cristo comincia a confondersi con quello vero. In una scena comica, Jeff torna a casa con un pesce spada in spalla, che appoggia sul tavolo della cucina e che la moglie sta per preparare per la cena, ma lo getta nel tritacarne insieme alle zampe d'anatra! Il piatto che serve in tavola, sotto il naso del marito, è un sudicio e nauseante stufato nero. Poi gli chiede: "Hai trovato il nostro Signore Gesù Cristo (primo piano sul piatto disgustoso)? È quindi molto chiaro che questo "Gesù" è vomitevole per il regista, e che Ben Lewin vuole condividere il suo disprezzo con tutto il pubblico.

Cape Fear (USA, 1991) è la storia di un detenuto ingiustamente condannato per stupro. Dopo quattordici anni di carcere, viene finalmente rilasciato con la ferma intenzione di vendicarsi del suo avvocato corrotto. Robert de Niro interpreta un personaggio pericoloso e psicopatico, e Martin Scorsese ha avuto la buona idea di tatuargli un enorme crocifisso sulla schiena, in modo che si possa identificare esattamente da dove viene la sua pericolosità. Di tanto in tanto, questo cristiano pentecostale fuma oppio e cerca di sedurre giovani ragazze, stupra una donna e insegue una famiglia, prima di annegare in un torrente. Martin Scorsese è un italiano piuttosto strano, vero?

La famosa trilogia *del Padrino* di Francis Ford Coppola descrive le modalità della mafia siciliana negli Stati Uniti all'inizio del XX secolo. La terza parte (1991) espone tutta la potenza della Chiesa cattolica. In effetti, il Vaticano possiede un enorme impero immobiliare nel mondo. È un colossale potere finanziario che fa affari con la mafia. La mafia cattolica è quindi temibile e possiamo essere certi che i governi occidentali le obbediscono alla lettera. La mafia ebraica è ben lontana dall'essere così potente.

In *Alien 3* (USA, 1992), l'astronave del tenente Ripley si schianta su un pianeta dove la "compagnia" ha lasciato solo un penitenziario che ospita pericolosi criminali: assassini, stupratori, psicopatici. Non è rassicurante per una donna, ancor più quando si rende conto che un alieno viaggiava con lei sulla nave. Il comandante del penitenziario è una specie di fascista ostinato che non vuole avere nulla a che fare con la presenza dell'alieno. Fortunatamente, verrà mangiato all'inizio del film. I prigionieri sono sottoposti a una disciplina religiosa molto rigida, un misto di "fondamentalismo cristiano tinto di millenarismo apocalittico". Sono vestiti da monaci e fanno il saluto romano alzando le braccia dopo il discorso del loro leader. Ma non fraintendetemi, si tratta di pericolosi malati di mente da cui è meglio stare alla larga, soprattutto se non vedono una donna da anni. I bastardi che cercano di violentarla sono tutti bianchi malvagi, mentre quello che la soccorre è un omone nero che ha il sopravvento sugli altri: è lui il capo! Si sacrificherà per salvare la vita di Ripley e catturare l'Alien. Il film è di David Fincher - c'è un Alien sul mio televisore!

Priest (Regno Unito, 1994) presenta un prete omosessuale che vive con il suo maggiordomo in bella vista, un altro prete alcolizzato, un vescovo pietoso e una giovane ragazza il cui padre abusa regolarmente di lei. Tutti sono aderenti alla religione cattolica, anche se ognuno vi si conforma a modo suo.

In *Star Trek V: The Final Frontier* (USA, 1989), Dio viene rappresentato come un essere maligno e tutte le religioni sono state create dagli uomini e presto non avranno più senso. Dio è rappresentato come un essere maligno e tutte le religioni sono state create dagli uomini e presto non avranno più alcun significato. Tutte? No, perché è un messaggio destinato principalmente all'esportazione.

Johnny Mnemonics (USA, 1995) mostra la natura malvagia di un predicatore che ha l'abitudine di uccidere le persone con un crocifisso.

I due volti della verità (*Primal Fear*, USA, 1996): A Chicago, un arcivescovo viene selvaggiamente assassinato. Un sospetto viene rapidamente arrestato. È un adolescente mentalmente limitato, trovato stordito e disorientato e con i vestiti sporchi di sangue. Era uno dei ragazzi protetti dall'arcivescovado che cantavano nel coro. Alla fine scopriremo che era davvero colpevole e che ha finto di avere un'amnesia. Voleva vendicarsi di tutte le disgustose nefandezze che l'uomo di chiesa lo costringeva a fare durante le orge con la sua ragazza e il resto dei coristi dell'arcivescovado. Niente di meno! Con una tale immaginazione, possiamo scommettere che il prossimo film di Gregory Hoblit si svolgerà nella cripta di una sinagoga. Ecco la sceneggiatura: i pii ebrei ballano una sarabanda diabolica, ululando come invasati. Al centro di un cerchio, un bambino cristiano inconsapevole viene abusato prima di essere sacrificato. Fortunatamente, la signora Moreira, la donna delle pulizie portoghese che si è finta ebrea per ottenere il lavoro, riesce con un inganno a liberare il bambino e a rifugiarsi nella stazione di polizia dove racconta tutto ciò che ha visto. Inizia così un nuovo caso Dreyfus. Incredibile, vero?

Flight of the Black Angel (USA, 1991) è l'ambientazione di un pilota dell'aviazione americana che è anche un cristiano fondamentalista. Come per caso, diventa improvvisamente un pazzo omicida e massacra la sua famiglia e alcuni colleghi della squadriglia. Poi immagina di ripulire Las Vegas con una bomba nucleare tattica, giustificandosi con il fatto che deve compiere la volontà di Dio: "Tutto ciò che è sulla terra deve essere distrutto... Porto la luce del cielo ai malati, agli impuri, ai corrotti, ai bugiardi". "Non c'è dubbio, è un marrano!

In *Rivers of Purple 2: Angels of the Apocalypse* (Francia, 2003), il regista rimane fedele alla prima parte, nel senso che i cadaveri recuperati dai due protagonisti sono altrettanto orribili. Evidentemente, ci troviamo ancora una volta di fronte a una pericolosa rete di neonazisti altamente organizzati, il cui quartier generale è un monastero in Lorena collegato da gallerie sotterranee alla linea Maginot. I monaci, che lottano "per un'Europa bianca e credente", hanno contatti con alte personalità europee che agiscono nell'ombra in modo sotterraneo: sono ovunque, controllano tutto, ma non si vedono! La scena in cui l'auto viene mitragliata per un lunghissimo minuto, trafitta da almeno due o tremila proiettili, è probabilmente il grande momento del film di Olivier Dahan, la cui sceneggiatura è comunque ampiamente sufficiente per il pubblico di riferimento.

Nella stessa ottica, abbiamo recentemente assistito a uno spettacolo teatrale a Broadway, *Corpus Christi*, che mette in scena un Gesù omosessuale con stretti legami con Giuda e altri discepoli....

Per rilassarci un po' dopo aver visto tanti film, possiamo leggere il libro di Gore Vidal, *Live from Golgotha*, che apparentemente raffigura San Paolo e Timoteo come una coppia omosessuale. L'autore non manca di sottolineare che il cristianesimo è stato "il più grande disastro che abbia colpito l'Occidente".

Il cinema planetario si occupa talvolta anche della vita della comunità ebraica. Il più delle volte, l'immagine che risalta è quella di una comunità ingiustamente perseguitata. Questa tendenza alla propaganda cinematografica non è nuova, a giudicare da quanto afferma Jonathan Weiss: "Nel 1929, il cinema produceva film come *L'ebreo polacco* di Jean Kemm, in cui un ebreo veniva ingiustamente accusato di un crimine[77]." È la classica posizione dell'ebreo perseguitato che riflette lo specchio dell'ebraismo.

La commedia musicale di Norman Jewison, *Il violinista sul tetto* (USA, 1971), racconta la vita di una piccola comunità ebraica tradizionale in un villaggio ucraino alla vigilia della rivoluzione bolscevica. L'atmosfera è popolare, le musiche e i canti tradizionali risvegliano i cuori: "Grazie alle nostre tradizioni, ognuno sa chi è e cosa Dio si aspetta da lui", grida il lattaio. Riconosciamo in questo villaggio i personaggi pittoreschi dell'epoca, come il rabbino circondato dai suoi fedeli, il sensale o il venditore di libri. La "tradizione" è il cuore dell'universo di questo shtetl (popolo ebraico dell'Europa orientale). Tuttavia, la vediamo sgretolarsi a poco a poco nel corso del film, quando le figlie del lattaio fanno quello che vogliono e decidono di sposare i giovani di cui si sono innamorate. Per il lattaio è una situazione nuova e incomprensibile. La "tradizione" si sta semplicemente perdendo e comprendiamo la sua sofferenza. Sua figlia non è innamorata del macellaio, ma del giovane intagliatore: le cose stanno così, è un dato di fatto. Dopo dolorose riflessioni, alla fine acconsente e accetta l'unione. Purtroppo, però, la seconda figlia sceglie come marito un giovane rivoluzionario ebreo che ha poco rispetto per la

---

[77] Jonathan Weiss, *Irène Némirovsky*, Éditions du Félin, 2005, p. 58.

"tradizione". Lo vediamo arringare la folla in una piazza di Kiev prima di essere arrestato dalla polizia dello zar. La terza figlia, invece, si innamora nientemeno che di... un goy! Questa volta è troppo. La legge ebraica non scherza su queste cose e i genitori la ripudiano. Per loro, d'ora in poi, lei non esiste più.

Sullo sfondo di questa storia si aggiungono gli sconvolgimenti politici dell'epoca e presto i poliziotti russi avvertono gli ebrei che dovranno lasciare lo shtetl per ordine dello zar. Gli ebrei, dopo il termine di tre giorni che era stato loro concesso, decidono di andarsene dopo un breve scoppio di indignazione: dopo tutto, cosa importa agli ebrei se vivono qui o là? Il violinista, che ha suonato sul tetto all'inizio del film, continua con la stessa melodia dietro il convoglio di ebrei che partono per un lungo viaggio. Questa bella cronaca della vita di uno shtetl è forse idealizzata, ma riflette abbastanza bene le mutazioni che gli ebrei hanno dovuto accettare per entrare nel mondo moderno, così come la loro sorprendente capacità di adattarsi alle situazioni e alle esigenze del tempo.

Yentl di Barbara Streisand (USA, 1983) è un film divertente tratto dal romanzo di Isaac Bashevis Singer. In un villaggio ebraico in Polonia all'inizio del XX secolo, Tentl è una giovane ragazza che vive con il padre, un uomo istruito. Nella piazza del mercato appare il venditore ambulante che grida: "Libri illustrati per le donne, libri sacri per gli uomini! Questo riassume molte cose, perché in effetti la tradizione ebraica presta poca attenzione alle donne, alle quali è vietato insegnare le cose sacre. Ma Yentl ama i libri e ha un solo desiderio: studiare il Talmud[78] come gli uomini. Quando il padre muore, decide di tagliarsi i capelli corti e di fingere di essere un ragazzo. Si reca in città dove incontra Avigdor, che porta il suo nuovo "amico" a Bechev, dove si trova la *yeshiva*[79], il centro di studi.

La notte i due amici dormono a casa dei genitori di Avigdor e Yentl si rende conto con orrore che c'è una sola stanza e che deve dormire nel suo stesso letto. La scena è esilarante, perché come farà Yentl a non far capire ad Avigdor che il suo compagno è in realtà una donna? La tensione è al culmine quando Avigdor, sdraiato e stanco, perde la pazienza quando vede che Yentl non spegne la luce e continua a studiare. Yentl inventa uno stratagemma man mano che procede, rivelando la sua capacità di cavarsela, se necessario, stravolgendo i testi sacri con un'aplomb inquietante. Così apprendiamo che, nel giudaismo,

[78]Si veda la nota del traduttore nell'Allegato I.
[79]Una yeshiva è un centro di studi sulla Torah e sul Talmud generalmente riservato agli uomini nell'ebraismo ortodosso. Spesso vengono anche chiamate scuole talmudiche.

"due uomini non sposati nello stesso letto devono giacere sulla schiena". Avigdor è un po' sorpreso, ma probabilmente è troppo stanco per discuterne.

Nella *yeshiva*, Avigdor è il compagno di studi di Yentl. Un giorno lo presenta alla sua ragazza. Alla domanda di Yentl su di lei: "Cosa pensa", risponde semplicemente: "Non ho bisogno che lei pensi". "E questo breve dialogo conferma la situazione delle donne nell'ebraismo. Sotto la sua falsa identità, Yentl vendica l'ingiustizia subita dalle donne diventando la migliore studentessa della *yeshiva*. Sconfortata dal fatto di non essere ricambiata dall'amica a cui ha dichiarato il suo amore, che prende molto sul serio le tradizioni, Yentl alla fine partirà per l'America. Sulla nave che la porta lì, canta ancora una volta il suo amore per Dio e per il padre, che confonde nel suo melodico lamento. "Ti sto guardando, ti sto guardando nel cielo.... Guarda papà, guarda come volo!"

In *I Ivan, Your Abraham* (Francia, 1993), Yolande Zauberman ci ha mostrato la vita degli ebrei polacchi nel 1933. In questo villaggio, dove vivono anche i cattolici, tutti gli ebrei vengono facilmente incolpati di tutti i mali. Le tradizioni cristiane sono certamente intrise di intolleranza e follia. I cristiani non vedono negli occhi del piccolo Abramo gli occhi del diavolo?

Una notte di Shabbat, un cristiano arrabbiato e sospettoso irrompe nella casa di un vecchio ebreo per scoprire finalmente cosa succede dietro quelle imposte chiuse. Vuole essere sicuro e vedere con i suoi occhi tutte le atrocità di cui gli ebrei sono accusati. Si precipita in casa e rimane sbalordito! La telecamera riprende lentamente la casa: un tavolo, alcune sedie, le candele che bruciano nel buio; insomma, nulla che possa avvalorare la tesi della trama. Tutti i sospetti contro gli ebrei sono ovviamente ridicoli, perché gli ebrei non hanno nulla da nascondere: nulla. Questi pregiudizi dovranno un giorno scomparire. Questa è l'unica cosa interessante del film, ed è per questo che il tasto fast-forward del telecomando è indispensabile. Ma la critica è rimasta estasiata da un'opera del genere, dando il massimo: "Yolande Zaubermann ha realizzato un film indispensabile" (Danièle Heymann, *Le Monde*); "La messa in scena è di straordinaria sensibilità ed emozione" (Jooshka Schidlow, *Télérama*); "Yolande Zaubermann raggiunge l'universale" (Claude Lanzmann, *Le Journal du Dimanche*).

I personaggi ebrei sono presenti anche nei film per il "grande pubblico". Il loro ruolo di primo piano nell'ideologia comunista è ben riflesso in *The Way We Were* (USA, 1973), che racconta la storia di un militante comunista in un'università americana alla fine degli anni Trenta. Barbara Streisand interpreta il ruolo di una giovane ragazza ebrea che si fa in quattro per la causa. Incarna perfettamente quell'instancabile attivismo che caratterizza gli intellettuali ebrei. Con grande coraggio, prenderà la parola nel campus universitario per denunciare "il fascismo e il grande capitale", difendere i "repubblicani" spagnoli e la "pace". Evidentemente riesce a spostare tutti gli studenti. Tuttavia, il suo frenetico attivismo è fastidioso per il suo entourage. Nonostante ciò, riesce a sedurre Robert Redford, il tipico goy tranquillo che fa sempre un po' fatica a capire cosa gli sta succedendo. Il film è di Sidney Pollack.

Il pianista (Europa, 2001) racconta la storia di un pianista virtuoso di Varsavia che riscuote un grande successo tra i suoi fan polacchi. "M. Szpilman, lei è davvero meraviglioso", dice una bella bionda. Ma la situazione internazionale è molto tesa e la guerra sta per distruggere la vita del nostro eroe. Tuttavia, le cose non potevano iniziare meglio nel settembre 1939, quando la famiglia Szpilman, riunita intorno alla radio, apprende che l'Inghilterra e la Francia hanno dichiarato guerra alla Germania. Tutti esplodono di gioia e si congratulano a vicenda: "È meraviglioso! Purtroppo, però, con la vittoria delle armate tedesche tutto prende rapidamente una brutta piega. Assistiamo poi a scene ripugnanti, come il povero vecchio schiaffeggiato per strada da un soldato che gli ordina di scendere dal marciapiede (è davvero scandaloso!).

Per sopravvivere, la nostra famiglia ebrea è costretta a vendere il pianoforte a un bastardo polacco che approfitta della situazione. Durante la cena frugale, il vecchio padre esprime la sua opinione: "I banchieri ebrei dovrebbero convincere gli Stati Uniti a dichiarare guerra alla Germania" (Niente di nuovo sotto il sole). Poi si verifica una scena atroce: soldati tedeschi scatenati irrompono nell'edificio di fronte, interrompendo la cena di una famiglia e costringendola ad alzarsi. Poiché il vecchio sulla sedia a rotelle non obbedisce immediatamente, i tedeschi... atrocemente... gettano lui e la sua sedia dalla finestra. Alla fine tutti vengono portati in un campo di lavoro. Le strade sono coperte di cadaveri. Una donna piange perché è stata costretta a soffocare il suo bambino per evitare che i tedeschi li scoprano entrambi. Le esecuzioni sommarie si moltiplicano nelle strade... è atroce... Roman Polanski... film... atroce...

Non riassumeremo qui tutti i film di questo periodo che ruotano sistematicamente intorno al tema della persecuzione. L'obiettivo è sempre lo stesso: fare il lavaggio del cervello alle persone su questo periodo "buio" della storia. Anche gli storici non guardano molto da vicino questi materiali, perché sappiamo già che questi film non sono rivolti a loro.

La propaganda cosmopolita è stata straordinariamente dilagante negli ultimi anni. Per molto tempo non ha potuto mostrarsi alla luce del sole, a causa del peso dei "pregiudizi" dei goyim con cui bisognava sempre fare attenzione. Questa propaganda si espresse soprattutto attraverso l'apologia della "licenziosità", con l'obiettivo di minare progressivamente l'ideale della cellula familiare, pilastro e nucleo della civiltà europea da sempre. I registi cosmopoliti hanno cercato la loro ispirazione in questa direzione, incapaci di dare libero sfogo alla loro febbrile immaginazione. Le opere che presentano l'adulterio in una luce favorevole sono innumerevoli. In seguito, l'omosessualità è stata sostenuta più apertamente. Ci sono voluti diversi decenni per lavorare sulla psiche della "bestia", finché non gli sono state mostrate immagini in cui i suoi stessi simili interpretavano il ruolo di omosessuali, mentre le sue donne più belle andavano con "uomini di colore".

Ma probabilmente non abbiamo ancora toccato il fondo di questo tuffo nel pozzo nero. Stanno arrivando i tempi in cui vedremo sugli schermi una folla eterogenea e cosmopolita, che si prostrerà davanti ai sommi sacerdoti e al re della casa di Davide. Sarebbe certamente l'ideale, ma il Signore ci farà assaggiare quell'estasi?

2. La missione del popolo ebraico

Gli intellettuali e gli artisti cosmopoliti sembrano scrivere o produrre le loro opere con l'unico scopo di trasmettere un messaggio e insegnare al pubblico le virtù del cosmopolitismo. Questa militanza tende a un obiettivo terrestre ben preciso: la scomparsa delle frontiere e delle religioni, l'applicazione universale dei principi della democrazia e dei diritti umani e, infine, l'instaurazione dell'Impero globale. Questa tensione permanente sembra determinare invariabilmente l'orientamento della sua produzione intellettuale, al punto che ci si può chiedere se un romanzo scritto da un ebreo possa essere totalmente neutrale dal punto di vista ideologico. Albert Memmi lo riconosceva apertamente: "L'ebraismo è in generale molto più presente di quanto si possa pensare nel comportamento e nel pensiero, persino nelle confessioni, della maggior parte degli ebrei[80]. "Questa propaganda non si ferma mai, perché è motivata da uno zelo e da uno scopo religioso. Il popolo ebraico, infatti, ha una "missione" da compiere.

Attivismo ebraico

C'è sempre un messaggio, per quanto debole, nelle produzioni letterarie e artistiche dei rappresentanti del cosmopolitismo. Questa instancabile propaganda, che mira a convincere le persone della legittimità della propria dottrina, è senza dubbio una delle prime caratteristiche del popolo ebraico. È un popolo di propagandisti, o un "popolo di sacerdoti[81] ", per dirla con il filosofo Jacob Leib Talmon, che ha espresso l'idea stessa che il popolo ebraico debba svolgere una missione. Questa militanza sfrenata si manifesta anche in forma più prosaica attraverso la lotta politica. Infatti, troviamo militanti ebrei in tutte le correnti di estrema sinistra, dove la fede e la speranza rivoluzionaria animano anime assetate di messianismo e di un mondo finalmente liberato da tutte le oppressioni.

---

[80]Albert Memmi, in nota al libro di David Bakan, *Freud et la tradition mystique juive*, 1963, Payot, 2001, p. 342.
[81]J.-L. Talmon, *Destin d'Israël*, 1965, Calmann-Lévy, 1967, p. 25. [La stessa diagnosi che fa Friedrich Nietzsche nella sua *Genealogia della morale*].

Questo "popolo di sacerdoti" è anche fortemente coinvolto nell'industria pubblicitaria[82], che è, ovviamente, un'altra forma di propaganda e di sensibilizzazione del pubblico. La pubblicità fiammeggiante e gli articoli di stampa elogiativi sono infatti molto utili per lanciare le "grandi" e "incomparabili" opere prodotte dal popolo eletto. Ecco perché il "popolo del libro", come si definisce, ci sembra soprattutto "il popolo del megafono", cioè dell'attivismo, della propaganda e della pubblicità.

L'ex direttrice del settimanale *L'Express*, Françoise Giroud, ha raccontato questo spirito militante che anima l'intellettuale cosmopolita. Giornalista e scrittrice, Françoise Giroud era al fianco di Jean-Jacques Servan-Schreiber quando il settimanale fu fondato nel 1953. All'epoca, l'obiettivo era quello di sostenere la politica di Pierre Mendès France. Nel suo libro *Leçons particulières*, pubblicato nel 1990, ha sottolineato questo impegno:

"Jean-Jacques Servan-Schreiber era un signore della guerra, scriveva... La sua vita non è altro che un combattimento: combattimento per portare al potere Pierre Mendès France - *L'Express* è stato creato a questo unico scopo - combattimento contro la guerra d'Algeria, combattimento per conquistare il partito radicale, combattimento per conquistare un collegio elettorale inattaccabile, combattimento per rafforzare il movimento riformista, combattimento per vincere le elezioni legislative del 1978 per Valéry Giscard d'Estaing". Non si riposa mai. Recitare è il suo modo di esprimere il proprio ego. Si sente responsabile degli affari del pianeta come un qualsiasi capo di Stato ed è in grado, qua e là, di influenzare gli eventi. In effetti, è stato alla pari con i grandi leader. Molti lo consultano volentieri[83]."

In altri suoi libri, possiamo vedere che questa tipica agitazione riguarda anche altri personaggi che costituiscono la casta mediatica per eccellenza nelle società democratiche, e che si manifesta sempre quando si tratta di "grandi cause internazionali":

"Ci eravamo riuniti per fondare *Action Internationale contre la*

---

[82]Si può citare Edwards Louis Bernays (1891-1995), pubblicista, giornalista e inventore della teoria della propaganda e delle relazioni pubbliche. Ebreo austriaco, nipote di Sigmund Freud, utilizzò in Nord America le idee legate all'inconscio per la persuasione dell'*io* nella pubblicità di massa. È inoltre degno di nota il ruolo di Walter Lippmann (1889-1974), un importante intellettuale e giornalista ebreo-tedesco che teorizzò il concetto di opinione pubblica e coniò il famoso slogan "la fabbricazione del consenso" nelle sue opere *Liberty and the News* (1920) e *Public Opinion* (1922). A questo proposito, il lettore può guardare l'interessante documentario di Adam Curtis, scrittore e documentarista della BBC, intitolato: The *Century of the Self*, 2002.

[83]Françoise Giroud, *Leçons particulières*, Fayard, 1990, p. 176, 178.

Faim (*Azione Internazionale contro la Faim*) con alcuni amici come Jacques Attali, Guy Sorman, Patrick Siegler Lathrop, Marek Halter, ecc..... Volevamo attirare l'attenzione dell'opinione pubblica, agire, fare appello al Papa, creare comitati in tutta la Francia, che ne so... Alfred Kastler, premio Nobel, sarebbe stato il nostro primo presidente. Bernard-Henri Levy aveva scritto alcuni magnifici statuti. Non restava che mettere in pratica le nostre buone intenzioni[84]."

Ricordiamo che l'associazione per i diritti umani *Amnesty International* è stata fondata nel 1961 da Sean Mac Bride e Peter Beneson-Salomon[85]. Quest'ultimo era figlio del fondatore dei grandi magazzini Mark & Spencer, il che non gli impediva di essere membro dell'Internazionale Comunista, come del resto il suo socio. In realtà, non c'è alcuna contraddizione in questo, non appena si comprende che affari e comunismo lavorano di pari passo per l'abolizione delle frontiere e l'instaurazione di un impero globale.

Questo feroce spirito militante si è visto anche nell'ex ministro socialista Bernard Kouchner, che nel 2004 ci ha annunciato la sua vocazione di "sacerdote", la sua "volontà di cambiare il corso delle cose, di influenzare la società" e di convertirci alla sua logica planetaria. In modo tale da vedere già possibile una "sicurezza sociale mondiale":

Il problema del reddito minimo è globale", ha scritto. Non è tollerabile che centinaia di milioni di persone siano lasciate nell'indigenza di fronte alla fame. "Ha quindi proposto per la Francia l'"abolizione del ticket sanitario per i più poveri e i clandestini", in modo che gli stranieri di tutto il mondo potessero beneficiare gratuitamente dell'assistenza sanitaria pagata dai francesi. Ma il "progetto che auspico con tutto il cuore è la prossima e necessaria battaglia" che rappresenta "la sicurezza sociale mondiale: tutti, qualunque sia il loro Paese o la loro situazione, devono poter avere un minimo di assistenza medica... Lo chiameremo *Malati senza frontiere*[86]. "Vedremo più avanti in questo studio questa singolare predisposizione degli intellettuali cosmopoliti a generalizzare i loro casi personali su un piano universale.

Bernard Kouchner è stato infatti altrettanto aggressivo nella sua lotta quanto Jean-Jacques Servan-Schreiber: "Nella lotta per la pace, è la lotta che ci interessa. "Il suo sostegno all'esercito statunitense,

---

[84]Françoise Giroud, *Arthur ou le bonheur de vivre*, Poche, 1993, p. 162, 163.
[85]Nicolaï Davidoff, *L'Ours et la chandelle, ou Faut-il détruire Amnesty international?* Éditions Ulysse, 1997
[86]D.Cohm-Bendit, B. Kouchner, *Quand tu seras président*, Robert Laffont, 2004, p. 18, 375

impegnato in un grande progetto democratico in Afghanistan, è stato un altro chiaro esempio: "In Afghanistan, alla fine, trionferemo", ha proclamato. Daniel Cohn-Bendit ha annuito, esprimendo il suo forte impegno nella "lotta contro l'intolleranza e l'attuale fondamentalismo islamico in Europa".

In questa linea di lotta planetaria, Bernard Kouchner è, come Edgar Morin, un fervente sostenitore dell'ingerenza: "Se ho inventato il diritto di ingerenza, è perché voglio che gli ebrei possano lottare contro l'oppressione e, come loro, anche tutte le minoranze. E ha concluso con queste parole: "Vorrei morire di morte violenta, in un grande gesto contro l'oppressione". Quando ero piccolo desideravo morire uccidendo un bastardo[87]. "Questo potrebbe essere un po' problematico, dato il concetto piuttosto ampio di bastardo che alcune persone hanno....

Questo frenetico agitarsi, questo incessante girare per il pianeta è innegabilmente una caratteristica dello spirito cosmopolita. Viaggiano in tutto il mondo per trasmettere un messaggio; sono coinvolti in tutte le cause umanitarie ai quattro angoli del pianeta. I casi di Marek Halter, Bernard-Henri Levy ed Elie Wiesel sono molto sintomatici di questi scrittori che non smettono di viaggiare per il mondo, saltando da un aeroporto all'altro, per diffondere la buona parola[88].

Il settimanale *Le Point* del 13 ottobre 2005 ha pubblicato un'intervista allo scrittore Mario Vargas Llosa. Vargas Llosa è nato in Perù e ha pubblicato più di trenta libri tradotti in tutte le lingue. Nel 1990 si è candidato alle elezioni presidenziali, ma è stato sconfitto al secondo turno da Alberto Fujimori. In occasione della pubblicazione del suo *Dictionnaire amoureux de l'Amérique latine (Dizionario amoroso dell'America Latina)*, il giornalista di *Le Point ha* scritto: "Non è facile di questi tempi procurarsi questo viaggiatore-scrittore. "Una breve esitazione e l'appuntamento fu annullato, perché "Mario" era andato a Gaza. "Sarebbe meglio incontrarsi a Londra? "Ma Mario è già a Madrid. Sto arrivando, aspettatemi!"Va bene, ma alle 17 in punto, perché devo volare a Barcellona e poi a Parigi."

Questa testimonianza ricorda ciò che Franz Kafka scrisse nel 1923: "Non posso rimanere a lungo in un posto; ci sono persone che si sentono a casa solo quando viaggiano[89]."

Anche il ricchissimo uomo d'affari socialista Samuel Pisar ha espresso questa incessante agitazione nella sua autobiografia. Durante

---

[87]D.Cohm-Bendit, B. Kouchner, *Quand tu seras président, Robert Laffont*, 2004, p. 256, 332, 348, 349

[88]Hervé Ryssen, *Speranze planetarie*, 2022.

[89]Laurent Cohen, *Variations autour de K.*, Intertextes, Paris, 1991, pag. 119.

gli eventi del 1968 era, come molti suoi coetanei, in uno stato di febbrile esaltazione: "Ero costantemente in dialogo con quei giovani ribelli da Copenaghen alla Sorbona, da Chicago a San Paolo e Kyoto... Qual è la missione più importante? Quale missione è più importante?" Tanto che un giorno uno dei suoi amici gli disse: "Sei ancora troppo occupato[90]."

Da parte sua, Elie Wiesel era ben consapevole che l'attivismo cosmopolita poteva essere fastidioso per coloro che sono continuamente sottoposti alle offensive ideologiche del popolo eletto. Ma dobbiamo capire che questo comportamento, che può sembrare inappropriato, in realtà corrisponde solo a un impegno altruistico e caritatevole:

"Per me la letteratura deve avere una dimensione etica e un'esigenza etica. Voglio andare oltre la letteratura. Voglio aiutare. Voglio sensibilizzare l'opinione pubblica. Non ho vissuto né sono sopravvissuto per "fare romanzi". Lo scopo della letteratura - che chiamerò testimonianza - non è quello di compiacere o rassicurare, ma di sconvolgere; altri l'hanno già detto e io mi limito a ripeterlo con insistenza. Disturbo il credente perché, all'interno della mia fede, oso mettere in discussione Dio, che è la fonte di ogni fede. Disturbo l'ateo perché, nonostante i miei dubbi e le mie domande, mi rifiuto di rompere con il mondo religioso e mistico che ho costruito. Disturbo soprattutto coloro che sono installati in un sistema - politico, psicologico, teologico - in cui si sentono molto a loro agio[91]."

"Disturbare", "turbare", "disturbare" e "irritare" sono dunque virtù del pensiero cosmopolita. Ne era consapevole anche Guy Konopnicki quando scriveva: "So perfettamente che per ogni pagina irritante di questo libro, e ce ne sono per tutti, il lettore dirà: "Come dice? Identità? Tu fai finta di non averne, ma il tuo sembra un naso al centro della faccia" - in effetti, il giorno in cui sono stati distribuiti i nasi sono stato abbondantemente servito. Eppure insisto e persisto[92]."

Questo tipo di "paradosso", che vediamo regolarmente nella letteratura planetaria, è in realtà molto pratico, perché permette di evitare di spiegare le contraddizioni del proprio ragionamento e del proprio approccio. Altri pensatori cosmopoliti hanno espresso questo bisogno morboso di disturbare gli altri: "Così gli ebrei, ha scritto Steiner, hanno chiamato tre volte alla perfezione individuale e sociale, sono stati i guardiani notturni che non assicurano il riposo, ma, al

---

[90]Samuel Pisar, *La Sangre de la esperanza*, Editorial Planeta, 1990, Barcellona, pagg. 236, 241.

[91]Elie Wiesel, *Mémoires, tome I*, Seuil, 1994, p. 438.

[92]Guy Konopnicki, *La Place de la nation*, Olivier Orban, 1983, p. 214.

contrario, risvegliano l'uomo dal sonno dell'autostima e del comfort ordinario (Freud ci ha risvegliato anche dall'innocenza del sonno[93].)".

Ciò fa eco alle parole di Daniel Cohn-Bendit quando ha dichiarato: "Il contratto firmato con la società multiculturale deve impedirci di diventare troppo casalinghi e comodi, tradizionalisti e compiacenti nella nostra sfera familiare."

E lo stesso sentiamo nelle parole del grande filosofo razionalista Emmanuel Levinas: "Gli ebrei sono necessari per il futuro di un'umanità che, sapendo di essere salvata, non ha più nulla da sperare". La presenza degli ebrei ricorda ai conformisti di ogni tipo che non tutto va bene nel migliore dei mondi[94]."

È piuttosto divertente leggere questi eminenti personaggi che confermano ingenuamente la loro volontà di provocare disordini nel resto dell'umanità. Ma bisogna capire che questi intellettuali planetari sono consapevoli di avere una missione divina che li obbliga a fare tutto il possibile per unificare la Terra. Questo è esattamente ciò che Ralph Schor, scrittore "antirazzista" e autore di diversi libri sull'immigrazione e sull'antisemitismo, ci ha detto negli anni '90: "Bisogna insegnare che le teorie dell'odio portano a lotte fratricide e negano il principio essenziale dell'unità del genere umano[95]. "Come capirete, l'odio e la guerra sono affari degli altri, mentre gli ebrei incarnano gli ideali di pace e amore. Anche un altro scrittore di secondo piano, sebbene membro dell'Accademia di Francia, Maurice Reims, espresse questa idea: "Avremmo bisogno di un grande ufficio centrale incaricato di amministrare l'umanità[96]. "Il famoso Elie Wiesel ha a sua volta confermato questa tensione permanente dell'intellettuale ebreo e la sua aspirazione a costruire l'impero globale: "Per salvare il nostro popolo, dobbiamo salvare tutta l'umanità[97]. "L'ex rabbino capo di Francia negli anni '80, René Samuel Sirat, ha detto esattamente la stessa cosa: "Il ruolo del popolo ebraico è quello di portare sia la benedizione a tutti i popoli sia la nozione dell'infinita dignità dell'uomo[98]."

L'intero popolo ebraico è in tensione verso l'ideale planetario. È questo che li rende il popolo proselitista, il popolo militante per

---

[93]George Steiner, *Pasión intacta. A través de ese espejo, en en enigma*, Ediciones Siruela, Madrid, 1997, p. 447.

[94]Emmanuel Levinas, *Difficile liberté*, Albin Michel, 1963, 1995, pagg. 231, 261.

[95]Ralph Schor, *L'Antisemitisme en France pendant les années trente*, Éd. Complexe, Bruxelles, 1992, pagg. 325-326.

[96]Maurice Rheims, *Une Mémoire vagabonde*, Gallimard, 1997, p. 133.

[97]Elie Wiesel, *Mémoires, Tome I*, Seuil, 1994, p. 51.

[98]Serge Moati, *La Haine antisémite*, Flammarion, 1991, pag. 59.

eccellenza. Ma a differenza di cristiani e musulmani, la missione degli ebrei non è quella di convertire gli altri alla loro religione. Si tratta semplicemente di incitarli a rinunciare alla loro religione, senza dare nulla in cambio. A volte è un po' "irritante".

Speranza messianica

Questa continua agitazione riflette in realtà una dimensione religiosa. Esprime la febbrile attesa di qualcosa - "qualcosa" - che deve inevitabilmente realizzarsi e per il quale gli ebrei sembrano lavorare incessantemente. Quel "qualcosa", che finalmente porterà la "Pace" nel mondo, è in realtà il Messia stesso, la figura centrale del giudaismo. È infatti l'attesa messianica a costituire il fermento intellettuale e la fonte di ispirazione per i moderni filosofi e pensatori planetari. E il mondo di "Pace" che ci promettono è quello annunciato dalle più antiche profezie della Torah.

Il filosofo Emmanuel Levinas ha fatto un po' di chiarezza a questo proposito: "È infatti possibile raggruppare le promesse dei profeti in due categorie: politiche e sociali. L'ingiustizia e l'alienazione introdotte dalla dimensione arbitraria dei poteri politici in tutti gli sforzi umani scompariranno; ma l'ingiustizia sociale, il dominio esercitato dai ricchi sui poveri, scomparirà contemporaneamente alla violenza politica... Quanto al mondo futuro, sembra essere situato su un altro piano. Il nostro testo lo definisce come "il privilegio di colui che ti aspetta". È, in linea di principio, un ordine personale e intimo, esterno alle realizzazioni della storia che attendono un'umanità in cammino per unirsi in un destino collettivo... Samuele afferma: "Tra questo mondo e l'età messianica non c'è altra differenza che la fine del "giogo delle nazioni" - della violenza e dell'oppressione politica[99] -"."

Le profezie ebraiche ci promettono quindi il progresso dell'umanità verso un mondo senza confini e unificato e, parallelamente, l'eliminazione delle disuguaglianze sociali. Questa sarà la società perfetta. La pace regnerà in tutto l'universo, ci sarà abbondanza e le persone vivranno libere e felici, in un mondo perfetto di uguaglianza. Riconosciamo qui, naturalmente, le fonti primitive del marxismo e quelle che ispirano l'ideologia planetaria cosmopolita di oggi, all'inizio del terzo millennio, e che molti dei nostri concittadini sognano con grande pubblicità.

---

[99] Emmanuel Levinas, *Libertà difficile, Saggi sull'ebraismo*. Ediciones Lilmod, Buenos Aires, 2004, p. 283-284.

La liberazione dell'uomo è concepibile solo sulla scala dell'umanità nel suo complesso. "L'idea stessa di un'umanità fraterna, unita nello stesso destino, è una rivelazione mosaica[100] ", conferma Levinas. È attraverso la distruzione delle nazioni che le promesse divine possono realizzarsi e Israele può finalmente condurre l'umanità alla felicità e alla prosperità: "I nostri testi antichi insegnano un universalismo purificato da ogni particolarismo della propria terra, da ogni memoria di ciò che è stato piantato. Insegnano la solidarietà umana di una nazione unita dalle idee[101]."

Ne *L'undicesimo comandamento*, pubblicato nel 1991, il filosofo André Glucksmann si rifà al pensiero del grande Gershom Scholem per ricordare le parole dei profeti: "Osea, Amos e Isaia conoscono solo un mondo in cui si svolgono tutti gli eventi, compresi i grandi eventi della fine dei tempi. La loro escatologia è di carattere nazionale; parla della restaurazione della casa di Davide, allora in rovina, e della futura gloria di un Israele tornato a Dio. Parla di pace perpetua, del ritorno di tutte le nazioni all'unico Dio di Israele e del loro rifiuto dei culti pagani e idolatri[102]."

È questo stesso substrato religioso che sembra intravedersi in forma secolarizzata in questo dialogo tra Daniel Cohn-Bendit e Bernard Kouchner. Il loro attivismo a favore di un'Europa federale si spiega con il desiderio di distruggere ogni resistenza nazionale e di dissolvere i riferimenti identitari dei popoli europei: "Un'Europa federale è alla nostra portata", ha dichiarato Daniel Cohn-Bendit, affermando inoltre la "legittimità della Turchia ad aderire all'Unione Europea". Bernard Kouchner ha fatto un cenno di assenso e ha detto: "Non si può lasciare che l'Europa sia come un club cristiano e fermarla dove finiscono le croci. "L'Europa di domani riconcilierà cristiani e atei, ebrei e musulmani", ha dichiarato Cohn-Bendit, che ha poi rivelato ciò che pensa realmente, esprimendo un vecchio risentimento: "L'Europa di domani riconcilierà cristiani e atei, ebrei e musulmani". Si volterà pagina sul terribile capitolo aperto dalla Chiesa cattolica a Cordova nel XVI secolo, quando espulse ebrei e musulmani. "Così, secondo i suoi stessi desideri, l'Europa federale costituirà "un passo fondamentale verso la pacificazione del mondo[103]. "Possiamo immaginare che a quel

---

[100]Emmanuel Levinas, *Difficile liberté*, Albin Michel, 1963, 1995, p. 310.

[101]Emmanuel Levinas, *Libertà difficile, Saggi sull'ebraismo*. Ediciones Lilmod, Buenos Aires, 2004, p. 254.

[102]André Glucksmann, *Le XIe commandement*, Flammarion, 1991, p. 208.

[103]D.Cohm-Bendit, B. Kouchner, *Quand tu seras président*, Robert Laffont, 2004, p. 367, 174-177

tempo tutto sarà pronto per la venuta del Messia.

Ricordiamo come, prima del referendum del maggio 2005 sul progetto di Costituzione europea, Daniel Cohn-Bendit, che prevedeva la vittoria dei suoi avversari, avesse violentemente insultato e ingiuriato un politico del "no" in uno studio televisivo, perdendo le staffe in modo spiacevole. La rabbia e l'odio che si leggevano sul suo volto potevano essere facilmente spiegati in termini religiosi. Mettetevi al suo posto: sta aspettando il Messia da 3000 anni. Gli dicono che è lì, dietro l'angolo, che sta finalmente arrivando, che tutto è pronto per riceverlo... e all'improvviso: cataplum, tutto crolla perché un branco di cretini reazionari, che non capiscono proprio niente, hanno preferito la loro volgare libertà nazionale invece dell'apertura ai tempi messianici. Bisogna ammettere che è pazzesco!

La "pace", tuttavia, è sempre un concetto molto seducente nel discorso cosmopolita. Ma questa volta, a quanto pare, i nostri compatrioti hanno preferito rifiutare educatamente l'insistente offerta dei venditori di cure miracolose. Ma l'idea rimane attraente, nonostante tutti gli inganni dietro le quinte. È ciò che ha motivato, ad esempio, alcuni artisti come Clara Halter, moglie dell'attivista Marek Halter, quando ha creato il *Muro della Pace* inaugurato da Jacques Chirac sugli Champs de Mars per celebrare l'anno 2000. Su una specie di cumulo di terra, la piccola Clara ha scritto la parola "Pace" in trentadue lingue e tredici alfabeti; probabilmente per prendere in giro gli studenti della scuola militare per ufficiali che si trova proprio di fronte.

Gershom Scholem è uno dei quattro o cinque grandi pensatori ebrei del XX secolo insieme a Walter Benjamin, Franz Rosenzweig, Emmanuel Levinas e Martin Buber. È a lui che dobbiamo le spiegazioni dell'idea di messianismo che stiamo per discutere e che egli ha espresso in un libro fondamentale pubblicato nel 1971 dal titolo *Jewish Messianism*.

Il messianismo è stato per il popolo ebraico una "fonte di conforto e di speranza" che gli ha permesso di superare i momenti difficili che ha dovuto attraversare nel corso della storia. Ma se l'attesa del Messia è fonte di speranza, genera anche un'insoddisfazione permanente, alimentando l'idea che manchi sempre "qualcosa" che assicuri la redenzione e ponga fine a tutti i mali. "Ciò che si chiama "esistenza ebraica", scrive Scholem, comporta una tensione che non si allenta mai, che non si risolve mai."

Le condizioni della venuta del Messia sono comunque oggetto di dibattito. "Non sappiamo nulla del modo in cui avverrà quel giorno del Signore che chiude la storia e durante il quale il mondo sarà scosso nelle sue fondamenta. La luce del Messia che deve illuminare il mondo "non è sempre concepita come se sorgesse in modo assolutamente inaspettato". Può manifestarsi in gradi e stadi[104]. "Nell'"*Aggadah* talmudica[105] ", scrive Scholem, "l'apparizione della luce messianica che deve illuminare il mondo non doveva avvenire all'improvviso, come pensano i sognatori e i visionari, ma progressivamente."

Questa idea delle tappe della redenzione era, durante il Medioevo, il punto di vista della maggior parte degli escatologi che si occupavano di calcolare la data della redenzione. Del resto, è quanto si legge nello Zohar, la principale opera classica della Cabala scritta nell'ultimo quarto del XIII secolo: "Come la guarigione del malato non avviene all'improvviso, ma lentamente, affinché si rafforzi a poco a poco", così i popoli stranieri (simboleggiati da Esaù o Edom) avranno un destino inverso: dopo aver ricevuto la luce di questo mondo tutta in una volta, la perderanno lentamente per permettere a Israele di rafforzarsi e superarli. E quando lo spirito di impurità sarà espulso da questo mondo e la luce dell'Onnipotente risplenderà su Israele senza barriere e ostacoli, tutte le cose torneranno al loro stato perfetto e diventeranno di nuovo impeccabili, come lo erano nel paradiso prima del peccato di Adamo[106]. "Avete letto bene: Israele deve vincere tutte le nazioni.

Ma ci sono ancora altre interpretazioni della venuta del Messia, scrive Scholem: "La convinzione dell'impossibilità di prevedere la data della venuta del Messia ha dato origine nell'*Aggadah* messianica all'idea del 'Messia nascosto'. Secondo questa *Aggadah*, il Messia sarebbe sempre presente ovunque. Una profonda leggenda ci assicura addirittura, non senza ragione, che egli nacque il giorno della distruzione del Tempio[107]... A questa sorta di redenzione perpetua offerta corrisponde l'idea di un Messia in attesa e perennemente nascosto. Questa idea ha assunto diverse forme nel corso della storia. La più famosa è quella che, con una stravagante anticipazione, colloca il Messia alle porte di Roma tra i lebbrosi e i mendicanti della Città eterna (Talmud, *Sanhedrin, 98a*). Questo racconto rabbinico davvero sorprendente appare già nel II secolo... Questa antitesi simbolica tra il vero Messia che siede alle porte di Roma, sede del capo della cristianità e dove ha il suo trono, è stata nei secoli costantemente presente nello

---

[104]Gershom Scholem, *Le Messianisme juif*, 1971, Calmann-Lévy, 1974, p. 66, 31, 32

[105]L'*Aggadah*: l'interpretazione narrativa o allegorica, non giuridica, del *Midrash* [cfr. nota 109]. L'*Aggadah è una* miscela di racconti e aneddoti su rabbini, figure bibliche, angeli, demoni, stregonerie, miracoli, ecc....

[106]Gershom Scholem, *Le Messianisme juif*, 1971, Calmann-Lévy, 1974, p. 82, 83.

[107]Distruzione del Secondo Tempio da parte delle legioni romane di Tito nel 70 d.C..

spirito degli ebrei quando riflettevano sul Messia. Vedremo in diverse occasioni gli aspiranti alla dignità messianica recarsi in pellegrinaggio a Roma e sedersi sul ponte di fronte a Castel Sant Angelo per compiere un simbolico rituale[108]. "

Si possono distinguere due correnti di messianismo all'interno dell'ebraismo: quella che annuncia l'arrivo di grandi cataclismi e quella utopica. La prima corrente è un messianismo apocalittico: "sottolinea i cataclismi e le distruzioni che devono accompagnare l'avvento della redenzione... L'origine e la natura del messianismo ebraico è - non lo si sottolineerà mai abbastanza, scrive Scholem - l'attesa di cataclismi storici. Annuncia rivoluzioni, catastrofi che devono verificarsi durante il passaggio dalla storia presente ai futuri tempi messianici. Il "giorno del Signore" di Isaia è un giorno di calamità descritto nelle visioni che annunciano questi cataclismi finali. La venuta del Messia viene così confusa con tempi di grande desolazione: "Ecco perché questo periodo è visto dal giudaismo come il periodo delle "doglie del parto" del Messia. "Questo è un concetto chiave dell'ebraismo.

Scholem ha spiegato che gli autori delle Apocalissi hanno sempre avuto una visione pessimistica del mondo. "Per loro, la storia merita solo una cosa: morire. Il loro ottimismo, la loro speranza non era rivolta a ciò che la storia può portare, ma a ciò che emergerà dalle sue rovine, rivelandosi così dopo la storia, alla fine dei tempi."

Secondo questo teologo, l'umanità deve quindi raggiungere il punto più basso, l'oscurità più nera, per poter finalmente rinascere nei tempi messianici.

"In tutti questi testi, in tutte queste tradizioni, l'annuncio di cataclismi, senza i quali l'Apocalisse non può essere concepita, è descritto con immagini abbaglianti in ogni tipo di forma: guerre mondiali, rivoluzioni, epidemie, carestie, catastrofi economiche, ma anche apostasie, profanazioni del nome di Dio, dimenticanza della Torah e rifiuto di ogni ordine morale e delle leggi della natura.Le pagine del Talmud, tractate Sanhedrin, che trattano dell'età messianica, sono piene di formule stravaganti che annunciano che il Messia verrà quando l'uomo sarà totalmente puro o totalmente peccatore e corrotto."

È una visione del mondo che potrebbe spiegare molti eventi e comportamenti dell'inizio di questo millennio, dato che a volte abbiamo l'impressione che molte personalità influenti sembrino volerci condurre verso catastrofi e guerre terribili.

Ma i tempi messianici, spiega Scholem, sono stati descritti anche

---

[108]Gershom Scholem, *Le Messianisme juif*, 1971, Calmann-Lévy, 1974, p. 37.

in chiave utopica, con la ricostituzione di Israele e del regno di Davide, realizzando così il regno di Dio sulla terra e il ritorno della condizione paradisiaca. "Questo è quanto suggeriscono diversi *Midrashim* antichi[109] e soprattutto i mistici ebrei, per i quali l'analogia dell'Inizio e della Fine è sempre stata una realtà viva[110]."

---

[109]*Midrash* ("spiegazione o commento", plurale *midrashim*), è un termine ebraico che indica un metodo di esegesi e interpretazione del testo biblico, finalizzato allo studio e alla ricerca che facilita la comprensione della Torah. Si tratta di interpretazioni ed elaborazioni (commenti) di testi biblici scritti, tra cui storie, parabole e deduzioni giuridiche. Il midrash è un testo parlato oralmente, ma collegato a un testo scritto. Non si può fare un Midrash senza un testo scritto da cui trarre una citazione.

"Rabbi Joshua ben Levi, un maestro palestinese del III secolo, ha detto: "Scrittura, Mishnah, Talmud [Gemara, ndt] e Aggadah, persino ciò che un discepolo precoce proporrà un giorno davanti al suo maestro, tutto è già stato detto a Mosè al Sinai" (*Midrash Tankuma, 60a, 58b*) (...)....) Uno degli autori classici della letteratura hassidica, Ephraim di Sedylkov, dice: "Finché i Saggi [i dottori della Legge] non indagano, c'è solo metà della Torah, finché attraverso le loro indagini la Torah non diventa un libro completo. Perché in ogni generazione la Torah viene ricercata [interpretata] secondo le esigenze di quella generazione, e Dio illumina gli occhi dei saggi della generazione corrispondente [in modo che essi] nella loro Torah percepiscano ciò che è adatto [per loro] (*Degel Makneh Ephrayim*, 1808, 3a)". Gershom Scholem, *Concetti fondamentali dell'ebraismo: Dio, creazione, rivelazione, tradizione, salvezza*. Editorial Trotta, 1998-2018, Madrid, p. 83-84.

"La vera forma in cui è possibile riconoscere la verità non è il pensiero sistematico, ma il commento. Questa osservazione è molto importante per comprendere il tipo di creazione letteraria presente nell'ebraismo... Il commento è la forma caratteristica della ricerca ebraica della verità, e il modo di espressione proprio del genio rabbinico... Si possono proporre molti modi diversi di interpretare la Torah; la tradizione ha proprio la funzione di raccoglierli tutti. Difende idee contraddittorie con una sicurezza e un'impavidità sorprendenti, tanto che dobbiamo sempre chiederci se una posizione respinta in un momento non possa diventare in un altro momento la pietra angolare di un edificio completamente nuovo". Gershom Scholem, *Le Messianisme juif*, 1971, Les Belles Lettres, 2020, p. 407, 408.

Earl Doherty, autore del controverso best-seller *The Jesus Puzzle*, ha spiegato così il *Midrash*: "Era un antico metodo ebraico per presentare un qualche tipo di verità spirituale, un'intuizione, comunicare un punto morale o istruttivo, incarnandolo in un nuovo commento, persino in una narrazione. I dettagli di quella storia, le indicazioni che puntavano all'intuizione o alla verità, si trovavano nelle Scritture [la Torah]... La procedura del *midrash* consisteva nello sviluppare il significato di un determinato passaggio, nel combinare magari due o più passaggi e creare un quadro composito. A volte una storia della Bibbia veniva raccontata, ma inserita in un contesto nuovo e moderno, per illustrare che le idee alla base della vecchia versione non solo erano ancora valide, ma che Dio aveva dato loro un nuovo significato. *El Puzzle de Jesús*, La Factoría de Ideas, 2006, Madrid, p. 386, 387.

Il midrash è la libertà di commentare le Scritture, di prendere il testo e di toglierlo dal suo senso letterale, di estrapolarlo e di aggiornarlo ai tempi contemporanei, anche se è assurdo (NdT).

[110]Gershom Scholem, *Le Messianisme juif*, 1971, Calmann-Lévy, p. 31, 32, 35, 38. I

In questo libro pubblicato e commercializzato per il grande pubblico, Scholem rimane tuttavia piuttosto discreto sul vero significato della redenzione, che in realtà riguarda solo il popolo di Israele e ha un carattere strettamente nazionale: "Il contenuto di questa speranza messianica, basata su un crollo della storia, è sempre stato la fine dell'esilio e la liberazione dal giogo degli imperi. La liberazione della nazione sottomessa doveva risultare da un auspicato intervento divino e dall'instaurazione di un nuovo mondo estraneo a quello in cui viviamo... L'essenziale, scriveva Scholem, è la liberazione della nazione, anche se questa deve avvenire contemporaneamente alla liberazione del mondo intero. La speranza di un mondo che avrebbe ritrovato la sua perfezione nello stato di redenzione ha sempre avuto un aspetto nazionale molto pronunciato."

La letteratura ebraica che si occupa di messianismo insiste quindi su due idee, scrive Scholem: "Quella della guerra finale, del crollo finale della storia che deve portare all'avvento della redenzione, e quella della liberazione nazionale. La redenzione appare qui come il culmine di un mito nazionale e popolare, profondamente radicato nella coscienza nazionale[111]."

È un modo velato di affermare che il popolo d'Israele è in guerra permanente contro il resto delle nazioni, e che la "pace perpetua", così come la "liberazione del mondo intero", in definitiva non sono altro che concetti che includono l'idea di "liberazione" del popolo eletto dal

---

"mistici ebrei": cioè i cabalisti ebrei.

[111]Gershom Scholem, *Le Messianisme juif*, 1971, Calmann-Lévy, 1974, pagg. 78-80. [L'ebraismo ha sempre e ovunque visto la redenzione come un evento pubblico che deve avvenire sul palcoscenico della storia e nel cuore della comunità ebraica, insomma come un evento che deve avvenire visibilmente e che sarebbe impensabile senza questa manifestazione esterna. Il cristianesimo, invece, vede la redenzione come un evento che ha luogo nel regno spirituale e invisibile, come un evento che ha luogo nell'anima, in definitiva nell'universo personale dell'individuo, e che lo chiama a una trasformazione interiore senza necessariamente cambiare il corso della storia. "Gershom Scholem, *Le Messianisme juif*, 1971, Les Belles Lettres, 2020, p. 23. Così, il Messia ebraico (*Mashiah*, in ebraico, deriva dal verbo *Masha* che significa ungere, consacrare un re; il *Mashiah* è l'unto per essere re) è una figura politica e nazionale che deve regnare, letteralmente ed effettivamente, come discendente della casa di Davide e ristabilire la sovranità di Israele. La redenzione profetica è legata alla regalità politica e all'indipendenza nazionale. Pertanto, riteniamo che l'ebraismo non sia una religione, ma prima di tutto un nazionalismo religioso forgiato nella lotta contro gli imperi vicini (egiziano, babilonese, assiro, ecc.), e soprattutto contro l'Impero romano. Al contrario, per i cristiani la figura di Gesù, dopo la sua morte e resurrezione, è legata alla nozione di *Christos* (parola greca), il Salvatore, una reinterpretazione della nozione ebraica di Messia in senso diametralmente opposto, totalmente spirituale, depoliticizzato e universale].

"giogo degli imperi", e che altri testi più espliciti presentano come dominio assoluto e definitivo.

Sin dai tempi dell'Illuminismo e della Rivoluzione francese, l'aspettativa messianica ha assunto la forma di una fede nel continuo progresso dell'umanità. Questa "fede nel progresso", che sostenne l'ideologia della borghesia vittoriosa durante tutta la rivoluzione industriale, prese forma nella dottrina del sansimonismo[112]. Il filosofo Jacob Leib Talmon ha ricordato nel suo libro *Destino di Israele* che, nel XIX secolo, le basi ideologiche sansimoniane erano in gran parte intrise di messianismo utopico.

"Il sansimonismo, ha detto, è intimamente ed esplicitamente legato alle speranze messianiche ebraiche. Gli ebrei sono stati l'anima dell'influente e interessantissima scuola fondata nel XIX secolo dal primo apostolo della trasformazione socialista dell'Europa. I sansimoniani espressero con forza la loro convinzione di essere gli eredi dell'eterna missione messianica del giudaismo."

Secondo la dottrina di Saint-Simon, "la futura città dell'armonia universale doveva essere diretta da tecnici e banchieri, che sarebbero stati al tempo stesso artisti e sacerdoti; doveva essere basata su una religione universale dell'umanità, il Nuovo Cristianesimo, in cui la vecchia divisione tra Chiesa e Stato, Materia e Spirito, teoria e pratica, sarebbe stata definitivamente abolita". "Jacob Talmon ha inoltre affermato: "È molto significativo che ebrei samsoniani come Rodriguez, Pereire e d'Eichtal siano poi diventati gli architetti della rivoluzione industriale e finanziaria francese e siano stati i promotori di gran parte dell'industria e delle banche europee."

Se è vero che i finanzieri ebrei hanno sempre avuto un ruolo importante nella storia, sarebbe sicuramente molto azzardato attribuire loro la paternità della rivoluzione industriale. D'altra parte, all'altro estremo dello spettro ideologico dell'epoca, il socialismo rivoluzionario era impregnato di questa "fede nel progresso" e poteva anche essere collegato all'escatologia ebraica, come ha scritto Talmon:

"È grazie alla tradizione messianica ebraica che il malcontento

---

[112]Il sansimonismo è stato il movimento ideologico con finalità politiche fondato dai seguaci del socialista aristocratico Henri de Saint-Simon dopo la sua morte nel 1825. In Francia fu la prima esperienza pratica di socialismo, anche se si discute se le sue proposte fossero veramente socialiste. La sua influenza si diffuse al di fuori della Francia e raggiunse praticamente tutto il pianeta, presentandosi non tanto come un "movimento socialista o sociale, quanto come un raggruppamento tecnico-politico, con obiettivi riformisti, finanziari e mistico-filosofici non troppo ben definiti". In Gian Mario Bravo, (1976). *Storia del socialismo 1789-1848. Il pensiero socialista prima di Marx*, (NdT).

sociale delle vittime della rivoluzione industriale... ha assunto la forma di un preludio al Giudizio Universale che deve inaugurare il regno della giustizia e della pace: perché quando tutti i conflitti e le contraddizioni saranno risolti, la storia avrà veramente inizio[113]."

Non torneremo qui sul ruolo predominante dei dottrinari e dei leader ebrei nel marxismo, né sulla loro schiacciante responsabilità per le atrocità perpetrate in URSS e nell'Europa orientale[114]. Ricordiamo ancora una volta che il marxismo non è altro che una forma razionalizzata e secolarizzata dell'escatologia ebraica e che le speranze nutrite da questa dottrina sono perfettamente affini all'attesa messianica.

La febbrile attività degli ebrei in preparazione alla venuta del Messia ha assunto forme diverse in epoche diverse e si è adattata alle diverse situazioni politiche del tempo. Tuttavia, questo attivismo messianico, questa tendenza a credere che ogni ebreo, personalmente, abbia il dovere e la missione di preparare la redenzione, è poco presente nell'ebraismo rabbinico. I maestri del Talmud si chiesero allora se fosse possibile "affrettare la fine", per usare la comune espressione ebraica, cioè se fosse possibile forzare la venuta del Messia. Gershom Scholem ha ricordato quanto segue: "Nei testi biblici che costituiscono la fonte, l'avvento messianico non è mai descritto come il risultato dell'azione dell'uomo. Né il Giorno del Signore di Amos né le visioni dei tempi finali di Isaia sono presentate come il risultato di un'iniziativa umana. Allo stesso modo, gli autori degli antichi apocalittici che si proponevano di svelare i segreti della fine non menzionano mai un'iniziativa umana[115]. "Si tratta di una questione fondamentale, perché questa idea sembra determinare l'attuale comportamento degli intellettuali ebrei, che pensano e agiscono insieme con l'obiettivo di instaurare la repubblica universale. La forma secolarizzata e utopica delle speranze messianiche, prima della Rivoluzione francese e poi del liberalismo, del marxismo e infine del globalismo odierno, è ancora oggi predominante nell'ebraismo:

"Viviamo all'interno dell'eredità del XIX secolo, soprattutto per quanto riguarda il messianismo. Viviamo nell'eredità dell'ebraismo del XIX secolo", ha scritto Scholem. Per gli ebrei contemporanei, infatti, "il messianismo contiene l'idea del progresso della razza umana, della salvezza dell'umanità attraverso le sue conquiste sempre maggiori, che

---

[113]J-L. Talmon, *Destin d'Israël*, 1965, Calmann-Lévy, 1967, p. 31 (cfr. nota 543 in *Speranze planetarie*).

[114]Hervé Ryssen, *Speranze planetarie* (2022) e *Fanatismo ebraico* (2019).

[115]Gershom Scholem, *Le Messianisme juif*, 1971, Calmann-Lévy, 1974, pagg. 39, 40.

continueranno in virtù del continuo progresso". Il messianismo apocalittico è stato quindi ampiamente eclissato dal messianismo utopico. A questo punto, Gershom Scholem ci informa che "le radici di questa idea vanno ricercate nella Cabala. Infatti, non ne troviamo altra traccia nelle antiche tradizioni[116]."

La Kabbalah è la corrente mistica dell'ebraismo attraverso lo studio della lingua ebraica delle Scritture[117]. L'ebreo deve cercare la salvezza lì, nel profondo della sua coscienza, per trovare la redenzione individuale in un dialogo diretto con Dio. La Cabala è quindi fin dall'inizio una mistica dell'individuo. A volte si parla di saggezza occulta, nel senso che i cabalisti ritengono che le Scritture contengano verità che non possono essere colte da una semplice lettura letterale e che quindi possono essere comprese solo da iniziati che conoscono i misteri. Sappiamo che per i pii ebrei ogni parola, persino ogni lettera delle Scritture ha un significato. Sappiamo anche che ogni lettera ebraica corrisponde a un numero, ed è proprio sulla base dei numeri derivati dalle lettere e dalle parole delle Scritture che i cabalisti fondano la loro dottrina segreta. Le Scritture sono per i cabalisti una sorta di codice, così che la Cabala è anche una sorta di mistica numerica o matematica[118].

Le origini della Kabbalah moderna possono risalire all'anno 1200, ma il suo periodo d'oro è successivo. Il più importante documento cabalistico, lo Zohar (*Il Libro dello Splendore*), è ufficialmente opera di Shimon Bar Yochai, che si dice lo abbia scritto tra il I e il II secolo. Consiste, per la maggior parte, in un lungo commento ai passi della

---

[116]Gershom Scholem, *Le Messianisme juif*, 1971, Calmann-Lévy, 1974, p. 76, 77

[117]"La mistica ebraica è essenzialmente teosofia: un approfondimento dei segreti della divinità e della sua azione nei confronti della creazione e dell'enigma dell'esistenza. Un risultato importante della ricerca moderna sulla Cabala è proprio che il primo misticismo ebraico non viveva ai margini, ma proprio al centro del giudaismo farisaico e rabbinico, nel momento in cui si stava formando". In Gershom Scholem."... *Tutto è cabala". Dialogo con Jorg Drews, seguito da Dieci tesi astoriche sulla Cabala*, Editorial Trotta, Madrid, 2001, p. 14.

[118]Interrogato a questo proposito, Gershom Scholem rispose: "Il misticismo numerico svolge effettivamente un grande ruolo nella Cabala. Questo, tuttavia, è stato il fattore che mi ha attratto di meno. Negli scritti che vanno sotto il nome di Kabbalah ho trovato argomenti filosofici che mi interessavano, e anche religiosi, che mi interessavano. Il fattore che è il misticismo numerico, e che per i cabalisti era solo una risorsa ausiliaria nelle loro speculazioni o nelle loro ricerche, non mi sembrava essenziale. Non mi piaceva allora e non mi piace nemmeno adesso. Da molti anni ricevo lettere di persone che si occupano di speculazioni mistiche numerologiche, alle quali devo sempre rispondere freddamente che si tratta di un argomento che non mi affascina molto. "In."..*Tutto è Kabbalah". Dialogo con Jorg Drews, seguito da Dieci tesi astoriche sulla Cabala*. Gershom Scholem, Editorial Trotta, Madrid, 2001, p. 58.

Torah, con vari altri scritti. Mosè di Leon lo pubblicò alla fine del XIII secolo in Spagna[119]. Rimase nell'ombra per due secoli prima che la sua influenza cominciasse a crescere, fino a diventare uno degli scritti più comuni del pensiero ebraico. Lo Zohar divenne quindi un testo canonico. Per diversi secoli ha avuto lo stesso status della Torah e del Talmud.

Come ha potuto la Cabala, un movimento mistico, un movimento aristocratico se mai ce n'è stato uno... imporsi in questo modo", si chiede Scholem, "come ha potuto la Cabala "trasformarsi in un movimento collettivo e diventare un fattore storico straordinariamente potente"? "Come ha fatto la Cabala a "trasformarsi in un movimento collettivo e a diventare un fattore storico straordinariamente potente", si chiede Scholem, dobbiamo indicare la situazione degli ebrei di Spagna, la cui potente comunità fu espulsa nel 1492 dai Re Cattolici, perché questa espulsione di massa, "che provocò stupore tra i cabalisti", fu il fattore essenziale e determinante che rilanciò un grande movimento messianico ebraico.

"Sembra che dopo l'espulsione degli ebrei dalla Spagna, scrive Scholem, abbia avuto luogo una metamorfosi radicale all'interno della Cabala... La Cabala dopo il 1492 cambiò la sua fisionomia e si formò una nuova Cabala, propriamente parlando.... È proprio in questo contesto che le due correnti spirituali, fino ad allora distinte, del messianismo e della cabala si unirono e divennero una sola[120]."

I cabalisti dovettero trovare delle giustificazioni per la catastrofe che incombeva sulla loro comunità. Per loro, l'espulsione dalla Spagna era "l'inizio delle doglie del parto" del Messia, cioè cataclismi e prove terribili che dovevano essere le primizie della redenzione e segnare la fine della storia. L'unica cosa da attendere, piena di speranza, era la redenzione finale. I "quarant'anni" che seguirono l'espulsione dalla Spagna furono un periodo di fermento e di risveglio messianico. Tuttavia, come sappiamo, la redenzione non arrivò e le speranze finirono nella frustrazione. Così, una volta spente le speranze, l'intera questione fu riesaminata e si formò un movimento che vide nascere e diede forma a un nuovo universo religioso. "La nuova Cabala prese piede perché forniva una risposta alla preoccupazione dominante dell'ebreo di quel tempo: cos'è l'esilio e cos'è la redenzione? "

Fu Isaac Luria Ashkenazi a dare alla Cabala il suo aspetto

---

[119]G. Scholem ritiene che lo *Zohar* sia stato scritto nella sua interezza da Mosè di Leon in Castiglia. Si veda la nota del traduttore nell'Allegato II.
[120]Gershom Scholem, *Le Messianisme juif*, 1971, Calmann-Lévy, 1974, p. 85.

messianico. Le iniziali ebraiche del nome del "divino maestro Isacco" hanno dato il suo soprannome di *Ari*, cioè il "Leone", e così alla sua opera è stato dato il nome di "Cabala di Ari[121]." Nato a Gerusalemme nell'anno 5294 del calendario ebraico, morì a Safed, in Palestina, nel 5332 (1534-1572). Le sue idee, che rispondevano alle speranze dei mistici iniziati, ma anche delle masse popolari, hanno avuto un ruolo decisivo nell'ebraismo.

Nel suo sistema[122], la redenzione diventa un processo storico. "Vediamo qui per la prima volta, scrive Scholem, questo rovesciamento di nozioni che trasforma la visione catastrofica della redenzione in un processo della storia. "D'ora in poi, spetta a tutto il popolo d'Israele "preparare il mondo della Riparazione".

È dovere di ogni ebreo "raccogliere le scintille [divine] sparse ai quattro angoli del mondo[123] ", e per farlo deve rimanere in esilio, nella diaspora. "L'esilio non è una semplice coincidenza, è una missione[124] ", scriveva Scholem.

Franz Rosenzweig, un altro pensatore di spicco dell'ebraismo, afferma ne *La stella della redenzione*: "La gloria di Dio, sparsa in tutto il mondo in innumerevoli scintille, egli [l'ebreo] la raccoglierà dalla sua dispersione e un giorno la riporterà nella casa di colui che si è spogliato della sua gloria. Ogni sua azione, ogni adempimento di una legge, realizza un pezzo di questa unificazione. L'ebreo chiama la confessione dell'unità di Dio per unirsi a Dio. Perché questa unità è nel suo divenire: è il divenire dell'unità[125]."

Così, ovunque sulla terra, nel loro esilio, "i figli di Israele fanno scintille" e contribuiscono all'unificazione di Dio, ma anche all'unificazione dell'umanità. La redenzione diventa così la logica conseguenza di un processo storico. Non è più il Messia a inaugurare la redenzione, ma al contrario la sua venuta simboleggia il completamento dell'opera di riparazione. "Non deve quindi sorprendere che la figura del Messia sia in definitiva di scarsa importanza nella Cabala di Luria...

---

[121]La Cabala lurianica, o Cabala di Ari, fornì un nuovo e fondamentale resoconto del pensiero cabalistico che i suoi seguaci sintetizzarono e lessero nella precedente Cabala dello Zohar, diffusa in ambito medievale. Il lurianesimo divenne la teologia ebraica dominante quasi universale nella prima età moderna, sia nei circoli accademici che nell'immaginario popolare. Lo schema lurianico divenne la base per i successivi sviluppi della mistica ebraica, ad esempio nel chassidismo.

[122]Si veda la nota del traduttore nell'Allegato III. 1.

[123]Si veda la nota del traduttore nell'Allegato III. 2.

[124]Gershom Scholem, *Le Messianisme juif*, 1971, Calmann-Lévy, 1974, p. 97.

[125]Franz Rosenzweig, *La Estrella de la Redención*, Hermenia 43, Ediciones Sígueme, Salamanca, 1997, pag. 481.

Il Messia diventa qui il popolo di Israele. È il popolo di Israele, nel suo insieme, che è pronto a riparare il deterioramento primordiale[126]."

Tuttavia, questo messianismo progressista non ha eclissato del tutto il messianismo apocalittico che prevede cataclismi, epidemie, guerre e rivoluzioni. In realtà, il pensiero ebraico non ha mai abbandonato la visione catastrofica della storia. Possiamo persino affermare con certezza che alcuni degli uomini influenti di questa comunità spingono in questa direzione e minacciano regolarmente la pace mondiale con una sfrenata propaganda guerrafondaia contro i regimi che non amano, che si tratti di Germania, Iraq, Afghanistan, Serbia o Iran.

Ascoltate ad esempio questo dialogo con un rabbino, scritto in uno dei romanzi di un uomo molto influente, Jacques Attali, che fu il principale consigliere del Presidente Mitterrand (e anche dei suoi successori):

Gli ebrei, con la loro follia, sono capaci di provocare molti massacri e cataclismi", mormora Eliav, ripiegandosi su se stesso.

- Non sono certo gli unici: da soli non possono scatenare l'Apocalisse!

-Diciamo che le follie ebraiche possono avere, più facilmente di altre, conseguenze universali.

- È vero! Se i pazzi del Partito della Ricostruzione iniziassero a ricostruire il Tempio, provocherebbero sicuramente una guerra planetaria.

- Sono d'accordo! Tuttavia, è un nostro diritto, forse anche un nostro dovere. Siamo gli scopritori di Dio, il popolo sacerdotale dell'umanità. Sarebbe normale per noi avere il nostro Tempio lì dove la nostra religione è stata fondata molto prima delle altre. Nessuno può farci niente. Nemmeno noi[127]."

Nel suo libro sul *messianismo*, David Banon ha presentato la visione del mondo degli ebrei chassidici Chabad-Lubavitch[128], che

---

[126]Gershom Scholem, *Le Messianisme juif*, 1971, Calmann-Lévy, 1974, pagg. 97, 99-101. Si veda la nota del traduttore nell'Allegato III. 3.

[127]Jacques Attali, *Il viendra*, Fayard, 1994, p. 309.

[128]Chabad-Lubavitch è una dinastia chassidica ebraica ortodossa fondata da Shneur Zalman di Ladi nel 1772. È uno dei più grandi gruppi chassidici e organizzazioni religiose ebraiche del mondo e probabilmente il movimento chassidico più conosciuto e influente, soprattutto per le sue attività di sensibilizzazione. Attualmente ha sede a Brooklyn, New York. Il lettore può entrare nell'universo mentale chassidico consultando il sito web www.Chabad.org. Si veda la nota del traduttore nell'Allegato IV. 1.

percepiscono ogni crisi "come le doglie del parto del Messia". Ecco come il loro leader Rabbi Yosef Yitzchak Schneerson[129] ha analizzato la situazione dalla fine della Seconda Guerra Mondiale: "Le sofferenze di Israele hanno ora raggiunto un livello terrificante; il popolo di Israele è sopraffatto dalle doglie del parto. È arrivato il momento della liberazione imminente. È l'unica vera risposta alla distruzione del mondo e alle sofferenze che hanno colpito il nostro popolo.... Preparatevi per la redenzione che presto verrà!... Il liberatore della giustizia è dietro le nostre mura e il tempo per prepararsi a riceverlo è molto breve[130]!".

Avete capito, siamo alla vigilia di cambiamenti terribili: "È impossibile", ha continuato Rabbi Schneerson, "che non arrivi la consolazione, perché le sofferenze sono insopportabili."

Come si vede, il messianismo utopico non è riuscito a eludere completamente le "doglie del parto" del Messia. L'universo escatologico ebraico è fortemente ambivalente. In effetti, l'ambivalenza è una nozione che incontreremo in ogni fase di questo studio.

Il vero volto di Israele

Gershom Scholem è stato più discreto sulla natura più terrena del messianismo e sulle conseguenze universali dell'escatologia ebraica. Per capire meglio quale sarà il regno della "Pace" e della "Giustizia" secondo i figli di Israele, possiamo leggere l'interessante libro di Jean-Christophe Attias sull'opera di Isaac Abravanel, pubblicato nel 1992 e intitolato *Isaac Abravanel, Memoria e Speranza*.

Isaac Abravanel (1437-1508) è una delle grandi figure mitiche dell'ebraismo. Nato a Lisbona da una famiglia nota per il suo successo finanziario e politico, Abravanel era figlio di un potente cortigiano ebreo. Nel 1484 mise la sua esperienza di consulente finanziario al servizio del regno di Spagna. Divenne esattore delle tasse e fu il grande tesoriere del re Ferdinando d'Aragona e della regina Isabella di Castiglia. Grazie ai grandi profitti e ai guadagni delle sue numerose imprese, Abravanel fu in grado di concedere ingenti prestiti alla tesoreria reale.

Nel 1492, quando fu presa la decisione di espellere gli ebrei dal regno - per ragioni sulle quali gli storici ebrei sono sempre discreti - Abravanel decise di rimanere fedele al suo Dio, preferendo l'esilio

---

[129]Si veda la nota del traduttore nell'allegato IV. 2
[130]David Banon, *Le Messianisme*, Presses Universitaires de France, 1998, pag. 120.

all'apostasia. Si rifugiò in Italia, dove servì il re di Napoli e poi la Repubblica di Venezia. Questa figura che guidò la comunità ebraica in esilio è ancora circondata da un'aura di mistero a causa delle speculazioni e dei calcoli messianici che sviluppò come esegeta prolifico. I suoi scritti ci permettono di comprendere meglio la rottura traumatica derivante dall'espulsione degli ebrei dalla Spagna e il conseguente fortissimo risentimento che sopravvive ancora oggi nelle parole di Daniel Cohn-Bendit sopra citate, cinquecento anni dopo l'evento.

L'idea di vendetta è infatti molto presente nell'escatologia ebraica. Per quanto riguarda le visioni del profeta Zaccaria, che vide "quattro corna" che disperdevano Giuda, Israele e Gerusalemme [*Zaccaria 1,18-19*], Abravanel spiega che Zaccaria alludeva ai quattro regni di Babilonia, Persia, Grecia e Roma, "che dominavano Israele e facevano tanto male... In effetti, i Persiani e i Medi erano insieme il carpentiere che distrusse Babilonia. La Grecia fu il carpentiere che distrusse la Persia e la Media. Roma fu il carpentiere che distrusse la Grecia. E il regno di Israele sarà il falegname che distruggerà Roma[131]. I profeti hanno parlato di "una grande nuvola e un fuoco turbolento" [*Ezechiele, 1:4*] che alludono a calamità, e "Daniele ha detto che la salvezza della nostra nazione sarebbe arrivata con "nuvole celesti", accompagnate da sofferenza e oscurità". " (pagina 120).

Sui testi profetici di Daniele, Abravanel ha commentato: "Intendeva dire che al momento in cui l'Eterno si vendicherà delle nazioni, allora Israele passerà dalle tenebre alla luce e uscirà dalla schiavitù" (pagina 140). Questa vendetta cadrà concretamente "nel giorno del giudizio", che è in realtà "il giorno del castigo e della vendetta che cadrà sulle nazioni". Questo è ciò che emerge chiaramente dalle parole dei Saggi e dai testi scritturali", ha spiegato Jean-Christophe Attias. "Questa vendetta sarà esercitata soprattutto contro Edom e Ismaele", cioè contro il Cristianesimo e l'Islam che dominavano la Terra Santa (pagina 145).

Le profezie di Ezechiele (25, 12-14) sono altrettanto vendicative: "Perciò così dice il Signore, Yahweh: Stenderò anche la mia mano su Edom, sterminerò uomini e animali e lo ridurrò in rovina; da Teman fino a Dedan cadranno di spada... E farò vendetta su Edom nella mano del mio popolo Israele, che tratterà Edom secondo la ferocia della mia ira, e conosceranno che io sono Yahweh e che la vendetta è mia. Così

---

[131]Jean-Christophe Attias, *Isaac Abravanel, la mémoire et l'espérance*, Les Editions du Cerf, Parigi, 1992, pag. 86.

dice il Signore, Yahweh[132]." Abravanel ha notato quanto segue: "Questa profezia, dobbiamo interpretarla in riferimento al futuro e applicarla a Roma e a tutti i cristiani" (pagina 252). Abravanel fa anche eco allo spirito di continuità degli ebrei quando incoraggia "tutte le nazioni a salire in guerra contro la terra di Edom" (pagina 256). Ancora un po' e ci sembrerebbe di sentire le stesse parole dei nostri intellettuali cosmopoliti quando ci assicurano che l'immigrazione è un fenomeno inevitabile.

La lettura del profeta Abdia ha ispirato ad Abravanel altre riflessioni: "È vicino il giorno in cui l'Eterno si vendicherà di tutte le nazioni che hanno distrutto il Primo Tempio e sottomesso Israele in esilio. E anche tu, Edom, come hai fatto nella distruzione del Secondo Tempio, conoscerai la spada e la vendetta, e la rappresaglia cadrà sul tuo capo. "E dovrebbe essere chiaro che questa vendetta si abbatterà soprattutto sulla cristianità, che sarà "più colpita delle altre nazioni" (pagina 268). E per rendere le cose ancora più chiare, Abravanel ha specificato, sulla base delle profezie di Abdia[133], che "nulla sopravviverà della casa di Esaù[134]." "Il trono divino non sarà pienamente ristabilito finché non avrà sterminato i discendenti di Esaù" [*Salmi 9, 7*[135]] (pagina 274). "Infatti, ogni liberazione promessa da Israele è associata alla caduta di Edom [*Lamentazioni 4, 22*[136]]" (pagina 276).

Riguardo alle profezie di Daniele (2, 44[137]), Abravanel ha specificato che il Dio del cielo stabilirà "un quinto regno... che schiaccerà e annienterà i quattro regni". E quel quinto regno sorgerà e resterà in piedi per sempre, ed è il regno di Israele nell'ora della sua

---

[132]*Ezechiele (XXV, 12-14)*, Bibbia Nacar-Colunga.

[133]In quel giorno non distruggerò i saggi di Edom, i saggi della montagna di Esaù", dichiara il Signore, "Città di Teman, i tuoi guerrieri cadranno per la paura, così che ogni uomo sarà sterminato dalla montagna di Esaù con la strage". Per la violenza fatta a tuo fratello Giacobbe, la vergogna ti coprirà e sarai sterminato per sempre. "(*Abdia 1, 8-10*, New International Version) "Ma sul monte Sion ci sarà la liberazione e sarà santo. Il popolo di Giacobbe riacquisterà i suoi beni. I discendenti di Giacobbe saranno fuoco e i discendenti di Giuseppe saranno fiamma, ma la casa reale di Esaù sarà stoppia: le daranno fuoco e la consumeranno, così che non resterà alcun superstite tra i discendenti di Esaù. Il Signore ha detto. "(*Abdia 1, 17-18* NIV).

[134] Si veda la nota del traduttore nell'Allegato V.

[135]"I nemici sono distrutti, sono rovine perpetue; avete distrutto le città, il loro ricordo è scomparso. "

[136]"Figlia di Edom, Egli [Yahweh] punirà la tua iniquità e metterà a nudo i tuoi peccati".

[137]"Al tempo di quei re, il Dio del cielo susciterà un regno che non sarà mai distrutto e che non passerà in potere di un altro popolo; distruggerà e farà a pezzi tutti quei regni, ma rimarrà per sempre. "

liberazione" (pagina 111). Israele stabilirà allora il suo potere su tutte le nazioni e, a differenza dei quattro regni precedenti, il suo dominio sarà "assolutamente eterno": " E gli fu dato dominio, gloria e regno, perché tutti i popoli, nazioni e lingue lo servissero; il suo dominio è un dominio eterno, che non passerà, e il suo regno uno che non sarà distrutto" [*Daniele 7:14138*] (pag. 126, 127).

"Nell'era messianica, Samuele pensava che tutte le nazioni sarebbero state sottomesse a Israele, secondo quanto è scritto: "Il suo dominio sarà da mare a mare e dal fiume fino ai confini della terra". [*Zaccaria 9, 10139*] (pagina 181). "Durante la liberazione che verrà, un re della casa di Davide regnerà e sarà chiamato per nome" (pagina 228). "I popoli guarderanno al Messia-Re e si sottometteranno alla sua autorità, come profetizzato dall'Antico [in nota: *Giacobbe*] (pagina 202).

In quell'"epoca del Messia-Re", una "grande pace" regnerà allora sulla terra. "Sarà un tempo in cui aumenteranno la giustizia, la rettitudine e la pace... le guerre scompariranno e gli uomini non si faranno più del male a vicenda. Questo è ciò che è detto nel passo: 'Il lupo abiterà con l'agnello e la tigre si sdraierà con il capretto'" [*Isaia, XI, 6-9140*] (pagina 198). Nell'"era messianica, tutti formeranno un solo popolo e una sola nazione, e nulla li dividerà". " (pagina 205). "Dopo la Redenzione che verrà, la maggior parte delle nazioni che saranno sopravvissute adotteranno la fede del Santo Benedetto, tutti riconosceranno la Sua divinità e si sottometteranno a Lui[141]. "Abbiamo qui un quadro abbastanza chiaro del mondo della "Pace" propostoci dai

---

[138]Gli fu dato il dominio, la gloria e l'impero, e tutti i popoli, le nazioni e le lingue lo servivano, e il suo dominio è un dominio eterno che non avrà fine, e il suo impero, un impero che non scomparirà mai". "

[139]"Eliminerà i carri di Efraim e i cavalli di Gerusalemme, spezzerà l'arco della guerra, promulgherà la pace alle nazioni e il suo dominio sarà da mare a mare e dal fiume fino all'estremità della terra". "

[140]"Il lupo dimorerà con l'agnello, il leopardo si sdraierà con il capretto, il vitello, la bestia da preda e l'agnello saranno insieme e un bambino li guiderà. La mucca e l'orso pascoleranno, i loro piccoli si sdraieranno insieme; il leone mangerà la paglia come il bue. Un bambino che succhia giocherà sopra la tana del cobra e uno sveglio stenderà la mano sopra la tana della vipera. Nulla di male o di ignobile sarà fatto su tutto il mio monte santo, perché la terra sarà piena di devozione a Yahweh, come le acque coprono il mare. "(Bibbia Nazarena Israelita, 2011).

[141]Jean-Christophe Attias, *Isaac Abravanel, la mémoire et l'espérance*, Les Éditions du Cerf, Parigi, 1992, pag. 231.

"(...) Perché quando verrà il Messia, tutte le nazioni saranno sottomesse al popolo ebraico e lo aiuteranno a preparare tutto ciò che è necessario per lo Shabbat. " (Talmud, *Eruvin, 43b*).

profeti di Israele.

Queste visioni profetiche, che si intravedono qua e là in molti discorsi degli intellettuali di oggi, alimentano un profondo risentimento nei confronti delle altre nazioni, colpevoli di aver distrutto il Tempio e umiliato Israele, e anche un immenso orgoglio. Infatti, sebbene la missione del popolo ebraico sia quella di condurre il mondo alla pace perpetua, la redenzione potrà avvenire solo dopo aver sconfitto le altre nazioni. Dopo aver schiacciato i nemici, infatti, si è sempre a favore della "Pace". Questi sentimenti di odio e vendetta raramente appaiono alla luce del sole, perché il popolo di Israele ha subito troppe accuse da parte dei suoi nemici nel corso della storia. Sono quasi sempre espresse in modo velato o in libri a tiratura limitata.

Les Editions des Belles Lettres, ad esempio, hanno recentemente ripubblicato alcuni testi interessanti in una raccolta intitolata *L'Arbre de Judée (L'albero di Giudea)*, tra cui un romanzo di una certa Camille Marbo, pseudonimo di Madame Emile Borel, che fu presidente della *Société des Gens de Lettres* nel 1937-1938 e femminista quando era ancora uno scandalo esserlo: "Ha lasciato diversi romanzi che raccontano con modestia i difficili inizi dell'emancipazione femminile. "In un libro intitolato *Flammes juives*, pubblicato nel 1936 e ripubblicato nel 1999, Camille Marbo raccontava la storia di giovani ebrei marocchini che negli anni Venti lasciarono il loro *mellah*[142] per stabilirsi nella terra di Jauja che era la Francia repubblicana.

Alcune caratteristiche specifiche della mentalità ebraica dell'epoca compaiono qua e là. Il disprezzo per gli arabi, ad esempio, spiega in parte la forte tensione che esisteva tra le due comunità: "Daniel sapeva dal momento in cui aveva aperto gli occhi di essere un ebreo, cioè superiore agli arabi che erano più forti di lui e che lo perseguitavano" (pagina 12). Troviamo anche questo passaggio: "Benatar e Mardoche disprezzavano i musulmani che lasciavano i poveri in mezzo a loro e lasciavano che i cristiani organizzassero ospedali e dispensari" (pagina 14). D'altra parte, questa famiglia ebraica aveva un amore smodato per la Francia repubblicana: "I francesi proteggono immediatamente gli ebrei" contro gli arabi. Il vecchio Benatar disse al nipote: "Ho visto i nobili ebrei che sono venuti dalla Francia. Sta sorgendo una nuova alba. Andrai a Parigi, Daniel. Riceverete dai francesi la fiaccola di un ideale di civiltà e giustizia. Sarai uno di coloro che guideranno il popolo ebraico verso il suo destino[143]."

---

[142]Mellah: quartiere ebraico murato esistente in alcune località del Marocco; analogo all'ebraismo europeo o al ghetto.

[143]Camille Marbo, *Flammes juives*, 1936, Les Belles Lettres, 1999, p. 26. L'entusiasmo

In effetti, attraverso questa Francia repubblicana, il popolo ebraico sembra intravedere le grandi visioni di conquista del mondo promesse dai profeti. Il loro destino sembra compiersi inevitabilmente. La volontà di potenza e il sentimento di orgoglio caratterizzano perfettamente la "razza". Ma guardate questi passaggi: "Il padre di Sarah e lo zio di Daniele avevano raccolto e inviato molto denaro per la causa... La sala di Nathan sembrava loro il posto di comando della conquista del mondo da parte di Israele" (pagina 10). Nonno Benatar immagina un futuro brillante per Daniel: "Porterò questo ragazzo a Fez. Andrà alla scuola dei francesi e diventerà una gloria del popolo d'Israele" (pagina 14). Fin da piccolo, il ragazzo capì molto bene cosa ci si aspettava da lui, poiché nonno Benatar e zio Mardoche gli ricordavano spesso il ruolo del popolo ebraico:

Israele deve governare il mondo", ha detto Daniel.

- Siamo temuti, ripeteva il vecchio Benatar, perché siamo la razza dei Profeti. Daniel, ripeti un po' di tutti i grandi uomini che sono del nostro sangue" (pagina 18)... "Bambini, ricordate che siete ebrei, che siete stati scelti per accrescere nel mondo la potenza e la gloria di Israele e che dovete la vostra emancipazione al nobile popolo francese" (pagina 20)... "Quest'anno sarà buono. Bambini, sarete in grado di conquistare il mondo" (pagina 44).

"Sara tremava. Suo padre le accarezzò la testa. "La nostra generazione non può ancora conquistare il cristianesimo. Sarete in grado di gettare le fondamenta e i vostri figli saranno a terra. Si mescoleranno con i cristiani. Israele guiderà il mondo come dovrebbe essere, e noi loderemo il popolo francese per ciò che ha fatto per liberarci" (pagina 126).

Il piccolo Daniel non dimenticherà gli insegnamenti del nonno defunto: "Dietro il corpo del vecchio Benatar, portato a spalla da quattro uomini nelle strette vie del *Mellah*, Daniel giurò di essere fedele e leale all'ideale del nonno. Trattenendo le lacrime, ripeteva nel suo intimo: 'Diventare uno dei grandi della terra per la gloria del popolo di Dio e il bene dell'umanità'" (pagina 26). Senza dubbio, Daniel era diventato piuttosto ambizioso, perché diceva: "La vita non è interessante se non hai un joystick" (pagina 39). Ecco dunque la profondità dell'anima di alcuni ebrei marocchini. Il loro amore per la Francia è innegabile,

---

per la Francia repubblicana è ben rappresentato anche nel film di Ariel Zeitoun *Le Nombril du monde* (Francia, 1993). Vediamo gli ebrei tunisini entusiasti dell'idea di combattere per la Repubblica francese nel 1940, il che era logico dal loro punto di vista. In una scena del film *Il pianista* di Roman Polanski, vediamo una famiglia ebrea che aspetta la dichiarazione di guerra contro la Germania.

poiché quel Paese sembra loro un trampolino di lancio per la conquista dell'universo.

Nel 2000, le *Éditions des Belles Lettres hanno* ripubblicato nella stessa collana anche un libro del 1929 di un certo Pierre Paraf, intitolato *Quando Israele amava*. Va ricordato che questo Pierre Paraf (1893-1989) era anche cofondatore della LICA (Lega contro l'antisemitismo), che all'epoca non pretendeva di combattere anche il razzismo.

Una novella di quell'antologia, *Il coro delle tre voci*, accennava al tema del messianismo ebraico per bocca di un personaggio. La storia è ambientata sotto l'Impero Romano: "Il rabbino di Alessandria mi ha insegnato: - Ci sono settanta nazioni sulla terra e di queste settanta nazioni, cinquantanove sono sotto il giogo dell'imperatore. Ma verrà un giorno in cui le settanta nazioni saranno illuminate dalla luce di Israele. Si dice infatti che il nostro popolo sarà una benedizione per il mondo."

Purtroppo l'antisemitismo esisteva già a quei tempi. Possiamo immaginare come gli ebrei siano stati accusati di tutti i mali, passati, presenti e futuri, e come siano serviti da capro espiatorio per le frustrazioni dei popoli gentili: "Non siamo forse trattati ovunque come una razza intrigante e insidiosa[144]?", ha scritto Pierre Paraf.

La storia intitolata *Marchesa d'Israele* conferma questa mentalità messianica. Nel XVIII secolo, all'epoca di Voltaire e dei philosophes, un personaggio del romanzo proclama in una riunione mondana: "Sì, la rivoluzione verrà, e lo desidero con tutto il cuore. Tra trent'anni, forse tra vent'anni, i troni saranno scossi. L'albero dei filosofi avrà dato i suoi frutti. Avranno minato tutto, la scure dei saggi, distruttori di un mondo antico a cui devono forse il meglio della loro vita e del loro pensiero."

Vediamo qui l'innegabile volto apocalittico del messianismo. A ciò si accompagna un instancabile attivismo che costituisce, come abbiamo visto, il nucleo stesso dell'anima ebraica: "Ovunque gli uomini stolti soffrono perché non conoscono la nostra legge... È in tutto il mondo che l'Eterno ci manda a compiere la nostra missione."

Il problema è che gli "altri" non sembrano comprendere i benefici che gli ebrei apportano, quindi per il momento è meglio andare avanti in sordina: "Anche se dovessimo cambiare il nostro abito e il nostro nome per diffondere i nostri insegnamenti, come fanno i popoli dell'Olanda e dell'Inghilterra, marceremo felici nella certezza che tra qualche anno o qualche secolo i nostri pronipoti potranno togliersi la maschera - l'abito della loro anima intatta e inviolata - e indossare con orgoglio il vero volto di Israele[145]."

---

[144] Pierre Paraf, *Quand Israël aima*, 1929, Les Belles Lettres, 2000, p. 98, 111
[145] Pierre Paraf, *Quand Israël aima*, 1929, Les Belles Lettres, 2000, p. 72, 70

È chiaro che gli ebrei vivono in uno stato di tensione permanente, con la speranza che un giorno arrivi finalmente il Messia. Come ha detto Elie Wiesel: "Riconosco che di tutti i tratti che caratterizzano il popolo ebraico, quello che mi colpisce di più è il dovere di sperare[146]."

Anche il celebre scrittore austriaco Joseph Roth ha espresso questa fede assoluta nel destino di Israele e il profondo disprezzo degli ebrei per i goyim che non comprendono la loro missione divina. I bambini ebrei sanno fin dalla prima infanzia di appartenere al popolo eletto; le umiliazioni dei piccoli goyim non li toccano: "L'apparente vigliaccheria dell'ebreo - che non reagisce al sasso che il bambino gli lancia durante il gioco, che non vuole sentire il grido d'insulto che gli viene rivolto - è, in realtà, l'orgoglio di chi sa che un giorno trionferà.... Cosa gli importa di un sassolino o della saliva di un cane rabbioso? Il disprezzo che un ebreo orientale prova nei confronti degli infedeli è mille volte più grande di quello che potrebbe raggiungere[147]. "Siamo avvertiti allora.

Gli intellettuali ebrei, che presentano continuamente il popolo eletto come un popolo ingiustamente perseguitato, in realtà avanzano con una maschera, come essi stessi affermano. Ad esempio, nell'ottobre 2005, il fumettista americano Will Eisner ha pubblicato un fumetto intitolato *The Plot, una storia segreta dei Protocolli degli Anziani di Sion* per denunciare l'impostura rappresentata da questo documento. Il fumetto è stato prefato dal grande romanziere Umberto Eco (autore de *Il nome della rosa*), che occasionalmente prefigura anche opere che trattano della Cabala[148].

Secondo la rivista *Le Nouvel Observateur*, la ricerca di Will Eisner "è durata vent'anni" per denunciare le insopportabili bugie della propaganda antisemita che accusa gli ebrei di voler dominare il mondo. Will Eisner ha così svolto un lavoro di sanità pubblica, rivelando a tutti in modo accessibile la verità su queste grossolane falsità: "Nel corso degli anni, centinaia di libri e articoli scientifici hanno denunciato l'infamia dei *Protocolli*. Il più delle volte, però, questi studi sono prodotti da accademici e si rivolgono a specialisti o a lettori già convinti della frode... Si presenta l'occasione di attaccare frontalmente questa propaganda con un linguaggio più accessibile. Spero che questo lavoro possa chiudere definitivamente la bara di questa fantomatica impostura vampiresca. "Vediamo qui che mentre alcune donne musulmane

---

[146] Elie Wiesel, *Mémoires II*, Éditions du Seuil, 1996, p. 156.

[147] Joseph Roth, *Judíos errantes*, Acantilado 164, Barcellona, 2008 p. 47.

[148] Umberto Eco ha prefato il libro di Moshé Idel, *Mystiques messianiques, de la Kabbale au hassidisme, XIIIe - XIXe siècle*, 1998, Calmann-Lévy, 2005.

indossano il velo, molti intellettuali ebrei preferiscono indossare una maschera.

Identità ebraica

Ora sappiamo che il popolo ebraico ha una missione da compiere. Sparsi sulla faccia della terra, vivendo in mezzo ad altri popoli, gli ebrei rivendicano la nazionalità del luogo in cui si sono stabiliti e i diritti concessi dal Paese ospitante, pur mantenendo la loro ebraicità e spesso il loro attaccamento viscerale allo Stato di Israele. Questa è un'altra forma di ambivalenza che ritroviamo sempre nella mentalità dell'ebraismo e della personalità ebraica, e non è un caso che la parola "paradosso" compaia così frequentemente nella penna di questi intellettuali.

Ne *Il destino di Israele*, il filosofo Jacob Leib Talmon ha confermato che esiste un'unicità ebraica, un modo ebraico di concepire il mondo, un "modo di pensare, sentire e comportarsi" molto specifico dell'ebraismo. Tuttavia, l'identità ebraica ha contorni sfumati e confusi. Sappiamo che non è solo la religione a plasmare l'identità ebraica, perché gli ebrei atei continuano a dichiararsi membri del popolo eletto. I principali dottrinari e rivoluzionari marxisti, come lo stesso Karl Marx, Lenin (origine lontana ma plausibile, ndt), Trostki, Rosa Luxembourg, George Lukacs o Ernest Mandel, per citarne solo alcuni, erano atei militanti, ma le loro origini ebraiche erano chiaramente trasparenti attraverso il carattere messianico della loro lotta per un "mondo migliore".

"Dopo tremila e cinquecento anni, non è ancora possibile stabilire chi sia ebreo e chi no", ha scritto Talmon. C'è però un criterio di appartenenza abbastanza chiaro su questo punto, ed è quello della filiazione da parte della madre. Talmon ha dichiarato: "Un uomo di razza ebraica che abbia perso la fede ebraica e che abbia rifiutato qualsiasi pratica religiosa non cessa di essere un ebreo, poiché chiunque nasca da una madre di razza o religione ebraica è un ebreo. L'individuo il cui padre è ebreo ma la cui madre non lo è, non è riconosciuto come ebreo, poiché non si può essere certi della paternità."

Questa spiegazione porta alla seguente conclusione: "Un ebreo è un individuo di razza o religione ebraica che non ha abbracciato ufficialmente un'altra religione, indipendentemente dal fatto che pratichi o meno la propria. Per essere considerati ebrei, il fattore determinante è il sangue (la madre ebrea) o l'adozione della religione ebraica, una decisione che equivale sempre a voler condividere un destino comune[149]. "Questo non include gli ebrei che si sono convertiti a un'altra religione ma che continuano a praticare l'ebraismo in segreto.

Elie Wiesel ha confermato l'idea che gli ebrei siano una nazione a parte e che sia conveniente considerarli come stranieri che vivono tra altri popoli. Nel *Testamento di un poeta ebreo assassinato*, scriveva esplicitamente: "Tra un mercante del Marocco e un chimico di Chicago, un raccoglitore di stracci di Lodz e un industriale di Lione, un cabalista di Safed e un intellettuale di Minsk, esiste una parentela più profonda, più sostanziale perché più antica, che tra due cittadini dello stesso Paese, della stessa città e della stessa professione. Anche quando è solo, un ebreo non è mai solitario[150]."

Nelle sue *Memorie* scrive inoltre: "Essere ebreo, secondo me, significava appartenere alla comunità ebraica, nel senso più ampio e diretto del termine. Si trattava di sentirsi offesi ogni volta che un ebreo veniva umiliato, indipendentemente dalla sua origine, dalla sua condizione sociale o dal Paese in cui viveva. Si trattava di reagire, di protestare ogni volta che un ebreo, anche sconosciuto e lontano, veniva picchiato e aggredito da qualcuno, per il semplice motivo che era ebreo.... Esatto: come scrittore ebreo mi sento solidale con il mio popolo. La loro ricerca è la mia ricerca e la loro memoria è il mio Paese. Tutto ciò che gli accade si ripercuote su di me[151]."

Nel secondo volume delle sue *Memorie*, scrisse: "L'ebreo è ossessionato dall'inizio piuttosto che dalla fine. Il suo sogno messianico si riferisce al regno di Davide. Si sente più vicino al profeta Elia che al suo vicino di pianerottolo... Tutto ciò che ha colpito i suoi antenati lo colpisce. Il loro lutto gli pesa, i loro trionfi lo incoraggiano[152]."

Il desiderio di mantenere questo spirito di comunità a tutti i costi ha incoraggiato per secoli gli ebrei di tutto il mondo a vivere in isolamento. In *Speranze planetarie* avevamo già notato, sotto la penna di Jacques Attali, che alcune comunità ebraiche avevano rivendicato il diritto di ghettizzarsi per mantenere la purezza del popolo ebraico contro gli stranieri[153]. Elie Wiesel ha riconosciuto che tali disposizioni secolari erano ancora comuni all'epoca della Seconda guerra mondiale. All'epoca viveva con la famiglia in Romania, in una regione del nord che fu poi annessa dall'Ungheria all'inizio del conflitto: "La stella gialla? Beh, non mi dà molto fastidio. Mi permette persino di sentirmi

[149]J.-L. Talmon, *Destin d'Israël*, 1965, Calmann-Lévy, pagg. 137, 139, 140.

[150]Elie Wiesel, *Le Testament d'un poète juif assasiné*, 1980, Points Seuil, 1995, p.57

[151]Elie Wiesel, *Mémoires, Tome I*, Éditions du Seuil, 1994, p. 212, 513.

[152]Elie Wiesel, *Memoires Tome II*, Editions du Seuil, 1996, p.46.

[153]Hervé Ryssen, *Speranze planetarie*, (2022).

più intimamente legato agli ebrei del Medioevo che indossavano la *ruota*[154] nei ghetti d'Italia... Ci sono stelle per tutti i prezzi. Quelli dei ricchi sono splendenti, quelli dei poveri sono opachi. Strano, ma io porto il mio con inspiegabile orgoglio[155]."

Nella sua città di Sighet, appena annessa all'Ungheria, Wiesel vide come i gendarmi ungheresi - come i rumeni - non avessero gli ebrei nel cuore e fu infine contento che fosse stato creato un ghetto per riunire tutti gli ebrei: "I gendarmi ungheresi; non si possono dire abbastanza cose brutte su di loro... hanno eseguito il piano di Eichmann con una brutalità e una foga che rimarranno un disonore per l'esercito ungherese e per la nazione ungherese... hanno portato a termine il piano di Eichmann con una brutalità e una foga che resteranno un disonore per l'esercito ungherese e per la nazione ungherese... tanto che l'annuncio del ghetto fu quasi un sollievo: saremo tra ebrei così. Come famiglia... ho l'impressione di riaprire una pagina di storia ebraica medievale. Vivremo come i nostri antenati in Italia e in Spagna prima, e poi in Germania e in Polonia... Consulto l'enciclopedia ebraica... Sorpresa: scopro che nell'antichità i quartieri ebraici erano stati creati dagli stessi ebrei che temevano le influenze straniere. È il caso delle comunità di Roma, Antiochia e Alessandria. Solo in seguito il ghetto fu imposto loro con nomi diversi[156]."

Il libro di Laurent Cohen sullo scrittore Franz Kafka, intitolato *Una lettura ebraica di Franz Kafka*, offre alcuni spunti di riflessione sulle abitudini degli ebrei dell'Impero austro-ungarico. Anche in questo caso si nota una forte tendenza all'isolamento comunitario, persino al sospetto e all'ostilità nei confronti dei nativi. Lo stesso Kafka, che "frequentava solo ebrei", ha dato un'idea della barriera che separava le comunità ebraiche e cristiane nell'Impero asburgico: "Nessun membro cristiano dei corpi in cui mio padre aveva un ruolo attivo mise mai piede in casa. E si è visto. "Vuoi tornare nel ghetto?", mi è stato chiesto durante le discussioni. Io rispondevo: "Siete voi che vivete nel ghetto". Non volete ammetterlo: dove sono i Goyim? Non ne hai mai invitato uno a casa[157]."

Questa identità esclusivista è stata definita e spiegata da Gershom Scholem, citato nel libro di Laurent Cohen per spiegare i sentimenti di

---

[154]La ruota era un piccolo pezzo di stoffa il cui uso ostentato fu imposto agli ebrei come segno distintivo di abbigliamento dalle autorità civili nel Medioevo. Tagliata ad anello, secondo l'interpretazione tradizionale, simboleggia i 30 denari di Giuda (NdT).

[155]Elie Wiesel, *Mémoires, Tome I*, Éditions du Seuil, 1994, p. 82.

[156]Elie Wiesel, *Mémoires, Tome I*, Éditions du Seuil, 1994, p. 83.

[157]Laurent Cohen, *Variations autour de K.*, Intertextes éditeur, Paris, 1991, p. 29.

identità di Kafka: "Esiste nella tradizione ebraica un concetto difficile da definire e tuttavia molto concreto, che chiamiamo *Ahavat Israel*, "l'amore per il popolo ebraico". Questo concetto di amore per il proprio popolo, Kafka lo aveva integrato nel cuore del suo essere... facendo dell'"amore gratuito" tra ebrei la priorità delle priorità[158]. "Franz Kafka" lo ha collegato a un altro concetto fondamentale del pensiero ebraico: *Ahdout Israel*, letteralmente: "Unità di Israele". "Sono proprio questi due concetti a sostenere i discorsi di Elie Wiesel e Jacob Talmon, che considerano gli ebrei come stranieri che vivono tra le altre nazioni.

L'ossessiva preoccupazione per la purezza razziale compare in molti scritti di intellettuali ebrei e si traduce nel costante rifiuto dei matrimoni misti. In *Flammes juives*, ad esempio, la scrittrice Camille Marbo racconta come il figlio di una famiglia ebrea marocchina si sia recato in Francia negli anni Venti per studiare all'università e come abbia rassicurato la povera madre Rebecca, "timorosa che il figlio si innamorasse di una donna cristiana" (pagina 26). Fortunatamente, il suo senso di appartenenza all'ebraismo non era cambiato in mezzo ai Goyim. Al contrario: "Non osava dire alla madre che la sua fede religiosa era morta, mentre cresceva la sua entusiastica devozione alla razza ebraica, affermando che non avrebbe mai sposato "una donna che non fosse della nostra razza". Rebecca pianse benedicendolo[159]."

Il romanzo di Camille Marbo ha la stessa funzione pedagogica del libro di Jacob Talmon sopra citato e riflette allo stesso modo la profonda angoscia del romanziere e del filosofo nel vedere i propri compatrioti mescolarsi con i goyim. La preoccupazione di preservare la purezza del sangue di Israele è stata espressa anche da Elie Wiesel, quando ha raccontato la disgrazia di una famiglia ebrea la cui figlia si era innamorata di un goy: "Una giovane ragazza si era convertita per sposare un ufficiale ungherese. La tragedia dei suoi genitori svergognati mi ha turbato[160]."

Se vogliamo renderci conto della gravità del dramma vissuto dalle famiglie ebraiche quando un figlio si sposa al di fuori della comunità, possiamo guardare il bellissimo film di Norman Jewison, *Il violinista sul tetto*, che descrive la vita degli *shtetl*, quei villaggi ebraici dell'Europa centrale e orientale prima della guerra, e che si concentra proprio sul progressivo indebolimento della tradizione ebraica e sulla tentazione dei figli di sposarsi al di fuori della comunità. Infatti, mentre le famiglie ebraiche cominciavano gradualmente ad accettare che i figli

---

[158]Laurent Cohen, *Variations autour de K.*, Intertextes éditeur, Paris, 1991, p. 121.
[159]Camille Marbo, *Flammes juives*, 1936, Les Belles Lettres, 1999, p. 26.
[160]Elie Wiesel, *Mémoires, Tome I*, Éditions du Seuil, 1994, p. 47.

potessero rifiutare un partner scelto dalla famiglia e dal sensale, c'era ancora un caso in cui non si poteva scendere a compromessi: il matrimonio esogamico, considerato dai genitori niente meno che la morte del figlio.

In un libro sul gangsterismo ebraico negli Stati Uniti all'inizio del XX secolo, lo scrittore americano Rich Cohen ha raccontato questa tradizione e uno dei principali gangster dell'epoca, Arnold Rothstein. Era figlio di un uomo ricco. Suo padre Abraham possedeva un emporio tessile e una filanda. Arnold un giorno presentò al padre la sua futura moglie. Il problema è che lei non era ebrea: "L'uomo più anziano scosse la testa e dichiarò: "Beh, spero che sarai felice". Dopo il matrimonio, quando ha dichiarato la morte del figlio, quando ha coperto gli specchi e ha letto il *Kaddish*[161], quel momento ha segnato un grande passo avanti per il crimine in America.... Corrispondeva al rilascio di Arnold. Per Rothstein è stata la svolta decisiva[162]. "

Ancora oggi, quando un membro di una famiglia ortodossa sposa un gentile, la famiglia esegue il rito di *Shiva*, normalmente riservato ai decessi. Fare *Shiva* è come dichiarare che la persona è considerata morta in tutti i sensi.

Nella sua *Storia dell'antisemitismo*, Leon Poliakov ha mostrato come le usanze ebraiche di un tempo fossero implacabili contro gli ebrei che si abbandonavano al desiderio di lasciare la comunità. Rabbi Ascher ben Yehiel, che era fuggito dalla Germania per rifugiarsi in Spagna dove divenne rabbino della comunità di Toledo, non scherzava su tali trasgressioni: "Censurò severamente i costumi e, avendo notato con orrore che il commercio sessuale tra ebrei e donne cristiane e viceversa era ancora frequente, chiese che ai trasgressori ebrei venisse tagliato il naso[163]."

Ricordiamo che lo Stato di Israele, come gli ebrei ortodossi della diaspora, non consente i matrimoni misti. Il quotidiano progressista inglese *The Guardian* ha rivelato alcune informazioni su come vengono trattati i nuovi immigrati in Israele, chiamati a sostituire la forza lavoro palestinese considerata troppo poco collaborativa. Infatti, qualche anno fa, lo Stato ebraico ha reclutato circa 260.000 stranieri per sostituire nelle fabbriche e nelle fattorie i palestinesi dei Territori ai quali era vietato rimanere in Eretz Eretz. Il corrispondente del quotidiano britannico ha scritto: "I lavoratori cinesi a contratto in Israele sono

---

[161]*Kaddish*: la principale preghiera ebraica che viene recitata anche durante i duelli.

[162]Rich Cohen, *Yiddish Connection*, 1998, Denoël, 2000, Folio, p. 73.

[163]Léon Poliakov, *Histoire de l'antisémitisme, Tome I*, 1981, Points Seuil, 1990, pag. 328.

obbligati a impegnarsi per iscritto a non avere alcun contatto sessuale con donne israeliane - comprese le prostitute - e, naturalmente, a non sposare donne ebree, pena il licenziamento immediato e l'espulsione"... a loro spese, naturalmente. Questa clausola obbligatoria è stata confermata dal portavoce della polizia israeliana che non vi vede "nulla di illegale".

Gli intellettuali cosmopoliti occidentali, la maggior parte dei quali portabandiera dello Stato di Israele, non vedono alcuna contraddizione nel sostenere l'immigrazione e una società pluralistica nei Paesi europei in cui si sono stabiliti. È un altro "paradosso" dello spirito ebraico che distilla un discorso antirazzista per gli altri, mentre allo stesso tempo è profondamente razzista nei confronti della propria comunità. Il discorso antirazzista è quindi un prodotto destinato esclusivamente all'esportazione.

Bernard-Henri Levy, ad esempio, dichiara continuamente il suo indefettibile attaccamento a Israele a chiunque lo ascolti. Così si esprimeva infatti da Gerusalemme nel 2003, in occasione di una conferenza dell'Istituto di Studi Levine: "Sulla questione di Israele, non sono mai cambiato da quando mi sono presentato il quinto giorno della Guerra dei Sei Giorni al consolato israeliano di Parigi per arruolarmi nello Tsahal."

Bernard-Henri Levy prova "un attaccamento estremo a Israele... Ho scritto centinaia di volte, ha detto il filosofo, che Israele e la diaspora sono come il cuore e la coscienza l'uno dell'altra, che l'uno è il sostegno, il pilastro, la fonte dell'altro - e viceversa[164]... Sono un ebreo, naturalmente, a causa del mio legame con Israele. Sono ebreo quando, come tutti gli ebrei del mondo, il mio cuore batte all'unisono con quello di tutti gli israeliani minacciati... Quando tutto il mondo crede che i missili Scud stiano per cadere su Tel-Aviv, io vengo qui istintivamente, quasi senza pensarci... perché Israele rimane lo Stato rifugio del popolo ebraico. "

Ma ciò che vale per gli ebrei non vale per gli altri popoli. Mentre esalta il popolo ebraico, le tradizioni ebraiche, il clan ebraico, Bernard-Henri Levy nega ai non ebrei il diritto di provare sentimenti di appartenenza comunitaria e di lodare le virtù della propria stirpe. Infatti, gli intellettuali cosmopoliti non esitano mai a denunciare - e sempre nel modo più virulento - i sentimenti patriottici dei francesi e degli europei in generale, preoccupati per l'arrivo massiccio di immigrati dal Terzo Mondo. Le preoccupazioni dei "bianchi" non hanno alcun valore per

---

[164]Bernard-Henri Lévy, *Récidives*, Grasset, 2004, p. 405, 408

loro: è una "paranoia" da curare, una "malattia" della mente, come ha scritto Alain Minc. Sono "opinioni razziste" che non dovrebbero essere tollerate in una democrazia. Così Bernard-Henri Levy dichiara a gran voce, quando è in Francia, la sua intransigente opposizione a tutte le forme di "intolleranza" e "fascismo": "Sono ebreo per il mio antifascismo, scrive nello stesso testo, per le mie denunce di tutte le ideologie del terroir, del corpo, della razza e del sangue... Sono ebreo quando, ricordando che eravamo stranieri in Egitto, ho fondato l'organizzazione SOS Racisme vent'anni fa."

Il discorso rivolto agli ebrei è quindi l'esatto negativo del discorso rivolto ai goyim. Ma per poter parlare ai francesi, per poter fare il discorso cosmopolita alle nazioni, Bernard-Henri Levy è costretto, nonostante tutto, a diventare un po' francese e a sventolare la sua bandierina tricolore: "Sono un ebreo in Francia. Sono un ebreo e un francese, un ebreo che ama la Francia[165]. "Quindi era chiaro, ma il nucleo della sua identità rimaneva monocromatico: "Sono un ebreo, sono un ebreo con tutte le fibre del mio essere". Lo sono con i miei errori, lo sono per le regole alimentari che mi sono imposto... lo sono per il modo in cui scrivo... sono ebreo in virtù del patto invisibile che unisce gli ebrei di tutto il mondo... sono ebreo in virtù della mia pazienza messianica....Sono ebreo per il mio rifiuto del nazionalismo, per la ripugnanza che provo per le ideologie del radicamento... Questo è ciò che mi insegna il pensiero ebraico... Da Levinas, ricordo che sono le piante a mettere radici e che gli uomini sono servi delle radici e liberi grazie alla legge. Da Rosenzweig, ne *La stella della redenzione*, mi è rimasta l'immagine di quel popolo... "eterno viaggiatore radicato nel tempo e nella legge". E del Maharal di Praga[166]... Ricordo che un luogo non è mai santo se non è stato consacrato da un atto consapevole dell'uomo. E, soprattutto, credo che la località del luogo non conti nulla, o quasi, per la realizzazione della Redenzione... Là dove c'è l'uomo, c'è la *Halacha*[167], c'è il regno di Dio. Una storia, una legge, che non

---

[165]Bernard-Henri Lévy, *Récidives*, Grasset, 2004, pagg. 415-421.
[166]"Il Maharal di Praga (1520-1609) è stato un importante talmudista, mistico e filosofo ebreo, rabbino della città boema di Praga.
[167]*Halacha*, Legge ebraica, letteralmente *"il modo di comportarsi"* o *"il modo di camminare"*. Comprende le 613 mitzvot (comandamenti) e la successiva legge rabbinica e talmudica. È il corpo collettivo delle regole religiose ebraiche, tratte dalla Torah scritta e orale. Gli ebrei ortodossi sono quelli che seguono rigorosamente la *Halacha*. L'ortodossia non si riferisce alla dottrina o al credo, come viene inteso nel cristianesimo. Si riferisce ai comportamenti e alle pratiche specifiche prescritte dalla *Halacha*.

portiamo incollata alla suola delle scarpe, ma sulla lingua[168]."

La terra, il luogo di nascita, il Paese della propria infanzia, a cui tutti gli esseri umani sono sentimentalmente legati, non hanno quindi alcuna importanza per gli ebrei, che sono legati solo alla propria legge e sono quindi predisposti a cambiare facilmente Paese, a parlare un'altra lingua, ad adattarsi ai costumi locali, pur mantenendo la propria specificità ebraica al proprio interno. Stranieri in mezzo ad altre nazioni, gli ebrei della diaspora hanno una missione da compiere: "Sono un ebreo del *Galout*[169], scrive Levy, sono un ebreo universalista... La scelta del popolo ebraico, per me come per Rosenzweig, significa aprire a tutti i popoli le porte invisibili e sacre che illuminano la Stella della Redenzione[170]. "

Ne *La stella della redenzione*, Franz Rosenzweig insisteva sul concetto razziale dell'identità ebraica: "Solo la comunità di sangue sente la garanzia della sua eternità scorrere caldamente nelle sue vene già oggi. Solo che per essa il tempo non è un nemico da placare e sul quale può - spera, ma forse no... - vincere. "Il popolo eterno "conserva sempre il distacco di chi parte per un viaggio... È solo uno straniero che si è stabilito nel suo paese... La santità della terra [di Israele] la preserva dall'impossessarsene quando avrebbe potuto farlo..... Lo costringe a concentrare tutta la verve della volontà di essere un popolo su un unico punto... sul punto puro e autentico della vita, sulla comunità di sangue[171]."

Il romanziere americano Philip Roth riconosceva che l'"assimilazione" era molto superficiale tra gli ebrei. Ecco le parole di uno dei suoi personaggi, il romanziere Appelfeld: "Mi sono sempre piaciuti gli ebrei assimilati, perché era in loro che il carattere ebraico, e forse anche il destino degli ebrei, si concentrava con maggior forza[172]. "Quando gli intellettuali ebrei parlano di "assimilazione", dobbiamo intendere "assimilazione sociale" e "successo sociale". E in effetti gli ebrei si assimilano molto rapidamente alle popolazioni locali.

Questo sentimento di ebraicità va sempre di pari passo con un violento e sprezzante rifiuto dell'identità dei non ebrei. Così Guy Konopnicki si permette di scrivere con palese insolenza: "Non ho mai

---

[168]Bernard-Henri Lévy, *Récidives*, Grasset, 2004, pagg. 413-415.

[169]Ebreo *Galout*: ebreo dell'esilio, della diaspora. Vivere fuori dallo Stato di Israele.

[170]Bernard-Henri Lévy, *Récidives*, Grasset, 2004, p. 384, 385

[171]Franz Rosenzweig, *La Estrella de la Redención*, Hermenia 43, Ediciones Sígueme, Salamanca, 1997, p. 356, 357, 358.

[172]Philip Roth, *Operazione Shylock*, Debolsillo Penguin Random House, Barcelona, 2005, p. 129.

trovato la Francia popolata da francesi di cui si sente tanto parlare...
Non resta che Jean-Marie Lepen e qualche fossile simile per risalire allo
straniero fino alla terza generazione e arrivare ad accusarmi di non
essere un discendente dei Gallo-Romani o dei Franchi, i nostri antenati.
"E ha aggiunto questa domanda indignata: "Allora quante generazioni
ci vogliono per essere francesi[173]?" Ora possiamo rispondergli
adeguatamente: quante ce ne vogliono perché un intellettuale ebreo
abbandoni l'ebraismo.

---

[173]Guy Konopnicki, *La Place de la nation*, Olivier Orban, 1983, p. 16, 36

PARTE SECONDA

LA MENTALITÀ COSMOPOLITA

1. La personalità ebraica

Gli ebrei sono solidali tra loro, indipendentemente dal Paese in cui vivono e dalla lingua che parlano. Hanno anche tratti caratteriali molto specifici che tutti gli osservatori dell'ebraismo hanno notato in tutte le diverse epoche e in tutte le latitudini. Questo perché il loro spirito si forma fin da piccoli leggendo gli stessi testi e perché gli insegnamenti trasmessi dai genitori sono gli stessi ovunque: l'importante è l'obbedienza alla "Legge" della Torah, quella "patria tascabile", come scriveva il poeta tedesco Heinrich Heine nel XIX secolo.

Bernard Lazare ha lasciato un libro piuttosto esemplare sull'argomento. Socialista anarchico e sostenitore di Dreyfus[174], Bernard Lazare pubblicò nel 1894 un libro che voleva essere una risposta a *La Francia ebraica* di Edouard Drumont, che aveva avuto un successo strepitoso. Il brano che segue dà un'idea di cosa possa essere questa "Legge" e del suo carattere universale nel giudaismo: "Ma l'ebreo aveva qualcosa di meglio del suo dio: aveva la sua Thora - la sua legge - ed è questa legge che ha osservato. Questa legge, non solo non la perse quando perse il suo territorio ancestrale, ma al contrario rafforzò la sua autorità: la sviluppò e aumentò il suo potere e anche la sua virtù. Quando Gerusalemme fu distrutta, fu la legge a diventare il

---

[174]Il caso Dreyfus ha avuto origine da una sentenza giudiziaria presumibilmente antisemita, in un contesto di spionaggio e antisemitismo, in cui l'accusato era il capitano Alfred Dreyfus, di origine ebraica alsaziana, e che per dodici anni, dal 1894 al 1906, ha sconvolto la società francese dell'epoca, segnando una pietra miliare nella storia dell'antisemitismo (NdT).

vincolo di Israele: viveva per la sua legge e in base alla sua legge. Questa legge era meticolosa e formalistica; era la manifestazione più perfetta della religione rituale in cui si era trasformata la religione ebraica sotto l'influenza dei dottori, un'influenza che può essere opposta allo spiritualismo dei profeti di cui Gesù ha continuato la tradizione. Questi riti, che prevedevano ogni atto della

Questi riti, che i talmudisti hanno complicato all'infinito, hanno plasmato il cervello dell'ebreo e ovunque, in ogni Paese, lo hanno plasmato allo stesso modo. Gli ebrei, sebbene dispersi, pensavano allo stesso modo a Siviglia e a New York, ad Ancona e a Ratisbona, a Troia e a Praga. Avevano gli stessi sentimenti e le stesse idee sugli esseri e sulle cose. Hanno guardato attraverso le stesse lenti. Giudicavano secondo principi simili dai quali non potevano discostarsi, perché nella legge non c'erano obblighi gravi e obblighi minori: avevano tutti lo stesso valore perché provenivano da Dio. Tutti coloro che gli ebrei attirarono a sé furono imprigionati in questo terribile ingranaggio che schiacciava le menti e le plasmava in modo uniforme[175]."

È quanto ha scritto anche Mark Zborowski nel suo grande studio antropologico sull'ebraismo dell'Europa orientale: "Una pagina di Talmud ha lo stesso aspetto di cento anni fa, e ha lo stesso aspetto a Vilna e a Shanghai. In tutto il mondo, gli studenti meditano sulla stessa Torah, sullo stesso Talmud, sullo stesso commento di Rachi. I bambini cantano con la loro voce di flauto lo stesso testo che apre la *Michnah... Ovunque lo portino* i suoi passi, e per quanto poco sia in una comunità tradizionale, lo studioso dello shtetl troverà gli stessi studi, gli stessi dibattiti portati avanti con ardore e zelo."

Ritroviamo questa stessa uniformità e atavismo negli scritti degli intellettuali ebrei di oggi come di un tempo. Negli insegnamenti dell'ebraismo tradizionale, le barriere del tempo sono sfocate e confuse", ha scritto Zborowski. L'abitudine di riferirsi ai testi antichi per governare il presente e ai testi moderni per chiarire il passato ha forgiato tra passato e presente una catena indistruttibile a cui ogni studioso aggiunge un anello... Questo tranquillo disprezzo per le divisioni occidentali di tempo e spazio afferma che l'unità della tradizione è più solida delle rotture della continuità fisica e temporale[176]. "È proprio questo che alcuni hanno chiamato "l'eterno ebreo" *(Der ewige Jude)*.

---

[175]Bernard Lazare, L'*antisemitismo, la sua storia e le sue cause, (1894)*. Edizioni La Bastiglia, edizione digitale, 2011 p. 120, 121.

[176]Mark Zborowski, *Olam*, 1952, Plon, 1992, p. 107, 108 [Si veda ancora la nota 109 sul *midrash*].

Le ore più buie[177]

L'immagine mediatica della comunità ebraica in tutti i Paesi in cui si è stabilita è quella di una nazione perseguitata. I documentari televisivi o i film sull'argomento sono innumerevoli e ricorrenti, tanto che questo aspetto dell'ebraismo rimane la caratteristica specifica più visibile e principale di questa comunità per il grande pubblico. È interessante notare che gli scritti degli intellettuali ebrei prima della Seconda guerra mondiale riflettevano già la stessa tendenza alle "geremiadi", cosa che è stata osservata anche da diversi autori del nostro tempo. Shmuel Trigano era ben consapevole di questa spiacevole situazione quando scriveva: "Gli ebrei sono spesso accusati di crogiolarsi in questa lamentazione vittimistica e io sono il primo a deplorarla[178]".

Questa peculiarità non è quindi una conseguenza dell'Olocausto, ma una disposizione permanente che è molto caratteristica della mentalità ebraica. Naturalmente, questa osservazione non sminuisce in alcun modo gli orrori della guerra. Le testimonianze di Elie Wiesel e Samuel Pisar, tra le tante, sono piuttosto rivelatrici a questo proposito. Tuttavia, tendono a peccare di sentimentalismo sdolcinato e di un certo egocentrismo che sembra far loro dimenticare le decine di milioni di altre vittime dell'epoca. Le atrocità commesse dai nazisti durante la guerra sono senza dubbio i momenti peggiori dell'intera storia del popolo ebraico. Le testimonianze su questi eventi dolorosi sono fortunatamente abbastanza numerose da darci un'idea di ciò che i prigionieri nei campi di sterminio hanno dovuto sopportare. Samuel Pisar è uno di questi sopravvissuti alle camere a gas. Di origine polacca, è stato naturalizzato cittadino francese prima di diventare un uomo d'affari americano molto ricco. Nel suo famoso libro *Il sangue della speranza, che* sarebbe diventato un *bestseller* mondiale, ha raccontato come ha vissuto questi eventi drammatici da adolescente.

A Bialystok, città della Polonia orientale dove viveva con la sua famiglia, riuscì a sfuggire per la prima volta ai tedeschi quando questi decisero di radere al suolo il ghetto dove gli ebrei erano separati dal resto della popolazione: "Alla fine i nazisti rasero al suolo il ghetto e deportarono tutti i suoi abitanti. Alcuni uomini e alcuni adolescenti,

---

[177]*Les heures les plus sombres*: è un'espressione coniata e utilizzata dalla sfera culturale e mediatica francese che si riferisce agli anni '30 e alla Seconda Guerra Mondiale. È una sorta di promemoria che invoca la memoria del pubblico ogni volta che viene pronunciato.

[178]Shmuel Trigano, *L'Idéal démocratique...* Odile Jacob, 1999, pag. 43.

completamente disarmati, hanno cercato di resistere. Una ribellione eroica e insignificante, repressa in modo atroce. Li hanno uccisi tutti. "Uno dei combattenti, Malmed, fu selvaggiamente torturato e impiccato davanti ai miei occhi per aver gettato una bottiglia di acido solforico in faccia a un ufficiale delle SS, accecandolo[179]. "Un simile spettacolo, come possiamo immaginare, deve aver segnato per sempre la coscienza del piccolo Samuel. I boia torturavano in mezzo alla strada, senza preoccuparsi dei passanti e degli spettatori che osservavano i loro metodi crudeli. Ma, in tali circostanze, l'eroismo consisteva anche nell'assistere a questo interminabile spettacolo, senza distogliere lo sguardo fino all'esito fatale.

Samuel Pisar affrontò altre situazioni difficili durante l'evacuazione del ghetto. Ecco un altro aneddoto: "All'alba, le SS hanno forzato le porte. Sono entrati nella sala e ci hanno buttato in strada con le armi, come se fossimo una mandria. Una sagoma scura, con l'emblema del teschio sull'elmo, si trovava davanti a noi. - Lo voglio! - Cosa, signore? - disse mia madre. - L'anello al dito. Era il suo anello di fidanzamento. Un piccolo diamante circondato da piccoli rubini disposti a forma di cuore. Cercò di toglierlo subito, ma le dita erano gonfie di fatica. L'SS estrasse la baionetta: "Sbrigati o mi prendo anche il dito! Nel mio terrore, mi ricordai di un pezzo di sapone che avevo messo in fondo alla valigia. In pochi secondi lo tirai fuori. Ho sputato sul dito di mia madre, mentre lo insaponavo, e l'anello è scivolato via. Lo porsi al nazista. - Ecco a voi, signore. In quell'istante ero diventato un altro. È stata la mia prima decisione di lottare per la vita[180]..."

Samuel e sua madre si salvarono per un pelo. Possiamo immaginare il piccolo Samuel che si getta sulla valigia, aprendola febbrilmente per cercare di salvare la madre. Fortunatamente le SS non hanno reagito in quel momento sparando una raffica di mitra per paura di vedere l'adolescente estrarre un'arma. Ma Samuel è stato fortunato, ancora una volta.

Dopo questo episodio, i nazisti deportarono gli ebrei nei campi di internamento. Stipati nelle carrozze dei treni come animali, hanno vissuto i peggiori orrori durante il lungo viaggio verso la morte. Ancora una volta, il piccolo Samuel fu testimone di scene atroci:

"Siamo rimasti per settantadue ore chiusi nel nostro vagone, senza

---

[179]Samuel Pisar, *La Sangre de la esperanza*, Editorial Planeta, 1990, Barcellona, p. 42, 43.
[180]Samuel Pisar, *La Sangre de la esperanza*, Editorial Planeta, 1990, Barcellona, p. 44, 45.

cibo e acqua... Quando il treno si è fermato e le porte sono state aperte, buona parte degli occupanti, circa venti, erano morti. Erano stati schiacciati a morte dai loro compagni o erano morti di sete. La massa di cadaveri contusi si diffuse come lava. Era buio e i sopravvissuti, storditi, erano accecati dalla luce dei proiettori. Un cordone di SS era accompagnato da numerosi cani poliziotto. Un breve ordine e i Molosser irrompono nel carro. In un batter d'occhio, alcuni ritardatari sono stati completamente fatti a pezzi davanti al nostro sguardo inorridito. Sulla piattaforma era tutto panico, colpi e urla. Stringendo al petto la mia piccola valigia, raggiunsi l'uscita, saltando sui corpi, spinti dappertutto. "Anche in questo caso, provate a immaginare la scena in modo più dettagliato. Infatti, vediamo molto bene le SS e i loro cani che salgono sul carro in direzione opposta, mentre i deportati ne scendono, calpestando o scavalcando numerosi cadaveri per andare in fondo a cercare i ritardatari, e infine scatenare le loro bestie feroci su questi deboli esseri. Possiamo immaginare il panico degli ultimi deportati che si precipitano fuori dal vagone, schiantandosi a terra, uno sopra l'altro, mentre all'interno del vagone, nel buio, alcuni poveri disgraziati vengono probabilmente divorati dalle bestie.

La vita nel campo portò anche la sua parte di incidenti straordinari, e Samuel Pisar ebbe più di una volta l'opportunità di dimostrare la sua impavidità: "Mi avvicinai a un uomo delle SS dall'altra parte del filo spinato. Mi ha puntato contro la sua mitragliatrice. Tirai fuori dalla valigia un piccolo pacco che mia madre mi aveva dato prima di separarsi. Conteneva l'orologio e l'anello di mio padre. Aprii il pacco e lo mostrai al nazista... Le SS guardarono il pacco con occhi increduli. - Lanciami questo. - Sì, se mi porta l'acqua. - Lanciala o sparo. - No, prima l'acqua. Avevo formulato la mia risposta con misurata ostinazione. Sapeva che poteva uccidermi, ma poi non avrebbe avuto il suo bottino perché mi trovavo dall'altra parte del recinto... Si allontanò e tornò dopo pochi minuti con una bottiglia piena. "Il piccolo Davide aveva trionfato su Golia! Ma altri deportati assetati si avvicinarono pericolosamente per approfittare della fonte d'acqua miracolosa: "Alzai la bottiglia alle labbra e bevvi a lungo e poi ancora... Un clamore. Gli uomini avanzavano verso di me da tutti i lati, in una massa compatta e vociante. Passai la bottiglia al primo che arrivò e mi feci da parte. Hanno iniziato a litigare, il contenitore è caduto a terra e si è rotto[181]. Poi, disperati e come allucinati, si sono inginocchiati per leccare

[181] Samuel Pisar, *La Sangre de la esperanza*, Editorial Planeta, 1990, Barcellona, pagg. 53, 54.

avidamente ciò che era rimasto: la terra bagnata[182]. "Le circostanze erano davvero difficili.

Il piccolo Samuel è stato più volte vicino alla morte e si può dire senza esagerare che la sua sopravvivenza in quell'inferno di campo di concentramento è stata un miracolo: "Tra il mio primo campo, Maidanek, e il mio arrivo ad Auschwitz, sono stato selezionato quattro volte. Quattro aghi cambiano la vita o la morte": "I vecchi, gli ammalati, i malati, i malati non gravi, anche i ricchi, tutti quelli della fila di sinistra sono stati gassati prima che arrivassimo.... Maidanek, come abbiamo appreso immediatamente, era un campo di puro sterminio. Un terribile inquinamento ricordava costantemente l'avvicinarsi della morte. Il fumo e le fiamme sprigionate dalle alte ciminiere in mattoni, poste all'altra estremità del cortile, diffondevano nel campo l'odore dei corpi gettati nei forni crematori."

È lì, a Maidanek, tra decine di migliaia di poveri, che incontra un amico di Bialystock. Che incredibile fortuna: "Lì, vestito con un abito a righe come il mio, con la testa rasata come la mia, stava Ben. Era girato di spalle, ma era senza dubbio lui. - Benek! Si voltò: - Mulo! Non ricordavo che i suoi occhi fossero così grandi. In pochi mesi era invecchiato di diversi anni. Ci siamo abbracciati in lacrime... "Dopo la felicità del loro ricongiungimento hanno giurato di andare avanti insieme: "Il mio patto con Ben è stato sigillato: la volontà di vivere[183]."

Samuel Pisar, cresciuto nei campi di sterminio, ha forgiato il suo carattere in mezzo a queste dure realtà. Un giorno, nel campo di Auschwitz, commise un errore che gli costò caro: "Un giorno passai davanti a uno dei comandanti del campo senza vederlo. La sera, all'appello, mi fu annunciata la punizione. Eravamo tutti fermi nel campo, davanti al filo spinato e alle torri di osservazione. - Il numero 1713 riceverà venticinque frustate per mancanza di rispetto. Mi hanno spogliato e legato davanti ai miei compagni. I primi colpi sono caduti; le cinghie di cuoio sono finite in palle di piombo che hanno colpito il mio inguine. - Uno, due, tre, quattro, cinque, sei, sette... Sia per un riflesso di orgoglio infantile, sia perché pensavo ingenuamente che sarebbe stato un punteggio a mio favore, non emisi nemmeno un gemito. L'ufficiale delle SS che mi stava frustando si fermò incuriosito. - Stasera abbiamo un prigioniero che non sente alcun dolore! Proviamo

---

[182]Samuel Pisar, *Le Sang de l'espoir*, Robert Laffont, 1979, p. 55-57. [*Alors, désespérés, comme hallucinés, ils s'accroupirent en léchant avidement ce qui restit: la terre humide. Nella versione francese*].

[183]Samuel Pisar, *La Sangre de la esperanza*, Editorial Planeta, 1990, Barcellona, p. 55, 56, 58, 59, 61

in un altro modo: sette, sei, cinque, quattro, tre, due, uno... E poi ancora; uno, due... I colpi mi incidono la pelle come coltelli. Non ho reagito. Nei ranghi alcuni prigionieri gridarono: - Urla, stronzo, o scoppierai! Ho ricevuto più di trenta frustate prima di svanire. "Ancora una volta, il piccolo Samuele aveva trionfato su Golia. Poi ha rivelato quanto segue: "La regola fondamentale da osservare sempre, se si vuole sopravvivere, è di non ammettere o mostrare mai il minimo segno di malattia o di debolezza. Un mal di gola, una gamba slogata, una ferita che si infetta? Impossibile! Il principio è implacabile: il più debole deve essere distrutto. "Samuel Pisar non dimenticò la lezione, perché non menzionò più nel suo libro i postumi che questa dolorosa prova aveva lasciato sul suo corpo.

Lo sterminio degli ebrei europei continuò senza sosta. La camera a gas inghiottiva migliaia di deportati ogni giorno: "Nonostante l'ingegno dei nazisti, i convogli che continuavano a riversare carichi nel mattatoio dovevano raggiungere livelli sempre più alti: seimila, settemila e poi ottomila gasati al giorno. Non basta! Si deve raggiungere una quota sempre più alta, fino a diecimila o più al giorno. La fabbrica della morte deve continuamente battere i propri record[184]. "La produttività della camera a gas e l'efficienza dei crematori sembravano superare tutte le speranze, tutte le previsioni dei criminali nazisti.

Samuel Pisar ci ha poi raccontato come è riuscito a uscire indenne dalla camera a gas. Un giorno, essendo stato "selezionato", riesce a passare grazie a un sotterfugio che gli salva la vita. Nella sala d'attesa, in mezzo agli altri detenuti, ha preso un secchio di legno pieno d'acqua e una spazzola che si trovavano in giro e ha iniziato a pulire il pavimento, accovacciandosi, dirigendosi lentamente verso la porta d'uscita: "Le guardie, che sbirciano regolarmente all'interno, attraverso la porta aperta, mi hanno visto. Ma involontariamente diventano miei complici: - Ehi, questa parte è ancora sporca, ricomincia! In ginocchio, continuo a sfregare. Mi danno ordini, obbedisco... Continuo a strisciare e a strofinare, sotto gli occhi beffardi dei guardiani che si divertono a moltiplicare le umiliazioni. - Pulisci di nuovo questo angolo, fannullone! La mia obbedienza è totale. Quando finalmente, dopo un tempo infinito, raggiungo i gradini che portano all'uscita, strofino ognuno di essi con convinzione, con una convinzione che ammorbidirebbe il più temibile dei kapò[185]."

Questa sconvolgente testimonianza di veridicità sarà ripresa anche

---

[184]Samuel Pisar, *La Sangre de la esperanza*, Editorial Planeta, 1990, Barcellona, p. 70, 71, 72

[185]Samuel Pisar, *La Sangre de la esperanza*, Editorial Planeta, 1990, Barcellona, p. 73.

in un altro libro di Samuel Pisar, *La risorsa umana,* in quanto esemplifica la capacità di Samuel Pisar di "trovare la porta d'uscita" in qualsiasi circostanza.

Samuel Pisar, ancora in discreta salute dopo quegli anni terribili, fu trasferito nei campi di lavoro con i suoi due amici Ben e Nico: "Il regime hitleriano aveva una crescente carenza di manodopera industriale. Poiché eravamo ancora relativamente presentabili, fummo caricati su un treno merci, con un contingente di altri prigionieri, e trasferiti nel cuore della Germania."

Raggiunsero quindi il campo di Oranienburg, poi Sachsenhausen e infine Leonberg, vicino a Stoccarda. Lì avrebbero visto i loro liberatori. In modo molto simbolico, i liberatori citati da Samuel Pisar sono personificati da un grande negro americano, probabilmente per meglio imprimere nella mente del lettore l'idea che le atrocità da lui subite potevano essere state compiute solo da uomini bianchi. L'immagine è forse un po' inverosimile, come i film di Hollywood con il loro inevitabile lieto fine:

"... i tedeschi avevano aperto di nuovo il fuoco e io mi trovavo in mezzo alla linea di tiro. Inconsciamente, continuai a correre... raggiunsi l'autoblindo. Un uomo alto e nero uscì dalla torretta e mi apostrofò in una lingua incomprensibile. Mi gettai ai piedi del soldato e abbracciai le sue gambe. Le tre parole inglesi che mia madre mi ripeteva così spesso quando pensavo alla nostra liberazione mi tornarono in mente e gridai a squarciagola: - *God Bless America!* L'uomo nero mi ha fatto salire sulla torretta. Ero libero[186]."

Anche lo scrittore ebreo polacco Marek Halter ha scritto alcune pagine sugli orrori del regime nazista. Nel suo libro *La forza del bene,* ha raccontato, ad esempio, la testimonianza di Varian Fry, trasmessagli dall'amica Mary Jane Gold: un giorno del 1935, in Germania, un "tipo" che sembrava un ebreo era in piedi accanto a lui in una caffetteria. Marek Halter ha raccontato: "Sono entrati due nazisti, SS o SA, non ricordo. L'ebreo, il cosiddetto ebreo, era un po' nervoso quando stava per prendere il bicchiere. Poi uno dei nazisti si è avvicinato e gli ha piantato un coltello in mano! La sua mano si è conficcata nel tavolo! Ha urlato di dolore. Il nazista ha recuperato il coltello ed è uscito dal bar con il suo compagno. Varian li sentì esclamare: "È bello avere sangue ebraico sulla lama di un coltello tedesco! Oggi è festa, per noi è una bella festa! Ha visto tutto questo, tutta quella scena infame[187]."

---

[186]Samuel Pisar, *La Sangre de la esperanza,* Editorial Planeta, 1990, Barcellona, pagg. 82, 94.
[187]Marek Halter, *La force du Bien,* Robert Laffont, 1995, p. 161.

Questo tipo di testimonianza non è verificabile, ma probabilmente riflette molto bene la percezione degli eventi dell'epoca da parte dei principali interessati.

In un libro intitolato *Odio antisemita*, Serge Moati ha condiviso le sue suggestive impressioni sulle atrocità della guerra, ispirate dal film di Claude Lanzmann sui campi di sterminio. Ha scritto, pieno di risentimento, contro i polacchi: "In *Shoah*[188], Claude Lanzmann ha descritto molto bene questa indifferenza, questa abominevole complicità della popolazione. Quando si vedono i campi scintillanti e ricchi intorno ad Auschwitz, quando si sa che la gente del posto si è arricchita con l'oro dei denti dei martiri del campo... quell'oro che hanno trovato nella terra stessa e che hanno usato per costruire le loro belle case", si può solo rabbrividire alla vista di quei polacchi. "Ancora oggi c'è chi va a setacciare la terra di Auschwitz per trovare nella cenere resti di denti o gioielli. Viene raccontata anche un'altra storia. Durante la rivolta del ghetto di Varsavia, nelle vicinanze c'era una fiera con una giostra di sedie volanti che si libravano nell'aria. Molti salivano a guardare gli ebrei bruciare dall'altra parte del muro del ghetto. La gente andava a vedere gli ebrei morire sulla giostra. E i biglietti sono stati venduti a prezzi elevati sul mercato nero[189]. "Tutte queste "storie" che vengono "raccontate" sono davvero spaventose e non si riflettono bene sui polacchi.

Lo scrittore Elie Wiesel ha vissuto personalmente i campi di sterminio. Ha raccontato con grande emozione le atrocità che ha visto con i suoi occhi: "È come un sogno, un brutto sogno di Dio, in cui esseri umani gettano bambini ebrei vivi nelle fiamme di grandi fosse. Rileggo quello che ho appena scritto e mi trema la mano, trema tutto il mio essere. Sto piangendo, io che non piango quasi mai. Rivedo le fiamme e i bambini e mi dico che piangere non basta. Mi ci è voluto del tempo per convincermi che non mi ero sbagliato[190]. "Quello che ha visto è semplicemente incredibile; ma quello che gli ha sentito dire lo è forse ancora di più. In *Parole di uno straniero*, racconta i massacri di Babi-Yar, in Ucraina, dove i tedeschi avevano giustiziato sovietici e numerosi ebrei: "Più tardi, ho sentito da un testimone che per diversi mesi la terra non aveva smesso di tremare; e che di tanto in tanto ne uscivano geyser

---

[188]*Shoah* (in ebraico "catastrofe") è un film documentario francese del regista Claude Lanzmann, uscito nel 1985 e della durata di circa dieci ore. I sottotitoli e le testimonianze filmate sono stati pubblicati in un libro omonimo, tradotto in spagnolo nel 2003. In Francia, *Shoah* è spesso usato per indicare l'Olocausto ebraico.
[189]Serge Moati, *La Haine antisémite*, Flammarion, 1991, p. 105, 106.
[190]Elie Wiesel, *Mémoires, Tome I*, Seuil, 1994, p. 102.

di sangue[191]."

Possiamo mettere in relazione questa testimonianza con quella lasciata dal premio Nobel Isaac Bashevis Singer in uno dei suoi romanzi, intitolato *Lo schiavo*, in cui raccontava le indicibili atrocità commesse dai cosacchi nel XVII secolo:

"I cosacchi avevano praticamente raso al suolo la città e la maggior parte dei suoi abitanti era stata massacrata, bruciata o impiccata. Alcuni, tuttavia, riuscirono a sopravvivere... Gli assassini avevano persino strappato le lapidi. Non un solo capitolo del Sacro Rotolo, non una pagina dei libri della casa di studio era stata salvata.... Perché è dovuto accadere proprio a noi? -chiese uno degli uomini. Josefov era una casa della Torah. - Era la volontà di Dio", rispose un altro. -Ma perché? Quali peccati avevano commesso i bambini? Sono stati sepolti vivi... - Che male abbiamo fatto loro?... Il Creatore aveva forse bisogno dell'aiuto dei cosacchi per rivelare la sua natura? Era questo un motivo sufficiente per seppellire vivi i bambini?".

L'antisemitismo è decisamente incomprensibile, sia oggi che in passato. Le "potenze del male" non cesseranno mai la loro opera di distruzione? Come sempre, i carnefici competono tra loro per vedere chi è più crudele con le vittime deboli e disarmate. Leggendo il romanziere Isaac Bashevis Singer, vediamo che la raffinatezza dei cosacchi in materia non aveva nulla da invidiare a quella dei tedeschi: "Moishe Bunim fu impalato. Gemeva tutta la notte. Venti cosacchi hanno violentato tua sorella Leah e poi l'hanno massacrata... In una mattina come questa era difficile credere che questo fosse un mondo in cui i bambini venivano uccisi o sepolti vivi e in cui la terra era ancora nutrita dal sangue come ai tempi di Caino[192]."

A seguito di un viaggio giovanile in India, Elie Wiesel ha raccontato una delle sue storie incredibili: "Un Saggio mi viene incontro mentre esco dall'albergo di Bombay: 'Per cinque rupie ti dirò il tuo futuro'. Risposi: "Te ne darò dieci se mi racconti il mio passato". Sorpreso, mi chiede di scrivere la mia data di nascita e qualche altra data su un pezzo di carta. Lo prende e si gira per fare i suoi calcoli e io rimango lì per un attimo. Quando si gira di nuovo, sembra spaventato: "Vedo dei cadaveri. Un sacco di cadaveri. Questo mi sorprende. Non può sapere cosa significa per me l'11 aprile 1945. Chi lo sapeva[193]!"

Nelle sue *Memorie*, Elie Wiesel si è anche indignato per

---

[191]Elie Wiesel, *Paroles d'étranger*, Seuil, 1982, p. 86.
[192]Isaac Bashevis Singer, *Lo schiavo*, 1962, Epublibre, editore digitale German25 (2014), p. 294, 342.
[193]Elie Wiesel, *Mémoires, Tome I*, Seuil, 1994, p. 287.

l'incredulità di alcuni membri della comunità ebraica nei confronti delle testimonianze dei "sopravvissuti". È il caso di Alfred Kazin, un critico letterario "sconosciuto in Francia, ma con una certa fama negli Stati Uniti", che si è permesso di dubitare degli scritti del "grande scrittore" Jerzy Kosinski, l'autore de *L'uccello dipinto*. Uno sgomento Elie Wiesel riportò le ironiche parole che Kazin aveva dedicato al suicidio dello scrittore: "Jerzy Kosinski si è suicidato - clamorosamente, evidentemente - seduto nella sua vasca da bagno, mettendo la testa in un sacchetto di plastica", come se, aggiunse Wiesel, il gesto di Kosinski fosse stato "un altro modo di autopromuoversi". "E Alfred Kazin ha aggiunto nel suo articolo sul *New Yorker*, con grande dispiacere di Elie Wiesel: "Non sono mai stato in grado di credere a una parola di ciò che ha detto... Ha sempre agito in pubblico. Probabilmente tutto era legato al fatto che era un sopravvissuto all'Olocausto."

Nel secondo volume delle sue *Memorie*, Elie Wiesel è tornato sul caso di Jerzy Kosinski, facendo ulteriore luce sui dubbi che il suo lavoro ha suscitato nella sua stessa comunità. L'ottima recensione di Elie Wiesel a *L'uccello dipinto* gli era valsa una serie di lettere di insulti da parte di alcuni ebrei che avevano conosciuto Kosinski in Polonia. "Ho sbagliato, mi hanno detto, a essere affettuoso con questo ebreo vergognoso... A quanto pare, il suo libro non è altro che un'accozzaglia di elucubrazioni fantasiose... Mi rifiuto di crederci: ebreo vergognoso, Jerzy? Impossibile! Bugiardo, lui? Inconcepibile!... Un lungo articolo del *Village Voice* lo ha definito un impostore. Una recente biografia cerca di demistificarlo: avendo trascorso la guerra con i genitori, non avrebbe potuto vivere le atroci esperienze narrate ne *L'uccello dipinto*, *né avrebbe potuto* scrivere i suoi libri da solo. La notizia del suo suicidio - come quella di Bruno Bettelheim - mi ha sconvolto[194]."

Resta comunque vero che Elie Wiesel non riuscì a contenere l'indignazione per l'atteggiamento di Alfred Kazin e per l'imperdonabile sospetto di Kazin sulla sincerità del dolore dei sopravvissuti:

All'inizio", scrive Wiesel, "ci vedevamo o ci telefonavamo regolarmente. È membro della giuria letteraria fondata dai sopravvissuti di Bergen-Belsen, il cui presidente è un certo Yossel: Kazin ci accompagna a Belsen, poi a Gerusalemme, e Yossel lo ricopre di regali: camere d'albergo più che confortevoli, soldi per le spese, regali per lui e per la moglie. Lo invita persino a casa sua. E tutto ciò che questo intellettuale newyorkese è in grado di dire su quella visita, in un articolo

---

[194]Elie Wiesel, *Mémoires, Tome II*, Seuil, 1996, p. 475. Anche il famoso pedopsichiatra Bruno Bettelheim si è suicidato con un sacchetto di plastica in testa.

pomposo e pedante, è che la moglie di Yossel possiede un appartamento lussuoso e anche un numero smisuratamente grande tatuato sul braccio: come se se lo fosse fatto fare apposta da Cardin[195]... Peggio ancora: in un testo in cui cerca di ricordare "ciò che deve" a Primo Levi e a me, scrive che non sarebbe sorpreso di scoprire che ho inventato l'episodio dell'impiccagione in *La notte*[196]."

Cento pagine prima, a pagina 342 del primo volume delle sue *Memorie*, Elie era già stato costretto a rettificare una nota di François Mauriac[197] nelle sue *Blocs-notes*, nel 1963, in cui si citavano "quattro romanzi" di Elie Wiesel: *La notte, L'alba, Il giorno, La città della fortuna*: "*La notte* non è un romanzo", sottolineava Elie Wiesel per chi ancora ne dubitava. Tuttavia, cinque pagine più avanti, non esita a informarci sui suoi metodi di scrittura dei libri:

Durante una visita "a Bnei Brak, il quartiere più religioso di Tel-Aviv", Elie incontra il vecchio Rebbe Israel: "Mi fa domande sul mio lavoro. Vuole sapere se le storie che racconto nei miei libri sono vere, cioè se sono realmente accadute. Rispondo: "Rabbino, in letteratura è così: ci sono cose che sono vere, ma che tuttavia non sono accadute; e cose che non sono vere, anche se sono accadute". Mi piacerebbe tanto ricevere la sua benedizione[198]."

Elie Wiesel ha anche esortato con forza i sopravvissuti di Auschwitz a testimoniare, affinché nulla venga dimenticato. "In verità, la mia preoccupazione principale è sempre stata per i sopravvissuti. Attraverso la scrittura, ho cercato di convincerli della necessità e della possibilità di testimoniare: "Fate come me", ho detto loro. Dichiarare, raccontare, anche a costo di inventare una lingua[199]."

Il famoso romanziere americano Philip Roth ha parlato in modo simile nel suo romanzo del 1993 *Operazione Shylock*, dove ha immaginato un dialogo tra "Roth" e un altro scrittore, Appelfeld, autore di *Badenheim 1939*, anch'egli testimone di tragici eventi durante la guerra:

"Non ho mai scritto le cose come sono accadute... Scrivere le cose come sono accadute significa diventare schiavo della memoria, che è solo un elemento secondario nel processo creativo... Le cose più

---

[195]Pierre Cardin: stilista di alta moda, famoso a partire dagli anni Cinquanta.

[196]Elie Wiesel, *Mémoires, Tome I*, Seuil, 1994, p. 436.

[197]François Mauriac (1885-1970) è stato un giornalista, critico e scrittore francese. Vincitore del Premio Nobel per la letteratura nel 1952, è conosciuto come uno dei più grandi scrittori cattolici del XX secolo.

[198]Elie Wiesel, *Mémoires, Tome I*, Seuil, 1994, pagg. 341, 342, 347.

[199]Elie Wiesel, *Mémoires, Tome I*, Seuil, 1994, p. 443.

autentiche sono molto facili da falsificare. La realtà, come ben sapete, è sempre più forte dell'immaginazione umana... La realtà dell'Olocausto ha superato ogni immaginazione. Se mi fossi attenuto ai fatti, nessuno mi avrebbe creduto... Ho strappato la "storia della mia vita" dalle potenti grinfie della memoria, mettendola nelle mani del laboratorio creativo... Dalla "storia della mia vita" ho dovuto togliere le parti incredibili, per ottenere una versione più plausibile[200]. "Un po' di più e potremmo pensare che Samuel Pisar abbia usato lo stesso metodo.

Tuttavia, possiamo notare che Elie Wiesel preferisce la Germania nazista all'Armata Rossa: "18 gennaio 1945: l'Armata Rossa è a pochi chilometri da Auschwitz... Berlino decide di evacuare i detenuti in Germania. Nella caserma regna un'agitazione febbrile... Mio padre viene a trovarmi in ospedale. Nel disordine generale, lo fanno entrare. Gli ho detto: "I malati possono stare alla KB, ma... - Ma cosa? E aggiungo: "Ma tu puoi stare con me, sai, è possibile? Mi chiede: "Sì, è possibile". C'è spazio. Oggi la sorveglianza si sta allentando. Nel generale avanti e indietro tutto è possibile. L'idea è allettante, ma la rifiutiamo. Abbiamo paura. I tedeschi non lasceranno testimoni dietro di loro, li uccideranno. Tutti. Fino all'ultimo. È nella logica mostruosa della loro azione. Faranno saltare tutto in aria in modo che il mondo libero non conosca la natura e la portata dei loro crimini."

È così che Elie Wiesel e suo padre scelsero di marciare con i tedeschi invece di aspettare l'Armata Rossa. I malati che erano rimasti, contrariamente alle previsioni di Wiesel padre e figlio, non erano stati sterminati: "Cosa ci sarebbe successo se avessimo scelto di restare? Tutti o quasi i malati sopravvissero, liberati dai russi nove giorni dopo. In altre parole, se avessimo scelto di rimanere in infermeria, mio padre non sarebbe morto di fame e di vergogna dieci giorni dopo a Buchenwald[201]. "Pertanto, i malati di Auschwitz, compresi i poveri ebrei, venivano curati.

Sensibilità ebraica

Ovviamente, qui non si cerca di minimizzare le sofferenze del popolo ebraico durante questo tragico periodo. Lo scopo di questo studio si concentra esclusivamente sulla percezione degli intellettuali ebrei degli eventi e non sui dati statistici. È vero che da secoli gli ebrei

---

[200]Philip Roth, *Operación Shylock*, Debolsillo Penguin Random House, Barcellona, 2005, p. 96, 97
[201]Elie Wiesel, *Mémoires, Tome I*, Seuil, 1994, p. 119.

nutrono diffidenza nei confronti delle popolazioni tra cui vivono, una diffidenza alimentata da secoli di esperienze di rifiuto, espulsioni, pogrom e leggi umilianti. Questa paura istintiva e animalesca non è scomparsa dopo la Seconda Guerra Mondiale, anzi. Ma è anche importante capire che queste manifestazioni di paura e diffidenza corrispondono anche a una tendenza secolare del popolo ebraico.

Elie Wiesel ha espresso la malvagità dei suoi contemporanei nei campi di concentramento, dove hanno dato sfogo alle loro frustrazioni: "Quegli ucraini che ci picchiano, quei russi che ci odiano, quei polacchi che ci fanno del male, quegli zingari che ci schiaffeggiano[202]."

Vedremo più avanti in questo studio che l'analisi dell'antisemitismo degli intellettuali ebrei rivela un'identica diffidenza nei confronti di ungheresi, spagnoli o lettoni, che pure hanno perseguitato il popolo ebraico in tempi diversi.

Lo stesso studioso francese Maurice Reims, che fu un combattente della resistenza durante la Seconda Guerra Mondiale, raccontò la crudeltà degli uomini nei confronti degli ebrei perseguitati: "L'ultima volta che ho incontrato Dio di persona è stato a Drancy, nel cuore della notte. I gendarmi francesi sono venuti ad avvertirci che all'alba sarebbero stati costretti a puntare e sparare su di noi[203]. "Fortunatamente Maurice Reims è uscito indenne da questa orribile prova.

Il fatto è che gli ebrei sono sempre stati perseguitati, in tutte le epoche e a tutte le latitudini, da tutti i popoli in cui si sono stabiliti. Tuttavia, il popolo ebraico è fondamentalmente innocente di tutto ciò di cui è accusato ed è intrinsecamente incapace di fare del male.

Nel primo volume delle sue *Memorie*, Elie Wiesel ha esposto in diversi paragrafi questa unicità ebraica. In effetti, dopo tutti gli orrori della guerra, i sopravvissuti ebrei hanno dimostrato un'eccezionale altezzosità e nobiltà d'animo. Non caddero nella bassezza e nella vendetta contro i carnefici, come avrebbero fatto i Goyim ordinari, ma al contrario, in genere mostrarono grande moderazione e autocontrollo. Questo è ciò che ha scritto Elie Wiesel:

"I tedeschi ci temono. Anche giustamente. La vista di un ebreo libero deve riempirli di apprensione, di terrore... Si sono sbagliati. I vendicatori ebrei erano pochi e la loro sete di vendetta fu di breve durata. I prigionieri ebrei avevano tutte le ragioni per tornare in Germania, per invaderla e romperle il collo... Ma gli ebrei, per ragioni metafisiche ed etiche profondamente radicate nella loro storia, scelsero un'altra strada. Come si può spiegare questa assenza di violenza nei

[202]Elie Wiesel, *Mémoires, Tome I*, Seuil, 1994, p. 111.
[203]Maurice Rheims, *Une Mémoire vagabonde*, Gallimard, 1997, p. 78.

sopravvissuti? Come si può capire questa assenza di odio omicida da parte delle vittime verso i carnefici, gli aguzzini di ieri? Non ci furono rappresaglie sanguinose. Poche esecuzioni sommarie. Nessun linciaggio pubblico. Nessuna vendetta collettiva. A parte il processo di Norimberga e alcuni grandi processi (contro i medici criminali e contro gli *Einsatzkommandos*), niente, quasi niente. Quasi niente. Denazificazione? Niente di grave in realtà[204]."

La propensione al perdono del popolo ebraico è infatti ben nota al resto dell'umanità, e se alcuni anziani sono stati tirati fuori dalle loro tane trenta, quaranta o sessanta anni dopo i fatti per essere trascinati davanti ai tribunali, queste sono state solo alcune eccezioni che evidenziano ancora di più lo spirito di mitezza e la grande tolleranza dei leader della comunità ebraica.

Poiché gli ebrei sono un popolo debole ed estremamente vulnerabile, e poiché hanno sopportato troppe sofferenze nella loro storia, non possono sopportare di infliggerle ad altri senza subire dolorosi tormenti interiori. Basta guardare le paure animalesche di Elie Wiesel, giovane giornalista nel 1961 di fronte all'ex nazista Eichmann, sotto processo in Israele:

"Sto seguendo il processo Eichmann. Lo guardo. Lo guardo per ore; mi fa paura. Eppure, nella sua situazione, nella sua gabbia di vetro blindata, non rappresenta alcun pericolo. Perché mi ispira tanta paura; esiste un male ontologico incarnato da un essere che non ha bisogno di agire o di uscire da sé per far sentire la sua forza malvagia[205]?"

Elie Wiesel si trova a contatto con l'alta società americana dei miliardari, ma vent'anni dopo la guerra sta ancora tremando. Questo dimostra quanto la paura e l'angoscia siano profondamente radicate nel cuore degli ebrei di tutto il mondo. Poche pagine dopo, nelle sue *Memorie*, Elie Wiesel ha illustrato ancora una volta la debolezza intrinseca degli ebrei, incapaci di volere o fare il male. In Israele, ad esempio, contrariamente a quanto la falsa propaganda vorrebbe far credere, gli ebrei, di nuovo vincitori contro gli arabi nel 1967, mostrano quella caratteristica grandezza d'animo:

"In *Il mendicante di Gerusalemme*, scrive Wiesel, faccio eco ai pensieri dei rabbini e parlo della tristezza provata dal vincitore di fronte ai vinti. E ancor più di fronte ai bambini arabi che vedono in lui un vincitore capace di far loro del male."

Avete capito: se un ebreo fa del male, se ne rammarica molto. Non sono responsabili e forse soffrono più della loro vittima insanguinata.

---

[204]Elie Wiesel, *Mémoires, Tome I*, Seuil, 1994, p. 176.
[205]Elie Wiesel, *Mémoires, Tome I*, Seuil, 1994, p. 456.

Questi bambini", continua Wiesel, "li ho visti nella città vecchia. Li ho incrociati a Hebron. Li ho incontrati a Ramallah e a Nablus. Ho paura di loro. Per la prima volta in vita mia, i bambini avevano paura di me. "La sofferenza di Elie Wiesel era allora disumana, ineffabile: "La vittoria non impedisce alla sofferenza di essere esistita, né alla morte di aver devastato. Come lottare per i vivi senza tradire gli assenti? "Per un sopravvissuto ai campi di sterminio, la sensibilità al dolore è fortissima, e forse lo è ancora di più quando si tratta di se stessi e della propria gente: "Il sopravvissuto che è in me è allo stesso tempo vulnerabile e forte. La minima offesa mi ferisce e il minimo gesto di generosità mi commuove[206]."

Questa paura di un animale messo all'angolo, che è stata la dura condizione del popolo ebraico durante molti secoli di persecuzione, Elie Wiesel l'ha tradotta con una sensibilità e una poesia che esprimono la tragedia dell'esistenza ebraica. Per esempio, quando qualche anno dopo chiese la cittadinanza americana, anche lui sentì la condizione dell'essere umano sotto il giogo della nazionalità. È rimasto scioccato quando ha saputo che l'FBI voleva interrogarlo:

"Qualche giorno prima, ho ricevuto un messaggio dal portiere dell'hotel: devo chiamare un agente dell'FBI... Il rifugiato che è in me si è risvegliato. Cosa avrei potuto fare per attirare l'attenzione dell'onnipotente e onnisciente servizio del terribile Edgar J. Hoover?" Chiaramente si trattava solo di una formalità amministrativa, ma questa testimonianza indica che anche nel cuore di New York, il sopravvissuto ai campi di sterminio può sentirsi in pericolo e tremare di fronte al numero e alla potenza di quei goyim sempre potenzialmente ostili.

Anche il poeta yiddish Heschel ha voluto esprimere il dolore del popolo ebraico, come se volesse portare sulle sue spalle il dolore di tutta l'umanità in guerra: "Come posso rivendicare la mia ebraicità se rimango insensibile al dolore e al lutto degli uomini, delle donne e dei bambini che, per anni, hanno visto i loro sogni distrutti dai bombardamenti notturni[207]? "

Anche lo scrittore Marek Halter ha espresso questa bontà intrinseca degli ebrei con la stessa commozione, a volte con un'eleganza un po' sdolcinata: "Quando scrivo che un uomo può salvare tutta l'umanità facendo del bene, non mi riferisco alla salvezza dei corpi, ma a un'idea di uomo e di umanità: quella che permette di sperare. E la speranza ci dà qualcosa per cui vivere[208]."

---

[206]Elie Wiesel, *Mémoires, Tome I*, Seuil, 1994, p. 517, 518, 521.

[207]Citato in Elie Wiesel, *Mémoires, Tome I*, Seuil, 1994, p. 382, 485.

[208]Marek Halter, *La Force du Bien*, Robert Laffont, 1995, p. 139.

Questa compassione ebraica è rivolta non solo agli esseri umani, ma anche a tutti gli animali viventi, a tutte le creature di Dio, anche al più insignificante insetto. Questa particolare sensibilità ebraica la ritroviamo nel celebre scrittore yiddish Isaac Bashevis Singer. Nel suo romanzo *Lo schiavo*, narra le vicissitudini di Jacob, un povero ebreo nella Polonia del XVII secolo, la cui famiglia è stata massacrata in un pogrom e che è stato ridotto alla servitù della gleba in un villaggio di montagna, sperduto in mezzo a contadini stupidi e violenti. Giacobbe, lui, era diverso dagli altri uomini:

"Giacobbe non aveva altra scelta che combattere le mosche e i pidocchi che attaccavano lui e le mucche. Era necessario uccidere. Quando andava da un posto all'altro non poteva evitare di calpestare rospi e vermi, e quando raccoglieva l'erba trovava serpenti velenosi che gli sibilavano contro e doveva schiacciarli con il bastone o con una pietra. Ma ogni volta che succedeva una cosa del genere, si sentiva un assassino. Nel profondo, rimproverava al Creatore di aver costretto una creatura ad annientare altre. Di tutte le domande che si poneva sull'Universo, questa era quella a cui trovava più difficile rispondere[209]."

Anche lo scrittore austriaco Joseph Roth aveva questa sensibilità: "Il gesto della mano di un cameriere sulla terrazza di un caffè per uccidere una mosca è più significativo del destino di tutti i clienti della terrazza. La mosca è libera e il cameriere è deluso. Perché, oh cameriere, sei arrabbiato con la mosca[210]?".

Abbiamo un'altra immagine simile in *Oh voi fratelli umani* del romanziere Albert Cohen:

"Mia madre che aveva paura degli odiatori di ebrei, mia madre che era ingenua e gentile, e che è stata fatta soffrire.... Ricordo che un giorno, per parlarmi della grandezza dell'Eterno, mi spiegò che amava anche le mosche, e ogni mosca in particolare, e aggiunse: Ho cercato di fare come Lui con le mosche, ma non ci sono riuscito, sono troppe[211]."

Vediamo qui che l'amore per tutta la creazione è profondamente radicato nel cuore di ogni ebreo. Per usare una fraseologia un po' altisonante che essi stessi sembrano apprezzare, si potrebbe dire che "l'ebreo è amore"; ha la missione di lavorare per la pace e l'amore[212].

---

[209]Isaac Bashevis Singer, *Lo schiavo*, 1962, Epublibre, editore digitale German25 (2014), pagg. 182, 183.
[210]Joseph Roth, articolo del 24 maggio 1921, *Berliner Börsen-Courier*, Éditions du Rocher, 2003.
[211]Albert Cohen, *Oh voi, fratelli e sorelle umani*, Editorial Losada, 2004, Madrid, p. 36.
[212]"Esiste uno sbocco per l'aggressività dei bambini che i genitori chiudono gli occhi.

Samuel Pisar ha anche una consapevolezza molto particolare del tragico destino del popolo ebraico. Nel 1967, dopo la schiacciante vittoria militare del popolo ebraico sui vicini arabi, racconta le sue emozioni: "Una sera del 1967, tornando a casa da Parigi, vidi alla televisione uno spettacolo incredibile, impensabile: la liberazione del Muro del Pianto a Gerusalemme. Ho visto i soldati ebrei pregare ai piedi del luogo santo. Improvvisamente io, che ho sempre saputo controllare i miei nervi, scoppiai per la prima volta in singhiozzi di cui i miei figli non mi avrebbero mai creduto capace, singhiozzi che provenivano dal profondo del mio essere e dalle origini del tempo... il ricordo di ciò che avevo sofferto, di ciò che un intero popolo aveva sofferto per millenni, aveva appena infranto la mia barriera affettiva davanti a quell'eterno simbolo di afflizione e di speranza[213]. "

Noteremo qui che questo evento, indubbiamente spettacolare, ha forse fatto un'impressione sugli ebrei di tutto il mondo molto più grande di qualsiasi vittoria nel Paese che li ospita. Tuttavia, non sarebbe stata l'unica volta in cui avremmo visto Samuel Pisar piangere. Nel 1969, ascoltando alla radio le dimissioni del generale de Gaulle e l'annuncio della sua immediata partenza dopo il referendum[214], scrisse: "Sento che un capitolo della storia si sta brutalmente chiudendo. E un capitolo della mia vita. In quel momento scopro che sto piangendo. Sono un cittadino americano e piango. Con la sua partenza, il film della mia vita mi scorre di nuovo davanti agli occhi[215]."

Questa sensibilità fa infatti parte della tradizione. Non si tratta di negare la sofferenza reale, ma di considerarla nella sua giusta prospettiva, nella misura in cui comprendiamo che molti ebrei, consapevolmente o meno, mantengono viva questa angoscia, questa inquietudine interiore, che contribuisce ad alimentare in loro il senso della propria ebraicità a scapito della loro integrazione nel resto della

---

Di tanto in tanto, un maiale si perde nel cortile di una casa. Quando ciò accade, i bambini del quartiere si riuniscono per maltrattarlo. Armati di bastoni, lo assalgono, lo inseguono da un angolo all'altro, lo martirizzano fino a farlo strillare di rabbia e di terrore; e le urla del maiale ricordano più una camera di tortura che un recinto: "un maiale arrabbiato è pericoloso come un leone". Gli adulti non intervengono. È vietata la crudeltà, bisogna avere "compassione per tutto ciò che vive", sono vietati i giochi rumorosi, il frastuono e l'agitazione. Ma è un maiale e finché non riuscirà a fuggire, pagherà per questo. " (Mark Zborowski, *Olam*, 1952, Plon, 1992, p. 331). Ci sono anche molti altri esseri "impuri" per gli ebrei.

[213]Samuel Pisar, *La Sangre de la Esperanza*, Editorial Planeta, 1990, Barcellona, p.51

[214]Il 27 aprile 1969 si tenne in Francia un referendum sul "progetto di legge sulla creazione di regioni e sul rinnovo del Senato". Il risultato negativo ha portato alle dimissioni del Presidente Charles de Gaulle il giorno successivo.

[215]Samuel Pisar, *La Resource humaine*, Jean-Claude Lattès, 1983, p. 50.

popolazione. La manifesta debolezza del popolo ebraico, eterno capro espiatorio della storia, eterna vittima della follia dell'uomo, riflette una certa disposizione al lamento, che è senza dubbio una delle caratteristiche più visibili - o udibili - dell'unicità ebraica.

Il grande storico dell'antisemitismo, Leon Poliakov, ha analizzato così la "sofferenza" del popolo ebraico: "Il culto della sofferenza, la sua valorizzazione sistematica e ragionata, la sua percezione come punizione divina, ma anche come espressione dell'amore di Dio, le hanno dato un significato profondo e quindi hanno reso più facile il suo superamento[216]."

Questo è ciò che raccontò Elie Wiesel, ad esempio, quando nacque la sua sorellina: "Tornai a casa. Attraverso la porta chiusa, sentii mia nonna supplicare mia madre: "Non trattenerti, Chilla, Chilla! Devi strillare quando fa male - e fa male, lo so che fa male[217]."

Lo studio antropologico di Mark Zborowski sulla vita degli ebrei ashkenaziti negli shtetl dell'Europa orientale ha confermato questa tendenza: "Nello shtetl non è importante trattenere le lacrime. Il pianto è un'arma leale e una modalità di espressione perfettamente normale che spazia dalla sofferenza, al dolore, alla gioia, alla rabbia e persino alla ribellione impotente del bambino che non osa rispondere ai genitori. Le lacrime, non essendo vergognose, non vengono nascoste; anzi, a volte dimostrano che si sa essere all'altezza della situazione... Se si deve piangere, si piange, e senza forzarsi. "Piangete ora", ordina lo *zogerke alle* donne della sinagoga. Durante le celebrazioni dello Yom Kippur, tutti piangono; la commovente melodia del *chazan*[218] assomiglia a un lungo pianto. In certi momenti, piange per l'intera comunità che rappresenta... Le lacrime sono di solito associate più a emozioni impossibili da contenere che a scene di contestazione. Un bambino di cinque anni non riusciva a piangere davanti alla salma del nonno defunto: "Dovevo essere pizzicato per far uscire le lacrime". "Sulla via del ritorno dal cimitero dove era appena stato sepolto il padre, un ragazzino stordito dal dolore provocò questo commento: "Guarda Berl, non piange, è indifferente! Immediatamente ho iniziato a piangere senza sosta". Matrimoni, sepolture e celebrazioni dello Yom Kippur sono occasioni quasi obbligate per piangere[219]."

---

[216]Léon Poliakov, *Histoire de l'antisémitisme, tome I*, 1981, Points Seuil, 1990, p. 326.
[217]Elie Wiesel, *Mémoires, tome I*, Seuil, 1994, p. 38.
[218] Il Chazan: è il nome dato alla persona che guida il canto nella sinagoga. Oltre a cantare, guida anche l'ordine delle preghiere.
[219]Mark Zborowski, *Olam*, 1952, Plon, 1992, p. 322, 292. "Sul loro pavimento, le donne sono anche disposte secondo il loro rango sociale, da davanti a dietro. In un mormorio

Nel suo libro *Ebrei erranti*, lo scrittore Joseph Roth fa eco a queste sofferenze quando descrive la "vera e calda tradizione" che prevaleva negli shtetl dell'Europa centrale. Ecco un brano che rivela questo aspetto molto pittoresco della vita spirituale ebraica, e che sembra dispiegarsi pienamente nel giorno della Grande Espiazione:

Per lo Yom Kippur, scrive Roth, "tutti, senza distinzione: i ricchi sono poveri come i poveri, perché nessuno ha da mangiare". Tutti sono peccatori e tutti pregano. Una vertigine li assale, barcollano, si perdono d'animo, mormorano, si feriscono, cantano, piangono, lacrime pesanti scendono a torrenti sulle loro vecchie barbe, e la fame è svanita per opera e grazia del dolore dell'anima e dell'eternità delle melodie...."

Gli ebrei esternano questo dolore durante le sepolture in un modo molto particolare e, senza dubbio, eccessivo agli occhi degli europei. In quell'occasione, come descrive Joseph Roth, "il cadavere del devoto ebreo giace in una semplice cassa di legno, coperta da un panno nero... Quasi corrono per le strade con il cadavere. I preparativi sono durati un giorno. Nessun morto può rimanere sotto terra per più di ventiquattro ore. Il lamento di coloro che gli sono sopravvissuti deve essere sentito in tutta la città. Le donne marciano per le strade gridando il loro dolore a tutti gli sconosciuti che incontrano. Parlano al defunto, gli rivolgono appellativi affettuosi, chiedono il suo perdono e la sua grazia, si coprono di rimproveri, chiedono, perplessi, cosa faranno ora, gli assicurano che non vogliono più vivere - e tutto questo in mezzo alla strada, sulla strada, a tutta velocità - mentre nelle case fanno capolino facce indifferenti, i forestieri fanno i loro affari, passano le carrozze, i negozianti attirano la clientela[220]."

A quanto pare, queste manifestazioni rumorose sembrano essere abbastanza naturali per gli altri ebrei che capiscono che la tradizione deve essere rispettata. Non c'è quindi nulla di cui allarmarsi e solo gli estranei potrebbero farsi prendere da questo gioco di drammatizzazione esagerata. Grida, pianti e geremiadi sono parte integrante della vita comunitaria ebraica.

Imprenditorialità

Nel 1945, dopo quattro anni di campi di concentramento, Samuel

---

di seta, ripetono, mentre confrontano discretamente i rispettivi gioielli, le preghiere indicate loro dalla *zogerke*, una delle poche donne che conosce l'ebraico. Dopo di lei, ripetono ogni sillaba, imitando ogni intonazione. Quando lo *zogerke* dice: "Donne, è giunta l'ora delle lacrime", esse piangono. " (*Olam*, p. 45)

[220]Joseph Roth, *Judíos errantes*, Acantilado 164, Barcellona, 2008, p. 59, 60

Pisar aveva 16 anni. Fortunatamente, lui e i suoi due compagni erano in ottima salute e partirono senza ulteriori indugi per l'"*impresa*":

"L'occupazione della Germania, scriveva, offriva a tutti possibilità attraenti e fruttuose. La mano sinistra acquisita nei campi, stimolata dalle nostre nuove e ambiziose energie, cercava un campo in cui metterle in pratica. L'abbiamo trovato rapidamente. La maggior parte dei tedeschi viveva in una povertà abissale, al contrario dei bonari americani, immersi in un'abbondanza solitaria, accompagnata da enormi sprechi... Non potevo credere ai miei occhi. Potremmo fare da intermediari tra questi due mondi. Per una stecca di sigarette Lucky Strike potremmo mettere in contatto un soldato nero ubriaco e una compiacente signora tedesca. "Vendendo le donne tedesche, bisognose e spaventate, a uomini americani di colore, Samuel Pisar e i suoi amici si dedicavano in un certo senso alla prostituzione e probabilmente soddisfacevano anche un indicibile desiderio di vendetta nei confronti del popolo tedesco. La loro astuzia e furbizia sconfinava poi nel racket, arrivando al limite del furto e della truffa, come illustra questa testimonianza:

"Ma il nostro vero potere contrattuale risiedeva nel caffè, il bene supremo e inaccessibile. Ben trovò un posto come aiuto cuoco in un reggimento nero americano e ogni mattina, mentre preparava la colazione, metteva nella caffettiera diverse centinaia di porzioni di caffè in più. Poi arrivavo con la mia moto e mettevo tutti i rifiuti nel mio side-car argentato. Lo portavo nel nostro appartamento e lì lo facevamo asciugare nel forno del vecchio camino. Poi lo portavamo al mercato, in sacchetti di quello che chiamavamo "vero caffè brasiliano Bohnen", in cambio di qualsiasi cosa di valore. La popolazione tedesca, che era stata sottoposta al regime del caffè sostitutivo molto tempo prima della guerra, era pronta a fare tutti i sacrifici possibili per poter finalmente assaporare l'aroma e il sapore del "vero" caffè. Poi abbiamo diversificato il sistema... Nel giro di un mese abbiamo acquisito una vera e propria notorietà nella città di Landsberg."

A giudicare dall'energia con cui questi ex deportati si sono goduti la vittoria, le conseguenze inflitte nei campi di sterminio non sono state così profonde. Certo, il caos della Germania del dopoguerra ha offerto ogni sorta di gioia ai figli di Israele. Se la situazione fosse durata più a lungo, non c'è dubbio che i tre compari sarebbero diventati i "padrini" della regione, i capi di una potente mafia, come del resto lo erano già alcuni loro coetanei negli Stati Uniti dove avevano fatto carriera nel gangsterismo[221]:

"In cambio di mezzo chilo di caffè di seconda mano, abbiamo ricevuto una bottiglia di *schnaps* di prima qualità. Per cinque bottiglie di questo liquore, più una docile bionda, gli autisti americani che guidavano le enormi autocisterne accettavano di trasferire parte del loro carico di benzina. La nuova attività stava prosperando in modo così spettacolare che eravamo sul punto di rendere quasi non operativa l'intera divisione americana di stanza nella regione... Nico era diventato un uomo disinvolto che collezionava donne e abiti del taglio migliore. Avvolto in un cappotto blu e con una sciarpa bianca annodata con noncuranza intorno al collo, passeggiava per la città, con la sua silhouette indolente... Gli anni trascorsi nei campi di sterminio mi avevano convinto che fosse immortale."

Ma il piccolo Samuel e i suoi amici si scontrano nuovamente con l'antisemitismo e la barbarie: "Una mattina, Nico esce per il suo giro e si ritrova in prigione. È stato arrestato a casa della figlia di un ex generale della Wehrmacht da due poliziotti americani in casco bianco che lo hanno portato via in una jeep della Polizia Militare. Ero scioccato. Una vittima della persecuzione nazista è stata nuovamente privata della sua libertà. E per completare la provocazione, il buon, caro Nico era rinchiuso nella stessa prigione tedesca che, vent'anni prima, aveva ospitato un agitatore di nome Adolf Hitler, che aveva approfittato della sua detenzione per scrivervi *il Mein Kampf, e* io lo trovavo mostruoso. Cosa abbiamo fatto, se non rispondere efficacemente alla legge della domanda e dell'offerta[222]? "

La reazione di Samuel Pisar è molto sintomatica di una certa mentalità che fa credere ad alcuni truffatori che tutto sia loro permesso a causa delle persecuzioni passate, e che possano correggere le ingiustizie di cui si sentono vittime con azioni auto-compensative extra-legali. Anche dopo anni, l'adulto Samuel Pisar non sembra capire che le sue truffe e i suoi traffici contravvengono alle leggi del paese. Queste proteste di innocenza, proclamate con aplomb, anche in presenza di prove schiaccianti, sono simili, ad esempio, a quelle dell'assassino Pierre Goldman negli anni '70, o del truffatore Jacques Crozemarie che teneva in tasca parte dei fondi raccolti per la lotta contro il cancro[223].

Ma ci voleva ben altro per impressionare Samuel Pisar. Imprigionato, organizza una rivolta in carcere: "Anche Ben e io siamo

---

[221]Hervé Ryssen, *Speranze planetarie* (2022) e *La mafia ebraica* (2022).

[222]Samuel Pisar, *La Sangre de la esperanza*, Editorial Planeta, 1990, Barcellona, p. 98-102.

[223]Hervé Ryssen, *Speranze planetarie* e *mafia ebraica*.

stati arrestati... Io, che avevo sedici anni, sono stato rinchiuso in una cella riservata ai giovani delinquenti tedeschi. In pochi giorni riuscii, senza alcuna difficoltà, a creare un tale clima di ribellione tra i prigionieri che fui messo in una cella separata. "Ancora una volta, vediamo nel discorso indignato di Samuel Pisar l'immagine secolare del ghetto che separava il popolo ebraico dalle altre nazioni. Ma la sua permanenza in carcere non sarebbe durata per sempre. Samuel Pisar si trasferì in Australia, poi negli Stati Uniti e in Francia, dove continuò le sue attività commerciali e divenne milionario e filantropo. "Era un americano nel cuore[224] ", ha scritto. Amava anche la Francia, la patria dei diritti umani, dove era uno dei finanziatori del partito socialista di François Mitterrand.

La testimonianza di Samuel Pisar è coerente con un articolo di Arnold Mandel, pubblicato nella rivista della comunità ebraica L'Arche nel novembre 1977: nelle "rovine di Berlino" nel 1945, si incontravano effettivamente "gruppi di ebrei sopravvissuti che svolgevano attività non ortodosse, per non dire *Kasher*", a scopo di lucro", scrive Arnold Mandel, specificando inoltre che "non credevano più di avere obblighi morali"."

Elie Wiesel ha raccontato che anche altri sopravvissuti all'Olocausto sono diventati enormemente ricchi per dimostrare al resto dell'umanità che la vita non è finita: "Alcuni hanno dedicato la loro vita a fare fortuna. Normale. Avendo perso tutto, volevano ricostruirsi una vita, preferibilmente benestante e con una famiglia. Ricchi, spesso ricchissimi, hanno impiegato molti anni per prendere coscienza della loro missione e partecipare alla lotta contro l'oblio. Ora stanno recuperando terreno."

Wiesel ci ha poi raccontato il successo di un suo amico, lasciandoci un quadro pittoresco del successo di alcuni ebrei emergenti: "I miei articoli sulla stampa yiddish e su *La notte* mi hanno fatto guadagnare l'amicizia di un uomo di nome Yossel e della sua cerchia. Piccolo di statura, traboccante di vitalità, con un occhio scintillante e malizioso, pieno di immaginazione, amante delle storie piccanti e degli aneddoti eretici, Yossel mi ha colpito prima di tutto per la brillantezza del suo linguaggio primitivo e per il suo stile di vita principesco: viveva in un appartamento lussuoso, pieno di quadri di maestri. Originario della Polonia, reduce da Auschwitz e Belsen, ne parlava senza sosta e senza la minima inibizione. Ammetto che all'inizio mi ha infastidito... In pittura ha mostrato buon gusto, come dimostrano i suoi Picasso,

---

[224]Samuel Pisar, *La Sangre de la esperanza*, Editorial Planeta, 1990, Barcellona, p. 102, 168.

Chagall, Renoir e Manet[225]. "Possedere una villa decorata con dipinti di maestri che valgono una fortuna è senza dubbio una bella rivincita sulle camere a gas.

Questa capacità di molti ebrei di arricchirsi rapidamente ha sempre suscitato invidia nel resto della popolazione di tutti i Paesi. Non è una novità e non riguarda solo i "cristiani". Leon Poliakov, uno dei grandi storici dell'ebraismo, ha raccontato ad esempio il caso di Semuel Ibn Nagrella, nell'Al-Andalus musulmana dell'XI secolo, e l'odio che la sua fortuna insolente aveva suscitato. Semuel Ibn Nagrella era un ministro onnipotente del re Badis ben Habus della taifa di Granada che aveva fatto infuriare il poeta musulmano Abu Ishaq di Elvira:

"Il capo di queste scimmie ha adornato la sua residenza con preziosi intarsi di marmo; ha fatto costruire fontane da cui sgorga l'acqua più pura, e mentre ci fa aspettare davanti alla sua porta, si prende gioco di noi e della nostra religione. Se dicesse che è ricco come voi, mio re, direbbe la verità; affrettatevi a sgozzarlo e a offrirlo in olocausto, sacrificatelo, è un ariete grasso! Non risparmia nemmeno i suoi parenti e alleati: anche loro hanno accumulato immensi tesori....."

La vicenda finì male per la famiglia di Ibn Nagrella. Nel 1066, durante una breve rivolta popolare, Giuseppe Ibn Nagrella, il figlio che gli era succeduto, fu crocifisso dalla folla scatenata e "un gran numero di ebrei fu ucciso; sembra che i sopravvissuti dovettero lasciare Grenada per qualche tempo[226] ", sottolinea Leon Poliakov. È uno dei rari esempi, sotto la penna di un autore ebreo, in cui l'antisemitismo della popolazione viene più o meno spiegato.

Questa avidità è stata illustrata anche in un esempio più contemporaneo, in un articolo del settimanale *Le Point* del 9 febbraio 2006 intitolato: "Steven Cohen, il boss di Wall Street". Steven Cohen, la "star del mercato azionario", ama mantenere la segretezza intorno a sé: "Il vero boss di Wall Street non vive a Manhattan, ma è confinato in una casa a Greenwich (Connecticut) chiusa da un muro alto quattro metri. Steven Cohen, 49 anni, non si fa quasi mai vedere... Nel 2005 ha intascato 500 milioni di dollari. Qual è il suo segreto? Sa tutto prima di chiunque altro. Con gli occhi incollati agli schermi di controllo, analizza migliaia di dati e si infuria quando gli analisti di Wall Street non gli forniscono lo scoop su un'informazione. Gli investitori che gli affidano il loro denaro (4 miliardi di dollari) lo pagano caro per i suoi servizi: Cohen riceve il 3% delle somme come commissioni di gestione (contro una media dell'1,44%) e il 35% dei profitti (contro una media

---

[225]Elie Wiesel, *Mémoires, tome I*, Seuil, 1994, p. 444.
[226]Léon Poliakov, *Histoire de l'antisémitisme, tome I*, 1981, Points Seuil, 1990, p. 104.

del 19,2%). "Cohen "professa il capitalismo totale: "Si mangia ciò che si uccide", dice ai suoi *broker*, che vengono pagati in base alle loro capacità e prestazioni."

Gli ebrei in generale hanno certamente la capacità di arricchirsi più facilmente di altri. La Germania del dopoguerra era senza dubbio un terreno favorevole agli affari per le persone più dotate nel commercio e nella gestione del denaro. La situazione caotica in Russia dopo il crollo dell'Unione Sovietica, come in Germania nel 1945, è stata un'opportunità d'oro per molti uomini d'affari ebrei che hanno approfittato della situazione acquistando le ex industrie statali a prezzi stracciati. In pochi anni hanno acquisito la maggior parte delle ricchezze della Russia e accumulato fortune colossali, fino a quando Vladimir Putin, eletto presidente, ha guidato una resistenza popolare, da alcuni giudicata "antisemita", e ha smantellato la "mafia russa", che in realtà non era altro che una mafia ebraica di origine russa. Anche lì il liberalismo non era altro che la legge della volpe nel pollaio[227].

La lunghissima tradizione degli ebrei di generare profitti e benefici è stata già spiegata da alcuni analisti che hanno sottolineato la pratica secolare dell'usura da parte degli ebrei fin dall'antichità, anche prima dell'era cristiana. Insieme allo spirito del Talmud[228], questa lunga esperienza dava loro effettivamente un certo vantaggio sugli altri, come ha scritto Bernard Lazare:

"L'ebreo è senza dubbio meglio dotato di qualsiasi altro per raggiungere il successo..... È freddo e calcolatore, energico e flessibile, perseverante e paziente, lucido ed esatto, e tutte queste qualità le ha ereditate dai suoi antenati maneggiatori e commercianti di ducati. Se si dedica al commercio e alla finanza, beneficia della sua educazione secolare e atavica, che non lo ha reso più intelligente, come dichiara la sua vanità, ma più adatto a certe funzioni[229]."

Non sorprende quindi che, in queste condizioni, gli intellettuali ebrei siano i campioni del liberismo e della deregolamentazione del mercato, in quanto meglio preparati e armati per l'attività finanziaria

---

[227]Hervé Ryssen, *Speranze planetarie* e *mafia ebraica*.

[228]"Perché il Signore, il tuo Dio, ti benedirà, come ti ha detto, e tu presterai a molte nazioni e non prenderai in prestito da nessuno; dominerai su molte nazioni ed esse non domineranno su di te"."(*Deuteronomio 15,6-8*); "Come abbiamo imparato in una mishnah: Rabbi Yishmael dice: Chi cerca di essere saggio dovrebbe dedicarsi alle leggi monetarie, perché non c'è disciplina più grande nella Torah, perché sono come un pozzo che scorre da cui sgorgano continuamente innovazioni. "(Talmud, *Berakhot 63b*) (NdT).

[229]Bernard Lazare, *L'antisemitismo, la sua storia e le sue cause, (1894)*. Edizioni La Bastiglia, ed. digitale 2011, p. 159.

che hanno praticato con successo per secoli.

Un successo insolente

I successi dei finanzieri e degli uomini d'affari ebrei sono noti a tutti, ed è risaputo che tra le più grandi fortune del mondo c'è un numero del tutto sproporzionato di miliardari ebrei. Infatti, gli ebrei rappresentano la metà di tutti i miliardari (in miliardi) degli Stati Uniti, mentre rappresentano solo il 2% della popolazione totale. Già nel XIX secolo, la prodigiosa ascesa dei Rothschild e il formidabile potere che avevano accumulato in pochi anni avevano sollevato sospetti e interrogativi in tutti i Paesi europei. Appena usciti dal ghetto, alcuni finanzieri ebrei erano saliti ai vertici e sembravano esercitare un dominio spietato. "Avendo sempre primeggiato nella corsa alla ricchezza, gli ebrei emancipati vi si applicarono con il doppio dell'ardore, e le trasformazioni politiche ed economiche dell'epoca facilitarono molte promozioni spettacolari", scrive Poliakov.[230].

Ecco cosa scriveva Guy de Rothschild nel 1983 a proposito del suo antenato James de Rothschild, fondatore del ramo francese della famiglia e della famosa banca di rue Lafitte nel 1817: "Era naturalmente orgoglioso. A volte poteva essere imperioso, persino sdegnoso, e si sa che ha parlato in modo crudele: "I nostri ministri... sono come tovaglioli". Dopo un po' di tempo, devono essere lavati e lasciati riposare, il che li rende migliori."

Di suo padre, uomo influente tra le due guerre mondiali, scrisse anche in modo falsamente ironico: "Mio padre, come è noto, era anche reggente della Banca di Francia. Blum e Rothschild: la Francia apparteneva senza dubbio agli ebrei[231]!".

Il successo finanziario di Samuel Pisar è stato altrettanto impressionante. La sua posizione sociale lo ha portato a contatto con i grandi del mondo e con le star del cinema. Pisar descrive con soddisfazione ai suoi lettori le gioie e i vantaggi di essere un uomo ricco e influente: "Nel mio viaggio da Washington all'Europa, mi sono fermato a Losanna. Ho pranzato a casa dell'attore Yul Brynner, in compagnia del mio amico regista Anatole Litvak, della divina Audrey Hepburn e del banchiere Loel Guinness... È emozionante fare colazione a Parigi con Catherine Deneuve o a Madrid con Ava Gardner, per

---

[230]Léon Poliakov, *Histoire de l'antisémitisme, tome II*, 1981, Points Seuil, 1990, pag. 134.
[231]Guy de Rotschild, *Contre bonne fortune...*, Belfond, 1983, pagg. 75, 109.

discutere il contratto dei loro prossimi film, e poi volare a Londra e partecipare a un pranzo di lavoro alla banca Rothschild. "In effetti, Samuel Pisar sembrava provare la stessa soddisfazione nel vantarsi sia dei propri successi che di quelli dei suoi colleghi. Riguardo a Louis B. Mayer, ha scritto Mayer, ha scritto: "L'imperatore del cinema americano, fondatore della leggendaria Metro Goldwyn Mayer, che ha fatto e disfatto le più grandi star di Hollywood, mi ha proposto, non appena ho lasciato Harvard, di agire come avvocato della sua società[232]."

Ma i successi di Samuel Pisar non si limitano al mondo dello spettacolo. Era anche un uomo influente, la cui immensa fortuna poteva essere utile per alcune ambizioni politiche. Le cene che ospitava a casa sua con la moglie riunivano la crème de la crème del mondo politico dell'epoca. Samuel e Judith Pisar, cittadini americani, ci hanno mostrato come gli ebrei sapessero essere aperti ed eclettici nelle loro relazioni:

"Con Judith, che come presidente del Centro Culturale Americano di Parigi ha saputo dare nuovo impulso alle relazioni tra Francia e Stati Uniti e ai loro scambi artistici, ci siamo divertiti a mescolare gli avversari politici, ad eccezione dei comunisti, nei nostri inviti. Anche loro sembravano entusiasti dell'ambientazione. Tra noi si è instaurata una sottile complicità: eravamo americani innocenti che, probabilmente per ignoranza, non rispettavano i confini e i circoli. Che piacere, e che bel ricordo, vedere, ad esempio, Pierre Mendès France e Michel Debré parlare amichevolmente e calorosamente nel nostro salotto!... E Simone Veil discutere con Jacques Chirac [Pierre Uri]... Quella sera, il nostro ospite d'onore era Henry Kissinger. L'ex Segretario di Stato, che aveva simboleggiato con brio la diplomazia americana degli ultimi dieci anni, condivideva le mie preoccupazioni sulla vulnerabilità politica dell'Europa occidentale, e della Francia in particolare... [Non era banale, e soprattutto non era scoraggiante: che paese, e che ricchezza[233]!"

Sebbene sapesse mescolare molto bene sefardim e ashkenazim, a quanto pare era molto attento a non mescolare ebrei e goyim. In questo caso, il suo gusto per la provocazione non andava tanto a scapito dei suoi ospiti, che sapevano perfettamente di essere tra loro secondo le loro

[232]Samuel Pisar, *La Sangre de la esperanza*, Editorial Planeta, 1990, Barcellona, p. 179, 181, 175.

[233]Samuel Pisar, *La Sangre de la esperanza*, Editorial Planeta, 1990, Barcellona, p. 227. *"Simone Veil discute con Pierre Uri (invece che con Jacques Chirac)"* e *"Françoise Giroud conversa a lungo con Jacques Attali"*, nella versione francese *Le Sang de l'espoir*, Robert Laffont, 1979, pp. 260, 261.

usanze secolari, quanto dei suoi lettori goyim, che egli sembrava prendere in giro con un certo disprezzo.

Anche Françoise "Giroud", che era visibilmente un'assidua frequentatrice delle serate di Samuel Pisar, ha lasciato un'interessante testimonianza sulla vita mondana e mediatica di alcuni circoli ebraici nella Francia dell'epoca. Aveva partecipato con Jean-Jacques Servan-Schreiber alla creazione del grande settimanale *L'Express* nel 1953, diventandone direttore. Dopo la sua morte nel 2003, la giornalista Christine Ockrent, moglie dell'ex ministro socialista Bernard Kouchner, ha pubblicato una biografia basata su interviste che costituisce un'interessante cronaca sociologica di questa diaspora ebraica liberale e socialdemocratica. Ecco cosa ha scritto di lei il settimanale *L'Express*:

"Bisogna compiacere la Regina, e tutti fanno del loro meglio per compiacerla. Siamo a Versailles. Jean-Jacques regna come monarca assoluto, cambiando la sua favorita a suo piacimento, ma lei è il capo del giornale...". Non si può immaginare la potenza de *L'Express* a quei tempi: si entrava dappertutto, in tutti gli ambienti... Era prima della televisione"... Françoise Giroud era la direttrice di quel giornale[234]."

Questo orgoglio si manifesta sul piano materiale in un modo che era già stato messo in evidenza dai grandi pittori sociologi francesi del XIX secolo: "Fin dall'infanzia, Françoise Giroud ha conservato per tutta la vita la nostalgia e il gusto per il lusso - e lo ha persino esibito in modo ostentato quando ne aveva accesso. Auto, scarpe e abiti su misura, hotel a cinque stelle, il Trianon di Versailles o l'Eden Roc di Cap d'Antibes... Daniel Heymann ha confermato: "Non aveva bisogno di soldi, ma di lusso. Un bisogno inestinguibile di cui si vantava apertamente. Era una vendetta per la sua infanzia". Jean Daniel ha raccontato da parte sua: "Françoise aveva una passione per il successo e non disdegnava di ostentarlo"."

Tuttavia, il clamoroso successo di Françoise Giroud non si spiega con il suo stile o le sue qualità letterarie, tutt'altro. Aveva beneficiato soprattutto dell'aiuto di una figura potente che l'aveva introdotta al giornalismo: Pierre Lazareff. "I Lazareff avevano regnato per molti anni su Parigi", scrive la stessa Giroud, "e mi introdussero in una certa società parigina, allora brillante e stimolante. "L'onnipotente proprietario di *Paris-Soir*, che era anche proprietario di *France-Soir* e *France-Dimanche*, era chiaramente un uomo molto influente: ""I

---

[234]Christine Ockrent, *Françoise Giroud, une ambition française*, Fayard, Paris, 2003, p. 20-24.

Lazareff erano di casa all'Eliseo[235], ha detto Daisy de Galard[236]."

Nel suo libro *Lezioni private*, Françoise Giroud ha raccontato un particolare interessante della vita di questa dinastia giornalistica: "I Lazareff - dopo l'intervallo della guerra - non avevano ancora stabilito la loro supremazia. Non si sono mai stabiliti da nessuna parte. Ovunque vivessero, a Villennes, a Louveciennes, ricevendo primi ministri e prime spade di ogni grado, si aveva la sensazione che dopo colazione il capocameriere avrebbe smontato il set, o che un usciere si sarebbe presentato per l'embargo. Intorno a lui tutto sembrava precario[237]. "Di origine "ebrea russa", i Lazareff, fuggiti a New York prima della guerra, avevano ancora quei riflessi così profondamente radicati nella coscienza del popolo eletto.

Bernard Lazare ha lasciato alcune righe molto esplicite sull'orgoglio smodato di alcuni dei suoi compagni: "Popolo energico, dinamico e infinitamente orgoglioso, che si considerava superiore alle altre nazioni, il popolo ebraico voleva essere una potenza. Avevano istintivamente il gusto del dominio perché, in virtù delle loro origini, della loro religione[238] e del carattere di razza eletta che si erano sempre attribuiti, si ritenevano al di sopra di tutti gli altri. Per esercitare questo tipo di autorità, gli ebrei non avrebbero potuto scegliere i mezzi. L'oro dava loro il potere che tutte le leggi politiche e religiose negavano loro; era l'unico potere che potevano sperare. Detentori dell'oro, divennero padroni dei loro padroni e li dominarono[239]."

Solidarietà ebraica

È noto e risaputo che gli ebrei dimostrano tra loro un senso di solidarietà molto sviluppato. Questo concetto, come abbiamo già visto, si chiama *Ahavat Israel*, cioè "l'amore per il popolo ebraico". Sebbene Françoise Giroud possa aver beneficiato di questa solidarietà tribale, il

[235]Palazzo dell'Eliseo: residenza ufficiale del Presidente della Repubblica francese.
[236]Christine Ockrent, *Françoise Giroud, une ambition française*, Fayard, Paris, 2003, pagg. 53, 54, 63-79.
[237]Françoise Giroud, *Leçons particulières*, Fayard, 1990, p. 140. Si veda il film *Une étrange Affaire* (1981).
[238]Sulla supremazia della nazione ebraica, il lettore può consultare le Sacre Scritture: *Genesi, 27, 29; Esodo, 19, 5, 6; Deuteronomio, 7, 6; Deuteronomio, 14, 2; Deuteronomio, 28, 1, 10; Isaia, 40: 15; Isaia, 42: 1-6; Isaia, 60: 11, 12, 16; Isaia, 61: 5, 6, 9; Salmi, 22: 27-28; Aggeo, 2: 7-8; Michea, 5: 8; Geremia, 3: 17; Geremia, 10: 25; Sofonia, 3: 19-20;* ecc, ecc, ecc.Tutte le versioni su www.Bibliatodo.com. (NdT).
[239]Bernard Lazare, *L'antisemitismo, la sua storia e le sue cause, (1894)*. Edizioni La Bastiglia, ed. digitale 2011, p. 50.

suo non è un caso isolato. La giornalista Christine Ockrent ci ha fornito un altro esempio di questa solidarietà nel reclutamento dei media:

"Jean-Jacques, su consiglio del padre, rifiuta di entrare a far parte di *Les Echos*, dove già lavoravano sorelle, cugini e soci, per motivi di redditività e di spirito di clan[240]. "E quando ha creato il suo giornale, Jean-Jacques Servan-Schreiber ha agito nello stesso modo: "Al giornale, la famiglia Servan-Schreiber è ovunque: la madre, la moglie, il cognato, e anche la cugina Marie-Claire che si occupa della pubblicità, che presto vivrà con Pierre Mendès France[241]. "Un giorno Florence Malraux, figlia di André e amica di Madeleine Chapsal, moglie di Jean-Jacques Servan-Schreiber, ricevette una telefonata da JJSS: "Vieni a servire la Francia, il tuo posto è con noi[242]!"All'età di 23 anni, diventa assistente di Françoise, con la quale condivide l'ufficio. Questo è un buon esempio di cosa può essere la solidarietà ebraica.

Simon Nora, ispettore fiscale e segretario generale della Commissione nazionale dei conti, "era uno dei tanti giovani dell'amministrazione che Mendès France era riuscito a catturare. Amico di Jean-Jacques, aveva cooptato per *L'Express* molti suoi colleghi desiderosi di mettere le loro conoscenze al servizio della nostra azienda, cioè al servizio di Mendès France", scrive Giroud.

"Per anni ho visto Pierre Mendès France più volte alla settimana... Ho lavorato con lui intorno a *L'Express*, ho vissuto con lui ogni sorta di vicissitudine[243]."

In questo club molto esclusivo, incontriamo ovviamente Elie Wiesel: "Mendès France? Alla fine l'ho incontrato a New York ad un ricevimento presso il Weizmann Institute[244]. "Ci rendiamo perfettamente conto che Franz Kafka aveva ragione quando ricordava ai suoi coetanei il loro etnocentrismo e la loro mancanza di apertura al mondo dei Goyim.

Ma la solidarietà ebraica aveva uno scopo molto più ampio del semplice clientelismo professionale, perché sappiamo che il settimanale *L'Express* era stato fondato "per portare al potere Mendès France", come scrisse Françoise Giroud. Per quanto riguarda il "servizio alla Francia", va chiarito che per *L'Express* consisteva *soprattutto nel*

---

[240]Christine Ockrent, *Françoise Giroud, une ambition française*, Fayard, Parigi, 2003, p. 88, 89.
[241]Primo ministro durante la IV Repubblica francese.
[242]Christine Ockrent, *Françoise Giroud, une ambition française*, Fayard, Parigi, 2003, pagg. 118-120, 113.
[243]Françoise Giroud, *Leçons particulières*, Fayard, 1990, p. 187-189, 165
[244]Elie Wiesel, *Mémoires, tome I*, Seuil, 1994, p. 325.

denunciare le azioni dell'esercito francese durante la guerra d'Algeria.

Vista dall'esterno, questa solidarietà è particolarmente visibile nel mondo dell'arte, dello spettacolo e della cultura, dove molti ebrei occupano posizioni influenti. Basta aprire le pagine culturali di qualsiasi giornale, indipendentemente dalla sua inclinazione democratica, per vedere che gli articoli che elogiano il tal pittore moderno, che adulano il tal giovane scrittore, che lodano la tal giovane attrice o regista, sono spesso scritti da ebrei che sostengono i loro simili. Gli esempi sono numerosi e il lettore potrà verificare di persona che gli artisti e gli intellettuali ebrei beneficiano di una cassa di risonanza mediatica a cui non tutti hanno accesso. Questo favoritismo potrebbe al massimo essere giustificato se i beneficiari fossero effettivamente più qualificati di altri e se le loro opere avessero il merito di essere sempre superiori. Non neghiamo che nella musica, in particolare, i compositori e gli esecutori di origine ebraica si dimostrino talvolta di grande talento. Ma nella pittura, nella scultura, nella letteratura e nella filosofia, ci sembra abbastanza chiaro che gli autori e gli artisti ebrei beneficiano troppo del sostegno sistematico e frettoloso dei loro pari, e questa discriminazione probabilmente penalizza i goyim francesi più talentuosi, che sono condannati a rimanere nell'ombra.

Ad esempio, leggiamo sui giornali che Franz Kafka è "il più grande romanziere di lingua tedesca di tutti i tempi" o che il romanzo di Vasili Grossman *Vita e destino* è "*Guerra e pace* del XX secolo". All'epoca di questo studio, mentre raccoglievamo informazioni, abbiamo appreso per caso che il Premio Nobel per la Letteratura 2005 era stato assegnato al drammaturgo "inglese" Harold Pinter, succedendo così all'"austriaca" Elfriede Jelineck[245]. Il premio ha così premiato "uno dei grandi nomi del teatro inglese contemporaneo". Harold Pinter è apparso comunque modesto dopo questo trionfo: "Non so perché mi abbiano dato questo premio", ha confessato il settantacinquenne drammaturgo. L'Accademia di Svezia, da parte sua, ha spiegato di voler riconoscere colui che "nei suoi drammi scopre l'abisso sotto la verbosità e forza un passaggio nelle stanze chiuse dell'oppressione". "Questa singola frase è abbastanza illuminante per capire le motivazioni della giuria. Harold Pinter è infatti figlio di un intagliatore ebreo nato nel 1930 nell'East London:

"Esposto fin da piccolo all'antisemitismo, si troverà anche profondamente... [blah blah blah].... [Ma Harold Pinter ha scritto anche per il cinema e la televisione. È collaboratore del regista Joseph Losey,

---

[245]Hervé Ryssen, *Speranze planetarie*, (2022).

per il quale ha scritto la sceneggiatura de *Il servo* (1963). Dagli anni '70 si è schierato a favore dei diritti umani, criticando il liberismo di Margaret Thatcher e la politica statunitense in America Latina. Alla fine degli anni '80, il suo lavoro è diventato sempre più impegnato in questa lotta...." Ebbene, come si vede, non ha senso andare oltre: siamo di fronte a un autore "impegnato", e questo è chiaramente ciò che conta per ricevere il premio Nobel e l'assegno che lo accompagna. La sceneggiatura de *Il servo*, scritta da Pinter, è molto rivelatrice della mentalità cosmopolita: un giovane aristocratico inglese, presuntuoso e sufficiente, assume un servo al suo servizio. Il primo sprofonderà gradualmente nell'alcolismo e nella rovina, mentre il secondo, molto dignitoso, dominerà sempre più il suo padrone. Questa tendenza sistematica a invertire i valori e a dominare è molto sintomatica della mentalità ebraica, come vedremo in seguito.

Ecco un altro esempio di solidarietà ebraica scelto tra migliaia: il settimanale *Le Point* del 13 ottobre 2005 ha pubblicato nelle sue pagine culturali un articolo su un'altra drammaturga, Yasmina Reza:

"Yasmina Reza è la regina del teatro contemporaneo. Il successo le arride la sera del 28 ottobre 1994, con il suo spettacolo *Art*, messo in scena da Patrick Kerbrat. Un'opera scritta in un mese e mezzo. Un tour mondiale, la frenesia, i palazzetti pieni, gli applausi. Da Tokyo a New York, prime eleganti, applausi a non finire, agenti in giacca da sera, bravi traduttori [sic], autori invidiosi e titoli accorati: grazie a lei il teatro francese torna a splendere. In breve: l'entourage e la corona del successo. Inoltre, ha una silhouette lunga come Yvonne de Galais, un collo egiziano, un occhio etrusco, una gonna che calca le tavole di Deauville, la vibrazione delicata di una voce d'amante... Né la morte né la desolazione del cuore che percepiamo influiscono sul suo stile: casto e di classe, furtivo, puro, nuovo, bianco, ricamato a punto Alençon... Yasmina la loquace... continua l'opera di Nathalie Sarraute". Va notato innanzitutto che il giornalista di *Le Point* scrive in un francese piuttosto discutibile, ed è quindi curioso che abbia una rubrica in un settimanale a grande diffusione nazionale. Può firmare il suo articolo "Jacques-Pierre Amette", o qualunque cosa sia, non ci interessa. Ma per quanto riguarda la sua affascinante Yasmina, non neghiamo il suo probabile talento, anche se la grazia del suo stile non ci è stata rivelata. Tuttavia, dubitiamo che avrebbe potuto scrivere un capolavoro eterno in un mese e mezzo. Anche se è vero che, a giudicare dal successo di un romanziere come Marc Lévy, capiamo che ciò che si vende meglio al giorno d'oggi non è garanzia di qualità. E per accontentare la folla democratica, bisogna puntare più in basso. Infine, siamo felici che, da Nathalie

Sarraute a Yasmina Reza, i sefarditi abbiano preso il posto degli ashkenaziti. Dopo tutto, è giusto che tutti abbiano la loro parte di torta.

Ma non basta scrivere buoni libri e opere teatrali, bisogna anche saperli vendere. Il grande Elie Wiesel ha rivelato alcuni dei metodi di marketing utilizzati per una delle sue pubblicazioni. Un giorno, incontrando una sua vecchia e ricchissima amica, una certa Kathleen, si offrì con entusiasmo di catapultare il suo libro in cima alle classifiche di vendita: "Eccitata, mi chiamò per venire alla redazione del *Jewish Daily Forward* (in yiddish: i *Forvert*). Ero di passaggio a New York e mi invitò a incontrarla al lussuoso Sherry Netherlands Hotel sulla Fifth Avenue... Se glielo avessi permesso, mi disse che era disposta a comprare immediatamente mille copie del mio romanzo per aiutarmi a farlo entrare nella classifica dei bestseller[246]."

La solidarietà etnica ebraica opera in molte altre circostanze: sia per l'elezione del segretario di gabinetto di un ministro, sia per l'assunzione di un nuovo manager, sia per la grande generosità dei ricchi donatori verso i poveri della comunità ebraica. Ma storicamente questa solidarietà è molto più "udibile" quando si tratta di un caso giudiziario.

Naturalmente è noto il caso Dreyfus, un caso molto famoso alla fine del XIX secolo, quando il capitano fu accusato di essere una spia al servizio della Germania. Va ricordato che il caso Dreyfus seguiva il famoso scandalo di Panama, nel quale erano stati coinvolti molti membri del personale politico del regime repubblicano e alcune importanti personalità ebraiche. Questo nuovo caso era quindi una buona occasione per ripulire la sua reputazione a spese di cattolici e nazionalisti.

Un copione simile si sarebbe ripetuto negli anni Cinquanta negli Stati Uniti, con il caso dei Rosenberg. Accusati di spionaggio per conto dell'Unione Sovietica, erano anche sostenuti dalla "comunità mediatica internazionale". Nel suo libro *L'odio antisemita*, Serge Moati ha ricordato quel tragico episodio in cui l'antisemitismo aveva sfiorato l'orrore:

"Julius ed Ethel Rosenberg", scriveva, incarnavano i colpevoli ideali: ebrei, progressisti, potenziali doppi traditori. Nonostante una campagna internazionale, furono condannati senza prove nel 1951 e fulminati nel 1953. Fortemente sospettati dagli ultraconservatori di essere agenti bolscevichi in America, gli ebrei furono accusati in Europa da Stalin e dai suoi sostenitori di essere agenti del capitalismo

---

[246] Elie Wiesel, *Mémoires, tome I*, Seuil, 1994, pag. 344.

internazionale[247]. "Ancora una volta, ebrei innocenti e non difesi sono stati condannati ingiustamente[248].

Tuttavia, siamo costretti a riconoscere che le "accuse" di spionaggio contro gli ebrei compaiono regolarmente nella storia. Jacques Attali ha ricordato che queste "accuse" non sono nuove e recenti: "Nel 1744, l'imperatore Maria Teresa decise di espellere gli ebrei dalla Boemia con l'accusa di spionaggio a favore dei prussiani. "Fortunatamente, i malcapitati hanno beneficiato anche del sostegno decisivo della loro comunità: "Wolf Wertheimer ha quindi allertato i fornitori del tribunale e i leader delle comunità di Roma, Bordeaux, Bayonne, Francoforte, Amsterdam, Londra e Venezia. La comunità di Roma intervenne presso il Papa; quelle di Bordeaux e Bayonne organizzarono collette per gli espulsi. Su richiesta degli ebrei circostanti, il re d'Inghilterra e gli Stati Generali dei Paesi Bassi intervennero presso Maria Teresa, che infine annullò il decreto di espulsione in cambio del pagamento di 240.000 fiorini per Wolf Wertheimer e i suoi amici[249]."

In Francia ricordiamo anche il caso di Pierre Goldman, che fece molto scalpore negli anni '70. Questo ex militante comunista, diventato un gangster, è stato accusato di diverse rapine a mano armata e dell'omicidio di due farmacisti a Parigi alla fine del 1969. Goldman ha confessato tre rapine commesse con i suoi amici della Guadalupa, ma ha sempre negato il duplice omicidio della farmacia di Boulevard Richard-Lenoir, nonostante diversi testimoni lo avessero identificato con sicurezza.

La sua forza di convinzione era tale che riuscì a conquistare il sostegno non solo della comunità ebraica, ma anche del mondo dello spettacolo e della militanza politica. I suoi ex compagni che erano stati i leader della rivolta del maggio '68, Alain Geismar e Alain Krivine, e il suo vecchio amico Marc Kravetz, hanno espresso la loro solidarietà. Nel settembre 1974, Goldman fu comunque condannato all'ergastolo dal Tribunale penale di Parigi. La sentenza ha suscitato grande emozione in aula. La folla di amici di Pierre Goldman ha gridato e insultato i giurati. Pierre Goldman pronunciò allora dignitosamente queste parole: "L'assurdità di questa sentenza è, se posso dirlo, perfettamente in linea con il mio destino, con la mia fondamentale

---

[247]Serge Moati, *La Haine antisémite*, Flammarion, 1991, pag. 149.

[248]Gli archivi statunitensi e sovietici hanno confermato la sua colpevolezza.

[249]Jacques Attali, *Les Juifs, le monde et l'argent*, Fayard, 2002, p. 283. Wolf Wertheimer, ebreo di palazzo e figlio di Samson Wertheimer, fu banchiere di Maria Teresa intorno al 1740.

idoneità a essere accusato."

Pierre Mendès France, Joseph Kessel, Régis Debray, Yves Montand, Simone Signoret, Philippe Sollers, Eugène Ionesco e molti altri si sono dichiarati "indignati" in un comunicato. Ma c'era ancora speranza, perché Goldman aveva diritto a un secondo processo.

Nel frattempo, in carcere scrisse le sue *Memorie*, pubblicate nel 1975, in cui rivendicava la sua innocenza e non esitava ad accusare l'intero sistema politico e giudiziario: "Non dimentichiamo che nel 1970 la polizia dava la caccia agli uomini di sinistra e che, per loro, io ero l'archetipo dell'uomo di sinistra, un uomo di sinistra armato, un uomo di sinistra che aveva fatto la guerriglia, un uomo di sinistra che era stato coinvolto nel crimine....È giunto il momento di dire, qui e ora, che essendo innocente, ebreo e amico dei neri, attivista di estrema sinistra o di sinistra, sono stato sottoposto a procedure di polizia razziste e ideologiche... Quel processo era ovviamente razzista... Ero un ebreo. Un ebreo che non aveva alcun desiderio di integrazione o assimilazione. La maggior parte dei miei amici proveniva dalle Indie Occidentali e questo è emerso chiaramente nelle discussioni del processo[250]."

Per Goldman, il suo caso personale illustrava ancora una volta le persecuzioni perpetrate contro ebrei innocenti nel corso dei secoli: "C'era la solidarietà degli ebrei, scriveva. Di ebrei che si consideravano ebrei e di ebrei che non si consideravano tali. Da ebrei comunisti ed ebrei conservatori. Da parte di ebrei sionisti, antisionisti e non sionisti. Tutti, in questo processo, si erano sentiti ebrei, e io ero lì totalmente ebreo, per me, per gli ebrei, per gli altri... Questa solidarietà puramente ebraica mi commosse; ebbi per un istante un accesso di misticismo ebraico: ero un criminale, un ladro, ma ingiustamente accusato di omicidio, ingiustamente condannato, avevo rappresentato per un momento gli ebrei davanti alla giustizia dei goyim[251]."

Evidentemente, il libro ha "sfiorato il premio Goncourt". Il secondo processo si svolse ad Amiens nel maggio 1976. Pochi giorni prima, François Mitterrand aveva dichiarato di "non credere" alla colpevolezza di Pierre Goldman. L'attrice Simone Signoret è persino venuta a sostenerlo all'udienza di Amiens. Alla fine il verdetto è stato emesso: Pierre Goldman è stato dichiarato non colpevole del duplice omicidio della farmacia, ma è stato condannato a 12 anni di carcere per le tre rapine. È stata una grande vittoria "per la giustizia e la

---

[250]Pierre Goldman, *Souvenirs obscurs d'un Juif polonais né en France*, Points Seuil, 1975, pag. 227.

[251]Pierre Goldman, *Souvenirs obscurs d'un Juif polonais né en France*, Points Seuil, 1975, p. 268, 278.

democrazia". Goldman fu infine rilasciato poco dopo e nel 1977 pubblicò un romanzo intitolato *L'ordinaire mésaventure d'Archibald Rapoport (L'ordinaria malizia di Archibald Rapoport)*, in cui riconosceva in modo velato di essere effettivamente colpevole degli omicidi di cui era stato accusato e infine assolto.

L'eroe del romanzo era un ebreo emarginato, un folle assassino che uccideva poliziotti e magistrati. Arnold Mandel fece una breve introduzione al romanzo sul mensile ebraico *L'Arche* nel novembre 1977, in cui condannò a mezza voce il comportamento di Goldman, evidentemente identificato con il suo eroe del romanzo e con "lo slogan inammissibile" che il suo personaggio sembrava aver fatto proprio: "*Tov chebagoyim harog*: il migliore dei goyim, uccidilo". "Accanto a ciascuna delle sue vittime, Archibald poneva un "*olisbos*", una sorta di fallo fittizio. Apprendiamo poi che nemmeno Archibald aveva il cristianesimo nel cuore: "Archibald guardò il suo uccello. Aveva l'orribile forma di un crocifisso che egli strinse furiosamente senza alcun dolore."

Tutti gli amici di Goldman potrebbero legittimamente sentirsi traditi dalle sue semi-confessioni. Tutti erano stati ingannati. Questo portamento di Goldman è un altro tratto piuttosto caratteristico. Trentacinque anni dopo, sono stati pubblicati due libri sul personaggio di Pierre Goldman in cui è stato rivelato che il principale testimone dell'alibi, Joel Cautric, ha ammesso di aver mentito. Ma Pierre Goldman non visse a lungo dopo il suo rilascio. Fu ucciso per strada nel settembre 1979 da due uomini che avevano così rivendicato la responsabilità del suo gesto: "Avendo la giustizia del potere dimostrato ancora una volta le sue debolezze e il suo lassismo, abbiamo fatto ciò che il nostro dovere richiedeva. "Per il filosofo André Glucksmann si trattava necessariamente di un "crimine antisemita", come scrisse sul quotidiano progressista *Libération* il 27 settembre 1979: "Pierre Goldman ha fatto di ogni uomo un ebreo". Evidentemente.

Ecco cosa ha scritto Maurice Rheims, membro dell'Accademia francese, a proposito della solidarietà ebraica: "Fin dalla mia infanzia, essere ebreo ha comportato più preoccupazioni che certezze. Quando per caso, leggendo il *Temps*, mio padre sentiva parlare di qualche brutto affare o di qualche crimine malvagio che coinvolgeva un Herzog, un Behr, un Levy, e quando il caso Dreyfus era sul nostro tavolo, ricordo che ci sentivamo tutti responsabili[252]."

Il filosofo neokantiano Hermann Cohen (1842-1916) si scagliava

---

[252]Maurice Rheims, *Une Mémoire vagabonde*, Gallimard, 1997, p. 81.

contro i suoi simili in questi termini: "Guardati allo specchio! Questo è il primo passo verso l'autocritica. Che siete terribilmente simili l'uno all'altro, e che quindi la cattiva condotta di uno è imputata a tutti voi, non c'è nulla da fare[253]..."

Questo è esattamente ciò che è stato descritto all'inizio del XX secolo dal famoso ebreo austriaco Otto Weininger, che, analizzando la mentalità molto particolare dei suoi compagni ebrei, ha visto nella "solidarietà" degli ebrei solo la manifestazione di un chiaro interesse comunitario:

"L'antisemitismo presuppone falsamente che ci sia un accordo consapevole tra gli ebrei e parla di "solidarietà ebraica". Si tratta di una confusione facilmente comprensibile. Quando viene formulata un'accusa contro uno straniero appartenente all'ebraismo, tutti gli ebrei si sentono interiormente disposti in suo favore e desiderano, sperano e cercano di dimostrare la sua innocenza. Ma non si pensi che il soggetto in questione li interessi perché è un individuo ebreo, che il suo destino individuale, a causa di questa condizione, susciti in loro una pietà maggiore che se fosse un ariano ingiustamente perseguitato. No, non è questa la causa. I suddetti fenomeni di parzialità involontaria sono dovuti esclusivamente alla minaccia che potrebbe incombere sull'ebraismo, al timore che un'ombra nefasta possa calare sull'insieme degli ebrei o, per meglio dire, su tutto ciò che li riguarda, sull'idea di ebraismo[254]."

Capiamo meglio perché la "comunità mediatica internazionale" si mobilita sistematicamente nella sua interezza per difendere un suo simile quando è finito nelle maglie della giustizia dei goyim.

Etnocentrismo

La solidarietà ebraica si manifesta anche con l'orgoglio per il lavoro svolto nel tempo dalle generazioni precedenti. Gli intellettuali ebrei esaltano i successi storici dei loro colleghi ebrei nella cultura e nella scienza e non esitano a meravigliarsi del loro genio anche nei casi più dubbi. Questa solidarietà assume qui la forma di un etnocentrismo

---

[253]Léon Poliakov, *Histoire des crises d'identités juives*, Austral 1994, p. 123.

[254]Otto Weininger, *Sesso e carattere*, Ediciones 62 s|a Barcelona, 1985, p.306. "Questo leitmotiv ritorna sempre: "Tutti gli ebrei sono responsabili gli uni per gli altri". Se qualcuno della comunità viene meno ai suoi doveri o "salta il banco", diventa un "peccatore in Israele". La sua cattiva condotta minaccia di ricadere su tutti. " (Mark Zborowski, *Olam*, 1952, Plon, 1992, p. 214). "L'offesa fatta a uno si ripercuote sugli altri: "Quello che succede a Israele riguarda anche me". (*Olam*, p. 413).

esacerbato.

Nell'Impero austro-ungarico dell'inizio del XX secolo, e in particolare a Vienna, la vita culturale era ampiamente influenzata da una vivace élite intellettuale ebraica. Nel 1867, l'imperatore Francesco Giuseppe, che li considerava i sudditi più fedeli del suo Impero, concesse loro una perfetta uguaglianza con le altre nazionalità. Decine di migliaia di ebrei si riversarono nella capitale per arricchirsi o per facilitare gli studi e la carriera dei loro figli. Vienna fu la patria degli scrittori Stefan Zweig, Joseph Roth, Karl Kraus, ma anche di musicisti come Arnold Schoenberg e Gustav Mahler, senza dimenticare, naturalmente, il famoso Sigmund Freud. Stefan Zweig e Joseph Roth hanno lasciato resoconti piuttosto pittoreschi del modo in cui queste celebrità arrivarono a sostenersi a vicenda e ad adulare i membri della confraternita[255].

Guy Konopnicki ha intrapreso lo stesso esercizio apologetico, ma per elogiare la generazione successiva, nella Berlino interbellica della Repubblica di Weimar. Esaltava quell'epoca brillante con grande orgoglio e soddisfazione: "La Berlino di Döblin, di Berg, di Hindemith, di Piscator, di Fritz Lang, la Berlino che ha ospitato forse la più straordinaria fioritura culturale di tutti i tempi. "Nella mente del pubblicista, naturalmente, questa fioritura culturale era dovuta ai meravigliosi ebrei: "La pittura, la musica, il cinema e la letteratura raramente sono stati così ricchi e così diversi come a Berlino durante la Repubblica di Weimar. E, come in America, o come a Parigi nel suo periodo di massimo splendore, a Berlino c'era un'intera fauna di artisti internazionali."

Ma Konopnicki ha anche riconosciuto che Berlino non era l'unico centro culturale dell'epoca, dato che Mosca, in mano ai comunisti, rivaleggiava con la capitale tedesca.

Ascoltiamolo estasiato dalle magnifiche opere dei suoi compagni sovietici: "Gli anni della Rivoluzione furono segnati, come quelli della Repubblica di Weimar, da una straordinaria fioritura della creazione letteraria e artistica. Malevitch, Chagall, Suprematismo, Futurismo, Tinianov, Alexander Bloc, Maiakovski, Mandelstam, Meyerhold e molti altri.... Che epoca[256]!"

Questo per dire che, senza gli ebrei, le culture tedesca e russa erano ridotte quasi a nulla. Allo stesso modo, capiremo che la devozione di Konopnicki per la cultura americana era l'espressione della stessa tendenza comunitaria.

---

[255]Hervé Ryssen, *Speranze planetarie*, (2022).
[256]Guy Konopnicki, *La Place de la nation*, Olivier Orban, 1983, p. 179, 184, 185.

È lo stesso orgoglio etnocentrico che Alfred Grosser espresse nel 1989 nel suo libro *Crimine e memoria*: "Il contributo dei "cittadini tedeschi di fede israelita" alla vita culturale, scientifica, medica e giuridica della Germania di Weimar è tanto più ampio e visibile quanto più la prima repubblica tedesca ha costituito, accanto alle sue molte debolezze, una sorta di breve età dell'oro di una cultura e di una civiltà[257]. "Anche qui vediamo come gli artisti e gli intellettuali ebrei, e solo loro, sembrano portare alla civiltà.

Marek Halter si è espresso in modo simile su questi ebrei tedeschi e austriaci in fuga dal nazismo. Sono "l'élite europea": "A Marsiglia, che all'epoca contava circa 15.000 abitanti ebrei, quelli che arrivavano a migliaia finivano ammassati in piccoli e sudici alberghi. Tra loro, l'élite europea: Marc Chagall, Max Ernst, i figli di Thomas Mann, Anna Mahler, Franz Werfel, Arthur Koestler, Hannah Arendt, Anna Seghers, Lion Feuchtwanger... Un'intera civiltà abbandonata[258]."

Questa idea è stata espressa anche da Samuel Pisar quando ha scritto: "L'esperienza del Terzo Reich ci dimostra che la radice del suo fallimento è stata quella di non permettere a uomini come Albert Einstein, Thomas Mann o Willy Brandt di respirare entro i suoi confini[259]. "Vorremmo sottolineare, tuttavia, che il fallimento del Terzo Reich fu forse dovuto più alle centinaia di migliaia di tonnellate di bombe incendiarie che furono sganciate sulle sue città.

In generale, gli ebrei sembrano considerarsi superiori alle altre nazioni, e in effetti questo orgoglio smodato appare in numerosi libri. Nel 1929, ad esempio, Pierre Paraf esprimeva già questo orgoglio: "Sosteneva che il cristianesimo doveva il meglio di sé al popolo ebraico, ricordava che senza le nostre sacre Scritture non ci sarebbero stati i Vangeli, e che i Vangeli, inoltre, ne erano talvolta solo un pallido riflesso[260]. "Questo era anche l'insegnamento del filosofo Jacob Talmon, che considerava gli ebrei "portatori di una civiltà superiore e più antica[261]."

Lo stesso Sigmund Freud ha esposto questa idea. Egli riconobbe che il popolo di Israele "sviluppò caratteristiche peculiari e allo stesso tempo suscitò la cordiale antipatia di tutti gli altri popoli". "Per lui, il "tratto caratteristico degli ebrei che domina le loro relazioni con gli altri popoli" era innanzitutto il loro smodato orgoglio. E questo è il modo in

---

[257]Alfred Grosser, *Le Crime et la mémoire*, Flammarion, 1989, pag. 68.

[258]Marek Halter, *La force du Bien*, Robert Laffont, 1995, p. 160.

[259]Samuel Pisar, *La Sangre de la esperanza*, Editorial Planeta, 1990, Barcellona, p. 186.

[260]Pierre Paraf, *Quand Israël aima*, 1929, Les belles lettres, 2000, p. 47.

[261]J.-L. Talmon, *Destin d'Israël*, 1965, Calmann-Lévy, 1967, p. 14.

cui l'ha descritto:

"Non c'è dubbio che gli ebrei abbiano un'opinione particolarmente esaltata di se stessi, che si considerino più nobili, elevati e superiori agli altri, dai quali differiscono anche in molti dei loro costumi. "Inoltre, grazie a Freud, apprendiamo che l'alterigia del popolo ebraico risale a tempi molto antichi, dato che già nell'antichità aveva gli stessi difetti: "Conosciamo le ragioni di questo atteggiamento e sappiamo qual è il loro tesoro più segreto. Gli ebrei si considerano davvero il popolo eletto di Dio, si credono particolarmente vicini a Dio e questa convinzione dà loro orgoglio e sicurezza. Secondo alcune ipotesi attendibili, essi si comportavano in questo modo già in epoca ellenistica, cosicché già allora il carattere ebraico era perfettamente plasmato e i Greci, tra i quali e accanto ai quali vivevano, reagivano alla peculiarità ebraica nello stesso modo in cui reagiscono i loro attuali "ospiti"[262]."

All'indomani della seconda guerra mondiale, il direttore della stampa Jean Daniel ha notato il pericolo di dichiararsi "popolo eletto da Dio", che poteva essere percepito come un'arroganza insopportabile dai Goyim, e ha osservato che i grandi pensatori ebrei del dopoguerra hanno sentito il bisogno di ridefinire questa "Scelta" per proteggersi dalle reazioni indignate dei Gentili: "Tra le cose che mi hanno più sorpreso c'è la difficoltà degli ebrei più importanti nel cercare di definire la Scelta. Si pensi a Martin Buber, Levinas e Leibowitz. Tutti dicono: attenzione, sarebbe inutile pensare di essere superiori. La scelta non è data, è meritata. In breve, hanno passato il loro tempo a distruggere ciò che la Scelta contiene."

Martin Buber, Emmanuel Levinas, Franz Rosenzweig e Gershom Scholem "hanno profuso tutte le loro energie per ridefinire il termine Elezione e quello di Alleanza in modo tale che il popolo ebraico non possa pretendere di avere l'esclusività dell'uno o dell'altro... Secondo loro, Dio ha concepito per gli ebrei una vocazione che è specifica solo nell'eccellenza e mai nella differenza o nella superiorità... Ognuno può scegliere di diventare un santo, cioè un ebreo..... Sono giunto alla conclusione che gli ebrei dovrebbero conservare dalla loro Elezione solo l'esortazione ad essere i migliori e dall'Alleanza l'obbligo di fare di Israele un faro per le nazioni[263]. "In effetti, questo cambia tutto.

Dobbiamo quindi capire che gli ebrei sono semplicemente "indispensabili" alla civiltà e che è inconcepibile, anche solo per un

---

[262]Sigmund Freud, *Mosè e la religione monoteistica: tre saggi, Opere raccolte,* EpubLibre, Trad. Luis López Ballesteros y de Torres, 2001, p. 4417.

[263]Jean Daniel, *La prisión judía. Meditaciones intempestivas de un testigo,* Tusquets, Barcelona, 2007, p. 184, 163, 164, 161.

momento, che qualsiasi popolo al mondo possa fare a meno di loro.

Clara Malraux, moglie del famoso ministro del generale de Gaulle, ha scritto dei suoi compagni prussiani dell'epoca illuminista: "Liberati a malapena, spesso temporaneamente, dai peggiori obblighi e umiliazioni, il loro contributo è stato molto prezioso, senza dubbio indispensabile, perché caratterizzato da quella particolare apertura di vedute che la vicinanza a diverse civiltà conferisce[264]."

Questa idea dell'assoluta necessità dell'ebraismo per la civiltà è stata a sua volta espressa da Martin Buber, uno dei grandi pensatori ebrei del XX secolo. Nel suo libro intitolato *Ebraismo*, pubblicato nel 1982, ha scritto: "L'umanità ha bisogno dell'Ebraismo, e ne avrà bisogno fino alla fine dei tempi, perché è l'incarnazione più significativa, la rappresentazione più esemplare di una delle più alte aspirazioni dello spirito[265]."

Anche l'imprescindibile Jacques Attali ha espresso la sua opinione in merito. Questa la sua conclusione: "Nessuna delle società sedentarie avrebbe potuto sopravvivere senza i nomadi che trasportavano merci, idee, capitali tra di loro e per questo osavano correre rischi intellettuali e materiali che nessun sedentario sarebbe stato disposto a correre... Il popolo ebraico ha svolto il ruolo del nomade che crea ricchezza per i sedentari. In questo modo, hanno adempiuto al loro compito, quello di "riparare il mondo"... Il nomadismo non è una superiorità, ma solo una specificità condivisa con altri popoli e assolutamente necessaria per la sopravvivenza e il benessere dei sedentari. Gli ebrei "sono la chiave dello sviluppo del mondo". Non c'è sviluppo sedentario senza questi nomadi. Ma non c'è nemmeno la possibilità di mettere in discussione l'ordine costituito senza[266]."

Così, "la disgrazia del popolo ebraico, dunque, è una disgrazia per tutti gli uomini", scrive Attali, aggiungendo inoltre, seguendo la sua logica, il seguente commento: "Secondo un magnifico commento successivo (*Sukkah 55a*), la scomparsa del Tempio è una tragedia anche per i non ebrei, perché gli ebrei hanno pregato per loro: 'Non sanno cosa hanno perso'."

Il popolo ebraico è al centro dell'umanità ed è inimmaginabile che la vita possa essere concepita in altro modo. Gli altri popoli della terra non possono esistere senza gli ebrei, nemmeno l'ultima tribù dell'Amazzonia[267]. Il punto di vista molto soggettivo di Jacques Attali

[264]Clara Malraux, *Rahel, Ma grande soeur...*, Edition Ramsay, Parigi, 1980, p. 158.
[265]Martin Buber, *Judaïsme*, Edition Verdier pour la traduction française, 1982, p. 31.
[266]Jacques Attali, *Les Juifs, le monde et l'argent*, Fayard, 2002, p. 485, 486, 489.
[267]Hervé Ryssen, *Speranze planetarie*, (2022).

non gli ha impedito di ricordare le note regole dell'ebraismo: "Imporre una morale molto austera, non tollerare l'arroganza o l'immoralità, per non creare gelosie o pretesti di persecuzione[268]. "In effetti, era giunto il momento di dirlo.

Un'immaginazione fertile

La gloria internazionale di Elie Wiesel si basa in gran parte sul successo dei suoi racconti della sua dolorosa esperienza nei campi di concentramento. Il suo talento di narratore fu subito riconosciuto anche dallo scrittore François Mauriac, che lo prese sotto la sua ala protettiva, come racconta nelle sue *Memorie*: "Senza Mauriac, che ne sarebbe stato di me? Ha vegliato sulla mia "carriera". In ogni mio viaggio in Francia, sono andato a trovarlo. I due uomini si sono incontrati in un ricevimento mondano: "Ho visto Mauriac nel 1955 durante una celebrazione dell'indipendenza all'ambasciata israeliana... Sorpreso, ha insistito: "Sono felice che mi abbiate invitato". Ho un grande interesse per Israele. Mi piace partecipare alla tua festa[269]."

Agli inizi, tuttavia, Elie Wiesel dovette lavorare duramente per guadagnarsi da vivere. Stabilitosi a Parigi, si è occupato di fare da guida turistica ai suoi compagni di viaggio che visitavano la Francia. Questo aneddoto è un'illustrazione eloquente della sua capacità di abbellire la verità:

"Miriam mi chiede spiegazioni su Parigi e io sono felice di darle. Senza sforzo. Improvviso con una disinvoltura che ancora oggi mi imbarazza... All'epoca, abbellivo, inventavo dettagli piccanti sulla storia di Parigi che non si trovavano in nessun libro o romanzo. Perché? Per stanchezza. Troppi visitatori israeliani insistono perché io mostri loro il Louvre e la Concorde, Montmartre e i cabaret russi. All'inizio faccio il mio lavoro di guida in modo coscienzioso: dico solo quello che so. Ma poi mi rendo conto che i turisti a me affidati sono insaziabili quando si tratta di cultura parigina: vogliono saperne di più. Altre storie colorate. La facciata di Notre-Dame con i suoi ebrei con i cappelli a punta e la sua cieca, miserabile sinagoga non è sufficiente per loro[270]..." Tutto questo, dicono, lo abbiamo imparato a scuola. Ebbene, la cosa finisce qui: comincio a inventare un aneddoto per ogni statua, una storia per ogni monumento. Reinventare il passato della capitale per un'ora,

---

[268]Jacques Attali, *Les Juifs, le monde et l'argent*, Fayard, 2002, p. 122, 75, 490.

[269]Elie Wiesel, *Mémoires, tome I*, Seuil, 1994, pag. 338, 326.

[270]Elie Wiesel la confonde con la cattedrale di Strasburgo.

per una mattina, che male farebbe alla Francia? Un giorno, però, accade l'inevitabile: una guida, purtroppo professionista, è in Place de la Bastille con il piccolo gruppo francofono, ad ascoltarmi imbambolato mentre descrivo gli eventi del 1789; sono in forma, conosco il nome dell'ufficiale che per primo aprì le porte della prigione e quello del prigioniero che, in ginocchio, implorava pietà. Nella cella accanto, una principessa si preparava alla morte; desiderava morire, ma alla vista dell'ufficiale cambia idea, ed ecco che, sconvolgendo i suoi amici, grida il suo amore per la vita e per i vivi... Potrei continuare ad adornare così fino alla prossima rivoluzione se non fosse per il grido di animale ferito di un brav'uomo a noi sconosciuto... Si avventa su di me, pronto a sbranarmi:" Come... come osi? Io che conosco questa città, la storia di ogni pietra, come osi mentire in mia presenza e far mentire la storia? "Lo abbiamo lasciato piuttosto frettolosamente. "Non farci caso", mi consola uno dei miei ospiti di circostanza. È un pazzo furioso. "Un altro lo corregge: "Non è vero, è geloso, è chiaro come il sole. "Ma Miriam ama le storie. E, inoltre, è bellissima[271]."

Questo è un buon esempio di volo in avanti. Ma per una volta, l'autore sembra ammettere che la rabbia del suo aggressore potrebbe essere stata giustificata, anche se i suoi compagni erano disposti a sostenerlo ostinatamente contro una tale ingiustizia.

Come giornalista, Elie Wiesel ha conosciuto molte persone interessanti. Incontrò un personaggio straordinario, un certo Joseph Givon, abituato a muoversi negli ambienti del potere. Elie Wiesel rimase colpito da questa personalità misteriosa e influente. Il suo interlocutore è stato molto puntuale nelle comunicazioni telefoniche: "Passo a prenderti domani alle dodici in punto". Senza il tempo di rispondere, ha già riattaccato. Chiamare Dov? Una vocina mi consiglia di essere prudente. Con Givon non si sa mai. Domani potrebbe significare la prossima settimana o il prossimo anno."

L'uomo era misterioso, un po' appariscente e tremendamente manipolatore: "Mi tende la mano invalida (non ho mai saputo perché a volte teneva la destra e a volte la sinistra), mi saluta e se ne va zoppicando."

La sua influenza segreta sulla politica era tuttavia molto reale, come poté constatare il piccolo giornalista: "È lui, e non il Presidente del Consiglio, che ha deciso il luogo dell'intervista. Mendès France deve solo obbedire! Non mi sono ancora ripreso dal mio torpore e Givon continua: "Ho chiesto di fare colazione insieme. È meglio. E più

---

[271]Elie Wiesel, *Mémoires, tome I*, Seuil, 1994, p. 271, 272.

intimo"... Purtroppo dovette lasciare Parigi. L'attualità internazionale lo chiama altrove, così come la storia. Così come la storia. Ho Chi Minh? Giap? Krushchov? L'ho tempestato di domande che gli hanno fatto alzare le spalle: "Mi dispiace, ma...". È tutto a posto, capisco: area riservata, assolutamente vietato entrare lì dentro. Una questione di spionaggio, probabilmente. Che ci crediate o no, non mi ha portato a casa di Mendès France? Se conosce il presidente del Consiglio, potrebbe benissimo frequentare i pezzi grossi di questo mondo, no? Il fatto è che è scomparso da Parigi... D'ora in poi i nostri contatti avverranno esclusivamente per posta: lettere da Varsavia, Pechino, Praga o Mosca, dove diventerà produttore cinematografico... L'*Izvestia*[272] pubblicherà un articolo in cui si denunciano le sue attività di contrabbando: arrestato come trafficante, sarà condannato a dieci anni di carcere. "Sono innocente, lo confesserei in una lettera patetica. Alla fine la verità trionferà. La verità? Sotto la penna di Givon sembra esitante. Ma trionferebbe lo stesso. Liberato - "grazie all'intervento di diversi ambasciatori occidentali" - avrebbe ricevuto le scuse del tribunale. Stufo del sistema sovietico, tornò a Praga e poi riapparve a Parigi... prima di stabilirsi definitivamente in Israele. Lì è morto per un attacco di cuore. I giornali e le riviste di Tel-Aviv gli dedicarono numerosi articoli, insistendo sul lato pittoresco, bizzarro e manipolatore del suo carattere... Incredulo e affascinato, il pubblico era divertito dal mistero che lo circondava. Come distinguere in lui la verità dalla fantasia, visto che non poteva inventare tutto? A volte penso a lui con affetto. Grazie a lui, ho quasi vissuto alcune delle sue avventure. Reale o immaginario? Non importa. Gli avventurieri non dicono sempre la verità: la inventano prima. Inoltre, non ho fatto colazione con Mendès France[273]? "

Agente dei servizi segreti, produttore cinematografico, contrabbandiere, trafficante internazionale con un'agenda di contatti completa, Joseph Givon era apparentemente un uomo tanto influente quanto discreto e misterioso. I motori di ricerca su Internet restituiscono solo cinque risultati sul suo nome, e tutti sembrano essere omonimi. Ma a pagina 325 delle sue *memorie*, sei pagine più avanti, Elie Wiesel scrive: "Mendès France? Alla fine l'ho incontrato a New York durante un ricevimento al Weizmann Institute".

Ma altri personaggi interessanti e colorati, reali o immaginari, hanno incrociato il cammino di Elie Wiesel, come questo Mané Katz, con il quale sembrava avere certe affinità:

---

[272]Izvestia: l'organo di stampa ufficiale del regime sovietico.
[273]Elie Wiesel, *Mémoires, tome I*, Seuil, 1994, p. 313-319.

"Piccolo e brillante, con un'agilità sorprendente per la sua età, saltellava mentre camminava e parlava. Amava raccontare aneddoti (veri o falsi) sulla sua lontana somiglianza con Ben Gurion. Una donna si sarebbe innamorata di lui quando lo ha scambiato per il Primo Ministro israeliano. Si dice che una spia gli abbia offerto segreti militari arabi in cambio di un certificato di buona condotta verso Dio, che, come tutti sanno, vive da qualche parte a Gerusalemme. Si dice che un ladro gli abbia offerto una grossa somma di denaro per avere accesso al tesoro dello Stato ebraico. "Non appena rivelo la mia vera identità, mi voltano le spalle", ha aggiunto, ridendo di gusto."

Che Mané Katz un giorno offrì a Elie Wiesel un quadro di valore, che lui ingegnosamente rifiutò, trovando "una porta d'uscita" nella Torah, proprio come fece Yentl: "Citando fonti antiche e riferimenti che non c'entravano nulla, tratti sia dalle Scritture che dalla mia immaginazione, parlò velocemente, per un'ora o due, forse fino all'alba...: "Nel caso di un giudice che accetta regali, la Bibbia gli dedica ogni sorta di imprecazioni" L'ho convinto? Non lo so. Il vero motivo del mio rifiuto è questo: ero troppo povero per possedere opere di quel valore. E comunque non avrebbe saputo dove mettere i suoi quadri. Vagabondo per gusto e professione, senza radici, possedeva solo una macchina da scrivere e una valigia. Non si possono tenere opere d'arte in una valigia[274]!"

Anche Elie Wiesel ha raccontato nelle sue *memorie di* essere sfuggito per poco alla morte. Nel 1955 fu quasi vittima di un terribile disastro aereo: "Per riprendermi e cambiare aria, andai in Israele. Avevo prenotato un biglietto su un aereo El Al, ma l'ho offerto a un'amica di Bea che era venuta da Montreal con i suoi due bambini e non era riuscita a ottenere tre posti su quel volo. L'aereo è stato abbattuto sopra la Bulgaria. Ho preso la via del mare[275]."

L'autore, che non ha fornito ulteriori dettagli, non sembrava particolarmente colpito da questa terribile tragedia. Va detto che le nostre ricerche di informazioni su questo disastro aereo sono state tutte infruttuose. Forse era un piccolo aereo, un aereo minuscolo?

Elie Wiesel ebbe l'opportunità di viaggiare in Unione Sovietica. Durante il regime comunista, da quando Stalin escluse definitivamente la leadership "sionista" dal potere dopo la guerra, gli ebrei non erano liberi di emigrare in Israele. La "comunità mediatica internazionale" gridò allora all'indignazione e chiese il diritto degli ebrei di lasciare l'Unione Sovietica. Elie Wiesel si recò sul posto per raccogliere

[274]Elie Wiesel, *Mémoires, tome I*, Seuil, 1994, p. 321, 322.
[275]Elie Wiesel, *Mémoires, tome I*, Seuil, 1994, p. 345.

ulteriori informazioni. All'aeroporto di Mosca, quasi appena sceso dall'aereo con le sue due guardie del corpo alle spalle, si verificò un altro episodio bizzarro nella vita del grande scrittore:

"Arriva l'aereo dell'Aeroflot. Sotto la passerella ci sono gli ultimi due controlli: a destra, la hostess di Intourist controlla la mia carta d'imbarco; a sinistra, un ufficiale esamina il mio passaporto. La giovane donna mi fa cenno di salire a bordo, ma l'agente grida qualcosa a qualcuno. Improvvisamente gli eventi si susseguono. In un batter d'occhio, i miei due israeliani emergono al mio fianco. Uno dei due afferra il mio biglietto aereo, l'altro strappa il passaporto dalle mani dell'ufficiale; noto come mi solleva come un malato, come un fagotto; corrono, e io corro con loro, tra fischi, ordini rauchi e spintoni. Non so come abbiamo fatto a superare tutti i cancelli, tutte le barriere, siamo saltati sul veicolo dell'ambasciata e siamo usciti all'aperto. Perché la polizia non ci ha fermato? Non ne ho idea[276]. Resterò tre giorni e tre notti all'ambasciata prima di ottenere il via libera. Come ha fatto David? Non me l'ha mai detto, anche se, a dire il vero, non gliel'ho chiesto, anche se il giornalista che è in me avrebbe voluto saperlo. L'importante era uscire da Mosca. Per riconquistare la mia libertà. Torno all'aeroporto, sempre accompagnato dalle mie due guardie del corpo israeliane, e questa volta tutto avviene come se fossi un normale turista[277]."

In ogni caso, non c'è dubbio che la fortuna abbia sempre sorriso a Elie Wiesel. Abbiamo già parlato in *Speranze planetarie dello* straordinario episodio che gli è capitato durante la guerra del Golfo nel 1991. Il grande scrittore si recò in Israele per sostenere la sua comunità nei momenti difficili in cui l'Iraq, devastato dai bombardamenti statunitensi, lanciava i suoi vecchi missili Scud contro lo Stato ebraico con una certa violenza:

"Mio cugino Eli Hollender è contento che io sia venuto: "Torna a casa, dice. Venite a cena. Aspettiamo insieme gli Scud. Strano invito, idea curiosa... Accetto il suo invito e decidiamo di incontrarci. All'ultimo minuto disdico. Un impedimento imprevisto. La sera stessa, ascoltiamo alla radio, ciascuno a turno, le informazioni sull'attacco missilistico appena iniziato... Un mese dopo, ricevo una lettera di Eli in cui ringrazia Dio per il mio impedimento: "Se tu fossi venuto, saremmo rimasti a casa invece di passare la notte dai nostri figli. Chissà cosa ci sarebbe successo? E chissà cosa ci sarebbe successo. Uno Scud cadde sulla nostra casa e la distrusse completamente. È un miracolo che non

[276]Nemmeno noi!
[277]Elie Wiesel, *Mémoires, tome I*, Seuil, 1994, p. 495, 496.

siate venuti[278]."

Elie Wiesel è senza dubbio un sopravvissuto alla Guerra del Golfo. La sua avventura è ancora più straordinaria se, per sua stessa ammissione, "gli Scud non hanno fatto vittime". L'uomo che è morto a Bnei Brak? Arresto cardiaco. Altrove, una donna si è chiusa in un armadio e ha pregato salmi. La stanza è crollata, ma l'armadio è rimasto intatto. "È proprio come vi dicono: Israele è la terra dei miracoli!

Un tempo negli shtetl, i villaggi ebraici dell'Europa centrale all'inizio del XX secolo, gli ebrei vivevano una vita appartata, isolati dal resto della popolazione. I personaggi colorati che hanno reso il fascino e l'unicità della vita ebraica sono stati rappresentati da romanzieri e registi. Il rabbino era evidentemente il personaggio centrale di queste piccole comunità. Per gli ebrei chassidici, il leader spirituale era chiamato *tzaddik*. Questo sant'uomo aveva talvolta poteri soprannaturali. In effetti, nella letteratura yiddish vediamo regolarmente "rabbini che fanno miracoli".

Il sensale (lo *shadkhn*, che poteva anche essere un sensale) era un altro personaggio importante nello shtetl. Ha messo in contatto i genitori dei giovani, che erano completamente soggetti all'autorità del padre di famiglia nella scelta del partner. Nel bellissimo film di Jewison, *"Il violinista sul tetto", tuttavia*, vediamo come queste tradizioni cominciassero a essere scalfite all'inizio del XX secolo e come le giovani donne rivendicassero il diritto di scegliere liberamente il proprio marito. C'era anche il venditore ambulante di libri che rispondeva alla domanda di una popolazione colta e istruita: "Libri illustrati per le donne, libri sacri per gli uomini". Il venerdì sera, prima del tramonto, si potevano sentire i *vergatori - i* servitori della sinagoga - aggirarsi per le strade e gridare: "Ebrei, al bagno rituale!"

Lo *schlemiel* è senza dubbio uno dei due personaggi più famosi della commedia umana yiddish. È un sempliciotto, un goffo disadattato. Vediamo anche lo *schlimazl*. È l'altra celebrità dello shtetl: è un perdente, un miserabile su cui la sfortuna si è accanita. Quando la zuppa dello *schlemiel* si rovescia (cosa inevitabile), finisce sempre nei pantaloni dello *schlimazl*.

Nel suo libro *Errant Jews*, pubblicato nel 1927, Joseph Roth ci informava dell'esistenza di un altro personaggio interessante e pittoresco in quegli shtetls dell'Europa centrale dove si concentrava parte della popolazione ebraica: il *batlen*.

"La carica più strana di tutte è ricoperta dal *batlen* ebraico

---

[278]Elie Wiesel, *Mémoires, tome II*, Éditions du Seuil, 1996, p. 148.

orientale, un giullare, un buffone, un filosofo, un cantastorie. In ogni piccola città c'è almeno un *batlen*, che diverte gli invitati a matrimoni e battesimi, dorme nell'oratorio, inventa storie, ascolta gli uomini che litigano e si scervella su cose inutili. Nessuno lo prende sul serio. Eppure è il più serio degli uomini. Avrebbe potuto essere un commerciante di piume e coralli, come il ricco che lo invita al matrimonio per far ridere gli altri a sue spese, ma non è così. Trova difficile gestire un'attività... A volte vaga di villaggio in villaggio, di città in città. Non muore di fame, ma vive sempre sull'orlo della fame... I suoi racconti farebbero probabilmente scalpore in Europa se venissero stampati[279]."

La professione è diventata più prestigiosa dopo la partenza dello shtetl. Il "*batlen*" non vive più nello squallore e nell'indigenza. Non percorre più le strade fangose di villaggio in villaggio, ma frequenta assiduamente gli aeroporti, saltando da un continente all'altro per predicare la buona parola e raccontare storie straordinarie. Nel volume II delle sue *Memorie*, Elie Wiesel ha scritto: "Per trent'anni ho viaggiato per i continenti fino allo sfinimento: a forza di parlare alle conferenze sono arrivato al punto di non poter sopportare il suono della mia voce... Mi vedevo in giro per la Terra, andando di città in città, di paese in paese, come il pazzo dei racconti di Rabbi Nahman, ricordando agli uomini di cosa sono capaci, nel bene e nel male, e attirando i loro sguardi sugli innumerevoli fantasmi che si affollano intorno a noi[280]."

Una sorprendente plasticità

Gli ebrei adottano gli usi e i costumi, a volte anche la religione, dei Paesi in cui si stabiliscono con notevole mimetismo, ma conservando sempre la loro individualità ebraica. Nel giro di pochi anni, parlano la lingua dei nativi e si integrano nella popolazione. Ma questa assimilazione, come abbiamo visto, è spesso solo apparente. Per secoli, il popolo ebraico ha imparato a vivere in segreto; e fin da piccolo, il giovane ebreo impara a rispettare i segreti di Israele e a convincere

---

[279]Joseph Roth, *Judíos errantes*, Acantilado 164, Barcelona, 2008 p. 63, 64. Mark Zborowski, in *Olam*, ha dato la stessa descrizione del personaggio, ma con il nome "*badkhn*" ("kh" si pronuncia come la j spagnola, sarebbe *badjn* invece di *batlen*): "Il *badkhn* è allo stesso tempo attore, poeta, compositore, cantante e reporter. Ma questo vale solo per i grandi *badkhn*, perché a volte devono accontentarsi di una persona del posto che li diverte per l'occasione. Ma il giullare di alto livello gode di una vera e propria fama ed è molto richiesto, tanto che viaggia continuamente da un capo all'altro del Paese. " (Mark Zborowski, *Olam*, Plon, 1992, p. 266).

[280]Elie Wiesel, *Mémoires, tome II*, Éditions du Seuil, 1996, p. 214, 530.

chiunque lo ascolti che gli ebrei sono "uomini come gli altri uomini" e che vogliono solo integrarsi.

Jacques Le Rider ha sostenuto che nell'Impero austriaco, all'inizio del XX secolo, gli ebrei viennesi furono de-giudaizzati e che, in un certo senso, fu l'antisemitismo dell'ambiente a costringerli a tornare alla loro comunità d'origine: essi furono "assimilati alla cultura tedesca e la maggior parte di loro avrebbe considerato il proprio ebraismo come un pio ricordo familiare, come una questione strettamente privata, se una società in crisi non li avesse costretti a definirsi[281]." Possiamo quindi dedurre che l'antisemitismo può essere utile per i leader delle comunità ebraiche che temevano soprattutto l'intermarriage e la completa assimilazione. "Quindi, possiamo dedurre che l'antisemitismo può essere utile per i capi delle comunità ebraiche che temono soprattutto l'intermarriage e la completa assimilazione.

Lo scrittore Joseph Roth osservò la situazione degli ebrei nella Repubblica di Weimar tra le due guerre e riferì la stessa cosa: "Gli ebrei tedeschi, nonostante tutti i tipi di minacciosi sintomi antisemiti, si sentivano puri tedeschi; o al massimo, nelle grandi feste, ebrei tedeschi. "Per lui, l'assimilazione degli ebrei al mondo europeo è indubbiamente riuscita: "Gli ebrei sono essi stessi europei. Il governatore ebreo della Palestina è senza dubbio un inglese. E probabilmente più inglesi che ebrei[282]."

Recentemente, nel dicembre 2005, abbiamo letto sul quotidiano *Actualité juive*, dichiarazioni sulla stessa linea, ma con l'aggiunta dell'impudenza di alcuni intellettuali ebrei inclini a soppiantare l'autoctono. Questa *"chutzpah"* ha permesso ad Albert Siboni di affermare quanto segue: Gli ebrei, con "la loro dispersione, la loro diversità e i loro numerosi contatti, sono stati, in un certo senso, i primi europei"."

Ma questo è ancora una volta un discorso riservato all'esportazione, perché altrimenti tutto ciò che si può leggere chiarisce che gli intellettuali ebrei non hanno nulla in comune con i Goyim, siano essi europei o musulmani.

Il punto di vista di Alain Minc era piuttosto curioso e rifletteva la mentalità "abusiva" di trasferirsi nella casa del padrone di casa e rivendicare il posto per sé. Ascoltiamo questo intellettuale liberale parlare degli Stati Uniti profondi, tradizionali, wasp (*bianchi anglosassoni protestanti*) che sono stati rimossi dal potere e lasciati a una banda di carrieristi senza scrupoli: "Negli Stati Uniti degli anni '80,

---

[281]Jacques Le Rider, *Arthur Schnitzler*, Éd. Belin, 2003, pag. 201
[282]Joseph Roth, *Judíos errantes*, Acantilado 164, Barcellona, 2008, p. 9, 38

i "Wasp" hanno perso il monopolio del potere. I georgiani del presidente Carter, i californiani del presidente Reagan: collaboratori stretti che sarebbero sembrati troppo esotici per i Morgenthau e gli Hopkins degli anni '40. Con il loro esotismo hanno portato una visione del mondo diversa. Kissinger è stato l'ultimo figlio dell'Europa a dirigere la politica americana? "

Per Alain Minc, i veri americani "wasp" di origine europea sono i Morgenthau, gli Hopkins e i Kissinger, mentre i nuovi arrivati, i "georgiani" e i "californiani" che rappresentano i nuovi conquistatori assetati di potere, sono ancora un po' stranieri in questa America profonda. Le vere vespe, secondo Minc, sono gli ebrei. Questa è esattamente la *chutzpah* caratteristica della mentalità ebraica, cioè quella straordinaria chutzpah che permette loro di dire qualsiasi cosa pur di continuare a martellare la loro propaganda. Questa mentalità consiste nell'invertire tutte le verità consolidate e nel difendere i punti di vista esattamente opposti.

Alain Minc ha finto di chiedersi: "Dove si trovano ancora i professori di cultura europea di Harvard o del MIT nei circoli più influenti? Quali posizioni residue riescono ad occupare gli ultimi Wasp[283]?" Come risposta, potremmo suggerire ad Alain Minc: "Qualunque cosa i "californiani" vogliano lasciargli!"Perché è risaputo che i "californiani", così presenti nell'entourage di George Bush, hanno intenzione di dominare il mondo e, come ha detto giustamente il romanziere Norman Mailer, intendono fare "un'offerta di acquisto per il pianeta[284]." Chi ci proteggerà dalla voracità dei "californiani"?

Gli ebrei hanno quindi una particolare predisposizione ad adattarsi e ad assimilarsi ai popoli in cui hanno scelto di stabilirsi. Tuttavia, si tratta di misurare la profondità dell'assimilazione di coloro che continuano a rivendicare l'ebraismo.

Nel 1952, Elie Wiesel era un giovane e promettente giornalista, incaricato dal quotidiano israeliano *Yedioth Ahronoth di* seguire i primi negoziati ufficiali tra Germania Ovest e Israele nei Paesi Bassi:

"Solo quattro giornalisti sono stati accreditati dalle due delegazioni: Sam Jaffe per la Jewish Telegraphic Agency; Marc Rosen, redattore dell'organo ufficiale della comunità ebraica di Düsseldorf; Alfred Wolfmann, rappresentante della radio di Berlino, e io, unico corrispondente di un giornale israeliano. "Elie Wiesel provò istintivamente una forte diffidenza nei confronti del giornalista tedesco e rifiutò di avere qualsiasi tipo di rapporto con lui:

---

[283]Alain Minc, *La Grande illusion*, Grasset, 1989, p. 25.

[284]Hervé Ryssen, *Speranze planetarie*, (2022).

"I rapporti tra me e Wolfmann sono inesistenti. Non si fraternizza con un ufficiale che ha giurato fedeltà a Hitler. Tuttavia, a volte lo osservo con la coda dell'occhio: non gli mancano né l'intelligenza né la finezza. Inoltre, conosce a fondo il suo mestiere. Le sue analisi sono perspicaci, spesso corrette... Giudicata soddisfacente da entrambe le parti, la conferenza termina e il nostro piccolo gruppo si separa. Alfred mi tende la mano, ma io mi allontano. Si imbroncia: "Pensavo che la guerra tra i nostri due popoli fosse finita". Non mi degno di rispondergli."

Il giorno dopo, nel suo albergo, Elie Wiesel riceve una visita inaspettata: "Un colpo alla porta mi sveglia di prima mattina: chi è? Risponde una voce maschile, ma non la riconosco. Apro la porta: è Alfred Wolfmann: "Ma cosa... cosa vuoi? Infastidito, ripeto la mia domanda. Fa cenno di entrare, ma io glielo impedisco: "Vattene". Non voglio vederti. Non nella mia stanza, non da nessuna parte". Sorride, e il suo sorriso altezzoso mi manda fuori di testa. Alza le spalle e se ne va, sprezzante. Poche settimane dopo, qualcuno suona il campanello del mio appartamento parigino: "È di nuovo qui, e vuole entrare di nuovo". Sto per buttarlo fuori quando inizia a parlarmi... in ebraico. Stupefatto, cado dalle nuvole...". Ti ho mentito. Non sono mai stato un ufficiale della Wehrmacht. Io sono un ebreo...". Mi viene voglia di afferrarlo e scuoterlo: "Ti stai prendendo gioco di me? Sono un ebreo, ripete. "Un ebreo ha il diritto di mentire, non è vero? Mi capisca, in Palestina mi prendono in giro perché sono uno "Yékké", cioè un ebreo tedesco... Mi hanno preso per un idiota istruito, un imbecille istruito che può essere facilmente ingannato... Volevo dimostrarle che potevo ingannare anche lei finché volevo"".

In breve, i quattro giornalisti selezionati per coprire i negoziati tra Israele e Germania erano ebrei. Ma alla fine non importa, erano veri professionisti che facevano il loro lavoro onestamente.

Nonostante la sua "finezza" e "intelligenza", Alfred Wolfmann ha ceduto ai postumi della dolorosa esperienza dell'Olocausto. Come molti suoi coetanei, sprofondò in una depressione piuttosto grave che lo portò a una fine fatale: "A forza di combattere la rinascita nazista nel suo Paese", ha spiegato Elie Wiesel, "cominciò a temerla fino ad ammalarsi". Paranoico, riteneva necessario essere costantemente armato. Ha visto nazisti ovunque. In strada, davanti a casa sua. Ci telefonavamo spesso. Ho cercato di calmarlo, di tirarlo su... Il giorno dopo si è sparato alla testa[285]."

---

[285]Elie Wiesel, *Mémoires, tome I*, Seuil, 1994, p. 264-269.

Alfred Wolfmann ha nascosto per anni la sua vera identità e alla fine non ha più potuto sopportare questa doppia vita. È infatti utile non rivelare sempre la propria vera natura se si vuole vivere e prosperare in mezzo a persone potenzialmente ostili. Ma a volte deve essere stancante ed estenuante, e bisogna ammettere che i suicidi sono piuttosto frequenti tra i conoscenti di Elie Wiesel.

Ecco un altro aneddoto tratto dalle *Memorie* del grande uomo, che mostra come i figli di Israele sappiano cambiare aspetto per confondersi con la massa. Il giornalista Elie Wiesel doveva imbarcarsi da Marsiglia per il Brasile per denunciare le azioni inaccettabili della Chiesa cattolica:

"La Chiesa cattolica sarebbe impegnata in un'attività missionaria sospetta in Israele, soprattutto con gli ebrei arrivati di recente dall'Europa orientale. Sono poveri, disillusi, e gli emissari di Roma offrono loro un visto per il Brasile, il prezzo del viaggio e duecento dollari a condizione che si convertano al cattolicesimo. "Vieni a vedere", mi suggerisce Dov. Sono d'accordo. Per una buona storia, un vero reporter andrebbe ai confini dei pianeti inesplorati. Arrivato a San Paolo, "mi rivolgo a un gruppo di passeggeri e apprendo con stupore che una trentina o quarantina di emigranti israeliani hanno fatto la traversata in terza o quarta classe... Mi avvicino e li trovo sgomenti, arrabbiati e disperati: è vietato loro lo sbarco... "Ci dispiace", rispondono i funzionari, "i vostri visti sono stati annullati". Stiamo solo obbedendo agli ordini".

Elie Wiesel ha poi predicato a quei rinnegati: "Ma che idea, che idea abbandonare non solo la terra ma anche il popolo di Israele per un po' di soldi, un visto e un passaggio su una nave. Siete così disperati e infelici? Come è possibile che ebrei come voi, con il vostro passato, abbiano potuto accettare di convertirsi? I vostri antenati hanno scelto la morte per spada o fuoco piuttosto che rinunciare alla fede del loro popolo, del nostro popolo, e voi avete acconsentito a un viaggio in Brasile? "Protestano: "Ehi, attenzione! Non chiamateci rinnegati! Non abbiamo rinunciato alla nostra fede! Il Dio di Israele è ancora il nostro Dio. "Ma non ti sei impegnato a convertirti?" Impegnato? Chi parla di impegnarsi? Ci siamo impegnati, sì, ci siamo impegnati, e allora, non potete più impegnarvi?"... "Non siamo traditori del nostro popolo... Siamo buoni ebrei[286]." "

---

[286]Elie Wiesel, *Mémoires, tome I*, Seuil, 1994, p. 300-304. "Gli ebrei possono giurare falsamente usando frasi a doppio significato o qualsiasi sotterfugio. " (Talmud, *Schabbouth Hag., 6d*). Inoltre, alla vigilia dello Yom Kippur, la festa dell'espiazione dei peccati, la più solenne delle festività ebraiche, la celebrazione religiosa inizia con

Questo è un altro aneddoto divertente. Nel 1957, Elie Wiesel viaggiava per gli Stati Uniti con due amici. Decidono di visitare una riserva indiana in Arizona:

"L'uomo che ci accoglie sotto la sua tenda decorata con piume e altre insegne tribali potrebbe lavorare in un lungometraggio. Il suo passo è lento e dignitoso. È alto, dritto, impassibile, maestoso. Viso rugoso e spigoloso; sopracciglia folte, gesti misurati. Ci spiega la concezione indiana della vita e della morte e noi ascoltiamo attentamente ogni sua parola. Rispettoso, ispira rispetto. Alla fine, ci chiede di firmare il suo libro d'oro. Imperativo turistico. Dov mi dà lo scoop. Non so perché, ma firmo in ebraico. L'indiano mi onora con un vigoroso cenno: *"Sholem Alei'hem"* (yiddish: buongiorno o pace su di te). Nonostante non li abbiano toccati, Dov e Lea quasi collassano. Prima con stupore, poi con risate. Il nostro ospite si è rivelato essere ebreo. Originario della Galizia e sopravvissuto ai campi di concentramento, è emigrato in Messico. Ma gli affari non gli andavano bene, così decise di guadagnarsi da vivere diventando un indiano. Indiano di giorno ed ebreo di notte[287]."

In un libro sugli attivisti comunisti ebrei nell'Europa centrale e orientale, *The Revolutionary Yiddishland*, possiamo notare un passaggio molto simile all'aneddoto sopra riportato: "Ebreo galitziano, membro del partito comunista, Shlomo Strauss viene mobilitato nel 1939 nell'esercito polacco. Ferito durante l'invasione tedesca, fu fatto prigioniero e internato in un campo. Quando viene a sapere che i prigionieri saranno divisi in base all'origine nazionale, decide di crearsi una nuova identità: d'ora in poi si chiamerà Timofei Marko, figlio naturale di una lavandaia ucraina. Si fa crescere i lunghi baffi da cosacco[288]."

Attraversiamo di nuovo l'oceano per guardare al mondo di quei terribili gangster americani degli anni Venti e di quella mafia che non

---

la recita del *Kol Nidré*: "Tutti gli impegni, le restrizioni, i giuramenti, le scomuniche, le rinunce e tutti i sinonimi con cui ci siamo impegnati, abbiamo giurato, o con cui ci siamo scomunicati o limitati; dal presente Yom Kippurim fino al successivo Yom Kippurim, che è a nostro beneficio, (per quanto riguarda tutti), li ripudiamo. Sono tutti disfatti, abbandonati, cancellati, annullati e invalidati, privi di forza ed effetto. Le nostre promesse non sono più promesse, i nostri divieti non sono più divieti e i nostri giuramenti non sono più giuramenti. "Il contenuto della preghiera del *Kol Nidré* appare nel Talmud nel libro di *Nedarim 23a-23b*. I voti e le promesse non sono validi, purché lo si ricordi al momento di pronunciarli.

[287]Elie Wiesel, *Mémoires, tome I*, Seuil, 1994, p. 385, 386.

[288]Alain Brossat, Sylvia Klingberg, *Le Yiddishland révolutionnaire*, Balland, 1983, p. 187.

era solo siciliana. La repressione poliziesca iniziò a far vacillare seriamente le loro posizioni con la nomina di un giudice integerrimo e "incorruttibile": Tom Dewey. Fu lui a condurre il primo grande processo contro la mafia nel 1933 e a far cadere Waxey Gordon. Dutch Schultz era il prossimo della lista. Il suo vero nome era in realtà Arthur Flegenheimer, ha sottolineato Rich Cohen nel suo libro *Yiddish Connection*, in cui ha anche spiegato le tattiche che l'assassino avrebbe adottato per farla franca:

"Nel 1935, dopo che furono nuovamente raccolte prove contro di lui, gli avvocati di Schultz ottennero un cambio di sede in modo che il processo si svolgesse a Malone, nello Stato di New York. Una chiesa. Una piccola strada. Un solo semaforo... Ha aperto un negozio in un piccolo hotel, si è presentato a persone del posto che non conosceva, ha fatto donazioni alle vendite di beneficenza locali, ha indossato abiti molto semplici... È stato visto alle riunioni di piccole chiese, alle feste di quartiere, alle partite di bingo. Una settimana prima del processo, si è recato in una chiesa locale e si è convertito al cattolicesimo. Non era il primo ebreo che cercava di farsi passare per un tipo di provincia abiurando la sua fede. Quando la giuria dovette deliberare, Schultz aveva ingannato e corrotto l'intera città. C'è una sua foto, scattata subito dopo il verdetto di assoluzione, con il grande sorriso di un ragazzino che ha appena truccato la sua elezione a deputato di classe. "In questo mondo di duri, non c'è spazio per gli asini", ha detto ai giornalisti[289]."

Possiamo citare in questo capitolo la storia dei marrani, quegli ebrei spagnoli che si erano convertiti al cattolicesimo per sfuggire all'espulsione generale[290]. Il 31 marzo 1492, Ferdinando e Isabella

---

[289]Rich Cohen, *Yiddish Connection*, 1998, Denoël, 200, Folio, p. 283

[290]Il fenomeno era già vecchio: "Ma dopo il 1391, quando la pressione sugli ebrei divenne più violenta, intere comunità abbracciarono la fede cristiana. La maggior parte dei neofiti ha approfittato della loro nuova posizione. Si affollarono a centinaia e a migliaia in luoghi da cui erano stati precedentemente esclusi a causa della loro fede. Sono entrati in professioni proibite e nei tranquilli chiostri delle università. Conquistarono posizioni importanti nello Stato e penetrarono persino nel sancta sanctorum della Chiesa. Il loro potere aumentava con la loro ricchezza, e molti potevano aspirare ad essere ammessi nelle famiglie più antiche e aristocratiche della Spagna... Un italiano quasi contemporaneo osservò che gli ebrei convertiti praticamente dominavano la Spagna, mentre la loro segreta adesione al giudaismo stava rovinando la fede cristiana. Un cuneo di odio ha inevitabilmente allontanato le relazioni tra vecchi e nuovi cristiani. I neofiti erano conosciuti come marranos (probabilmente "i reprobi" o "i porci"). Erano disprezzati per i loro trionfi, per il loro orgoglio, per la loro cinica adesione alle pratiche cattoliche. Mentre le masse guardavano ai trionfi dei nuovi cristiani con cupa amarezza, il clero ne denunciava la slealtà e l'insincerità. Sospettavano la verità che la maggior parte dei convertiti fosse ancora ebrea nel cuore,

firmarono l'editto di espulsione degli ebrei dalla Spagna, imponendo loro di lasciare il Paese entro il 31 luglio. "Invano offrirono al Tesoro immense somme di denaro", scrisse Leon Poliakov. Il battesimo in extremis era allora l'unico rimedio che permetteva loro di restare. Cinquantamila ebrei si convertirono al cattolicesimo, ma 150.000 preferirono l'esilio.

La maggior parte di loro si trasferì in Portogallo e prosperò. Il re Manuele I li obbligò allora a convertirsi ufficialmente, lasciando loro la possibilità di "giudaizzarsi" apertamente. Il battesimo era sufficiente per la pace civile. Ma questa tregua non durò e Manuele I, che cercava un'alleanza matrimoniale con la Spagna, istituì un'inquisizione come quella spagnola nel 1497, che costrinse gli ebrei a emigrare. Molti di loro si stabilirono in Turchia, soprattutto nella città di Salonicco (oggi in Grecia), dove presto riaffermarono il loro ebraismo. Altri, come la famiglia del famoso Spinoza, si stabilirono nell'Olanda protestante.

Quanto ai cinquantamila ebrei spagnoli convertiti al cattolicesimo, andavano a messa ogni domenica, rispettavano le feste del calendario cristiano, ma in realtà continuavano a praticare l'ebraismo in segreto. Con il diffondersi dell'Inquisizione, molti emigrarono a loro volta in Portogallo e da lì fuggirono nuovamente in America, Brasile, Messico e Perù, dove alcuni si arricchirono con il commercio degli schiavi o con le famose miniere d'argento di Potosi.

Le Monde des livres del 27 settembre 2001 ha pubblicato una recensione del libro di Nathan Wachtel, *La Foi du souvenir (La fede della memoria),* che tratta dei marrani dell'America spagnola: "Ricchi o poveri, furono catturati dal lungo braccio dell'Inquisizione che arrivò a perseguitare dall'altra parte dell'Atlantico coloro che erano sospettati di giudaizzare in segreto. I processi, registrati negli archivi inquisitoriali, hanno permesso a Nathan Wachtel di trovare le loro tracce: "Confessavano, la maggior parte di loro si pentiva sotto forti pressioni, ma persistevano, inventando innumerevoli trucchi, codici, segni, simulazioni, anche se, dopo arresti successivi, finivano per essere condannati a morire come "*recidivi*[291] "".Dai ritratti che ci sono pervenuti, emergono modi di agire e di pensare comuni: una preferenza per le alleanze endogame, un background variabile di credenze e

---

che la conversione forzata non avesse estirpato l'eredità di secoli. Decine di migliaia di nuovi cristiani si sottomisero esteriormente, andarono meccanicamente in chiesa, borbottarono preghiere, eseguirono riti e osservarono usanze. Ma lo spirito non si era convertito. "In Abram Leon Sachar, *Storia degli ebrei, cap. XVI (I marrani e l'Inquisizione),* trad. della seconda ed. americana riveduta al 1940, Ediciones Ercilla, Santiago del Cile, 1945, p. 276, 277.

[291]Ricaduta (aggettivo e sostantivo): ricadere nell'eresia dopo averla abiurata.

costumi, e questo "valore della segretezza" uniformemente condiviso. "Gli ebrei sono davvero un popolo che ama la segretezza.

Ovunque si stabilissero, i marrani si conformavano fedelmente a tutti i riti cattolici, andavano a messa e si confessavano, e potevano giustamente vantarsi di "vivere una vita molto cristiana". Così scriveva lo storico Leon Poliakov a proposito dei marrani portoghesi che avevano scelto di stabilirsi in Olanda:

"La loro mimetizzazione era così perfetta che Giuseppe di Rosheim, il "reggente" degli ebrei di Germania che visitò il grande centro marrano di Anverso nel 1536, poté addirittura scrivere: "È un paese dove non ci sono ebrei"."

La verità, tuttavia, era completamente diversa ed è esplosa durante i conflitti religiosi. Gli ebrei erano così profondamente impregnati dello stile di vita cattolico, scrive Poliakov, che "più tardi, nei Paesi Bassi protestanti, non rivelarono la loro qualità di ebrei segreti finché non furono minacciati di espulsione per essere cattolici[292]."

Leon Poliakov ha citato anche l'esempio di un grande Signore "spagnolo" della metà del XV secolo. Statista e giurista di fama, Pedro de la Caballería era in realtà un marrano:

"Secondo gli archivi inquisitoriali, scrive Poliakov, si era affidato a un avvocato ebreo che gli avrebbe chiesto: "Signore, come avete potuto diventare cristiano, voi che conoscete così bene la nostra Legge?". Al che il "signor Peter" rispose: "Stupido, cosa sarei potuto diventare con la Torah se non un rabbino? Ora, grazie al piccolo impiccato (Gesù), ricevo ogni genere di onori, guido tutta la città di Saragozza e la faccio tremare. Chi mi impedisce, quando voglio, di digiunare il Kippur e di osservare le vostre feste? Quando ero ebreo, non osavo infrangere le barriere del sabato, mentre ora faccio quello che mi pare[293]."

Mentre il caso dei marrani spagnoli e portoghesi è ben noto, quello dei Dunmeh e dei franchi è meno conosciuto. Qui dobbiamo tornare all'origine di queste due sette. Abbiamo visto nella prima parte di questo libro che il messianismo, attraverso la Cabala, fu una reazione all'espulsione degli ebrei dalla Spagna, nel senso che si aprirono loro prospettive grandiose, che alimentarono le loro speranze e li confortarono di fronte alle avversità che stavano attraversando. Il misticismo della Cabala aveva fortemente influenzato e segnato gli ambienti religiosi, ma anche l'intera comunità ebraica, contribuendo ampiamente alla diffusione delle speranze messianiche. Ci volle del

---

[292]Léon Poliakov, *Histoire de l'antisémitisme I*, 1981, Points Seuil, 1990, p. 200.

[293]Léon Poliakov, *Histoire de l'antisémitisme I*, 1981, Points Seuil, 1990, pag. 157.

tempo, tuttavia, prima che il messianismo ebraico prendesse forma tra il popolo eletto e si incarnasse finalmente in una figura umana. Ciò avvenne nel 1665, quando Shabtai Tzvi provocò un'esplosione di messianismo che iniziò in Palestina e si diffuse in tutta la Diaspora. Questo fenomeno sabbatiano, ha scritto Gershom Scholem, "rimane uno degli enigmi più sorprendenti della storia ebraica[294]. "Da qualsiasi punto di vista lo si guardi, il sabbateismo ha rappresentato una crisi della tradizione.

Shabtai Tzvi era un discendente degli ebrei spagnoli espulsi nel 1492. Viveva nella comunità ebraica di Smyrne, in Turchia, e doveva essere molto dotato, perché all'età di diciotto anni insegnava la Kabbalah a gruppi di giovani studenti. Ha anche mostrato una straordinaria immaginazione nelle sue interpretazioni cabalistiche. Fin dall'inizio della sua carriera, il carattere carismatico della sua personalità è stato evidente. Ben presto avrebbe attirato folle di persone che avrebbe convinto di essere davvero il Messia, dando origine a numerose dicerie. Intorno a lui nacquero leggende che fecero sì che il messianismo si diffondesse rapidamente e in modo contagioso. La notizia di Shabtai Tzvi e dello spirito che aveva generato si diffuse in tutta Europa a macchia d'olio.

La Cabala aveva profetizzato che l'anno 1648 avrebbe segnato l'inizio dell'era messianica. Ma gli ebrei furono presto disillusi, perché l'anno 1648 fu per gli ebrei orientali uno dei momenti peggiori della loro storia. Infatti, invece del Messia, fu Bogdan Chmielnicki a venire con i suoi cosacchi a sedare una rivolta delle comunità ebraiche contro i polacchi, causando loro un terribile scompiglio. Lungi dal calmare gli animi, le notizie dalla Polonia provocarono un'impennata di frenesia messianica; e poiché il 1648 non aveva portato la redenzione, Shabtai Tzvi riponeva le sue speranze in un'altra data: finalmente il 1666! Questa data, paradossalmente, non è stata ricavata dalla Cabala ebraica, ma si basa su calcoli cristiani basati sul Libro dell'Apocalisse. L'anno 1666 - questa volta di sicuro! - avrebbe segnato l'inizio del millennio. Ciò che fino a quel momento era stato una speranza e un sogno stava per diventare una realtà: la prova che gli ebrei non avevano sofferto invano per tanti secoli.

Il 1666 divenne l'anno della Redenzione. Gli ebrei della Polonia si sono sollevati con grande speranza, soprattutto dopo le terribili persecuzioni subite. Alcuni abbandonarono le loro case e i loro beni, si rifiutarono di lavorare e proclamarono che il Messia stava arrivando per

---

[294]Gershom Scholem, *Le Messianisme juif,* 1971, Calmann-Lévy, 1974, p. 115, 116.

portarli su una nuvola a Gerusalemme. Altri hanno digiunato per giorni, negando persino il cibo ai loro figli piccoli.

Shabtai Tzvi avrebbe iniziato la sua opera di redenzione detronizzando il sultano di Turchia, che allora regnava sulla Terra Santa. Due giorni prima dell'anno 1666, ebbe l'audacia (la famosa *chutzpah*) di andare a Costantinopoli per chiedere al sultano Ibrahim di consegnargli il trono. E accadde quello che doveva accadere: fu imprigionato in una fortezza a Gallipoli. "Ma aveva sostenitori così potenti che la prigione fu trasformata in una residenza reale dove gli ebrei di tutto il mondo accorrevano per portargli dei doni. Era diventato la guida spirituale di centinaia di migliaia di persone[295]."

I turchi elaborarono quindi un piano per rendere inefficace il movimento sabbatiano. È interessante notare che è stata proposta da un consigliere ebreo del sultano. Shabtai Tzvi fu quindi messo di fronte al dilemma di scegliere tra la morte e la conversione pubblica all'Islam. "Gli fu permesso di fingere la sua conversione, ma l'atto doveva essere pubblico", ha scritto David Bakan. Nel novembre 1666, verso la fine dell'anno della redenzione, Shabtai Tzvi si convertì all'Islam con grande pompa e cerimonia. Ricevette un nome musulmano, Mehmet Effendi, e fu nominato cappellano del sultano con un generoso stipendio prima di andare in esilio in Albania.

Ciò ha causato grande costernazione tra gli ebrei di tutto il mondo, com'era prevedibile, anche se gli autori non sono molto prolissi al riguardo. Ma anche se il grande fermento messianico si era placato, l'idea continuava a scaldare alcuni spiriti[296]. Un lituano di nome Zadok profetizzò che l'anno 1695 sarebbe stata la vera data della venuta del Messia. Un cabalista, Hayim Malakh, insegnò che Shabtai Tzvi era davvero il Messia, ma che come Mosè, che aveva impedito agli ebrei di entrare nella Terra Promessa per quarant'anni, bisognava aspettare quarant'anni, dal 1666 al 1706, prima che la redenzione si compisse. Sarebbe stato il 1706! Nel 1700, Hayim Malakh guidò una carovana di 1300 persone in Terra Santa per accogliere il Messia. Circa mille di loro sono sopravvissuti all'estenuante viaggio. "Delusi dalla vana attesa, alcuni divennero cristiani, altri musulmani, altri ancora tornarono in Polonia per diffondere storie mistiche irrealistiche[297]."

Il movimento sabbatiano continuò così, a fasi alterne, sotto forma di setta ebraica, nonostante gli sforzi dei rabbini per soffocarlo. Il crollo del movimento aveva naturalmente portato a grandi sospetti e

---

[295]David Bakan, *Freud et la tradition mystique juive*, 1963, Payot, 2001, p. 120.

[296]Si veda la nota del traduttore nell'Allegato VI. 1.

[297]David Bakan, *Freud et la tradition mystique juive*, 1963, Payot, 2001, pag. 124.

diffidenze nei confronti del messianismo esacerbato della Cabala. Contro i sabbatiani che mettevano in pericolo le comunità ebraiche, i rabbini non esitarono a lanciare l'*herem* (scomunica).

È in questo contesto che è nata la setta Dunmeh a Salonicco. Dopo la morte di Shabtai Tzvi nel 1676, centinaia di famiglie di Salonicco si convertirono all'Islam nel 1683 per seguire l'esempio del loro Messia. Altri gruppi più ristretti fecero lo stesso ad Adrianopoli e Istanbul. Il movimento sabbatiano prese poi forma nell'Islam con quella setta di marrani volontari, chiamata Dunmeh (che significa "apostata" in turco). "Doppiamente apostati", scriveva Leon Poliakov, poiché erano apostati sia dall'Islam che dall'Ebraismo e, di conseguenza, ugualmente disprezzati da entrambe le parti. Ai dieci comandamenti di Mosè, la setta sostituì le diciotto regole di Shabtai Tzvi. La seconda regola imponeva di credere in Shabtai Tzvi ("il vero Redentore; non c'è salvezza all'infuori di lui"); la sedicesima e la diciassettesima stabilivano che tutti i costumi dell'Islam dovevano essere seguiti ("tutto ciò che si vede dall'esterno, deve essere osservato"), ma non si doveva contrarre matrimonio o alleanza con i Turchi ("perché sono un abominio, e le loro mogli sono rettili")[298]."

Ciò rieccheggia alcune dichiarazioni di Bernard-Henri Levy, che si definisce un buon francese, più francese dei francesi, e allo stesso tempo afferma di essere ebreo da tutti e quattro i lati, a seconda delle circostanze.

In effetti, Gershom Scholem ha ammesso che, in queste condizioni, era legittimo che i Goyim sospettassero della sincerità degli ebrei: "Sebbene le autorità turche abbiano accolto con favore queste conversioni collettive all'Islam e nutrano grandi speranze per gli ebrei di Turchia, hanno dovuto rapidamente rendersi conto che non si trattava affatto di convertiti autentici. Scholem ha inoltre specificato che "la maggior parte delle famiglie dunmeh... aveva l'abitudine di dare segretamente ai propri figli nomi e cognomi ebraici e giudeo-spagnoli, oltre ai nomi e cognomi ufficiali turchi"."

A quanto pare, la setta non si era ancora estinta fino a poco tempo fa: "Recentemente, scrive Scholem, alcuni membri dell'intellighenzia di Dunmeh hanno rivelato i loro nomi in interviste private a visitatori ebrei. Con uno sguardo consapevole li hanno scarabocchiati in ebraico sui loro biglietti da visita turchi[299]."

La giornalista Françoise Giroud, la "regina del giornalismo", si

---

[298]Léon Poliakov, *Histoire de l'antisémitisme I*, 1981, Points Seuil, 1990, p. 218, 219.
[299]Gershom Scholem, *Le Messianisme juif*, 1971, Calmann-Lévy, 1974, p. 229, 239, 240.

sentiva legata alla setta dei Dunmeh. Nata France Gourdji a Ginevra, era la seconda figlia di Salih Gourdji e Elda Fragi, entrambi ebrei turchi e sefarditi. Nato a Baghdad, era diventato giornalista prima di fondare l'Agenzia telegrafica ottomana a Istanbul. All'inizio della Prima guerra mondiale dovette fuggire dalla Turchia "a causa delle sue idee libertarie e della sua opposizione all'alleanza con la Germania" e in seguito fu a capo di diverse missioni per i servizi segreti alleati. Alcuni parlerebbero giustamente di "tradimento" a favore del nemico, e se l'uomo fosse stato arrestato dalle autorità turche, scommettiamo che l'intera comunità sarebbe accorsa in sua difesa contro una simile ingiustizia.

"Mio nonno materno aveva il titolo di pacha, un titolo nobiliare non ereditario. Mio padre era un bey. "Christine Ockrent ha raccolto le confessioni di Françoise, ma è rimasta sorpresa dal visibile disagio della sua interlocutrice su questo argomento: "Un giorno le ho fatto sapere la mia sorpresa per la sua reticenza sulla parte turca della sua storia", e alla fine ha confessato le origini della sua famiglia: "Mio padre discende probabilmente da una famiglia *deunmeh*, cioè da una delle cinquecento famiglie sefardite convertite all'Islam nel XVII secolo. I ricchi e attivi deunné [o deunmeh, donmeh] furono i primi nel mondo turco ad aprirsi alle idee laiche, liberali e nazionali[300]."

Il movimento dei Giovani Turchi, la rivoluzione kemalista e il secolarismo occidentale in Turchia hanno tutti origine qui. Ecco cosa ha dichiarato a sua volta Gershom Scholem: I Dunmeh "hanno contribuito con numerosi membri all'intellighenzia dei Giovani Turchi... Hanno svolto un ruolo importante agli inizi del Comitato per l'Unione e il Progresso, un'organizzazione del movimento dei Giovani Turchi che ha avuto origine a Salonicco... Abbiamo la prova che David Bey, uno dei tre ministri del primo governo dei Giovani Turchi e un importante capo del partito dei Giovani Turchi, era un Dunmeh[301]."

È quanto ha affermato anche l'influente direttore della stampa e noto intellettuale Alexandre Adler in una conferenza tenutasi il 14 marzo 2005 presso il Centro Itshak Rabin: "Non vi sorprenderà se vi dico che ho molti amici Donmeh, cioè discepoli di Shabtai Tzvi, e che li trovo del tutto straordinari... Se non ci fossero stati così tanti Donmeh tra le élite turche alla fine del XIX e all'inizio del XX secolo, non ci sarebbe stato il kemalismo. I "grandi Donmeh" sono stati "all'avanguardia della riforma scolastica in Turchia" e hanno creato "i primi licei moderni, come quello di Mustafa Kemal a Salonicco, dove

---

[300]Christine Ockrent, *Françoise Giroud, une ambition française*, Fayard, Paris, 2003, p. 40-42.
[301]Gershom Scholem, *Le Messianisme juif*, 1971, Calmann-Lévy, 1974 p. 235. 235

ha studiato". Naturalmente, gli islamisti turchi sostengono che Kemal fosse egli stesso un Donmeh, ma ciò è falso. Invece, i suoi stretti collaboratori e amici erano ampiamente Donmeh[302]."

È grazie all'influenza di questi ebrei Donmeh, falsamente convertiti all'Islam, che si può spiegare l'alleanza tra Turchia e Israele, ha spiegato Adler: "Se non ci fossero stati i Donmeh come ministri degli Esteri durante i primi trent'anni della Turchia laica - rappresentano ancora il 40% degli ambasciatori turchi nel mondo e tutti gli ambasciatori turchi negli Stati Uniti dagli anni Cinquanta - la Turchia non sarebbe senza dubbio un alleato di Israele."

Ma nel caso di Françoise Giroud, non abbiamo dubbi che fosse una vera francese, "perfettamente integrata": sua madre Elda voleva infatti educarle in questo modo: "Elda voleva fare delle sue figlie delle perfette francesine". Saranno quindi battezzate, impareranno il catechismo e andranno in collegio all'Institut Molière... Giroud scriverà in seguito - ma non c'è nessuno che lo confermi - che sua madre si era segretamente convertita al cattolicesimo intorno ai trent'anni... Per tutta la durata della guerra insisterà nel dire che non si sentiva colpita o preoccupata, né per sé né per le sue figlie, dalle leggi antisemite di Vichy. La stella gialla non li ha accompagnati, non era la loro storia, la loro comunità o la loro famiglia[303]."

Fu così che, pervase da questi sentimenti patriottici e dall'amore incondizionato per la Francia e i francesi, Françoise e sua sorella si impegnarono nella Resistenza contro i nazisti. Così come, come abbiamo già visto, raccontava tutti i suoi ricordi alle cene mondane organizzate da Samuel Pisar, insieme a tutti gli altri "combattenti della Resistenza".

Il movimento sabbatiano non riguardava solo l'Impero Ottomano. Mentre molti vennero dalla Polonia per unirsi a loro nel XVII secolo, molti altri rimasero in Polonia per seguire la strada tracciata da un altro Messia di tendenza radicale, Jacob Frank.

Jacob Frank nacque nel 1726 a Korolovka, al confine con la Podolia, nell'Ucraina occidentale e in Moldavia. Suo padre era un sabbatiano che era stato espulso dalla comunità in cui era rabbino. Era un uomo poco istruito, ma dotato di grande forza fisica e immaginazione. Molto probabilmente si trattava di uno "psicopatico, una personalità con un Sé sottosviluppato", ha scritto David Bakan. Viaggiava qua e là come venditore ambulante, predicando la Cabala,

---

[302]http://www.beit-haverim.com/anoter/ConfAdler0305.htm
[303]Christine Ockrent, *Françoise Giroud, une ambition française*, Fayard, Parigi, 2003, pagg. 50, 51.

spacciandosi per guaritore, dispensando aiuti religiosi e medici. Per i rabbini polacchi, l'individuo in questione incarnava il diavolo in persona:

"Si dice che abbia praticato il banditismo con i suoi discepoli, che abbia tagliato un rotolo della Torah per farne scarpe per i suoi amici e che abbia rubato uno *shofar*[304] e abbia insegnato ad alcuni bambini gentili a suonarlo."

Si considerava la reincarnazione di Shabtai Tzvi e diede nuovo impulso al movimento sabbatiano. Nel 1755, Frank apparve in Podolia per rinvigorire i gruppi sabbatiani in decadenza. Nella sua nuova dottrina, egli propone il principio della Santa Trinità: distingue Dio, che si è incarnato in Shabtai Tzvi, dalla sua replica o parte femminile, la Shechinah, attribuendosi il ruolo di Messia. Rifiutò gli insegnamenti del Talmud e dichiarò che solo lo Zohar era sacro. L'idea di un Dio che fosse sia maschio che femmina serviva da pretesto per pratiche religiose di natura sessuale, come lo scambio di donne. Essa proclamava che la Legge era morta; che il giogo della vecchia Torah era stato spezzato; il giogo della Legge era valido solo per un mondo non redento in cui il Messia non era ancora apparso. La nuova redenzione e la rivelazione che ha portato erano tali che tutte le cose, compreso il male, erano ora santificate. È stato questo ragionamento a costituire la base della dottrina del Male.

"La dottrina del Male, scrive David Bakan, poggiava sulla tesi che le scintille divine erano state disperse e che gli uomini dovevano lasciarsi trasportare dal peccato per riunirle. L'idea del peccato santificato divenne predominante, la salvezza sarebbe arrivata attraverso il peccato; dall'eccesso di peccato sarebbe emerso un mondo in cui non ci sarebbe stato nessuno. Frank aveva dichiarato: "Sono venuto per togliere dal mondo tutte le leggi e le ordinanze finora in vigore[305]."

I frankisti "glorificavano il peccato come via di redenzione", scrive David Bakan, aggiungendo questa precisazione: "La concezione del male come manifestazione divina non è mai stata completamente rifiutata[306]."

Gershom Scholem ha scritto che il movimento rappresentava una

---

[304]Un corno di ariete che serve come tromba durante le grandi cerimonie religiose. Il suono dello shofar serve a scuotere l'ascoltatore nel profondo, a provocare un risveglio, un allarme (NdT).

[305]David Bakan, *Freud et la tradition mystique juive*, 1963, Payot, 2001, p. 130, 131. Cfr. la nota del traduttore nell'allegato VI. 2.

[306]David Bakan, *Freud et la tradition mystique juive*, 1963, Payot, 2001, p. 209.

"rivolta contro l'ortodossia stagnante e l'oscurantismo fanatico dei rabbini[307]. "Questa natura rivoluzionaria della dottrina di Jacob Frank è stata confermata anche da Martin Buber: "Il peccato santo diventa un sistema, gli uomini devono precipitarsi nel peccato per strappargli le scintille divine... Il giogo della vecchia Torah è spezzato, era valido solo per il mondo non redento[308]."

I Frankisti, ebrei eretici, furono scomunicati (dichiarati *herem*) dai rabbini e i rabbini risposero attaccando il Talmud, "dicendo che era falso e malvagio". "David Bakan ha fatto riferimento alle gravi accuse dei franchi contro i rabbini: "Hanno persino accusato il Talmud di obbligare all'uso di sangue cristiano e hanno testimoniato che gli ebrei hanno perpetrato crimini rituali[309]."

La carriera di Frank raggiunse il suo apogeo nel novembre 1759, quando, seguendo l'esempio di Shabtai Tzvi[310], lui e tutti i suoi discepoli si convertirono con grande pompa e cerimonia. All'inizio i polacchi non erano più perspicaci dei turchi e i sabbatiani erano sponsorizzati da membri della nobiltà polacca da cui i nuovi battezzati prendevano il nome o il cognome.

Un buon numero di loro è diventato nobile in questo modo. Jacob Frank tenne corte a Offenbach, vicino a Francoforte, fino alla sua morte nel 1791. La setta da lui fondata era diventata un ramo particolarmente radicale dei sabbatiani, ma questa volta con una facciata cattolica.

Se i Dunmeh favorirono il movimento progressista dei Giovani Turchi all'inizio del XX secolo, i sabbatiani e altri frankisti svolsero un ruolo importante anche nella diffusione delle idee liberali in Europa alla fine del XVIII secolo[311]. "Dopo la Rivoluzione francese, ha spiegato David Bakan, i gruppi sabbatiani che ancora esistevano all'interno dell'ebraismo promossero e sostennero i movimenti a favore della riforma, del liberalismo e dell'Illuminismo[312]."

---

[307]Gershom Scholem, *Le Messianisme juif*, 1971, Calmann-Lévy, 1974, p. 256.

[308]Si veda la nota del traduttore nell'Allegato VI. 3.

[309]David Bakan, *Freud et la tradition mystique juive*, 1963, Payot, 2001, p. 132.

[310]"Abraham Cardoso disse di Shabtai Tzvi che doveva travestirsi, come una spia che entra nel campo nemico per compiere la sua missione. "In Gershom Scholem, *Le Messianisme juif*", 1971, Les Belles Lettres, 2020 p. 296.

[311]"Le relazioni tra le due sette a Salonicco e a Varsavia dovettero essere mantenute fino alla fine del XIX secolo. Ho conosciuto personalmente un caso che risale addirittura a dopo il 1920. Un Dunmeh in visita a Vienna rivelò a un amico ebreo che il suo gruppo era strettamente legato ad alcune famiglie apparentemente molto cattoliche di Varsavia (Gershom Scholem, *Le Messianisme juif*, 1971, Calmann-Lévy, 1974, p. 241).

[312]David Bakan, *Freud et la tradition mystique juive*, 1963, Payot, 2001, p. 125. Si veda

Gershom Scholem ha così raccontato la vita di un certo Moses Dobruska (1751-1793), in un libro intitolato *Dal frankismo al giacobinismo*. Moses Dobruska era un personaggio misterioso. È nato in un ghetto moravo. Cresciuto come ebreo ortodosso, divenne in seguito seguace della setta cabalistica eretica dei Frankisti, nella quale ebbe un ruolo attivo. Scrittore di lingua ebraica, si convertì al cattolicesimo, fu nobilitato dall'imperatore d'Austria e prese il nome di Franz Thomas von Schönfeld. A Vienna frequentò i circoli nazionalisti illuminati, pur essendo segretamente membro della massoneria esoterica. Nel 1792 lasciò la capitale austriaca e si stabilì a Strasburgo, poi a Parigi, con il nome di Junius Fey, dove divenne un membro attivo del Club dei Giacobini. Nel 1793 pubblicò una *Filosofia sociale, che* era naturalmente una vibrante apologia delle idee giacobine. Infine, l'esito fatale: "Impegnato in intrighi finanziari, accusato - senza prove [naturalmente] - di essere un agente austriaco, fu ghigliottinato all'età di 40 anni, il 4 aprile 1791, in compagnia dei capi della fazione dantonista[313]", si legge sul frontespizio del libro. In breve: questo Junius Frey era un rivoluzionario che agiva in segreto senza rivelare i suoi veri legami e che si era avvicinato ai grandi di questo mondo, oltre a essere un racket finanziario accusato senza prove di essere una spia. Possiamo dire che Gershom Scholem ha effettivamente scelto un caso rappresentativo.

Questa plasticità sembra predisporre alcuni ebrei allo spionaggio, e bisogna riconoscere che "accuse" di questo tipo appaiono spesso sulle pagine dei giornali. Lo storico Leon Poliakov ha protestato contro tali ignobili accuse e ha difeso la solita tesi del capro espiatorio: "All'alba del XX secolo, le tensioni tra le nazioni stavano diventando sempre più drammatiche e gli ebrei furono le prime vittime designate, considerate dalle popolazioni come 'spie' del nemico. Questo tipo di convinzione era in vigore su entrambe le sponde del Reno... "Tuttavia, nella stessa pagina, poche righe più in basso, Poliakov cita il caso di questo cittadino inglese, Ignace Trebitsch: "Iniziò la sua avventurosa carriera facendosi eleggere, con il nome di Lincoln, alla Camera dei Comuni britannica, mentre allo stesso tempo faceva la spia per la Germania. Alla

---

la nota del traduttore nell'allegato VI. 4.

[313]Georges-Jacques Danton è stato un avvocato e politico che ha svolto un ruolo decisivo durante la Rivoluzione francese. Alcuni storici lo considerano, insieme a Mirabeau, il principale artefice della caduta dell'Ancien Régime e dell'instaurazione della Prima Repubblica francese. Fu uno dei primi leader del Club dei Giacobini insieme a Robespierre e uno dei primi membri del Comitato di Salvezza Pubblica. Alla fine fu arrestato su ordine di quest'ultimo e condannato alla ghigliottina con l'accusa di corruzione e pietà verso i nemici della Rivoluzione (NdT).

fine fu scoperto e si rifugiò lì, prima di trasferirsi finalmente in Cina, dove divenne un monaco buddista, questa volta spiando per il Giappone[314]..."

All'inizio della sua opera sulla Rivoluzione bolscevica (*Duecento anni insieme*, 2003), il celebre dissidente sovietico Solzhenitsyn cita il caso piuttosto simile di un certo Gruzenberg. L'uomo aveva vissuto in Inghilterra e negli Stati Uniti. Nel 1919 ricoprì l'incarico di Console generale dell'Unione Sovietica in Messico (Paese su cui i rivoluzionari avevano messo gli occhi); nello stesso anno lo si vide tenere sedute negli organi centrali del Komintern. Ha prestato servizio in Svezia e poi in Scozia, dove è stato arrestato. Poco più tardi, con il nome di Borodine, ricomparve in Cina con un'intera banda di spie, dove divenne il "principale consigliere politico del Comitato esecutivo del Kuomintang", incarico che gli permise di favorire le carriere di Mao-Tse-Tung e Zhou-Enlai. Tuttavia, Chiang-Kai-Shek lo sospettò di attività sovversive e lo espulse dalla Cina nel 1927. Tornò poi in Unione Sovietica dove divenne caporedattore dell'Ufficio informazioni sovietico. Fu infine fucilato nel 1951.

Così vediamo con quale sorprendente plasticità alcuni ebrei possono cambiare la loro identità e adottare i travestimenti più inaspettati. Tedesco puro, brasiliano cattolico appena sbarcato, vecchio capo indiano, cosacco baffuto, gangster trasformato in sorella caritatevole, cattolico spagnolo o olandese, pacha turco musulmano, aristocratico polacco, rivoluzionario giacobino, monaco buddista o cospiratore cinese, i travestimenti di questi ebrei sono sempre provvisori e non sono altro che una maschera che getteranno al momento giusto[315].

Solzhenitsyn ha ricordato qui le riflessioni del leader sionista Jabotinsky, che all'inizio del XX secolo disse: "Quando l'ebreo si assimila a una cultura straniera, non bisogna fidarsi della profondità e della coerenza della trasformazione. Un ebreo assimilato si arrende alla prima spinta, abbandona la cultura presa in prestito senza opporre la minima resistenza non appena si convince che il suo regno è finito[316]."

Questo è ciò che fece dire al "brillante critico anticonformista"

---

[314] Léon Poliakov, *Histoire des crises d'identité juives*, Austral, 1994, p. 141. Poliakov cita anche Puchkine, parlando "delle nozioni inseparabili di ebreo e di spia". " (*Histoire de l'antisémitisme, tome II*, Points Seuil, 1990, p. 312, 313).

[315] Gli ebrei si travestono durante la festa di Purim. La bella Ester aveva camuffato la sua identità fino all'arrivo al capezzale del re per convincerlo a sbarazzarsi dei nemici degli ebrei. Il massacro di 75.000 persiani viene celebrato dagli ebrei ogni anno da allora.

[316] Alexandre Solzhenitsyn, *Deux siècles ensemble, tome II*, Fayard, pag. 550.

inglese Henry Mencken nel 1920: "Pensano in yiddish e scrivono in inglese. "E Poliakov citò persino Joseph Goebbels, che aveva capito che: "Quando un ebreo parla tedesco, sta mentendo! [317]"

Avendo compreso le caratteristiche dominanti dell'identità ebraica, si può comprendere meglio la vera natura dei discorsi di alcuni intellettuali cosmopoliti, che ci assicurano di essere "perfettamente assimilati" per propagare il loro messaggio universale ai Goyim. Dopo la pubblicazione del libro di Bernard-Henri Lévy, *L'ideologia francese*, nel 1981, l'intellettuale e accademico Raymond Aron si allarmò per quanto il libro potesse essere offensivo nei confronti dei francesi e invitò il filosofo a contenere il suo disprezzo per non alimentare l'antisemitismo[318]. Il filosofo Levy rispose in questi termini:

"Mi avete letto troppo bene, ne sono certo, per ignorare che è come francese e come francese che, come ogni altro filosofo francese, ho rischiato questa ricerca sulla Francia nera[319]. "È infatti più semplice, e soprattutto meno rischioso, portare il berretto e la *baguette*[320] sotto il braccio per sputare e vomitare sulla Francia profonda e sul suo terroir. È una posizione molto pratica, perché permette di respingere in anticipo tutti coloro che osano dare una risposta antisemita.

Nel suo libro *Ebrei erranti*, Joseph Roth ha offerto un'altra preziosa testimonianza di questa caratteristica plasticità, che si riferisce anche ai nomi patronimici ebraici:

"La mancanza di pietà degli ebrei nei confronti dei loro nomi non sorprende. Con una leggerezza sorprendente, gli ebrei cambiano il loro nome, il nome dei loro genitori, il cui suono, per uno spirito europeo, ha sempre almeno un valore sentimentale. Per gli ebrei il nome non ha valore, perché semplicemente non è il loro nome. Gli ebrei, gli ebrei orientali, non hanno un nome. Portano pseudonimi forzati. Il loro vero nome è quello con cui vengono chiamati il sabato e le feste nella Torah: il loro nome proprio ebraico e quello del padre. I cognomi, tuttavia, da Goldenberg a Hescheles, sono nomi imposti. I governi hanno ordinato agli ebrei di accettare i nomi: sono i loro? Se qualcuno si chiama Nachman e trasforma il suo nome di battesimo nell'europeo Norbert, non è forse Norbert il travestimento, lo pseudonimo? È qualcosa di più di una mimica? Il camaleonte prova forse pietà per i colori in cui è continuamente costretto a trasformarsi? Negli Stati Uniti, l'ebreo scrive Greenboom invece di Grünbaum. Non è infastidito dalle vocali

[317] Léon Poliakov, *Histoire de l'antisémitisme II*, 1981, Points Seuil, 1990, p. 425, 244.
[318] Si veda Hervé Ryssen, *Speranze planetarie*, (2022).
[319] Bernard-Henri Lévy, *Questions de principe, deux*, Grasset, 1986, p. 306.
[320] Tipica pagnotta francese (NdT).

modificate[321]."

Guy Konopnicki ha confermato queste frequenti falsificazioni: "Anche se sono nato qualche anno dopo la guerra, la mia identità è stata trascritta in un libro di famiglia che è stato notoriamente falsificato nel 1940 ed è tuttora valido. È sulla base di quel documento che ho ricevuto la mia carta d'identità. Quindi l'equazione alla moda tra identità e autenticità mi lascia stupefatto[322]."

Anche lo scrittore Marek Halter, ad esempio, aveva una falsa identità, come ha dimostrato un articolo del quotidiano *Le Point* del 28 aprile 2005. Tutto ciò che riguardava il personaggio era falso. La sua identità è falsa, la sua data di nascita è falsa, la sua genealogia è falsa e la sua intera biografia è in gran parte falsa[323].

Umorismo ebraico

La plasticità della personalità ebraica è senza dubbio uno degli

---

[321] Joseph Roth, *Judíos errantes*, Acantilado 164, Barcelona, 2008, p. 109. ["L'obbligo di portare un cognome patronimico apparve con l'editto di tolleranza promulgato da Giuseppe II nel 1787, nelle regioni di obbedienza asburgica, dopo la spartizione della Polonia. Nel corso del XIX secolo è stato gradualmente imposto in tutte le altre regioni. " (Marc Zborowski, *Olam*, 1952, Plon, p. 422). Joseph Roth ha poi spiegato che gli ebrei che volevano attraversare le frontiere spesso fornivano informazioni false per ottenere i loro documenti d'identità, poiché queste informazioni avevano il vantaggio di essere più credibili per i doganieri e la polizia. Joseph Roth ha posto la questione in modo un po' contorto e travisato: "Questi nomi causano difficoltà alla polizia. La polizia non ama le difficoltà - e se si trattasse solo di nomi! Ma le date di nascita non quadrano.... Come ha fatto ad attraversare il confine? Senza passaporto? Con un passaporto falso? Inoltre, si scopre che non si chiama come si chiama, e sebbene si presenti con tanti nomi, il che implica di per sé che siano falsi, probabilmente lo sono anche da un punto di vista oggettivo. L'uomo che compare sui documenti, sulla carta di circolazione, non ha la stessa identità dell'uomo che è appena arrivato. Cosa si può fare? Bisogna rinchiuderlo? In questo caso, colui che viene rinchiuso non è quello vero. Dovrebbe essere espulso? In questo caso, l'espulso è un impostore. Ma se viene rimandato al punto di origine per riportare nuovi documenti in modo corretto, con nomi incontestabili, quello rimandato non è, in ogni caso, solo quello autentico, ma l'impostore viene alla fine trasformato in autentico. Viene quindi restituito una, due, tre volte, finché l'ebreo non capisce che non gli resta altro da fare che fornire dati falsi per passare per quello vero... La polizia ha fatto sì che all'ebreo orientale venisse l'eccellente idea di nascondere le sue vere e reali - anche se confuse - circostanze personali... Tutti si stupiscono della capacità degli ebrei di fornire dati falsi, ma nessuno si stupisce delle maldestre richieste della polizia. "In Joseph Roth, *Judíos errantes*, Acantilado 164, Barcelona, 2008, p. 74, 75. Si noti il *pilpul* di ispirazione talmudica in questa argomentazione (vedi nota 416). (NdT].

[322] Guy Konopnicki, *La Place de la nation*, Olivier Orban, 1983, p. 14.

[323] Hervé Ryssen, *Speranze planetarie,* (2022).

ingredienti principali dell'umorismo ebraico. Unita a un'impavidità che si nota in ogni situazione, è una miscela esplosiva che può suscitare ilarità quando è priva di malizia e di scopi politici. Nel caso opposto, vediamo poi quella famosa "impudenza" che è sempre stata denunciata da tutti gli osservatori del giudaismo.

Questa forma di umorismo ebraico è stata ben esemplificata nel film di Roberto Benigni, *La vita è bella*: siamo nell'Italia fascista dell'anteguerra. Il nostro eroe è un istrione divertente e brillante, innamorato di una giovane donna che vuole sedurre a tutti i costi. Un giorno, recandosi alla scuola dove lei è istitutrice, viene a sapere per caso che nello stesso momento deve arrivare un ispettore dell'accademia. Decide di approfittare della situazione e di spacciarsi per lui. Si trasforma immediatamente, entra nell'aula dove tutto il personale scolastico la sta aspettando, saluta tutti con una stretta di mano da ispettore e improvvisa un discorso del tutto delirante davanti agli alunni e agli insegnanti, che ha l'effetto sperato sulla giovane istitutrice, che la guarda con ammirazione e stupore.

Un'altra scena del film è molto rivelatrice di questa sfrenata audacia: la bella governante deve purtroppo sposare un fascista, che è evidentemente un personaggio rude. Durante la cena di nozze, in cui tutti i dignitari della regione sono riuniti in una magnifica villa, il nostro Roberto, che ha escogitato un piano per rapire la bella, non ha altra idea che quella di entrare nella grande sala dei ricevimenti su un cavallo bianco, convincendo così la giovane sposa a seguirlo nella sua folle avventura davanti a un pubblico stupefatto.

Una terza scena è ancora più stravagante: prigioniero dei tedeschi, arriva ora in un campo di concentramento con il figlio piccolo, che vuole tranquillizzare a tutti i costi, facendogli credere che è tutto un grande gioco. Appena sistemati nelle baracche con i letti a castello, il comandante entra accompagnato dai soldati per gridare le istruzioni e le regole molto severe del campo: nessuna offesa sarà tollerata! Ma ha bisogno di un traduttore. "Chi parla tedesco?" Il nostro Roberto ha colto l'occasione. Evidentemente non parla una parola di tedesco e, dopo ogni frase del comandante, traduce per i prigionieri italiani le regole di un gioco del tutto stupido, un gioco a nascondino in cui bisogna fare punti e non farsi prendere se si vuole vincere il primo premio: un vero carro armato! Missione compiuta alla fine, perché il figlio crederà fino in fondo all'inganno e obbedirà coscienziosamente al padre per guadagnare i punti e vincere il grande premio.

Questa scena davvero divertente mostra molto bene la plasticità della personalità ebraica. Illustra anche la tendenza a non tirarsi indietro di fronte a nulla, a metamorfosarsi, a travestirsi da qualsiasi cosa per raggiungere i propri scopi. Testardaggine, audacia e plasticità sono alla base del famoso umorismo ebraico.

Lo scandalo

Ma questa audacia, che gli ebrei sanno usare in molte situazioni, non sempre suscita ilarità. Purtroppo, questo tratto caratteriale può suscitare l'ostilità di coloro che si sentono feriti da ciò che vedono come un'ironia e una presa in giro dei loro valori.

Abbiamo già visto alcune predisposizioni dello spirito cosmopolita a dire, scrivere o fare cose che spesso possono essere viste come grossolanamente impudenti, tanto lontane dalla realtà quanto dalle nostre norme sociali. Questo tema appare in tutti gli osservatori, in tutti coloro che descrivono l'ebraismo. E sono proprio queste "provocazioni", consapevoli o meno, che hanno sempre esacerbato l'antisemitismo latente.

Otto Weininger ha osservato nel 1902 a proposito dei suoi ex compagni ebrei: "L'ebreo non crede che esista qualcosa di vero e immutabile, di santo e invulnerabile. Per questo motivo è estremamente frivolo e si prende gioco di tutto; non crede nel cristianesimo di nessun cristiano, e ancor meno nell'onestà del battesimo di un ebreo[324]."

Non è una novità, perché questa ironia e questa tendenza a mettere in ridicolo la fede dei cristiani era già stata avvertita come una sorta di insolenza dagli autori del Medioevo. Così, all'epoca di Carlo Magno, l'arcivescovo di Lione Agobardo aveva fatto di questa singolarità ebraica il titolo del suo trattato: *De Insolentia judaeorum*: "Sull'insolenza degli ebrei". È un peccato che Leon Poliakov non abbia citato questo libro nella sua monumentale *Storia dell'antisemitismo*, perché è uno dei fattori che spiegano il problema. Va sottolineato, tuttavia, che ci sono delle costanti nella storia che vanno molto indietro nel tempo. In effetti, è sorprendente notare che le caratteristiche che osserviamo oggi nei nostri contemporanei sono anche quelle rilevate dagli analisti di epoche molto lontane.

Ma l'insolenza è solo un aspetto dell'audacia, che è uno dei tratti caratteristici dell'ebraismo. In ambito filosofico o politico, l'ebreo è una persona che "osa". Infatti, sono perfettamente consapevoli di quella facoltà che chiamano *"chutzpah"* e che li porta naturalmente a

---

[324] Otto Weininger, *Sesso e carattere*, Ediciones Península, Edicions 62 s|a, Barcellona, 1985, pag. 317.

formulare le teorie più stravaganti, a costruire sistemi di pensiero completamente nuovi, a chiedere udienza al papa, a voler detronizzare il sultano o a investire centinaia di milioni di dollari in un progetto gigantesco.

Abbiamo già visto come il "Messia" Shabtai Tzvi si recò a Istanbul immaginando di poter detronizzare il sultano. Troviamo qualcosa di simile nel romanziere Philip Roth, quando immagina di negoziare con il Papa: "Quando Philip Roth e il Papa si incontreranno e risolveranno tutti i nostri problemi[325]? "

Anche il padre dell'idea sionista, Theodore Herzl, fu follemente audace nel porre le basi dell'ideologia di quello che sarebbe diventato lo Stato di Israele. I suoi contemporanei erano spesso scettici riguardo ai suoi progetti di creare uno Stato ebraico in Palestina. Ma spesso si dimentica che, prima di diventare il campione del sionismo, l'uomo che aveva constatato l'impossibilità di integrare gli ebrei nelle società europee, aveva preso in considerazione la possibilità di convertire in massa tutti gli ebrei per farli scomparire: "Voleva rivolgersi a Papa Leone XIII, per chiedere la sua protezione.Nel 1893 voleva organizzare una conversione solenne di tutti gli ebrei di Vienna nella cattedrale di Santo Stefano e nel 1895 scriveva ancora nel suo diario: "Altrimenti, se volessi essere qualcosa, sarei un nobile prussiano con vecchie radici[326]." "Torneremo più avanti su questo tipo di conflitto interiore di personalità e identità, che è un'altra delle tante manifestazioni dell'ambivalenza dell'ebraismo.

Nella sua *Storia delle crisi di identità ebraica*, Leon Poliakov ha citato il caso di Benjamin Disraeli, che nel XIX secolo fu per un certo periodo Primo Ministro d'Inghilterra. Aveva esposto il suo programma di azione politica in tre romanzi: *Coningsby, Sybil* e *Tancred*, che alcuni videro come una provocazione nei confronti dell'Impero inglese: "Sosteneva di appartenere al popolo eletto", scrisse Poliakov, "e quindi chiedeva un trattamento favorevole e una promozione politica per i suoi correligionari". Ha giustificato questa affermazione in modo tale da suscitare scandalo. Disraeli elevò i "semiti" al rango di "aristocrazia della natura"."

Queste osservazioni impudenti gli valsero numerosi attacchi e pacche sulle spalle: "Thomas Carlyle, l'illustre critico, si indignò per questa "cialtroneria ebraica", e si chiese "per quanto tempo John Bull permetterà a quell'assurda scimmia di danzare sul suo ventre?" Ma

---

[325] Philip Roth, *Operazione Shylock*, Debolsillo Penguin Random House, Barcellona, 2005, p. 186.

[326] Léon Poliakov, *Histoire des crises d'identité juives*, Austral, 1994, p. 145.

questi attacchi verbali non gli impedirono di essere eletto alla Camera dei Comuni: al contrario, nel 1847 fece un discorso nella stessa Camera per chiedere l'ammissione degli ebrei[327]."

Leon Poliakov ci ha portato un'altra interessante testimonianza, proveniente dal filosofo Solomon Maimon. Nato in Polonia nel 1754, fu influenzato dal filosofo tedesco Moses Mendelssohn e dalla filosofia dell'Illuminismo[328]. Provocatorio e scettico, si faceva beffe dei suoi stessi coetanei che vivevano ancora in quelle comunità governate per secoli dalle leggi rabbiniche. Solomon Maimon prendeva in giro in modo divertente il Talmud e alcuni dei suoi razionali: "Per esempio, quanti peli bianchi può avere una mucca dal pelo rosso prima di essere considerata ancora rossa?" o "È permesso uccidere un pidocchio o una pulce durante il sabato?".

Ma è vero che Salomone Maimon era in qualche modo in contrasto con la sua comunità. Come ebreo razionalista, aveva un'istintiva diffidenza nei confronti dei "mistici" del chassidismo. Leon Poliakov raccontò il seguente aneddoto: "Avendo partecipato a una festa in casa di Dov Baer, il capo della setta chassidica, ne rimase subito scontento: questo 'Maestro', venendo a sapere che la moglie di uno dei fedeli aveva dato alla luce una bambina, ordinò di frustare il malcapitato, che fu immediatamente eseguito. Solomon Maimon giudicò severamente questa setta, evidenziandone i tratti più caricaturali: "Desiderosi di spacciarsi per veri cinici, alcuni di loro peccavano contro le regole della decenza, andavano in giro con i loro semplici attributi e soddisfacevano i loro bisogni naturali in pubblico, ecc.[329]."..."

Gli spiriti cosmopoliti hanno un insondabile disprezzo per tutto ciò che ha a che fare con la "sedentarietà" e il "radicamento". E questo disprezzo li porta a credere di poter mettere in riga coloro che stanno cercando di ingannare. Così abbiamo sentito l'intellettuale e saggista

---

[327] Léon Poliakov, *Histoire des crises d'identité juives*, Austral, 1994, p. 97.

[328]Moses Mendelssohn fu il fondatore del movimento intellettuale ebraico chiamato *Haskalah*, che in ebraico significa illuminazione o lumi, e che cercava l'integrazione degli ebrei nella società europea attraverso una certa apertura e riforma politica dell'ebraismo. Mirabeau, massone e famoso leader della Rivoluzione francese, scrisse nel 1787 un'opera intitolata: *Su Moses Mendelssohn, sulla riforma politica degli ebrei.* Diversi autori confermano che Mirabeau fu il principale anello di congiunzione tra l'Illuminismo tedesco e la Massoneria francese. In effetti, Mirabeau scrisse diverse pagine sugli Illuminati nella sua opera *Sulla monarchia prussiana* e registrò la sua grande conoscenza di quel Paese nella sua *Storia segreta della corte di Berlino.* Su questi temi e sulla Massoneria si legga Alberto León Cebrián, *Las Revoluciones masónicas*, Bubok, 2015. (NdT).

[329] Léon Poliakov, *Histoire des crises d'identité juives*, Austral, 1994, p. 55.

Alain Minc affermare che gli immigrati sono "un po' più numerosi oggi rispetto a quindici anni fa" e che rappresentano "una parte minore della popolazione rispetto agli anni Trenta[330]. "Per frenare la xenofobia, la cosa migliore da fare sarebbe aumentare, anziché ridurre, il numero di stranieri[331]. "E con la stessa formidabile impudenza ha anche detto: "In Germania, come in Francia, non c'è niente di meglio di una frontiera chiusa per aumentare il numero degli stranieri e trasformare l'emigrazione temporanea in insediamento permanente[332]. "In effetti, in Europa non mancano frontiere chiuse di questo tipo.

La chutzpah in questo caso ha uno scopo politico: si tratta di raggiungere i propri obiettivi a qualsiasi costo, e qualsiasi cosa va bene per ingannare le persone che vogliono essere convinte ad accettare la società senza confini. Qualsiasi lettore un po' istruito e attento può legittimamente pensare che questi intellettuali abbiano il dono di far passare la gente per stupida e di suscitare rabbia. Ma in una democrazia, la pressione del sistema mediatico è tale da impedire ai disinformati di rendersi conto dell'assurdità di tali argomentazioni avanzate da intellettuali che si pavoneggiano su ogni televisore.

Sebbene lo spirito cosmopolita rifiuti l'idea di frontiera e si batta senza sosta per la sua scomparsa, sappiamo che si tratta innanzitutto di un piano politico-religioso, che non ha altro scopo se non quello di lavorare per l'instaurazione dell'Impero globale e di affrettare la venuta del Messia. Abbiamo notato il doppio linguaggio degli intellettuali ebrei, che consiste nell'incitare gli altri a rinnegare le proprie tradizioni, mentre loro preservano e coltivano i valori tradizionali dell'ebraismo.

Tuttavia, soffermarsi su questo punto del fenomeno sarebbe senza dubbio superficiale. Dobbiamo capire che questa mentalità corrisponde esattamente al suo sistema di valori. Perché l'identità ebraica è, in realtà, fondamentalmente fluttuante, ambigua e ambivalente, nonostante tutte le professioni di fede dei pensatori ebrei che cercano così di rassicurare se stessi e giustificare la loro "missione". Pur incarnandosi in un popolo eletto i cui confini etnici sono piuttosto vaghi, l'ebraismo è quindi soprattutto un'idea che disdegna i confini terrestri, intellettuali o sociali[333]. La personalità ebraica è sempre al limite, sempre ai confini, sempre con un piede su ogni lato, ma senza

---

[330] Alain Minc, *La Vengeance des nations*, Grasset, 1990, p. 11.

[331] Daniel Cohn-Bendit, *Xénophobies*, Amburgo, 1992, Grasset, 1998, pagg. 43-45.

[332] Guy Sorman, *Aspettando i barbari*, Seix Barral, 1993, Barcellona, p. 31.

[333] "Sono ossessionati dall'astrazione", ha spiegato Danny Balint, un giovane skinhead, che in realtà era un ebreo diventato violentemente antisemita. Si veda il film *Danny Balint di* Henry Bean (USA, 2001).

mai toccare terra.

"L'ebreo è il cancellatore di confini. È l'opposto dell'aristocratico, perché il principio fondamentale dell'aristocrazia è la stretta osservanza di tutti i confini tra gli uomini... A questo si deve attribuire la mancanza di buone maniere nei suoi rapporti con gli altri e la mancanza di tatto sociale."

Otto Weininger ha notato un altro aspetto di questa fondamentale ambivalenza della personalità ebraica: "Il servilismo è scomparso, lasciando il posto al suo contrario sempre accompagnato, l'insolenza - entrambi sono funzioni alternative della volontà nello stesso individuo[334]."

L'audacia ebraica è anche una ragione del successo di alcuni membri della comunità ebraica, soprattutto negli affari, ma anche una causa di tensioni e conflitti a causa dell'incomprensione che può nascere quando l'insolenza si tinge apertamente di disprezzo per i Goyim. L'assassino Pierre Goldman, ad esempio, non ha esitato ad approfittare della credulità dei Goyim per sfuggire alla condanna facendo il "capro espiatorio" di un sistema giudiziario e di uno Stato "razzisti",[335].

Anche il truffatore Jacques Crozemarie, presidente della Lega contro il cancro, che ha consegnato solo il 26% del denaro donato dai francesi, ha dato prova di questa fenomenale sfacciataggine nel 1996, quando ha dichiarato alle telecamere: "Sarei un criminale se avessi intascato qualcosa, ma guardate le mie spese di rappresentanza, sono nulle! Non mi rimborsano nemmeno i conti del ristorante!" (programma televisivo *Secrets d'actualité* del 26 marzo 2006). Si è persino spinto a mettere in dubbio la competenza dei magistrati della Corte dei Conti. "Non sanno contare!"In tribunale, durante il processo, "ha rimproverato la presidente, accusandola di non fare nulla per il cancro[336]".

Il modo migliore per uscire da una situazione difficile è, ovviamente, negare la realtà, mentire spudoratamente con indiscutibile aplomb. Il filosofo André Glucksmann ha spiegato il 1° aprile 2006 in un popolare programma televisivo (*Tout le monde en parle*) che durante la guerra aveva visto sua madre mentire alle autorità con disinvoltura. Quell'"insolenza", dichiarò - un termine da lui stesso usato - fu una lezione che non dimenticò mai.

Questa monumentale sfacciataggine ha raggiunto il suo apice in

---

[334] Otto Weininger, *Sesso e carattere*, Ediciones Península, Ediciones 62 s|a, Barcellona, 1985, pagg. 307, 308, 310.
[335] Il "capro espiatorio" è una figura biblica molto importante nell'ebraismo.
[336] Su Crozemarie, leggere *Speranze planetarie e La mafia ebraica*.

una straordinaria truffa del 2005, riportata nel numero del 7 ottobre del quotidiano *Libération*. *Il* 25 luglio, subito dopo gli attentati di Londra, la direttrice di una filiale ha ricevuto una telefonata da un uomo che si spacciava per il presidente della banca, Jean-Paul Bailly: "La DGSE[337] ci ha chiesto aiuto", le ha detto. I terroristi stanno preparando un attacco a Parigi e stanno per prelevare denaro dalla vostra filiale. Un agente della DGSE vi chiamerà. Fate tutto ciò che vi chiede di fare."

Un'ora dopo, "Jean-Paul dei servizi francesi" telefona alla direttrice della filiale della banca, le dà un nome in codice, "Martine", le chiede riservatezza e invia la povera Martine alla sua prima missione: "La sua linea telefonica non è sicura. È necessario dotarsi di un telefono cellulare che verrà utilizzato solo per le nostre comunicazioni. Questo è il numero che chiamerete per dare il vostro. "Martine corre a comprare un cellulare, poi lascia il suo numero nella segreteria telefonica di Jean-Paul. Lui la richiama: "Qualunque cosa accada, devi tenere questo cellulare acceso giorno e notte".

Secondo uno degli investigatori, Gilbert C. bombarda Martine con continue telefonate, circa quaranta in due giorni. La inonda di informazioni sul lavoro della DGSE per sventare un attacco imminente. La chiama a tutte le ore, anche di notte, tanto che Martine non dorme più. "Se lei non risponde abbastanza velocemente, lui la rimprovera. Se lei esita, lui la picchia. Lui continua a dirle: "Soprattutto, non parlarne con nessuno". La spinge al limite. Martine è un disastro."

Una volta ben condizionata, Martine obbedirà a tutto, convinta di "lavorare per la nazione". Jean-Paul le ordina: "Accendi il computer. Mi dica i nomi dei cinque maggiori clienti della sua filiale. "Martine obbedisce. Secondo le indagini, il truffatore nomina uno dei cinque nomi a caso come finanziatore di un attacco imminente e avverte che qualcuno preleverà 500.000 euro dal conto quella sera stessa. Ma il direttore della filiale comunica che sul conto ci sono solo 350.000 euro. Jean-Paul era furioso: "Non siete affatto operativi!"Martine piange, svuota tutti i cassetti e i cassettini, e alla fine ottiene 8.000 euro in più. Jean-Paul alla fine cede e accetta i 358.000 euro: "Ora vai a comprare una valigia. Ti richiamo io. "Dopo aver acquistato la valigia, Martine riceve una telefonata da Jean-Paul: "Prima di consegnare il denaro al cliente, dobbiamo magnetizzare le banconote per rintracciare l'intero circuito di finanziamento del terrorismo e interrompere l'intera rete". Prendere un taxi... "Poi le ordina di uscire in un caffè di Place de la Nation: "Vedi i miei agenti? - No". Martine non vede nulla. "OK, sono

---

[337] Servizi segreti francesi (NdT).

ben nascosti, funzionano bene. Sedersi sulla terrazza."

Pochi minuti dopo, richiama: "Vai in bagno e chiuditi dentro". "Martine va in bagno. La richiama: "Un agente busserà tre volte alla porta del bagno, gli daremo la valigia, torneremo in terrazza e aspetteremo dieci minuti per restituirla". "Toc toc". "Martine, passami la valigia", dice Shirley, una complice di Gilbert C., che finisce per prendere il bottino.

Martine tornò quindi sulla terrazza del caffè e aspettò... Aspettò diverse ore prima di rendersi conto e ammettere i fatti così come erano. Esausta, si è presentata alla polizia giudiziaria il 28 luglio, dopo tre giorni di "terribile manipolazione psicologica". Le prime indagini della polizia giudiziaria, che ha rintracciato il numero di telefono, hanno portato a "un numero in Inghilterra con sede in Israele" e hanno permesso di bloccare una ventina di tentativi di truffa simili nell'agosto 2005, avvertendo per tempo i banchieri.

Gilbert C. ha poi inventato una variante a settembre che gli ha fruttato molto di più, inducendo i banchieri a effettuare "trasferimenti internazionali" su conti presumibilmente utilizzati dai terroristi. "Con la sua fenomenale parlantina, scrive il giornalista, e il suo modo di persuadere i banchieri che stavano servendo il loro Paese nella lotta contro Al-Qaeda, la "mente" Gilbert è riuscita a far trasferire milioni di dollari sui conti di società di comodo create a Hong Kong dai suoi prestanome. Il 28 settembre, una banca ha erogato 2,5 milioni di dollari in Svizzera e 2,72 milioni di dollari a Hong Kong. Allertata da un banchiere sospetto, la Polizia Giudiziaria ha bloccato i fondi. Al contrario, due bonifici per un totale di 7,25 milioni di euro sono stati trasferiti il 29 settembre su conti in Estonia e immediatamente depositati dalla "banda Gilbert"."

Gilbert C., 40 anni, e suo fratello Simon, 38 anni, entrambi nati a Parigi, vivono ora come rifugiati in Israele. Dal suo nascondiglio, Gilbert C. ha avuto la sfacciataggine di schernire al telefono la polizia giudiziaria: "Non torno indietro, non mi arrendo, sono protetto da Israele". Dopo aver letto il resoconto di questa truffa, tutti concorderanno sul fatto che la parola comunemente usata "sfacciataggine" è ormai un po' blanda per descrivere queste azioni. A meno che, naturalmente, non si tratti di un'altra forma del famoso umorismo ebraico[338].

La migliore spiegazione di questo fenomeno sembra essere di natura religiosa e morale. Sappiamo infatti che in alcune sette mistiche

---

[338] In realtà era Gilbert Chiki (leggi *La mafia ebraica*, Hervé Ryssen).

cristiane del Medioevo i seguaci, gli "eletti", si immaginavano al di sopra della legge, ritenendo che anche a loro fosse "permesso fare qualsiasi cosa". Queste manifestazioni anarchiche possono essere descritte come "antinomiche", se per "antinomismo" si intende un movimento di liberazione dalla legge (nomos). In generale, si possono classificare sotto questo nome tutte le credenze o dottrine che sminuiscono o negano l'importanza delle regole morali per coloro che hanno raggiunto la "perfezione".

Ci sono state anche correnti antinomiche nel corso della storia del cristianesimo. All'epoca della Riforma protestante, ad esempio, nacquero sette propriamente antinomiche, come gli anabattisti di Münster nel XVI secolo. Questo fenomeno, che si diffuse all'interno del cristianesimo, era in realtà, secondo Gershom Scholem, una copia del messianismo ebraico:

"Il messianismo politico e il millenarismo che hanno sviluppato importanti correnti religiose all'interno del cristianesimo sono una replica del messianismo ebraico, scrive Scholem. Sappiamo quanto questi movimenti siano stati condannati con fermezza dall'ortodossia sia del cattolicesimo che del protestantesimo. Dal punto di vista dei fatti, il rimprovero era senza dubbio giustificato. Questa situazione si spiega, continua Scholem, perché "il messianismo rivoluzionario e il millenarismo, come è sempre apparso, ad esempio, nei Taboriti, negli Anabattisti o nell'ala radicale dei Puritani", "ha tratto la sua ispirazione principalmente dall'Antico Testamento e non dalle fonti cristiane"."

Infatti, nel cristianesimo la redenzione, già avvenuta, ha in qualche modo placato gli animi, mentre al contrario "le tendenze anti-Noma sono sempre latenti nel messianismo utopico[339] " presente nell'ebraismo. E questo è forse un punto importante per capire la mentalità di alcuni ebrei di oggi che si comportano in alcuni casi politicamente, finanziariamente o intellettualmente come se si sentissero al di sopra delle leggi di questo mondo[340].

Disprezzo per i goy

Lo scrittore yiddish Isaac Bashevis Singer è nato nel 1904 vicino a Varsavia da una famiglia chassidica. Emigrato negli Stati Uniti nel 1935, ha ricevuto il Premio Nobel per la letteratura nel 1978 come

---

[339] Gershom Scholem, *Le Messianisme juif*, 1971, Calmann-Lévy, 1974, pagg. 42, 48, 49. Si veda ancora l'Allegato VI. 2
[340] Sulle truffe: Hervé Ryssen, *Le speranze planetarie* (2022) e *La mafia ebraica* (*2022*).

riconoscimento per l'intera opera in cui ha descritto la vita degli ebrei dell'Europa centrale. Nel suo romanzo *Lo schiavo*, pubblicato nel 1962, ci ha dato una visione del modo in cui gli ebrei potrebbero vedere il mondo dei goyim. La storia raccontava la vita di Jacob, un povero ebreo nella Polonia del XVII secolo, venduto come schiavo a un contadino sulle montagne dopo che i pogrom avevano distrutto la sua comunità.

In mezzo a questi contadini, Giacobbe non ha mai rinunciato al suo ebraismo: "I montanari volevano farlo sposare con una delle loro figlie, costruirgli una capanna e farlo diventare un membro del villaggio, ma Giacobbe si era rifiutato di rinunciare alla religione ebraica. "È così che Isaac Bashevis Singer descriveva le contadine polacche dell'epoca:

"Lo hanno inseguito notte e giorno. Attirati dalla sua alta figura, lo provocarono, chiacchierando, ridendo e comportandosi quasi come animali. In sua presenza si sono sgravate senza il minimo ritegno e hanno continuamente arrotolato le gonne per mostrargli le punture di insetti sulle cosce e sui fianchi. Giacobbe si comportò come se fosse sordo e cieco, e lo fece non solo perché la fornicazione era un peccato mortale, ma perché quelle donne erano impure, avevano pidocchi nei vestiti ed erano sempre spettinate; molte avevano brufoli e punti sul viso, mangiavano roditori e carogne di uccelli. Alcuni di loro riuscivano a malapena a parlare, grugnivano come animali, gesticolavano con le mani, strillavano e ridevano come pazzi[341]."

Ma la figlia del padrone, Wanda, era comunque una contadina diversa dalle altre. "In confronto a quei selvaggi, Wanda, la figlia vedova di Jan Bzik, sembrava una signora di città... A venticinque anni era più alta della maggior parte delle donne. Bionda e con gli occhi azzurri, la sua carnagione era chiara e i suoi lineamenti armoniosi. "Tutti i contadini la inseguivano assiduamente.

Evidentemente, Wanda si innamorò dello schiavo, più colto e più raffinato di quei contadini rozzi e rozzi: "Si innamorò dello schiavo appena lo vide..., l'attrazione che esercitava sulla giovane donna non diminuiva, e lei aspettava con impazienza che arrivasse la notte. La gente del villaggio mormorava. Le donne ridevano e facevano commenti sardonici. Si diceva che la schiava l'avesse stregata."

L'unica creatura degna di rispetto tra questi polacchi fu così promessa all'ebreo, nonostante la riluttanza che quest'ultimo poteva avere nei confronti dei goyim del villaggio: "Nel villaggio c'erano un sacco di storpi, ragazzi e ragazze con gozzi, con teste deformi o sfigurate da voglie. C'erano anche muti, epilettici e strani tipi con sei

---

[341] Nel giudaismo, l'uomo ebreo è l'*homo locuens*, colui che parla. Bernard-Henri Lévy, nel suo libro su *Daniel Pearl*, mostra gli islamisti che "sibilano" come serpenti (JMB).

dita per mano o per piede. "Bisogna dire che i membri della famiglia di Wanda non valevano molto di più del resto dei contadini: "La capanna puzzava, i suoi familiari si comportavano come animali. A nessuno di loro era venuto in mente che avrebbero potuto fare il bagno nel ruscello che scorreva davanti alla casa[342]."

Giacobbe, tuttavia, non poteva sposare una donna dei goyim senza una grande sofferenza interiore. Era ben consapevole della "legge talmudica, secondo la quale qualsiasi membro della comunità è autorizzato a uccidere un uomo che convive con un gentile, [anche se] poteva essere applicata solo dopo un avvertimento e a condizione che ci fossero testimoni dell'adulterio[343]. Tuttavia, "ha peccato abbastanza mangiando il pane dei gentili". La sua anima non tollerava più l'impurità."

Inoltre, la situazione era complicata dal fatto che "la legge ebraica proibiva ai gentili di convertirsi per motivi estranei alla fede". "Nonostante tutte queste difficoltà, dovette ammettere le cose come stavano: "Satana era diventato arrogante..., gli chiese di diventare un pagano tra i pagani e gli ordinò di sposare Wanda, o almeno di andare a letto con lei."

Quella società polacca era davvero ripugnante. Guardate il sacerdote che entra nella taverna del villaggio: "La taverna era quasi in rovina. Il tetto era rotto e le pareti erano ricoperte di funghi... Non c'era una pavimentazione. Uno dei clienti si alzò e andò a urinare in un angolo, su un mucchio di rifiuti. La figlia di Zagayek rideva, mostrando le gengive sdentate... Si sentivano forti passi, grugniti e sbuffi. Dziobak, il sacerdote, entrò nella taverna. Era un uomo basso, con le spalle larghe... I suoi occhi erano verdi come uva crespa, le sopracciglia come spazzole, il naso spesso e screziato di nero e il mento infossato. Dziobak indossava la tonaca coperta di macchie. Camminava con un'andatura chinata e zoppicante, appoggiandosi a due spessi bastoni. I sacerdoti sono rasati, questo ha il volto coperto di peli neri, spessi e ruvidi come setole... Dziobak aveva una voce vuota che sembrava uscire dal suo petto come dal fondo di una botte: "Sì, bisogna bere per bruciare il diavolo". "Ascoltate poi il sacerdote Dziobak che diffonde odio contro i poveri ebrei: "Ha aperto la sua bocca di rana, esponendo un lungo dente nero. "Il taverniere lo aggiorna sulla conversazione avvenuta prima del suo arrivo: "Stavamo parlando dell'ebreo che Jan Bzik ha in

[342] Isaac Bashevis Singer, Lo schiavo, 1962, Epublibre, editore digitale German25 (2014), p. 35, 45, 46, 64, 97, 98
[343] Il Talmud dice anche: "Gli eretici, gli informatori e gli apostati devono essere calati in una fossa e dimenticati lì. " (Avodah Zarah, 26b)

montagna. Dziobak era furioso. -Vorrei sapere perché si parla tanto. Andate di sopra e mandatelo via subito nel nome di Dio[344]."

Leggendo Isaac Bashevis, sembra che tutti i polacchi fossero ugualmente disgustosi. I nobili non sembravano valere più dei contadini o dei sacerdoti: "Erano sempre ubriachi. I contadini baciarono loro i piedi e, in cambio, ricevettero qualche colpo di frusta. Le ragazze tornavano a casa con le camicie insanguinate e dopo nove mesi partorivano dei bastardi."

Jacob non aveva nulla in comune con quella marmaglia umana. Era un ebreo e, come tutti gli ebrei, era colto, intelligente e pieno di finezza. "Per occupare il suo tempo, enumerava i duecentoquarantotto comandamenti e i trecentosessantacinque divieti contenuti nella Torah. Anche se non li conosceva a memoria, gli anni di esilio gli avevano insegnato che la memoria umana è molto avara. "Andò quindi sul monte e cominciò a incidere sulla roccia le seicentotredici prescrizioni della Legge: "Era un lavoro lento. Sulla roccia ha inciso frasi, frammenti di frasi e singole parole. La Torah non era scomparsa. È rimasto nascosto nei recessi della sua mente."

I suoi pensieri erano profondi, lontani dalle preoccupazioni di quei volgari polacchi: "Ora notava cose che prima gli erano sfuggite, e che una legge della Torah generava una dozzina di leggi della Mishnah, e cinque dozzine della Gemara; nei commentari più recenti, le leggi erano numerose come le sabbie del deserto[345]."

Purtroppo, da quando era andato in montagna con il gregge di Jan Bzik, Giacobbe era stato costretto a incontrare gli altri pastori. Un giorno si presentarono da lui per invitarlo a bere e a ballare con loro: "L'uomo sbavava, balbettava e farfugliava. I suoi compagni erano ubriachi e ridevano e gridavano in modo incoerente, si tenevano la pancia con le mani e si rotolavano per terra.... Queste persone puzzavano; il loro odore era un misto di sudore e urina con il fetore di qualcosa di innominabile, come se i loro corpi stessero marcendo in vita. Jacob dovette tapparsi il naso, mentre le ragazze ridevano fino a farsi venire le lacrime agli occhi. Gli uomini si sono appoggiati l'uno all'altro e hanno emesso grida di abbaio. In una radura dove fu portato Giacobbe, "musicisti ubriachi suonavano tamburi, flauti, un corno d'ariete... Il pubblico, tuttavia, era troppo ubriaco per fare altro che rotolarsi per terra, grugnire come maiali, leccare la terra e borbottare

[344] Isaac Bashevis Singer, *Lo schiavo*, 1962, Epublibre, editore digitale German25 (2014), p. 117, 131, 147, 147, 163, 108, 112

[345] Isaac Bashevis Singer, *Lo schiavo*, 1962, Epublibre, editore digitale German25 (2014), p. 119, 325.

contro le pietre". Molti giacevano come cadaveri... "Bene", si disse, "ora l'ho visto". Sono questi gli abomini che hanno spinto Dio a chiedere l'annientamento di interi popoli"... Ma all'improvviso, guardando la plebaglia, si rese conto che c'erano forme di corruzione che potevano essere purificate solo dal fuoco. Migliaia di anni di idolatria si sono manifestati in questi selvaggi. Nei loro occhi, dilatati e arrossati, facevano capolino Baal, Ashtoreth e Moloch."

Naturalmente, questi primi cristiani si comportavano come bestie: "Il pastore che gli aveva dato da bere strillava. -Dagli di più. Lasciate che l'ebreo beva. Riempitegli il bicchiere. -Lasciategli mangiare il maiale", ha gridato un altro. Schiumava dalla bocca e bestemmiava... I suoi compagni imprecavano ridendo e minacciavano. - Assassino di Dio! Ebreo! Tenero!"

"A pochi passi da noi, un pastore è saltato addosso a una ragazza, ma era troppo ubriaco per fare qualcosa. Entrambi si contorcevano e lottavano come un cane e una cagna. Quelli intorno a loro ridacchiarono, sputarono, soffiarono e frustarono la coppia."

Giacobbe era di gran lunga superiore a questo popolo subumano: "Egli discuteva costantemente con l'Onnipotente: Fino a quando i pagani continueranno a dominare il mondo, mentre lo scandalo e le tenebre dell'Egitto prevalgono?".

Eppure l'immagine di Wanda lo perseguitava giorno e notte. "Pur sapendo che si trattava di un inganno di Satana, Giacobbe pensava a lei tutto il giorno, senza riuscire a controllare il suo desiderio. Si vergognava di desiderare un gentile in questo modo, ma più cercava di soffocare il suo desiderio, più cresceva. "Isaac Singer stava per raccogliere quel bellissimo fiore dal letamaio su cui era cresciuto, perché dobbiamo prendere ciò che è bello da quei luridi goyim: "Jacob si svegliò tremando, aprì gli occhi e trovò Wanda sdraiata accanto a lui sulla paglia. Anche se l'aria nella stalla era fredda, lui sentì il calore del suo corpo. Wanda si strinse a lui e sfiorò con le labbra la sua guancia. E Wanda alla fine gli disse: "Portami dai tuoi ebrei". Voglio essere tua moglie e darti un figlio..... Dove vai tu, vado anch'io. Il tuo popolo sarà il mio popolo. Il vostro Dio sarà il mio Dio."

È bene e sensato che i goyim rinuncino alle loro famiglie e alle loro tradizioni. Ma l'ingresso nell'ebraismo è possibile solo per le donne goyim docili e obbedienti: "Ma non devi diventare uno di noi perché mi ami, ma perché hai fede in Dio. "Al che Wanda rispose: "Lo voglio, Jacob, lo voglio. Ma tu devi insegnarmi. Senza di te sono cieco[346]."

Il giorno di Natale mancava un uomo per raggiungere il numero completo di commensali, ma Jacob si rifiutò ostinatamente: "Jacob era irremovibile. Non era cibo kosher; era tutta idolatria, ed era meglio morire che partecipare a tali cerimonie[347]. Rimase nella stalla e mangiò pane secco, come al solito[348]. Wanda era ferita dal fatto che lui si isolasse e si nascondesse dagli altri. Le ragazze si prendevano gioco di lui e anche di lei, visto che Jacob era il suo amante. La madre parlò chiaramente della necessità di liberarsi di quell'ebreo maledetto che aveva portato disonore alla famiglia. Wanda prese ulteriori precauzioni per andare a trovarlo di notte, perché sapeva che gli uomini volevano fargli del male[349]. Avevano intenzione di portarlo fuori dalla stalla e di costringerlo a mangiare il maiale....."

Tuttavia, la storia è finita piuttosto male. Jacob riuscì a estirpare Wanda dalla sua comunità; i due si stabilirono in una cittadina di Pilitz, dove Sara - "il suo stesso nome dimostrava che si era convertita all'ebraismo" - si finse sordomuta per non far sospettare le sue origini. "Se dicesse la verità, Sara e lui verrebbero bruciati sul rogo."

Ma i dolori del parto avrebbero reso impossibile per Sara trattenere le sue urla. Le altre donne rimasero stupite da quella che pensavano fosse una donna sordomuta: "I muti gridano, gridano per il dolore? Sara piangeva e urlava, ma non parlava. "In effetti, Sara piangeva, urlava e poi addirittura delirava... in polacco: "L'oratore è un dybbuk". -Un dybbuk è entrato in Sara, gridò una voce nella strada buia.... Chi sei, come sei entrato nel corpo di Sara? -chiese una donna, rivolgendosi al dybbuk.... Portate il rabbino! gridò una donna. Egli toglierà il dybbuk dal suo[350]."

La povera Sarah sarebbe morta di parto[351]. Giacobbe riuscì a fuggire, andando in esilio in Palestina con il bambino. Vent'anni dopo,

---

[346] Isaac Bashevis Singer, *Lo schiavo*, 1962, Epublibre, editore digitale German25 (2014), p. 167, 50, 183, 200, 204, 237

[347] Talmud, *Iore Dea (112, 1)*: "Evita di mangiare con i cristiani, genera familiarità. "

[348] Talmud, *Gittin (62a)*: "Un ebreo non può entrare in casa di un gentile in un giorno festivo e salutarlo, perché sembra che lo stia benedicendo in onore della sua festa. "

[349] Attenzione! Colpire un ebreo è come dare uno schiaffo a Dio stesso" (*Sanhedrin, 58b*). "Era di nuovo la follia di Kafka che diceva che "chi colpisce un ebreo colpisce l'umanità". "Bernard-Henri Lévy, *Le Testament de Dieu*, Grasset, 1979, pag. 181.

[350] Isaac Bashevis Singer, *Lo schiavo*, 1962, Epublibre, editore digitale German25 (2014), p. 634, 491, 602, 609, 612, 615.

[351] Talmud, *Orach Cahiim (330, 2)*: "Non aiutiamo una donna non ebrea a partorire di Shabbat, nemmeno facendo qualcosa che non comporti la profanazione dello Shabbat. "

tornò a Pilitz per essere sepolto accanto a Sarah. Suo figlio è diventato insegnante in una yeshiva di Gerusalemme.

Il famoso romanziere Philip Roth ha riassunto in poche righe il disprezzo e lo spirito di vendetta che trasudano dalla penna di intellettuali ebrei americani come Appelfeld, Bernard Malamud, Norman Mailer e Saul Below: ""La parola *goy* è venuta fuori... Era la parola che suo padre usava di tanto in tanto per definire la stupidità irreversibile". Il gentile con cui gli ebrei dei vostri libri condividono il mondo, ha detto Roth rivolgendosi ad Appelfeld, è spesso l'incarnazione non solo di quella stupidità irreversibile, ma anche di un comportamento sociale minaccioso e primitivo; il *goy* è un ubriacone che picchia la moglie; il *goy* è un tipo mezzo selvaggio, rozzo e brutale, incapace di controllarsi... In altri casi, ha osservato Roth, il *goy* è descritto nei termini di uno spirito pedestre... pieno di salute. Salute *invidiabile*. Come dice la madre di Cattails del suo figlio mezzo gentile: "Non è come me, non ha paura. Nelle sue vene scorre un sangue diverso, più calmo". "

Ma "il ritratto più unilaterale del *goy* nella narrativa americana si trova in *L'impiegato di* Bernard Malamud. Il *goy* è Frank Alpine, il vagabondo che saccheggia il povero negozio di alimentari di un ebreo, Bober, e poi tenta di violentare la devota figlia di Bober. "Alla fine, il suddetto avrebbe finito per "abiurare la bestialità *goy*". "In *La vittima*, secondo romanzo di Saul Below, il protagonista, un ebreo di New York, è inseguito da Allbee. È "un disadattato gentile e un alcolizzato, non meno furfante e truffatore di Alpine", ha scritto Philip Roth, che ha aggiunto a proposito di Norman Mailer:

"Sappiamo tutti che in Mailer il sadico sessuale si chiama Sergius O'Shaugnessny, e quello che uccide la moglie è Stephen Rojack, e l'assassino impenitente non si chiama Lepke Buchalter, ma Gary Gilmore[352]."

Ricordiamo qui l'affermazione di Albert Memmi: "L'identità ebraica è in generale molto più presente di quanto si creda nel comportamento e nel pensiero, persino nelle confessioni, della maggior parte degli ebrei[353]. "Quando un ebreo scrive un romanzo, dobbiamo capire che ci sta inviando un messaggio.

---

[352] Philip Roth, *Operazione Shylock*, Debolsillo Penguin Random House, Barcellona, 2005, pag. 243, 244.
[353] Albert Memmi, nella nota finale del libro di David Bakan, *Freud et la tradition mystique juive*, 1963, Payot, 2001, p. 342.

Lo spirito di vendetta

Abbiamo già visto, attraverso le produzioni cinematografiche, che gli spiriti cosmopoliti non sono solo mossi da generose idee di Pace e Amore, ma che la loro impresa universale prende la forma di un'instancabile propaganda planetaria che rivela uno spirito di vendetta piuttosto caratteristico. La vendetta è infatti una caratteristica dominante dello spirito cosmopolita per ragioni che possiamo far risalire simbolicamente alla distruzione del Tempio di Salomone a Gerusalemme. Naturalmente, questo sentimento di vendetta compare spesso in letteratura.

Nel 2000, *Les Éditions des Belles lettres hanno* ripubblicato nella collana *L'Arbre de Judée* un libro di Pierre Paraf, autore che abbiamo già citato in precedenza. In quella raccolta di romanzi intitolata *Quando Israele amava*, Paraf raccontava la storia del generale von Morderburg, illustrando abbastanza bene questa mentalità animata da orgoglio e vendetta.

Il generale von Morderburg conduce una vita tranquilla e discreta dal 1918. All'età di settantacinque anni si ritira dall'esercito prussiano. Da giovane ufficiale, aveva sposato la contessa Josepha von Neuendorff: "A dire il vero, questo matrimonio non aveva mancato di suscitare nel giovane capitano alcuni dubbi e inquietudini. La madre di Josepha era nata Goldschroeder e, come tale, non discendeva da una famiglia di ebrei provenienti dalla Polonia...? "

Suo figlio, il tenente Fritz von Morderburg, era "un giovane alto con le sopracciglia nere". "Aveva sempre mostrato un carattere diverso dai suoi compagni di scuola. Una strana nostalgia lo animava, anche se lui stesso non ne percepiva l'origine... Da dove venivano quelle labbra più sanguigne, quelle pupille più grandi e quegli occhi le cui profondità riflettevano mari più voluttuosi di quelli della Pomerania?Da dove gli veniva quell'aria da re spodestato che trascinava controvoglia nel parco del vecchio castello, nell'austera rettitudine delle caserme e persino nella disciplinata sontuosità di Potsdam e Berlino; da dove gli veniva quella fastidiosa tendenza a simpatizzare troppo con le sofferenze e le aspirazioni dei suoi soldati che faceva dire ai suoi superiori: "Il giovane barone è un ideologo? I suoi genitori non avevano né l'interesse né la possibilità di approfondire questo mistero. Fritz era forte, gentile e leale: cosa importava loro?

Il lettore ha già intuito: Fritz non sapeva nulla delle sue lontane origini, che segretamente gli conferivano quella superiorità istintiva rispetto ai bruti militari prussiani che lo circondavano. La vita scorre senza drammi in questa famiglia aristocratica, fino al giorno in cui il figlio informa i genitori di voler sposare una straniera, un'ebrea russa: Rachel Davidova. Il padre, brusco e autoritario, non accettò questo sfortunato matrimonio e giudicò il figlio "indegno di indossare l'uniforme e indegno di essere un tedesco". "Il generale pronunciò brutalmente la sua sentenza: "Nostro figlio è morto... nessuno nel castello deve pronunciare il suo nome. Che diventi una ballerina o una prostituta, se vuole! Fritz von Morderburg è scomparso da questo mondo". Nella cappella del castello la baronessa pregò a lungo. Il generale sentiva di notte il suono dei suoi singhiozzi soffocati."

Come si vede, le tradizioni prussiane non erano tolleranti. Questa rigidità era evidentemente accompagnata da un antisemitismo odiosissimo, come lo immagina Pierre Paraf: il generale "non poteva concepire orgoglio più grande che essere, forse tra tutti i generali del Reich al comando di un esercito, l'unico a non aver mai fatto passare un ebreo dai recinti del castello"."

Fritz morì durante la guerra. Una lettera del 1916 scritta dall'amata Rachel rivela efficacemente la sua natura disarmata: "Un poeta, pensò indignato il generale, ecco cosa mancava al nostro povero figlio! Un pacifista, un umanitario, ringhiò tristemente il generale. Un vero soldato può avere paura, ma evita di confessarlo[354]!"

Sembra che il ricordo del figlio non abbia ammorbidito il cuore di pietra del barone prussiano. Solo dopo che Rachel Davidova si presentò al castello con una lettera che Fritz aveva scritto prima di morire, il generale provò rimorso e si rese conto della tragicità della situazione. Infatti, leggendo la lettera, si rese conto che Fritz aveva rinunciato al Reich tedesco e si era arruolato nell'esercito austriaco sotto falso nome. Il dramma è che con questo nome ha servito sotto il suo stesso padre e che il padre, non riconoscendolo, lo ha mandato a morire al fronte. Il generale Morderburg era depresso dalla notizia: "Il nostro Fritz è morto. È morto per colpa mia... Sono il suo assassino. L'ho ucciso due volte. Prima cacciandolo dal castello e poi, più tardi, in quella mattina di marzo di otto anni fa, nominandolo, senza averlo riconosciuto, ad occupare una trincea a Verdun."

La vera natura umanistica di Fritz è emersa in lui prima di morire. Ecco cosa scrisse a Rachele, l'amata di suo figlio: "Israele, la cui voce mi è stata impedita per tanto tempo, Israele, tu che hai risvegliato la mia anima, in quel giorno la tua vittoria sarà vicina. E tu, cara Rachel, i tuoi

---

[354] Pierre Paraf, *Quand Israël aima*, 1929, Les Belles Lettres, 2000, pagg. 138-149, 169.

genitori nel ghetto non avranno sofferto invano[355]!"In realtà, è stato evidentemente l'autore a esprimersi in questo modo.

La punizione inflitta dal romanziere a questo generale reazionario fu piuttosto severa, poiché gli fece uccidere il proprio figlio. I giorni passarono lentamente per l'anziana coppia colpita dal destino. La punizione era abbastanza dura, persino crudele. Ma la fertile immaginazione di Pierre Paraf aveva in serbo altre torture.

Il generale von Morderburg si ritrovò vedovo e solo. Un giorno, il Comune gli chiese di presiedere allo scoprimento di un monumento in onore dei caduti di guerra. Ma sopraffatto da dubbi e scrupoli, chiuso nella sua solitudine e nella sua sofferenza per così tanto tempo, si giudicò indegno di un tale onore e rifiutò cortesemente. Un simile atteggiamento provocherebbe l'indignazione della popolazione e creerebbe uno scandalo. Il caso fu discusso dalla gerarchia militare e il governo del Reich decise di abolire la sua pensione di generale pacifista. "La natura ne approfitta per vendicarsi perfidamente", aggiunge gentilmente Pierre Paraf, che sembra continuare la storia della sua personale vendetta così: "Quando il generale attraversa, solitario e cupo, le strade di Pommernberg, il sindaco evita di salutarlo"; i bambini lo deridono, "la sua povertà non commuove nessuno"."

Solo e disperato, scrisse infine a Rachel Davidova: "Signora, anche se lei è ebrea e gli ebrei non ci amano molto, la prego, in memoria del tenente, di prendere il treno per Pommernberg per confortare un povero padre e dirgli che il suo Fritz lo amava nonostante tutto... E forse il signor Barone le lascerà il castello per ricompensarla quando morirà". Sulle guance in fiamme, il generale von Morderburg sentì scorrere le lacrime. L'interminabile undicesimo capitolo di questo libro si intitola semplicemente: "La vittoria di Israele": *La vittoria di Israele*. Il vecchio generale morì nel suo letto. "Israele aveva amato. Israele aveva vinto[356]."

Questa storia "antirazzista" avrebbe potuto concludersi con queste parole, ma no! C'era ancora bisogno di un capitolo finale per placare la sete di vendetta che si stava facendo strada nell'immaginazione di Pierre Paraf. In effetti, Fritz non era morto! Sebbene gravemente ferito e mutilato, era ancora vivo. Era lì al funerale del vecchio generale, nel carro accanto a Rachel. Durante il corteo funebre per le strade del villaggio, il generale è stato fischiato fino alla tomba. I giovani hanno gridato: "Abbasso Morderburg, viva la Germania! E sputarono tre volte con disprezzo."

---

[355] Pierre Paraf, *Quand Israël aima*, 1929, Les Belles Lettres, 2000, p. 196.

[356] Pierre Paraf, *Quand Israël aima*, 1929, Les Belles Lettres, 2000, pp. 204, 217, 229.

Nel suo ultimo calvario, il generale ebbe solo un misero carro funebre. Inoltre, l'odio patriottico della popolazione gli fu inflitto senza pietà. Ma poi si verificò una scena straordinaria, come un'apparizione che colpì l'immaginazione del popolo: "L'uomo mutilato, scontroso e sfuggente, che fino a quel momento era rimasto immobile, si alzò dalla piccola carrozza, strappando il panno di lana che gli copriva il volto. Gli assistenti rimasero impietriti, credendo che stesse per parlare. Ma Fritz si accontentò di guardarli, e l'espressione dei suoi occhi fu tale che le donne tremanti si fecero il segno della croce, i giovani tacquero e abbassarono la testa, e gli uomini tornarono spaventati alle loro case[357]."

Avete capito bene: quella folla di *goyim* stupidi e rimbambiti aveva appena capito chi era il nuovo padrone. Lo stile è un po' magniloquente, ma la storia ha il merito di rivelare i retroscena dello spirito cosmopolita. In ebraico, queste motivazioni si riassumono nella seguente formula: "*Laassoth nekama bagoïm*"; "Per vendicarsi dei gentili[358]."

Rabbia e passione per la distruzione

---

[357]"Il linguaggio degli occhi ha una grande importanza nella vita di tutti i giorni: significano sempre qualcosa... Con gli occhi si può divorare o uccidere... Mio fratello ha giustamente detto che avrebbe preferito cento volte farsi cavare gli occhi a martellate da nostra madre piuttosto che ricevere un solo sguardo da nostro padre". "Il peso dello sguardo è immenso in una cultura in cui il malocchio è una minaccia costante. " (Mark Zborowski, *Olam*, 1952, Plon, 1992, p. 324).

[358]Sebbene questo resoconto non sia altro che un'invenzione rivelatrice e contorta, queste motivazioni possono talvolta essere rivelate più chiaramente sulla scia di eventi storici reali e tragici. Basta ascoltare Joseph Roth, nel suo libro *Ebrei erranti*, pubblicato nel 1937, come monito: "Un anatema dei rabbini incombe sulla Spagna da quando gli ebrei hanno dovuto lasciare quel Paese... Forse mi è permesso a questo punto fare riferimento all'evento più terribile degli ultimi anni, e proprio in relazione ai miei resoconti dell'anatema che, dopo l'espulsione degli ebrei dalla Spagna, è stato pronunciato dai rabbini: la guerra civile spagnola. Pochi lettori conosceranno probabilmente la versione secondo la quale *il jerem, il* grande anatema, sarebbe scaduto quest'anno. Inutile dire che non ho il diritto di permettermi di stabilire un rapporto chiaro tra la metafisica e la crudissima realtà. Ma ho il diritto di fare riferimento a questi fatti, a dir poco sconvolgenti. Non voglio dare per scontata la formulazione che proprio allo scadere dell'anatema inizi la più grande catastrofe che la Spagna abbia mai conosciuto. Voglio solo sottolineare questa - certamente più che curiosa - simultaneità; e quel versetto dei Padri, che recita così: "Il giudizio del Signore spunta ogni ora, qui sotto e là sopra". A volte passano secoli, ma il giudizio è immancabile. "Questo è un modo per avvertirci, con squisito tatto, che la vendetta è un piatto che va servito freddo. In Joseph Roth, *Judíos errantes*, Acantilado 164, Barcellona, 2008, p. 99, 123, 124. Per quanto riguarda la guerra civile spagnola e il ruolo degli ebrei, si legga *El Fanatismo judío*. (NdT).

Lo scrittore fiorentino Giovani Papini (1881-1956) è stato "uno dei più brillanti scrittori del suo tempo". Sedotto in gioventù dal Futurismo di Marinetti, finirà per seguire l'esempio di molti ebrei convertendosi sinceramente al cattolicesimo. In un romanzo intitolato *Gog*, pubblicato da Flammarion nel 1932, Papini riassume in forma condensata il pensiero antisemita del suo tempo attraverso il monologo di uno strano personaggio, un certo Ben Roubi, che si presenta a un colloquio di lavoro. Questo testo, scritto da un intellettuale ebreo, è un documento chiave per comprendere le crisi di identità ebraica:

"Cosa potrebbe fare l'ebreo, calpestato e insozzato dai gargarismi, per vendicarsi dei suoi nemici? Sminuire, degradare, smascherare, dissolvere gli ideali dei *Goyim*, distruggere i valori per i quali il cristianesimo pretende di sussistere. E, in effetti, a ben vedere, l'intellighenzia ebraica non ha fatto altro in un secolo che infangare e minare le vostre convinzioni, i pilastri che sostengono l'edificio del vostro pensiero. Dal momento in cui gli ebrei hanno potuto scrivere liberamente, l'intera impalcatura spirituale minaccia di crollare.

"Il Romanticismo tedesco aveva creato l'Idealismo e riabilitato il Cattolicesimo: all'improvviso irrompe un piccolo ebreo di Düsseldorf, Heine, che con la sua ispirazione gioviale e maligna si fa beffe dei Romantici, degli Idealisti e dei Cattolici.

"Gli uomini hanno sempre creduto che la politica, la morale, la religione e l'arte fossero manifestazioni superiori dello spirito, che non avessero nulla a che fare con la borsa e lo stomaco; arriva un ebreo di Treves, Marx, e dimostra che tutte queste cose molto idealistiche crescono nel fango e nello sterco della bassa economia.

"Tutti immaginano che l'uomo di genio sia un essere divino e il criminale un mostro; poi arriva un ebreo di Verona, Lombroso, e vi mostra chiaramente che il genio è un epilettico mezzo matto, e che i criminali non sono altro che la manifestazione degli atavismi dei nostri antenati, e che quindi sono nostri parenti stretti.

"Alla fine del XIX secolo, l'Europa di Tolstoj, di Ibsen, di Dostoevskij, di Nietzsche, di Verlaine, si vantava di essere una delle grandi epoche dell'umanità; appare un ebreo di Budapest, Max Nordau, che li deride e spiega che i vostri famosi poeti e scrittori sono dei degenerati, e che la vostra civiltà si basa sulla menzogna.

"Ognuno di noi è persuaso di essere, di norma, una persona normale e morale: ecco che arriva un ebreo di Freiberg in Moravia, Sigmund Freud, e scopre che, dentro il più virtuoso e distinto gentiluomo, si annida un invertito, un incestuoso e un assassino".

"Fin dai tempi dell'amor cortese e dei trovatori platonici, siamo stati abituati a considerare la donna come un idolo, come un vaso di perfezione; un ebreo di Vienna, Weininger, interviene e dimostra scientificamente e dialetticamente che la donna è un essere ignobile e ripugnante, un abisso di sporcizia e bassezza.

"Gli intellettuali, i filosofi e così via, hanno sempre ritenuto che l'intelligenza fosse l'unico mezzo per raggiungere la verità, la cui ricerca è la più grande gloria dell'uomo; arriva un ebreo di Parigi, Bergson, e, con le sue analisi sottili e brillanti, ribalta il primato dell'intelletto, smonta l'antico edificio del platonismo e conclude che il pensiero concettuale è incapace di abbracciare la realtà.

"Le religioni sono quasi universalmente considerate come il risultato di una mirabile collaborazione tra Dio e la più alta facoltà posseduta dall'essere umano; ma un ebreo di Saint-Germain-en-Laye, Solomon Reinach, si sforza di dimostrare che le religioni sono semplicemente un ridotto di tabù selvaggi primitivi, di sistemi di divieti con sovrastrutture ideologiche variabili.

"Pensavamo di vivere tranquillamente in un universo solido e ordinato, basato su tempo e spazio considerati distinti e assoluti; arriva un ebreo di Ulm, Einstein, e stabilisce che tempo e spazio sono la stessa cosa, che lo spazio assoluto non esiste e, come il tempo, che tutto si basa sulla relatività perpetua e che l'edificio della vecchia fisica, orgoglio della scienza moderna, è stato distrutto.

"Il razionalismo scientifico era sicuro di aver conquistato il pensiero e di aver trovato la chiave della realtà; un ebreo di Lublino, Meyerson, sembrò sfatare anche questa illusione: le leggi razionali non si adattano mai completamente alla realtà, perché c'è sempre un residuo irriducibile e ribelle che sfida il presunto trionfo della ragione ragionante. E si potrebbe continuare.

"E non parlo della politica, dove il dittatore Bismark ha come antagonista l'ebreo Lassalle, dove Gladstone vede l'ebreo Disraeli batterlo ripetutamente, dove Cavour ha come braccio destro l'ebreo Artom, Clemenceau l'ebreo Mandel e Lenin l'ebreo Trotsky. Si noti che non ho evidenziato nomi oscuri di seconda fascia. L'Europa intellettuale è oggi, in larga misura, sotto il dominio o, se preferite, sotto l'incantesimo dei grandi ebrei che ho citato.

"Che siano tedeschi o francesi, italiani o polacchi, poeti o matematici, antropologi o filosofi, hanno tutti un tratto comune, un obiettivo comune: mettere in discussione la verità accettata, abbassare ciò che è in alto, infangare ciò che sembra puro, scuotere e frantumare ciò che sembra solido, lapidare ciò che è rispettato. Questo effetto dissolvente dei veleni che abbiamo distillato per secoli è la grande vendetta ebraica sul mondo greco, latino e cristiano. I greci ci hanno deriso, i romani ci hanno decimato e disperso, i cristiani ci hanno torturato e depredato, ma noi, troppo deboli per vendicarci con la forza, abbiamo portato avanti un'offensiva tenace e corrosiva contro i pilastri su cui poggia la civiltà nata nell'Atene di Platone e nella Roma degli imperatori e dei papi. La nostra vendetta è vicina.

"Come capitalisti, dominiamo i mercati finanziari in un'epoca in cui la sfera economica è quasi tutto. Come pensatori, dominiamo i mercati intellettuali, scalzando gradualmente le vecchie credenze, sacre o profane, le religioni rivelate e quelle secolari.

"L'ebreo unisce in sé i due estremi più temibili: despota nel regno della materia, anarchico nel regno dello spirito. Nell'ordine economico siete i nostri servi e nell'ordine intellettuale le nostre vittime. Le persone accusate di aver immolato un Dio volevano a loro volta immolare gli idoli dell'intelligenza e del sentimento, e costringervi a inginocchiarvi davanti all'idolo più potente, l'unico rimasto: il denaro. La nostra umiliazione, dalla schiavitù di Babilonia alla sconfitta di Bar-Kojba, dai ghetti del Medioevo alla Rivoluzione francese, la nostra umiliazione è finalmente ben pagata, e i reietti tra i popoli possono ora cantare l'inno di una doppia vittoria!

"...Parlando così, il piccolo Ben Roubi si era un po' eccitato: i suoi occhi scintillavano nelle orbite; le sue mani sottili fendevano l'aria; la sua voce, dapprima debole, diventava più acuta. Si rese conto di aver parlato troppo e tacque improvvisamente. C'è stato un lungo silenzio. Alla fine, il dottor Ben Roubi, con voce timida e sommessa, mi chiese: "Potrebbe anticiparmi mille franchi sulla mia parcella? Ho un vestito da fare e vorrei pagare alcuni piccoli debiti che ho"... Quando ha ricevuto l'assegno, mi ha guardato con un sorriso che voleva essere fine: "Non prenda per buoni i paradossi che ho pronunciato oggi pomeriggio. Gli ebrei sono così: ci piace parlare troppo; e, quando andiamo avanti, parliamo, parliamo, parliamo... e finiamo sempre per offendere qualcuno. Se vi ho offeso in qualche modo, vi prego di perdonarmi[359]".

Questo testo, indubbiamente antisemita, si spiega forse con il risentimento di Giovanni Papini nei confronti della sua ex comunità. Deve sicuramente essere incluso nella lunga lista di ebrei che hanno sofferto di questo famoso "odio di sé" e che hanno professato l'antisemitismo per liberarsi dal loro pesante fardello. Curiosamente, Papini arrivò persino a riversare le sue invettive sul povero Otto Weininger, il cui cuore era già abbastanza ferito e spezzato. Ma al di là

---

[359] Giovanni Papini, *Gog*, Flammarion, 1932, p. 75-79

di queste considerazioni, è vero che ci sembra di vedere in questo testo straordinariamente esplicito le stesse affermazioni di Alain Minc, Viviane Forrester, Camille Marbo o Pierre Paraf, in cui l'umiliazione del nemico precede sempre la "vittoria finale".

Il male

L'immagine dell'ebreo è sempre stata negativa nel mondo europeo fino a tempi recenti. Se nel corso del XX secolo ha potuto evolversi in una direzione molto più positiva, sembra che ciò sia stato possibile solo grazie al potere dei media, che hanno imposto l'immagine dell'ebreo perseguitato nella mente degli occidentali. Nella sua grande *Storia dell'antisemitismo*, Leon Poliakov ricorda che all'inizio del Rinascimento i cristiani avevano orrore degli ebrei. Poliakov riporta, ad esempio, la testimonianza di un borghese della fine del XV secolo che spiega a modo suo la persecuzione degli ebrei:

"Gli ebrei vengono puniti duramente di tanto in tanto. Ma non soffrono innocentemente, soffrono a causa della loro malvagità: perché imbrogliano il popolo e rovinano le campagne con la loro usura e i loro omicidi segreti, come tutti sanno. Ecco perché sono così perseguitati e non perché sono innocenti. Non c'è popolo più malvagio, più astuto, più avaro, più spudorato, più chiassoso, più velenoso, più collerico, più ingannevole e ignominioso[360]."

Nel secolo successivo, William Shakespeare rese popolare nelle sue opere un'immagine particolarmente negativa dell'ebreo, incarnata in tutta la sua durezza dal personaggio di Shylock. Il romanziere americano Philip Roth si è recentemente disperato per "l'autentico disgusto per gli ebrei che muoveva Shakespeare", e per come aveva reso Shylock un usuraio rapace, spietato e insensibile, che arrivava a prelevare carne umana dal suo debitore per riscuotere le somme che aveva preso in prestito. Nella commedia di Shakespeare, infatti, lo vediamo affilare il coltello per togliere la libbra di carne dal petto di Antonio.

"Per il pubblico di tutto il mondo, Shylock è l'incarnazione dell'ebreo... Quell'ebreo brutale, ripugnante, cattivo, contorto dall'odio e dalla vendetta, che è diventato il nostro doppio, agli occhi della coscienza illuminata dell'Occidente... Vi ricordate la prima cosa che dice Shylock? Vi ricordate quelle tre parole? Quale ebreo sarebbe in grado di dimenticarle? Quale cristiano sarebbe in grado di perdonarle?

---

[360] Léon Poliakov, *Histoire de l'antisémitisme, Tome I*, Points Seuil, 1990, p. 360, 361.

"Tremila ducati"... Quegli ebrei ripugnanti e odiosi... la cui persistenza come cattivi, sia nella storia che nel teatro, non ha eguali; l'usuraio dal naso adunco, il degenerato egoista, miserabile e pieno di soldi, l'ebreo che si riunisce con i suoi simili nella *sinagoga* per tramare la morte dei cristiani virtuosi....Questo è l'ebreo d'Europa, quello che gli inglesi hanno cacciato nel 1290, quello che gli spagnoli hanno espulso nel 1492, quello che i polacchi hanno terrorizzato, quello che i russi hanno decimato, quello che i tedeschi hanno incenerito, quello che i britannici e gli americani hanno respinto mentre i forni crematori rombavano a Treblinka[361]."

Philip Roth sapeva sicuramente che lo Shylock di Shakespeare è stato messo in scena nel 1600, e quindi non poteva in alcun modo influenzare i governanti dei secoli precedenti a motivare l'espulsione degli indesiderabili.

Un altro famoso romanziere americano del XX secolo ha lasciato un'interessante testimonianza personale. Nella sua biografia, *Turns of Time*, Arthur Miller descrive così il nonno materno, Louis Barnett: "Negli anni Venti era proprietario di una fiorente attività commerciale, ma aveva gradualmente acquisito una reputazione di azione diretta. Invitava i leader sindacali del suo contingente di lavoro a salire in cima a una scala e, mentre parlava con loro nel modo più giudizioso, dava loro un forte spintone in modo che le loro teste si scontrassero e lui scaraventasse gli stupiti individui giù per le scale. " Così descriveva gli ebrei che incontrava nel suo ambiente: "i meschini, i *cappaioli* pieni di soldi, gli ebrei interessati solo agli affari[362]."

Il filosofo Jacob Talmon confermò questa durezza di carattere di alcuni dei loro compagni: "È indubbio che l'eccessiva veemenza degli ebrei, tipica del costante bisogno delle minoranze marginali di giustificare la propria indipendenza con l'affermazione di se stessi, ha una polarità ambivalente: oltre a una vocazione idealistica per le cose dello spirito, vediamo negli ebrei un tipo di egoismo particolarmente duro, tagliente e spregiudicato[363]."

Sarebbe però falso pensare che questa durezza si manifesti solo contro i *goyim*. Philip Roth, in *Operazione Shylock*, lamentava amaramente questa specificità comunitaria:

Perché noi ebrei ci trattiamo con così poco riguardo? Perché noi ebrei, quando siamo tra di noi, perdiamo la cortesia che è normale in

---

[361] Philip Roth, *Operación Shylock*, Debolsillo Penguin Random House, Barcellona, 2005, p. 316, 317, 318

[362] Arthur Miller, *Vueltas al tiempo*, Tusquets, Barcellona, 1999, p. 15, 27

[363] J.-L. Talmon, *Destin d'Israël*, 1965, Calmann-Lévy, 1967, p. 32.

ogni convivenza? Perché dobbiamo ingigantire ogni offesa? Perché ci devono essere scontri ogni volta che c'è una provocazione?... La mancanza di amore degli ebrei per i loro compagni ebrei", ha detto Smilesbuger, "è la causa di molte sofferenze tra il nostro popolo". L'animosità, il ridicolo, l'odio puro e semplice di un ebreo per un altro... Perché? Perché, dov'è la nostra tolleranza e il nostro perdono, quando si tratta dei nostri vicini, perché c'è così tanta divisione tra gli ebrei?... A causa dell'odio incancrenito che gli ebrei nutrono l'uno per l'altro... Litigi feroci, insulti verbali, maldicenze maligne, pettegolezzi sprezzanti, scherni e derisioni, critiche distruttive, lamentele continue, condanne, disprezzo..... Chi ha messo in testa agli ebrei che si debba sempre parlare, se non urlare o fare battute a spese di qualcuno, o smascherare i difetti del proprio migliore amico al telefono per un pomeriggio intero?".

Questa calunnia ha un nome: *loshon hora*. Philip Roth ha sottolineato la dimensione patologica della cosa. Gli ebrei che non riuscivano a smettere di parlare male si rivolgevano a Freud, scriveva Philip Roth:

"A Freud gli ebrei verbalmente incontinenti accorrevano come pecore, e a Freud vomitavano *loshon hora* che non aveva lasciato la bocca degli ebrei dalla distruzione del Secondo Tempio[364]... Ora: si potrebbe sostenere, con un certo cinismo, che dire *loshon hora* è ciò che rende gli ebrei ebrei, e che non si può concepire nulla di più ebraicamente ebraico di ciò che Freud prescriveva nella sua pratica ai suoi pazienti ebrei."

"Se un santo della tolleranza... arrivasse a congratularsi con se stesso per la propria sordità, perché non deve più ascoltare *il thehon hora*, immaginate quale danno potrebbe fare alla mente spaventata dell'ebreo medio", ha osservato Philip Roth. Il romanziere, che sognava di vedere "gli ebrei non più liberi dalla turbolenza dei loro disturbi" e che non avrebbero "calunniato e disprezzato i loro compagni ebrei", disperava di vedere il suo popolo ravvedersi: "Se per un solo momento non ci fosse una sola parola di *loshon hora* nella bocca di un qualsiasi ebreo"....Se, tutti insieme, gli ebrei del mondo intero decidessero di chiudere la bocca per un secondo... Ma data l'impossibilità di un solo secondo di silenzio ebraico, quale speranza rimane per il nostro popolo?".

Ma in Israele la situazione non è molto diversa da quella della diaspora. "La *loshon hora* è cento volte peggiore in Eretz Yisroel, mille

---

[364] *Loshon hora*: letteralmente "lingua del male": parlare male, lingua di vipera, maldicenza, lingua cattiva. Il secondo Tempio fu distrutto dalle legioni romane di Tito.

volte peggiore in Eretz Yisroel di quanto non fosse in Polonia... In Polonia c'era l'antisemitismo, che almeno ci costringeva a tacere le colpe dei nostri compagni ebrei in presenza dei goyim. Ma qui, senza doversi preoccupare dei *goyim*, si mettono dei cancelli al campo... Pensano a qualcosa che possa generare odio: lo dicono. Pensano a qualcosa che potrebbe generare risentimento e lo dicono. Una battuta a spese di qualcuno? Lo raccontano, lo mettono per iscritto, lo inseriscono nel prossimo notiziario[365]."

Anche Isaac Bashevis Singer mise queste parole in bocca al suo personaggio nel romanzo *Lo schiavo*: "No", disse infine, "parlare male degli altri non può essere un peccato grave come mangiare carne di maiale, altrimenti nessuno oserebbe farlo... È più facile non mangiare carne di maiale che dominare la lingua[366]."

In un altro suo romanzo, *La distruzione di Kreshev*, Isaac Bashevis Singer ha presentato un'altra testimonianza della durezza degli ebrei negli shtetl dell'Europa centrale. La moglie di Shloimele, Lisa, colpevole di adulterio con il cocchiere, pagherà a caro prezzo il suo errore e quello del suo amante: "Secondo la sentenza, i peccatori dovevano camminare per tutte le strade del villaggio, fermandosi davanti a ogni casa per farsi sputare addosso da ogni uomo e da ogni donna e per gettare loro addosso della sporcizia. La processione partiva dalla casa del rabbino e proseguiva fino a raggiungere le case dei membri più miserabili della comunità. "Tutti sono corsi incontro ai colpevoli. Le donne si accaniscono contro Lisa: "Era evidente che le signore della società di sepoltura si erano adoperate per portare la figlia di una famiglia nobile e ricca al massimo grado di vergogna e di degradazione... Le donne... uscirono dalle loro case per ferire le peccatrici con grida, urla, maledizioni e pugni alzati... Sebbene fossero state avvertite di non usare violenza, diverse donne la pizzicarono e la maltrattarono. Una donna le ha svuotato addosso un secchio di urina, un'altra l'ha lapidata con interiora di pollo, e tra loro l'hanno ricoperta di ogni genere di sporcizia[367]. "

Si capisce quindi che nemmeno l'ospitalità verso gli stranieri è il loro punto di forza; come dicono loro: "dopo tutto questo tempo lo sapresti...". "Queste erano le opinioni di tre personalità ebraiche

---

[365] Philip Roth, *Operazione Shylock*, Debolsillo Penguin Random House, Barcellona, 2005, pagg. 383-390.

[366] Isaac Bashevis Singer, *Lo schiavo*, 1962, Epublibre, editore digitale German25 (2014), p. 440, 441.

[367] Isaac Bashevis Singer, *La distruzione di Kreshev*, 1958, Folio, 1997 p. 84, 85. Traduzione gratuita in versione PDF, La distruzione *di Kreshev* p. 28, 29.

riguardo all'ipotetica accoglienza degli extraterrestri nella loro comunità. Le loro risposte a questa domanda piuttosto inverosimile sono comunque interessanti ed evocative di questa mentalità irrimediabilmente chiusa nei confronti dei *goyim* e degli stranieri. Il quotidiano *internazionale Courier* del luglio 1997 ha tradotto l'articolo del quotidiano israeliano *Jerusalem Report*: "E se i marziani esistessero? Le leggi della Torah che si applicano ai non ebrei si applicano anche ai non umani intelligenti? "Ecco le risposte di questi "grandi pensatori ebrei" sull'argomento:

Harold Schuweis è un rabbino della California. Alla domanda: "Quale sarebbe la reazione degli ebrei al primo contatto?", ha risposto:.".. Prendiamo, ad esempio, l'acceso dibattito sul vero significato di Levitico XIX, 18: "Ama il tuo prossimo come te stesso". Nella nostra comunità, numerose autorità affermano che "il tuo vicino" significa "il tuo compagno ebreo", altre desiderano limitare il significato di "tuo compagno ebreo" agli ebrei che sono "fratelli nel rispetto della fede". Questo è il punto a cui alcuni di noi sono arrivati oggi; quindi cosa possono aspettarsi gli alieni dal sangue verde?".

Moshe David Tendler è un rabbino, professore di microbiologia alla Yeshiva University di New York. Alla domanda: "Gli extraterrestri potrebbero convertirsi all'ebraismo?", ha risposto: "Qualcuno un giorno mi ha chiesto cosa succederebbe se fossimo in grado di programmare un computer in modo che possa scegliere, e questo volesse convertirsi all'ebraismo. Risposi che avremmo dovuto portarlo prima nel *mikveh* (bagno rituale), il che avrebbe provocato un cortocircuito. "In effetti, per un goy è estremamente difficile, quasi impossibile, essere accettato nella comunità ebraica. È più fattibile per uno *shiksa*[368].

Robert Sheckley, pluripremiato autore di fantascienza, ha risposto: "Cosa significherebbe per l'ebraismo la scoperta di vita extraterrestre? Non mi stupirei, ha risposto, se un giorno gli extraterrestri che atterrano sulla Terra fossero inclini all'antisemitismo. La mia prima reazione sarebbe quella di dire: lo sapevo! Ho sempre pensato che ci fosse qualcosa in noi che era bloccato nella creazione. Per un ebreo sarebbe una cosa meravigliosa, qualcosa per cui vale la pena di essere ostracizzato. Se ci rendessimo conto che l'intero Universo ci odia, saremmo un popolo ancora più eccezionale."

---

[368] *Shiksa*: termine peggiorativo per indicare una donna goy.

Odio per gli "altri"

Certamente gli ebrei hanno piacere di coltivare la loro unicità. Ma per loro il culto della "memoria" porta con sé un forte senso di rivalsa, come abbiamo visto nelle produzioni letterarie e cinematografiche. Vediamo anche che dalla distruzione della Germania nel 1945, gli ebrei non sono disposti a perdonare: a più di cinquant'anni dagli eventi, continuano a perseguitare i responsabili e a portare in tribunale persone anziane. Sappiamo che Elie Wiesel ha lavorato costantemente per perpetuare la memoria dell'Olocausto nei sopravvissuti alle camere a gas. In uno stile sempre un po' magniloquente e roboante, scriveva: "La memoria del silenzio, diceva loro, la celebro; ma il silenzio della memoria, lo sfido[369]. "La memoria, il ricordo delle sofferenze e delle avversità passate sono davvero un potente mortaio comunitario che permette di mantenere i legami di sangue: "Zakhor", "Ricorda!"dice la Bibbia.

Il caso risale a molto tempo fa. Con Abravanel abbiamo visto come gli ebrei non abbiano mai digerito la distruzione del tempio e come intendano vendicarsi di qualsiasi avversario che rifiuti la Legge di Israele, personificata nella Bibbia con il nome di Amalek. Così scriveva Marek Halter: "Ricorda ciò che Amalek ti ha fatto... Non dimenticarlo...", mi ha ripetuto la Bibbia centosessantanove volte. Anche se volessi, come potrei dimenticare, quando la storia non mi ha mai permesso di dimenticare?" "Perdonare? Ma "perché dovremmo perdonare coloro che si pentono così poco e così raramente dei loro crimini mostruosi?" si chiedeva Vladimir Jankelevitch[370]."

L'accademico Maurice Rheims ha confermato questa mentalità: "Naturalmente, c'è un tempo per il perdono. Ma poi, ricordo il marchio del ghetto, i falò, i pogrom. Odiare non è molto cristiano. Ma non sono nemmeno un cristiano. Sarebbe bene che mi consultassi con il cardinale, il mio cardinale, l'accademico. Sant'uomo, ha dovuto allenarsi duramente per ottenere l'assoluzione. Per quanto mi riguarda, in questo mondo, non perdono[371]."

Un romanziere minore come Boris Schreiber è riuscito a esprimere questo concetto in modo ancora più veemente. Nato a Berlino nel 1924 da una famiglia ebrea emigrata, ha vissuto come un nomade tra la Francia e gli Stati Uniti. In *Il sole strappato ha* espresso i suoi

---

[369]Elie Wiesel, *Mémoires, tome I*, Seuil, 1994, p. 443.

[370]Marek Halter, *La force du Bien*, Robert Laffont, 1995, p. 215, 110

[371]Maurice Rheims, *Une Mémoire vagabonde*, Gallimard, 1997, p. 69.

sentimenti nei confronti dei criminali lettoni che operavano durante il regime bolscevico nella Russia rivoluzionaria. Sul famoso polacco Dzerjinski, che si distinse durante la repressione, Boris Schreiber ha scritto:

"Il suo staff era composto principalmente da polacchi. Per il lavoro sporco, le indagini, gli arresti e le esecuzioni sommarie, reclutava lettoni. Soprattutto lettoni. A Mosca, in quegli anni, tremavamo di fronte ai lettoni. Portavano un berretto, indossavano una giacca corta di pelle e avevano un revolver nella cintura. Quelle bande di lettoni che arrivavano in auto di notte, comandate da un uomo sensibile come Robespierre... - Se penso a quello a cui siamo sopravvissuti! La Lettonia ora fa la vittima? Che muoia! Che muoia subito! I lettoni, assassini con i bolscevichi, assassini con i nazisti, e l'Occidente imbecille che li compatisce, che li vizia! Farli saltare in aria, ecco cosa devono fare!"

Gli sfoghi di Boris Schreiber contro i lettoni hanno ovviamente il vantaggio di mettere a tacere la schiacciante responsabilità dei rivoluzionari ebrei per le atrocità commesse in quel periodo, come ha dimostrato Solzhenitsyn. Ma l'odio di Boris Schreiber non si limitava solo ai lettoni. In effetti, non sembrava apprezzare nemmeno "quell'ignobile Polonia":

"In questi Paesi, ha scritto, c'è un solo consenso: l'odio per gli ebrei. "È vero che gli ebrei sono visti meglio in Francia che in Polonia: "Almeno in Francia siamo tranquilli: è l'Occidente, è la civiltà... Qui siamo anonimi. Chi conosce la nostra religione? Ma in Polonia, come in tutti i Paesi dell'Est, è impossibile essere anonimi. Tutti riconoscono gli ebrei[372]. "L'ideale, infatti, è poter agire senza essere riconosciuti o identificati.

Anche Guy Konopnicki era originario della Polonia; e nemmeno lui sembrava apprezzare particolarmente gli abitanti di quel Paese: "Mi avevano detto che la mia famiglia proveniva da una città dell'Est dove gli ebrei portavano la barba, parlavano yiddish... che chiamavano quel Paese Polonia e che ispirava più repulsione che nostalgia[373]."

Né si deve pensare che Guy Konopnicki consideri i francesi migliori dei polacchi. La Francia, pur avendo accolto lui e la sua famiglia, non merita più gratitudine di altri popoli europei, a giudicare dalle parole di ringraziamento che egli scrisse in epigrafe al suo libro *Il posto della nazione, in* cui menzionava coloro che meritavano la sua stima e a cui dedicava il suo libro:

---

[372]Boris Schreiber, *Le Tournesol déchiré*, Éd. François Bourin, 1991, p. 185, 293.
[373]Guy Konopnicki, *La Place de la nation*, Olivier Orban, 1983, p. 13.

Ai senegalesi della Strada delle Signore[374], agli arabi di Montecassino, a Michel Manouchian e Max Rayman, agli antifascisti tedeschi, italiani e spagnoli, agli ebrei stranieri arrestati dalla polizia francese" e anche a "Stendhal, che preferiva vivere in Italia, e naturalmente a mia madre ebrea austriaca-polacca di origine tedesca, vera venditrice di berretti francesi": "A Stendhal, che ha preferito vivere in Italia, e naturalmente a mia madre ebrea austro-polacca nata in Germania e vera venditrice di berretti francesi, e infine a mio padre, che ha dato a questo Paese quarantanove anni di lavoro più quattro di resistenza senza ricevere la stessa pensione di Maurice Papon[375]. "Per lui la Francia, che lo aveva accolto, non meritava alcuna considerazione.

Pierre Paraf ha espresso questa istintiva diffidenza nei confronti degli ebrei e la loro avversione per gli stranieri anche attraverso la bocca di alcuni personaggi dei suoi romanzi:

"Il *chazan*[376] mi ha sbattuto in faccia i suoi comandamenti sentenziosi: "Non dimenticare mai, mi ha detto, che sei un buon ebreo, e diffida del *goy*, anche quando è nella bara... e soprattutto non dimenticare di mettere le *mezuzot*[377] in ogni stanza dove andrai a vivere, di mettere i tefillin sulle braccia e sulla fronte[378], e di guardarti bene dal toccare con qualsiasi pretesto un crocifisso[379]." "

Il crocifisso e la religione cattolica sono infatti oggetto di grande avversione. Abbiamo potuto vedere come i cineasti cosmopoliti abbiano realizzato numerosi film di propaganda sull'argomento con l'unico scopo di ridicolizzare e diffamare il cattolicesimo, oltre a suscitare disprezzo e avversione per questa religione. Il filosofo Jacob Talmon confermò che gli ebrei più influenti avevano lavorato per la secolarizzazione delle società europee. L'istituzione della Repubblica

---

[374]Strada che conduce al fronte di Verdun durante la Prima Guerra Mondiale. (NdT)

[375]Maurice Papon: è stato un politico francese e un alto funzionario che ha ricoperto varie posizioni nell'amministrazione tra il 1931 e il 1981. Nel 1981, il giornale *Le canard enchaîné ha* denunciato la documentata collaborazione di Papon con i nazisti quando era un funzionario del regime di Vichy e il suo coinvolgimento nella persecuzione degli ebrei durante la Seconda guerra mondiale, per la quale è stato processato e condannato al carcere come criminale di guerra nel 1998. (NdT)

[376] Chazan: colui che recita in sinagoga.

[377]Le Mezuzot sono piccole buste contenenti due versetti del Pentateuco, fissate verticalmente agli stipiti delle case (NdT).

[378]Tefillin, da tefila, preghiera. Filatteri: piccoli involucri di pelle contenenti strisce di pergamena con brani della Bibbia che gli ebrei portano legati al braccio sinistro e alla fronte durante alcune preghiere. (NdT).

[379]Pierre Paraf, *Quand Israël aima*, 1929, Les Belles lettres, 2000, p. 26.

in Francia nel 1870 rappresentò naturalmente un grande passo avanti: "Gli ebrei dei tempi moderni hanno ovunque sostenuto, se non la separazione tra Chiesa e Stato, almeno il diritto alla libertà di coscienza, e hanno chiesto la secolarizzazione della politica e della vita politica[380]."

Più recentemente, abbiamo visto come in altri Paesi europei meno scristianizzati della Francia, l'azione degli ebrei influenti sia rimasta la stessa. Così, Amos Luzzatto, presidente dell'Unione delle comunità ebraiche in Italia, alla fine di agosto 2005 ha chiesto la rimozione di tutti i crocifissi e degli oggetti cattolici dai luoghi pubblici, ritenendo che questi simboli siano offensivi per le altre religioni[381].

Pierre Paraf, cofondatore della Lega contro l'antisemitismo (oggi Lycra), e Jacob Talmon, furono ancora più espliciti nelle loro parole, esprimendo chiaramente il loro odio per la religione cattolica e la vendetta laica che era stata pianificata contro la civiltà cristiana: "Tanti nostri fratelli con il marchio del ghetto gemono sotto la sferza cristiana. Gloria a Dio! Gerusalemme li riunirà un giorno; avranno la loro vendetta come tutti i diseredati[382]!"Questo è esattamente ciò che scrisse Jacob Talmon: "Gli ebrei hanno un conto sanguinoso di lunga data da saldare con l'Occidente cristiano[383]." Anche questo è il "vero volto di Israele".

Nella sua *Storia dell'antisemitismo*, Leon Poliakov ha citato il famoso caso del filosofo Baruch Spinoza, che fece delle recriminazioni contro la sua stessa comunità. Nel suo *Trattato teologico-politico*, Spinoza scrisse: "Non è strano che gli ebrei siano rimasti dispersi e senza Stato per così tanti anni, dal momento che si sono separati da tutte le nazioni a tal punto da suscitare l'odio di tutte le nazioni contro di loro. " (Capitolo III)

Scrive inoltre Spinoza: "L'amore degli Ebrei per la patria non era quindi un semplice amore, ma una pietà che, insieme all'odio per le altre nazioni, era favorita e alimentata dal culto quotidiano, fino a diventare una seconda natura. Infatti, il culto quotidiano non solo era totalmente diverso (da cui derivava che gli Ebrei erano assolutamente unici e completamente isolati dal resto), ma anche totalmente contrario... un odio permanente, che si radicò in loro più di ogni altro, poiché era un odio che nasceva da una grande pietà o devozione[384]

---

[380]J-L. Talmon, *Destin d'Israël*, 1965, Calmann-Lévy, p. 152.

[381]Si legga la lettera di Emmanuel Ratier, *Faits et Documents* (1° settembre 2005).

[382]Pierre Paraf, *Quand Israël aima*, 1929, Les Belles lettres, 2000, pag. 19.

[383]J-L. Talmon, *Destin d'Israël*, 1965, Calmann-Lévy, p. 18.

[384]Léon Poliakov, *Histoire de l'antisémitisme, Tome I*, Points Seuil, 1990, p. 226.

" (Capitolo XVII). Spinoza fu evidentemente scomunicato, ripudiato dalla sua comunità nel 1656.

Duecento anni dopo, un altro grande pensatore di origine ebraica, Karl Marx, avrebbe detto qualcosa di simile nei suoi scritti del 1843: "L'umanità deve emanciparsi dal giudaismo... Non sono gli ebrei che devono essere uccisi, ma Yahweh, il loro Dio. Non c'è religione che celebri l'odio quanto l'ebraismo."

Baruch Spinoza, *Tratado teológico-político*, Altaya, 1997, Barcellona, p. 132, 371.

2. Antisemitismo

Nelle pagine iniziali del suo libro sulle cause dell'antisemitismo, Bernard Lazare identifica il problema sollevato dalla presenza degli ebrei in una società straniera: "L'antisemitismo è fiorito ovunque e in ogni tempo", osserva. Gli ebrei "sono stati, successivamente e in egual misura, maltrattati e odiati dagli alessandrini e dai romani, dai persiani e dagli arabi, dai turchi e dalle nazioni cristiane... la razza ebraica è stata oggetto dell'odio di tutti i popoli tra i quali si è stabilita. Poiché i nemici degli ebrei appartenevano alle razze più diverse, vivevano in paesi molto distanti tra loro, erano governati da leggi diverse e governati da principi opposti, non avevano né lo stesso modo di vivere né gli stessi costumi, ed erano animati da spiriti dissimili che non permettevano loro di giudicare allo stesso modo tutte le cose, è necessario, quindi, che le cause generali dell'antisemitismo abbiano sempre risieduto in Israele stesso e non in coloro che lo hanno combattuto[385]."

Ma gli intellettuali ebrei non sono tutti onesti come Bernard Lazare. Quest'ultimo figura, insieme a pochi altri, come un'eccezione ai margini dell'ebraismo, se non addirittura rifiutato dalla sua comunità e accusato di soffrire di "odio per se stesso".

Inspiegabile antisemitismo

Gli ebrei sono ben consapevoli di essere un popolo a parte e di essere sempre stati rifiutati dagli altri. In ogni momento e a tutte le latitudini. Ma l'antisemitismo è per loro un fenomeno difficile da spiegare, a giudicare da quanto abbiamo letto.

All'inizio delle sue *Memorie*, Elie Wiesel parla della persecuzione subita dagli ebrei in Romania, il Paese della sua infanzia, durante il periodo tra le due guerre: "Ogni volta che la "Guardia di ferro" antisemita alzava la testa, scriveva, noi abbassavamo la nostra. Sui muri comparivano graffiti: "Zsidan (ebrei) in Palestina!". I mascalzoni con le facce sconnesse dall'odio si avventavano sugli ebrei per le strade, strappando loro barba e capelli. I *"kuzisti"*, come si definivano, erano

---

[385]Bernard Lazare, L'*antisemitismo, la sua storia e le sue cause*, (1894). Edizioni La Bastille, edizione digitale, 2011, pag. 5, 6, 7

nazisti rumeni. Selvaggi assetati di sangue ebraico, potevano improvvisare un vero e proprio pogrom se non volevano altro."

Nel testo di Elie Wiesel non c'è nulla che spieghi questo odio, se non spiegazioni grottesche: "Vivevamo nel terrore, scriveva. Non potremo mai saperlo: i nemici erano capaci di tutto. Anche imputandoci omicidi rituali. Ricordo una canzone triste che cantava mia madre: quella su Tiszaeszlár. Un ebreo raccontò le sue pene: accusato di aver sgozzato un bambino cristiano per motivi rituali, gridò: "Maledetti i nostri nemici che sostengono che gli ebrei hanno bisogno di sangue per praticare la loro religione! Ha attraversato queste avversità senza stupirsi, quasi senza soffrire, ha scritto Elie Wiesel. Non sono stato lontano dal pensare: è un problema loro, non nostro."

A quanto pare, però, queste tensioni permanenti potevano sollevare interrogativi dolorosi: "Nei periodi più bui, quando la minaccia incombeva sulla comunità da troppo tempo, mi ponevo domande semplici, se non semplicistiche, ingenue, infantili: perché ci odiano? Perché ci perseguitano? Perché ci torturano e ci tormentano? Perché tanta persecuzione, tanta oppressione? Che cosa abbiamo fatto agli uomini perché vogliano farci così tanto male? Mi sono confidata con i miei maestri e anche con i miei amici. Abbiamo cercato di capire. L'unica risposta dei miei maestri è stata quella di farci leggere e rileggere la Bibbia, i profeti, la letteratura martiriologica. Radicata nella sofferenza, ma ancorata alla sfida, la storia ebraica descrive un conflitto permanente tra noi e gli altri. Da Abramo in poi, noi siamo stati da una parte e il mondo intero dall'altra. Da qui l'animosità che attiriamo su di noi."

Ma queste risposte, certamente non sufficienti, non placarono lo spirito di Elie Wiesel: "La sopravvivenza del mio popolo continuava a lasciarmi perplesso", scrisse, "così come l'odio perenne contro di esso continuava a intrigarmi[386]."

Leggendo Elie Wiesel, sembra che le persecuzioni a cui erano sottoposti gli ebrei dell'Europa centrale fossero dichiarate in modo imprevedibile, totalmente incoerente, a seconda dell'umore dell'invasore occupante:

Durante la Prima Guerra Mondiale", scrive, "l'esercito tedesco venne in soccorso degli ebrei che, sotto l'occupazione russa, venivano picchiati, derisi, oppressi dai selvaggi cosacchi, la cui mentalità e le cui tradizioni religiose erano alimentate dall'antisemitismo. Dopo la loro partenza, la nostra regione ha vissuto un periodo di calma. Gli ufficiali

---

[386]Elie Wiesel, *Mémoires*, tome I, Seuil, 1994, p. 30-32.

tedeschi erano gentili, disponibili e colti[387]. "Ma questo fu solo un breve periodo di calma, perché ben presto i tedeschi iniziarono a perseguitare anche gli ebrei, per ragioni ancora del tutto sconosciute: probabilmente perché avevano bisogno di un "capro espiatorio".

Nel suo libro *Odio antisemita*, pubblicato nel 1991, Serge Moati ci ha fornito testimonianze che coincidono con quanto detto sopra. Interrogato dal giornalista, l'avvocato Hajdenberg, responsabile del Rinascimento ebraico negli anni '70 in Francia, ha posto la stessa domanda: "Se un bambino mi chiedesse: "Perché c'è tanto risentimento contro gli ebrei", non sarei in grado di dargli una spiegazione ragionevole e obiettiva. "Le ragioni dell'antisemitismo "sono così complesse, così irrazionali, che nessun dato oggettivo può combatterle[388]."

Anche lo scrittore Maurice Rheims dell'Académie française non vedeva alcuna causa razionale per l'antisemitismo. In *Una memoria vagabonda*, menziona le persecuzioni in termini di teoria del capro espiatorio, che in definitiva era l'unica spiegazione possibile per lui. Così, l'umanità avrebbe bisogno di "ebrei, uomini e donne su cui sbattere il proprio malumore, facili da perseguitare, torturare, massacrare e accusare dei sette peccati capitali". Forse è questo il motivo per cui il Signore ha reso gli ebrei[389]. La spiegazione è forse un po' breve, ma non dubitiamo che soddisferà ampiamente i pochi lettori di Maurice Rheims.

Anche il cardinale Jean-Marie Lustiger (Aaron Lustiger) ha cercato le cause del fenomeno, ma non è riuscito a trovare una spiegazione valida: "Ho parlato con gli antisemiti in passato, ha detto; ho provato. Ho cercato di capirli. Credo di aver visto attraverso quali meccanismi mentali arrivavano a queste conclusioni estreme e orribili in cui si abbandonavano - ma non ho mai capito perché... Il vero mistero è l'informatore, il traditore, il torturatore, il boia, l'agente di sterminio del sistema[390]."

Anche il direttore della stampa Jean Daniel non è riuscito a chiarire questo "mistero". Nella sua opera intitolata *L'età delle rotture*, riconosceva che il "popolo eletto" doveva spesso pagare il prezzo di questa scelta: "So perfettamente che il prezzo della scelta è la persecuzione e che questo prezzo è terrificante. Questo binomio scelta-persecuzione è per me insopportabile. Questa coppia contiene, a mio

---

[387]Elie Wiesel, *Mémoires*, tome I, Seuil, 1994, p. 42.

[388]Serge Moati, *La Haine antisémite*, Flammarion, 1991, p. 195.

[389]Maurice Rheims, *Une Mémoire vagabonde*, Gallimard, 1997, p. 66.

[390]Marek Halter, *La force du Bien*, Robert Laffont, 1995, p. 214.

avviso, tutto il mistero ebraico. Voglio dire che questo mistero, quando mi assedia, vela i miei pensieri invece di arricchirli... Dove sono queste persone se non nella persecuzione? Nessuno è mai riuscito a definirlo[391]."

È quanto ci dice il filosofo francese André Glucksmann nel suo libro *Il discorso dell'odio*, pubblicato nel 2004: "L'odio per gli ebrei è l'enigma di tutti gli enigmi. Questa passione distruttiva attraversa i millenni, assume varie forme, rinasce continuamente dalle ceneri dei vari fanatismi che la motivano... Per l'antisemita, l'oggetto della sua avversione rimane un UFO. Non sa di chi o di cosa sta parlando... L'ebreo non è affatto la causa dell'antisemitismo; bisogna analizzare questa passione per sé, come se l'ebreo che si perseguita senza conoscerlo non esistesse... Sono due millenni che l'ebreo è fonte di disagio. Due millenni di domande vive per il mondo intero. Due millenni di innocenza, che non hanno nulla a che fare con[392]."

Il grande filosofo ebreo Emmanuel Levinas, maestro spirituale di Bernard-Henri Levy, ha fornito una spiegazione luminosa dello strano fenomeno dell'antisemitismo. Secondo Levinas, l'antisemitismo è "la ripugnanza verso l'ignoto della psiche dell'altro, verso il mistero della sua interiorità o, al di là di ogni agglomerazione e di ogni organizzazione in un organismo, verso la pura prossimità dell'altro essere umano, cioè verso la sociabilità stessa[393]. "Un po' complicato da capire per noi, a dire la verità.

Ma lasciamo che sia Jean-Michel Salanskis a interpretare il pensiero del grande filosofo:

"Emmanuel Levinas diceva che, attraverso l'hitlerismo, gli ebrei erano stati sterminati come "l'altro indiscernibile", come persone conosciute per fare la differenza, ma la cui differenza, appunto, non era più manifestata da nessun carattere, rendendo così impossibile la loro localizzazione. Egli interpretò l'odio di Hitler per gli ebrei come l'odio segreto per l'altro uomo in generale che i nazisti avevano portato in superficie sotto la facciata della civiltà[394]."

Ecco finalmente la spiegazione mancante al nostro puzzle intellettuale. È infatti l'unica spiegazione valida, perché non c'è dubbio

---

[391]Jean Daniel, *L'Ère des ruptures*, Grasset, 1979, p. 113.

[392]André Glucksmann, *Le Discours de la haine*, Plon, 2004, p. 73, 86, 88. "Non dimenticate mai che l'antisemita, per definizione, non sa di cosa sta parlando. " (Stéphnae Zagdanski, *De l'Antisémitisme*, Climats, 1995, 2006, p. 35).

[393]Emmanuel Levinas, *L'au-delà du verset*, Minuit, 1982, p. 223, citato da Jean-Michel Salanskis, *Extermination, loi, Israël*, Les Belles Lettres, 2003, p. 140.

[394]Jean-Michel Salanskis, *Sterminio, loi, Israël*, Les Belles Lettres, 2003, pag. 72.

che non si possano odiare razionalmente solo gli ebrei, ma gli uomini in generale.

Lo ha detto anche il premio Nobel Elie Wiesel, per il quale gli antisemiti sono i nemici di tutta l'umanità. È semplicemente impossibile che gli individui possano essere razionalmente ostili agli ebrei, e solo agli ebrei, perché non c'è alcuna ragione per farlo:

È così e non ci si può fare nulla", scriveva: il nemico degli ebrei è il nemico dell'umanità. E viceversa. Uccidendo gli ebrei, l'assassino uccide più degli ebrei. Comincia con gli ebrei, ma poi se la prende inevitabilmente con le altre etnie, religioni o gruppi sociali... Uccidendo gli ebrei, gli assassini si sono impegnati ad uccidere l'intera umanità[395]."

Su questo punto l'analisi di Clara Malraux è assolutamente condivisibile: "La persecuzione è meno dura da sopportare quando si sa che è totalmente e assolutamente ingiustificata e che, di conseguenza, il nemico diventa nemico dell'umanità[396]."

Dobbiamo quindi partire dall'innocenza intrinseca degli ebrei per comprendere il loro modo di percepire gli eventi. Ciò significa che uccidere un ebreo, innocente per natura, significa attaccare qualsiasi persona innocente o qualsiasi altra comunità; ed è quindi definirsi un nemico dell'umanità. Ma esiste anche un'altra interpretazione, più classica, che parte dal postulato che gli ebrei si definiscono come l'unica vera umanità; le altre nazioni sarebbero, secondo una nota formula talmudica, nient'altro che "il seme del bestiame".

Clara Malraux (nata Goldschmidt) era la moglie del famoso scrittore André Malraux, che fu anche ministro della Cultura del generale de Gaulle. Analizzando la società tedesca dopo la caduta di Napoleone, l'autrice sottolinea come gli ebrei continuassero a sopportare molti disagi, a volte persino i pogrom: "Vaganti qua e là, espulsi dall'Austria per essere massacrati in Polonia, maltrattati in ogni modo possibile in una Germania risentita".Nella Prussia di Federico II, solo due porte erano aperte agli ebrei; per attraversarle dovevano pagare una tassa, il cui importo era volontariamente pari a quello di un capo di bestiame... Tutto questo nonostante Federico II avesse adottato alcune misure benevole a favore di questi sfortunati."

Clara Malraux notò anche con rammarico che l'animosità contro gli ebrei non era cessata dopo l'ingresso delle truppe napoleoniche in Germania. "Già nel 1816 scoppiarono manifestazioni antisemite. Nel

---

[395]Elie Wiesel, *Mémoires, tome II*, Éditions du Seuil, 1996, p. 72, 319.

[396]Clara Malraux, *Rahel, Ma grande soeur... Un salon littéraire à Berlin au temps du Romantisme*, Editions Ramsay, Paris, 1980, p. 15.

1819 si verificò un pogrom in tutto il suo orrore, con pestaggi, ferite e saccheggi di negozi."

Chiaramente non c'è una spiegazione valida per la persecuzione di questi "innocenti". Tuttavia, non tutti gli ebrei di Berlino erano trattati così duramente, poiché, ad esempio, la famosa Rahel Levin riceveva nel suo salotto la società più prestigiosa del suo tempo: Goethe, Hegel, Beethoven e il poeta Heinrich Heine erano ospiti che lei trattava con familiarità e che "influenzava[397]." Il padre di Rahel, scrive Clara Malraux, "era uno degli ebrei tollerati. Aveva la duplice funzione di orafo e banchiere. "Quindi le cose non andavano così male, almeno per alcuni ebrei che riuscivano ad arricchirsi e a prosperare comodamente.

Ma è vero che la gente comune non sembrava apprezzare il popolo eletto quanto l'aristocrazia berlinese. Il libro di Clara Malraux riporta alcune delle recriminazioni mosse nei loro confronti. Gli ebrei erano considerati "colpevoli, criminali, assassini, adulteri e peccatori, che non dovevano essere ammessi nelle corporazioni dei mercanti buoni e leali"."

Forse abbiamo qui l'inizio di una spiegazione per questo strano fenomeno che attraversa la storia di tutta l'umanità... umanità! A pagina 136, leggiamo che l'assassinio di uno scrittore che non sembrava piacere al popolo d'Israele aveva provocato una serie di misure repressive in risposta: l'"assassinio... di Kotzbue, uno scrittore mediocre, una spia al servizio della Russia... permise alla leadership di prendere le misure più infami contro gli ebrei, tra cui[398]. "Abbiamo iniziato a vedere più chiaramente la questione. Tutto quello che dovevamo fare era mettere in ordine gli eventi.

In *Crimine e memoria*, pubblicato nel 1989, anche lo scrittore Alfred Grosser si interrogava sul fenomeno antisemita: "Che in Germania, e poi fuori dalla Germania, siano stati distrutti i membri e i portatori di una civiltà nata da secoli di progresso culturale, che filosofi, compositori, architetti e premi Nobel di ogni genere siano stati considerati subumani - è qualcosa che è un tale scandalo per lo spirito che proprio da questo scandalo deriva una singolarità[399]."

Per Alfred Grosser, gli ebrei sono perfettamente innocenti di qualsiasi rimprovero che possa essere mosso nei loro confronti: "È sbagliato parlare di riconciliazione ebraico-cristiana, come le chiese

---

[397]Clara Malraux, *Rahel, Ma grande soeur... Un salon littéraire à Berlin au temps du Romantisme*, Editions Ramsay, Paris, 1980, p. 13-17.

[398]"I Goyim che tentano di scoprire i segreti della Legge di Israele commettono un crimine punibile con la morte. " (*Sanhedrin, 59a*)

[399]Alfred Grosser, *Le Crime et la mémoire*, Flammarion, 1989, pag. 75.

ancora troppo spesso sostengono. Non vedo proprio perché gli ebrei dovrebbero essere perdonati dai cristiani", scrive a pagina 236.

Eppure, qualche pagina più avanti, lo stesso Alfred Grosset presentava alcune spiegazioni riferendosi alle parole antisemite di un certo "padre Bailly", che nel 1890 scriveva: "Un uomo di cuore ci ha scritto: 'Non sarebbe necessario fare una petizione da far firmare a tutti i francesi che desiderano liberarsi dal giogo che li opprime e chiedere al parlamento: 1- Che agli ebrei non sia permesso di avere due nazionalità e che ritornino allo status di stranieri in Francia? 2- Che gli stranieri che disturbano la pace del Paese e seminano discordia tra le varie classi di cittadini fomentando l'odio e la divisione, siano espulsi dalla Francia" (pagina 59).

L'antisemitismo dell'epoca era chiaramente percepibile nei giornali "reazionari". Così, nel numero di marzo-maggio 1898, la *Sociologia Cattolica* pubblicò un articolo intitolato: "La questione ebraica considerata dal punto di vista della razza e dei costumi", in cui si poteva leggere: "Stupidi, sciocchi e scrittori venduti agli ebrei cercano di commuoverci con la sorte degli ebrei. Le loro disgrazie sono state la giusta punizione per il loro comportamento abominevole..." (pagina 60). " (pagina 60).

Le ellissi di M. Grosser nascondono al lettore le cause dell'astio che i suoi simili sembrano aver suscitato. Questo poteva essere un punto di partenza per una spiegazione. Ma forse M. Grosser ha preferito seguire l'esempio di Elie Wiesel, che ha scritto con franchezza all'inizio delle sue *Memorie*:

"Desidero avvertirvi che intendo omettere alcuni eventi: quelli che riguardano la mia vita privata e quella di altri, e quelli che minacciano di mettere in imbarazzo amici o conoscenti e, in generale, quelli la cui rivelazione potrebbe danneggiare il popolo ebraico[400]. "Tutto sommato, questa è una buona risposta.

Ebrei e comunismo

Nel suo libro intitolato *Odio antisemita*, il giornalista Serge Moati ha dato la parola a una serie di personalità antisemite provenienti da diversi ambiti, nel tentativo di comprendere meglio la natura del loro delirio. In Russia ha interrogato Valery Liemelianov. Lo storico fondatore del movimento Pamiat ("memoria"), "strettamente legato ai movimenti antisionisti dei Paesi arabi", vive ora a Mosca. Ha

---

[400]Elie Wiesel, *Mémoires, tome I*, Éditions du Seuil, 1994, p. 28.

spiegato[401]:

"Fin dal 1917, il KGB era composto da ebrei. Il gulag, descritto da Solzhenitsyn, fu creato dagli ebrei, in particolare dall'ebreo Trotsky e dall'ebreo Smirnov. Solzhenitsyn accusa Stalin invece di attaccare gli ebrei. Il sifilitico Lenin non era altro che un burattino nelle loro mani... In settantatré anni di comunismo, gli ebrei hanno liquidato qui cento milioni di persone, di cui trentasette milioni ai tempi del sifilitico Lenin.... Gli ebrei schiacciano le altre nazionalità, godono di notevoli privilegi. Sebbene la loro quota di popolazione sia solo dello 0,69%, invadono tutte le posizioni chiave della società: amministrazione, cultura, economia, politica, religione... Gli ebrei hanno preso il potere nel 1917. L'intera élite della rivoluzione era composta da ebrei[402]."

All'inizio degli anni Novanta, il movimento Pamiat era guidato da Dmitry Vassiliev, il più noto e popolare dei leader nazionalisti russi. Ha detto questo:

"Chi ha fatto la rivoluzione? Nessuno tranne gli ebrei. Trotsky, Zinoviev, Kamenev, Lenin: tutti ebrei! Hanno ucciso lo zar. Hanno distrutto la Chiesa. Il socialismo non è un concetto russo, è un concetto straniero. Marx fu battezzato, ma era ebreo. "E ha aggiunto: "Combatto il sionismo da più di quindici anni. Da quando ho iniziato, ho perso il lavoro. Da allora, i servizi segreti mi hanno dato la caccia. La stampa mi ha coperto di improperi."

Queste due testimonianze, che rivelavano una verità fin troppo raccapricciante, non potevano rimanere senza una risposta di contraltare. Serge Moati si è quindi affrettato a contrastare queste affermazioni e a richiamare l'attenzione del lettore sui crimini del periodo staliniano:

"Lo zar rosso Stalin sarebbe stato ferocemente antisemita. Avrebbe sterminato gran parte dell'élite intellettuale ebraica. Avrebbe fatto fucilare gli scrittori di lingua yiddish e avrebbe cancellato tutta la cultura ebraica. Un genocidio dello spirito con i pretesti più implausibili. Nel gennaio 1949, lanciò la prima di una lunga serie di campagne antiebraiche. Il 12 agosto 1953, 24 scrittori e artisti ebrei dovevano essere fucilati. Nel corso di un piano quinquennale, dal 1948 al 1953, Stalin fece sparire 238 scrittori, 106 attori, 19 musicisti, 87 pittori e scultori. Tutti gli ebrei... Fortunatamente, la morte di Stalin il 5 marzo 1953 pose fine a questa lugubre operazione[403]. "

---

[401] Serge Moati ha usato qui il verbo "ruttare", ma questo non cambia nulla ai fatti esposti.

[402] Serge Moati, *La Haine antisémite*, Flammarion, 1991, p. 127.

[403] Serge Moati, *La Haine antisémite*, Flammarion, 1991, p. 135-137, 131.

Ma l'improvviso antisemitismo di Stalin, manifestatosi dopo la Seconda guerra mondiale, non dovrebbe oscurare la schiacciante responsabilità di moltissimi ebrei fanatici per le spaventose atrocità commesse durante i primi trent'anni del regime. Se facciamo i conti, l'improvviso antisemitismo di Stalin nel dopoguerra è abbastanza risibile rispetto all'infinito martirio del popolo russo. In effetti, la stessa morte di Stalin rimane inspiegabile.

Serge Moati ha poi affrontato il tema dell'antisemitismo in Polonia negli anni '80, dopo quarant'anni di comunismo. Ma non si è allarmato di fronte alle stesse accuse mosse dagli antisemiti russi. Ad esempio, uno dei suoi giornalisti corrispondenti gli ha confessato: "Oggi l'atmosfera generale di furioso anticomunismo si tinge di un forte antisemitismo. Gli ebrei sono accusati di aver gestito l'apparato stalinista. Questo si spiega facilmente: molti degli intellettuali ebrei, rifugiati in Unione Sovietica per sfuggire al nazismo, sono tornati dopo la Liberazione nei vagoni dell'Armata Rossa per prendere le redini del loro Paese. È vero che un gran numero di ebrei sinceramente comunisti ha cercato di costruire il socialismo."

Non c'era nulla di riprovevole in questa impresa, perché dopo tutto "il comunismo ha incarnato il grande sogno della modernità". L'internazionalismo proletario era stato "concepito e sentito come un'apoteosi della modernità".

Che la teoria liberatoria dell'umanità possa aver generato una dittatura sanguinaria è una questione secondaria, perché è in nome dell'ideale che l'esperienza rivoluzionaria ha permesso di superare i limiti dell'essere umano. Il fine giustifica i mezzi.

Gabriel Meretik, giornalista francese di origine ebraica polacca, ha giustificato così questo discorso: "Tutte le élite polacche sono state decimate e i sovietici si sono affidati ai comunisti ebrei, cosmopoliti e internazionalisti, devoti alla Causa. Erano fedeli e riconoscenti al regime di Mosca che aveva permesso loro di sfuggire ai campi di sterminio nazisti. Si misero quindi al servizio di quell'utopia, una delle più nobili che questi ebrei polacchi potessero immaginare: felicità e uguaglianza per tutti sulla terra."

Ma è chiaro che molti polacchi non hanno percepito gli eventi in questo modo, e tutti gli artifici linguistici di Gabriel "Meretik" per denigrare la "purezza" della nazione non cambieranno nulla. Infatti, ha spiegato che "i polacchi hanno vissuto il comunismo come un cancro trapiantato dai russi con l'aiuto degli ebrei nel corpo di una nazione sana e pura".

Per non negare l'evidenza, la conclusione di Serge Moati su questo capitolo è stata quella di sedurre il lettore con gli orrori dell'antisemitismo, un po' come quelle strazianti colonne sonore che esaltano l'orrore dei documentari televisivi sulla Seconda Guerra Mondiale, anche se le immagini sono a volte semplicemente banali: "In breve, è il ritorno dei vecchi temi, appena aggiornati. In Polonia, l'ultima società contadina dell'Europa orientale in cui la terra non è stata nazionalizzata, l'ebreo è sempre percepito come la creatura cosmopolita della città cattiva, distruttrice dei valori tradizionali."

Questo gli ha permesso di alzarsi e dire: "Si sente sempre lo stesso ritornello: gli ebrei sono i padroni della finanza internazionale e della stampa. Vogliono comprare la Polonia per ridurla in schiavitù... Gli ebrei, perfetti capri espiatori, sono stati il bersaglio rituale di un'improbabile nazione il cui territorio non ha cessato, nel corso dei secoli, di essere conteso, invaso, fatto a pezzi e occupato da potenze straniere[404]... "Ma dobbiamo insistere e chiedere al signor Moati se è vero che "molti ebrei" hanno avuto un ruolo di primo piano negli spaventosi crimini commessi sotto il regime sovietico. Sì o no, signor Moati?

Ma, in fondo, tutto questo è ormai lontano da noi, e la cosa più importante è che i nemici di ieri possano perdonare e riconciliarsi. In questo caso, il più debole doveva fare il primo passo. Il 20 maggio 1991, Lech Walesa, il nuovo presidente della Repubblica polacca, in visita ufficiale in Israele, pronunciò queste parole dal palco della Knesset: "Tra i polacchi ci sono persone che vi hanno fatto del male. Qui in Israele, nella culla della vostra cultura e della vostra rinascita, vi chiedo perdono. Ma Serge Moati rimane sospettoso riguardo a questo pentimento polacco: "Lech Walesa è venuto a chiedere l'assoluzione in terra d'Israele. Questo "perdono" solenne e collettivo implorato davanti al popolo ebraico sarà sufficiente? Solo il popolo polacco ha la risposta[405]."

Cosa intendeva Serge Moati con questa domanda retorica, se non: "Sarà sufficiente a placare l'odio e la sete di vendetta del popolo eletto contro la Polonia?".

Si tratta ora di capire quanto tempo ci vorrà perché un rappresentante della comunità ebraica chieda scusa ai popoli europei per le decine di milioni di vittime del comunismo di cui i dottrinari e i funzionari ebrei sono direttamente responsabili.

L'antisemitismo in Europa centrale è stato analizzato da un altro intellettuale francese. Nel 1990, subito dopo la caduta del comunismo,

---

[404]Serge Moati, *La Haine antisemite*, Flammarion, 1991, pagg. 99-106.
[405]Serge Moati, *La Haine antisemite*, Flammarion, 1991, p. 121.

il saggista Guy Sorman ha indagato sulle origini dell'antisemitismo in Ungheria nel suo libro intitolato *Exiting Socialism*: "Perché questa ossessione antisemita degli ungheresi", ha scritto. Anzi, non ha mai smesso. Negli anni Trenta, l'*intellighenzia di* Budapest era divisa tra il "campo ebraico" e i suoi nemici; ogni ulteriore dibattito era secondario. In Ungheria le prime leggi antiebraiche furono adottate nel 1938, prima che in Germania."

Sorman ribalta la situazione, ritenendo i comunisti responsabili della rinascita dell'antisemitismo: "Dopo la guerra, i comunisti volevano far credere che tutto il popolo aveva resistito al nazismo. Quindi non c'è stato nessun esame di coscienza collettivo, nessuna catarsi, nessuna spiegazione. La domanda non è stata posta; come tutte le domande scomode in una società comunista, è stata tabù per quarant'anni. Una volta partiti i comunisti, la questione ebraica riemerge pubblicamente[406]."

Il lettore attento si rende conto di quanto i comunisti ungheresi abbiano avuto un ruolo perverso nel nascondere consapevolmente l'antisemitismo ungherese durante la guerra, per esaltare la vittoria contro il fascismo. Poche righe dopo, tuttavia, Guy Sorman è stato costretto a menzionare, molto succintamente, il ruolo degli ebrei - di molti ebrei - nelle atrocità commesse nella breve repubblica comunista istituita per 133 giorni sotto la presidenza di Bela Kun, nonché il ruolo di moltissimi ebrei nell'amministrazione del nuovo regime comunista istituito nel 1948[407]:

"Alcuni trovano "giustificazioni oggettive" di natura storico-politica per questo antisemitismo permanente. Sono stati gli intellettuali ebrei a introdurre il comunismo in Ungheria: Bela Kun, capo della Comune del 1918, era un bolscevico e un ebreo; Rakosi, capo del governo stalinista del 1948, era anch'egli un ebreo."

Guy Sorman ha risposto a queste vili accuse con grande disinvoltura: "Oggi sono gli intellettuali ebrei - Giörgy Konrad, Janos Kis - a rappresentare il liberalismo più intransigente. Sono loro a chiedere le privatizzazioni, con il rischio di lasciare senza lavoro i lavoratori meno qualificati."

Guy Sorman è quindi partito per la tangente, sostenendo che le accuse di antisemitismo erano infondate per il semplice fatto che gli ebrei erano sia leader bolscevichi che feroci militanti del liberalismo. In realtà, non c'è nulla di contraddittorio in questo, perché i due sistemi lavorano insieme per la dissoluzione delle nazioni e per l'avvento

---

[406]Guy Sorman, *Sortir du socialisme*, Fayard, 1990, pag. 250.
[407]In Ungheria: *speranze planetarie* e *fanatismo ebraico*.

dell'impero globale tanto caro ai figli di Israele. L'ideale democratico si sarebbe rivelato in definitiva molto più efficace della rigidità dei sistemi comunisti nel dissolvere i popoli etnicamente omogenei e nel favorire la grande miscegenazione universale. Non sorprende, quindi, vedere come la maggior parte degli intellettuali ebrei abbia operato la propria mutazione con tanta facilità. Questo era proprio il tema del nostro precedente libro, *Speranze planetarie.*

Tuttavia, nel cuore degli ungheresi c'era ancora una certa amarezza nei confronti dei responsabili delle ignominie commesse durante il regime comunista; un risentimento che potrebbe essere efficacemente descritto come "antisemita", e che può solo essere accresciuto dalle spudorate smentite delle principali parti coinvolte.

Per Sorman, come il lettore capirà, l'antisemitismo non ha alcuna giustificazione seria e gli ebrei tornano nel Paese per contribuire con tutto il loro genio e la loro inesauribile creatività, senza i quali l'Ungheria rimarrebbe un Paese di retroguardia:

"Va notato che, in generale, il ritorno degli intellettuali ebrei costituì il fermento della vita culturale e politica di tutta l'Europa centrale", scrive Sorman. Poiché gli ebrei sono innocenti di tutto ciò che viene loro rimproverato, il problema può provenire solo dagli ungheresi, la cui ambigua identità sarebbe la causa della loro aggressività: "Gli intellettuali che scadono nell'antisemitismo, scrive Sorman, sembrano difendere soprattutto l'identità nazionale ungherese proprio perché è impercettibile."

Questa tendenza ad attribuire le proprie colpe al popolo ebraico non è peculiare degli ungheresi. Guy Sorman ci ha ricordato che questo difetto colpì anche gli spagnoli che espulsero gli ebrei e i mori nel 1492: "Questa ossessione per la purezza del sangue magiaro risale alla stessa illusione degli spagnoli nel XV secolo, quando espulsero i mori. Come gli spagnoli di allora, anche gli ungheresi di oggi sono di sangue misto: l'Ungheria è stata attraversata per secoli da invasori provenienti dall'Asia, occupata dagli Ottomani (proprio come la Spagna dagli arabi), colonizzata dai tedeschi, dagli slavi, dagli ebrei, dai serbi. In realtà, l'Ungheria è ungherese solo nella lingua."

Come avrete capito, è la mancanza di autoidentità che ha reso gli ungheresi e gli spagnoli aggressivi contro gli ebrei. L'invenzione del capro espiatorio", continua Guy Sorman, "serve a consolidare l'unità del gruppo sociale, senza la quale esploderebbe in pezzi... L'odio per gli ebrei sarebbe quindi drammaticamente consustanziale all'Ungheria perché è difficile essere ungheresi: identità incerta[408]!"

Ma purtroppo l'antisemitismo non si sviluppò solo in Ungheria e in Spagna. Un altro famoso saggista liberale francese, Alain Minc, ha tastato il polso all'antisemitismo polacco dopo la caduta del comunismo, fingendo di non prendere sul serio la schiacciante responsabilità di "moltissimi ebrei" nella tragedia del comunismo. La sua ironia lo porta persino a deridere l'antisemitismo polacco che esiste ancora oggi, nonostante il numero di ebrei in Polonia sia oggi irrisorio. Per Alain Minc, l'antisemitismo delle vittime del comunismo è ovviamente altrettanto ridicolo del vecchio antisemitismo cristiano che sembra aver sostituito.

Il comunismo, scrive Minc, agisce qui come un "secondo peccato originale", perché "la morte di Cristo non compie più il suo ufficio divino". L'instaurazione del comunismo nel 1947 da parte degli ebrei: ecco l'opportunità di fomentare l'odio contro il popolo ebraico per molto tempo a venire! Un chiaro antisemitismo nelle strade, nelle conversazioni, negli slogan e nel vecchio ritornello che si ripete ancora: apparente cosmopolitismo, abuso di potere, privilegi economici, traffici... Non manca nulla a questa Polonia, sempre all'avanguardia del progresso. Un antisemitismo finalmente cristallino e puro, perché non ci sono più ebrei[409]."

La grossolana stupidità dei polacchi è evidente. L'analisi di Alain Minc, che ha rilevato la presenza dell'antisemitismo senza gli ebrei, potrebbe tuttavia essere interpretata in modo diverso. Si potrebbe semplicemente capire che i polacchi hanno un brutto ricordo della presenza degli ebrei nel loro Paese. Questa sarebbe un'altra spiegazione plausibile.

La verità è che la Polonia è stata per lungo tempo nella storia europea l'unico Paese ad accogliere gli ebrei, che erano stati espulsi da ogni dove fin dal Medioevo. Furono espulsi dall'Inghilterra nel 1290, dalla Francia nel 1306 e poi radicalmente nel 1394. Furono espulsi dalla Spagna nel 1492, dalla Russia, dall'Austria e, a un certo punto, da tutti gli Stati tedeschi. Ma Casimiro il Grande, re di Polonia (1310-1370), aveva concesso loro il diritto di stabilirsi e vivere nel suo regno secondo le sue leggi[410]. Ecco perché la popolazione ebraica era così numerosa in Polonia prima della Seconda Guerra Mondiale.

---

[408]Guy Sorman, *Sortir du socialisme*, Fayard, 1990, p. 251.

[409]Alain Minc, *La Vengeance des nations*, Grasset, 1990, p. 43.

[410]Re Casimiro aveva un'amante ebrea di nome Esterka. "Gli abitanti di Cracovia si lamentavano dei loro ebrei fin dal 1369". (Mark Zborowski, *Olam*, 1952, Plon, 1992, p. 445)

Il progressivo declino della Polonia a partire dal XVII secolo portò al suo smembramento da parte dei vicini e infine alla sua scomparsa. La Polonia, indebolita, fu di fatto smembrata prima nel 1772 dalla Prussia, dalla Russia e dall'Austria, e poi di nuovo nel 1792, scomparendo dalle mappe dell'Europa nel 1795. Dopo una breve rinascita sotto Napoleone, la Polonia riapparve solo nel 1918, dopo la Prima Guerra Mondiale. Sarebbe probabilmente interessante studiare in parallelo la situazione della Spagna, che iniziò la sua età dell'oro proprio dopo l'espulsione del 1492.

In un capitolo del suo libro intitolato sintomaticamente *Identità ebraica, identità umana*, Raphaël Draï si occupa della rivoluzione bolscevica, soffermandosi a lungo sui pogrom commessi contro gli ebrei a partire dal 1919: "Gli ebrei sono stati ridotti allo stato di insetti" (p. 388). Secondo Raphaël Draï, questi pogrom "spiegavano alcuni aderenti alla rivoluzione. "Anche in questo caso dobbiamo sottolineare l'errore di interpretazione e precisare, come aveva dimostrato Solzhenitsyn nel suo libro *Duecento anni insieme (1795-1995)*, pubblicato nel 2003, che questi pogrom ebbero luogo durante la guerra civile e che furono in qualche modo una risposta alla massiccia presenza di ebrei nel regime bolscevico. Questa manifesta difficoltà a discutere il ruolo dei loro compagni ebrei nell'avventura bolscevica è evidente nel modo un po' caricaturale in cui gli eventi sono presentati a pagina 392: "La rivolta degli spartachisti", scrive Draï, "repressa nel sangue, mette alla gogna i rivoluzionari descritti come 'di origine ebraica', come Rosa Luxemburg. In generale, gli ebrei sono dichiarati responsabili della sconfitta del Reich[411]."

Il termine "qualificato" qui utilizzato è eminentemente rappresentativo di un'intera mentalità. Per Raphaël Draï fu quindi il momento di passare rapidamente a un altro capitolo: "1933: Gli ebrei intrappolati nella legge"; "1935: Le leggi razziali". "Dopo tutto, il ruolo di vittima è più comodo di quello di carnefice.

Il problema è che negando l'evidenza, gli intellettuali ebrei non solo perdono ogni credibilità, ma suscitano anche legittimi sospetti su altre accuse apparentemente grottesche e "deliranti" rivolte ai loro concittadini ebrei dal Medioevo a oggi. Sarebbe sicuramente più saggio riconoscere la loro partecipazione ai massacri. Dopo tutto, l'errore è umano.

---

[411]Raphaël Draï, *Identité juive, identité humaine*, Armand Colin 1995.

Andare fuori di testa

La netta differenza tra l'immagine mediatica della comunità ebraica e le realtà più prosaiche costringe gli intellettuali cosmopoliti a mantenere un discorso piuttosto sofisticato per affrontare questioni talvolta scomode. Fortunatamente, in televisione e alla radio, i giornalisti e i politici che fungono da interlocutori sono abbastanza educati da non interrogare i rappresentanti della comunità su argomenti delicati, come il ruolo dei commercianti ebrei nella schiavitù e nella tratta degli schiavi, la responsabilità dei leader bolscevichi nelle atrocità della rivoluzione russa, il ruolo di alcuni uomini influenti nello scatenare la guerra in Iraq, Serbia, Afghanistan e forse presto in Iran. Ci sono anche situazioni in cui si preferisce diluire una questione delicata sotto altre considerazioni più banali.

Pierre Birnbaum, professore di sociologia politica all'Università di Parigi I, è autore di un libro pubblicato nel 1993 dal titolo *La Francia per i francesi, una storia di odio nazionalista*. Per lui, come per altri autori cosmopoliti, i sentimenti patriottici degli autoctoni francesi[412] indicano una "pusillanimità", come direbbe Alain Minc, e una meschinità molto spregevole. Il senso di superiorità dell'intellettuale cosmopolita, ancora una volta, è chiaramente percepibile nel modo in cui analizza la situazione:

La Francia per i francesi", ha scritto Pierre Birnbaum, "è il grido che viene ripetuto instancabilmente in ogni momento, a Parigi come in molte città di provincia e persino in piccoli villaggi addormentati, dai manifestanti nazionalisti arrabbiati... Questo slogan dimostra una tensione identitaria, un rifiuto della cittadinanza universale."

Va notato che Birnbaum non si è espresso come un intellettuale cosmopolita, ma come un francese "perfettamente integrato". Tuttavia, quando si tratta di spiegare l'antisemitismo della popolazione e le accuse rivolte specificamente alla comunità ebraica, non si ha altra scelta che "menare il can per l'aia". Se partiamo dalla premessa che gli ebrei sono per natura innocenti, come essi stessi ripetono, le accuse "antisemite" nei loro confronti non possono avere alcuna base razionale. Per la mentalità cosmopolita, tali accuse sono errori grossolani, un attacco a tutta l'umanità, o almeno a tutti i "capri espiatori" della società. Così, gli ebrei non sono mai le uniche vittime, il che è molto rassicurante per loro. D'altra parte, le accuse sono

---

[412]*Français de souche* nel testo: espressione usata in Francia per riferirsi al francese autoctono "radice", in contrapposizione al *Français de branche*, il francese "ramo", di recente immigrazione (NdT).

grossolanamente esagerate per ridicolizzarle:

"La storia più lontana, scrive Pierre Birnbaum, mostra che nelle province più lontane e diverse del Paese c'era un rifiuto della presenza degli ebrei simile a quello di quegli altri esseri considerati ugualmente malvagi e pericolosi, come i lebbrosi e le streghe: in certi periodi, la loro persecuzione era frequente, e talvolta portava all'espulsione diretta, all'imprigionamento o ai pogrom....Questo odio apertamente dichiarato in nome dell'identità cattolica della società francese era diretto anche contro gli altrettanto intollerabili protestanti; e, fino all'epoca contemporanea, li si sentiva continuamente difendere e rivendicare San Bartolomeo[413]; cosa che protestanti ed ebrei, e presto anche i musulmani, dovrebbero tenere in grande considerazione alla luce dei fatti che stanno ampiamente confermando tutti i timori[414]."

Questo tipo di sotterfugio intellettuale si è visto anche, ad esempio, nella risposta del famoso direttore della stampa Jean Daniel a uno scrittore che nel 2000 era balzato agli onori della cronaca per la "sovrarappresentazione" degli ebrei in un programma della radio pubblica. Renaud Camus, uno scrittore di sinistra che da anni dimostra la sua rispettabilità, aveva scritto nel suo giornale *Campagna di Francia*: "Cinque partecipanti e quale proporzione di non ebrei? Molto piccola, se non inesistente. Beh, questo mi sembra, forse non proprio scandaloso, ma esagerato e fuori luogo, scorretto. E no, non sono antisemita, e sì, considero che la razza ebraica abbia dato uno dei più alti contributi spirituali, intellettuali e artistici all'umanità di sempre.... Ma no, non mi sembra opportuno che un talk show, preparato e annunciato in anticipo, cioè ufficiale, sull'integrazione nel nostro Paese, su un'emittente pubblica, si svolga esclusivamente tra giornalisti e intellettuali ebrei o di origine ebraica... Credo di avere il diritto di dirlo. E se non lo faccio, lo dico comunque. Lo dico in nome di questa cultura e civiltà francese dalle radici antiche, che sono le mie, e le cui conquiste nel corso dei secoli sono più che rispettabili e di cui mi dispiace non sentire quasi più parlare nel Paese che fu loro."

Queste parole, perfettamente giustificate, avevano provocato la tradizionale "agitazione all'interno della comunità". Lo scandalo mediatico fu tale che l'editore Fayard dovette ritirare il libro dalla vendita prima di ripubblicarlo senza i passaggi incriminati. Numerose

---

[413]Il Massacro di San Bartolomeo fu l'assassinio degli ugonotti (protestanti francesi di dottrina calvinista) durante le guerre di religione in Francia nel XVI secolo. Iniziò nella notte tra il 23 e il 24 agosto 1572 a Parigi e si diffuse per mesi in tutto il Paese. (NdT).
[414]Pierre Birnbaum, *La France aux Français, Histoire des haines nationalistes*, Éd. Seuil, Parigi, 1993, pag. 14, 16

personalità avevano comunque difeso lo scrittore, denunciando un vero e proprio linciaggio.

Jean Daniel intendeva dire la sua in questa polemica affrontando la questione alla stregua del suo collega Pierre Birnbaum, cioè con quel profondo disprezzo che il cosmopolita prova nei confronti dell'indigeno. Il primo passo è stato quello di esagerare l'accusa a dismisura per farle perdere credibilità. Il passo successivo era quello di "fare confusione" mettendo l'accusato in mezzo a un gruppo di "capri espiatori" (streghe, lebbrosi, omosessuali, donne, immigrati, zingari, protestanti, proletari, ecc.) per diluirli in una massa anonima. Jean Daniel ha svolto questo lavoro in modo coscienzioso prima di concludere con accuse oltraggiose nei confronti dell'accusatore:

L'esasperazione per la composizione prevalentemente ebraica del "chat show" *di France Culture*, scrive, "questo stato d'animo diffidente, antipatico e tradizionalmente francese rivela una mentalità molto specifica". Cosa significa l'espressione "sovrarappresentazione"? Innanzitutto, ci sono sovrarappresentazioni e sottorappresentazioni, ma di chi? Delle comunità che compongono la società francese? Sarebbe opportuno - secondo il pensiero paritario e politicamente corretto - che ognuna delle comunità fosse equamente rappresentata, se non per province, almeno per religioni? I musulmani e i neri che recentemente si sono dichiarati mal rappresentati in televisione e alla radio sarebbero legittimati in questo modo? Questo può essere rimpianto o meno. Questa estensione della parità tra uomini e donne a tutte le categorie andrebbe a scapito del merito e delle competenze?... Si dice, si può dire o si dirà: ci sono troppi neri nelle squadre di calcio, troppi indiani dell'ovest nelle infermiere, troppi catalani nelle squadre di rugby, troppi corsi nei doganieri, ecc. Ma questo ovviamente non ha lo stesso significato del sottolineare che ci sono troppi albanesi nella mafia, troppi zingari ladri d'auto, troppi nordafricani e neri nelle carceri, troppi manager protestanti nelle banche - e troppi ebrei nei media. È una sovrarappresentazione? E se è così, dov'è il pericolo in una società così plurale, così multiconfessionale e così multietnica? Chi può ancora avere, senza soffrire della cecità dell'odio, nostalgia di quella Francia cattolica e pura, in un'Europa al sicuro dai Mori e dai Saraceni?... In realtà, temo che il signor Renaud Camus sia un vero antisemita e, se posso dirlo, un antisemita in buona compagnia. Sono sicuro che ha ottimi amici ebrei e che è fedele a loro. Ma credetemi, è assolutamente antisemita. In casi come il suo, così pacifici, dubito che possa essere curato[415]."

In realtà, Jean Daniel fingeva di credere che le accuse fossero rivolte agli ebrei, mentre il nocciolo della questione risiedeva nella parzialità o imparzialità degli intellettuali ebrei. Ha fatto finta di non capire e ha abilmente eluso la questione.

Questa naturale inclinazione a "confondere le acque", a confondere la situazione e a imbrogliare l'avversario si osserva nella maggior parte degli intellettuali cosmopoliti di tutto il mondo, come abbiamo visto in *Le speranze planetarie*. Questa omogeneità di pensiero si spiega solo con la base comune della formazione intellettuale ebraica: cioè lo studio esaustivo della Torah fin dalla più tenera età, e poi del Talmud, nonché una lunga pratica del *pilpul*, cioè di quei combattimenti oratoriali in cui i contraddittori competono con tortuosa ingegnosità per imporre il loro punto di vista. È infatti nell'arte del ragionamento che la superiorità intellettuale degli ebrei ashkenaziti si esprime al meglio. Per non essere il "popolo del libro", cioè della grande letteratura, il popolo ebraico è il popolo del *pilpul* talmudico, cioè della pura intelligenza e della contorsione intellettuale[416].

Alla fine del XIX secolo, lo scrittore antisemita Edouard Drumont aveva già notato questa tendenza di alcuni intellettuali cosmopoliti a eludere abilmente le questioni scomode. Dopo una serie di scandali finanziari che hanno coinvolto, tra gli altri, diverse personalità di origine ebraica, Edouard Drumont ha immaginato questo dialogo illustrativo all'inizio del suo libro intitolato La *Francia ebraica di fronte all'opinione pubblica*:

"È impossibile farsi capire da questo finto sordo che si ostina a non sentire nulla e che finisce per infilarsi nel letto di qualcun altro. Israele si diverte così a giocare con noi con parole e dialoghi interrotti.

---

[415]Jean Daniel Bensaid, *Soleils d'hiver*, Grasset, Poche, 2000, p. 337, 323

[416]"*Il nome pilpul*, discussione, letteralmente pepe, viene spesso dato agli studi talmudici per la loro piccantezza, ricchezza e per lo stimolo che ne deriva. Eccellono soprattutto nel confrontare diverse interpretazioni, nell'immaginare tutti gli aspetti possibili, immaginabili e impossibili di un ipotetico problema e, con ingegnose manovre intellettuali, nel risolvere ciò che sembra insolubile. Acutezza, conoscenza, immaginazione, memoria, logica, sottigliezza, tutto il possibile viene fatto per risolvere un quesito talmudico. La soluzione ideale è il *khidesh*, una sintesi originale finora inedita. Questa performance intellettuale è un piacere per chi la esegue e per chi la ascolta. C'è una gioia nell'esercitare il proprio pensiero con forza e abilità, nel mostrare la propria fluidità a questo livello di elevazione e astrazione. Quando due studiosi affermati iniziano un dibattito "spinto", intorno a loro si raduna un circolo di ammirazione che attende in silenzio ogni replica, anche a costo di discutere, di sfuggita, questa o quella sottigliezza con uno dei due, impegnandosi in una nuova discussione. " (Mark Zborowski, *Olam*, 1952, Plon, 1992, p. 89).

- Com'è possibile che in pochi anni quasi l'intera fortuna della Francia si sia concentrata in poche mani ebraiche?

- In nome dei pregiudizi di un'altra epoca, ci impedirebbe di adorare il Dio di Giacobbe, di celebrare Yom Kippur e Pesach?

- Siete caduti come una piaga di locuste su questo sfortunato Paese. L'avete rovinata, dissanguata, ridotta in miseria, avete organizzato il più terribile sfruttamento finanziario che il mondo abbia mai visto.

- È la festa di Sukkot che vi disturba? Sukkot, la poetica festa del fogliame... Su, vivete nel vostro tempo, lasciate a tutti la libertà di coscienza.

- Gli ebrei tedeschi che avete introdotto in tutti i ministeri, nelle prefetture, nel Consiglio di Stato, sono persecutori spietati; vilipendono tutto ciò che i nostri padri rispettavano, hanno gettato i nostri crocifissi nelle discariche, attaccano le nostre eroiche Suore della Carità!

- I principi di tolleranza proclamati nel 1789! Tutto qui! È la gloria di Israele per aver difeso quelle dottrine. Caro e buon Israele! Israele faro delle nazioni! Israele è il campione dell'Umanità; desidera il bene di tutti i popoli..., per questo lo prende da loro.

In queste condizioni, come capirete, non è possibile una discussione seria. Lei sta chiedendo al signor de Rothschild. Volete sapere, in virtù dei vostri diritti di cittadini, quale lavoro ha prodotto in cambio delle prodigiose somme di denaro che ha ricevuto. Il signor de Rothschild è uscito. Al suo posto si presenta il signor Frank, un uomo molto onesto, uno scienziato rispettabile che vi parla di religione quando gli parlate di economia politica, e che vi risponde con banalità sul Progresso quando gli chiedete degli oltraggi dei suoi correligionari[417]."

Non giudichiamo qui se le accuse di Drumont fossero fondate o meno, anche se probabilmente erano eccessive e persino francamente deliranti. Ci interessa invece il comportamento del personaggio accusato, nel ruolo dell'anguilla viscida, nella misura in cui è effettivamente una caricatura di ciò che abbiamo visto in Pierre Birnbaum e Jean Daniel.

Nella sua *Storia dell'antisemitismo*, Leon Poliakov ci ha fornito alcune interessanti testimonianze sull'immagine degli ebrei nelle opere teatrali cristiane del XIV secolo, in cui "l'insondabile perfidia degli ebrei" veniva descritta con parole poco gentili.

"La vasta gamma di epiteti usati per descriverli può dare un'idea di questa tendenza", scrive Poliakov: "falsi ebrei", "falsi ladri", "falsi

---

[417]Edouard Drumond, *La France juive devant l'opinion*, Marpon & Flammarion éditeurs, Paris, 1886, p. 25, 26.

miscredenti", "ebrei malvagi e felloni", "ebrei perversi", "ebrei traditori", "nazione falsa e perversa", "falsi furfanti[418]". C'era già chiaramente una certa incomprensione reciproca.

Lo specchio dell'antisemita

Nell'introduzione al suo romanzo *Nel mirino* (prefazione a 1984), anche il famoso scrittore americano Arthur Miller ha negato qualsiasi specificità ebraica quando si trattava di rispondere alle accuse degli antisemiti. Non c'è più un "popolo eletto", non c'è più una "missione" da compiere per salvare l'umanità. Gli ebrei sono persone come tutte le altre, come i cinesi, per esempio, che sono anche accusati di voler dominare i loro vicini:

"Mi ha divertito sentire a Bangkok descrizioni dei cinesi locali esattamente uguali a quelle che circolavano in Occidente, e senza dubbio circolano ancora, sugli ebrei. "I cinesi sono fedeli solo tra di loro. Sono molto intelligenti, studiano di più a scuola, cercano sempre di essere i primi nei loro studi. Ci sono molti banchieri cinesi in Thailandia, troppi; la verità è che è stato un vero errore dare ai cinesi la cittadinanza thailandese perché hanno preso segretamente il controllo del sistema bancario. Inoltre, sono spie della Cina o lo saranno in tempo di guerra. Quello che vogliono veramente è una rivoluzione in Thailandia (anche se sono banchieri e capitalisti), in modo che finiremo per dipendere dalla Cina". "Come si può capire, le accuse rivolte agli ebrei indicavano semplicemente una certa invidia naturale della gente comune, sempre pronta a esprimere le proprie frustrazioni e il proprio risentimento contro una minoranza capro espiatorio. In realtà, la stessa reazione identitaria esisteva in Cambogia contro i vietnamiti, spiega Arthur Miller: "Molte di queste stesse riflessioni contraddittorie si applicavano ai vietnamiti che risiedevano in Cambogia da generazioni; anch'essi erano più industriosi dei nativi, erano di dubbia lealtà, stavano per diventare spie del Vietnam comunista, anche se erano ferventi capitalisti, e così via. Da questi esempi emergono due notevoli analogie: i cinesi in Thailandia e i vietnamiti in Cambogia erano spesso commercianti, proprietari di negozi e piccole case, venditori ambulanti, e molti erano insegnanti e avvocati o intellettuali, cosa invidiabile in un Paese rurale."

La conclusione di Arthur Miller era tuttavia piuttosto talmudica, una fallacia contorta che alla fine equivale ad accusare l'accusatore:

---

[418]Léon Poliakov, *Histoire de l'antisémitisme I*, 1981, Points Seuil, 1990, p. 305.

"La mente antisemita vede l'ebreo come il portatore della stessa alienazione, dello sfruttamento indiscriminato, che il popolo teme e risente. Aggiungo solo, scrive Miller, che temono questa alienazione perché la sentono in se stessi come un individualismo irrimediabilmente antisociale, privo di senso di appartenenza, che smentisce il fervido desiderio di essere una parte utile dell'insieme mitico, della sublime essenza nazionale. Spesso sembrano temere l'ebreo come temono la realtà. E forse è per questo che non c'è una vera fine ai sentimenti antisemiti. Vedere se stessi, contemplare la propria immagine nello specchio della realtà e della bruttezza del mondo, non offre la minima consolazione[419]..."

Riconosciamo qui lo stesso ragionamento di Guy Sorman, quando spiegava che l'antisemitismo spagnolo e ungherese era dovuto alla mancanza di identità di questi due popoli, o quello di Alain Minc sulla "purezza" polacca. Chiaramente, ancora una volta, il problema non è degli ebrei, ma dei loro accusatori.

Il filosofo Jacob Leib Talmon ha fatto la stessa analisi quando ha scritto in *Israel's Destiny*: "Quando esaminiamo la questione, siamo spesso colpiti dal fatto che un gran numero di accuse rivolte dagli antisemiti alla testa degli ebrei si applicano in realtà agli antisemiti stessi[420]. "In effetti, "è molto sorprendente".

Gli antisemiti di tutto il mondo sono quindi particolarmente inclini a trasporre le proprie colpe sugli ebrei. Questo concetto è stato espresso anche da Clara Malraux: "Negli ultimi anni, le manifestazioni dell'antisemitismo sono state analizzate, così come le sue cause psicologiche: il bisogno del non ebreo di sentirsi superiore per rassicurarsi, il bisogno di incolpare gli altri per le proprie colpe, essendo questi ultimi i paria o i capri espiatori, oppure - e io propendo più per questa ipotesi, perché spiegherebbe meglio la focalizzazione del fenomeno sui "Figli del Libro" - l'odio per il padre[421]?".

Questa spiegazione è stata a sua volta trovata nel famoso scrittore viennese dell'inizio del XX secolo, Arthur Schnitzler, che ha spiegato ai suoi lettori le radici dell'antisemitismo: "Il suo romanzo *In campo aperto*, pubblicato nel 1908, e la sua opera teatrale *Professor Bernhardi*, che ha debuttato a Berlino nel 1912, dimostrano che nessuna classe sociale è esente dal flagello dell'antisemitismo", ha scritto il suo biografo Jacques Le Rider.

Ecco come Schnitzler, attraverso il suo personaggio, percepisce

---

[419]Arthur Miller, *En el punto de mira*, Tusquets Editores, Barcellona, p. 15, 16
[420]J.-L. Talmon, *Destin d'Israël*, 1965, Calmann-Lévy, pag. 79.
[421]Clara Malraux, *Rahel, Ma grande soeur...*, Edition Ramsay, Parigi, 1980, p. 21, 22

l'antisemitismo della società austriaca dell'epoca: "Mosso dall'amore per l'umanità e la verità, Bernhardi ha agito secondo la sua coscienza professionale di medico e secondo i principi etici di compassione e umanità. Ma poiché è un ebreo, è diventato un nemico del popolo. Questa è la diabolica trasmutazione dei valori operata dall'antisemitismo: la vittima ebrea diventa il nemico del popolo, mentre l'aggressore antisemita vede se stesso come vittima. Anche quando viene rilasciato dal carcere dopo una condanna ingiusta, Bernhardi non trova nessuno a cui chiedere perdono. Al contrario, è lui, ancora una volta, che deve farsi perdonare per essere stato la causa di tutta la "vicenda[422]." "

Per Schnitzler, infatti, gli ebrei, ispirati dall'amore per l'umanità, sono comunque innocenti rispetto a ciò che gli antisemiti potrebbero rimproverare loro. Sono quindi questi ultimi che cercano di volgere la situazione a loro "diabolico" vantaggio. Inutile dire che.

Paranoia antisemita

Le analisi dell'antisemitismo portano sempre logicamente al disordine mentale dei goyim sopraffatti da un odio incomprensibile. L'antisemitismo sarebbe innanzitutto una forma di paranoia.

A coloro che accusano gli ebrei di costituire una "lobby" che esercita un'enorme influenza sui parlamentari francesi e all'interno del Parlamento europeo, Pierre Birnbaum può dare una risposta toccante:

"A differenza delle potenti lobby transnazionali che operano liberamente a Bruxelles e mantengono in città eserciti permanenti di agenti per difendere i loro interessi, gli ebrei non potrebbero organizzarsi in questo modo e, inoltre, sarebbero privati di potenziali alleati. In un'Europa di quasi 450 milioni di persone, rappresentano circa 1,5 milioni di individui separati da quasi tutto: lingua, cultura, pratiche religiose, comportamenti e valori. Hanno a malapena dei rappresentanti che da soli non sono in grado di portare avanti una causa, né tantomeno di imporre un punto di vista... Si avvicinano con angoscia a questa nuova tappa europea della loro lunga storia in questo continente... La loro presenza a Bruxelles è una delle più discrete e modeste. Hanno solo tre o quattro rappresentanti permanenti che sono impotenti a farsi ascoltare da istituzioni che sono già sommerse di richieste[423]."

---

[422]Jacques Le Rider, *Arthur Schnitzler*, Belin, 2003, p. 195, 211, 212

[423]Pierre Birnbaum, *Prier pour l'Etat, les Juifs, l'alliance royale et la démocratie*,

Così vediamo che le accuse degli antisemiti sul presunto potere finanziario degli ebrei e sulla loro influenza come gruppo di pressione costituito sono totalmente infondate. Il libro del giornalista Serge Moati sull'*odio antisemita* presenta una testimonianza convergente di una personalità importante. È Abraham Foxman, storico presidente dell'ADL (Anti Defamation League), la più importante organizzazione antirazzista degli Stati Uniti, a cui fanno eco le parole di Pierre Birnbaum:

"Si parla spesso di "lobby ebraica", ma gli ebrei hanno solo quarantotto rappresentanti al Congresso... La "lobby ebraica" non esiste. Questa parola appartiene alla terminologia antisemita. Nessuno dice che c'è una lobby cristiana quando è noto che ci sono lobby cristiane ovunque[424]. "Così siamo più rilassati.

Tuttavia, il 12 gennaio 2006, il settimanale *Le Point* pubblicò un servizio sullo scandalo Abramoff che aveva scosso il mondo politico statunitense.

"Jack Abramoff, un brillante lobbista di 46 anni vicino agli ambienti repubblicani, è stato a lungo una delle figure più potenti di *K Street*, la strada delle lobby. Si è appena dichiarato colpevole di racket, frode fiscale e corruzione attiva. Da allora, il mondo politico è in fermento per il fatto che Abramoff ha accettato di collaborare con la giustizia per negoziare una riduzione della pena. Si teme che possa rivelare i nomi dei parlamentari che ha corrotto in cambio di favori per i suoi clienti. Si parla di un coinvolgimento tra i 12 e i 60 membri del Congresso, uno dei più grandi scandali nella storia del Congresso. I principali clienti di Abramoff erano le tribù indiane che possedevano casinò e che lui truffava allegramente. Ha fatturato loro ingenti somme e ha imposto loro una società di pubbliche relazioni di proprietà di un suo socio d'affari... nascondendo il fatto che raccoglieva anche denaro dalla lobby anti-gioco d'azzardo. Abramoff si è riempito le tasche (82 milioni di dollari), anche se ha ridistribuito il denaro dagli indiani ai parlamentari: cene, il suo ristorante di lusso, viaggi in campi da golf in Scozia, lavori per le mogli... Abramoff e i suoi clienti hanno contribuito con 4,4 milioni di dollari alle campagne elettorali di oltre 250 rappresentanti dal 1999. Quaranta di loro - tra cui alcune eminenti figure repubblicane e diversi democratici, come Hillary Clinton - si

---

Calmann-Lévy, 2005, p. 178-180. [Il 16 febbraio 2012 è stato inaugurato a Strasburgo, nello stesso edificio del Parlamento europeo, il Parlamento ebraico europeo. È composto da 120 rappresentanti di 47 Paesi, alcuni dei quali non membri dell'Unione Europea e persino esterni al continente stesso].

[424] Serge Moati, *La Haine antisemite*, Flammarion, 1991, p. 158.

sono affrettati a devolvere in beneficenza i contributi del lobbista corrotto."

Ma non perdiamo altro tempo in queste sciocchezze e diamo invece un'occhiata più da vicino alle manifestazioni della follia antisemita di Leon Polyakov. Nella sua monumentale *Storia dell'antisemitismo*, il grande storico ha esposto la natura patologica dell'antisemitismo tedesco dopo la sconfitta del 1918. Per lui la spiegazione era molto semplice: i tedeschi erano preda di una malattia ben nota, la sindrome di persecuzione, che può portare chi ne soffre alla follia totale:

All'indomani della rivoluzione d'ottobre, le dichiarazioni di alcuni responsabili del destino della Germania rasentavano il delirio perché, secondo loro, "un numero indeterminato di bolscevichi era di origine ebraica"... Questa tendenza delirante si accentuò quando divenne chiaro che la Germania aveva perso la guerra. "Secondo Leon Poliakov, lo stesso generale Ludendorff, il leader della vittoria di Tannemberg nel 1914, dopo essere stato lo stratega che guidò le Potenze Centrali tra il 1916 e il 1918, "cadde nella più completa follia antiebraica", e nel "delirio della persecuzione".

A quanto pare, la malattia era contagiosa, dato che anche Churchill soffriva dello stesso delirio. Alla fine del 1919, giustificò la crociata antibolscevica in un discorso alla Camera dei Comuni, in cui punì, secondo Poliakov, "la setta più formidabile del mondo". Ha anche elaborato le sue idee in un articolo pubblicato l'8 febbraio 1920 dal titolo *Sionismo contro il bolscevismo*. La descrizione di Churchill degli "ebrei internazionali" e di altri "terroristi ebrei", nei termini di Churchill, "rasentava il delirio", ha scritto Poliakov, perché "gli antisemiti più frenetici potevano approfittarne[425]."

Follia antisemita

Le vicende ebraiche che fanno regolarmente notizia prima di essere immediatamente messe a tacere non impediscono agli intellettuali cosmopoliti di inveire contro quelli che considerano i deliri ossessivi degli antisemiti. In *La colpa degli ebrei*, Guy Konopnicki ha scritto, ad esempio:

"Non si passa mai innocentemente dalla denuncia del capitalismo alla denuncia di poteri finanziari occulti che covano un complotto globale. Tutti coloro che ripetono questa ossessione non fanno altro che

---

[425]Léon Poliakov, *Histoire de l'antisémitisme II*, 1981, Points Seuil, 1990, p. 409.

esprimere il più banale antisemitismo. Il lapsus può essere involontario, inconsapevole, ma è la materia stessa del delirio[426]."

Konopnicki si trovava così d'accordo con Abraham Foxman, che aveva evidenziato il problema centrale della questione dell'antisemitismo, rivelando infine che esso non è altro che "la malattia del cervello non ebraico". Abraham Foxman ha raccontato un dialogo avuto durante uno dei suoi viaggi che dimostra la natura perversa dell'antisemitismo e la difficoltà di comprenderne la logica:

"Qualche mese fa sono andato a Mosca. Ho incontrato alcuni moscoviti. Una sera uno di loro mi ha chiesto: "Perché esiste l'antisemitismo? Ho risposto: "È una domanda a cui deve rispondere perché l'antisemitismo è una malattia del cervello non ebraico, non del cervello ebraico. Siamo solo vittime. Ci dica lei perché esiste l'antisemitismo? E c'è stato silenzio".

In effetti, molti intellettuali cosmopoliti giungono a questa conclusione. Serge Moati, ad esempio, nel suo libro *Odio antisemita, ha* fornito un'altra testimonianza in tal senso. Renée Neher, nativa dell'Alsazia, "estremamente patriottica", quindi molto francese, che ha vissuto la Seconda Guerra Mondiale e l'invasione tedesca... e che "vive in Israele dal 1971" (altro "paradosso") ha dichiarato:

"Come ogni malattia, l'antisemitismo conosce periodi di crisi e di remissione, ma non esiste una cura per questa terribile malattia[427]."

Michel Winock, storico e professore all'Istituto di Scienze Politiche di Parigi, le cui opere sono autorevoli, ha analizzato la questione allo stesso modo: "L'antisemitismo non è solo una mostruosità morale e un'inettitudine intellettuale; è lo strumento di politiche reazionarie, è, al di là delle nozioni di destra e di sinistra, una sintesi di tutti i razzismi, la negazione della società pluralistica, l'esaltazione imbecille dell'io nazionale e infine uno dei germi della barbarie totalitaria[428]."

Tutti gli esseri umani possono soffrire di questa terribile malattia, e non solo gli europei. Così abbiamo sentito Elie Wiesel alla televisione francese, nel talk show *Tout le monde en parle* del 6 maggio 2006, dichiarare a proposito dell'Iran e del presidente iraniano Ahmadinejad: "Il leader religioso dell'Iran è un pazzo, intendo dire patologicamente malato; è pazzo da morire. E ha aggiunto logicamente: "La sua bomba non minaccia Israele, ma il mondo intero". "Avete capito: tutti coloro

---

[426]Guy Konopnicki, *La Faute des Juifs*, Balland, 2002, p. 128, 69

[427]Serge Moati, *La Haine antisémite*, Flammarion, 1991, pagg. 158, 165.

[428]Michel Winock, *Edouard Drumond et Cie, antisémitisme et fascisme en France*, Seuil, Paris, 1982, p. 64-66.

che si oppongono ai progetti degli ebrei sono "pazzi" che il mondo occidentale ha il dovere di combattere.

Il saggista Raphaël Draï analizzò la follia antisemita attraverso il mito del desiderio di dominio mondiale degli ebrei, diffuso dal famoso testo *I protocolli degli anziani di Sion, che* sarebbe diventato "lo sfondo della coscienza occidentale". La "trasmutazione diabolica" sopra descritta, che consiste per l'antisemita nel trasporre tutte le sue colpe sugli ebrei per liberarsene, deve infatti essere analizzata dal punto di vista della psichiatria.

L'odio antisemita, ha spiegato Raphaël Draï, "ha assunto una mitologia diabolica: *I Protocolli degli Anziani di Sion*.... Gli obiettivi principali del piano sono già stati esposti e denunciati, quindi è ora opportuno considerare l'aspetto psicopatologico del documento... Le affermazioni in esso contenute non sono solo grossolane e fuorvianti. In altre parole, la negazione da parte dell'autore del falso documento dovrebbe attirare la nostra attenzione sull'inversione psichica rivelata da quel documento... La lettura di quella lettera rivela un documento clinico sulla psicopatologia dell'antisemitismo disumanizzante. L'antisemita attribuisce agli ebrei intenzioni che egli stesso nutre nei loro confronti; intenzioni che non può confessare direttamente... Questo è il meccanismo mentale che ritroviamo in tutti i falsi documenti dello stesso tipo e con la stessa intenzione... Le intenzioni politiche e sociali di questi scritti sono chiare... La dimensione psicopatologica di tali costruzioni dovrebbe attirare e trattenere la nostra attenzione... Gli ebrei messi in scena sono ebrei proiettivi; l'immagine "giudaizzata" è caratteristica dei deliri antisemiti[429]."

È quindi chiaro: sono gli antisemiti che proiettano le loro colpe e i loro difetti sugli ebrei, che sono sempre le vittime e i capri espiatori.

Il fattore psicopatologico dell'antisemitismo è stato evidenziato in un libro del famoso scrittore americano Philip Roth, anche se in modo beffardo. Nel suo romanzo *Operazione Shylock*, immagina un'infermiera antisemita che cerca di guarire in un'associazione: "Sono un antisemita in via di guarigione. Sono stato salvato dall'ASA.

- Che cos'è l'A.S.A.?
- Anonimi antisemiti. Il gruppo di soccorso fondato da Philip..."

"L'antisemitismo era diffuso nella mia famiglia... È uno degli argomenti che discutevamo alle riunioni dell'ASA. Beh, che differenza fa il motivo per cui ce l'abbiamo, quello che dobbiamo fare è ammettere che ce l'abbiamo, aiutarci a vicenda e liberarcene."

---

[429]Raphaël Draï, *Identité juive, identité humaine*, A. Colin, 1995, pagg. 390-392.

Ecco i dieci dogmi dell'Anonima antisemiti immaginata da Philip Roth:

"1. Riconosciamo di essere persone piene di pregiudizi e di odio che sono impotenti a controllare.

2. Riconosciamo che non sono gli ebrei a farci del male, ma siamo noi a ritenere gli ebrei responsabili dei nostri mali e di quelli del mondo in generale. Siamo noi che facciamo del male agli ebrei credendo a una cosa del genere.

3. Un ebreo può avere i suoi difetti, come qualsiasi altro essere umano, ma quelli che dobbiamo affrontare francamente qui sono quelli che abbiamo: paranoia, sadismo, negativismo, distruttività, invidia.

4. I nostri problemi monetari non hanno origine dagli ebrei, ma da noi stessi.

5. I nostri problemi di lavoro non hanno origine dagli ebrei, ma da noi stessi (e lo stesso vale per i problemi sessuali, coniugali e di comunicazione con gli altri).

6. L'antisemitismo è un modo per rifiutare di ammettere la realtà, per non voler riflettere onestamente sulle nostre persone e sulla società che ci circonda.

7. Nella misura in cui manifestano la loro incapacità di controllare l'odio, gli antisemiti non sono come le altre persone. Ci rendiamo conto che la minima macchia antisemita sul nostro comportamento mette a rischio le nostre possibilità di guarigione.

8. Aiutare gli altri a disintossicarsi è la pietra miliare del nostro recupero. Niente immunizza di più dalla malattia dell'antisemitismo che lavorare intensamente con altri antisemiti.

9. Non siamo scienziati, non ci interessa sapere perché abbiamo contratto questa terribile malattia: siamo tutti d'accordo sul fatto che l'abbiamo e che dobbiamo aiutarci l'un l'altro a riconoscere di averla e ad aiutarci a liberarcene.

10. All'interno della fraternità A.S.A., facciamo del nostro meglio per sottomettere l'odio per gli ebrei in tutte le sue manifestazioni[430]."

Il punto numero 9 è senza dubbio il più rivelatore. Chiaramente non si tratta dei sintomi della "malattia antisemita", ma della mentalità cosmopolita. È inutile cercare le cause dell'antisemitismo. Non esistono cause dell'antisemitismo. Non ci possono essere cause di antisemitismo, se non, ovviamente, i pregiudizi di un'altra epoca trasmessi dalla religione cattolica:

"Ma vediamo, perché ho iniziato a odiare gli ebrei? Perché non

---

[430]Philip Roth, *Operación Shylock*, Debolsillo Penguin Random House, Barcellona, 2005, p. 101, 106, 115, 116

dovevano sopportare tutte le sciocchezze dei cristiani... Tutto è iniziato quando ero cristiano, ma è diventato più forte in ospedale. Ora, grazie ad A.S.A., vedo chiaramente le altre ragioni del mio odio. Ho odiato la loro coesione. La loro superiorità. Quella che i gentili chiamano avidità. La loro paranoia e il loro atteggiamento difensivo, sempre molto cauti, sempre tattici, sempre intelligenti... Gli ebrei mi davano sui nervi solo perché erano ebrei. Ecco cosa ho capito dai cristiani... Il cattolicesimo penetra fino in fondo. E anche la follia e la stupidità vanno in profondità. Dio! Gesù Cristo!... Sai cosa mi ha detto Philip quando gli ho raccontato di Walter Sweeney che pregava, prostrato in ginocchio, e stava morendo di fame? "Il cristianesimo", ha detto. "Delizie gentili" [*goyishe nakhès*[431]]. E sputò a terra[432]. "Evidentemente il signor Roth non è un aderente alla religione cattolica.

A quanto pare, l'atmosfera di questo ospedale gestito da medici e chirurghi ebrei aveva generato un certo risentimento nelle infermiere goyim: "Ma in questo ospedale, con tanti medici e malati ebrei, e parenti in visita, e pianti e mormorii, e grida ebree.......", le infermiere potrebbero irritarsi. Fortunatamente, il buon medico Aharon aveva deciso di prendersi cura di loro: "Domani sera porta con te un altro antisemita, forse un'altra infermiera che in cuor suo si rende conto del male che l'antisemitismo le sta facendo... L'unico scudo contro il tuo odio è il programma di recupero che... abbiamo istituito in questo ospedale... L'antisemita, come l'alcolista, può essere curato solo da un altro antisemita."

Il buon vecchio Aharon si prende cura dei suoi pazienti con attenzione: "È perfetto", disse Aharon, divertito, senza distogliere lo sguardo dalle mie glosse marginali ai Dieci Dogmi, "Tu riscriverai quello che scrive. "Anche se il buon dottore a volte era un po' insolente: "Non gli basta un antisemita? Ha bisogno di avere intorno a sé tutti gli antisemiti del mondo, che implorano il suo perdono ebraico, che confessano il loro marciume gentile, che proclamano che lui è un essere superiore e loro sono spazzatura? *Raccontami i tuoi empi segreti di infedele*[433], *ragazze!* Questo è ciò che gli ebrei fanno davvero su[434]..."

Leggendo queste parole capiamo meglio perché gli oppositori

---

[431]Nella versione originale, in tono spregiativo e derisorio: "Delizie per i gentili" o "È buono per i goyim".

[432]Philip Roth, *Operación Shylock*, Debolsillo Penguin Random House, Barcellona, 2005, p. 264, 265, 266, 267

[433]*Goyim* nella versione francese.

[434]Philip Roth, *Operación Shylock*, Debolsillo Penguin Random House, Barcellona, 2005, p. 119, 120, 122

politici venivano rinchiusi negli ospedali psichiatrici nei regimi staliniani dell'URSS e dell'Europa orientale[435].

La psicoanalisi dell'antisemita

Norman Cohn ha portato l'analisi ancora più avanti. Nel suo *The Myth of the Jewish World Conspiracy: A Case Study in Collective Psychopathology*, pubblicato nel 1966, Norman Cohn ha condotto una vera e propria psicoanalisi dell'antisemita ed è giunto alla stessa conclusione di altri ricercatori cosmopoliti: l'antisemitismo è il frutto di una "trasmutazione diabolica".

A proposito del "mito della cospirazione mondiale ebraica", Norman Cohn ha scritto: "Dopo aver riflettuto su queste questioni, dieci anni fa ho ipotizzato che le idee diffuse sugli ebrei corrispondano a proiezioni negative inconsce, cioè a un meccanismo mentale con cui alcuni esseri umani attribuiscono agli altri le proprie tendenze anarchiche che rifiutano di riconoscere. Più specificamente, ha sostenuto che, in questa forma di antisemitismo, gli ebrei, come collettività, rappresentano per il subconscio sia il figlio "cattivo", cioè il figlio ribelle[436], sia il padre "cattivo", cioè il padre che può potenzialmente torturare, punire e uccidere.

In seguito, ho appreso che diversi psicoanalisti professionisti, molto prima di me, avevano formulato esattamente la stessa ipotesi[437]. Questo lavoro mi ha convinto che si trattava di un'ipotesi straordinariamente fertile."

Norman Cohn ha continuato: "Diversi psicoanalisti hanno sostenuto che, poiché rifiutano il Dio dei cristiani, gli ebrei rappresentano per alcuni di loro i bambini ribelli, i 'cattivi' - quindi i parricidi. Ciò significa che in tutte le epoche è stato molto facile e allettante per loro trasformare gli ebrei in capri espiatori per i risentimenti inconsci che potevano provare nei confronti sia del loro padre che del loro Dio... Ma il subconscio tende ad associare l'ebreo

---

[435]Forse deriva da una spiegazione religiosa molto antica: "Secondo i rabbini, i discepoli di Amalek sono paragonati a un pazzo che finge di gettarsi in un bagno di acqua bollente per raffreddarla" (JMB).

[436]Il "figlio malvagio" è un'altra figura biblica.

[437]Ad esempio, R.M. Loewenstein, *Psychanalyse de l'antisémitisme*, Paris, 1951; H. Loeblowitz-Lennard, *The Jew as symbol*, in *The Psychoanalytic Quarterly*, vol. XVII (1948), e più recentemente B. Grunberger, Der Antisemit und der Oedipuskomple, in Psyche (Stuttgart, agosto 1962). Grunberger, *Der Antisemit und der Oedipuskomple*, in *Psyche* (Stuttgart), agosto 1962.

più strettamente al padre "cattivo" che al figlio "cattivo". Ciò si comprende meglio notando come il rapporto storico del cristianesimo europeo con il popolo ebraico porti inevitabilmente quest'ultimo ad assumere il ruolo di figura paterna collettiva. "In realtà, la storia del popolo ebraico raccontata nell'Antico Testamento precede la nascita del cristianesimo, erede e rivale del popolo ebraico.

Il Dio geloso, spietato e crudele dell'Antico Testamento è alla base di questa psicoanalisi: "Il punto probabilmente più importante, scrive Norman Cohn, è che, a differenza del Dio cristiano che combina gli attributi di padre e figlio, il Dio degli ebrei è il padre da solo: un padre... che appare ugualmente tirannico e spietato. Così, gli ebrei che vivevano in terre cristiane erano il bersaglio perfetto per le proiezioni edipiche associate al padre "cattivo"."

Per Norman Cohn, l'antisemitismo può quindi essere spiegato, dal punto di vista psicoanalitico, sulla base della figura di "un bambino piccolo che ama e odia suo padre", ma che vuole ucciderlo. "Questo sentimento viene rapidamente represso nel subconscio, ma cerca comunque una via d'uscita... La figura del padre cattivo diventa un oppressore implacabile, pieno dell'odio spietato e della furia distruttiva che il bambino prova nella realtà senza osare riconoscerlo completamente. È così che il bambino elabora, sulla base della propria spinta distruttiva e dei propri sensi di colpa, una figura genitoriale vendicativa e di mostruosa crudeltà. Un essere onnipotente che tortura, mutila e divora e accanto al quale, se paragonato, il vero padre sembra inoffensivo per quanto lo si possa immaginare duro."

"I Saggi di Sion, ha proseguito Norman Cohn, sono evidentemente queste figure genitoriali. Ciò si evince sia dal loro nome sia dal trattamento che infliggono alle nazioni, un trattamento che, in apparenza, può essere paragonato a quello che il padre "cattivo" infligge al figlio. Succhiano il sangue e la forza vitale delle nazioni e la usano per i loro scopi sinistri; infliggono ai popoli torture e morte provocando guerre."

Dal punto di vista della psicoanalisi, il fenomeno hitleriano si spiega allo stesso modo: "I crimini peggiori sono stati commessi contro il padre incarnato dall'ebreo che Hitler identificava con il padre "cattivo"... Quando gli antisemiti fanatici vengono sottoposti a test psicologici, emerge un odio anormalmente intenso per le figure genitoriali che appaiono a volte minacciose e a volte mutilate o assassinate[438]."

---

[438]Norman Cohn, *Histoire d'un mythe, La "Conspiration" juive et les protocoles des sages de Sion*, 1967, Folio, p. 254, 255, 257, 261, 262, 265.

Lo psicoanalista Ernst Simmel, riflettendo nel 1946 sulle forme estreme dell'antisemitismo nazista, aveva già notato: "Il processo di formazione di un gruppo, quando si verifica in condizioni patologiche, può portare a ossessioni collettive, o, piuttosto, a una psicosi collettiva. Questa sindrome clinica: aggressività e distruttività illimitata sotto l'effetto di un'illusione, con completa negazione della realtà, è nota come psicosi; è una forma paranoica di schizofrenia[439]."

Infine, Norman Cohn conclude la sua analisi come segue: "Questi gruppi possiedono un'altra specificità che li rende simili a schizofrenici paranoici: un senso megalomane della loro missione... una lotta unilaterale contro una cospirazione immaginaria... Ciò che credono essere il loro nemico non è altro che la loro stessa distruttività esteriorizzata. Inoltre, il loro nemico immaginario sembra loro ancora più terribile perché i loro sensi di colpa inconsci sono ancora più grandi. Perché questi sensi di colpa, lungi dall'affievolirsi, li tormentano senza sosta. Essi hanno origine negli impulsi omicidi del bambino nei confronti dei genitori, che vengono poi enormemente rafforzati dai crimini reali perpetrati dall'adulto. Ma invece di essere percepite sotto forma di colpa, vengono negate e represse nel subconscio. Di conseguenza, vengono percepiti sotto forma di un vago pericolo, come una minaccia, facendo nascere la paura cieca di vedere le vittime, cioè i genitori assassinati nell'immaginazione e i surrogati genitoriali assassinati nella realtà, sollevarsi per ottenere una punizione... Quando gli uomini percepiscono, anche solo vagamente, che è stata commessa una grande ingiustizia, e quando sentono che non hanno la generosità o il coraggio di protestare, si addossano immancabilmente la colpa alle vittime, alleggerendo così la propria coscienza. *I Protocolli degli Anziani di Sion* rappresentano in definitiva "una visione del mondo aberrante, basata su paure e odi infantili"."

Dopo questa lettura rinfrescante, ora capiamo che il male è profondamente radicato nei goyim. Tuttavia, ci sembra di sentire in questo discorso alcuni termini che suonano familiari: "un senso megalomane della propria missione", una "cospirazione immaginaria", la paranoia, una "distruttività esteriorizzata": ancora un po' e avremmo quasi l'impressione che questa psicoanalisi dell'antisemita e il linguaggio edipico che l'accompagna possano permettere agli intellettuali ebrei di descrivere finalmente liberamente ciò che nascondono dentro di sé.

---

[439]Ernst Simmel, *Antisemitismo: una malattia sociale,* Éd. Simmel, New York, 1946, p. 39, citato da Norman Cohn.

PARTE TERZA

PSICOPATOLOGIA DEL GIUDAISMO

1. Nevrosi ebraica

Inversione di ruoli

En realtà, e a giudicare da quanto abbiamo letto, questa tendenza a invertire i ruoli, a capovolgere le situazioni, e infine a proiettare sugli altri i propri "conflitti edipici", sembra piuttosto il sintomo di un disturbo mentale caratteristico degli intellettuali ebrei.

Prendiamo ad esempio il caso dello scrittore Arthur Miller. Nato a New York nel 1915, è stato - naturalmente - "uno dei più grandi drammaturghi del nostro tempo". Presidente del Pen Club, un'associazione internazionale di scrittori, ha ricevuto il Premio *Pulitzer* nel 1949, due volte il *New York Drama Critics Circle* Award e una volta il prestigioso *Tony Award*.

Nel suo primo romanzo, *Nel mirino*, si legge in copertina: "Nel 1945, Arthur Miller osa attaccare un argomento tabù: la presenza di un latente ma reale antisemitismo nella società americana. "Nella sua introduzione del 1984, Miller spiega che negli anni Trenta l'antisemitismo si stava diffondendo in modo insidioso a New York: "La città pulsava di odio. "Ma anche se volessimo sapere il perché o le cause di questo fenomeno, Miller ha insistito piuttosto sulle manifestazioni di questo fenomeno, ancora una volta guidate dai cattolici. In particolare i programmi radiofonici di Coughlin: "Padre Coughlin, un sacerdote del Michigan, dal 1926 conduceva un programma radiofonico settimanale sulla CBS che era molto ascoltato in tutto il Paese. Ha incoraggiato l'antisemitismo con i suoi discorsi incendiari ed è stato spesso soprannominato "il padre della radio dell'odio"."

La sadica perversione dei sacerdoti era inaudita, poiché era nota "l'esistenza tra i sacerdoti cattolici di militanti dediti al compito e al piacere di fomentare l'odio contro gli ebrei". Di fronte a questi affronti al popolo di Israele, sempre vittima e sempre perseguitato senza motivo, Arthur Miller confessò in seguito: "Non posso rileggere questo romanzo senza rievocare il senso di urgenza con cui l'ho scritto... l'antisemitismo in America era un argomento chiuso, se non addirittura proibito per la narrativa. Il solo atto di mettere le parole sulla carta era un sollievo[440]."

L'eroe immaginario del romanzo *Nel mirino* si chiama Newman. È "un newyorkese pulito e curato, discendente da una famiglia inglese le cui radici risalgono al XIX secolo". Newman è un vero WASP americano, orgoglioso di essere uno che si considera "di stirpe superiore e più pura". "Ma, contrariamente alle sue certezze, un giorno scoprirà che i suoi pregiudizi sugli ebrei non erano altro che idee che inconsciamente covava contro se stesso. Durante un colloquio di lavoro con una donna, Newman "imparò per la prima volta nella sua vita che il motivo del suo silenzio non era la cortesia. Era colpa, perché sia la natura malvagia degli ebrei, sia la loro infinita capacità di inganno, sia l'appetito sensuale per le donne che si rivelava nelle loro occhiaie e nella loro carnagione scura, erano semplicemente un riflesso dei suoi stessi desideri, dei desideri che egli attribuiva loro. Lo sapeva come forse non lo avrebbe mai più saputo, perché in quel momento gli occhi della donna lo avevano reso ebreo, e perché era il suo stesso mostruoso desiderio a impedirgli di difendersi."

Improvvisamente, la sua vita è stata stravolta. Per Newman si prospettava un vero e proprio incubo. Non riusciva a capire come quei nuovi occhiali che indossava gli facessero sporgere il naso e come tutti pensassero che fosse un ebreo. Il suo capo si insospettì di lui e fu trasferito in un altro reparto dove non doveva affrontare il pubblico e i clienti.

Tutto questo nonostante fosse un americano di buona discendenza e frequentasse raduni antisemiti. Ma anche la sua nuova fisionomia gli ha giocato un brutto scherzo. Uno dei partecipanti, esperto nel riconoscimento degli ebrei, attirò improvvisamente l'attenzione della sala sull'intruso e, in preda a una crisi isterica, gridò: "È un ebreo! - Per Dio onnipotente, non vedi che è un ebreo?" Naturalmente Newman

---

[440]Arthur Miller, *Focus*, 1945, Buchet-Chastel, 2002, p. 7, 9, 14, 10 e *En el punto de mira*, Fábula-Tusquet, Barcelona, p. 12.

esclamò: "Non lo sono! - Non sono un ebreo, maledetti idioti, non lo sono!", ma le sue proteste non impedirono alla folla di cattolici testardi e cocciuti di espellerlo con la forza dalla sala.

Raccontando a un collega la sua disgrazia, gli chiese: "Quello che non capisco è come un tale numero di persone possa arrivare a tali estremi contro gli ebrei... Non capisco come possano sentirsi eccitati al punto di andare a una riunione per studiare come sbarazzarsi degli ebrei". Il fatto che non gli piaccia è una cosa. Ma andare a lavorare, arrivare a tanto... non capisco. Qual è la spiegazione? - Non sono molto intelligenti, per la maggior parte", ha risposto Newman, inarcando le sopracciglia[441]."

Ovviamente, Arthur Miller parlava qui attraverso i suoi personaggi: non capiva le manifestazioni dell'antisemitismo. Per lui erano un enigma[442].

Ma Newman avrebbe sperimentato ancora più disgrazie. Si susseguivano uno dopo l'altro e lui non poteva farci nulla. Nel suo quartiere, alcune persone gli hanno spaccato la faccia "perché per loro era un ebreo e quindi colpevole". "Ben presto sentì tutti gli sguardi maligni dei crudeli goyim che odiano gli ebrei senza motivo: "La gente e la città lo circondavano con i loro occhi vigili, non si sentiva più anonimo per le strade o nei luoghi pubblici. "Il povero Newman è diventato paranoico. Ora sentiva i tormenti dei poveri ebrei perseguitati e innocenti nella sua stessa carne. Anche il suo vicino, M. Finkielstein, è stato picchiato senza motivo da alcuni malvagi goyim armati di mazze da baseball, ragazzi della "banda del Fronte Cristiano": "Va bene, bastardi ebrei. Questo era il riscaldamento. Forza ragazzi[443]. "Così, quando finalmente decide di fare rapporto alla polizia, Newman deve arrendersi all'evidenza e dichiarare di essere perseguitato perché ebreo!

Non si dovrebbe dare molta importanza a questa sceneggiatura indigente e allo stile non alleggerito dello scrittore. L'autore non ne ha bisogno per essere considerato "un meraviglioso genio letterario". Invece, l'idea di fondo di questa storia è molto sintomatica di quella tendenza a invertire i ruoli che vediamo in molti altri testi.

Ma questa tendenza a ribaltare le situazioni si manifesta soprattutto attraverso la proiezione sui goyim del senso di colpa inconscio profondamente radicato nella personalità degli intellettuali ebrei. Sospettiamo che ciò risponda al loro bisogno di liberarsi dei propri

---

[441]Arthur Miller, *Nel mirino*, Fábula-Tusquet, Barcellona, p. 54, 55, 191, 192, 196, 197
[442]"Non lo capiamo", come Shmuel Trigo, Alexandre Adler, Emmanuel Levinas, Stefan Zweig, Sigmund Freud, ecc, si legge in Hervé Ryssen, *Speranze planetarie*, (2022).
[443]Arthur Miller, *Nel mirino*, Fábula-Tusquet, Barcellona, p. 217, 241

"conflitti edipici".

Così, ad esempio, questa inversione proiettiva è rilevabile nella storia che abbiamo visto prima di Pierre Paraf, il *generale von Morderburg*. Duro e autoritario, abbiamo visto come questo generale prussiano giudicasse il figlio "indegno di indossare l'uniforme, indegno di essere un tedesco". E come, quando quest'ultimo decise di sposare una giovane ebrea, il generale testardo e intollerante pronunciò la sua sentenza: "Nostro figlio è morto... nessuno nel castello deve pronunciare il suo nome". Che diventi una ballerina o una prostituta, se vuole! Fritz von Morderburg è scomparso da questo mondo."

In realtà, questa reazione brutale e irrevocabile, per cui i genitori ripudiano i figli e li considerano morti non appena decidono di sposarsi al di fuori della comunità, è una tradizione tipicamente ebraica, non prussiana. È noto che quando un membro di una famiglia ortodossa sposa un gentile, la famiglia ebraica si riunisce per pronunciare un giuramento, la *shib'ah*. Questo rito si svolge di solito quando una persona muore. *Shib'ah* significa dichiarare che una persona è considerata morta in tutti i sensi. Il film di Norman Jewison, *Il violinista sul tetto*, mostra molto bene come questa reazione paterna faccia parte della più antica tradizione ebraica. Pierre Paraf lo attribuì al suo generale prussiano per screditarlo maggiormente.

Questa tendenza istintiva ad attribuire agli altri i propri sensi di colpa "inconsci" si può osservare anche nel famoso filosofo Bernard-Henri Lévy. Nel suo libro del 2004, *Reincidenze, ha* attribuito il concetto di "popolo eletto" ad alcune nazioni europee che, in effetti, potrebbero aver avuto una rivendicazione molto specifica di questo concetto in qualche momento della loro storia. Tuttavia, questo concetto di "popolo eletto" non può che degenerare in una follia criminale tra i popoli europei: "La Francia, la nazione eletta... La Germania, la nazione eletta... Quante nazioni elette mormorava Levinas con timore e aria pensosa... Forse la nazione ebraica è, in effetti, la meno eletta di tutte....Forse questo concetto di nazione eletta è la matrice del crimine, la fonte dell'odio ricorrente contro gli ebrei e ciò che essi rappresentano - cioè il rifiuto, appunto, di questa idea di scelta percepita, dal suo punto di vista, come il massimo dell'idolatria[444]. "Questa riflessione espressa in questo modo da Bernard-Henri Lévy era abbastanza ridicola, tanto più che nel suo libro si dilettava a descrivere la speciale "missione" del popolo eletto....! Ma sappiamo che agli intellettuali ebrei piace gestire i paradossi. Le loro idee sono apparentemente paradossali, ma, in realtà,

---

[444]Bernard-henri Lévy, *Récidives*, Grasset, 2004, p. 457.

riflettono un'infallibile *sfrontatezza* e una persistente tendenza all'inversione[445].

Anche la famosa "geremiade", così caratteristica dello spirito cosmopolita, così come l'immagine del "martire", possono essere state proiettate sugli "altri" come se fossero difetti congeniti di cui liberarsi. Uno scrittore di secondo piano come Bernard Cohen ha denunciato i cristiani nel suo libro *Non gioire, il ritorno dei puritani*: "La geremiade, come profezia moralizzatrice, è diventata un sistema di pensiero e di potere. Ai predicatori vestiti di nero si sono aggiunti i politici, gli analisti, gli scienziati[446]..."

Le accuse degli intellettuali planetari ai loro avversari sembrano effettivamente indicare una proiezione patologica della propria colpa. Questa griglia di analisi testuale permette senza dubbio di comprendere meglio l'analisi di Norman Cohn sulla "schizofrenia paranoica" degli antisemiti, che è stata sostenuta anche da altri eminenti pensatori ebrei. Questa "sindrome da persecuzione" che caratterizzerebbe gli antisemiti potrebbe tuttavia applicarsi benissimo alle reazioni abituali di alcuni intellettuali ebrei.

Ascoltiamo, ad esempio, Elie Wiesel, che nel 1974 pubblicò articoli che riflettevano le sue ansie per la rinascita dell'antisemitismo:

---

[445]"Abbiamo già notato, nella loro dottrina del Messia apostata, che i Sabbatiani non temevano i paradossi. " (Gershom Scholem, *Le Messianisme juif*, 1971, Calmann-Lévy, 1974, p. 169).

"Dialoghi, citazioni, battute, risate, scoperte, aneddoti, conversazioni, elogi, teorie, storie, incontri, interpretazioni, digressioni, dimostrazioni, fantasie, metamorfosi, ellissi, variazioni, contraddizioni, parabole, giudizi, sarcasmi, paradossi: questa moltitudine scintillante di frasi, dense ma logiche, di una logica che gira su se stessa, forma quello che tradizionalmente chiamiamo in ebraico, un *Midrash* [vedi nota 109]. " In Stéphane Zagdanski, *De l'Antisémitisme*, Climats, 1995, 2006, p. 21. Nel Talmud (*Erubin, 13b*), si dice di Rabbi Meir: "Dichiara puro ciò che è impuro e lo dimostra; e dichiara impuro ciò che è puro e lo dimostra". "[A questo punto, invitiamo i lettori a scoprire da soli i *midrashim* di alcuni rabbini contemporanei pubblicati su piattaforme digitali (Youtube, Bitchute, Odysee). Ad esempio: Rabbi Yosef Mizrachi, Rabbi Alon Anava, Rabbi Abraham Benhaim, Rabbi Yekutiel Fish, Rabbi Cahn, Rabbanit Kineret Sarah Cohen, Rabbi Rav Zamir Cohen, Rabbi Rod Reuven Bryant, Rabbi Rav Ron Chaya, Rabbi Rav Avidgor Miller, Rabbi Yaron Reuven, Rabbi Michael Laitman, Rabbi Michael Danielov, Rebbetzin Tziporah Heller, Rabbi Mendel Sasonkin, Rabbi Rav Touitou, Rabbi Rav Raphael Pinto, Rabbi Lawrence Hajioff, Rabbi Tovia Singer, ecc., ecc. La *chutzpah*, l'autocompiacimento e l'ostilità verso il mondo gentile che trasmettono nei loro discorsi sono semplicemente sbalorditivi. Raccomandiamo a nostra volta il lavoro di sensibilizzazione del pubblicista americano Adam Green e del suo canale di informazione online *KnowMoreNews.org*, che raccoglie questi commenti e mette in guardia su questi temi].

[446]Bernard Cohen, *Tu ne jouiras point, le retour des puritains*, Albin Michel, 1992, p. 51.

"Ho pubblicato un articolo sul *New York Times* e su *Le Figàro* intitolato "Perché ho paura".... I segnali sono apparsi e sono inquietanti. Lo spettacolo rivoltante di un'assemblea internazionale in delirio, che celebra un portavoce del terrore[447]. I discorsi, i voti contro Israele. La drammatica solitudine di questo popolo dalla vocazione universale. Un re arabo offre ai suoi ospiti edizioni deluxe dei famigerati *Protocolli degli Anziani di Sion*. Cimiteri profanati in Francia e Germania. Campagne stampa nella Russia sovietica. L'onda retrò che banalizza la nostra sofferenza e i pamphlet antisionisti e antiebraici che distorcono le nostre speranze. Bisognerebbe essere ciechi per non riconoscerlo: l'odio per gli ebrei è tornato di moda[448]."

Tra gli intellettuali ebrei esiste indubbiamente la tendenza a drammatizzare e sistematizzare eccessivamente ciò che viene percepito come "antisemitismo ambientale". Queste righe di Samuel Pisar, scritte nel 1983, illustrano ulteriormente il sentimento di persecuzione che sembra animare gli ebrei, in qualsiasi epoca: "La recente esplosione di bombe nelle grandi città, i graffiti antisemiti, la profanazione di scuole e cimiteri, sono gli stessi che hanno scosso la mia infanzia, distrutto il mio mondo... Saremo vigili, osservando il più debole suono dei passi del mostro... I nostri nemici ci stanno già osservando instancabilmente. Per loro, saremo sempre colpevoli. Colpevoli di essere ebrei in Israele, di essere ebrei altrove, di essere ebrei. Colpevoli, a seconda, di essere capitalisti o bolscevichi. Colpevoli in Europa di essere stati macellati come pecore, e colpevoli in Israele di aver preso le armi per non essere di nuovo pecore. Colpevole, anzi, di continuare ad esistere[449]."

Nel discorso degli intellettuali ebrei non mancano le contraddizioni. Lo abbiamo visto in precedenza nelle opere di Alfred Grosser e Clara Malraux, che si interrogavano sulle cause dell'antisemitismo. Ma sono ugualmente presenti in autori come Jacques Attali, Daniel Cohn-Bendit o Shmuel Trigano[450], ad esempio. Questi intellettuali corroborano le loro dimostrazioni con ogni sorta di "paradossi", un modo molto comodo per evitare le spiegazioni. Il filosofo Jacob Talmon ha fornito un'interessante testimonianza sulla facilità con cui alcuni intellettuali ebrei potevano affermare, a volte

---

[447]Yasser Arafat, presidente palestinese, davanti all'Assemblea Generale delle Nazioni Unite.

[448]Elie Wiesel, *Mémoires, tome II*, Seuil, 1996, p. 97.

[449]Samuel Pisar, *La Ressource humaine*, Jean-Claude Lattès, 1983, p. 250-251.

[450]Si veda l'analisi di Jacques Attali sulla "ghettizzazione" degli ebrei; quella di Daniel Cohn-Bendit sull'immigrazione in Europa; Shmuel Trigano sul ruolo degli ebrei in URSS, in Hervé Ryssen, *Planetary Hopes*, (2022).

nello stesso libro, una cosa e il suo contrario a seconda delle circostanze.

Nel XIX secolo, dopo la Rivoluzione francese e l'emancipazione degli ebrei nella maggior parte dell'Europa, il popolo ebraico si era reso conto dell'importanza di questi cambiamenti e aveva sfruttato appieno la nuova situazione. Scrive Talmon: "Intorno al 1850, il corrispondente praghese del *Jewish Chronicle* era orgoglioso di annunciare al giornale di Londra che, secondo le statistiche, il numero di studenti ebrei della vecchia università era proporzionalmente molto maggiore di quello degli ebrei dell'Impero asburgico. Poi elenca alcuni segni del livello di vita superiore della popolazione ebraica rispetto a quello dei gentili che li circondavano. Guadagnavano di più ed erano in grado di salire più rapidamente nella scala sociale. Basta ricordare come Disraeli si vantasse orgogliosamente di appartenere alla "pura razza degli eletti" e come si dicesse felice che un giorno avrebbe conquistato il mondo. La stampa era completamente nelle mani degli ebrei. Costituivano un gruppo dominante in tutti i settori dell'economia nazionale e stavano penetrando nel mondo delle arti e delle scienze. Disraeli predisse che il mondo sarebbe stato presto ai loro piedi."

Ma i Gentili non si sarebbero fatti schiavizzare così facilmente e cominciarono a reagire a questa invasione e ai continui attacchi alle fondamenta della loro civiltà. Questa reazione difensiva è oggi comunemente definita "antisemitismo". E fu proprio questa recrudescenza dell'antisemitismo a indurre gli ebrei "conquistatori" a cambiare strategia. Lo scritto di Jacob Talmon su questo argomento è stato piuttosto rivelatore dell'adattabilità degli intellettuali ebrei:

"Si erano resi conto che molti gentili non vedevano l'improvviso successo degli ebrei appena emancipati come una conferma del principio benefico della razza aperta a tutti i talenti... Poco dopo, gli autori ebrei si sarebbero scervellati per dimostrare proprio il contrario[451]."

Così, da quel giorno, gli intellettuali ebrei non si vantarono più di voler dominare il mondo, come sosteneva il primo ministro inglese Disraeli, ma al contrario proclamarono al mondo che gli ebrei erano poveri, deboli e perseguitati. Tuttavia, basta grattare un po' la superficie e leggere qualche libro riservato alla comunità per rendersi conto che esistono altre disposizioni meno confessabili.

Ora sappiamo che il desiderio degli ebrei di dominare il mondo, come esposto nei *Protocolli degli Anziani di Sion*, è una "terrificante

---

[451]J.-L. Talmon, *Destin d'Israël*, 1965, Calmann-Lévy, 1967, p. 50.

impostura sotto le spoglie di un vampiro", come ha detto il fumettista Will Eisner. Perché dobbiamo capire chiaramente: non sono gli ebrei a voler dominare il mondo, ma i nazisti suprematisti, i cristiani fondamentalisti o i musulmani fanatici, se non la Chiesa di Scientology o la setta della Luna.

Il famoso scrittore americano Norman Mailer, ad esempio, nel suo libro *Why Are We at War*, ci *ha* assicurato che gli unici responsabili della guerra degli Stati Uniti contro l'Iraq nel 2003 sono i cristiani neo-conservatori che influenzano la politica americana. Hanno avuto la loro rivincita: "Un anno dopo la caduta dell'Unione Sovietica, molti nella destra americana, i primi conservatori sbandieratori, pensavano che questa fosse un'opportunità straordinaria. L'America poteva conquistare il mondo... In seguito, l'amministrazione Clinton non ha realizzato il sogno di dominare il mondo e forse questa è una delle ragioni dell'odio intenso e persino violento che molti gruppi di destra hanno provato durante quegli otto anni. Se non fosse stato per Clinton, gli Stati Uniti avrebbero potuto dominare il mondo... Dopo l'11 settembre, i conservatori sciovinisti si sono sentiti vittoriosi. Potrebbero cercare di conquistare il mondo[452]."

Ma se guardiamo al numero di personalità ultra-sioniste che sono state coinvolte nelle successive amministrazioni statunitensi, diventa chiaro, ancora una volta, che questo intellettuale ebreo ha proiettato sugli "altri" le astuzie dei suoi congeneri[453]. E sappiamo bene che non è stata la prima volta che personalità sioniste molto influenti hanno espresso il loro ardore guerrafondaio contro popoli recalcitranti che non volevano assaporare i benefici della democrazia plurale e della società dei consumi[454].

Il discorso di Viviane Forrester, che abbiamo visto in un altro capitolo, ha rivelato questa stessa sindrome di proiezione. Ricordiamo le sue parole che tendono a colpevolizzare gli europei: "Spoliazioni, massacri e genocidi... L'attitudine degli occidentali a gestire, cancellare e nascondere ciò che li mette a disagio... In nome della loro supremazia, con un innato senso di arroganza e la certezza di una superiorità naturale

---

[452]Norman Mailer, *Perché siamo in guerra?*, Editorial Anagrama, 2003, Barcellona, p. 68, 69, 70
[453]"Il dolore di essere ebrei è che ci si sente responsabili di tutto ciò che fanno gli altri ebrei. Perché essere ebrei significa vivere con l'eco di mille anni di alienazione. Difendere il mio popolo per me è difficile quanto criticarlo. Non sono a mio agio con me stesso quando parlo di Israele o degli ebrei. "Norman Mailer, *Perché siamo in guerra?* Editorial Anagrama, 2003, Barcellona, p. 103-104. (NdT).
[454]Sull'entourage del presidente George Bush Jr. e sui politici guerrafondai: Hervé Ryssen, *Planetary Hopes*, (2022) e *Il fanatismo ebraico*, (2019).

che giustifica la loro arroganza universale[455]."

Se si legge l'Antico Testamento e si guarda parallelamente alla politica dello Stato ebraico dalla sua nascita, si può anche legittimamente pensare che queste accuse si applichino ugualmente al popolo ebraico. Per quanto riguarda l'arte di "nascondere ciò che li mette a disagio", ricorderemo ancora una volta le schiaccianti responsabilità di molti ebrei per i trenta milioni di vittime russe e ucraine, nascoste sotto il tappeto dagli intellettuali ebrei di tutto il mondo e per le quali, nonostante il loro percepibile imbarazzo al riguardo, attendiamo ancora le scuse.

Ecco cosa ha scritto il romanziere russo Vasili Grossman: "L'antisemitismo è uno specchio che riflette le carenze degli individui, delle strutture sociali e dei sistemi statali. Ditemi di cosa accusate un ebreo e vi dirò di cosa siete colpevoli. Il nazionalsocialismo, accusando il popolo ebraico da lui stesso inventato di razzismo, di brama di dominio mondiale e di indifferenza cosmopolita nei confronti della nazione tedesca, proiettava sugli ebrei i propri tratti[456]."

L'inversione patologica era evidente anche in un passo di un libro di Theodor Lessing, pubblicato nel 1930, in cui l'autore esaltava i meriti di un suo coetaneo che pure era riuscito a smantellare l'antisemitismo: "Il sionista olandese Fritz Bernstein ha spiegato magistralmente l'idea che l'odio verso un popolo non deve la sua esistenza a fatti storici, ma è piuttosto un fatto essenzialmente psicologico.... Egli dimostra con argomenti solidi e validi che non c'è un oggetto odioso, prima dell'odio, ma che c'è un bisogno precedente di odiare che inventa e genera le cose odiate."

Theodor Lessing fornisce ulteriori argomenti scientifici a sostegno del suo discorso: infatti, seguendo la teoria di James e Lange, "non piangiamo perché siamo tristi, ma siamo tristi perché dobbiamo piangere". Non abbiamo secrezioni interne perché siamo arrabbiati, innamorati o entusiasti, ma il contrario: è il bisogno di secrezioni interne che di solito provoca rabbia, amore ed entusiasmo[457]. "Non è "fantastico"?

Questa sistematica inversione di valori e ruoli non è recente, a giudicare dalle vecchie tradizioni di un tempo. Il grazioso Papa Leone X, ad esempio, che amava gli spettacoli, permise che ogni anno venissero organizzate delle corse ebraiche per far divertire il popolo di

---

[455]Viviane Forrester, *Le Crime occidental*, Fayard, 2004, pag. 57, 65.

[456]Vasili Grossman, *Vita e destino*, Galaxia Gutenberg, 2007, Barcellona, p. 362.

[457]Theodor Lessing, *La Haine de soi, le refus d'être juif*, 1930, Berg international, 1990, p. 159.

Roma. Essendo molto miope, saliva sui balconi per scorgere lo spettacolo, gioendo dell'allegria popolare. Durante i carnevali, il popolo romano si faceva beffe delle usanze degli ebrei e della loro mania di prendere tutto e farlo al contrario. Un rabbino fu preso in giro cavalcando per le strade della città su un asino, ma a testa in giù, tenendo la coda dell'asino con le mani. Ma questo accadeva nell'antichità, quando gli europei non erano ancora stati illuminati dal "Secolo dei Lumi".

Lo specchio dell'ebraismo

Gli intellettuali ebrei che analizzano l'antisemitismo non solo proiettano sui loro avversari caratteristiche che sembrano, in effetti, valere anche per loro stessi. Attraverso un linguaggio in codice, affermano la superiorità dello spirito ebraico modellato, come ha giustamente detto Leon Poliakov, sui "ragionamenti più acrobatici del Talmud[458]." Il lettore esperto può così godere dell'ingenuità dell'autore e della credulità dei lettori ingenui che leggono il testo alla lettera. A questo proposito è importante sapere che i misteri della Cabala ebraica si basano proprio sulla decifrazione del "significato nascosto" dei testi della Torah e delle loro interpretazioni[459].

Da tempo gli intellettuali ebrei sono in grado di trasmettere nei loro scritti messaggi che la gente comune non è in grado di percepire. Questa attitudine è facilmente comprensibile se si considera che, per secoli, gli ebrei non potevano combattere apertamente il cattolicesimo o l'islam senza rischiare gravi punizioni. Si adattarono quindi alle circostanze e si abituarono a esprimere in modo velato ciò che pensavano realmente.

È il caso, ad esempio, del Talmud, un libro che i cristiani medievali consideravano la principale fonte dell'odio degli ebrei verso il cristianesimo. A partire dal XVI secolo il libro è stato espurgato dei passaggi più offensivi nei confronti di Cristo e dei cristiani, evitando così di dare adito a critiche e accuse. Da quel momento in poi, c'è stato un tacito accordo sul fatto che i passaggi lasciati in bianco sarebbero

---

[458]Léon Poliakov, *Histoire de l'antisémitisme, Tome I*, 1981, Points Seuil, 1990, p. 314.

[459]"La formula mistica di questo sistema di interpretazione si chiama PaRDeS. Parola composta dalle lettere iniziali di Pechat, Remez, Derash e Sod che significano e corrispondono a: interpretazione in senso letterale, interpretazione in senso allegorico, interpretazione nel senso del commento e interpretazione in senso segreto. " (Mark Zborowski, *Olam*, 1952, Plon, 1992, p. 421). [P per *pesat*, il senso letterale; R per *remez*, il senso allegorico; D per *derasah*, l'interpretazione talmudica e aggadica; S per *sod*, il senso mistico. In Gershom Scholem, *La Cábala y su simbolismo*, Siglo XXI Editores, Madrid, 2009, p. 69].

stati insegnati oralmente. Le copie del libro erano comunque abbastanza scarse, oltre che scritte in ebraico, da non allarmare la popolazione.

Questo è quanto scrisse Leon Poliakov su Baruch (Benedetto) Spinoza, il famoso filosofo che era solito diffondere subdolamente il dubbio religioso tra i suoi lettori. Ricordiamo che Spinoza era un marrano, cioè un ebreo travestito da cattolico:

"Sullo sfondo, Spinoza, come un bravo e sottile talmudista, parla, contemporaneamente al suo linguaggio esplicito, un secondo linguaggio esoterico; finge di voler dimostrare un'idea, ma riesce a usare certi argomenti e a citare certi testi, in modo tale che il lettore scopra un'altra idea molto diversa, un'altra conseguenza; ed è questa seconda idea che Spinoza voleva veramente dimostrare. Egli è, secondo l'espressione del filosofo Wolfson, il Baruch implicito, cioè l'ebreo non credente, mascherato dietro il Benedict esplicito, cioè il marrano amante di Gesù. A un livello ancora più profondo, il linguaggio di Spinoza è quello di un amore insoddisfatto o frustrato; si percepisce in lui il risentimento verso la sinagoga che lo ha rifiutato[460]."

In effetti, con queste contorsioni, Spinoza cercava di ingraziarsi la propria comunità, che giudicava duramente le sue idee, così come i cristiani. Alla fine, i discorsi devianti di Spinoza non gli impedirono di essere scomunicato dai rabbini ed espulso dalla comunità ebraica.

Questa composizione dei testi è ancora percepibile in molti autori contemporanei. Vediamo come lo stesso Gershom Scholem sia colto "con le mani nel sacco" in un passaggio del suo libro sul *messianismo ebraico*, in cui cita un passo del Talmud (*Sanhedrin, 91b*): "L'unica differenza tra il mondo di oggi e il tempo del Messia è la sottomissione di Israele alle nazioni", scrive Scholem.

Ma, evidentemente, la frase corretta è "la sottomissione delle nazioni a Israele", come si legge altrove. La procedura è un po' rozza, ma è chiaramente sufficiente per i lettori goyim. L'inversione dei termini è dovuta al fatto che il libro, pur essendo una materia per specialisti, viene comunque divulgato al grande pubblico, e una certa cautela è comunque necessaria.

In un altro passaggio, Gershom Scholem ha citato un aforisma dello Zohar: "Il Messia non verrà finché Esaù non avrà versato tutte le sue lacrime[461]. "Scholem ha sottolineato che "le lacrime di Esaù sono le stesse che, secondo Genesi, XXVII, 38, Esaù versò quando Giacobbe

---

[460]Léon Poliakov, *Histoire de l'antisémitisme, Tome I*, 1981, Points Seuil, 1990, p. 226, 227.
[461]Gershom Scholem, *Le Messianisme juif*, 1971, Calmann_Lévy, 1974, p. 45, 57, 65. Si legga la nota del traduttore nell'allegato V.

lo ingannò per ottenere la benedizione di Isacco."

Ma sappiamo bene che nei testi dell'ebraismo il nome "Esaù" è una velata designazione della "cristianità". È quindi la "cristianità" che deve versare tutte le sue lacrime affinché la redenzione possa finalmente arrivare. E Scholem aggiunge: "Aforismi penetranti di questo tipo sono numerosi."

Ecco un testo straordinario e sorprendente dello scrittore austriaco Joseph Roth, il famoso autore della *Marcia di Radetsky*. In un racconto del 1934 intitolato *L'Anticristo*, Joseph Roth metteva in guardia i suoi lettori dalle astuzie del Maligno e ci insegnava a riconoscerlo dietro i suoi travestimenti. Scrive nell'epigrafe: "Ho scritto questo libro come avvertimento affinché l'Anticristo sia conosciuto in qualsiasi forma si presenti:

L'Anticristo "si fa conoscere più chiaramente nel fatto che trasforma in volgare qualcosa che è nobile nella sua essenza". Il senso della sua esistenza e delle sue azioni è proprio quello di profanare il sacro, avvilire il nobile, snaturare il retto e sfigurare il bello. Non contento di essersi concesso il potere sull'essenzialmente volgare - perché anche quello fa parte del mondo terreno - cerca di estendere il suo dominio sul nobile. Ma poiché il nobile non si sottometterebbe mai alla sua disciplina se non smettesse di essere nobile, la prima cosa che fa è trasformarla in male. Il diavolo assomiglia a un re violento il cui paese è arido e che, per conquistare le nazioni fiorenti che lo circondano, inizia a trasformarle in terre desolate per farle assomigliare alla sua... L'Anticristo... ha il potere di desertificare una terra fiorita mentre ci acceca in modo che crediamo che il deserto sia, giustamente, un giardino fiorente. E mentre è impegnato nell'annientamento, crediamo che costruisca. Quando ci dà delle pietre, pensiamo che ci dia del pane. Il veleno della sua coppa ha per noi il sapore di una fonte di vita[462]."

Il piano dell'Anticristo per sovvertire le nazioni è il seguente: "Astuto com'è, ha cominciato col sedurre non i ribelli ma, innanzitutto, i custodi dell'antico. Non coloro che desideravano un rinnovamento, ma coloro che erano chiamati a mantenere l'antico. Dapprima prese dimora nelle chiese, poi nelle case dei signori. Perché questo è il suo metodo, e in questo può essere conosciuto senza equivoci; ed è un errore, un errore del mondo, credere che sia riconosciuto per aver incitato e istigato gli umiliati e gli schiavi. Sarebbe una follia, e l'Anticristo è astuto. Non incita il popolo oppresso alla rivolta, ma

---

[462]Joseph Roth, *El Anticristo*, Ediciones Capitán Swing, Polifonías, Madrid, 2013, pagg. 49, 50.

seduce i padroni a opprimere. Non crea ribelli, ma tiranni. E una volta introdotta la tirannia, sa che la ribellione verrà da sé. In questo modo vince doppiamente, perché in un certo senso costringe i giusti, che altrimenti gli resisterebbero, a mettersi al suo servizio. Ad esempio, non persuade i servi a diventare padroni, ma inizia a renderli schiavi. Poi - una volta entrati al suo servizio - li costringe alla schiavitù verso gli impotenti, i poveri, i laboriosi, gli umili e i giusti. Allora i poveri e gli umili si indignano spontaneamente contro la violenza; e gli intelligenti e i giusti sono costretti a indignarsi contro la stoltezza e l'ingiustizia, e sono loro a mettere le armi nelle mani dei poveri. E così devono fare, perché sono giusti. Pertanto, è falso dire al mondo che l'Anticristo guida gli indignati. Al contrario, seduce i guardiani dell'establishment. Per sua natura, non è facile per lui avvicinarsi a coloro che soffrono come lo è per i potenti. "Allo stesso modo, l'Anticristo "ha reso bugiardi anche i sacerdoti prima di spingere i credenti a negare Dio... I negatori di Dio - o, come si definiscono, gli atei - non negano Dio, ma la falsa immagine di Dio che è stata loro trasmessa", ha scritto Joseph Roth.

Ma non fraintendete, non è agli ebrei che Joseph Roth si riferisce, bensì agli antisemiti: "Perciò chi crede in Gesù Cristo e odia, disprezza o semplicemente sminuisce gli ebrei, il suo seno terreno, è un fratello dell'Anticristo... Voi siete posseduti dall'Anticristo... Li invidiate perché ottengono beni terreni. Questa è la verità. Volete tutti i beni terreni per voi stessi. L'Anticristo è tra voi e dentro di voi."

Con il caratteristico aplomb, la famosa "chutzpah" a cui siamo abituati, Joseph Roth ci ha poi spiegato come dovrebbe essere un buon cristiano, mettendoci in guardia dalle pecore che si smarriscono e dando le sue linee guida per una corretta gestione della Chiesa. Così ha concluso la sua dimostrazione:

"Ma i falsi cristiani disprezzano, odiano o disprezzano il seno della loro salvezza, cioè i Giudei. Perché gli ebrei sono il grembo terreno di Gesù Cristo. Chi non apprezza gli ebrei non apprezza nemmeno Gesù Cristo. Il cristiano apprezza gli ebrei. Chi li disprezza o li sminuisce non è cristiano e si fa beffe di Dio stesso... Ma chi, per conto proprio, vuole vendicarsi degli ebrei in nome di Dio, come se fosse il loro rappresentante, per così dire, sbaglia e commette un peccato mortale... Chi odia gli ebrei è un pagano e non un cristiano. Chi è capace di odiare - chiunque sia - è un pagano e non un cristiano. E chi pensa di essere cristiano perché non è ebreo, è doppiamente e doppiamente pagano. Che sia espulso dalla comunità dei cristiani! E se la Chiesa non lo espelle, Dio stesso lo espellerà[463]."

Contrariamente ai peggiori pregiudizi antisemiti, dobbiamo credere che gli ebrei siano esseri poveri, vulnerabili e innocui: "Poi venne a trovarmi un uomo debole; era uno di quelli che oggi sono le vittime più deboli dei potenti, cioè un ebreo."

E sarebbe anche bene mostrare un po' più di rispetto per lui: "Anche noi ebrei avevamo una casa, una volta. Ma nei nostri libri c'era scritto che lo straniero doveva stare in casa nostra come un parente. E tutti abbiamo osservato questo comandamento. E lo abbiamo trasmesso anche agli stranieri, che hanno imparato da noi che è molto meglio dare ospitalità che goderne[464]. "La tradizione ebraica dell'ospitalità è infatti ben nota a tutti.

Qualche pagina più avanti, Joseph Roth ci mette in guardia ancora una volta da qualsiasi tentazione di opporsi agli ebrei: "Solo Dio ha il diritto di punire gli ebrei. Ma Dio stesso odia gli uomini che odiano gli ebrei... Tu, antisemita, sei la mano destra e la bacchetta magica dell'Anticristo."

Non dobbiamo nemmeno pensare che in queste righe ci sia il minimo accenno di orgoglio o megalomania da parte dello scrittore ebreo. Sarebbe un'opinione antisemita pensarlo, un affronto all'intero popolo ebraico e, inoltre, un grave errore di interpretazione: "Gli antichi ebrei sostenevano di essere il popolo eletto da Dio. Ma a che scopo lo hanno detto? Per generare il Redentore, Gesù Cristo, morto sulla croce per tutti gli uomini del mondo. In realtà, l'orgoglio degli ebrei era l'umiltà[465]. "È davvero un sollievo leggerlo. Allora siamo molto più tranquilli.

Possiamo legittimamente pensare che Joseph Roth abbia provato un piacere maligno nel seminare confusione invertendo i ruoli. In realtà, sembra che siano gli ebrei, e non gli antisemiti, a incarnare l'Anticristo. In un passaggio del libro, l'autore ha fatto un accenno crudo, suggerendo che l'Anticristo aveva "organizzato una guerra tra Russia e Giappone" e aveva l'abitudine di "derubare gli uomini a morte" (pp. 62-63). Ora, è pubblicamente noto che la guerra del Giappone contro la Russia del 1905 fu ampiamente finanziata dal ricchissimo uomo d'affari americano Jacob Schiff, in odio allo zarismo. Jacques Attali ha

---

[463]Joseph Roth, *El Anticristo*, Ediciones Capitán Swing, Polifonías, Madrid, 2013, pagg. 115, 116, 186, 183, 184.

[464]"Gli stranieri sono in casa nostra come in casa loro", ha dichiarato il presidente François Mitterrand, che era molto ben "circondato".

[465]Joseph Roth, *El Anticristo*, Ediciones Capitán Swing, Polifonías, Madrid, 2013, p. 212, 213, 216, 217, 182.

confermato il ruolo chiave dei finanzieri ebrei in quella guerra: "Max Warburg e Jacob Schiff divennero allora i principali finanziatori del Giappone. Schiff compì persino un viaggio trionfale nell'arcipelago, con grande furore dei russi[466]."

Per quanto riguarda il saccheggio dei cadaveri sui campi di battaglia, si trattava di una tradizione secolare degli ebrei dell'Europa orientale[467] che i soldati di tutto il continente, che vedevano le loro sagome nere chinate sui cadaveri dopo la battaglia, chiamavano "corvi".

Per Joseph Roth, quest'opera non aveva quindi solo un valore combattivo, volto a cancellare ogni traccia di antisemitismo dalla mente *dei goy*. Aveva anche una funzione di valvola di sfogo: Joseph Roth invertiva i ruoli per esprimere in modo velato la nevrosi dell'ebraismo e la tentazione di alcuni ebrei di identificarsi con l'Anticristo e il Diavolo. È interessante notare a questo proposito che per i cristiani l'opera di "Satana", l'Avversario, consiste proprio nell'invertire sistematicamente tutti i valori stabiliti. Ma per questi intellettuali ebrei si tratta forse solo di un semplice gioco intellettuale un po' malato, probabilmente frutto di una grave nevrosi.

Il romanziere Isaac Bashevis Singer ha illustrato questa tendenza "diabolica" dell'ebraismo, diffusa soprattutto dall'eresia sabbatiana. Ne *La distruzione di Kreshev*, racconta le disavventure di una giovane donna ebrea che aveva sposato inconsapevolmente un ebreo apparentemente corretto sotto tutti i punti di vista, ma che si rivelò in realtà un aderente alla dottrina di Shabtai Tzvi:

"Sebbene il falso Messia fosse morto da tempo, il culto segreto dei suoi seguaci era mantenuto in molti Paesi. Si incontravano nelle fiere e nei mercati, si riconoscevano con segni segreti ed erano così al sicuro dall'ira degli altri ebrei che li avrebbero scomunicati. Molti rabbini, insegnanti, macellatori rituali e altre persone apparentemente

---

[466]Jacques Attali, *Les Juifs, le monde et l'argent*, Fayard, 2002, p. 378. [Il signor Schiff si è rifiutato più volte di partecipare ai prestiti alla Russia e ha usato la sua grande influenza per impedire l'ingresso della Russia nei mercati monetari americani, solo a causa del maltrattamento degli ebrei da parte del governo russo. Il ministro delle Finanze giapponese Bakatani affermò che quando il Giappone, impegnato a negoziare un prestito di 10 milioni di sterline a Londra nella primavera del 1904, trovò difficoltà a garantire tale importo, "il signor Schiff in una sola conversazione con il signor Takahashi si offrì di sottoscrivere metà del prestito di cui avevamo bisogno". Conclude con la dichiarazione: "L'importo del nostro prestito sottoscritto dal signor Schiff, dalla prima alla quinta emissione, ammonta a 39.250.000 sterline". Cyrus Adler, *Jacob Henry Schiff, A Biographical Sketch*, The New York American Jewish Committee, New York, New York, 1921, p. 16, 15, citato in Alberto Léon Cebrián, *Le rivoluzioni bancarie*, 2017, p. 228].

[467] Hervé Ryssen, *Speranze planetarie*, (2022), (nota 817).

rispettabili appartenevano a questa setta. Alcuni si spacciavano per operatori di miracoli e andavano di città in città distribuendo amuleti in cui non avevano inserito il santo nome di Dio, ma nomi impuri di cani e spiriti maligni, Lilith e Asmodeo, oltre al nome dello stesso Shabtai Tzvi. Tutto questo lo realizzarono con tale astuzia che solo i membri della confraternita poterono apprezzare il loro lavoro. Si sono presi una grande soddisfazione nell'ingannare i pii e nel diffondere il male[468]."

L'ebreo eretico fu finalmente scoperto: "Spiegò come si era unito ai ranghi del culto di Shabtai Tzvi quando era ancora un bambino, come aveva studiato a fianco dei suoi compagni, come gli era stato insegnato che un eccesso di degradazione significava una maggiore santità e che, più odiosa è la malvagità, più ci si avvicina al giorno della redenzione[469]."

In un altro suo romanzo, *Lo schiavo*, Isaac Bashevis Singer descrive alcune pratiche sabbatiane in un piccolo villaggio polacco del XVII secolo: "All'epoca di Sabbetai Zeví, il falso Messia che in seguito indossò il fez e divenne un maomettano, Pilitz era divisa. La comunità scomunicò i suoi seguaci, che a loro volta maledissero pubblicamente il rabbino e gli anziani. Gli uomini non solo si insultarono a vicenda, ma si attaccarono. Alcuni membri della setta hanno strappato il tetto delle loro case, hanno impacchettato i loro beni in barili e stivali e sono fuggiti in Terra d'Israele. Altri si sono rivolti alla cabala, hanno cercato di attingere vino dalle pareti o di creare colombe grazie agli arcani poteri del Libro della Creazione. Alcuni abbandonarono la Torah, credendo che con la venuta del Messia la legge sarebbe stata annullata. Altri pensavano di trovare nella Bibbia accenni al fatto che la via della redenzione risiedeva nel male, e si abbandonavano a ogni tipo di abominio. A Pilitz c'era un insegnante che possedeva un'immaginazione così fervida che, mentre pregava con lo scialle e i filatteri, pensava di copulare e addirittura eiaculava. La setta maledetta considerò questa impresa così grande che lo elesse capo... Erano uniti non solo dall'illusione che Sabbetai Zeví sarebbe tornato e avrebbe ricostruito Gerusalemme, ma anche dall'interesse. Formarono associazioni, commerciarono, si favorirono a vicenda e intripparono contro i loro nemici. Se uno di loro veniva accusato di truffa, i suoi amici testimoniavano a suo favore e cercavano di incastrare l'altro. Ben presto divennero ricchi e potenti. Nelle loro riunioni si prendevano

---

[468]Isaac Bashevis Singer, *La distruzione di Kreshev*, 1958, Folio, 1997, p. 53, 54. Versione PDF gratuita della traduzione, *La distruzione di Kreshev* p. 17.
[469]Isaac Bashevis Singer, *La distruzione di Kreshev*, 1958, Folio, 1997, p. 74 Traduzione libera in PDF, *La distruzione di Kreshev* p. 24.

gioco dei giusti e osservavano quanto fosse facile imbrogliarli[470]."

La dottrina sabbatiana, infatti, incoraggiava il rovesciamento di tutti i valori stabiliti, compresi quelli dell'ebraismo talmudico. Sappiamo da Gershom Scholem che i sabbatiani, benché ferocemente osteggiati dai rabbini, avevano comunque raggiunto segretamente una posizione preminente nelle comunità ebraiche dell'Europa centrale e che molti rabbini praticavano segretamente i loro riti di inversione che richiedevano di andare contro i principi della Torah.

Riconoscere il sabbateismo di eminenti rabbini di Gerusalemme, Adrianopoli, Costantinopoli, Smirne, Praga, Amburgo o Berlino, sarebbe stato... esporre apertamente l'integrità di un corpo di uomini che si supponeva fossero sempre dotti e coraggiosi difensori della tradizione ebraica", scriveva Scholem. Non sorprende che le indagini che avrebbero potuto portare alla luce opinioni eretiche, per non dire licenziose, nei luoghi più impensati, siano state istintivamente evitate... Non solo la maggior parte delle famiglie che facevano parte del movimento sabbatiano nell'Europa occidentale e centrale rimasero in seguito all'interno dell'ovile ebraico, ma molti dei loro discendenti, soprattutto in Austria, raggiunsero, nel corso del XIX secolo, posizioni di rilievo: intellettuali rinomati, grandi finanzieri o uomini politici altamente collegati. Ovviamente non c'era da aspettarsi che queste personalità fossero disposte a permettere che la loro eredità "compromessa" venisse "scoperta". Data la loro posizione all'interno della comunità ebraica, non è sorprendente che i loro desideri siano stati ascoltati... Non posso nascondere la mia opinione che il movimento fosse molto più ampio di quanto sia stato generalmente ammesso finora... Le fonti in nostro possesso, per quanto scarse, rendono molto chiaro che il numero di rabbini sabbatiani era molto più grande di quanto sia stato generalmente stimato, più grande anche di quanto creduto da Rabbi Jacob Emden, che era ferventemente anti-sabbatiano e che è sempre stato accusato di esagerazione[471]. "

Sebbene in questo studio non si possa disquisire su ciò che è attualmente sabbatiano o propriamente talmudico nello spirito degli ebrei, sarebbe interessante indagare ulteriormente, per comprendere meglio la natura di questo spirito di inversione che troviamo in molti intellettuali. È la conseguenza di uno spirito "maligno", per non dire francamente "demoniaco", o la manifestazione di una nevrosi? O entrambe le cose allo stesso tempo? Per il beneficio del dubbio,

---

[470]Isaac Bashevis Singer, *Lo schiavo*, 1962, Epubblibre, editore digitale German25 (2014), p. 762-765. (Cfr. nota del traduttore nell'allegato VI. 2).

[471]Gershom Scholem, *Le Messianisme juif*, 1971, Calmann-Lévy, 1974, pagg. 142-144.

accetteremo per il momento, e fino a prova contraria, la tesi meno convincente.

La proiezione dei propri sensi di colpa sul resto dell'umanità porta persino alcuni pensatori cosmopoliti a proiettare sugli "antisemiti" la propria attitudine all'inversione accusatoria, nella convinzione di liberarsi di questo peso. Prendendo il loro caso patologico come una generalità, accusano i loro avversari degli stessi difetti psicologici, delle stesse implausibili contorsioni intellettuali di cui essi stessi sono capaci. Possiamo ora comprendere meglio l'analisi di Raphaël Draï dei *Protocolli degli Anziani di Sion*, come sopra esposto:
    "...è ora opportuno considerare l'aspetto psicopatologico" e."..l'inversione psichica rivelata da questo documento.... L'antisemita attribuisce agli ebrei intenzioni che egli stesso nutre nei loro confronti, intenzioni che non può confessare direttamente... La dimensione psicopatologica di tali costruzioni deve attirare e mantenere l'attenzione... Gli ebrei messi in scena sono ebrei proiettivi; l'immagine "giudaizzata" è caratteristica dei deliri antisemiti[472]."
    In *Odio antisemita*, Serge Moati ha condiviso con i suoi lettori una testimonianza ancora più eloquente sulla psicopatologia specifica dell'intellettuale ebreo. Ecco la straordinaria conclusione del suo libro, in cui l'autore, dopo aver intervistato antisemiti di tutto il mondo, esprime ciò che realmente pensa, rivelando una parte del suo subconscio. Come gli altri intellettuali ebrei, e nonostante le sue ricerche approfondite, affermava di non aver ancora compreso le cause dell'antisemitismo. Ma a questo punto del nostro studio, questo non è più importante. Ascoltiamolo parlare:

"Ho voluto addentrarmi nel ventre della bestia e mi sono scontrato con il Mistero. Ho spacchettato i fatti, ho ascoltato molto, ho cercato di portare alla luce quelle che non oso chiamare "ragioni", eppure, come negli oscuri racconti iniziatici, il Mistero rimane davanti a me, nascosto, sigillato, sepolto, profondamente accucciato nelle coscienze. Il mistero dell'antisemitismo. Mi sono scontrato con l'odio. Ma la domanda è ancora lì, ostinata. Sa resistere a tutte le analisi.... L'antisemitismo è davvero una passione funesta che spazza via tutte le dighe della ragione e sommerge tutti coloro che ne sono vittime. Da Parigi a Varsavia, da Mosca a Chicago, ho incontrato sempre le stesse folli parole nate in sogni oscuri. L'antisemita dice la stessa cosa ovunque. Balbetta lo

---

[472]Raphaël Draï, *Identité juive, identité humaine*, Armand Colin 1995, pagg. 390-392.

stesso discorso in tutte le lingue. L'antisemita è posseduto da qualcosa che va al di là di lui e questo è certamente ciò che suggerisce quando dice: "Non posso farci niente!" Suona quasi come una scusa. Insaziabile ricerca dell'ebreo da parte dell'antisemita. Cercare l'ebreo, sfrattarlo, radunarlo, infuriarsi, tornare indietro e ricominciàre, immaginarlo ovunque, anche dove non c'è più e dove non c'è mai stato. Inventare l'ebreo quando è necessario, a convenienza, dove può ancora servire e, in verità, può sempre servire.

L'antisemita è un ipocondriaco. Si dichiara malato di ebrei, ma li mangia, scopa con gli ebrei, li inietta per endovena nel povero, altrimenti il povero muore, altrimenti il povero non esiste più. L'ebreo consolida la sua identità. Per lui, senza un ebreo, non c'è salvezza. Così, dopo averli uccisi, li reinventa tutti. Per piacere. Vivere o cercare di vivere. Gli ebrei sono davvero necessari per lui. Durante questo viaggio, lo confesso, mi sono avvicinato, devo ammetterlo, a soffrire dello stesso male. Vedevo l'antisemita ovunque, nei miei incubi notturni o nelle mie fantasie diurne. Dietro parole anodine, o al di là di allusioni innocue. Ero stonato, molesto, controllavo il subconscio degli altri. Dovevo porre fine a tutto questo. Ora, però, nulla mi sembrerà più banale come prima, perché ho vissuto la quotidianità dell'odio. Il mio e quello degli altri.

Ho sentito che il subconscio dell'antisemita trabocca, soggetto a eruzioni che lo fanno arrovellare. L'antisemita esita e il male che ne deriva è infinitamente superiore a lui. Niente soddisfa la sua fame e la sua sete, la sua rabbia e il suo odio. Lo trascina nella sua folle giostra. È il suo schiavo per sempre, incatenato e prigioniero...

Avete sentito, perché l'ho incontrato anch'io, l'odio mai sazio di alcuni "illuminati" che non passerebbe per folklore se la storia non ci avesse insegnato a diffidare fortemente dei pazzi e dei loro deliri... Ho voluto vederlo più da vicino, faccia a faccia, colui che mi odia. E avevo paura. Non degli uccelli neri che passano, ma del riflesso nei loro volti della nostra comune umanità. Come se l'antisemita fosse e sia ancora, al di là dell'omicidio che fantastica o che ha già commesso, delle paure o dei desideri, al di là dello specchio che lo ha avvicinato, un fratello nonostante tutto, sì, un fratello spezzato e ferito... il boia ha pianto ed è stata ancora una volta colpa mia, sempre colpa mia. Mi ha raccontato il suo odio e ho ascoltato le sue lamentele. Il boia singhiozzava sulla mia spalla e sembrava dirmi con la sua voce di bambino crudele e triste:"... Lascia che ti uccida, devo vivere. Io non ho memoria, tu ne hai una. Io non so chi sono, mentre voi avete l'identità più antica del mondo. Odio la tua memoria, odio i tuoi ricordi, odio il tuo Dio e la finzione che ti ha dato... Ti odio perché rubi la mia aria. Perché tu godi così tanto e io così poco. Ehi ebreo! Amami, io che voglio ucciderti. Che io sia benedetto per aver voluto ucciderti. Amami e fammi diventare te. Dammi questo mondo che mi è negato. Ebreo, ebreo, dammi il mondo". Ero pazzo! Questo era il lungo lamento che sentivo, quel grido oscuro che veniva dalle origini, una paura così antica e irrazionale, così infantile e, per così dire, così stupida, così mostruosamente stupida. Io, oggi, ho sentito l'antisemita. Non ho più paura di lui. Conosco la sua debolezza... Lo compatisco, sì, la stessa pietà dei malati fragili, ma non è un motivo per non combatterlo. Con tutta la nostra forza. Con ragione. E il subconscio. Con l'educazione, con il progresso civico e morale, certamente...

Ho voluto scavare nel ventre della bestia. L'ho fatto. Alla fine di questo viaggio quasi iniziatico, le mie mani sono piene di sangue. Tra le viscere, nascosto e celato, c'era uno specchio molto sporco. Ho pulito lo specchio con la mia saliva. E ho rabbrividito: quel volto intravisto al centro dell'oscurità, alla fine del male, era il mio. Mi sono visto nel cuore del sogno della bestia. Si nutriva del mio viso, lo rigurgitava, lo divorava. Distruggendo il mostro, ho rotto lo specchio. Il mio viso era rotto. Nascerà un nuovo volto. Un giorno. Enigma. Mistero sotto forma di conclusione provvisoria. Enigma. Come una storia ebraica, così mi hanno detto."

La dimensione patologica è qui chiaramente percepibile, e Serge Moati fa anche una confessione molto interessante alla fine del testo, quando spiega che, in questo specchio trovato nelle viscere della "bestia", era il suo volto a vedere, e non quello dell'antisemita. Invitiamo ora il lettore a rileggere questo testo, ma questa volta scambiando i termini "ebrei" e "antisemiti", per capire il problema che stiamo affrontando.

Vi lasciamo per un momento prima di continuare...

E allora, non è sorprendente e travolgente? L'ultima conclusione del libro di Serge Moati corrisponde a una brusca ripresa dopo il delirio attraverso il quale si era incautamente liberato. L'ebreo messianico si stava finalmente riprendendo e stava riaffermando la sua missione eterna, anche se evidentemente troppo pesante per menti così fragili:

"Oggi provo un forte senso di orgoglio nell'appartenere a un popolo unico che amo e rispetto. Nella sua diversità e nella sua dispersione, nelle sue disgrazie, nella sua ostinazione e nelle sue speranze. Un popolo, il mio popolo, che assomiglia tanto all'umanità nella sua precaria lotta reciproca e con Dio... Il mio popolo, che come me, impigliato nella sua missione troppo pesante per lui, è coraggioso e caparbio. Amo la mia gente, qui e ovunque. Li amo e li difendo. Qui, in Israele, ovunque. Esatto, la vicinanza dell'antisemita ha solo rafforzato la mia identità. Il suo odio mi ha aiutato e io lo ricambio: lui sa di morte e io amo l'amore. Grazie, padre mio, per avermi fatto nascere ebreo... domani non sarò più ebreo per caso. Ho sfidato e combattuto i demoni e voglio sconfiggerli ancora e ancora. Ho un nome ebraico che mi ha dato mio padre: Haïm, che significa vita. Significa anche Vittoria. Victor è il nome di mio figlio. Vittoria[473]... "

L'ossessione ebraica

L'intellettuale ebreo sembra essere letteralmente ossessionato dalla sua identità ebraica e l'emancipazione degli ebrei europei durante il XIX secolo non ha risolto nulla, poiché gli ebrei sembrano essere sempre in lotta tra le due opzioni perfettamente antinomiche di una reale integrazione nella società europea e della fedeltà all'ebraismo.

A proposito di questo fenomeno, può essere interessante citare la filosofa Hannah Arendt, che nel 1951 scrisse a proposito di quegli ebrei dell'Europa centrale che alla fine del XIX secolo avevano lasciato i loro shtetls per vivere a Vienna e a Berlino, prima di stabilirsi a Parigi o a New York: "Il risultato fu che le loro vite private, le loro decisioni e i loro sentimenti divennero il centro stesso della loro "ebraicità". E più il fatto di nascere ebreo perdeva il suo significato religioso, nazionale e socio-economico, più l'ebraismo diventava ossessivo; gli ebrei ne erano ossessionati come si potrebbe essere ossessionati da un difetto o da un vantaggio fisico, e vi si dedicavano come si potrebbe essere devoti a un vizio[474]."

---

[473]Serge Moati, *La Haine antisémite*, Flammarion, 1991, pagg. 228-232.

[474]Hannah Arendt, *Los orígenes del totalitarismo*, Taurus-Santillana, 1998, Madrid, p. 88. [La secolarizzazione, quindi, ha finalmente determinato quel paradosso, così decisivo per la psicologia dell'ebraismo moderno, per cui l'assimilazione ebraica nella sua liquidazione della coscienza nazionale, nella sua trasformazione da religione nazionale a confessione confessionale e nel suo modo di rispondere alla coscienza nazionale, nella sua trasformazione da religione nazionale a denominazione e nel suo modo di rispondere alle fredde e ambigue richieste dello Stato e della società con risorse e trucchi psicologici altrettanto ambigui - ha generato un vero e proprio sciovinismo ebraico, se per sciovinismo intendiamo il nazionalismo perverso in cui "l'individuo è egli stesso ciò che adora"; l'individuo è il proprio ideale e persino il proprio idolo". Laddove gli ebrei sono stati educati, secolarizzati e assimilati nelle condizioni ambigue della società e dello Stato dell'Europa occidentale e centrale, hanno perso quella misura di responsabilità politica che la loro origine implicava e che i notabili ebrei avevano sempre sentito, anche se sotto forma di privilegio e dominio. L'origine ebraica, priva di connotazioni religiose e politiche, divenne ovunque una qualità psicologica, divenne

Il romanziere viennese dei primi del Novecento Arthur Schnitzler ha trascritto abbastanza bene il carattere enigmatico e ossessivo della "questione ebraica" che lo tormentava: "Non era possibile per un ebreo, scriveva, soprattutto se era un uomo pubblico, dimenticare di essere ebreo, perché gli altri non dimenticavano, né i cristiani, né, tanto meno, gli ebrei. Non c'era altra alternativa che passare per insensibili, prepotenti e arroganti, oppure per permalosi, timidi e soggetti a manie di persecuzione. "Il suo biografo, Jacques Le Rider, ha scritto del romanziere: "La lettura del monumentale diario intimo di Schnitzler, scritto dall'adolescenza fino al 1931, mostra come il ripensamento della sua identità ebraica fosse per lui un esercizio che ripeteva all'infinito[475]."

Il caso di Franz Kafka era del tutto simile. Ecco cosa ha scritto Laurent Cohen su di lui, notando questa "malattia" specifica dell'ebraismo: "Kafka non ci appare più come un caso "classico" di ebreo malato ma, al contrario, come un uomo ossessionato dalla ricerca dell'identità. "Si odiava non perché era ebreo, ma perché non lo era abbastanza", ha scritto giustamente l'eccellente biografo Ernst Pawel... Semplicemente non credeva che l'assimilazione potesse fornire agli ebrei più di una sottile patina, sotto la quale, con l'inferno o con l'acqua alta, sarebbero rimasti se stessi. Kafka "non riusciva ad abituarsi all'idea" di "rimanere invischiato nel gioco nevrotico dell'assimilazione". Kafka, come molti ebrei, "è sicuramente prigioniero della sua identità", ha scritto Laurent Cohen. "Come ha potuto, da sostenitore dell'impresa sionista collettivista, scrivere un testo così deprimente come *L'opera* nel 1923? Quando ci avviciniamo ad esso, siamo terrorizzati da un tale culto paranoico dell'involucro[476]. "Questa è un'altra conferma di una certa paranoia che è molto specifica dell'ebraismo.

Per gli ebrei francesi della *Belle Époque*, il romanziere Marcel Proust ha lasciato un ritratto sociale che mette in scena due personaggi emblematici, torturati da queste due alternative identitarie. Ecco cosa scrive Leon Poliakov a questo proposito nella sua *Storia delle crisi dell'identità ebraica*: "La doppia figura di Charles Swann e Albert Bloch esemplifica i due lati: Swann, uomo di buon gusto, studioso, amico del Principe di Galles, che aveva cancellato ogni traccia di appartenenza semitica, alla fine della sua vita divenne simpatico agli

"ebraismo" e da quel momento in poi poté essere considerata solo all'interno delle categorie di virtù o vizio. "In *Le origini del totalitarismo*, L'*antisemitismo*, p. 81, 88].

[475] Jacques Le Rider, *Arthur Schnitzler*, Belin, 2003, p. 202, 203

[476] Laurent Cohen, *Variations autour de K*, Intertextes, Paris, 1991, p. 15, 47, 50, 132.

ebrei, diventando un *dreyfusard* convinto477, e assomigliando a "un vecchio ebreo". "Albert Bloch, d'altra parte, è un "giovane ebreo pedante, che cerca in tutti i modi di integrarsi nella società migliore", e, come lo descrive Proust, "un giovane mal educato, nevrotico e snob[478]".

Con il trionfante globalismo della fine del secondo millennio, sembrava aprirsi l'era messianica tanto attesa da molti ebrei: i confini scomparivano, gli odiati popoli bianchi si dissolvevano e l'intero mondo occidentale sembrava finalmente "pacificato". Tuttavia, mentre alcuni intellettuali o finanzieri ebrei credevano fermamente che "questa volta sarebbe stata quella buona", c'era da aspettarsi che la venuta del *Messia* non sarebbe riuscita a calmare tutti gli animi.

Il romanziere Philip Roth ha fatto eco a questa ossessione attraverso uno dei suoi personaggi che non riesce a voltare pagina e a dimenticare "quell'argomento":

"In breve, dunque, George, mi tenne una lezione sull'argomento che non ricordo bene di aver scelto per seguirmi così, come un'ombra, dalla culla alla tomba; l'argomento la cui indagine ossessiva ho sempre pensato potesse essere lasciata per un altro giorno; l'argomento la cui persistente intrusione in tutti gli affari, grandi e piccoli, non sempre si sapeva come gestire; il tema invasivo, onnipresente, assillante, in cui erano racchiusi il problema più grave e l'esperienza più sconvolgente della mia vita e che, nonostante tutti gli onorevoli tentativi di resistere al suo incantesimo, si mostrava ora come la forza irrazionale che aveva spinto la mia vita fino a questo punto; il tema che, a giudicare da ciò che sentivo, non poteva essere considerato esclusivamente mio....Il soggetto che risponde al nome di *ebreo479*."

L'ossessione ebraica è qui perfettamente espressa in ciò che è nevrotico per un intellettuale. Il problema sta nel fatto che molti ebrei sono proprio questi "intellettuali", a causa della tradizionale importanza data allo studio nell'ebraismo, soprattutto allo studio della Torah e del Talmud[480]. È in questo senso, infatti, che si può legittimamente riconoscere che gli ebrei sono "il popolo del libro", o meglio "dei libri": la Torah, il Talmud e lo Zohar.

---

[477]Sostenitori del capitano Alfred Dreyfus (vedi nota 174). (NdT).

[478]Léon Poliakov, *Histoires des crises d'identité juives*, Austral, 1994, p. 83.

[479]Philip Roth, *Operazione Shylock*, Debolsillo Penguin Random House, Barcellona, 2005, p. 149.

[480]"... nove ore al giorno di apprendimento automatico richiesto ai bambini di tre anni del Khéider. " (Mark Zborowski, *Olam*, 1952, Plon, 1992, p. 15). Il Kheider è la scuola elementare tradizionale il cui scopo è quello di insegnare ai bambini le basi dell'ebraismo e dell'ebraico.

Anche il filosofo Jacob Talmon ha parlato dell'ossessione dell'intellettuale ebreo: "La sua dolorosa e ossessiva autocoscienza si frappone tra lui e il mondo[481] ", ha scritto.

In una conferenza del 14 marzo 2005, l'influente direttore della stampa Alexandre Adler ha espresso la stessa conclusione: "L'ebraismo è una cosa molto complicata e, allo stesso tempo, è di tanto in tanto una nevrosi ossessiva[482]."

Un altro intellettuale francese di spicco, Edgar Morin, ha dato un'immagine altrettanto divisa della sua identità nel quotidiano *Libération* del 13 maggio 2004: "Francese, mediterraneo, ebreo, universalista, europeo, laico... Queste sono quelle che chiamo le mie identità concentriche", ha scritto. Nato a Parigi da una famiglia di emigranti ebrei (il padre Vidal Nahoum era un marrano di Salonicco), il sociologo della cultura sefardita si sente anche figlio spirituale di Spinoza, "perché rifiutava l'idea di un popolo eletto". Si pone quindi un po' ai margini della comunità e curiosamente si dichiara "un ebreo non ebreo, un ebreo non ebreo". "Come potete vedere, non è affatto facile essere ebrei.

L'elenco sarebbe molto lungo se dovessimo pubblicare tutte le angosciose testimonianze degli intellettuali ebrei. Lo stesso Bernard-Henri Levy, l'uomo che si pavoneggia sui set televisivi, non è riuscito a nascondere completamente questo "ebraismo ossessivo". Né negava che, con un simile fardello, alcuni intellettuali ebrei potessero essere sedotti dalla tentazione di rinnegare.

Il romanzo di Albert Cohen, *Bella del Señor*, era per lui sintomatico di questa ambivalenza dell'ebraismo della diaspora. Si può leggere il libro, scrive Levy, "come un'allegoria dell'ebraismo in Occidente": "I lettori del libro ricorderanno, ne sono certo, quella scena straordinaria....in cui vediamo il principe della gentilità, Solal il Magnifico, il Granduca della SDN [Lega delle Nazioni], dialogare alla pari con i più grandi e, allo stesso tempo, nutrire e proteggere nel suo scantinato una sorta di "corte dei miracoli[483] "composta da ebrei scrofolosi, malati, fuorilegge, non rappresentati nel mondo in cui lui è uno dei re e che è costretto a visitare segretamente di notte."

Ma allontanandosi dal suo popolo, Solal ha voltato le spalle alla Legge. Spingendo il suo personaggio al suicidio, ha spiegato Bernard-Henri Levy, Albert Cohen ha voluto sottintendere che: "Israele non si

---

[481] J.-L. Talmon, *Destin d'Israël*, 1965, Calmann-Lévy, 1967, p. 15.

[482] http://www.beit-haverim.com/anoter/ConfAdler0305.htm

[483] *La cour des Miracles*: espressione francese che si riferisce ai bassifondi e alle baraccopoli della Parigi dell'ancien régime.

riconcilierà mai con l'Occidente cristiano". "Secondo il filosofo, il romanzo di Albert Cohen "mostrava la tentazione di rinnegare, la tentazione, come dice Solal a un certo punto, di "scimmiottare" i cristiani e di essere più cristiani dei cristiani... Si può leggere questo romanzo come il grande romanzo del neo-marranismo contemporaneo, ha proseguito Levy, il grande romanzo che proclama la sofferenza del neo-marrano: *goy* all'esterno, ebreo all'interno; che vive di giorno nel mondo e torna di notte al suo ghetto interiore[484]."

E non dimentichiamo che, in altri passaggi delle sue opere, Bernard-Henri Lévy si dichiarava "francese", più francese di lui, impossibile! Ricordiamo cosa rispose a Raymond Aron nel 1981, quando quest'ultimo si allarmò nel vedere Lévy vomitare pagina dopo pagina, nel modo più oltraggioso, sulla Francia e sulla cultura francese: "Lei mi ha letto troppo bene, ne sono certo, per ignorare che è come francese e come francese che, come ogni altro filosofo francese, ho rischiato questa ricerca sulla Francia nera[485]."

In breve, è molto pratico essere ebrei. "Sono ebreo quando ne ho voglia[486] ", ha dichiarato l'ex ministro socialista Bernard Kouchner. Questo permette loro di scusarsi per tutto ciò che è deviante, dissidente e rinnegato, per poi lamentarsi della discriminazione quando vengono colti in flagrante.

Sintomi di follia

La nevrosi ebraica è, ad esempio, molto evidente nel romanzo *Un ebreo in fuga* di Laurent Sagalovitch. Il quotidiano *Le Monde* del 2 settembre 2005 ha recensito il romanzo, sottolineando il carattere patologico e tragico della vita del protagonista, molto simile a quella dell'autore: egli vuole "andare lontano". Lontano da cosa? Lontano da qui. Da questa Francia ammuffita che lo annoia e che detesta profondamente. Proprio come Simon Sagalovitch, il personaggio del suo ultimo romanzo."

Simon ha 31 anni. "Sua sorella, nevrotica, va a letto con un goy che è un po' scemo. "Durante la cena *di Pasqua*, Simon annuncia ai suoi genitori di aver deciso di lasciare la Francia e di trasferirsi in Canada: "Questo Paese è troppo piccolo, troppo meschino, troppo gretto, troppo

---

[484]Bernard-Henri Lévy, *Récidives*, Grasset, 2004, p. 397, 391

[485]Bernard-Henri Lévy, *Questions de principe, deux*, Grasset, 1986, p. 306. Si veda anche Hervé Ryssen, *Les Expectations planetariennes*, (2022).

[486]Daniel Cohn-Bendit, Bernard Kouchner, *Quand tu seras président*, Robert Laffont, 2004, pag. 347.

egoista". "Va bene, Simon, *Mazal tov, esci da* questa Francia "ammuffita"!

Alla fidanzata che desidera avere un figlio da lui, dice: "Perché vuoi il mio sperma, che presenta evidenti segni di angoscia traumatica e che secondo il mio psicanalista è dovuto a un'incompatibilità metafisica con l'universo, per non parlare del silenzio di Dio durante l'Olocausto e dell'attuale minaccia nucleare rappresentata da Corea del Nord, Iran, Siria e Pakistan?". Come volete che faccia da padre a un figlio che sarà autistico, maniaco-depressivo, iperattivo, vegetativo, idiota e non istruito? un figlio che un giorno verrà da me e mi dirà: "Papà, ti voglio molto bene, ma mi dai un fastidio pazzesco"."

Simon Sagalovitch si stabilisce finalmente in Canada. "Ma poi la noia colpisce di nuovo. E l'eterna domanda: ripartire, ma dove? Senza rendermene conto, avevo contratto la maledizione dell'ebreo errante, mai a suo agio in nessun luogo, sempre alla ricerca di un paradiso che esiste solo nei libri per bambini."

I commenti elogiativi che abbiamo potuto leggere su internet insistevano piuttosto sulla ridicolaggine della storia: "Il viaggio dell'ipocondriaco Sagalovitch a Vancouver promette agli amanti delle storie ebraiche, delle nevrosi familiari, del calcio, del whisky o del Lorazepam, uno dei cocktail più gustosi della nuova stagione letteraria". L'eroe "porta con sé la nostalgia per la grande squadra di calcio dei Verdi di Saint-Étienne, la diffidenza verso i goyim, un forte senso di disadattamento e un'esultante malafede". Appena sbarcato in Canada, si mette con una bella olandese (ottimista, rilassata e fumatrice di cannabis). Con lei scoprirà il fascino della società libertaria ma igienista della città di Vancouver."

È vero che, sebbene tendano a "diffidare dei Goyim", gli ebrei apprezzano le "bellezze olandesi" e, come abbiamo visto nel cinema e nella letteratura, l'unica cosa che gli ebrei sembrano apprezzare davvero dei popoli europei è la bellezza delle loro donne. Ma anche in questo caso, gli ebrei sembrano avere difficoltà ad astrarre dalla loro ebraicità. L'acclamato romanziere Philip Roth ha scritto così in *Operazione Shylock*:

"Io stesso ho frequentato una ragazza che era stata sposata con un ebreo. Le persone più antisemite al mondo sono quelle che sono state sposate con un ebreo o un'ebrea. Vi dicono tutti la stessa cosa: sono un branco di pazzi. Conosco una ragazza che ha vissuto con un ebreo per otto o nove anni. In tutto quel tempo, non hanno mai fatto più di quindici o sedici belle scopate, perché il ragazzo non si rilassava mai abbastanza. È sempre stato così ossessionato dalla sua ebraicità che ha dovuto trovarsi una *shiksa* da scopare a suo piacimento. Per non parlare del modo in cui i suoi genitori l'hanno trattata come una merda appena cagata. La madre che li ha partoriti, la quantità di problemi che hanno gli ebrei. Non fanno altro che lamentarsi[487]. "

Anche la giornalista del *Nouvel Observateur* Colette Mainguy non sembrava molto sana di mente, a giudicare da quanto scriveva sulla copertina del suo romanzo *L'ebrea (*2001): "Ho riscoperto la mia ebraicità dopo cinque anni di psicoanalisi. Da tanto tempo facevo sogni germanici ricorrenti. I tedeschi mi inseguono. Mi mitragliano e poi muoio sotto un telone in un camion che attraversa il Vercors. Vengo arrestato durante i rastrellamenti di ebrei; rimprovero mia madre di avermi abbandonato in un campo; sono un giornalista e racconto com'è la vita del ghetto prima che mi ci rinchiudano; faccio una fellatio ai nazisti, la Gestapo bussa alla mia porta. Io scappo sempre. I miei nascondigli sono sempre cantine buie, sordidi armadi o labirinti terrificanti; una notte affronto mia sorella Beth. È il capo della Gestapo in un campo di concentramento. "A quanto pare, i cinque anni di psicoanalisi non sono stati sufficienti per esorcizzare il male.

Abbiamo anche letto sulla stampa del caso patologico di Philippe Zamour, 41 anni, giudice da 10 anni, che è stato sorpreso a masturbarsi durante un'udienza in tribunale ad Angoulême (Charente). L'uomo è stato arrestato, sospeso dal suo incarico e accusato del reato di "esibizionismo sessuale". Prima di questo incidente, Philippe Zamour aveva già ricevuto cure terapeutiche, poiché era solito andare a fare shopping vestito da donna o imitare Johny Hallyday[488] nei corridoi del tribunale. Secondo la Reuters, il 28 settembre 2005 Zamour è stato licenziato per motivi medici e il giudice è stato dichiarato irresponsabile delle sue azioni dagli psichiatri, che gli hanno diagnosticato e dichiarato niente meno che "schizofrenico". In queste circostanze, il Consiglio superiore della magistratura ha ritenuto che non fosse possibile sanzionare l'imputato.

Questo esempio è molto aneddotico, ma possiamo comunque considerarlo un fenomeno molto reale. L'aspetto più sorprendente è che, per quanto ne sappiamo, non è stata condotta e pubblicata alcuna ricerca veramente esaustiva sulle patologie specifiche dell'identità ebraica, né è disponibile uno studio serio per il grande pubblico. Il

---

[487]Philip Roth, *Operazione Shylock*, Debolsillo Penguin Random House, Barcellona, 2005, pag. 296.

[488]Famoso rocker francese. Idolo generazionale. Fin dall'inizio della sua carriera è stato considerato un'icona del mondo francofono. Per alcuni è l'equivalente francese di Elvis Presley.

"problema" è comunque di statura, a giudicare da quanto abbiamo potuto leggere altrove su altre personalità.

Anche lo scrittore Joseph Roth fu direttamente colpito dalla nevrosi ebraica, dato che la sua stessa moglie soffriva di gravi problemi mentali. Persino un rabbino chassidico miracoloso cercò di guarirla invano: "Lui stesso, Joseph Roth, ebreo illuminato e agnostico, prima di convertirsi (realmente o per finta) al cattolicesimo, consultò un "rabbino" miracoloso per sua moglie Friedl, che soffriva di schizofrenia, il cui esito fu fatale[489]."

Elie Wiesel era molto critico nei confronti dello scrittore yiddish Isaac Bashevis Singer. Probabilmente perché quest'ultimo aveva ricevuto il Premio Nobel per la letteratura e occupava una posizione di preminenza che Elie Wiesel segretamente invidiava: "Non gli piacevo", scrive Wiesel nelle sue *memorie*, "e perché non ammetterlo, era reciproco". "Elie Wiesel ha anche rimproverato a Bashevis di aver "distorto l'immagine dell'ebreo dell'Europa orientale", lamentando che "i suoi eroi erano spesso brutti, moralmente folli, affascinanti ma disturbati, saggi ma perversi. È possibile che gli ebrei polacchi fossero tutti maniaci sessuali? È concepibile che un rabbino devoto a Dio e alla sua Legge pensasse di commettere adulterio solo la notte dello Yom Kippur[490]?"

Ma Isaac Bashevis Singer non è etichettato dalla sua comunità come uno di quegli ebrei che soffrono di "odio verso se stessi", e forse ha semplicemente descritto in modo realistico ciò che aveva visto.

Irène Némirovsky è una scrittrice molto nota in Francia che ha ricevuto il Premio Renaudot postumo. È nata a Kiev nel 1903 da una famiglia di banchieri. Nel suo romanzo *I cani e i lupi*, che sembra essere in parte un'autobiografia, descrive una famiglia ebrea ucraina che si è stabilita in Francia dopo la prima guerra mondiale. Harry Sinner, figlio del banchiere, doveva sposare una francese: Laurence Delarcher, appartenente all'antica famiglia di banchieri Delarcher. Era, scrive Irene Nemirovsky, "il tipo ebreo". Fragile, intelligente e triste, può piacere a quelle ragazze bionde e rosee?" In questo assomigliava agli

---

[489]Joseph Roth, *Juifs en errance*, 1927, Seuil, 1986, p. 29. ["Per i chassidim, il rabbino che fa miracoli è il mediatore tra l'uomo e Dio. Gli ebrei illuminati non hanno bisogno di alcun mediatore. Considerano addirittura un peccato credere in un potere terreno che sia in grado di anticipare le decisioni di Dio... Tuttavia, molti ebrei, anche se non sono chassidici, non riescono a sottrarsi all'atmosfera miracolosa che circonda un rabbino, al punto che ci sono ebrei non credenti che, in situazioni difficili, si rivolgono al rabbino per trovare conforto e aiuto. "Joseph Roth, *Judíos errantes*, Acantilado 164, Barcellona, 2008, p. 46].

[490]Elie Wiesel, *Mémoires, Tome I*, Seuil, 1994, p. 462, 463.

zii che gestivano la banca e che erano come lui "uomini di bassa statura, dalla carnagione grassa, dai tratti spigolosi e dagli occhi inquieti"."

Per Harry Sinner, "come tutti gli ebrei... i difetti specifici della sua razza lo scandalizzavano in modo molto più marcato e doloroso di quanto non facessero i cristiani". E quell'energia tenace, quel bisogno quasi selvaggio di ottenere ciò che si vuole, quel cieco disprezzo per ciò che gli altri potrebbero pensare, tutto questo era classificato nella sua mente sotto un'unica etichetta: "impudenza ebraica". "Era segnato dalla "maledizione di una razza che non poteva stare ferma, e che cerca senza sosta e invano di essere più forte di Dio stesso[491]. "

Ada, un'ebrea piccola ma meno ricca tra i suoi parenti, era innamorata di lui. Il marito Ben ebbe allora un comprensibile attacco di gelosia. Il silenzio deve essere rotto: "La sua rabbia esplode in maledizioni, insulti, grida... Le frasi escono dalla sua bocca in un misto di yiddish e russo. Harry riusciva a malapena a capirli e per lui c'era qualcosa di ripugnante e grottesco in quei giuramenti, in quegli sfoghi, in quei ruggiti d'odio. In quel momento ricordò il disgusto sul volto di Laurence quando gli aveva dato dell'isterico. La frenesia, i muggiti, le invocazioni impetuose di un dio vendicatore erano fuori dal mondo.

- Che tu possa morire prima di me! - ululò Ben - Possa il tuo cadavere essere fatto a pezzi! Possa tu non trovare riposo, né sonno, né morte pacifica! Che la tua prole sia maledetta! Che siano maledetti i tuoi figli!

- Zitto! - Harry gridò con veemenza: "Non siamo in un ghetto ucraino!

- Se solo sapeste quanto vi odio...! Ci guardate dall'alto in basso, ci disprezzate, non volete avere nulla a che fare con la marmaglia ebraica[492]!"

Gli attacchi di rabbia sono sempre impressionanti in questa comunità dove gli squilibri mentali sono palesemente più frequenti di quanto si possa pensare. A proposito della stessa Irène Némirovsky, Pierre Birnbaum ha scritto: "Il suo vagabondaggio denota il suo completo disordine, anzi, la sua nevrosi, la sua perpetua agitazione che accentua ancora di più la sua stranezza[493]."

Franz Kafka era ben consapevole di questa specifica nevrosi

---

[491]Irène Némirovsky, *Los perros y los lobos*, Ediciones Salamandra, 2016, Barcellona, p. 94, 114, 130, 122

[492]Irène Némirovsky, *I cani e i lupi*, Ediciones Salamandra, 2016, Barcellona p. 159, 160

[493]Pierre Birnbaum, *Un Mythe politique: la république juive*, Fayard, 1988, p. 134.

dell'intellettuale ebreo. Molti ebrei che avevano lasciato il loro *shtetl* per stabilirsi a Vienna avevano deciso di convertirsi al cattolicesimo nel tentativo di liberarsi da questa tirannia. Ma la conversione non placò i loro spiriti tormentati: dovevano aspettare la generazione successiva. Kafka scrisse un giorno ai suoi amici Brod e Welsch: "Ma quali atroci forze ebraiche si agitano fino a scoppiare dentro un ebreo battezzato. Si calmano e si dissipano solo nei figli cristiani della madre cristiana[494]."

Nel 1886, nel suo famoso libro sulla comunità ebraica in Francia, Edward Drumont aveva già notato questo particolare problema dei figli di Israele che cominciavano ad affluire in Francia dai ghetti dell'Europa centrale: "La nevrosi è la malattia implacabile degli ebrei", scriveva Drumont. In questo popolo a lungo perseguitato, sempre vissuto nell'angoscia e in incessanti cospirazioni, poi scosso dalla febbre della speculazione, che esercita solo professioni di natura cerebrale, il sistema nervoso si è infine completamente alterato. In Prussia, la percentuale di alienati è molto più forte tra gli israeliti che tra i cattolici."

Lo scrittore americano Philip Roth ha espresso in modo molto suggestivo la nevrosi ebraica, sempre attraverso i suoi personaggi raccapriccianti: "Perché è un ragazzo ebreo viziato. Il fidanzato ebreo viziato della non meno viziata *shiksa*. Un animale selvaggio e isterico, ecco cos'è. Ed è quello che sono. Questo è ciò che siamo entrambi[495] ", ha scritto.

A quanto pare, lo scrittore deve aver sofferto "qualche mese prima di un orribile esaurimento nervoso" che lo ha portato "in un momento di estremo disorientamento a chiedersi se non sia davvero... affetto da uno di quegli episodi allucinatori la cui totale verosimiglianza lo aveva portato sull'orlo del suicidio l'estate precedente". Il suo controllo su se stesso comincia a sembrare tanto lieve quanto la sua influenza sull'altro Philip Roth, che infatti si rifiuta di considerare "l'altro Philip Roth" o "l'impostore" o "il sosia".... "In effetti, c'è uno sdoppiamento della personalità di "Philip Roth" in questo romanzo, dove l'eroe porta anche il nome dell'autore. Philip Roth è il centro del mondo.

"La sua grande motivazione. La sua personalità labile. La

---

[494]Laurent Cohen, *Variations autour de K...*, Intertextes éditeur, Paris, 1991, p. 49.

[495]Philip Roth, *Operación Shylock*, Debolsillo Penguin Random House, Barcellona, 2005, p. 268. Traduzione di Ramón Buenaventura, 1996. [Dalla traduzione francese nel testo: "*Un maldito pequeño judío completamente chiflado. Il dannato piccolo ebreo completamente pazzo della dannata shiksa completamente pazza, il suo dannato fidanzato, un pazzo, un animale, un isterico, ecco cos'è. Ecco cosa sono. Ecco cosa siamo.* "Philip Roth, *Opération Shylock*, 1993, Gallimard, 1995, p. 271].

monomania isterica. Il pacchetto di bugie, la sofferenza, la malattia, l'orribile orgoglio per il fatto di essere "indistinguibile"... Il risultato è qualcuno che cerca di essere reale, senza nemmeno sapere approssimativamente come riuscirci, qualcuno che non ha idea di come essere fittizio - e di spacciarsi, in modo convincente, per qualcuno che non è....Il suo artificio è falso fino al midollo, è una caricatura isterica dell'arte dell'illusionismo, un'iperbole alimentata dalla perversione (forse anche dalla follia), è l'esagerazione resa un principio inventivo..."

In un altro capitolo del romanzo, Roth ritrae un tipo di personalità ebraica incarnata da uno dei personaggi: "Sì, Smilesburger è il mio tipico ebreo, ciò che significa 'ebreo' per me, il mio modello migliore. Negativismo nato dall'esperienza [*Negativismo mondano*]. Verbosità seducente. Venerazione intellettuale. Odio. Mentire. Diffidenza. Praticità. Sincerità [*Autenticità*]. Intelligenza. Malizia. [*Malvagità*]. Commedia. Resistenza. Il teatro. Lesioni. Il danno [*Lo sconforto*][496]."

Ma altre due frasi tratte dalla penna di Philip Roth catturano la nostra attenzione e ci sembrano molto più importanti per comprendere la profondità della personalità ebraica. La prima è la confessione dell'autore che dispera di poter trovare la pace interiore: "Non sarò mai libero da questa tendenza all'esagerazione, dall'assedio insopportabile della confusione... Non sarò mai libero da me stesso... Vivrò per sempre nella dimora dell'Ambiguità[497]." "E la seconda è questa: "Essere ebrei significa invocare un padre scorbutico e collerico. Invocare un padre scapestrato e violento, e così noi ebrei siamo stati, per tremila anni, altrettanto scapestrati[498]."

E così tocchiamo i due punti che costituiscono, a nostro avviso, la radice del problema: l'"ambiguità", o ambivalenza, che è alla base dell'identità dell'intellettuale ebreo; e la questione del Padre, che dura "da tremila anni", e che è la chiave della nevrosi ebraica, come Sigmund Freud aveva correttamente diagnosticato analizzando il suo caso personale.

Pierre Paraf ha illustrato magnificamente questa ambivalenza attraverso una sorta di sublimazione in un passaggio del suo romanzo:
Un popolo di usurai ed edonisti... Un popolo di sanguinari

---

[496]Philip Roth, *Operazione Shylock*, Debolsillo Penguin Random House, Barcellona, 2005, p. 277, 281, 283, 455, 456 [*Dalla traduzione francese nel testo*].

[497]Philip Roth, *Operazione Shylock*, Debolsillo Penguin Random House, Barcellona, 2005, p. 354.

[498]Philip Roth, *Operazione Shylock*, Debolsillo Penguin Random House, Barcellona, 2005, p. 125.

distruttori che conoscono solo l'odio". Gente della libbra di carne, del *pilpul* talmudico, dell'intelligenza esausta e dei sensi inariditi. Schiene ricurve, colli rigidi e barbe schifose.

-Per niente. Un popolo di innamorati, il cui cielo fiorito di stelle racchiude il sogno profumato delle rose di Saron e dei gigli di Galilea, portatori perseveranti di un messaggio che non è altro che una lettera d'amore all'umanità. Popolo amante di Dio, popolo pallido di tenerezza insoddisfatta, bruciato da più fuochi di quanti il mondo ne abbia mai accesi[499]."

Anche nella vita religiosa possiamo osservare quella sorta di schizofrenia spirituale che regna nell'anima del pio ebreo quando si rivolge al suo Dio, passando bruscamente dalle implorazioni disperate ai rimproveri più familiari, per prostrarsi infine umilmente. Così lo descrive Joseph Roth in *Ebrei erranti*:

"Nella casa di Dio non sono estranei come ospiti, ma come in casa propria. Non gli fanno una visita ufficiale, ma si riuniscono tre volte al giorno attorno alle sue tavole ricche, povere e sacre. Durante la preghiera si indignano contro Dio, gridano al cielo, si lamentano del suo rigore e, nella casa di Dio, portano Dio in tribunale, per poi confessare di aver peccato, che tutti i castighi erano giusti e che vogliono essere migliori. Non ci sono persone che hanno una tale relazione con Dio[500]."

Questo ci ricorda la figura di Golum, quella sfortunata creatura de *Il Signore degli Anelli* che sembra soffrire di questa ambivalenza patologica, quando passa dall'odio segreto e dal desiderio di vendetta alle più esagerate manifestazioni di debolezza nel tentativo di compatire i suoi compagni di sofferenza, e che poi vediamo con gli occhi illuminati da una fede messianica che dovrebbe portarlo all'impero del mondo[501].

L'ambivalenza del pensiero degli intellettuali ebrei è un riflesso della profonda sofferenza interiore e del ricorrente dubbio che essi nutrono sulla legittimità della "missione" del popolo ebraico. L'anima ebraica, sempre al confine tra due concetti antagonisti, sembra potersi affermare solo in questo costante sforzo di liberarsi dalla vacillazione esistenziale che è costitutiva dell'essenza dell'ebraismo. Gli ebrei affermano la loro fede messianica tanto più fortemente quanto più vivono nell'angoscia della loro ambiguità e nei dubbi suscitati dall'ostilità generale che è sempre stata sollevata contro di loro nel corso della storia.

---

[499]Pierre Paraf, *Quand Israël aima*, 1929, Les belles lettres, 2000, p. 8.

[500]Joseph Roth, *Judíos errantes*, Acantilado 164, Barcelona, 2008, p. 45.

[501]Sull'analogia con il golum, si veda Hervé Ryssen, *Planetary Hopes*, (2022).

In queste circostanze, il misticismo ebraico, incarnato dal chassidismo, può essere visto come un tentativo di liberazione estatica. Apparso nel XVIII secolo, questo movimento religioso, che alla fine riunì la grande maggioranza degli abitanti dello *shtetl*, fu prima una reazione all'angoscia e alla sofferenza degli ebrei polacchi e ucraini dopo i pogrom perpetrati dai cosacchi di Bogdan Khmelnitsky. Abbiamo anche già visto come le basi morali della vita ebraica fossero state scosse dal fervore messianico portato dal "falso Messia" Shabtai Tzvi. La reazione rabbinica contro questa corrente emotiva "consisteva nell'alzare ulteriormente la siepe intorno alla Torah con nuove regole supplementari", ha scritto Mark Zborowski. "I letterati talmudici rafforzarono la loro presa, portando la massa dei *proste*[502] sotto il giogo di innumerevoli precetti che non erano in grado di comprendere: la gente dello *shtetl* poteva solo scegliere tra *pilpul* e obbedienza cieca. I predicatori erranti, i *maggidim*, promettevano i peggiori tormenti dell'inferno per qualsiasi trasgressione di una *mitzvah*[503]. La *prosta* affrontava da sola l'immagine di un Dio vendicativo, geloso custode della sua alleanza che non lasciava speranza al trasgressore."

Il movimento chassidico si presentò inizialmente come "la rivolta degli ignoranti" contro l'autorità rabbinica. Il suo primo leader fu Israel ben Eliezer, Ba'al Shem Tov, il Maestro del Nome Divino, chiamato anche Besht[504]. Lontani dai discorsi austeri e minacciosi dei *maggidim*, i leader chassidici predicavano speranza, misericordia e amore, piuttosto che vendetta e punizione. Come gli altri movimenti sabbatiani, il chassidismo incontrò una violenta resistenza da parte dei letterati

---

[502]*Proste* è una parola yiddish usata dagli Ashkenazim per indicare che una persona o qualcosa è povera, volgare o di bassa classe.

[503]I comandamenti sono i 613 precetti biblici della Torah.

[504]"Il Bal Shem Tov depose la sua ascia. È salito su un'auto e ha attraversato la Polonia. Bussando alle porte delle sinagoghe, gridò: -Ehi, cosa fate con la fronte a terra? Vi porto la parola dell'Eterno, alzatevi e ballate, mangiate, bevete, fumate, cantate! Lascia riposare il tuo spirito: è inaridito dall'ergotismo, ma il tuo cuore è fresco; ascolta i suoi impulsi. Chiudi il Talmud! Che cos'è? Nel migliore dei casi, un vecchio gibberish di studiosi obsoleti. Ecco l'ultimo grido: lo Zohar, il libro dello splendore; apritelo e leggetelo! Quasi tutto Israele ascoltava il Bal Shem Tov, leggendo il *Fol Zohar*. E cominciarono a pregare, a ballare, a mangiare, a bere, a fumare, a cantare. Fu la nascita del chassidismo. E dal chassidismo sono nati i miracoli. Il primo rabbino miracoloso fu Bal Shem Tov, detto El Balshem, il taglialegna di Maramures. "Ricreazione di Albert London in *L'ebreo errante è arrivato*, Editoriale Melusina, 2012, p. 60, 61. Ba'al Shem significa letteralmente "colui che possiede la padronanza del nome di Dio, che è in grado di impiegarlo". (NdT).

rabbini e delle classi superiori dello *shtetl*: "I *misnagdim*[505] erano pronti a tutto, anche alla denuncia, all'imprigionamento e all'ostracismo", scrive Zborowski. Un tempo il matrimonio con un membro dell'altro gruppo era considerato altrettanto riprovevole del matrimonio con un non ebreo.

I due flussi alla fine coesistettero, ma non si fusero mai. La corte dello tzaddik, o *rebbe*, il leader religioso degli ebrei chassidici, rimaneva il luogo di conforto e sostegno per gli umili. Tuttavia, dopo un periodo di assoluto rifiuto dell'istruzione, il chassidismo aprì progressivamente la sua interpretazione all'antica tradizione scritta e alla ricerca scientifica, e d'ora in poi, studioso e ignorante, artigiano e rabbino, *proste* e *sheyne*, tutti "andavano dal *rebe*" per chiedere aiuto o qualche parola di incoraggiamento, mentre il rabbino, il *rov*, rimaneva colui che doveva essere consultato per l'interpretazione della Legge che regolava tutti i dettagli della vita dello *shtetl*. I due gruppi socio-religiosi, chassidico e rabbinico, alla fine coesistevano in modo complementare. "Le due parole, *chassidim* e *mishnagdi*, che prima designavano due campi ostili, divennero gli epiteti di due tipi di personalità. Il *Chassid* è lo zelante, focoso e affettuoso; il *Mishnagdi* è freddo, scettico e di tiepido entusiasmo[506]."

Joseph Roth ha lasciato una testimonianza impressionante sulle pratiche religiose degli ebrei chassidici: "Quella forza non era solo quella di una fede fanatica. Si trattava, a ben vedere, di una salute la cui fioritura proveniva dai religiosi. I chassidim si tenevano per mano, ballavano in cerchio, rompevano il cerchio per battere le mani, muovevano la testa a ritmo a destra e a sinistra, tenevano i rotoli della Torah e li giravano come ragazze, premendoli sul petto, baciandoli e piangendo di gioia. C'era una concupiscenza erotica in quella danza. Mi ha profondamente commosso il fatto che un intero popolo offra la sua voluttà sensuale al suo Dio, che dal libro delle leggi più severe tragga il suo amato, e che non sappia più separare il desiderio corporeo dalla gioia spirituale, ma unisca le due cose. Era l'ardore dello zelo e del fervore devozionale. La danza era un ufficio divino e la preghiera un eccesso sensuale[507]."

Anche Elie Wiesel ha studiato la Kabbalah in gioventù, godendo

---

[505]Misnaged, misnagdim (plurale) (misnagdíes in inglese): gli oppositori del chassidismo.
[506]Mark Zborowski, *Olam*, 1952, Plon, 1992, pagg. 170-176. [Sulla deriva settaria e la sua canalizzazione, in particolare all'interno dell'ebraismo, si veda nella nota del traduttore l'allegato IV. 4]
[507]Joseph Roth, *Judíos errantes*, Acantilado 164, Barcellona, 2008, p. 56, 57

dei piaceri della "conoscenza occulta" ereditata dal chassidismo: "Per un adolescente desideroso di conoscenza e di illusioni, la Kabbalah offre il più stimolante, il più romantico, il più attraente. Ecco come descriveva queste pratiche: "esercizi ascetici, litanie infuocate e magiche, caduta nei tormenti dell'abisso nella speranza di risalire ad altezze vertiginose". "Ma era un gioco pericoloso di cui diffidare: "Mi svegliavo sudato e senza fiato. Stavo delirando, non sapevo quando stavo sognando o quando ero lucido; non sapevo chi ero o dove mi trovavo. Seduto sul pavimento, sbattendo la testa contro il muro, il mio Maestro sembrava disperato; i singhiozzi scuotevano tutto il suo corpo. In quel momento sentii che la follia ci perseguitava entrambi. Ma ero determinato a continuare la nostra ricerca. Qualunque cosa sia stata necessaria[508]."

Lo scrittore Arthur Miller ha lasciato un'interessante testimonianza concordante nelle sue memorie. Quando era ancora piccolo, un giorno il bisnonno lo portò con sé alla sinagoga, lasciandolo in un angolo appartato dove non avrebbe dovuto assistere alla cerimonia.

"Ho sentito gli uomini iniziare a cantare. Non all'unisono, come un coro, ma una gamma di melodie diverse dolcemente intonate da una dozzina o più di voci. Sentii un picchiettio sommesso, poi altri picchiettii e picchiettii più profondi, e le voci si fecero più forti... e i picchiettii si fecero più veloci... Vidi qualcosa di molto sorprendente: una quindicina di vecchi, ingobbiti e completamente coperti dai rispettivi talari, tutti con i piedi racchiusi in calzini bianchi, stavano ballando. Trattenni il respiro in preda al panico. Uno di loro doveva essere il bisnonno e io vedevo il proibito. Ma cosa c'era esattamente di proibito, forse il fatto di trovarmi in una situazione così poco dignitosa! Forse che, in modo nascosto e misterioso, erano felici, anche se vecchi. Perché non avevo mai sentito una musica come quella, così folle e impulsiva, e tutti ballavano senza alcuna consonanza con il resto, solo di fronte all'oscurità esterna[509]..."

Non c'è da stupirsi che gli osservatori di altri tempi abbiano assimilato queste folli sarabande al sabato delle streghe. Siamo ben lontani dalle genuine danze popolari o dal valzer viennese, che senza dubbio riflettono meglio la semplicità, la grazia e l'armonia della cultura europea fin dall'Antica Grecia.

---

[508]Elie Wiesel, *Mémoires, tome I*, Seuil, 1994, p. 49, 50, 53, 57.
[509]Arthur Miller, *Vueltas al tiempo*, Tusquets, Barcellona, 1999, p. 46.

Complesso di inferiorità

Si tratta innanzitutto di un complesso fisico dovuto alle carenze generate dalla lunga consanguineità. Poiché la loro Legge proibisce i matrimoni al di fuori della loro comunità, la consanguineità è molto alta e probabilmente era ancora più alta negli ebrei degli shtetl. Alla fine del XIX secolo, gli ebrei sionisti, che rifiutavano la dissoluzione nella società europea e progettavano di costruire uno Stato ebraico in Palestina, si erano resi conto della gravità di una certa degenerazione fisica del popolo ebraico. Ecco cosa ha scritto Jacques Le Rider a questo proposito:

"I primi sionisti, in particolare Theodor Herzl, parlavano con durezza a volte spietata degli ebrei assimilati che, a loro avviso, avevano abbandonato la tradizione ebraica e adottato i comportamenti più discutibili della loro società - ma anche a volte con sprezzante severità degli ebrei culturalmente "arretrati" e fisicamente "degenerati" del ghetto nelle città dell'Europa centrale e orientale o degli shtetl della Galizia[510]."

Più recentemente, anche Philip Roth ha parlato con "spietata durezza" di questi difetti fisici da parte della comunità ebraica, al punto che il romanziere sembrava fare un regolamento di conti con la sua comunità. Alcune delle sue parole sono veramente offensive. A pagina 291 del suo libro, ha anche fatto un discorso revisionista con il pretesto di dare la parola a uno dei suoi personaggi antisemiti. Ma anche se Philip Roth sembra talvolta avere una mente contorta e squilibrata, non si può dire che appartenga a quella classe di ebrei afflitti da "odio di sé", perché in molti altri passaggi delle sue opere esprime la sua fede messianica nella missione del popolo ebraico. Anche in questo caso, dobbiamo notare l'ambivalenza del pensiero.

"Un mio amico dell'NIH ha condotto uno studio su un intero gruppo di rabbini. Circa venti o venticinque anni fa. Ed è giunto alla conclusione che hanno malattie specifiche per gli ebrei. È a causa della consanguineità, perché si sono mescolati tra loro per secoli. Ci sono nove malattie specifiche degli ebrei che colpiscono i bambini... Una di queste è la sindrome di Down. Ma nascondono sempre le persone che ce l'hanno. Perché, ovviamente, tutti gli ebrei sono geniali. Tutti suonano il violino. Oppure sono fisici nucleari. O, naturalmente, i geni di Wall Street (*risate*). Quelli di cui non si parla mai sono quelli che vengono fuori idioti, a causa della consanguineità. Sono tutti dei

---

[510]Jacques Le Rider, *Arthur Schnitzler*, Éd. Belin, 2003, pag. 199

coglioni. Avendo sempre figli tra di loro... gli ebrei hanno questa cosa chiamata malattia di Paget. Di solito la gente non lo sa. Guardate Ted Koppel. E altri come lui. Woody Allen, quel cazzone irascibile che sta cadendo a causa del suo essere stronzo. O Mike Wallace. Le loro ossa si ispessiscono e le loro gambe si contorcono. Le donne hanno la cosiddetta gobba ebraica. Le unghie si induriscono. Come le pietre. I loro menti sono allentati. Basta guardare i vecchi fagioli, hanno tutti il mento allentato, come i ritardati mentali. Per questo ci odiano tanto, perché a noi non succede. Perché siamo ancora così teneri. Forse siamo ingrassati un po'. Ma così tenero. Sapete cos'è un ebreo. Un arabo nato in Polonia. Diventano enormi... Gli ebrei sono tutti molto brutti. Con quel naso, eccetera... Come Kissinger. Enorme. Naso grande, lineamenti grandi. Ed è per questo che non gli piacciamo. Basta guardare Philip Roth. Un brutto ragazzo a tutti gli effetti. Stronzo dalla testa ai piedi... Che pezzo di merda. Il tipo era così fuori con le *shiksas*, che ha messo le mani su una cameriera, un caso mentale, divorziata con due figli, e ha pensato che fosse un pezzo di lavoro. Stupido. Ora sta tornando all'ovile ebraico, perché vuole ricevere il premio Nobel[511]."

Bisogna ammettere che alcuni ebrei sanno talvolta ridere di se stessi con un'acidità piuttosto divertente. Ovviamente questo tipo di umorismo non è adatto a tutti, ma abbiamo visto nella prima parte di questo libro che il disprezzo e il sarcasmo di alcuni intellettuali spesso si rivolgevano contro i Goyim, quindi pensiamo che sia giusto riequilibrare un po' la situazione.

In un libro scritto con uno stile simile, molto in voga nella letteratura di oggi, Rich Cohen ha raccontato la storia di quei gangster "americani" tra le due guerre. Tutti hanno sentito parlare di Al Capone e della mafia italiana. Ciò che è meno noto è che i principali sicari che seminavano il terrore nelle grandi città americane dell'epoca erano gangster ebrei. Nel suo libro *Yiddish Connection*, pubblicato nel 1998, Rich Cohen ha descritto l'aspetto di alcuni di questi eroi, segretamente aureolati da Hollywood,[512]:

"A quel tempo a Brownsville il potere era nelle mani dei fratelli Shapiro, la cui famiglia era originaria dell'Ucraina. Il maggiore, Meyer, era nato nel quartiere, un ragazzo allampanato che ha continuato a soffrire di obesità fino all'età adulta. Tutto in lui era grasso: occhi grassi,

---

[511]Philip Roth, *Operación Shylock*, Debolsillo Penguin Random House, Barcellona, 2005, p. 295, 292, 293

[512]Sulla mafia "americana" degli anni Venti-Trenta e sulla mafia "russa" degli anni Novanta: Hervé Ryssen, *Speranze planetarie* (2005), (2022) e *La mafia ebraica* (2008), (2019).

naso grasso, orecchie grasse, bocca grassa... I fratelli possedevano una quindicina di bordelli nella malavita. Come i boss ebrei di Odessa nella Russia del XIX secolo, essi terrorizzavano negozianti e commercianti."

Si tratta di Abraham Reles, o Abe Reles, il "Ragazzo", un'altra figura dell'epoca la cui famiglia era originaria della Galizia, nel sud della Polonia: "Col tempo, Reles divenne un leader. Anche se era alto poco più di un metro e ottanta, c'era qualcosa in lui che incuteva rispetto... Parlava lentamente, con una voce gutturale e un filo di voce. Aveva un'andatura curiosa: per strada sembrava un uomo che cercava di tirare avanti le scarpe scuotendo i piedi."

In seguito Reles detronizzò i fratelli Shapiro a Brooklyn. Con la sua squadra, ha raggiunto il massimo della carriera con ottantacinque uccisioni.

Agli esordi, "la prima persona che Kid reclutò fu Martin Goldstein.... Marty era timido, ma il ragazzo scoprì qualcosa di speciale in lui. Se la sua timidezza fosse messa alla prova, potrebbe uscire di senno e cadere in uno stato di crisi psicotica. Ecco perché si chiamava Bugsy: perché era un po' pazzo, e questa era una qualità che si vedeva sempre in alcuni gangster... Aveva lo stesso modo di parlare, di camminare come una papera, lo stesso atteggiamento da duro delle star del cinema."

"Sebbene prima della metà del secolo esistessero già numerosi gangster ebrei affermati, il primo a raggiungere la vera fama fu Monk Eastman. Il suo vero nome era Edward Osterman... Monk era mostruoso, di una mostruosità che raramente si vede più - tipica del XIX secolo... Il suo volto butterato portava i segni del vaiolo... Le sue orecchie erano come foglie di cavolo, il suo naso piatto era ridotto alla sua minima espressione, la sua bocca era cupa, dentellata... Per chiunque lo avesse visto apparire all'improvviso in una strada della malavita, doveva incarnare la morte stessa[513]."

Queste caratteristiche fisiche non si applicano ovviamente a tutti gli ebrei. Tuttavia, i difetti ereditari sono sufficientemente gravi e diffusi nella popolazione ebraica da essere oggetto di studio scientifico. Il medico americano Richard Goodman, che si è occupato delle malattie genetiche del popolo ebraico, ha pubblicato nel 1979 uno studio sull'argomento, che ha stabilito che negli ebrei esistevano più di cento malattie ereditarie[514]. Queste carenze sono più frequenti del 20% negli ebrei ashkenaziti dell'Europa orientale, che rappresentano l'82% di tutti

---

[513]Rich Cohen, *Yiddish Connection*, 1998, Folio, 2000, p. 31, 41, 42, 66
[514]Richard Goodman, *Genetic disorders among the jewish people*, Hopkins university Press, 1979.

gli ebrei del mondo (i sefardim, gli ebrei del mondo mediterraneo, rappresentano il restante 18%). Il suo studio ha anche stabilito che non esiste una carenza genetica propria della razza caucasica, ma solo una nella razza nera. Tutte queste malattie hanno origine da carenze neurologiche che interessano il sistema nervoso e il cervello. Questi possono essere spiegati solo con la consanguineità e l'intersecazione, tipiche del ritiro etnico in cui il popolo ebraico ha vissuto per secoli.

La malattia di Tay-Sachs è la più conosciuta. Colpisce i bambini. Il bambino appare normale fino all'età di sei anni, ma poi diventa indolente, apatico, amorfo. I suoi movimenti diventano a scatti, finché non riesce più a tenere la testa eretta. Gli occhi diventano fissi. Il bambino diventa cieco nell'adolescenza. Il cranio si ipertrofizza e le mani si gonfiano. Oltre il 90% dei malati di questa malattia sono ebrei. È segnalata in un bambino ebreo su 3600, ma un ebreo su 27 è portatore di questa caratteristica genetica. Questa frequenza obbliga gli ebrei a sottoporsi a esami diagnostici prima del matrimonio.

Abetalipoproteinemia o sindrome di Bassen-Kornzweig (ABL 1): Questa malattia colpisce i neonati prima del loro primo compleanno. Il bambino non può crescere o aumentare di peso, soffre di diarrea e vomito. Anche la vista ne risente, fino alla cecità totale. I muscoli si indeboliscono. Nella maggior parte dei casi, il paziente muore per arresto cardiaco prima dei trent'anni.

Sindrome di Blum: i soggetti affetti dalla sindrome di Blum sono caratterizzati da una statura molto piccola, da un deficit del sistema immunitario e da una predisposizione al cancro. Hanno una voce alta. I soggetti affetti da questa malattia muoiono prima dei 16 anni. Questi tratti sono presenti in un ebreo su 120, ma riguardano la maggior parte degli ebrei in misura minore.

La disautonomia familiare colpisce solo individui di origine ebraica. L'individuo può essere anormalmente piccolo di statura e presenta i seguenti sintomi: vomito, difficoltà di deglutizione, andatura instabile, spasmi muscolari nelle braccia e nei movimenti della testa, difficoltà di articolazione, con una sonorità nasale molto particolare, sofferenza diffusa e iperattività. La malattia è segnalata in un ebreo su 10.000, ma il gene è presente in 18 ebrei su 1000.

La malattia di Gaucher si manifesta negli adolescenti: le ossa si fratturano facilmente, soprattutto quelle dell'anca. Ci sono forti dolori alle ossa che possono durare diverse settimane. Si osserva un ingiallimento della pelle. Questa malattia colpisce in media un ebreo su 2500. Il decesso avviene prima dei 45 anni.

La mucolipidosi di tipo IV è caratterizzata da degenerazione mentale e fisica e cecità. Colpisce i bambini che riescono a pronunciare solo poche parole e rispondono debolmente agli stimoli verbali. Non sono in grado di camminare e di nutrirsi da soli. Di solito non vivono oltre i dieci anni.

Malattia di Niemann-Pick: vomito, lesioni cutanee, la pelle diventa spessa e giallo-marrone, perdita delle funzioni mentali e fisiche. La morte avviene prima dei quattro anni. Questa malattia colpisce un ebreo su ventimila, e il gene carente è presente in un ebreo su cento.

Distonia primaria da torsione: si manifesta intorno ai dieci anni di età ed è caratterizzata da crisi involontarie e bizzarre di piedi, gambe, testa e tronco. La malattia colpisce un ebreo su 17.000 e il gene è presente in un ebreo su 130. La malattia non è mortale, ma non consente una vita molto normale.

Carenza di PTA: perdita di sangue anomala dopo un taglio o un'operazione, sanguinamento anomalo senza danni esterni. La malattia colpisce un ebreo su 12.000 e il gene è presente in un ebreo su 56.

La degenerazione spongiosa del sistema nervoso centrale, o malattia di Canavan, è una malattia che inizia nel terzo mese di vita. Il paziente non riesce a tenere la testa, soffre di spasmi. La testa aumenta di dimensioni; il paziente finisce per essere cieco. La maggior parte muore prima dei quattro anni. L'origine della malattia non è mai stata determinata, ma l'80% dei pazienti sono ebrei Ashkenazi.

Negli Stati Uniti esiste una clinica specializzata nel trattamento di queste malattie che colpiscono gli individui di origine ebraica. I lettori che desiderano maggiori informazioni su questo problema possono consultare il sito web dell'associazione Chicago for Jewish Genetic Disorder: *www.Jewish-geneticscenter.org*.

Lo scrittore americano Arthur Miller ha lasciato una testimonianza sintomatica nella sua autobiografia. Questo è ciò che ha scritto sul nonno materno, Louis Barnett:

"Come Samuel, il padre di mio padre, Louis proveniva dal villaggio polacco di Radomizl ed è probabile che fossero imparentati alla lontana. L'ho sempre pensato perché si assomigliavano molto. Erano entrambi di carnagione molto chiara e non si preoccupavano, anche se nonno Samuel, nonostante una notevole curvatura della colonna vertebrale, era un uomo piccolo la cui moglie e i cui figli, insolitamente per l'epoca, erano alti più di un metro e ottanta. "La consanguineità spiega effettivamente le frequenti somiglianze fisiognomiche.

Da parte paterna, le cose non andavano meglio: "Mia madre... un errore di natura secondo loro, perché era l'unica bruna legata a quella favolosa famiglia. Erano un clan insolitamente unito e sposavano solo persone che gli assomigliavano. A dire il vero, una delle mie cugine più belle sposò un suo zio carnale, nonostante gli avvertimenti del rabbino, e anche se vissero innamorati per anni, tenendosi per mano e non stancandosi mai di contemplarsi, credo che alla fine il senso di colpa si sia fatto strada in lei, che appassì in modo strano poco dopo il suo quarantesimo compleanno, a causa di qualcosa che nessuno poteva diagnosticare allora, e morì distrutta, senza capelli, mezza cieca a causa di un qualche cataclisma interiore, senza soffrire di alcuna malattia nota[515]."

Per quanto riguarda il padre, Arthur Miller lo descrive abbastanza bene in questa semplice frase: "Quando mia madre, nel 1940, gli disse che avrei sposato una ragazza gentile, lui non disse nulla, ma mentre lei aspettava una risposta dall'altra parte del salotto di Brooklyn, alto 3 metri e 60, lui prese una sveglia spessa che qualcuno aveva lasciato su un tavolo vicino e gliela tirò addosso, mancando di poco la testa della figlia. "A quanto pare, gli ebrei non vogliono sposare i loro figli con dei goyim. Dopo tutto, è un loro diritto.

Questo complesso di inferiorità, che vediamo anche in Sigmund Freud, è anche di natura artistica e intellettuale. Fin dall'antichità, la produzione degli europei in questo campo è stata brillante e infinitamente più ricca di quella degli ebrei, e basta confrontare, ad esempio, la splendida immagine delle nostre ville, cattedrali e palazzi con quella dei vicoli fangosi degli shtetl dell'Europa centrale per farsene un'idea. In effetti, da quando sono usciti dal ghetto nel XIX secolo, molti ebrei non hanno smesso di cercare di recuperare il tempo perduto, tanto che i prodotti con il marchio comunitario hanno invaso da tempo librerie e cinema, mentre sculture d'arte contemporanea di ogni tipo, più o meno folli, adornano le piazze delle grandi città. Infatti, il genio viene osannato e gli articoli di stampa e la pubblicità si moltiplicano per accogliere qualsiasi "prodotto" uscito dal cervello di un figlio di Israele.

Questo caratteristico entusiasmo comunitario, trasmesso attraverso il sistema dei media, è la principale manifestazione di quella famosa solidarietà ebraica che spesso provoca disagio e tensione tra alcuni artisti eclissati, anche se più dotati. Questo clamore riflette, forse ancora una volta, un certo complesso di inferiorità[516]. E poiché conosciamo già la tendenza di alcuni intellettuali ebrei all'inversione, non sorprende

---

[515]Arthur Miller, *Vueltas al tiempo*, Tusquets, Barcellona, 1999, p. 14, 15, 19, 20
[516]Hervé Ryssen, *Speranze planetarie,* (2022).

sentire alcuni di loro accusare gli "antisemiti" di essere invidiosi del presunto genio del popolo eletto.

Così scriveva lo scrittore russo Vassily Grossman - il "Tolstoj del XX secolo" - nel suo romanzo *Vita e destino*: "L'antisemitismo è l'espressione di una mancanza di talento, dell'incapacità di vincere in una gara combattuta con le stesse armi; e questo vale per tutti i campi, scienza, commercio, artigianato, pittura. L'antisemitismo è la misura della mediocrità umana..... Ma questo è solo un aspetto dell'antisemitismo. L'antisemitismo è l'espressione della mancanza di cultura delle masse popolari, incapaci di analizzare le vere cause della loro povertà e sofferenza. Le persone non istruite vedono negli ebrei la causa delle loro disgrazie, anziché nella struttura sociale e nello Stato. Ma anche l'antisemitismo delle masse è solo un aspetto di questo fenomeno. L'antisemitismo è la misura del pregiudizio religioso latente negli strati più bassi della società.... Questo testimonia solo che al mondo ci sono idioti, invidiosi e persone senza successo[517]."

Ma è anche vero che altri autori ebrei hanno riconosciuto le carenze della loro comunità: il filosofo Jacob Talmon è d'accordo quando scrive quanto segue in *Israel's Destiny*: "Gli scrittori ebrei sono stati eminenti biografi (André Maurois e Stefan Zweig). Hanno descritto in modo estremamente stimolante le complessità e i dilemmi della situazione dell'uomo contemporaneo (Arthur Koestler, Arthur Miller e Ilya Ehrenbourg)... Ma, sebbene le loro opere siano commoventi e stimolanti, non si può dire che siano grande letteratura[518]."

L'imprescindibile Philip Roth si è espresso su questo tema nel suo romanzo *Operazione Shylock*, attraverso il suo personaggio antisemita e con uno stile piuttosto popolare, se non addirittura volgare:

"Gli ebrei hanno la tendenza a isolarsi da tutti gli altri gruppi sociali. Poi, quando si trovano nei guai, tutti si rivolgono a loro per chiedere aiuto. E che motivo c'è di aiutarli? Gli ebrei sono usciti dal ghetto, in Europa, ai tempi di Napoleone. Sono stati liberati e, santo cielo, che modo di diffondersi. Una volta ottenuto il controllo di qualcosa, non lo mollano più. Con Schoenberg hanno preso il controllo della musica. Ma non hanno mai scritto musica degna di nota. Hollywood[519]. Un'altra bella scoreggia. Perché? Perché hanno preso il controllo. Si dice che gli ebrei abbiano creato Hollywood. Gli ebrei non

---

[517]Vasili Grossman, *Vita e destino*, Galaxia Gutenberg, 2007, Barcellona, pagg. 362, 363, 364.
[518]J.-L. Talmon, *Destin d'Israël*, 1965, Calmann-Lévy, 1967, p. 33.
[519]A Hollywood: Hervé Ryssen, *Speranze planetarie*, (2022).

sono creativi, cosa hanno creato? Niente. In pittura, Pissarro. Dovete leggere Wagner, come parla degli ebrei. Tutta la loro arte è pura superficialità. Non si assimilano alla cultura del Paese in cui vivono. Hanno una popolarità superficiale, come Herman Wouk, o come quello dei froci, o come l'ottuso pallone gonfiato di Mailer, ma non dura mai, perché non è legata alle radici culturali della società. Chi è il loro portabandiera? Saul Bellow. E che uccello, cade a terra con tristezza, non è vero? (...) E Roth? Un segaiolo del cazzo, che non fa che agitare il cazzo, chiuso in bagno, hale, manita, hale, manita, manita. Arthur Miller, un altro di questi. Vediamo se non è vero che sembra un netturbino, uno che gestisce una discarica. È solo che hanno un aspetto di merda, amico, davvero pessimo. Più di un giorno senza pane... La produzione culturale degli ebrei è sempre stata molto bassa, molto bassa... Forse hanno le loro istituzioni culturali, ma non producono mai nulla. Tutto quello che devi fare è analizzare la merda. In TV, tutto ciò che è volgare è firmato da un ebreo[520]."

Philip Roth ha così espresso in modo un po' brutale la stessa opinione di Spinoza e di altri[521], ma il suo testo ha almeno il merito di essere lucido. Ovviamente, non scrive come Chateaubriand, Victor Hugo o Louis Ferdinand Céline. In questo, gli ebrei non possono competere con i goyim.

Odio per se stessi

La "missione" del popolo ebraico può sembrare piuttosto pesante per un popolo già segnato dalla sua eredità secolare. Così pesante e sgradita che è perfettamente comprensibile che molti ebrei, nel corso della storia, abbiano preferito allontanarsi da questa condizione, che molti hanno considerato "disumana".

Lo studioso francese Maurice Reims scrisse a proposito della sua "ebraicità": "Il fardello è pesante, ereditario, pieno di disgrazie, di oppressione, di persecuzioni. Fortuna o sfortuna[522]?".

Studiando la vita degli scrittori ebrei a Vienna all'inizio del XX secolo, Jacques Le Rider ha scritto dello scrittore Berthold Stauber e del suo romanzo *Vienna al crepuscolo*, in cui descrive l'antisemitismo del suo tempo: "Vive il suo essere ebreo come una maledizione e spesso

---

[520]Philip Roth, *Operación Shylock*, Debolsillo Penguin Random House, Barcellona, 2005, pagg. 294, 295.

[521]Su Spinoza, Hervé Ryssen, *Speranze planetarie*, (2022).

[522]Maurice Rheims, *Une Mémoire vagabonde*, Gallimard, 1997, p. 67.

cade semplicemente e palesemente nell'antisemitismo ebraico[523]."

Otto Weininger è stato uno scrittore di straordinaria grinta e integrità. Nato nel 1880 nella Vienna di Arthur Schnitzler, Stefan Zweig, Kafka e Sigmund Freud, scrisse un solo libro, nel 1902, ma rimane ai posteri una delle testimonianze più terribili della sofferenza e del tormento che l'ebraismo può infliggere ai suoi membri. Otto Weininger dimostrò una sorprendente precocità e si convertì al protestantesimo all'età di 22 anni. Ma a differenza di molti convertiti di quei tempi, che si convertirono al cristianesimo per motivi di carriera, Weininger era un convertito sincero. E per una buona ragione: la "missione" del popolo eletto gli sembrava una mostruosità di cui non voleva far parte.

Pubblicò *Sesso e carattere* all'età di 23 anni, prima di suicidarsi nell'ottobre 1903. Il famoso "odio di sé" vi si manifestò con un certo vigore, come dimostrano alcuni dei passaggi che abbiamo selezionato e sistemato:

"Ma perché lo schiavo ortodosso di Geova si trasforma così rapidamente e facilmente in un materialista, in un libero pensatore?" In effetti, bisogna dire che: "Gli ebrei sono stati anche quelli che hanno accettato più facilmente una concezione meccanico-materialista del mondo. "Sono i campioni delle ideologie economiche della storia, del marxismo e del liberalismo. Per loro, la materia determina tutte le azioni.

Qui Weininger sembra adottare le parole di Karl Marx nei suoi scritti del 1843: "Poiché non crede in nulla, si rifugia nelle cose materiali, e solo questo è il motivo della sua brama di denaro. In essa cerca una realtà e finge che gli "affari" lo convincano che l'esistenza ha una fine. L'unico valore reale che riconosce è quindi il denaro "guadagnato".

Il giovane scrittore spiegava queste disposizioni con la mancanza di trascendenza della religione ebraica: "Il loro modo di adorare Dio ha poco a che fare con la vera religione", "l'ebreo non è l'uomo religioso di cui ci hanno parlato così spesso, ma l'uomo irreligioso", scriveva Weininger. Di conseguenza, l'azione degli ebrei ha solo uno scopo terreno:

"L'ebraismo, nel senso più ampio, è quella tendenza per cui la scienza può essere ridotta a un mezzo per un fine, escludendo tutto ciò che è trascendentale. L'ariano sente la necessità di comprendere e derivare tutti i fenomeni, come una svalutazione del mondo, e si rende

---

[523]Jacques Le Rider, *Arthur Schnitzler*, Belin, 2003, p. 200

conto che è proprio l'imperscrutabile a dare valore all'esistenza. L'ebreo non teme minimamente i segreti, perché non li percepisce. Tutti i suoi sforzi si limitano a vedere il mondo nel modo più semplice e banale possibile[524]."

Per comprendere meglio la mancanza di trascendenza sottolineata da Otto Weininger, possiamo citare alcune ulteriori letture. La ricerca di Mark Zborowski sulla religione e i costumi degli ebrei dell'Europa centrale è un libro di riferimento a questo proposito:

"L'Alleanza siglata tra il Creatore e la sua creatura è un contratto. Chi fa parte del popolo che l'ha firmato può sentirsi in diritto di aspettarsi e pretendere le ricompense promesse in cambio del rispetto delle clausole. Ma è un patto ambiguo. Da un lato, esiste una certa parità tra le parti contraenti, in termini di diritti e doveri reciproci. Ma d'altra parte, si tratta di un accordo tra un forte e un debole, che implica in larga misura un rapporto di subordinazione. Questa disuguaglianza autorizza il Popolo eletto a implorare aiuto, perché il forte ha degli obblighi nei confronti del debole[525]."

Otto Weininger ha forse sondato la questione in modo più profondo e intimo: "Dovrei spiegare a lungo perché l'ebreo manca di ardore nella sua fede e perché la religione ebraica è l'unica che non cerca di fare proseliti, al punto che per gli stessi ebrei è un enigma, che li fa sorridere per lo sconcerto, la causa che mantiene l'ebraismo? Bisogna forse ripetere che la religione ebraica non è una dottrina dell'essenza e dell'oggetto della vita, ma una tradizione storica che si riassume nel passaggio attraverso il Mar Rosso e che culmina nel ringraziamento dei vili fuggitivi a un potente salvatore? In realtà l'ebreo è l'uomo irreligioso che è tagliato fuori da ogni credenza. Non afferma se stesso e con lui il mondo, la cui essenza risiede nella religione. Ogni fede è eroica, ma l'ebreo non conosce né il coraggio né la paura."

Dopo aver letto queste righe, possiamo ammettere che l'autore si è definitivamente distaccato dalla religione ebraica. Tuttavia, l'attacco di Otto Weininger andò ben oltre la semplice critica religiosa, descrivendo la personalità degli ebrei come plasmata da una cultura comune. Il parallelo che egli fa tra "l'ebreo" e "la donna" può sembrare sorprendente a prima vista:

"La loro somiglianza si basa soprattutto sul fatto che credono poco in se stessi. Ma le donne credono negli altri, nell'uomo, nel bambino,

---

[524]Otto Weininger, *Sesso e carattere*, 1902, Ediciones 62 s|a, 1985, Barcelona, Barcellona, p. 321, 311, 319, 310

[525]Mark Zborowski, *Olam*, 1952, Plon, 1992, p. 198. (Nello stesso senso di Weininger e Zborowski, vedi nota del traduttore nell'allegato VII).

nell'"amore"; hanno un centro di gravità, anche se è fuori di loro. L'ebreo non crede in nulla, né in se stesso né negli altri; non trova sostegno negli estranei, né estende le sue radici verso di loro, come fa la donna. L'instabilità della sua abitazione, la sua profonda incomprensione per i beni immobili e la sua preferenza per i capitali mobili sembrano essere simbolici... Per citare un'analogia con le donne, ricorderemo che gli ebrei preferiscono i beni mobili[526]."

A seguito di questo confronto, Weininger sottolineò ulteriormente questa differenza tra "l'ariano" e "l'ebreo", termini molto in voga e utilizzati ai suoi tempi. Mentre per l'ariano il principio del bene e il principio del male sono distinti l'uno dall'altro, "nell'uomo ariano il principio del bene e il principio del male della filosofia religiosa sono uniti, e allo stesso tempo ampiamente separati; in lui il suo demone buono e il suo demone cattivo combattono. Nell'ebreo, quasi come nella donna, il bene e il male non sono ancora completamente differenziati[527]."

Ma "la congruenza tra ebraismo e femminilità sembra essere completa non appena si comincia a pensare all'infinita capacità di mutazione degli ebrei. Il loro grande talento giornalistico, la "mobilità" dello spirito ebraico, l'assenza di radici del loro pensiero, non sarebbe possibile affermare degli ebrei, come delle donne, che proprio perché non sono nulla possono diventare tutto?".

Weininger indicava quindi qualcosa che potevamo osservare anche noi sull'ambivalenza dei sentimenti e dei pensieri ebraici, nonché sulla plasticità della personalità ebraica. Affermando senza mezzi termini che "l'ebreo non è niente", in realtà con questa formula brusca intendeva dire che la personalità ebraica si basa su un fondamento mutevole di ambiguità e dubbi, che generano un'iperattività letteraria di tipo patologico che serve da sfogo, anche se a volte cade in un eccesso fuori luogo.

L'arroganza ebraica", scrive Weininger, "trova anche un'ulteriore spiegazione nella mancanza di autocoscienza e nell'enorme bisogno di esagerare il valore della propria personalità abbassando quello di coloro

---

[526]Otto Weininger, *Sesso e carattere*, 1902, Ediciones 62 s|a, 1985, Barcellona, pagg. 319, 317, 302.

[527]"L'individuo si percepisce sulla base dei principi dello shtetl, come un campo in cui le forze si oppongono l'una all'altra. C'è sempre un lato positivo e uno negativo, proprio come "un bastone ha sempre due estremità". Questa costante interazione tra bene e male non è vissuta come un conflitto interno, così come le dispute familiari non sono viste come litigi. È normale che i due aspetti di una personalità cerchino senza sosta un compromesso, senza che nessuno dei due cerchi di eliminare definitivamente l'altro per occupare tutto lo spazio. " (Mark Zborowski, *Olam*, 1952, Plon, 1992, p. 402).

che li circondano". Da qui l'ambizione femminile per i titoli, anche se i loro antenati hanno preceduto di molto le aristocrazie più antiche, un'ambizione che va di pari passo con il desiderio di vantarsi di qualcosa. Questo desiderio è espresso dalla sua frequente apparizione nei migliori palchi dei teatri, dai dipinti che adornano i suoi salotti, dalle sue amicizie con i cristiani e dalla sua dedizione alla scienza. Ma, allo stesso tempo, l'incomprensione ebraica per tutto ciò che è aristocratico[528]."

Lo scrittore israeliano Avraham Yehoshua ha avuto una reazione interessante che ha rivelato questa ambiguità ebraica. Reagendo sul quotidiano *Metro* del 21 settembre 2005 alle parole del direttore d'orchestra greco Mikis Theodorakis, che aveva dichiarato che "tutto il male di questo mondo viene dagli ebrei", ha spiegato l'antisemitismo con "l'inafferrabilità" dell'identità ebraica, aggiungendo senza mezzi termini che essa può "essere la fonte delle peggiori fantasie"."

Il dubbio concomitante all'ambiguità è stato espresso da Arthur Miller nella sua autobiografia quando ha scritto della sua opera teatrale *Le streghe di Salem*, ambientata nelle colonie americane del XVII secolo. Sui Puritani inglesi ha detto: "Quelli del New England... erano possibili *ebrei di Ur*, con l'identico furioso idealismo, l'identica dedizione a Dio, l'identica tendenza alla ristrettezza legalistica, l'identica passione per una polemica pura e intellettualmente sottile. Dio li stava facendo impazzire come gli ebrei che cercavano di mantenere il loro esclusivo e immacolato contenitore di fede in Lui[529]. "Il dubbio e l'ambiguità sono infatti costitutivi della personalità ebraica, generatori di follia e creatività caotica.

Otto Weininger continua la sua analisi e nota una certa predisposizione al disprezzo e al sarcasmo, che deriva anche dalle riflessioni di cui sopra: "Non riesce mai a prendersi sul serio, e naturalmente non prende sul serio nemmeno gli altri individui o qualsiasi altra cosa... L'ebreo non crede che esista qualcosa di vero e immutabile, di santo e invulnerabile. Per questo è eminentemente frivolo e si prende gioco di tutto... La satira è in fondo intollerante, e quindi corrisponde meglio alla natura tipica dell'ebreo, così come a quella della donna. Sia gli ebrei che le donne mancano di umorismo, ma amano la derisione... È questa mancanza di profondità che spiega

[528]Otto Weininger, *Sesso e carattere*, 1902, Ediciones 62 s|a, 1985, Barcellona, p. 306, 316, 304.
[529]Arthur Miller, *Vueltas al tiempo*, Tusquets, Barcellona, 1999, p. 50. *Ur-hebreos*: ur è un prefisso tedesco che indica antichità e preminenza. Sarebbe equivalente a dire proto-ebraici.

anche l'assenza di uomini veramente grandi tra gli ebrei, e costituisce la causa per cui all'ebraismo, come alle donne, è negato il genio... Il tipo specifico di intelligenza attribuito sia agli ebrei che alle donne è, da un lato, la cauta vigilanza di un grande egoismo, e, dall'altro, l'infinita capacità di adattamento di entrambi ai fini esterni, qualunque essi siano[530]..."

Ma, "privati totalmente di una convinzione, gli ebrei non avrebbero potuto persistere e mantenersi, e questa convinzione è la sensazione confusa, oscura e tuttavia disperatamente certa che qualcosa deve accadere all'ebraismo e nell'ebraismo". Questo qualcosa è il Messia, il Salvatore dell'ebraismo è il Salvatore degli ebrei[531]... La speranza dell'ebraismo è identificabile con la possibilità permanente che dalla sua specie emerga il grande vincitore, il fondatore delle religioni. Questo è il significato inconscio di tutte le speranze messianiche nella tradizione ebraica[532]."

La speranza intrinseca del messianismo ebraico è infatti l'idea dominante che struttura la personalità ebraica in modo tale che l'intero edificio crollerebbe se il Messia arrivasse davvero. David Banon ha descritto perfettamente questo universo mentale che alimenta la frustrazione permanente, l'agitazione cerebrale e spinge l'individuo a un attivismo esacerbato:

"Nella sua essenza, è l'aspirazione all'impossibile. La tensione messianica è un'attesa febbrile, una speranza inquieta che non conosce sosta né riposo... La tensione messianica fa sì che il popolo ebraico viva sempre nell'attesa dell'imminenza di una trasformazione radicale della vita sulla faccia della terra... La redenzione è sempre vicina, ma se dovesse arrivare verrebbe subito messa in discussione in nome della stessa esigenza assoluta che pretende di realizzare". "La redenzione promessa alla fine dei tempi sostiene una realtà che è sempre al di là dell'esistente e che, quindi, non sarà mai realizzata. Ma l'uomo deve costantemente aspirare ad essa. Il Messia è sempre colui che deve venire un giorno... ma colui che finalmente appare non può che essere

---

[530]Otto Weininger, *Sesso e carattere*, 1902, Ediciones 62 s|a, 1985, Barcelona, Barcellona, p. 317, 315, 312, 313

[531]Ricordiamo le parole di Guy Konopnicki citate sopra: "Sta apparendo qualcosa che ci supera e ci sfugge... Sta crescendo qualcosa che non assomiglia affatto alle rivoluzioni previste dagli uomini barbuti del secolo scorso, né al progresso trionfale annunciato al tempo dell'Illuminismo. Qualcosa di impalpabile che nasce attraverso gli scontri e le crisi del nostro tempo... Qualcosa emergerà da questa crisi. Come in tutti i precedenti, qualcosa che non sarà né francese, né americano, né russo. "

[532]Otto Weininger, *Sesso e carattere*, 1902, Ediciones 62 s|a, 1985, Barcellona, p. 326.

un falso Messia[533]."

Il parallelo di Weininger tra "l'ebreo" e "la donna" diventa forse ancora più significativo attraverso la sua analisi dell'evoluzione sociale della società moderna, così critica nei confronti del "patriarcato" e dell'autorità paterna in tutte le sue forme[534]: "Ai nostri giorni vediamo l'ebraismo al livello più alto che ha raggiunto dai tempi di Erode. Lo spirito moderno è ebraico, da qualsiasi punto di vista lo si guardi. La sessualità è esaltata e l'attuale etica della specie canta il coito... Il nostro tempo non è solo il più ebraico, ma anche il più femminista....L'epoca dell'anarchismo più credulone, senza alcuna comprensione per lo Stato e per il diritto; l'epoca dell'etica della specie e delle concezioni storiche più superficiali (materialismo storico); l'epoca del capitalismo e del marxismo, per i quali la storia, la vita e la scienza non significano altro che economia e tecnica; l'epoca in cui il genio è considerato una forma di follia e che non possiede né un grande artista né un grande filosofo".

Per il neofita Weininger, tuttavia, questa inversione di valori non era inevitabile: "Di fronte al nuovo giudaismo, si apre un nuovo cristianesimo; l'umanità attende il nuovo fondatore di religioni, e la lotta cerca una decisione come nell'anno uno *[della nostra era]*. L'umanità si trova di nuovo a scegliere tra ebraismo e cristianesimo, *[tra affari e cultura, tra donna e uomo]*, tra specie e personalità, tra il nulla e la divinità...."

Il quadro descritto era quindi piuttosto desolante, ma Otto Weininger parlava probabilmente con cognizione di causa quando scriveva: "Non c'è ebreo maschio che, per quanto confusamente, non soffra della sua ebraicità, cioè della sua mancanza di credo..... L'ebreo è l'individuo "più lacerato, più povero di identità interiore... l'ebreo non è mai armonioso e integro". Di conseguenza, il semita è codardo, l'opposto dell'eroe[535]."

L'odio verso se stessi di alcuni ebrei è stato oggetto di studio da parte di diversi scrittori, in particolare di Theodor Lessing e del suo libro pubblicato nel 1930, sionista militante, pubblicista, giornalista e professore all'Università di Hannover. Nel 1906, Lessing visitò la Galizia, nella Polonia meridionale, per osservare i suoi compagni di shtet e i centri urbani. Le descrizioni toccanti ma assolutamente non accomodanti che fece e pubblicò al suo ritorno gli causarono alcuni problemi. In seguito, Lessing sarebbe stato accusato di essere un "ebreo

---

[533]David Banon, *Le Messianisme*, Presses Universitaires de France, 1998, p. 5-7, 11

[534]Hervé Ryssen, *Speranze planetarie, La società matriarcale*, (2022).

[535]Otto Weininger, *Sesso e carattere*, 1902, Ediciones 62 s|a, 1985, Barcellona, p. 326, 327, 322 *[aggiunto in corsivo dalla traduzione francese nel testo]*.

antisemita". A quanto pare, le sue reazioni assomigliavano "a quelle di un Gustav Mahler quando scriveva da Lemberg (Lvov) alla moglie Alma: "Mio Dio! E io dovrei essere imparentato con queste persone[536]?"".

Né, scrive Maurice-Ruben Hayoun, Theodor Lessing vedeva di buon occhio "l'iperproduttività letteraria, filosofica e artistica mostrata da un numero crescente di loro correligionari sull'altra sponda del Reno". Per lui, queste manifestazioni rivelano una "psicopatologia della storia del popolo ebraico[537]."

Nella sua opera *Self-Hatred, Refusal to Be a Jew (or The Love-Hatred of the Jews), ha* esaminato i casi di sei "ebrei antisemiti": Paul Rée, Otto Weininger, Arthur Trebitsch, Max Steiner, Walter Calé e Maximilian Harden. Tuttavia, il testo più interessante del suo libro è probabilmente costituito dagli estratti del diario di una donna di alto lignaggio e status, scritto intorno al 1920. Questa donna era "ben nata, bella, sana e di talento", ma "ha sofferto fin dai primi anni di una malattia di autodistruzione etica". Le sue parole, estremamente dure e strazianti, riflettono la profonda sofferenza degli ebrei afflitti dall'odio verso se stessi, che probabilmente sono molto più numerosi di quanto si creda:

"Sono chiaramente consapevole di qualcosa di inesorabile: l'ebraismo è dentro il mio essere. Non posso semplicemente scrollarmela di dosso con una spazzola. Come un cane o un maiale che non può liberarsi della sua natura canina o suina, io non posso liberarmi di quei legami eterni dell'essere che mi imprigionano su questo piano intermedio tra l'umanità e l'animalità: l'ebreo... Mai, finché vivrò, potrò separarmi dalla maledizione del mio essere, né negare il peccato della mia ebraicità che pesa su di me come una montagna. Mi sento maledetto e dannato... Ci sono momenti in cui sento che dovrei tagliarmi le vene e far scorrere questo sangue di liquame che infetta il mio corpo e il mio spirito. Proprio così! Avrei preferito essere un animale, avrei preferito il sangue di topo o di serpente a questo sangue di pestilenza ambulante, a questa forma, a questo simbolo dell'antidivino.

A volte mi prende un'idea folle: riscattare il mio essere con un crimine. Per eliminare almeno uno di quei piccoli ebrei responsabili della sconfitta tedesca. Uno di quei cani ebrei senza vergogna che hanno

---

[536]Theodor Lessing, *La Haine de soi, le refus d'être juif,* 1930, Berg international, 1990, p. 13.
[537]Theodor Lessing, *La Haine de soi, le refus d'être juif,* 1930, Berg international, 1990, p. 34.

avuto l'insolenza di voler governare il popolo tedesco d'Austria. Donare la mia vita, purificarmi con un bagno di sangue ebraico. Godo di quell'idea, la assaporo voluttuosamente fino in fondo, mi lascio andare, disperato... Il mio sangue ribolle fino a sollevarsi da terra, come se fosse gioioso, senza sapere, bruciando di odio. Se potessi ucciderli tutti, tutti! Cancellateli dalla faccia della terra, salvate l'universo! Se potessi estirparli, se potessi dare la mia vita per far estinguere questa piaga, questa epidemia. Vedo tutto rosso, tanto da farmi ribollire il sangue... Lo spirito empio e contorto dell'ebreo è sempre stato uno spirito di discordia e di negazione...".

L'ebreo deve sempre annientare, distruggere, avvelenare e contaminare: le razze, gli ideali, i cuori degli uomini, a qualunque costo. Porta in sé la maledizione della sua natura nefasta per tutti i millenni della storia umana... Corrotto dall'invidia, vuole sporcare l'universo e sottrargli ciò che non conosce e non possiede. È per questo motivo che odia tutto ciò che è puro e sputa su tutto ciò che è grande, altrimenti non potrebbe raggiungerlo. È anche per questo motivo che distrugge ciò che gli altri costruiscono e pensa solo a devastare. Attualmente, il suo istinto lo porta a voler distruggere l'umanità bionda e con gli occhi azzurri, quell'umanità che gli ricorda dolorosamente la sua razza nera, con gli occhi animaleschi e le gambe corte... È questo che spiega le sue grida di *uguaglianza*, è questo che spiega la sua tendenza istintiva alla socialdemocrazia e al comunismo, che non rappresentano altro che l'odio spregevole di coloro che sono inferiori nei confronti di coloro che sono superiori... Impotente e invisibile, come se si estinguesse quando il sole è allo zenit; la sua potenza cresce solo con il tramonto e la notte, e quando, come oggi, il sole dell'umanità è basso all'orizzonte e vediamo crescere a dismisura i raggi delle sinistre tenebre di quell'eterno negazionista; diventa così grande, così grande, che la terra ne è avvolta....

L'ebraismo è probabilmente uno stadio dell'evoluzione del divenire che dobbiamo superare per raggiungere una forma più elevata e una natura più nobile. In questo senso, ho già superato l'ebraismo, perché rinnego l'egoismo e la brama di felicità, quell'antica vestigia dell'eredità ebraica, ignoro la ricerca dei beni terreni... Ahimè, cosa ne sapete voi biondi dagli occhi azzurri, amati dagli dei, dell'eterna notte senza sole di *Nifelheim*[538]? Ma non ti odio né ti invidio. Ti amo perché amo tutto ciò che è alto, nobile e bello. Accetto ogni forma superiore che non è come la mia e che mi tiene quaggiù, volontariamente

---

[538]*Nifelheim*: "Casa della nebbia" nella mitologia norrena è il regno dell'oscurità e delle tenebre, avvolto da una nebbia perenne.

separato... Per questo non mi sento abbassato da una grandezza estranea, al contrario, mi innalzo in accordo con essa...

Ma chi può credere o immaginare, senza aver vissuto e sofferto egli stesso il destino eterno di Cristo, che nessuno è più lontano dal giudaismo di colui che lo ha superato? Solo chi ha superato una malattia può essere vaccinato contro di essa, solo chi ha visto la peste ed è sopravvissuto può essere libero dalla contaminazione. Devo desiderare serenamente il mio annientamento se amo veramente la Germania. Sarebbe difficile trovare oggi un destino più tragico di quello di quelle poche persone che hanno davvero rotto con le loro origini ebraiche... Vorrei poter gridare ai tedeschi: "Fermatevi! Fermatevi! Non abbiate pietà! Nemmeno per me!"... Mettiamo fine una volta per tutte a questa marea velenosa! Bruciamo quel nido di vespe! Anche se cento giusti dovessero essere distrutti insieme agli ingiusti, cosa valgono loro? Cosa valiamo noi? Cosa valgo io? No! Non abbiate pietà, vi supplico[539]."

Questa toccante testimonianza illustra molto bene la sofferenza nascosta, che appare qua e là nei testi di alcuni scrittori che non sembrano avere il coraggio di riconoscere pienamente il loro tormento interiore. Abbiamo visto la stessa veemenza in Rahel Levine, quando ha ricevuto nel suo salotto berlinese i più grandi scrittori tedeschi della fine del XVIII secolo. In una lettera al fratello scrive: "La mia vita non è altro che una lenta agonia... Non dimenticherò mai per un secondo questa infamia. Lo bevo nell'acqua, lo bevo nel vino, lo bevo nell'aria, in ogni respiro. L'ebreo deve essere sterminato in noi a costo della nostra vita, è la santa verità[540]."

Autore di una ventina di libri, anche il filosofo Arthur Trebitsch ha vissuto questa crisi di identità. Nato a Vienna nel 1880, fu fino alla morte "il più feroce persecutore di ebrei". La sua vita rappresenta il classico caso di odio ebraico verso se stessi, straziante e disperato come raramente si era visto dopo Pfefferkorn. Fin dai primi anni di vita, nello spirito di questo bel ragazzo biondo germinò una vera e propria illusione: un'associazione segreta ebraica stava diffondendo i suoi tentacoli da un capo all'altro dell'universo per dominare il mondo e distruggere i popoli ariani... Questa era la sua illusione. Al servizio del popolo tedesco, divenne un fedele combattente e compagno del generale Erich Ludendorff e di sua moglie Mathilde. Trebitsch soffrì per tutta la vita di una grave malattia agli occhi che lo portò gradualmente alla cecità.

---

[539]Theodor Lessing, *La Haine de soi, le refus d'être juif*, 1930, Berg international, pagg. 163-168.
[540]Léon Poliakov, *Histoire de l'antisémitisme, tomo II*, 1981, Points Seuil, 1990, p. 96.

Impegnato negli ideali nazionalsocialisti, Arthur Trebitsch era un radicale sostenitore dell'antisemitismo. Lessing, che descrisse il personaggio, notò anche "la sua angoscia monomaniacale per essere stato chiamato ebreo": "Scopriamo nella sua biografia un susseguirsi insensato di liti, duelli, cause, scandali e problemi... Una volta, presentò una denuncia che avrebbe portato ad ogni istanza giudiziaria perché era stato offeso nella sua appartenenza germanica da un "nessuno" che lo aveva chiamato "ebreo". Infine, un giorno chiese un voto di fiducia ai suoi compagni di partito, ma poi mandò a duello tutti coloro che si rifiutarono di votare per lui i suoi testimoni. Si arrabbiò con tutti i gruppi, infastidì i nazionalsocialisti che lo avevano eletto capogruppo, si inimicò la Chiesa, il clero e il Centro."

Arthur Trebitsch organizzò tour di conferenze in tutta la Germania per aprire gli occhi ai suoi contemporanei. "Le manie di grandezza portano a manie di persecuzione", scriveva Lessing. Secondo lui, Trebitsch soffriva di una paranoia acuta: "È convinto dell'esistenza di una società segreta - la chiama *Weltcharusse* - che sta cercando di assassinarlo[541]." Era anche "convinto che anche all'interno del suo partito, antisemita e di *orientamento wölkista,* ci fossero ebrei che agivano nell'ombra". Attraverso la creazione di un'"associazione culturale", avanzò questa stravagante richiesta: organizzare una commissione per verificare se qualcuno dei membri del gruppo fosse circonciso e arrestare così una spia ebrea infiltrata. Questo "fiuto" per gli ebrei gli causò sempre più problemi. Egli sostiene che per esercitare un'influenza malsana sugli spiriti, gli ebrei si servono di donne che contattano scrittori e politici che considerano pericolosi. Così, scrittori come Laurids Brunn e Arthur Sinter sarebbero caduti nel misticismo, influenzati dalle azioni delle donne al servizio degli ebrei. *Chawrusse* fu l'istigatore di numerosi matrimoni tra uomini di Stato e donne ebree. Si dice che egli stesso sia sfuggito per quattro volte ai tentativi di infettarlo per paralizzarlo. Racconta tutte queste elucubrazioni in ogni pagina[542]. "Arthur Trebitsch morì di tubercolosi a Vienna nel 1929,

---

[541]Theodor Lessing, *La Haine de soi, le refus d'être juif,* 1930, Berg international, p. 80, 90, 92. Sulla *"Weltchawrusse"* (mafia ebraica berlinese), si legga *L'Histoire de l'antisémitisme* di Leon Poliakov, p. 352 ss.

[542]Theodor Lessing, *La Haine de soi, le refus d'être juif,* 1930, Berg international, p. 94. Tuttavia, conosciamo numerosi esempi di politici francesi sposati con donne di origine ebraica: François Mitterrand, Michel Rocard, Robert Hue, Jacques Toubon, Jean-Pierre Chevènement, Dominique Baudis, Alain Besancenot, etc....(si legga la preziosa *Encyclopédie politique française* di Emmanuel Ratier); così come altri uomini famosi: Anatole France, André Malraux, Jacques Lacan, Georges Bataille, Jacques Maritain, Georges Bizet, Andréi Sakharov, Thomas Mann, Tolstoj, Stalin, eccetera; altri

convinto che gli ebrei fossero riusciti ad avvelenarlo.

Per il resto, il libro di Theodor Lessing è piuttosto deludente. Come Leon Poliakov nella sua *Storia delle crisi di identità ebraica*, questi autori non hanno cercato di capire le cause di questa angoscia o le cause del rifiuto dell'ebraismo, considerandolo semplicemente un enigma e un'anomalia. Pur misurando gli sforzi di Trebitsch per affermare la sua germanità, Lessing esprime solo una lieve ironia su un comportamento che giudica esagerato e servile, paragonandolo a quello di un Disraeli, che non usa mezzi termini per raggiungere i suoi obiettivi. Scriveva di colui che sarebbe diventato "Lord Beaconsfield": "Beaconsfield non sarebbe mai diventato Primo Ministro d'Inghilterra presentandosi costantemente al mondo come l'inglese più vero, invece di ricordare che era proprio orgoglioso di essere un ebreo[543]."

In realtà si trattava di fraintendere lo scopo di Arthur Trebitsch, perché Lessing non sembrava aver capito che Trebitsch e Weininger non erano più ebrei per il semplice motivo che avevano deciso di non esserlo più, dimostrandolo completamente con le loro parole e azioni.

Theodor Lessing, d'altra parte, ha giustamente sottolineato che molti ebrei prima di loro avevano intrapreso questo percorso di liberazione: "Tutte le forze antiebraiche hanno sempre avuto a disposizione uno Stato-maggioranza composto da ebrei che sono andati oltre i pregiudizi dei loro padroni. Arthur Schopenhauer fu sostenuto nelle sue crisi antiebraiche dai suoi primi apostoli Frauenstadt e Asher. Richard Wagner, in seguito dichiarato ebreo, non fu contraddetto dai suoi discepoli ebrei Heinrich Porges e Herman Levi quando denigrò Meyerbeer, Mendelsohn, Halevy e Bizet come ebrei che sabotavano la musica tedesca. Paul Rée e Siegfried Lipiner, discepoli ebrei di Nietzsche, erano "antisemiti" mentre il loro maestro aveva una grande stima degli ebrei. E il più strano di tutti gli antisemiti, Eugene Duhring, ebbe una grande sorpresa quando lo scrittore ebreo Benedict Friedlander, che ammirava i suoi scritti antiebraici, gli lasciò in eredità la sua intera fortuna dopo che si era suicidato. "E Lessing aggiunge: "Una forza centrifuga esercita un effetto deleterio sull'ebraismo quando perde se stesso e non può sostenere le sue anime più forti (si pensi a Gesù e a Spinoza)."

Siamo disposti a credere che rompere con l'ebraismo non sia un compito facile. Di solito ci vogliono diverse generazioni perché

---

ebbero amanti ebrei, come Goethe, Paul Bourget, Charles Péguy, Dumas (padre e figlio), Romain Rolland. Tutti erano a favore di Israele.

[543]Theodor Lessing, *La Haine de soi, le refus d'être juif*, 1930, Berg international, p. 89.

l'ebraismo si attenui e scompaia del tutto. Altri ebrei, più consapevoli, potrebbero voler rifiutare immediatamente quell'ebraismo che considerano una "prigione", come ha scritto Jean Daniel. Lessing usa così una bella formula per definire la condizione dell'ebreo: "questa maledizione che consiste nell'essere prigionieri dell'anello del giudaismo[544]. "Un'immagine evocativa e pertinente dopo aver visto la trilogia del *Signore degli Anelli.*

Per loro, il processo è certamente più doloroso e può essere portato a termine con successo solo con un'azione determinata e con un forte impegno spirituale e politico. Ricordiamo le parole di questa giovane donna nel suo diario: "Nessuno è più lontano dal giudaismo di colui che lo ha superato. "Weininger diceva già la stessa cosa quando scriveva: *"Cristo è l'uomo più grande, perché è colui che si è misurato con il più grande nemico545.* "A differenza di Arthur Trebitsch, Weininger rimase all'interno di una visione giudaico-centrica. Ma non importa, purché si liberino dall'ebraismo. Dopo tutto, non c'è motivo di condannare tutti gli ebrei a seguire il destino di Golum.

Suicidi

Questo ci permette di capire meglio la frequenza dei suicidi tra gli ebrei, soprattutto tra gli intellettuali di questa piccola comunità. Completiamo ora l'elenco dei suicidi conosciuti da Elie Wiesel[546]. Abbiamo già visto in questo studio i casi di Jerzy Kosinski, Bruno Bettelheim e Alfred Wolfmann. Allo stesso modo in cui altre persone a lui vicine e conosciute avevano posto fine alla loro vita, Wiesel fu anche sorpreso dal suicidio dell'intellettuale ebreo Walter Benjamin, per il quale non vedeva alcuna ragione per il suo gesto disperato: "La Spagna non ha mai espulso gli ebrei perseguitati dalla Gestapo. Il filosofo Walter Benjamin non aveva motivo di suicidarsi: non sarebbe stato consegnato alla polizia di Vichy. Inoltre, Franco aveva dato istruzioni ai suoi legati nei Paesi occupati dai tedeschi di rilasciare passaporti spagnoli agli ebrei sefarditi."

Da giovane giornalista, Wiesel iniziò a scrivere in yiddish un resoconto dei suoi anni nei campi di concentramento. Lo diede da leggere a un'amica, Yaffah, che lavorava per una rivista cinematografica israeliana: lei avrebbe "perso la testa" anni dopo negli

---

[544]Theodor Lessing, *La Haine de soi, le refus d'être juif,* 1930, Berg international, p. 82, 88

[545]Otto Weininger, *Sesso e carattere,* 1902, Ediciones 62 s|a, 1985, Barcellona, p. 326.

[546]Hervé Ryssen, *Speranze planetarie,* (2022).

Stati Uniti. Paranoica, finirà per sfuggire ai suoi "persecutori" rifugiandosi nella morte."

Elie Wiesel sembra divertirsi a elencare le persone che ha incontrato e che hanno posto fine alla loro vita: "Lo storico ebreo Joseph Wulf si suicidò qualche anno dopo a Berlino. "Oppure: "Arnold Foster, il capofila di tutte le lotte contro l'antisemitismo, mi parla di suo nipote Harold Fender, autore di un romanzo disilluso alla Hemingway, *Paris blues*; scriverà un commovente racconto del salvataggio degli ebrei danesi e, fino al suo suicidio, non smetterà di scrivere sul tema dei campi di concentramento[547]."

In *La forza del bene*, Marek Halter ha ricordato il dramma degli ebrei tedeschi, così ben "integrati". Anche lui, come tutti, non capiva l'antisemitismo che aveva "sconvolto" gli ebrei tedeschi e che, secondo lui, aveva portato all'epidemia di suicidi:

"Sono pochi i Paesi in cui l'integrazione culturale degli ebrei è stata così perfetta e compiuta come in Germania. La comunità ebraica, prima di Hitler, contava cinquecentomila persone, di cui un terzo viveva a Berlino. La loro presenza nella letteratura e nella scienza era evidente. Il tedesco era la lingua in cui scrivevano e pensavano Freud, Einstein, Kafka, Schnitzler, Kraus, Werfel, Schonberg, Mahler, ecc... Oggi in Germania sono rimasti meno di trentamila ebrei, quasi tutti provenienti dalla Russia. La loro emarginazione da parte del potere nazista, il loro ostracismo culturale e poi fisico, li sconvolse. L'abbandono dell'umano nella terra dell'umanesimo, la sua violenta negazione; lo shock fu così brutale, la delusione così intensa, che un'impressionante ondata di suicidi si diffuse rapidamente. La litania di questi nomi la dice lunga sulla disperazione di un'intera cultura. Kurt Tucholsky, critico e drammaturgo, si è suicidato. Ernst Toller, poeta, si è suicidato. Ludwig Fulda, drammaturgo, suicida. Si sono suicidati anche il filosofo Walter Benjamin, il romanziere Ernst Weiss, il drammaturgo Walter Haserchever, il compositore Gustave Brecher, il romanziere Stefan Zweig[548]."

Tuttavia, si presume che gli ebrei non abbiano aspettato il 1933 per suicidarsi. Anche Françoise Giroud, nel suo libro su Alma Mahler, moglie del compositore, accenna a questa tendenza al suicidio: "Una tragica notizia ha appena colpito i Werfel, la morte di Hugo von Hofmannsthal. Il figlio maggiore del poeta, Franz, si suicidò all'età di 26 anni sparandosi con una pistola. Il giorno del funerale del giovane, mentre guidava il corteo funebre, Hofmannsthal si accasciò, morto

[547]Elie Wiesel, *Mémoires, tome I,* Seuil, 1994, p. 243, 302, 433, 485.
[548]Marek Halter, *La force du Bien,* Robert Laffont, 1995, p. 56.

all'età di cinquantacinque anni. Per molto tempo, l'ex idolo dell'*intellighenzia* viennese ha voluto morire[549]."

Il libro di Marthe Robert, *From Oedipus to Moses (Da Edipo a Mosè)*, menziona anche i frequenti suicidi degli emigrati ebrei dell'Europa centrale nelle capitali europee, che formarono "un'intera generazione di ebrei sradicati spiritualmente e socialmente". In una lettera, Marthe Robert scrive: "Kafka evoca la stranezza e lo squilibrio patologico dei suoi correligionari ebrei all'istituto tedesco di Praga. Molti di loro, dice, si sono suicidati durante i suoi anni di studio[550]."

Marthe Robert ha citato anche una lettera di Freud sul suicidio di Nathan Weiss, "un documento prezioso sul mondo ebraico viennese dell'epoca e sulle sue malattie un po' specifiche (soprattutto tubercolosi e suicidio, come dimostrano appunto i frequenti drammi tra i parenti di Freud)". Freud traccia un ritratto impressionante della famiglia Weiss... Mostra il padre, un rabbino colto e dotato di un orgoglio incommensurabile, avaro per giunta e pieno di malizia; poi il figlio, talentuoso e brillante, con poteri di seduzione e quel cinismo "montante", ma che crolla inaspettatamente proprio quando raggiunge il suo obiettivo (un matrimonio vantaggioso)[551]."

Edward Drumont aveva già osservato nel 1886, nel suo famoso libro "La *Francia ebraica*": "La morte improvvisa è tuttavia più frequente tra gli ebrei che il suicidio, anche se quest'ultimo aumenta in proporzioni sorprendenti che mostrano i progressi che la nevrosi fa in loro."

Sarebbe davvero interessante avere finalmente accesso alle statistiche sull'argomento. Gli studenti di scienze sociali potrebbero forse approfondire l'argomento, ad esempio esaminando gli archivi degli istituti psichiatrici per determinare l'entità della tragedia poco conosciuta che colpisce una parte dei nostri concittadini. In ogni caso, dobbiamo notare ancora una volta che, cercando di spiegare tutti questi suicidi con le agonie subite durante la Seconda Guerra Mondiale, Elie Wiesel e Marek Halter non facevano altro che incolpare il resto dell'"Umanità" per un problema specifico della loro comunità.

---

[549]Françoise Giroud, *Alma Mahler*, Robert Laffont, 1988, Pocket 1989, p. 168

[550]Marthe Robert, *D'Oedipe à Moïse*, 1974, Agorà, 1987, p. 18.

[551]Corrispondenza, lettera a Martha del 16 settembre 1883, citata in Marthe Robert, *D'Oedipe à Moïse*, 1974, Agorà, 1987, p. 115.

2. Psicoanalisi dell'ebraismo

Quadro clinico dell'istrionismo

Tra i diversi tipi di personalità patologiche, gli psicoterapeuti distinguono generalmente le seguenti personalità: ansiosa, paranoica, istrionica, ossessiva, narcisistica, schizoide, depressiva, dipendente, passivo-aggressiva, scivolosa. La personalità "istrionica" è quella che ci interessa in questa sede.

Per dare un'idea di questa patologia, presenteremo prima una breve analisi di un uomo che ha avuto a che fare con una giovane donna palesemente istrionica nella sua attività professionale:

"Katrina cerca continuamente di attirare l'attenzione degli altri con ogni mezzo a sua disposizione: abbigliamento discretamente provocante, comportamento seduttivo, dichiarazioni teatrali durante gli incontri, sconcertanti cambiamenti di atteggiamento (dalla seduzione all'indifferenza), drammatizzate richieste di aiuto (quando si presenta come una bambina in lutto). Ha una "gamma" molto ampia per catturare l'attenzione degli altri. John ha anche notato che le sue emozioni cambiano rapidamente: in una sola notte è passato dalla disperazione all'eccitazione del gioco della seduzione, poi alla misteriosa tristezza, alla freddezza, per finire con un bacio infuocato. Infine, ha la tendenza a idealizzare alcune persone, parlandone con ammirazione, ma anche a sminuire esageratamente altre, che possono anche essere le stesse. [Si può passare da eroe a disgraziato in un batter d'occhio", commenta François Lelord]. John si rende conto di non sapere più se Katrina stia "recitando" un ruolo da attrice o se questo comportamento teatrale sia la sua vera natura[552]."

Sul lavoro, e soprattutto nelle riunioni, le personalità istrioniche sono talvolta molto difficili da gestire. Mentre ci si aspetta che facciano un discorso preciso, fattuale e risolutivo, producono un discorso confuso, drammatizzato e incentrato sulle emozioni. Le personalità istrioniche sono anche molto "sensibili all'opinione degli altri". Hanno "una capacità piuttosto ridotta di osservarsi e di riconoscere la realtà

---

[552]François Lelord, *Comment gérer les personalités difficultes*, Odile Jacob, 2000, pagg. 89-107.

delle proprie emozioni"."

L'aggettivo "istrionico", per definire questo tipo di personalità, è relativamente recente nel vocabolario degli psicoterapeuti. Prima della personalità "istrionica", si parlava di personalità "isterica", termine che deriva dal greco "husteros" e che ha dato origine alla parola "utero". I Greci pensavano infatti che "le manifestazioni rumorose ed eccessive delle donne fossero causate dall'agitazione interna del loro grembo". "In effetti, questa patologia è molto più comune nelle donne che negli uomini.

L'immagine popolare dell'isteria, cioè della pazza contorta da convulsioni epilettiche, risale al XIX secolo e al lavoro del famoso medico Jean-Martin Charcot de la Salpêtrière. Ma "la grande crisi epilettica pseudoconvulsiva descritta da Charcot è oggi rara[553]. "Le manifestazioni fisiche della malattia hanno assunto forme più varie. Le modalità espressive dell'isteria sono infatti sia culturali che individuali. "A seconda dell'epoca e della cultura, il gruppo sociale facilita o reprime le manifestazioni più rumorose della nevrosi. La civiltà tecnica non li favorisce molto, ed è per questo che oggi ci imbattiamo raramente nella "grande isteria" divulgata dall'iconografia della Salpêtrière, anche se questo non significa che l'isteria sia scomparsa, ma piuttosto che è diventata più discreta, seguendo altri modelli[554]."

Tuttavia, i medici osservavano spesso una serie di disturbi spettacolari nei loro pazienti: paralisi, contratture, dolori addominali, amnesia e talvolta crisi epilettiche. Fino al XIX secolo, questi disturbi erano noti come "rabbia uterina". Ma i progressi della medicina hanno permesso di affermare che il comportamento e i disturbi dei soggetti cosiddetti "isterici" non avevano nulla a che fare con l'utero. Inoltre, il termine "isterico" divenne peggiorativo, spesso usato dagli psichiatri per indicare i pazienti che non potevano aiutare. Nel 1980 si decise di sostituire questo termine con "istrionico", dal latino *histrio*, "attore di teatro".

Il libro di Vittorio Lingiardi, intitolato *Disturbi di personalità*, descriveva la personalità istrionica come segue: "Nell'isteria predominano manifestazioni di iper-emotività, immaginazione

---

[553] http://www.acpsy.com/Troubles-Nevrotiques-et-Troubles.232.html

[554] http://www.acpsy.com/Hysterie.html. [La definizione di isteria non è mai stata data e non sarà mai data", ha detto Lasègue. Questa affermazione, ancora oggi, può riflettere la difficoltà di definire il concetto. L'isteria non è solo una malattia, ma anche un modo di stare al mondo. Esistono molte definizioni di isteria, che riflettono le concezioni personali dei suoi autori, ma anche le loro fantasie. "In Michel Steyaert, Introduction to *Hystérie, folie et psychose*, Éd. Les Empêcheurs de penser en rond, 1992].

incontrollabile, fiducia cieca nell'intuizione, associate a una ricerca permanente dell'attenzione degli altri. Gli isterici tendono a vedere il mondo in modo globale ma molto impressionistico; la loro attenzione è rivolta agli aspetti più luminosi e visibili della realtà, trascurando i dettagli. Spesso fanno scena o spettacolo, anche inconsapevolmente, e in modo eccessivamente seduttivo; sono generalmente superficiali nei rapporti interpersonali e tendono a basare le loro scelte e opinioni su convinzioni superficiali. Gli istrionici presentano una fragilità emotiva ancora più profonda, una maggiore impulsività e un comportamento seduttivo più marcato. Altamente egocentrici, tendono a sfruttare il loro grande potenziale emotivo (scoppi d'ira, crisi di pianto, ecc.) per controllare e dominare gli altri. Sono teatrali, estroversi, eccitabili, esibizionisti. Anche la loro sessualità è esibita in modo più palese e spesso presentano profondi disturbi in materia. Temono la solitudine e i momenti di separazione li riempiono di angoscia[555]."

Altri studi forniscono altri elementi su questo tema. Il libro di Evelyne Pewzner, *Introduzione alla psicopatologia dell'adulto*, presenta il caso esemplare di Albertina: "Durante il nostro primo colloquio, Albertina si distingue per la discordanza tra la sua espressione verbale intelligente e il suo aspetto di studentessa indisciplinata vestita con l'uniforme del collegio. Ha il tipico atteggiamento di dubbio ironico sull'utilità e l'efficacia del trattamento psicologico. Nega completamente la necessità di farlo. La sua argomentazione è brillante e ben ordinata. Si dichiara autonoma, volitiva e "quasi sfida il terapeuta a fare qualsiasi cosa per aiutarla". Dice di non soffrire di nulla e di non essere interessata alle preoccupazioni della famiglia sul suo stato fisico e mentale. "Non si considera malata, sostiene di essere in pieno possesso delle sue facoltà mentali e di essere preoccupata solo di andare avanti negli studi. Vuole essere brillante e frequentare una di quelle grandi scuole che il padre le aveva consigliato: "Vuole una professione in cui si senta parlare di[556]."

Il quadro clinico generale presentato da Evelyne Pewzner potrebbe essere riassunto come segue: la personalità isterica è caratterizzata da un modo di stare al mondo segnato dall'insoddisfazione e dalla mancanza di autenticità, e da un modo di relazionarsi incentrato sulla manipolazione e sulla seduzione. Tutto, negli atteggiamenti, nel comportamento, nell'abbigliamento, nel trucco, nelle parole, tende ad attirare l'attenzione, a piacere, a sedurre. L'isterico evita così l'incontro

---

[555]Vittorio Lingiardi, *Les Troubles de la personalité*, Flammarion, 2002, p. 75.
[556]Evelyne Pewzner, *Introduction à la psychopathologie de l'adulte*, Armand Colin, 2000, pagg. 120-123, 155.

autentico con l'altro, come se la "maschera" del personaggio nascondesse sempre la persona stessa. La "plasticità" della persona permette la "moltiplicazione dei ruoli" a seconda del pubblico: l'isterico interpreta il ruolo che ci si aspetta da lui. Questo tratto può essere collegato alla grande "instabilità emotiva" dell'isterico: basta poco per vederlo passare dal riso alle lacrime. I disturbi della memoria sono frequenti anche nelle isteriche, le cui biografie presentano sempre lacune e dimenticanze. Può trattarsi di un'amnesia selettiva su un certo periodo o su un certo evento, ma le illusioni della memoria e la fabulazione sono spesso utilizzate per compensare queste lacune nella memoria. La mitomania traduce la potente immaginazione del soggetto. Attraverso le sue commedie e le sue fabulazioni, l'isterico falsifica continuamente le sue relazioni con gli altri, dando continui spettacoli. Il soggetto, centrato su se stesso, è incapace di vedere le cose da un altro punto di vista o di mettersi al posto dell'altro. La depressione è in primo piano nel quadro clinico. I legami di cameratismo sono scarsi e difficili da mantenere nel tempo.

Il libro di Gisèle Harrus-Révidi sull'isteria ha fornito altri chiarimenti che riportiamo di seguito, espurgati dall'indigesto gergo psicoanalitico: L'isterica esagera l'espressione delle emozioni, abbraccia con eccessivo ardore semplici conoscenti, piange in modo incontrollato per piccoli motivi sentimentali e presenta improvvisi scoppi d'ira. Le espressioni emotive e passionali dell'isterica sono in qualche modo teatrali ed eccessive. Gli isterici sono anche malati del verbo e della sua interpretazione. Le loro parole hanno la particolarità di essere profuse, diffuse, simboliche in sé, e la loro funzione inconscia è quella di impedire al sintomo di essere ascoltato. La personalità isterica ha un modo di parlare troppo soggettivo e privo di dettagli. Ad esempio, quando al paziente viene chiesto di descrivere la madre, non può essere più specifico di: "era una persona fantastica". Si osserva anche una difficoltà a "verbalizzare gli affetti o i sentimenti". L'egocentrismo, l'intolleranza della frustrazione e qualsiasi ritardo nell'ottenimento della gratificazione si traducono nell'isterico in un comportamento volto alla gratificazione immediata. La depressione è ovviamente una parte importante della personalità di base. Infatti, i pazienti di Freud sono spesso in uno stato di lutto reale e/o di delusione amorosa permanente: a questo si aggiunge "un lutto fantasmatico dovuto al mancato superamento delle posizioni edipiche e attivato da una coesistenza sessuale permanente". C'è un'angoscia costante che si fissa sulla famiglia, sui bambini, una "ansiosa attesa di un evento che rompa la monotonia quotidiana, da cui la stupefazione della famiglia quando si rende conto che una vera e propria catastrofe è spesso accettata come un fatto scontato[557]. Si nota che in alcuni casi "questa nevrosi è complicata da tentativi di suicidio"."

La "grande intolleranza alla frustrazione" è confermata da altre analisi: l'isterica è "capricciosa e irritabile". I sentimenti vengono espressi in modo esagerato e vissuti con intensità (crisi di pianto e spettacolari esplosioni di rabbia). Si comporta "come se volesse soddisfare l'altro e saziare il suo desiderio; inventa un personaggio a cui finisce per credere, fingendo di essere simpatico e poi spacciandosi per vittima[558]."

Il libro di Ronald D. Laing fornisce una semplice precisione che potrebbe sembrare anodina: "L'isterico finge che alcune delle sue attività non siano ciò che sembrano, o che non significhino nulla, o che non abbiano implicazioni particolari, o che faccia questo o quello perché è obbligato a farlo, quando in segreto i suoi desideri sono soddisfatti da quelle attività. L'isterico spesso sostiene di non essere presente nelle sue azioni, mentre in realtà si sta esprimendo attraverso di esse[559]."

In *Isteria, follia e psicosi*, lo psichiatra Michel Steyaert ha rilevato anche altre caratteristiche del delirio: "licantropia, deliri estatici, deliri di persecuzione, deliri profetici...". Ricordiamo la frequenza delle fantasie di prostituzione, stupro, seduzione, accoppiamento impuro[560]."

Infine, abbiamo questa interessante analisi di uno psichiatra che ha sottolineato l'"insolita capacità di manipolazione" dell'isterico: "L'isterico è colui che inganna. Questa capacità di adattarsi all'altro è prodigiosa; istintivamente sa essere sulla stessa lunghezza d'onda, nella stessa modalità di funzionamento e, senza rendersi conto dei suoi "poteri", usa e abusa dell'altro. Il fascino è un fattore comune a tutti quelli che ho potuto incontrare, un incredibile potere di seduzione seguito da un richiamo da sirena che attirava i marinai, perché questo è il modo di fare dell'isterico: catturare nelle sue reti, usare a spese di e "far morire". Cerca l'Amore con la A maiuscola, l'uomo o la donna che deve dimostrare che tale amore esiste... È difficile da individuare a prima vista; sono arrivato a pensare che forse solo gli isterici potrebbero riconoscersi, come nelle relazioni animali in cui ognuno delimita il

---

[557]Gisèle Harrus-Révidi, *L'Hystérie*, Presses Universitaires de France, 1997, p. 12-17, 32, 88, 89

[558]Sante-az.aufeminin.com/w/sante/s243/maladies/hysterie.html

[559]Ronald D. Laing, *Le Moi divisé*, Stock, 1970, p. 131.

[560]Michel Steyaert, *Hystérie, folie et psychose*, Éd. Les Empêcheurs de penser en rond, 1992, p. 73.

proprio territorio[561]."

Qualunque sia il luogo e il momento, i sintomi traducono sempre il desiderio permanente dell'isterica di costituire un enigma per la logica scientifica e di offrire il proprio corpo allo sguardo scrutatore ed esperto del medico.

La diagnosi

Il quadro generale dei sintomi dell'istrionismo sembra poter spiegare in modo strano ciò che abbiamo analizzato nei capitoli precedenti. In effetti, gli intellettuali cosmopoliti manifestano un'agitazione interiore e un atteggiamento esuberante che ricorda i sintomi dell'istrionismo. Naturalmente, questo non vuol dire che ognuna di queste personalità soffra di questa patologia, ma c'è una certa omogeneità di pensiero e comportamenti comuni in questi intellettuali, che sono piuttosto sorprendentemente simili alle descrizioni sopra descritte.

Per cominciare la "depressione", "lo stato di vero e proprio lutto e/o di permanente delusione in amore". Possiamo associarlo all'immagine mediatica che la comunità ebraica vuole trasmettere al resto dell'umanità: quella di un popolo perseguitato che soffre per il suo isolamento e per la malvagità degli uomini. Joseph Roth ha testimoniato questa singolare predisposizione ebraica alla sofferenza: "Ovunque un ebreo si fermi, c'è un Muro del Pianto. Ovunque si stabilisca un ebreo, nasce un pogrom... Allo stesso modo, il presente degli ebrei è probabilmente più grande del loro passato, perché è ancora più tragico[562]. "Questa è un'affermazione tratta da un articolo del giornale *Das Tagebuch* del 14 settembre 1929, quindi prima della crisi economica e della presa di potere di Hitler, ma a quanto pare il momento era già considerato sufficientemente "tragico". A livello clinico, sappiamo che la depressione può essere "l'ultima, disperata risorsa per catturare e mantenere l'attenzione di un interlocutore esperto, il medico[563]."

D'altra parte, molti ebrei mantengono viva, consapevolmente o meno, un'angoscia, un'inquietudine interiore, che è senza dubbio una delle caratteristiche del carattere ebraico che contribuisce ad alimentare il loro senso di ebraicità. Questa è stata la commovente testimonianza

---

[561]http://www.psychopsy.com/hysterie.html.

[562]Joseph Roth, *A Berlino*, Éditions du Rocher, 2003, p. 33.

[563]Evelyne Pewzner, *Introduction à la psychopathologie de l'adulte*, Armand Colin, 2000.

di George Perec, che ha svelato i retroscena della sua identità:

"Non so esattamente cosa sia essere ebreo, cosa significhi per me essere ebreo... Non è un segno di appartenenza, non è legato a un credo, a una religione, a una pratica, a una cultura, a un folklore, a una storia, a un destino, a una lingua. È piuttosto un'assenza, una domanda, un interrogativo, un'esitazione, un'inquietudine: una certa inquietudine dietro la quale si profila un'altra certezza, astratta, pesante, insopportabile: quella di essere stato designato come ebreo e, in quanto ebreo, vittima, e di dovere la sua vita solo al caso e all'esilio[564]. "Possiamo individuare qui "l'angoscia costante fissata sulla famiglia", ma anche quell'"ambiguità" che abbiamo già osservato, espressa qui dall'"esitazione". L'ossessione identitaria, così frequente nei testi, può certamente essere paragonata al sintomo nevrotico dell'"auto-osservazione, che è stato detto essere straordinariamente sviluppato nelle isteriche[565]."

Il filosofo marxista Jacques Derrida ha espresso un sentimento simile nel suo libro *Punti sospensivi*, dove riconosceva di sentire nel suo intimo un "desiderio di integrazione nella comunità non ebraica, un misto di dolorosa fascinazione e diffidenza, con una vigilanza nervosa e un'attitudine estenuante a percepire i segni del razzismo, sia nelle sue configurazioni più discrete che nelle sue negazioni più forti[566]."

Questa preoccupazione viscerale può anche assumere la forma di paranoia. Così, sentiamo regolarmente intellettuali ebrei nei media che esprimono allarme per l'aumento dell'antisemitismo. Questa impercettibile inquietudine, che è stata un tormento sotterraneo per l'anima ebraica in tutte le epoche, si manifesta in riflessi allarmistici di fronte a ciò che viene percepito come l'ascesa del "flagello". Al minimo segno di opposizione o di critica alle azioni di qualsiasi ebreo, l'intera comunità salta sotto i riflettori dei media e si sentono le grida strazianti della terribile minaccia e il coro di lutto in sottofondo. Le personalità

---

[564]George Perec, *Nací, testi della memoria e dell'oblio*. Abada Editores, Madrid, 2006, p. 101-102. [Quello che sono andato a Ellis Island a cercare è l'immagine stessa di quel punto di non ritorno, la consapevolezza di quella rottura radicale... Per me è il luogo stesso dell'esilio, cioè il luogo dell'assenza di luogo, il luogo della dispersione. In questo senso, mi riguarda, mi affascina, mi coinvolge, mi interroga, come se la ricerca della mia identità passasse attraverso l'appropriazione di questo luogo che è una discarica... Ciò che vi si trova non sono affatto radici o tracce, ma il contrario: qualcosa di informe, al limite dell'ineffabile, che posso chiamare recinzione, o scissione, o frattura, e che è per me intimamente e confusamente legato al fatto stesso di essere ebreo. " (p.104, 100- 101). (NdT)]

[565]Otto Weininger, *Sesso e carattere*, Ediciones 62 s|a Barcelona, 1985, p. 275.

[566]Jacques Derrida, *Points de suspensions, Entretiens*, Galilée, 1992, p. 130.

che pensavamo fossero più dignitose e ragionevoli cadono in interpretazioni esagerate, che sembrano quasi ridicole una volta che il trambusto si placa. Così, ad esempio, abbiamo visto Elie Wiesel pubblicare, già nel 1974, articoli in cui esprimeva i suoi più profondi timori per la rinascita dell'antisemitismo: "Sto pubblicando un articolo sul *New York Times* e su *Le Figaro* intitolato "Perché ho paura"".... I segni sono apparsi e sono inquietanti.[567]."

Indubbiamente, gli intellettuali ebrei tendono a fare i catastrofisti, a "drammatizzare" in modo esagerato ciò che percepiscono come antisemitismo nell'ambiente. Ascoltiamo Samuel Pisar: "Oggi percepisco con angoscia l'avvicinarsi dei passi del mostro su tutto l'universo[568]. "Lo disse nel 1979, e abbiamo già visto come nel 1983 scrisse: "I nostri nemici ci osservano già senza sosta. Per loro, saremo sempre colpevoli. Colpevoli di essere ebrei in Israele, di essere ebrei altrove, di essere ebrei. Colpevoli, a seconda, di essere capitalisti o bolscevichi. Colpevoli in Europa di essere stati macellati come pecore, e colpevoli in Israele di aver preso le armi per non essere di nuovo pecore. Colpevole, anzi, di continuare ad esistere[569]."

Mentre scrivo queste righe", ha detto Elie Wiesel nel 1996, "la marea antisemita si sta alzando. Sessantacinque gruppi razzisti, più o meno influenti, diffondono l'odio negli Stati Uniti. In Giappone, i libri antisemiti sono nelle classifiche dei bestseller... Ora, una volta scatenato, l'odio non conosce limiti. L'odio chiama l'odio. L'odio uccide l'uomo dentro l'uomo prima di ucciderlo[570]."

Oggi non è cambiato nulla nel loro modo di vedere il mondo. Le manifestazioni di indignazione contro il razzismo e soprattutto "contro l'antisemitismo" si ripetono regolarmente, raddoppiate di intensità, fomentate da un'agitazione accuratamente organizzata dal sistema mediatico. Quando un anziano viene aggredito e torturato nella sua casa di periferia, o quando un goy viene selvaggiamente assassinato per strada, la notizia non viene quasi riportata dai giornali. Ma quando si tratta di un ebreo, allora è inevitabile che si tratti di un odioso atto di antisemitismo. I ministri scendono in piazza per partecipare alle manifestazioni organizzate per mostrare la loro solidarietà con la comunità "scioccata". C'è una certa ingiustizia, perché gli indigeni francesi raramente ricevono la stessa copertura mediatica delle loro disgrazie, per non parlare di una richiesta governativa così toccante.

---

[567]Elie Wiesel, *Mémoires, Tome II*, Seuil, 1996, p. 97.

[568]Samuel Pisar, *Le Sang de l'espoir*, Robert Laffont, 1979, p. 22.

[569]Samuel Pisar, *La Ressource humaine*, Jean-Claude Lattès, 1983, p. 250-251.

[570]Elie Wiesel, *Mémoires, Tome II*, Seuil, 1996, p. 128-129.

Ma è vero che la "fragilità emotiva" degli ebrei è senza dubbio molto più importante. Sappiamo infatti della loro "iper-emotività" e di una certa tendenza a "sfruttare il loro grande potenziale emotivo". Il minimo incidente "antisemita", il minimo graffito su una cassetta della posta mette in moto l'intera macchina mediatica e giudiziaria. Forse alcune personalità ebraiche tendono a "esagerare l'espressione delle loro emozioni", il che dà al loro modo di interpretare le notizie "qualcosa di teatrale ed eccessivo".

Tuttavia, queste manifestazioni di sofferenza e questo "lamento vittimistico"[571] " non sono semplicemente l'eco amplificata della notizia. Va notato che sono una costante nei sistemi mediatici delle democrazie, dove i media trasmettono continuamente tutta la letteratura compassionevole che ci invita ad aiutare lo sfortunato popolo ebraico, sempre perseguitato ovunque e in ogni momento per ragioni sconosciute. Documentari, film e programmi di ogni genere sull'argomento sono innumerevoli e onnipresenti, così come i libri che ricordano le disgrazie del popolo ebraico nel corso della storia. A tutti gli esseri umani viene chiesto di solidarizzare con il dolore e il dramma degli ebrei, poveri, deboli e vulnerabili, sempre perseguitati per ragioni che nessuno riesce a spiegare. I cinquanta milioni di morti non ebrei della Seconda guerra mondiale sono spesso dimenticati, messi in secondo piano, persino direttamente nascosti a beneficio delle sole vittime ebree.

La spiegazione è ancora una volta di natura medica: queste "chiamate di soccorso drammatizzate" servono ad "affezionarci e a risvegliare l'istinto di protezione". Questa "presentazione drammatizzata e teatrale delle emozioni" fa parte di una "gamma molto ampia per catturare l'attenzione degli altri".

Ma non si tratta solo del trattamento sproporzionato riservato dai media ai terribili eventi in Medio Oriente e in Israele. Si tratta anche della frivolezza di molte star dello spettacolo e dell'intrattenimento, del modo in cui si mettono in mostra, si pavoneggiano, si pavoneggiano sui set televisivi: "Sono teatrali, stravaganti, eccitabili, esibizionisti". È così che li vediamo: "mettono in scena uno spettacolo continuo". A volte basta anche abbassarsi i pantaloni e correre sul televisore per essere definiti "grandi", "incomparabili", "splendidi", "sublimi"[572].

Ma sarebbe inopportuno per un Goy abbandonarsi a critiche troppo aspre, perché questi "artisti" sono molto "sensibili all'opinione degli

---

[571]Shmuel Trigano, *L'Idéal démocratique*... Odile Jacob, 1999, pag. 43.
[572]Riferimento al comico Michaël Youn. Ha avuto l'audacia di correre nudo su un televisore durante la cerimonia di premiazione di un festival cinematografico (NdT).

altri". È facile capire come una critica negativa con un pizzico di disprezzo per l'opera di un loro coetaneo, un pittore o un romanziere, ad esempio, provochi immediatamente il disagio dell'interlocutore, anche se le loro produzioni in questi campi sono spesso di una mediocrità notoria. D'altra parte, si può notare che medaglie e ricompense di ogni tipo sono molto apprezzate, come ha sottolineato Otto Weininger, "la loro ambizione femminile per i titoli".

In passato, Edward Drumond aveva già notato un certo infantilismo nel suo comportamento: "Una brutta esplosione di gioia è talvolta seguita da un'espressione di ingenuità... Sì, c'è qualcosa di infantile in lui... La sua bocca si apre con piacere quando si vanta, come le bocche di quegli africani i cui occhi e denti brillano di gioia per il possesso di un pezzo di perla di vetro o di un pezzo di stoffa un po' vistoso....Quando vi dice che ha ricevuto un'onorificenza, una medaglia di cioccolato a una mostra, vi fissa per vedere se lo prendete in giro, cosa che teme sempre; poi il suo viso pallido e insanguinato si illumina di un raggio di felicità come si illuminano i volti dei bambini."

Le liste dei destinatari della Legion d'Onore sono un evento molto atteso dalla comunità, e il governo non ne è all'oscuro, essendo consapevole della sua "insofferenza per la frustrazione e per qualsiasi ritardo nell'ottenere una gratificazione". Questo è un aspetto che i governi che si sono succeduti nella Repubblica francese hanno sempre cercato di evitare, favorendo le abbondanti decorazioni[573]."

In effetti, i bambini israeliani spesso mostrano "comportamenti volti alla gratificazione immediata". Ricordiamo, ad esempio, come al Presidente François Mitterrand sia stato chiesto di spiegare la sua amicizia con René Bousquet e le sue implicazioni durante il regime di Vichy[574]. Nonostante tutta la simpatia che aveva dimostrato nei confronti della comunità ebraica, questo "dettaglio" gli era costato caro, visto che alla fine del suo regno fu ampiamente vilipeso per questa

---

[573]Jean Daniel e Bernard Attali sono stati appena promossi Comandanti della Legion d'Onore, Gisèle Halimi è stata promossa Ufficiale, così come lo stilista israeliano Albert Elbaz, tra gli altri (si legga in *Rivarol*, numero del 28 aprile 2006) Jacques Friedmann è stato appena promosso Grande Ufficiale il 5 maggio "per il suo ruolo essenziale nella creazione del Musée du Quai Branly" dedicato alle Prime Arti (arti africane) (*Rivarol*, 19 maggio 2006).

[574]Alla fine del suo secondo mandato, già ammalato e diminuito. Esiste una lunga intervista trasmessa il 12 settembre 1994, pochi mesi prima della sua morte, durante la quale Jean Pierre Elkabbach interroga François Mitterrand in modo quasi inquisitorio. Il Presidente della Repubblica si rifiutò fino alla fine di riconoscere legalmente e ufficialmente la responsabilità della Francia e della Repubblica per le azioni del regime di Vichy durante la guerra (NdT).

imperdonabile colpa. Ricordiamo anche il caso dei "fondi senza eredi" detenuti dalle banche svizzere, che hanno dovuto pagare le somme colossali richieste dal Congresso ebraico mondiale senza lamentarsi, sessant'anni dopo la guerra. Naturalmente, non si tratta solo di un'analisi medica, ma anche di un equilibrio finanziario. Dopo quel caso miliardario, uno scrittore ebreo, Norman Finkielstein, non ha esitato a pubblicare un libro per denunciare il lucroso racket che ha definito "industria dell'olocausto". Come altri autori irrispettosi, ha cercato di denunciare il "business dell'olocausto" sottolineando che i leader della comunità ebraica hanno usato il dramma dell'olocausto per incolpare i Goyim e chiedere risarcimenti esagerati decenni dopo il fatto.

Questa "intolleranza della frustrazione" si manifesta regolarmente anche con la sistematica presentazione di denunce ai tribunali per qualsiasi dichiarazione ritenuta ostile alla comunità. Nel 2000, abbiamo visto come lo scrittore di sinistra Renaud Camus sia stato vittima di un linciaggio mediatico per aver protestato contro la "sovrarappresentazione" degli ebrei in un programma radiofonico del servizio pubblico. La reazione indignata di Jean Daniel fu allora identica a quella della maggior parte dei suoi colleghi. Il filosofo Jacques Derrida è stato uno dei firmatari della petizione organizzata da Claude Lanzmann, che ha semplicemente definito "criminali" i passaggi razzisti e antisemiti del libro di Renaud Camus. "Dovremmo chiederci cosa succede nel nostro spazio pubblico quando un editore e un certo numero di "intellettuali" chiudono gli occhi di fronte a queste frasi spaventose e grottesche[575] ", ha scritto Derrida.

Sulla stessa linea, questa fu la reazione di Elie Wiesel, nel 1989, alle dichiarazioni di Jean-Pierre Domenach che allarmarono il clamore mediatico della comunità: "Ho seguito con tristezza lo scandalo che il signor Domenach ha provocato. Ho letto le sue interviste su *L'Événement du jeudi* e *Le Figaro*, ho ascoltato i suoi sghignazzi pedanti su *Europe 1* e gli avvertimenti che si degna di dare a noi ebrei per stare più attenti a evitare reazioni antisemite. Qual è il metodo che ci propone? È molto semplice, quasi banale: parlare più piano, non mostrarsi, rinunciare alla fedeltà ebraica (denunciare Israele, per

---

[575]Jacques Derrida, Élisabeth Roudinesco, *Y mañana, qué...* Fondo de Cultura Económica, Buenos Aires, 2002, p. 36 (nota), 136. A proposito di Renaud Camus, Derrida scrive (p. 137): "Penso che il personaggio sia astuto e calcolatore, ma anche, come quasi sempre, ingenuo, poco esercitato, diciamo, per dirla in fretta, nell'autoanalisi. Almeno quello del suo inconscio sociale. Stiamo ancora navigando nelle stesse acque: diritto penale, criminologia e psicoanalisi; tutto è ancora da reinventare. "

esempio), non menzionare l'ebraicità delle vittime ebree. Lo confesso: a causa delle sue implicazioni perverse, questo suggerimento gentile scoraggia alcuni ebrei - in primo luogo, perché fa sì che gli antisemiti smettano di sentirsi in colpa. In che modo? L'antisemitismo non sarebbe più colpa degli antisemiti, ma degli ebrei stessi? L'odio che gli ebrei suscitano sarebbe dovuto solo al loro comportamento? Ci disprezzano, ci perseguitano, e noi dovremmo prendercela con noi stessi[576]? "

E ancora, osserviamo come un intellettuale ebreo parta per la tangente per finire immancabilmente ad accusare l'altro delle proprie colpe e a rimproverarlo di accusare gli ebrei di colpe molto reali:

"Se quello che dice è vero", ha proseguito Wiesel, "gli ebrei - scusate: 'alcuni' ebrei - starebbero usando l'Olocausto per arricchirsi e, per di più, per perseguitare lui e altre persone onorevoli.... Malattia da persecuzione? È incredibile ma vero: "alcuni" antisemiti si sentono perseguitati dagli ebrei che essi stessi perseguitano."

Il quadro clinico dell'isteria fornisce questa illuminante precisione: "Tendono a sfruttare il loro grande potenziale emotivo (esplosioni di rabbia, crisi di pianto, ecc.) per controllare e dominare gli altri". Ciò che ha scritto lo psichiatra Michel Steyaert sull'argomento è stato piuttosto sorprendente per la somiglianza con l'oggetto del nostro studio etnopsichiatrico, e ha confermato che il "modo di relazionarsi" è "centrato sulla manipolazione e sulla seduzione":

"Questa megalomania è vissuta in uno stato d'animo di esaltazione che rasenta la teatralità e la tragicommedia. I pazienti "finiscono in ospedale, dove spesso generano un'atmosfera tumultuosa, poiché sono maestri nell'arte di manipolare le apparecchiature mediche". Inoltre, non è raro vederli, con il pretesto di voler aiutare, cercare di convincere gli altri pazienti dell'incompetenza dei medici e della disumanità della psichiatria. Per loro è molto difficile sopportare il minimo atteggiamento di fermezza nei loro confronti[577]."

Possiamo vedere qui un parallelo con l'agitazione perpetua mantenuta dal sistema mediatico, quella frenesia incessante che esalta la rivolta contro l'ordine e i valori tradizionali e che, a sua volta, invita al culto estatico della società plurale e dei "diritti umani". Vedremo di seguito questo modo di pensare dialettico o binario basato su due sentimenti antinomici: la repulsione e l'idealizzazione assoluta.

La manipolazione degli uomini e della società può essere espressa più o meno consapevolmente anche attraverso la "mitomania",

---

[576]Elie Wiesel, *Mémoires, Tome II*, Seuil, 1996, p. 169, 171.
[577]Michel Steyaert, *Hystérie, folie et psychose*, Éd. Les Empêcheurs de penser en rond, 1992, p. 62.

qualcosa che crediamo di aver percepito nelle storie di alcuni personaggi pubblici. Elie Wiesel ha dato una testimonianza importante sulla sua volontà di arricchire e abbellire le sue storie. Ancora un po' e potremmo sospettare che Samuel Pisar condivida la stessa tendenza descritta dall'analisi medica: "Le illusioni della memoria e della fabulazione vengono spesso a palliare le lacune della memoria". I resoconti di questi due autori, soprattutto quelli relativi agli episodi dei campi di concentramento, sono spesso "scarsi di dettagli". I loro racconti sono "confusi, drammatizzati, emotivamente concentrati".

I "disturbi della memoria" sono, come sappiamo, caratteristici della patologia. Questa "amnesia selettiva" è infatti perfettamente illustrata nel caso degli intellettuali ebrei nel modo in cui essi riflettono sul ruolo dei loro compagni ebrei nella rivoluzione bolscevica. Il più grande dissidente sovietico, Alexander Solzhenitsyn, ha pubblicato nel 2003 un libro fondamentale che mostra tutta la portata della partecipazione del popolo ebraico a uno dei più grandi massacri della storia umana[578]. Infatti, come abbiamo dimostrato in *Speranze planetarie* attraverso lo studio di libri sull'Unione Sovietica, gli intellettuali ebrei sembrano aver completamente dimenticato la loro schiacciante, inconfutabile, ovvia e criminale responsabilità per i quasi trenta milioni di morti russi e ucraini caduti nell'oblio. "Che tipo di amnesia è questa?...", Solzhenitsyn si è indignato per l'impudenza delle negazioni di alcuni autori ebrei[579]. Anche in questo caso, ci sembra opportuno spiegare questa anomalia con un'analisi clinica: "La memorizzazione lacunosa dei fatti, la loro evocazione vaga e imprecisa permettono di eliminare più facilmente quegli aspetti della realtà che l'individuo non vuole vedere affiorare nella coscienza."

In questo libro abbiamo anche potuto studiare questa "plasticità" che permette la "moltiplicazione dei ruoli". L'"ebreo" sembra avere la capacità di adattarsi a qualsiasi circostanza e di cambiare identità pur mantenendo la propria: abbiamo visto come possa essere un capo indiano in una riserva dell'Ovest americano, come quell'ebreo malizioso evocato da Elie Wiesel, un cosacco baffuto, o più francese dei francesi, come Bernard-Henri Levy. Abbiamo anche visto un gangster trasformarsi in un buon parrocchiano e ingannare l'intera popolazione di una piccola città di provincia per conquistare la giuria del tribunale che doveva processarlo. Anche in questo caso, il fine giustifica i mezzi.

Il carattere proteiforme dell'ebraismo può esprimersi a livello

---

[578]Alexandre Solzhenitsyn, *Deux siècles ensemble,* Fayard, 2003.
[579]Hervé Ryssen, *Speranze planetarie,* (2022).

individuale in modo patologico, sotto forma di improvvisi sbalzi d'umore. Nel film *Barton Fink*, ad esempio, abbiamo visto il produttore cinematografico leccare le suole delle scarpe di un giovane sceneggiatore emergente appena arrivato a Hollywood e, nell'intervista successiva, insultarlo e liquidarlo in modo sgarbato. Le emozioni cambiano rapidamente[580], e a quanto pare questo produttore ashkenazita, che "abbraccia i semplici conoscenti con eccessivo ardore", ha anche "la tendenza a idealizzare alcune persone, parlandone con ammirazione, ma anche a sminuirne esageratamente altre, che possono anche essere le stesse". Il giovane Barton Fink passò così da "eroe a disgraziato in un attimo"."

Allo stesso modo, potremmo assistere a uno sketch del comico Timsit, che fa la caricatura del cugino ebreo in un doloroso lamento (il mio povero fratello sfortunato!) e poi passa ai rimproveri e agli insulti più eccessivi. Sappiamo, infatti, che l'isterica "piange in modo incontrollato per motivi sentimentali minori e ha improvvisi scatti d'ira". Ma alcune analisi della personalità istrionica fanno riferimento a "una personalità multipla" e sottolineano l'"alternanza di personalità diverse (personaggio, biografia)": "Interpretare un personaggio, recitare un ruolo, rappresenta per l'isterico un bisogno imperioso di evitare un incontro autentico con l'altro. Dietro i travestimenti che lo nascondono, attraverso la molteplicità dei personaggi che adotta, la personalità isterica non si lascia conoscere[581]."

Ricordiamo le parole di Otto Weininger, che notava negli ebrei la "più povera identità interiore": "La natura tipicamente ebraica ci è particolarmente facilitata dall'irreligiosità del semita... L'ebreo è l'uomo non credente... E la causa essenziale dell'essere nulla dell'ebreo va ricercata nel fatto che egli non crede in nulla. Poco importa se un uomo crede o meno in Dio; se non crede in Lui, che almeno creda nell'ateismo. Ma, d'altra parte, l'ebreo non crede in nulla, non crede nelle sue convinzioni e dubita dei suoi dubbi[582]."

In questo il direttore della stampa Jean Daniel era perfettamente

---

[580]"I drammi yiddish, con il loro rapido alternarsi di scene gioiose e tristi, riflettono questo senso di contrasto... Sebbene alcune circostanze costringano a passare rapidamente dal riso alle lacrime, ciò accade perché le emozioni sono programmate. Si è gioiosi a Purim, si piange a Yom Kippur... Le emozioni, anche se prescritte, non sono quindi solo formali. Anche se ordinati, non sono meno sinceri. " (Mark Zborowski, *Olam*, 1952, Plon, 1992, p. 401). "Questa costante di comportamento, le lacrime che seguono senza passare dal riso, si imprime rapidamente nel bambino dello shtetl. " (Mark Zborowski, *Olam*, 1952, Plon, 1992, p. 303).
[581]http://www.acpsy.com/Hysterie.html
[582]Otto Weininger, *Sesso e carattere*, Ediciones 62, Barcellona, 1985, p. 317.

d'accordo quando scrisse: "In ogni caso, accetto di essere ebreo anche nei miei dubbi, a condizione che mi si lasci questo dubbio e che non sia un modo per bollarmi come insincero[583]."

La diagnosi medica è più prosaica: "Se consideriamo l'isterico come un bugiardo, dobbiamo ammettere che non è un bugiardo come gli altri. Indubbiamente la sua insincerità è più o meno consapevole, ma come si può parlare di menzogna per un soggetto per il quale la realtà quasi non esiste? La sua mancanza di percezione, di penetrazione psicologica degli altri tradisce l'infantilismo del suo sotterfugio, la sua infantile sorpresa quando viene smascherato. Ma per una sorta di erotismo dell'immaginario, il simulacro e il gioco possono diventare una fonte di piacere con una certa dose di perversione[584]."

A questo proposito viene in mente l'immagine del famoso truffatore Jacques Crozemarie, presidente dell'Associazione per la Ricerca sul Cancro negli anni Novanta. Quest'uomo ha truffato circa 300 milioni di franchi al popolo francese, che era stato così ingenuo da commuoversi per i suoi interventi lacrimevoli in televisione. Rilasciato nel 2002, dopo 33 mesi di carcere, ha dichiarato in un'intervista pubblicata su *Le Parisien*: "Non sono un ladro. Non ho mai capito perché sono stato condannato, e non lo capirò mai. Non voglio essere condannato per il resto della mia vita. Sono indignato, non ho pagato nulla! Stiamo ancora aspettando le prove contro di me" Abbiamo già esposto in *Le speranze planetarie* quella mentalità pittoresca che consiste nel negare bruscamente tutto nonostante le prove più forti. Anche l'assassino Pierre Goldman era riuscito a ingannare tutti negli anni Settanta. Se i giurati del tribunale di Amiens fossero stati istruiti su questa particolare mentalità, probabilmente non avrebbero assolto il criminale e si sarebbero risparmiati l'umiliazione di leggere le confessioni poco velate del suddetto uomo pubblicate nel suo romanzo.

A livello politico, questa simulazione può portare fuori strada e rivelarsi catastrofica. Così, in ogni momento e in ogni luogo, gli ebrei furono denunciati come stranieri che rifiutavano ostinatamente di assimilarsi alla popolazione, anche se avevano adottato la lingua e i costumi locali. Alexandre Solzhenitsyn, analizzando negli anni '70 il massiccio deflusso di ebrei dalla Russia agli Stati Uniti, aveva dimostrato che l'integrazione ebraica era fittizia, confermando le riflessioni del leader sionista Jabotinsky all'inizio del XX secolo: "Quando l'ebreo si assimila a una cultura straniera, non si deve fare affidamento sulla profondità e sulla coerenza della trasformazione. Un

---

[583]Jean Daniel, *L'Ère des ruptures*, Grasset, 1979, p. 114.

[584]http://www.acpsy.com/Hysterie.html

ebreo assimilato si arrende alla prima spinta, abbandona la cultura presa in prestito senza opporre la minima resistenza non appena si convince che il suo regno è finito. "Questo carattere corrisponde ancora una volta all'analisi clinica degli istrionici: sono "generalmente superficiali nelle loro relazioni interpersonali, e tendono a basare le loro scelte e opinioni su convinzioni superficiali".

È noto che gli ebrei sono sempre stati espulsi, prima o poi, da quasi tutti i Paesi in cui vivevano. Queste "separazioni", spesso brutali, segnano la storia dell'ebraismo. Infatti, quando gli intellettuali ebrei scrivono di essere stati perfettamente "integrati" in questo o quel Paese, dovremmo intendere soprattutto: "socialmente integrati"; e nessuno potrebbe obiettare che, dal punto di vista economico, gli ebrei sono molto meglio integrati di altri. Ma in realtà, come abbiamo potuto analizzare attraverso gli scritti di eminenti intellettuali, sembra che l'identità ebraica abbia la precedenza su tutto il resto e rappresenti tuttora, come ha detto Edgar Morin, "una fonte perpetua di scontro". Per Edgar Morin, questo non è di per sé negativo, poiché genera una "fortissima tensione creativa585. "Il problema è che questa "fortissima tensione creativa" non sempre viene percepita come tale dagli "altri", che spesso preferiscono vivere senza, come dimostrano le innumerevoli espulsioni che hanno segnato la storia dell'ebraismo. Le fughe incessanti dalla fuga dall'Egitto si contano a decine: fuga dall'Inghilterra nel 1290, fuga dalla Francia nel 1394, fuga dalla Spagna nel 1492, fuga, a un certo punto, da tutti i principati tedeschi, fuga dall'Iraq, dall'Iran o dallo Yemen, fuga dall'URSS... Ma come sappiamo: "I legami di cameratismo sono rari e difficilmente si mantengono nel tempo."

Mettiamoci nei panni di un ebreo e consideriamo la storia di questo popolo infelice: come non vivere nell'angoscia, sapendo che presto si riproporrà una frattura brutale, perché sembra davvero inevitabile: "Temono la solitudine, e i momenti di separazione li riempiono di angoscia". Allo stesso modo, nel quadro clinico dell'isteria si può leggere quanto segue: "Nulla è peggiore per l'isterico della rottura del rapporto con l'altro da cui scaturisce il suo sentimento di esistenza: egli è allora immerso in una solitudine insopportabile da cui cerca di uscire entrando in un nuovo rapporto, con lo stesso fervore e la stessa intensità del precedente[586]. "Così si parte da Toledo per Salonicco, da Lisbona per Amsterdam, da Berlino per Parigi, da Kichiniev per Mosca e da Mosca per New York o Tel Aviv. Ogni volta, il precedente oggetto

---

[585]Edgar Morin, *Un nouveau commencement*, Seuil, 1991, p. 120.
[586]http://www.acpsy.com/Hysterie.html

d'amore, che era stato idealizzato all'inizio, viene rinnegato, vilipeso, insultato dopo la rottura.

D'altra parte, naturalmente, gli ebrei dimostrano una grande autonomia e non sembrano avere bisogno di nessuno. Il grande pensatore ebreo Franz Rosenzweig scriveva nel 1976 in *La stella della redenzione*: "La nostra vita non è più legata a nulla di esterno. Noi mettiamo radici in noi stessi e non abbiamo radici nella terra; siamo quindi eterni vagabondi, profondamente radicati in noi stessi, nel nostro corpo e nel nostro sangue. E questo radicamento in noi stessi e in nient'altro che noi stessi garantisce la nostra eternità[587]. "Anche questa affermazione sembra copiata dal quadro clinico della personalità istrionica che si dichiara "autonoma".

Questa solitudine sembra alimentare l'"attesa ansiosa di un evento che rompa la monotonia quotidiana" di cui parla lo psichiatra. Il filosofo Jacob Leib Talmon ha presentato questa testimonianza rivelatrice: "Bruno Bauer ha usato un'immagine terribile, paragonando gli ebrei a quella moglie del proverbio russo che è sicura dell'amore del marito solo quando questi la picchia. Gli ebrei, dicono, si sentono in pace con se stessi e con il Creatore solo quando sono perseguitati[588]. E in effetti, sembra "che una vera catastrofe sia spesso accettata come un fatto scontato". "Otto Weininger ha sottolineato la natura terrificante del Dio di Israele, crudele e geloso: "Il suo rapporto con Geova, l'idolo astratto, di fronte al quale prova l'angoscia di uno schiavo, e il cui nome non oserà mai pronunciare, caratterizza l'ebreo in modo simile alla donna, che ha anche bisogno di essere dominata da una volontà aliena[589]. "

"È un popolo anziano che conosce Dio da molto tempo! Hanno sperimentato la sua grande bontà e la sua fredda giustizia, hanno commesso peccati e li hanno amaramente espiati, e sanno che possono essere puniti, ma non abbandonati[590] ", ha detto Joseph Roth.

Ma sarebbe illusorio chiedere loro di spiegare chiaramente le loro colpe. In effetti, a giudicare dalle nostre numerose letture, sembra che quasi tutti gli intellettuali ebrei siano convinti di non avere alcuna responsabilità per le reazioni di animosità contro la loro comunità. In *Libertà difficile*, il filosofo Emmanuel Levinas ha scritto, ad esempio: "Essere perseguitati, essere colpevoli senza aver commesso alcuna colpa, non è un peccato originale, ma l'altra faccia di una responsabilità

---

[587]Franz Rosenzweig, *La Estrella de la Redención*, Hermenia 43, Ediciones Sígueme, Salamanca, 1997, pag. 363.

[588]J.-L. Talmon, *Destin d'Israel*, 1965, Calmann-Lévy, 1967, p. 72.

[589]Otto Weininger, *Sesso e carattere*, Ediciones 62, Barcellona, 1985, p. 309.

[590]Joseph Roth, *Judíos errantes*, Acantilado 164, Barcelona, 2008, p. 45.

universale - una responsabilità verso l'Altro - più antica di qualsiasi peccato[591]."

Ascoltiamo Yeshayahu Leibowitz, filosofo delle religioni, esprimersi sull'antisemitismo hitleriano: "Adolf Hitler non è il punto più alto dell'antisemitismo tedesco tradizionale: è un fenomeno di natura totalmente diversa, storicamente incomprensibile. Per me l'antisemitismo non è un problema degli ebrei ma dei goyim[592]."

Elie Wiesel ha espresso un'opinione simile nel primo volume delle sue *Memorie*, dove ha scritto a proposito dei goyim ostili agli ebrei: "Non ero lontano dal pensare: è un problema loro, non nostro[593]."

E non si tratta di testimonianze isolate. Al contrario, questo sembra essere l'atteggiamento della maggior parte degli intellettuali ebrei. Così, anche il filosofo francese Shmuel Trigano non ha nascosto la sua sorpresa per le manifestazioni di antisemitismo. Per lui sono un grande mistero: "Uno dei più grandi misteri della modernità è senza dubbio (molto prima del razzismo) il fenomeno dell'antisemitismo, ancora inspiegabile nonostante un'immensa biblioteca sull'argomento... Il fenomeno antisemita è sicuramente uno dei fenomeni più importanti che, come il fascismo e il totalitarismo, è rimasto un mistero[594]."

L'incapacità di "vedere le cose da un altro punto di vista o di mettersi al posto dell'altro" è effettivamente sintomatica: i soggetti hanno "una capacità piuttosto ridotta di osservare se stessi e di riconoscere la realtà delle proprie emozioni". "L'antisemitismo è quindi per loro un "enigma". Questo era anche, come abbiamo già visto, ciò che dichiarava il filosofo André Glucksmann: "L'odio per gli ebrei è l'enigma tra tutti gli enigmi... L'ebreo non è affatto la causa dell'antisemitismo; bisogna analizzare questa passione da sola, come se questo ebreo che si perseguita senza conoscerlo non esistesse... Sono due millenni che l'ebreo è fonte di disagio. Due millenni di domande vive per il mondo intero. Due millenni di innocenza, che non hanno nulla a che fare con[595]."

Questa opinione è confermata dagli psichiatri, come il riflesso dello specchio: "Qualunque sia il luogo e il momento, i sintomi traducono sempre il desiderio permanente dell'isterica di costituire un enigma per la logica scientifica e di offrire il suo corpo allo sguardo scrutatore ed esperto del medico."

[591]Emmanuel Levinas, *Difficile liberté*, Albin Michel, 1963, 1995, p. 185, 290

[592]Herlinde Loelbl, *Portraits juifs*, L'Arche, 1989, 2003 per la versione francese.

[593]Elie Wiesel, *Mémoires, tome I*, Seuil, 1994, p. 30, 31.

[594]Shmuel Trigano, *L'Idéal démocratique...*, Odile Jacob, 1999, p. 17, 92

[595]André Glucksmann, *Le Discours de la haine*, Plon, 2004, pagg. 73, 86, 88.

Questo è esattamente ciò che Bernard-Henri Lévy ha espresso ne *Il Testamento di Dio* quando ha parlato di "quel popolo indomito la cui perseveranza nell'essere rimane uno degli enigmi più profondi per la coscienza contemporanea[596]."

Sappiamo che gli isterici "evitano le responsabilità e riflettono sulle proprie azioni[597]." Nonostante tutte le disgrazie e le delusioni subite nel corso della loro dolorosa storia, nonostante tutte le battute d'arresto e i fallimenti, gli ebrei non riesaminano mai i fatti. Molti teologi hanno notato questa sorprendente tenacia, questa ostinazione del "popolo testardo". Si possono citare a proposito le riflessioni di Baltasar Gracián, gesuita spagnolo del Secolo d'Oro, che scrisse: "Ogni sciocco è persuaso, e ogni sciocco persuaso; e quanto più erronea è la sua opinione, tanto maggiore è la sua tenacia... La tenacia deve essere nella volontà, non nel giudizio[598]. "Ma per il momento tale ragionevolezza sembra essere lontana dalle preoccupazioni del nostro paziente.

A volte nei testi affiora un certo dubbio su certezze profetiche e convinzioni profonde. Questo può essere osservato in autori che non sono sospettati di soffrire ufficialmente di "odio di sé". Lo abbiamo visto espresso brevemente nel direttore della stampa Jean Daniel, o nel romanziere Albert Cohen, in *Bella del señor*, in un passaggio del suo romanzo, dove, in una sorta di trance, l'autore adottava uno stile un po' strano. L'autore si è dilungato per diverse pagine senza alcuna punteggiatura[599]. Nonostante le difficoltà di lettura, questo testo è prezioso, perché rivela alcune ansie profonde della personalità ebraica. La tentazione dell'odio di sé, subito "repressa", come dicono gli psichiatri professionisti, è apparsa chiaramente:."...È anche un contagio del loro odio se a forza di sentire le loro vili accuse ci hanno fatto provare la disperata tentazione di concepire l'orribile pensiero di vergognarci del nostro grande popolo la disperata tentazione di concepire il pensiero che se ci odiano così tanto e dappertutto è perché ce lo meritiamo, e per Dio me lo merito e per Dio me lo merito. e per Dio so che non lo meritiamo e che il loro odio è lo sciocco odio tribale per il diverso e l'odio dell'invidia e anche l'odio dell'animale per il

---

[596]Bernard-Henri Lévy, *Le Testament de Dieu*, Grasset, 1979, p. 9.
[597]http://www.etudiantinfirmier.com/index_psy.php?page=2
[598]Baltasar Gracián, *Oráculo manual y arte de prudencia, 183.*
[599]Anche nei testi dei rotoli della Torah non c'è punteggiatura. Albert Cohen sembra voler imitare la tecnica letteraria del flusso di coscienza utilizzata da autori come James Joyce o Marcel Proust (NdT).

debole, perché deboli di numero siamo dappertutto e gli uomini non sono buoni e la debolezza attrae e stimola l'innata crudeltà bestiale nascosta.... e vedrete come nella Terra d'Israele i figli del mio popolo ritornato saranno gentili e arroganti e belli e belli e di nobile portamento e valorosi guerrieri se necessario e finalmente vedrete il loro vero volto alleluia amerete il mio popolo amerete Israele che vi ha dato Dio che vi ha dato il più grande libro che vi ha dato il profeta che era amore[600]...."

Beh... Non sono Céline o Joyce a volerlo. Ma almeno questo testo ha il merito di portare in superficie ciò che sembra preoccupare in modo nascosto alcuni spiriti cosmopoliti. Oltre alla tentazione dell'odio verso se stessi, vediamo di nuovo lo spirito di vendetta, così come la speranza di un tempo in cui Israele sarà riconosciuto da tutti i popoli come il faro delle nazioni. Questo tipo di confessione è rara nella letteratura rivolta al grande pubblico e riflette innegabilmente la "difficoltà di verbalizzare affetti o sentimenti" che abbiamo visto nell'analisi medica. Sarebbe interessante e stimolante per i giovani ricercatori aprire gli archivi degli ospedali psichiatrici o di alcune biblioteche comunitarie per trovare altri documenti di questo tipo[601].

In ogni caso, questo brano scritto sotto la penna di Albert Cohen illustra perfettamente questa "ambivalenza" che è costitutiva della personalità ebraica. Otto Weininger ha scritto a questo proposito: "Il contenuto psichico dell'ebreo presenta sempre una certa dualità o pluralità, ed egli non può mai liberarsi da questa ambiguità, da questa duplicità o da questa molteplicità... La molteplicità interiore, ripeto, è la caratteristica ebraica; la semplicità *[e la chiarezza]* caratterizza il non-ebreo[602]."

Questa ambivalenza compare spesso nella letteratura planetaria cosmopolita. Il filosofo Pierre Levy ha scritto: "Guardate gli ebrei: un cuneo dell'Oriente in Occidente, una goccia dell'Occidente in Oriente[603]. "Ricordiamo anche le parole di Jacques Attali, quando si è

---

[600]Albert Cohen, *Bella del Señor*, Anagrama, 1992, Barcellona, p. 561.

[601]Nel film *"Qualcuno volò sul nido del cuculo"* (USA, 1975), Milos Forman cercava di farci credere che gli alienati non erano così pazzi come sembravano e che erano soprattutto vittime di una società oppressiva. Questo era l'obiettivo della scuola antipsichiatrica che ha avuto il suo momento di gloria negli anni Settanta con David Cooper, Aaron Esterson e Ronald D. Laing: non esistono malati di mente, è la società che li fa impazzire (Alain de Benoist, *Vu de droite*, 1977, Le Labyrinthe, 2001, p. 184). Elie Wiesel ha ricordato in uno dei suoi libri che Maimonide, il grande pensatore ebreo del Medioevo, aveva già dichiarato: "Il mondo sarà salvato dai pazzi". " (Elie Wiesel, *Un Désir fou de danser*, Seuil, 2006, p. 14).

[602]Otto Weininger, *Sesso e carattere*, Ediciones 62 s|a Barcelona, 1985, pag. 320.

[603]Pierre Lévy, *Filosofia mondiale*, p. 153-156

espresso a favore di una società "plurale" e ha invitato gli europei a rivendicare "la molteplicità delle loro appartenenze accettando risolutamente le loro ambiguità[604]." "Ognuno avrà il diritto di appartenere a diverse tribù finora antagoniste, di essere ambiguo, di collocarsi tra due mondi. Prendere in prestito elementi da culture diverse per improvvisare la propria partendo dai pezzi delle altre[605]."

Sembra esserci una paura repellente di tutto ciò che è franco, chiaro, dai contorni netti e precisi, nello stesso modo in cui il diavolo teme l'acqua santa o i vampiri impallidiscono davanti a uno spicchio d'aglio. Ma le opinioni di Jacques Attali riflettono semplicemente il suo universo mentale. Anche in questo caso, dobbiamo notare la concordanza con l'analisi psichiatrica: "egocentrismo" e "incapacità di vedere le cose da un altro punto di vista o di mettersi al posto dell'altro".

L'istrione è sempre sul confine, con un piede da una parte e dall'altra, soggetto alla "vacillazione", come l'ha definita lo scrittore Georges Perec. Ecco perché nel corso della storia gli ebrei sono stati spesso accusati di tradimento, sia da una parte che dall'altra. Gli esempi non mancano.

Ma come sappiamo, gli ebrei hanno anche una "missione" da compiere "per tutta l'umanità", come loro stessi continuano a ripetere. Nel suo libro *L'odio antisemita*, Serge Moati ci ha portato la testimonianza di una sua compagna ebrea, Renée Neher, che vive in Israele dal 1971: "Che cosa significa la nozione di "popolo eletto"? Significa che la Bibbia ci ha assegnato una missione di giustizia, pace, monoteismo e anti-idolatria. Finché i dieci comandamenti dati a Mosè sul Sinai non saranno tutti rispettati, ci sentiremo responsabili e colpevoli... L'umanità potrebbe essere paragonata a un'orchestra dove ognuno, necessario come parte del tutto, suona il proprio spartito. L'ebreo sarebbe il "primo violino". Colui che, in assenza del direttore d'orchestra, Dio, si limita a dare il tono. Se l'ebreo fosse finalmente visto come un elemento dell'orchestra dell'umanità, l'antisemitismo sarebbe abolito. Perché l'ebreo dovrebbe essere l'artefice del tono? Qual è l'origine di questo privilegio? Sta nel fatto che crediamo nella parola della Bibbia che ci ha assegnato questa funzione: "popolo eletto[606]." "

L'isterico sente anche il bisogno di essere coinvolto e di dedicarsi a una causa. Lo psichiatra Michel Steyaert ha osservato quanto segue: "Spesso i pazienti scelgono un lavoro in cui potranno dimostrare il loro

---

[604]Jacques Attali, *Europe(s)*, Fayard, 1994, p. 198.

[605]Jacques Attali, *Dizionario del XXI secolo*, 1998.

[606]Serge Moati, *La Haine antisémite*, Flammarion, 1991, p. 165.

impegno, come insegnanti, infermieri, medici, assistenti sociali[607]. "Ancora una volta vediamo come lo spirito cosmopolita coincida con il quadro clinico.

Certamente si può rilevare una forma molto caratteristica di "egocentrismo". È evidente che senza di loro non ci può essere né civiltà né umanità: "Sono la chiave dello sviluppo del mondo. Non c'è sviluppo sedentario senza questi nomadi". "La storia di Israele, ancora una volta, si giocherà sulla sua capacità di svolgere un ruolo... come agente di pace e di progresso tra Oriente e Occidente. Se cerca di limitare la sua identità alle terre che ha acquisito, si perde. Se continua il suo percorso, può sopravvivere e aiutare l'umanità a non scomparire. "La disgrazia del popolo ebraico, dunque, è una disgrazia per tutti gli uomini", scriveva sfacciatamente Attali.

E poiché tutto ciò che riguarda gli ebrei riguarda anche l'intera umanità, non dovremmo essere sorpresi di sentire Jacques Attali affermare con la *chutzpah a cui* siamo abituati: "La scomparsa del Tempio è una tragedia anche per i non ebrei, perché gli ebrei hanno pregato per loro: "Non sanno cosa hanno perso[608]." "Per gli intellettuali planetari, il popolo ebraico è al centro del mondo ed è semplicemente inimmaginabile che la vita possa essere concepita in altro modo. Senza di loro, non c'è vita sulla terra.

Ecco un dialogo tratto da un romanzo di Jacques Attali, intitolato *Verrà* (il Messia, naturalmente): "Non siamo superiori. Siamo diversi. Avremmo voluto essere ignorati, dimenticati nelle nostre terre. Ma siamo stati scacciati da loro. Siamo diventati nomadi costretti a inseguire il nemico e a inventare il tempo. Dopo di che, siamo caduti in schiavitù. Quando siamo stati liberati, Dio ci ha assegnato la missione di salvare gli uomini e di parlare nel suo nome. Non l'abbiamo chiesto noi. "Basta semplicemente ricostruire il Tempio di Gerusalemme: "Quando ci sarà... non più qualche pietra ed erbaccia, ma l'unico luogo degno di ricevere Dio su questo pianeta, allora il mondo potrà prepararsi per un tempo perfetto[609]."

In breve, gli ebrei "avrebbero preferito essere ignorati", ma si scopre che hanno "una missione da compiere"; non hanno scelta. E come sappiamo, l'isterico spesso dice "che fa questo o quello perché è obbligato a farlo, mentre in segreto i suoi desideri sono soddisfatti da quelle attività"."

---

[607]Michel Steyaert, *Hystérie, folie et psychose*, Éd. Les Empêcheurs de penser en rond, 1992, p. 61.
[608]Jacques Attali, *Les Juifs, le monde et l'argent*, Fayard, 2002, p. 485, 486, 489, 491.
[609]Jacques Attali, *Il viendra*, Fayard, 1994, p. 82.

Per queste anime tormentate, ciò che le lega alle realtà terrene è la missione divina di cui credono di essere state investite. Si dilungano poi con particolare eloquenza quando si tratta di convincerci dei benefici del cosmopolitismo e della società plurale per affrettare la venuta del Messia. Lo scrittore peruviano Mario Vargas Llosa ha illustrato questa missione in un romanzo intitolato *El Hablador*. L'uomo, che non smette mai di parlare, riesce a soggiogare con le sue parole un popolo di miserabili indios della giungla amazzonica, facendoli rinunciare ai loro usi e costumi per seguire la parola del loro nuovo Dio vivente[610]. Naturalmente, alla fine del libro capiamo che il personaggio immaginario di Mario Vargas Llosa fa parte del popolo eletto.

Per inciso, Marek Halter ha confermato che "l'affabulatore o l'uomo che parla" non è né più né meno che il "profeta", in ebraico "il *navi*, cioè "l'uomo che parla[611]." "E ancora una volta, ci troviamo di fronte a un'altra caratteristica dell'isteria: le isteriche sono "affette dal verbo e..... Le loro parole hanno la particolarità di essere profuse, diffuse, simboliche in sé, e la loro funzione inconscia è quella di impedire che il sintomo venga ascoltato". "In questo caso, però, la dimensione patologica ci sembra meno esplicativa della dimensione politica ed escatologica dell'ebraismo.

In effetti, l'importanza del proselitismo nell'universo mentale ebraico è ben nota. Questo esempio illustra bene l'idea che il popolo ebraico sia prima di tutto un popolo militante - o un popolo di "sacerdoti", come dicono loro stessi, che riprendono gli scritti dei profeti. Ma a differenza delle altre religioni monoteiste che sperano di convertire altri popoli alla propria fede, il proselitismo ebraico non mira a convertire i Goyim alla religione ebraica. L'intero processo consiste nel farli rinunciare alla loro storia, alle loro tradizioni e alla loro cultura, ma senza dare loro nulla in cambio. L'obiettivo è quello di generalizzare ovunque la società dei consumi e di promuovere l'emergere della "società aperta" e multirazziale che deve prefigurare il mondo unificato che si confonde, per gli ebrei, con l'avvento dei tempi messianici. Questa inesauribile propaganda a favore della società plurale è quindi sia un'azione religiosa che l'espressione di una nevrosi ossessiva. È ciò che spiega il flusso continuo di produzione letteraria e cinematografica che invade costantemente le librerie e gli schermi televisivi delle società democratiche.

Il coinvolgimento e le prestazioni del popolo ebraico sono in ogni caso profondamente morali, come ha spiegato Renée Neher: "Questa

---

[610]Hervé Ryssen, *Speranze planetarie*, (2022).
[611]Marek Halter, *La Force du Bien*, Robert Laffont, 1995, p. 67.

volontà di far prevalere la moralità nel mondo... è la nostra ragion d'essere... Un giorno la gente si renderà conto che non vogliamo fare del male a nessuno e che, al contrario, cerchiamo di migliorarci[612]. "Jacques Attali aveva anche ricordato le note regole morali dell'ebraismo: "Imporre una morale molto austera, non tollerare l'arroganza o l'immoralità, per non creare gelosie o pretesti di persecuzione[613]. "Vengono in mente le parole di Otto Weininger in *Sesso e carattere*: "Le isteriche... credono nella propria sincerità e moralità... Le vere cause della malattia mostrano che la loro mendacità è organica. Quanto più fedelmente l'isterica si crede sincera, tanto più profondamente è radicata la sua mendacità[614]."

Per quanto riguarda i "deliri profetici" caratteristici dell'isteria, abbiamo osservato che gli intellettuali ebrei, da Abravanel a Jacques Attali, si presentano come grandi esperti in materia.

Il parallelo che abbiamo tracciato con il popolo ebraico non implica, ovviamente, che ogni singolo ebreo sia affetto da questa condizione. In questa sede ci limitiamo a segnalare le strane analogie tra il pensiero degli intellettuali ebrei e la nevrosi, sapendo che la documentazione medica disponibile è insufficiente a fornire una descrizione completa dell'estensione della malattia tra il popolo ebraico. Come per le statistiche sui suicidi, le informazioni sull'argomento sono molto difficili da ottenere e, a quanto pare, sembrano essere tenute segrete.

Alla fine del XIX secolo, il dottor Charcot aveva osservato che questa malattia colpiva in misura maggiore la popolazione appena arrivata dai ghetti della Polonia e della Russia: "I semiti hanno il privilegio di rappresentare al massimo grado tutto ciò che la nevrosi può inventare. Sarebbe un lavoro interessante studiare le malattie di una razza che ha avuto un ruolo così nefasto nel mondo antico e fino ai giorni nostri."

Come si può notare, l'isteria non è solo la pazza contorta dagli spasmi dell'immaginario psichiatrico, ma la nevrosi comporta anche sintomi organici che fanno parte di quella che viene chiamata "conversione somatica". All'epoca di Charcot, i medici osservarono che tutti questi sintomi si differenziavano dalle malattie fisiche per il fatto che comparivano all'improvviso e cessavano capricciosamente, potevano essere provocati o scomparire in seguito a eventi rilevanti o epocali, e non corrispondevano a nessuna malattia fisica rilevabile.

---

[612]Serge Moati, *La Haine antisémite*, Flammarion, 1991, p. 165.

[613]Jacques Attali, *Les Juifs, le monde et l'argent*, Fayard, 2002, p. 490.

[614]Otto Weininger, *Sesso e carattere*, Ediciones 62 s|a Barcelona, 1985, p. 268, 269.

Le manifestazioni somatiche sono molto varie. Le conversioni neurologiche sono le prime a essere osservate. Da Charcot in poi, questi sono i più classici, anche se quelli più spettacolari sono ormai più rari. Questi includono disturbi motori: astasia-abasia (incapacità di stare in piedi anche quando i movimenti delle gambe sono possibili); paralisi di tutti i tipi (un arto, una mano, entrambe le gambe, ecc.); contratture muscolari e movimenti anomali, crampi, torcicollo, discinesia facciale, blefarospasmo, ecc. Si notano anche disturbi sensitivi e sensoriali: anestesie cutanee di entità variabile; iperestesie localizzate; allergie, asma, orticaria generalizzata. Possono verificarsi disturbi visivi: visione offuscata, cecità[615], restringimento del campo visivo, diplopia, ecc.; disturbi dell'udito, fino alla sordità; dolori frequenti (mal di testa, mal di schiena, dolori al collo, artralgie, dolori pelvici); disturbi della fonazione: periodi afonici transitori, disfonia, balbettio, borbottio. Sono presenti anche disturbi vegetativi e digestivi: sono frequenti i dolori addominali (spasmi, vomito, dispnea, dolori esofagei, stipsi, ecc.), nonché la famosa "gravidanza psicologica" (amenorrea, gonfiore dell'addome e dei seni). Sono presenti anche disturbi vasomotori (pallore, rossore, ipersudorazione); disturbi alimentari (anoressia, bulimia); disturbi sessuali (frigidità, dispareunia, vaginismo), oltre alle manifestazioni parossistiche che sono le famose "crisi isteriche", spesso rumorose e spettacolari (svenimenti, crisi tetaniformi, pseudo-crisi di epilessia generalizzata, nervosismo).

Nel suo libro *Psicopatologia dell'adulto*, Quentin Debray ha sottolineato in particolare i disturbi della funzione digestiva: "La funzione digestiva è la causa di molti disturbi: disfagia e spasmi faringei, dolori, coliche, nausea, vomito e gonfiore addominale. I sintomi ginecologici sono frequenti, con dismenorrea, mestruazioni irregolari, dispareunia e vaginismo. Il caso classico di gravidanza psicologica, o pseudociesi, con amenorrea (assenza di mestruazioni), gas intestinale, nausea e gonfiore del seno, è associato all'isteria."

La gravidanza immaginaria o psicologica è un fenomeno psichico che scatena nella donna sintomi paragonabili a quelli di una gravidanza reale. Quando una donna desidera veramente un figlio, può accadere che forzi inconsciamente la natura a tal punto da sentirsi effettivamente incinta. È talmente convinta di essere incinta che il suo equilibrio interiore viene sconvolto e si scatenano i sintomi di una donna incinta,

---

[615]In *Hollywood ending* (2002), ad esempio, Woody Allen interpreta il ruolo di un regista ebreo nevrotico e ipernervoso che diventa improvvisamente cieco durante le riprese del suo film. Il suo psicanalista lo rassicura che si tratta solo di un disturbo temporaneo.

ma senza la gravidanza: interruzione delle mestruazioni, nausea, seni dolorosi (a volte causati dall'effettiva assenza di mestruazioni), vomito, aumento di peso, ecc. Pertanto, il solo pensiero di rimanere incinta può essere sufficiente a ritardare le mestruazioni e a causare una gravidanza psicologica. Lo stesso vale per le donne anziane che si rifiutano di riconoscere che non sono più in grado di procreare.

Tutti questi chiarimenti erano necessari per completare il quadro clinico dell'isteria. Dopo tutte queste considerazioni, possiamo ammettere che l'isteria non è una cosa facile. I sintomi, come possiamo vedere, si presentano in modi diversi a seconda dell'individuo. Inoltre, nel contesto di questo studio etnopsichiatrico, è importante osservare il comportamento generale. Sarebbe quindi inutile cercare di individuare i sintomi in ogni singolo individuo.

L'idealizzazione del padre

Si tratta ora di capire le cause di questo strano fenomeno che ha incuriosito l'uomo fin dall'antichità. Le analisi psichiatriche sono più concise rispetto alla descrizione dei sintomi, ma mettono sempre in primo piano la funzione paterna.

Il complesso di Edipo, teorizzato da Sigmund Freud, è al centro delle diagnosi e di tutte le spiegazioni. Essa postula che il primo affetto sessuale del bambino sia rivolto al genitore di sesso opposto, mentre per il genitore dello stesso sesso il bambino sviluppa sentimenti di odio e ribellione. In condizioni normali, tra genitore e figlio esiste un attaccamento reciproco, un sentimento naturale di comunità. Nelle isteriche, questo attaccamento è eccessivo verso un genitore e il rifiuto dell'altro è violento. L'idealizzazione del padre sarebbe quindi la principale spiegazione dell'isteria femminile.

All'origine del disturbo istrionico, ha scritto lo psichiatra Vittorio Lingiardi, troviamo "una grave carenza di cure materne nella prima infanzia". Questa precoce deprivazione affettiva porterebbe il bambino a rivolgersi al padre per soddisfare i suoi bisogni affettivi. Ne può derivare un'eccessiva idealizzazione paterna. "I meccanismi di idealizzazione e negazione spiegano il comportamento cognitivo di queste persone: troppo generico, non specifico, povero di dettagli, impressionistico. La conservazione incompleta dei fatti, la loro evocazione diffusa e imprecisa consentono una più semplice eliminazione degli aspetti della realtà che l'individuo non vuole vedere affiorare nella coscienza."

Qua e là, leggiamo espresso bruscamente che il soggetto isterico "è una donna che teme di essere abbandonata dal padre[616]."

François Lelord ha ricordato che Freud vedeva l'origine del male nell'incesto e nel contatto sessuale che molti dei suoi pazienti gli confessavano. "Forse rivivono una situazione infantile in cui cercavano di attirare l'attenzione di un padre lontano e idealizzato? "

Nel suo libro *Isteria, follia e psicosi*, lo psichiatra Michel Steyaert ha insistito su questa idealizzazione paterna, appoggiando la tesi di Freud secondo cui, contrariamente a quanto sostenevano tutte le sue pazienti isteriche, non esisteva un incesto provato, ma semplicemente un desiderio di incesto da parte della donna isterica. "I pazienti di cui parliamo hanno risolto male il complesso di Edipo. In effetti, ciò che prevale nel delirio delle pazienti (donne) è una problematica paterna con un desiderio molto chiaro e talvolta espresso di avere un figlio dal padre. Questa favola di una relazione incestuosa passata, presentata come reale, per la quale il padre sarebbe colpevole, è frequentemente osservata nel setting clinico.... Questi pazienti desiderano avere un figlio con il padre che identificano con un uomo onnipotente o un mago, o un medico potente, a volte persino con Dio", ha scritto Michel Steyaert. L'isterica cerca "sostituti paterni tra personaggi di alto rango, professori, medici idealizzati, fino al momento in cui i rapporti sessuali reali o fantasmatici con loro sorgono e fanno crollare l'intero edificio". "Così, l'isterica, "chiamando a sé, sollecitando e scardinando gli apparenti maestri, sacerdoti e medici" li riduce "uno dopo l'altro all'impotenza, mentre lei continua a reclamare sempre più fortemente un uomo che sia un vero maestro[617]."

Ricordiamo a questo punto le parole di David Banon sul messianismo ebraico: "La redenzione promessa alla fine dei tempi sostiene una realtà che è sempre al di là dell'esistente, e quindi non sarà mai realizzata.... Il Messia è sempre colui che deve venire un giorno... ma colui che finalmente appare non può che essere un falso Messia."

Questa analisi è coerente con quanto abbiamo letto altrove: "Sia che neghi qualsiasi bisogno dell'uomo, sia che dimostri, all'interno di una relazione patologica, l'incapacità del partner di farla godere, l'isterica si presenta sempre come colei che sarà delusa, che negherà sempre all'uomo la sua capacità di soddisfarla, cioè la sua virilità[618]."

---

[616]Tre film illustrano bene il fenomeno isterico: *Un tram chiamato desiderio* (1951) di Elia Kazan; *Faccia d'angelo* (1952) di Otto Preminger; *L'estate assassina* (1983) di Jean Becker.

[617]Michel Steyaert, *Hystérie, folie et psychose*, Éd. Les Empêcheurs de penser en rond, 1992, pagg. 60-61.

[618]http://www.acpsy.com.

L'esperienza del professionista è qui insostituibile: "Osserviamo sempre un'intensa eroticizzazione delle parole e della relazione, sia attraverso l'abbigliamento, il trucco, i commenti sul fisico del medico e sulla sua immaginaria vita privata, e a volte alcune pazienti sono persino convinte di essere incinte dal loro medico. "Poche pagine più avanti, il terapeuta annota qualcosa che abbiamo già visto: "Un altro sintomo può manifestarsi: è la gravidanza psicologica, o idee deliranti di gravidanza o di inscenare un parto, sintomi che ci sembrano tradurre in modo esemplare il desiderio del padre di avere un figlio."

A questo punto, però, lo psichiatra deve riconoscere che la relazione incestuosa potrebbe non essere solo il frutto dell'immaginazione del paziente, come aveva concluso Sigmund Freud. La spiegazione freudiana del desiderio di incesto da parte della donna istrionica, che assolverebbe così ogni responsabilità paterna, è certamente insufficiente: "Riteniamo infatti che, in alcuni casi, ci possano essere stati atteggiamenti ambigui da parte del padre durante l'infanzia della paziente... Le famiglie di queste pazienti sono spesso piuttosto disturbate, e spesso ci sono segreti familiari, cose che non vengono dette. Spesso nel delirio riappare "qualcosa" dell'ordine di un dramma avvenuto nella generazione precedente: incesto, nascita illegittima, disaccordo coniugale e adulterio di uno dei genitori (di solito il padre ha un'amante dell'età della figlia), per esempio. A volte ci sono stati anche rapporti sessuali con un fratello, una sorella, un fratellastro, una sorellastra[619]. "In effetti, l'incesto è alla base della problematica edipica e della patologia isterica.

La nascita della psicoanalisi

Analizzando i casi di giovani donne "isteriche", Sigmund Freud delineò le prime teorie che portarono, alla fine del XIX secolo, all'invenzione della psicoanalisi. Questo metodo terapeutico consiste nell'esplorare il subconscio del paziente per portare alla coscienza il trauma iniziale che ha generato la nevrosi.

Già nel 1893 Freud propose che l'incesto fosse all'origine della patologia. Molti dei suoi pazienti, infatti, gli avevano raccontato di aver subito toccate sessuali e incesti durante l'infanzia. Tutte affermavano di essere state sedotte dal proprio padre o da un adulto con autorità parentale. Più tardi, nel 1897, Freud si chiese se queste storie non fossero immaginarie, se non fossero altro che fantasie femminili

---

[619]Michel Steyaert, *Hystérie, folie et psychose*, 1992, p. 62, 69, 61, 66

corrispondenti a "conflitti edipici repressi"."

Ernst Jones, biografo ufficiale di Freud, ha scritto: "Dal maggio 1893, quando lo annunciò per la prima volta a Fliess, fino al settembre 1897... egli sostenne che la causa essenziale dell'isteria è la seduzione sessuale di un bambino innocente da parte di un adulto, di solito il padre. La prova del materiale analitico sembrava inconfutabile. Ha mantenuto questa convinzione per quattro anni, anche se era sempre più sorpreso dalla frequenza di questi presunti episodi. Si cominciò a vedere che, in un'alta percentuale, i padri erano i protagonisti di questi attacchi incestuosi. Peggio ancora, di solito si trattava di episodi di natura perversa, con la bocca o l'ano come punto d'elezione. Dall'esistenza di certi sintomi isterici in suo fratello e in diverse sue sorelle (non in lui stesso, si badi bene) dedusse che anche suo padre avrebbe dovuto essere accusato di tali atti[620]... " (lettera a Fliess dell'11 febbraio 1897).

Nel settembre del 1897, dopo la morte del padre avvenuta alla fine di ottobre del 1896, abbandonò la teoria della "seduzione" a favore di quella della "fantasia": la donna isterica non aveva più subito l'incesto durante l'infanzia, ma era lei a fantasticare sul padre. Il padre è stato quindi assolto da ogni sospetto. D'ora in poi si doveva credere che i bambini fossero innamorati dei loro genitori di sesso opposto e desiderassero relazioni incestuose. Ernst Jones ha scritto qui: "Durante l'inverno successivo alla morte del padre (a febbraio per la precisione), Freud accusò il padre di atti di seduzione e tre mesi dopo (il 31 maggio 1897) ebbe un sogno di incesto che pose fine ai suoi dubbi sulla storia della seduzione[621]."

"Nelle lettere del 3, 4 e 15 ottobre, Freud fornisce dettagli sui progressi della sua analisi... Aveva già capito che suo padre era innocente e che aveva proiettato su di lui le proprie idee. I ricordi infantili dei desideri sessuali nei confronti della madre erano sorti in occasione della visione della madre nuda[622]."

Ernst Jones ha poi scritto a sostegno della tesi di Freud: "Freud aveva scoperto la verità della questione: che indipendentemente dai desideri incestuosi dei genitori nei confronti dei figli, e persino da atti occasionali di questo tipo, ciò che era veramente in questione era l'esistenza, in generale, di desideri incestuosi dei bambini nei confronti

---

[620]Ernst Jones, *Vita e opere di Sigmund Freud*, Volume I, Anagrama, 1981, Barcellona, pagg. 320, 321.

[621]Ernst Jones, *Vida y obra de Sigmund Freud*, Volume I, Anagrama, 1981, Barcellona, p. 323 (pagina censurata in pdf).

[622]Ernst Jones, *Vita e opere di Sigmund Freud*, Volume I, Anagrama, 1981, Barcellona, pag. 324.

dei genitori, e in particolare nei confronti del genitore di sesso opposto...
A quel tempo Freud non era ancora arrivato, di fatto, all'idea di
sessualità infantile come sarebbe stata intesa in seguito. I desideri e le
fantasie di incesto sarebbero stati prodotti più tardi, probabilmente tra
gli 8 e i 12 anni, e si riferivano al passato, nascondendosi dietro lo
schermo della prima infanzia. Non è qui che avrebbe avuto origine. Il
massimo che egli arriverà ad ammettere è che i bambini piccoli, anche
di 6-7 mesi (!), avevano la capacità di registrare e cogliere, in forma un
po' imperfetta, il significato degli atti sessuali dei genitori a cui avevano
assistito o che avevano ascoltato... Riconoscere e accettare la grande
ricchezza della sessualità infantile, che poteva manifestarsi attraverso
le pulsioni attive, costituì un ulteriore passo che Freud, con la sua
consueta prudenza, fece solo più tardi[623]."

E così è stato! Nascono la sessualità infantile e il "complesso di
Edipo": il bambino prova un attaccamento affettivo verso il genitore di
sesso opposto e desidera segretamente la morte dell'altro che gli è
rivale; e ogni essere umano deve superare questo complesso per
raggiungere la vera maturità affettiva. E per cento anni tutti sono caduti
in questa trappola! Tranne quelli, ovviamente, che conoscevano le vere
motivazioni di Freud, ma che hanno preferito tacerle per non rivelare al
grande pubblico il grande segreto della comunità ebraica. Freud aveva
evidentemente ricevuto fortissime pressioni dal suo entourage e da
eminenti membri della sua comunità affinché non rivelasse le usanze
degli ebrei. Inventando la teoria del "complesso di Edipo", nascose la
realtà dell'incesto nelle famiglie ebraiche e giustificò i padri ebrei. E
nel processo ha cancellato le tracce, proiettando questa specificità
ebraica sul piano universale attraverso un eroe greco.

L'incesto nella tradizione ebraica

Il tema dell'incesto è molto presente nell'ebraismo. La Torah[624]

---

[623]Ernst Jones, *Vida y obra de Sigmund Freud, Tomo I*, Anagrama, 1981, Barcelona, p.
321, 322, (pagine censurate in pdf)
[624]L'ortografia varia a seconda degli autori. Così, possiamo vederlo scritto come
"Torah", "Torah" o "Thora", cioè i cinque libri dell'Antico Testamento, chiamati
Pentateuco: Genesi, Esodo, Levitico, Numeri e Deuteronomio. Ma per gli ebrei "la
parola Torah comprende sia il Talmud che i cinque libri del Pentateuco. " (Mark
Zborowski, *Olam*, 1952, Plon, 1992, p. 100). L'insieme dei 24 libri "canonici"
dell'ebraismo è chiamato *Tanakh (TNK)*. *TNK* è l'acronimo di *Torah* (Istruzione, Legge:
il Pentateuco), *Nevi'im* (Libri dei Profeti) e *Ketuvim* (Scritti: Salmi, Proverbi,
Lamentazioni, Daniele, ecc.). Questo elenco di libri biblici ebraici ispirati fu stabilito
definitivamente nel II secolo d.C. dal consenso di un gruppo di rabbini. L'ordine dei

racconta diversi episodi. Le figlie di Lot[625] (nipote di Abramo), ad esempio, avevano fatto ubriacare il padre e avevano approfittato della sua ubriachezza per assaporare i piaceri dell'incesto. Dopo aver soddisfatto la più giovane, il patriarca aveva poi dormito con la figlia maggiore. Sappiamo che i rabbini trovarono delle scuse per le figlie di Lot. Secondo loro, andando a letto con il padre, si erano sacrificati "per il bene dell'umanità".

Nella Torah ebraica troviamo anche l'esempio di Tamar, figlia di Davide, che andò a letto con il proprio fratello Amnon. Una volta saziata la sua passione, Amnon voleva mandarla via, ma Tamar si gettò ai suoi piedi: "Dove andrei con il mio disonore? E tu saresti uno dei malvagi di Israele. Vedi, parla al re, perché sicuramente non rifiuterà di darmi a te". Ma egli non volle ascoltarla e, essendo più forte di lei, le fece violenza e si gettò a terra con lei[626]."

Anche il famoso romanziere yiddish Isaac Bashevis Singer aveva menzionato tali pratiche: "Così Giacobbe si è accoppiato con due sorelle, e Giuda ha vissuto con Tamar, sua nuora, e Ruben ha violentato il letto di Bala, la concubina di suo padre, e Osea ha preso moglie in un bordello, e così è stato per tutti gli altri[627]."

In un libro intitolato *Le fonti talmudiche della psicoanalisi*, Gerard Haddad ha fornito alcune informazioni sull'argomento. Il libro della *Genesi* fornisce un'altra interessante testimonianza nel racconto del matrimonio di Isacco e Rebecca: "Isacco la condusse nella tenda di sua madre Sara, prese Rebecca, che divenne sua moglie ed egli l'amò. Così Isacco si consolò per la morte di sua madre[628]. "Qui potrebbe benissimo trattarsi di un'ellissi, perché gli ebrei sanno leggere al di là delle omissioni; Isacco avrebbe dormito con la propria madre.

Gerard Haddad ha tuttavia sottolineato che questa pratica era severamente vietata agli ebrei, come stabilito nel Talmud babilonese (*Mishnah, Yebamot, 2a*): "Quindici categorie di donne esentano le loro rivali[629] e le rivali delle loro rivali e così via, all'infinito, dalla *halizah*[630]

---

libri della *Tanakh* è diverso da quello dell'Antico Testamento secondo il canone cristiano (NdT).

[625]*Genesi, XIX.*

[626]*Libri storici, Secondo libro di Samuele (II Samuele, 13).*

[627]Isaac Bashevis Singer, *La distruzione di Kreshev*, 1958, Folio, 1997, p. 64. Versione PDF gratuita della traduzione, *La distruzione di Kreshev* p. 21.

[628]*Genesi, XXIV, 67*

[629]Quando un marito ha più di una moglie, ogni moglie è una rivale rispetto alle altre.

[630]Una disposizione chiamata *halizah* in base alla quale una o entrambe le parti possono scegliere di non rispettare la legge del matrimonio levirato, cioè il matrimonio di una vedova senza discendenti con il cognato.

e dal matrimonio levirato[631]; e queste sono: sua figlia, la figlia di sua figlia e la figlia di suo figlio, la figlia di sua moglie, la figlia di suo figlio e la figlia di sua figlia; sua suocera, la madre di sua suocera e la madre di suo suocero, la sorella materna, la sorella di sua madre, la sorella di sua moglie e la moglie di suo fratello materno."

L'autore continua: "La nozione di alleanza preferenziale con la figlia dello zio materno si percepisce comunque nella *Genesi*, dove i patriarchi Isacco e Giacobbe praticano questo tipo di unione. "Ma poi sembra contraddire quello che aveva appena scritto: "Anche la Legge per eccellenza, i "Dieci Comandamenti" che hanno scosso il mondo fino alle fondamenta, non enuncia la proibizione della madre, né il minimo riferimento all'incesto[632]. "Ecco un nuovo esempio del "paradosso" dello spirito ebraico.

Secondo il Talmud, il libro delle interpretazioni rabbiniche, la rivelazione dei Dieci Comandamenti potrebbe aver inizialmente turbato il popolo d'Israele: "Durante l'assenza di Mosè", scrive Gerard Haddad, "il contenuto inespresso dei Dieci Comandamenti fu reso manifesto agli Ebrei: rinuncia all'incesto! Tuttavia, secondo il trattato *Habbat*, le relazioni matrimoniali degli ebrei erano più o meno incestuose: il patriarca Abramo non aveva forse sposato la sorellastra Sara, e Mosè non era forse figlio di una relazione incestuosa tra zia e nipote? Ora, improvvisamente, Yahweh ordinava lo scioglimento di tutti i matrimoni presenti al Sinai. "Gli Ebrei si abbandonarono quindi all'idolatria, lasciando alla generazione successiva il compito di gestire meglio le loro alleanze. "Questa è la brillante lettura offerta dal Talmud", scrive Gérard Haddad, che non fornisce ulteriori spiegazioni, ma se "la prossima generazione" ha lo stesso significato di "l'anno che verrà a Gerusalemme", si può ben pensare che queste pratiche siano ancora in vigore oggi, a giudicare dalle numerose allusioni al tema fatte dagli intellettuali ebrei.

David Bakan ha spiegato le ragioni della frequenza dell'incesto nelle comunità ebraiche dell'Europa orientale: "A causa della loro endogamia, il problema dell'incesto era caratteristicamente prevalente nelle comunità ebraiche, così che il ruolo del misticismo ebraico (cioè il chassidismo) fu in parte quello di fornire i mezzi per affrontare gli intensi sentimenti di colpa derivanti dai desideri incestuosi....Le tentazioni incestuose sono forse, come indica Freud, universalmente

[631]Le donne che rientrano nelle seguenti quindici categorie sono esenti dallo *yibum* (matrimonio levirato).
[632]Gérard Haddad, *Les Sources talmudiques de la psychanalyse*, Desclée de Brouwer, 1981, Poche, 1996, p. 261, 263.

diffuse, ma erano particolarmente accentuate negli ebrei, il che spingeva a elaborare intense contromisure e, di conseguenza, un eccessivo senso di colpa[633]."

David Bakan ha sottolineato che "l'intensità della tentazione incestuosa" risiedeva nel fatto che gli ebrei degli shtetl dell'Europa orientale si sposavano solo tra di loro. E poiché generalmente vivevano in piccole comunità, la scelta del coniuge era estremamente limitata[634]. "Ricordiamo che, nella leggenda di Edipo, l'incesto è la conseguenza di un evento imprevedibile che aveva separato i protagonisti, tanto da non riconoscersi una volta raggiunta l'età adulta. La ragione principale della tradizionale disposizione dei matrimoni da parte degli anziani della comunità ebraica risiede forse nel fatto che gli anziani possedevano le informazioni essenziali sui gradi di parentela. Allo stesso modo, l'usanza dei matrimoni precoci era forse giustificata non solo dalla realtà degli impulsi sessuali che esistevano negli ebrei, ma anche dalla necessità di attenuare le tendenze incestuose."

In *Sesso e carattere*, Otto Weininger scriveva all'inizio del XX secolo, confermando questa tradizione: "Solo gli ebrei sono veri e propri sensali, e in effetti interventi di questo tipo sono più diffusi tra i semiti. È vero che tali mediazioni sono molto necessarie nell'ebraismo, perché, come abbiamo già sottolineato altrove, in nessun altro popolo della terra si trovano così pochi matrimoni d'amore... Il terzo grado è una predisposizione organica dell'ebreo, e questa supposizione trova un nuovo sostegno nel fatto che i rabbini ebrei si impegnano volentieri in speculazioni sui problemi della moltiplicazione e conoscono una tradizione verbale sulla procreazione dei figli[635]."

I matrimoni precoci citati da David Bakan si ritrovano talvolta nella letteratura. Il romanzo di Isaac Bashevis Singer, *Lo schiavo*, dà un'idea di queste pratiche matrimoniali: "Giacobbe stesso aveva solo dodici anni quando fu promesso in sposa a Zelda Leah, più giovane di

---

[633]David Bakan, *Freud e la tradizione mistica giovanile*, 1963, Payot, 2001.

[634]R. Landes e M. Zborowski, *Ipotesi sulla famiglia dell'Europa orientale*, Psichiatria, 1950, pagg. 447-464.

[635]Otto Weininger, *Sexo y Carácter*, Ediciones 62 s|a Barcelona, 1985, p. 307. Mark Zborowski è piuttosto discreto sul ruolo di questo terziario: "Lo shadkhn", scrive, è un "personaggio considerevole... Il suo piccolo libro logoro in cui sono scritte informazioni sulle feste degne di questo nome è l'annuario dell'alta società dello shtetl.Che si limiti a un solo shtetl o che il suo talento lo porti di città in città, lo *shadkhn* conserva e memorizza le voci e le informazioni che lo rendono un ospite gradito ma in qualche modo temuto. Due famiglie, benché molto unite, richiedono i suoi servizi per organizzare un matrimonio. " (Mark Zborowski, *Olam*, 1952, Plon, 1992, p. 257).

lui di due anni e figlia del decano della comunità[636]."

"Di solito ci si sposa prima del ventesimo anno, ma non è raro che lo si faccia dopo il decimo anno[637] ", ha confermato Mark Zborowski.

Questa è un'altra testimonianza fornita dal grande storico dell'antisemitismo, Leon Poliakov. Si riferiva all'espulsione degli ebrei dalla Spagna nel 1492. Le avversità vengono poi paragonate alla partenza dall'Egitto: "In pochi mesi, gli ebrei vendettero tutto ciò che potevano... Prima di partire, sposarono tra loro tutti i loro figli di età superiore ai dodici anni, in modo che ogni ragazza fosse accompagnata da un marito[638]."

Nel suo romanzo *"Quando Israele amava"*, Pierre Paraf ha confermato queste informazioni. La storia si svolge nel novembre 1776 (Adar 5536): "La Bella Sultana si avvicina al porto di Marsiglia. Domani mi imbarco per Djebel-Al-Tarik. Mia piccola Sara, tra un mese celebreremo il nostro matrimonio... Per il tuo quattordicesimo compleanno, torneremo in Francia[639]."

In *Satana a Goray*, lo scrittore Isaac Bashevis Singer descriveva le comunità degli ebrei polacchi del XVII secolo: "Nei giorni tra le festività, si redigevano contratti di matrimonio e si rompevano piatti portafortuna in ogni casa in cui c'era una ragazza di età superiore agli otto anni[640]."

Gerard Haddad ci ha fornito un nuovo esempio dell'ambivalenza e della duplicità che sembrano essere definitivamente costitutive dell'ebraismo quando ha scritto dell'"ambiguità della parola *hessed*": "Etimologicamente, questo termine significa 'incesto'. Ma comunemente designa anche un atto gentile, la grazia e, per estensione, la pietà religiosa. L'*Hassid* è un uomo molto pio - un termine scelto dal Baal Shem Tov per battezzare la sua famosa setta [Hassidismo,

---

[636]Isaac Bashevis Singer, *Lo schiavo*, 1962, Epublibre, casa editrice digitale German25 (2014), p. 155.

[637]Mark Zborowski, *Olam*, 1952, Plon, 1992, p. 261.

[638]Léon Poliakov, *Histoire de l'antisémitisme, Tome I*, 1981, Points Seuil, 1990, p. 170. [Anche dalla Spagna arriva l'eco lontana dello stesso problema. Nel 653, il re visigoto Recesvinto promulgò il *Liber Iudiciorum*, con il quale obbligava gli ebrei del regno a "promettere volontariamente e in pace di non commettere più incesti alla maniera ebraica, di non farsi circoncidere, di non celebrare il sabato o la Pasqua ebraica, di sposare i cristiani e di osservare i riti cristiani nelle feste e nei matrimoni". "*Liber Iudiciorum*", Liber XII, II. VIII Concilio di Toledo. Anche se la persecuzione antiebraica nell'Hispania visigota durante il VII secolo, così unica, così precaria e così feroce nell'Europa medievale, è ben nota].

[639]Pierre Paraf, *Quand Israël aima*, 1929, Les Belles Lettres, 2000, p. 71.

[640]Isaac Bashevis Singer, *Satana a Goray*, PDF, Epublibre editore digitale, German25, 2017, p. 82

Hasidismo] - ma letteralmente il suo significato sarebbe "incestuoso". "L'origine di questo equivoco è spiegata dal Talmud babilonese (*Yebamot, 15b*): "La Torah insiste sulla difesa dell'incesto per evitare che si pensi il contrario, visto che Caino e Abele hanno sposato le loro sorelle. Il testo contiene quindi la parola *hessed* che comunemente significa "grazia". È stata una grazia concessa dal Creatore ai primi esseri umani per unire e popolare il mondo[641]."

Nel suo libro sul *messianismo ebraico*, Gershom Scholem ha confermato che i cabalisti ebrei giocavano con questa ambivalenza per interpretare la legge a modo loro: "I *Tikunei haZohar*[642], ad esempio, affermano (*Tikkun, 69*): 'In alto (cioè in cielo), non ci sono più leggi sull'incesto'". Un altro riferimento generalmente citato a sostegno di questa convinzione è *Levitico, XX, 17* (un testo dedicato quasi interamente all'enumerazione delle trasgressioni incestuose): "Se qualcuno prende in moglie sua sorella, la figlia di suo padre o di sua madre, vedendo la sua nudità e la sua nudità, è un'ignominia. "Ma Gershom Scholem aggiunge: "La parola ebraica usata qui per "ignominia", *hessed*, è la stessa che di solito vediamo nella Bibbia con il senso di "tenerezza"[643]."

Gershom Scholem ha ricordato che gli ebrei appartenenti alla setta eretica dei Sabbatiani avevano adottato come linea di condotta la violazione sistematica di tutti i divieti della Torah. Al momento di compiere una *mitzvà*[644], ad esempio, il pio ebreo doveva pronunciare una benedizione. Ma, "secondo la nuova formulazione messianica inaugurata dallo stesso Shabtai Tzvi, egli doveva ora dire: 'Lode a Dio Eterno, che permette ciò che è proibito'".

E Scholem ricorda ancora: "Il caso più grave in questa vicenda fu quello di un certo Baruchia Russo, che intorno al 1700 era a capo dell'ala radicale dei sabbatiani di Salonicco. Dei "trentasei divieti passibili della punizione "dell'estirpazione dell'anima[645] ", che

---

[641]Gérard Haddad, *Les Sources talmudiques de la psychanalyse,* Desclée de Brouwer, 1981, Poche, 1996, pag. 265.

[642]Conosciuto anche come *Tikkunim*, è un testo importante della Cabala. Si tratta di un'appendice separata dello Zohar che consiste in settanta commenti alla parola iniziale della Torah, *Bereishit*, in stile midrash cabalistico. Contiene profondi insegnamenti segreti della Torah, dialoghi commoventi e preghiere ferventi. Il tema e l'intenzione esplicita e apparente delle *Tikunei haZohar* è di riparare e sostenere la Shechinah o Malchut - da qui il nome "Riparazioni dello Zohar" - e di realizzare la Redenzione e concludere l'Esilio (NdT).

[643]Gershom Scholem, *Le Messianisme juif*, 1971, Calmann-Lévy, 1974, pag. 179.

[644]Una Mitzvah (Mitzvot, plurale): uno dei 613 comandamenti della Legge ebraica.

[645]Questa è la controversa pena del Karet, l'estirpazione dell'anima, la punizione

troviamo nella Torah (*Levitico, 18*), "la metà riguarda i divieti relativi all'incesto". Baruchia non si accontentò di dichiarare l'abrogazione di questi divieti, ma arrivò a fare di ciò che essi proibivano i precetti positivi della nuova Torah messianica[646]."

Così, ora capiamo meglio cosa intendeva David Bakan quando scriveva con molta discrezione: "Il ruolo del misticismo ebraico (cioè del chassidismo) consisteva in parte nel fornire i mezzi per affrontare gli intensi sensi di colpa derivanti dai desideri incestuosi. "Così, ciò che è vietato a priori nella Torah, dà luogo a interpretazioni equivoche negli ebrei talmudici, ma è lecito negli ebrei chassidici e persino un obbligo per i sabbatiani.

L'incesto: un tema lincantevole nell'ebraismo

Per quanto ne sappiamo, non esistono studi sulla frequenza dell'incesto nell'ebraismo contemporaneo; se esistono, è chiaro che non sono disponibili al pubblico. Tuttavia, è un punto cruciale che ci permette di vedere quale fu l'origine dell'elaborazione del "complesso di Edipo" e della psicoanalisi freudiana.

La questione dell'incesto è effettivamente un tema scottante tra gli intellettuali ebrei. Le testimonianze dirette sono piuttosto scarse, poiché gli interessati sono molto discreti al riguardo e pochissime vittime di incesto denunciano i propri genitori. Ma se leggiamo gli ebrei con uno specchio, ci rendiamo conto che questo problema è un'ossessione nella produzione culturale dell'ebraismo. Gli intellettuali e i registi ebrei ne parlano in modo molto riservato e aneddotico, oppure proiettando il problema a livello universale, attraverso le famiglie goyim. Sappiamo che il popolo ebraico ama il mistero e i segreti, e l'incesto è proprio uno di questi segreti, se non "IL" segreto dell'ebraismo.

Jacques Attali parla di incesto in modo ambiguo in almeno quattro dei suoi libri. Il suo primo romanzo, *Vita eterna* (1989), è terribilmente noioso. È una storia di fantascienza su un "piccolo villaggio" che vive nel cosmo[647]. L'eroina si chiama Golischa e non ha mai conosciuto suo padre: "Un giorno sentì persino uno dei suoi servi assicurarle, in ambienti ristretti, che suo nonno era anche suo padre, il che spiegava la prostrazione della madre e l'isolamento della figlia. "In breve, suo nonno era andato a letto con la propria figlia.

---

suprema, la pena capitale.

[646]Gershom Scholem, *Le Messianisme juif*, 1971, Calmann-Lévy, 1974, p. 135-137. (Si veda la nota del traduttore nell'Allegato VI. 3).

[647] Si legga in Hervé Ryssen, *Il fanatismo ebraico*, (2022).

Nel suo romanzo *Il primo giorno dopo di me*, pubblicato nel 1990, Jacques Attali racconta la visione di un uomo appena deceduto che immagina di essere ancora vivo. Curiosamente, usa sempre le lettere maiuscole quando si riferisce a "Lei"; e non sappiamo mai se si riferisce a sua madre o alla sua amante.

La questione è accennata anche in un passaggio del suo romanzo futuristico e apocalittico del 1994, *He Will Come* (evidentemente si riferiva al Messia ebraico), di cui abbiamo già parlato in *Planetary Hopes* e *Il fanatismo ebraico*. In esso, Jacques Attali ritrae un uomo di nome Mortimer, sopraffatto da manie profetiche e angosciato dal dubbio che suo figlio possa essere il profeta Elia in persona, venuto ad annunciare agli ebrei l'imminente arrivo del Messia. In uno stato d'animo apocalittico, Mortimer parte con lui per Gerusalemme per consultare alcuni rabbini. Finì per incontrarsi con loro in una cripta, "proprio sotto l'ingresso di quello che era stato il Santo dei Santi del secondo Tempio, proprio dove era stato più di duemila anni fa[648]. "Lì, i rabbini incuriositi dal fenomeno discutevano del caso del giovane prodigio.

Ecco la fine di un dialogo sorprendente: "Secondo voi, anche i tabù sessuali saranno aboliti", sorrise Mortimer. - Assolutamente sì", ha detto Nahman. - Anche l'incesto, osò chiedere Mortimer. - Tu bestemmi, Nahman!", gridò MHRL, impedendo al giovane rabbino di rispondere a[649]. "A quanto pare, ci sono cose che non dovrebbero essere rivelate al pubblico[650].

Il filosofo Alain Finkielkraut ha fatto alcune confidenze in *L'ebreo immaginario* (1980): "Oggi più che mai si è ebrei per via della madre". Un po' più ellitticamente, Finkielkraut è stato un po' più suggestivo in un altro passaggio; i nostri lettori sapranno decifrare le frasi in codice: "La madre ebrea... si permette di essere innamorata del suo bambino o dei suoi bambini. Senza clamore... il "resta con noi", il "sii mio" espresso dal bisogno materno diventa un "sii fedele alle tue origini", e questa preziosa sfumatura fa saltare il divieto e legittima la possessività[651]. "Vediamo perfettamente che tipo di "divieti" i genitori ebrei "fanno saltare". Alain Finkielkraut, come molti suoi coetanei,

---

[648]Hervé Ryssen, *Speranze planetarie*, (2022) e Jacques Attali, *Il viendra*, pag. 82.

[649]Jacques Attali, *Il viendra*, p. 264. L'alfabeto ebraico contiene solo consonanti. Ecco perché Cohen, Kun, Kahn, Caen o Cohn, ad esempio, sono lo stesso cognome e designano "sacerdote" in ebraico.

[650]"Chiunque confessi i segreti di Israele ai non ebrei deve essere ucciso prima di rivelare loro qualcosa". (Talmud, *Choschen Hamm, 386, 10*).

[651]Alain Finkielkraut, *Le Juif imaginaire*, 1980, Points Seuil, 1983, p. 128-130.

aveva sentito il bisogno di consultare uno psicoanalista: "Per esasperazione o scoraggiamento, a volte ho persino vacillato e ho offerto il mio essere ebreo alla psicoanalisi... Affascinato dalla sua [dei suoi genitori] identità ebraica, ho ceduto alla sua nevrosi... Le mie paure e i miei problemi sono probabilmente nati dalla nostra delirante intimità[652]. "Lo stesso Finkielkraut scrisse alla fine del suo libro: "Isterico, ero stato un ebreo per essere notato".

Anche il famoso romanziere americano Philip Roth si è "lasciato andare" ne Il *male di Portnoy* (1967)[653]. Nel suo romanzo *Il diavolo in testa* (1984), il filosofo Bernard-Henri Levy fa dire a uno dei suoi personaggi: "Mi riprometto che quando sarò grande sveglierò la mia dolce madre, come un "principe azzurro" con la sua bellezza; la sposerò se necessario, le farò altri figli. Non ho dubbi che io, Benjamin, saprò come placare il suo misterioso tormento[654]."

Anche lo scrittore Romain Gary è stato tormentato da questa domanda, che ha affrontato in diversi suoi romanzi[655]. In un articolo apparso sul settimanale *Le Point* del 2 dicembre 2010, un giornalista dell'UE ha fatto il tifo per questo presunto "grande genio" della letteratura francese. Ecco cosa si potrebbe leggere: "Erika, la schizofrenica di *Europa* [un romanzo di Romain "Gary"] viene tradita dal destino, che la rende figlia del suo amante. Finisce per suicidarsi con un vestito bianco."

Leggete anche ciò che scrisse il "grande" Elie Wiesel, in *Celebrazione talmudica* (1991): "Una donna voleva consultare Rabbi Eliezer per un problema serio, ma lui si rifiutò di aiutarla, così andò da Rabbi Yeoshua, che era più benevolo. Si rivolse allora a Rabbi Yeoshua, che si mostrò più benevolo. Qual era il problema? *B'ni hakatan mibni hagadol*, il mio figlio minore ha per padre il mio figlio maggiore... Le madri ebree sono sempre da biasimare per ciò che accade ai loro amati figli. "E Wiesel aggiunge ellitticamente: "Da buon ebreo, amava un po' troppo sua madre[656]."

---

[652]Alain Finkielkraut, *Le Juif imaginaire*, 1980, Points Seuil, 1983, pag. 136-138.

[653]Sul *Male di Portnoy*, si veda Hervé Ryssen, *Il fanatismo ebraico*

[654]Bernard-Henri Lévy, *Le Diable en tête*, Grasset, 1984, p. 460. [Si può anche citare il romanzo di Albert Cohen, *Il libro di mia madre*, che è un omaggio iperbolico a sua madre; un libro "che è stato detto essere il più bel romanzo d'amore mai scritto, un *tour de force* allucinatorio presieduto dall'intensità di un sentimento che trabocca in ogni sua pagina". " In Albert Cohen, *El libro de mi madre*, Anagrama, Barcellona, 1992, 1999, quarta di copertina dell'editore].

[655]Su Romain "Gary" si legge Hervé Ryssen, *Il fanatismo ebraico*.

[656]Elie Wiesel, *Célébration talmudique*, Éd. Seuil, 1991, p. 12, 182-191, e in *Il fanatismo ebraico*.

Le relazioni incestuose tra padre e figlia sono state cantate dal famoso Serge Gainsbourg, ebreo di origine russa, che nel 1984 ha inciso una canzone intitolata *Lemon Incest*. Nel videoclip, Gainsbourg ha posato su un letto con la giovane figlia Charlotte. Le parole e le immagini sono totalmente ambigue, quindi probabilmente solo gli ebrei hanno capito veramente il messaggio della canzone.

Barbara era una nota cantante francese. Dopo la sua morte, avvenuta nel novembre 1977, abbiamo appreso che l'ebrea di origine ungherese aveva avuto rapporti incestuosi con il padre. Il segreto è stato tenuto nascosto per molti anni, ma lei lo ha confessato tra le righe sul palco per coloro che potevano ascoltare. Vi ha alluso in almeno quattro delle sue canzoni. "Ho sempre pensato che gli amori più belli fossero quelli incestuosi[657]", dichiarava.

La giornalista Claude Sarraute, figlia della scrittrice Nathalie Sarraute (nata Tcherniak), ebrea di origine russa, ha confessato in un'intervista del 2009: "Mio padre mi accarezzava ovunque. Sono stata quasi violentata da uno dei suoi migliori amici che aveva lo stesso gusto per le ragazzine. Mio padre mi piaceva, ma l'altro era ubriaco e mi spaventava molto."

Notiamo che nell'incesto la violenza non è indispensabile per la violazione della bambina da parte del padre. Attraverso atti di tenerezza, il padre può suscitare il consenso della figlia ad avere rapporti sessuali con lui[658].

Nel gennaio 2011, la scrittrice Christine Angot ha pubblicato il suo nuovo romanzo, intitolato *Les Petits (I bambini)*; poiché fa parte della comunità, tutta la stampa si è affrettata a parlarne. Questa era la storia: Helena è una donna bianca che si è appena separata dal padre di sua figlia, un maschio bianco bastardo che ha appena abusato della bambina. Questa donna bianca si innamora di Billy, un simpatico musicista delle Indie Occidentali. I due vanno a vivere su un'isola e hanno quattro figli, bei meticci che probabilmente cresceranno come commissari di polizia, come nei film e nelle serie americane... Anche in questo caso vediamo che gli intellettuali ebrei sembrano essere ossessionati dalla mondializzazione della razza bianca. Notiamo anche la tipica inversione accusatoria propria dell'ebraismo: la scrittrice, nata Schwartz, che aveva confessato di aver avuto rapporti incestuosi con il padre, in questo romanzo proietta la sua colpa sul goy, il bastardo

[657]Su Barbara: Hervé Ryssen, *Le Miroir du Judaísme (Lo specchio del giudaismo)*, Baskerville, 2009.
[658]Jacques-Dominique de Lannoy, *L'Inceste*, Presses Universitaires de France, 1992, pagg. 96, 110.

bianco, colpevole di tutti i mali della terra.

Il film di Gaspar Noé *Soli contro tutti* (Francia, 1998) è un buon esempio di inversione accusatoria. La storia segue la vita di un macellaio cinquantenne disoccupato, appena uscito di prigione, che arriva a Parigi dopo aver picchiato la moglie incinta. Ha una figlia, ma vive in una casa popolare. Questo mostro, che ama sua figlia per amore incestuoso, non è un ebreo: è un uomo disgustoso, fascista, razzista e omofobo!

Anche Roman Polansky, nel suo famoso film *Chinatown* (USA, 1974), ha proiettato il problema su una famiglia goy. Alla fine del film, la bella Faye Dunaway, schiaffeggiata da Jack Nicholson, confessa finalmente che la ragazzina che nascondeva a tutti era sia sua figlia che sua sorella. Ha avuto un figlio da quel mostro di suo padre, il grande proprietario terriero. Sappiamo che Roman Polansky è stato condannato negli Stati Uniti per pedofilia.

Il ventesimo episodio della terza stagione della serie *Senza traccia* si intitola *L'uomo nero*. Racconta la storia di un giovane sospettato, sette anni prima, dell'omicidio della sua ragazza, figlia di un pastore protestante. All'epoca Elle aveva tredici anni e lui diciassette. L'indagine, che non aveva risolto il caso, viene riaperta quando scompare anche un'altra tredicenne. Alla fine, le indagini della polizia stabiliscono che è stato il pastore a uccidere la propria figlia dopo averla violentata. Ecco un copione tipicamente ebraico; la colpa viene qui spostata sull'aborrito cristianesimo. La sceneggiatrice, Jennifer Levine, era apparentemente molto preoccupata per l'incesto, che ha proiettato su una famiglia cristiana.

Il famoso film di Robert Zemeckis *Ritorno al futuro* (USA, 1985) è una storia in cui vediamo anche il tema dell'incesto, poiché la madre del protagonista si innamora del figlio. La sinossi del film recita: "Marty McFly viene proiettato nel passato. Sua madre si innamora di lui e si prende cura di lui dopo un incidente. Marty ha sostituito il padre che aveva conosciuto la madre proprio in quell'incidente (si tratta di una variante del paradosso del nonno o del complesso di Edipo)."

Nel film *Zona di guerra* (Gran Bretagna, 1999) del famoso Tim Roth, il protagonista, Tom, scopre la relazione incestuosa tra il padre e la sorella. L'orrore finisce quando Tom e sua sorella accoltellano il padre. Tim Roth confessa di essere stato abusato sessualmente dal padre.

Un altro grande esempio è il film *Festen di* Thomas Vinterberg (Danimarca, 1998). In esso sono presenti l'incesto (inversione accusatoria) e l'apologia della miscegenazione (solo per i goyim): per festeggiare il suo sessantesimo compleanno, un padre riunisce tutti i suoi parenti e amici. Ci sono le sue tre figlie: Miguel, il più giovane, alcolizzato e sfortunato; Helena, una ragazza selvaggia che si presenta con il suo compagno - un negro; e Cristian, il maggiore, che sta ancora soffrendo per il suicidio della sorella gemella. Al brindisi di compleanno, Cristian rivelerà un terribile segreto davanti a tutta la famiglia: i rapporti incestuosi a cui il padre lo ha sottoposto.

Tra l'altro, speriamo anche di scoprire un giorno cosa è successo veramente tra Franz Kafka e suo padre... Ma la cosa più bella è questa: nel film cult di John Carpenter *Invasion Los Angeles (Essi vivono*, USA, 1988), vediamo l'eroina Nada, vittima di un padre violento, scoprire grazie a speciali occhiali da sole che una parte della popolazione è composta da alieni dall'aspetto umano, che formano un'élite che governa il mondo attraverso la menzogna!

Nei nostri libri *Fanatismo ebraico* (2007) e soprattutto *Lo specchio dell'ebraismo* (2009), abbiamo presentato molti altri esempi, classificandoli per capitolo: tra un padre e sua figlia, tra un padre e suo figlio, tra una madre e suo figlio, tra fratelli e sorelle.

Ma prendiamo l'esempio di Jonathan Littell, che ha vinto il Premio Goncourt nel 2006 per il suo romanzo *The Benevolent Ones*. L'eroe è un ufficiale delle SS omosessuale follemente innamorato della sorella gemella Una[659].

Anche la giornalista del *Nouvel Observateur* Colette Mainguy ha proiettato la sua nevrosi sui nazisti. Nel 2001 ha pubblicato il romanzo *L'ebrea*. Sulla quarta di copertina si poteva leggere: "Ho riscoperto la mia ebraicità dopo cinque anni di psicoanalisi. Da tanto tempo facevo sogni germanici ricorrenti. I tedeschi mi danno la caccia. Mi mitragliano... Faccio una fellatio ai nazisti, la Gestapo bussa alla mia porta. Scappo sempre... Una sera affronto mia sorella Beth. È il capo della Gestapo in un campo di concentramento."

Si veda anche il film *Scarface* (USA, 1932): è la storia di un gangster innamorato di sua sorella. Il film è del prolifico regista Howard Hawks, con una sceneggiatura del non meno prolifico Ben Hecht[660] e di Seton Miller. Nel 1983, Brian de Palma ne ha realizzato un'altra

---

[659]Si veda Hervé Ryssen, *Il fanatismo ebraico*.

[660]Definito "lo Shakespeare di Hollywood". Il *Dictionary of Literary Biography-American Screenwriters* lo definisce "uno degli sceneggiatori di maggior successo nella storia del cinema". Ben Hecht era anche un convinto attivista sionista, membro del Bergson Group, un gruppo di facciata dell'Irgun negli Stati Uniti dedicato alla raccolta di fondi per le attività dell'Irgun (organizzazione paramilitare sionista) e alla diffusione della propaganda.

versione. In *Kika* (Spagna, 1993), una commedia di Pedro Almodóvar, il fratello è uno stupratore compulsivo che ha abusato a lungo della sorella.

Il romanziere yiddish Isaac Bashevis Singer, che ha ricevuto il Premio Nobel per la letteratura nel 1978, ha parlato spesso di incesto nei suoi romanzi: padre e figlia, madre e figlio, fratello e sorella[661].

Ecco un esempio fortuito che abbiamo scoperto sfogliando i libri alla Fnac Montparnasse. In un'opera sorprendente intitolata *Nazismo e Olocausto, un approccio psicoanalitico* (Hermann, 2010), l'autore Jean-Gérard Bursztein ha fatto una confessione allo specchio. Infatti, a pagina 52 si legge: "Il mito nazista rappresentava la possibilità di riconsiderare la frattura tra natura e cultura, cioè il divieto dell'incesto, da cui il suo successo. In effetti, per il suo contenuto edipico codificato, questo mito nazista rappresentava, per tutti quei tedeschi intrappolati nell'isteria collettiva, la possibilità di realizzare le loro fantasie incestuose attraverso le loro azioni, di riconsiderare il divieto di incesto. "Questo Jean-Gérard Bursztein, come molti suoi coetanei, era stato ovviamente maltrattato dal padre da bambino, prima di essere confortato nel letto della madre. Stava chiaramente proiettando a livello universale qualcosa che in realtà riguarda solo gli ebrei.

I lettori dello *Specchio del Giudaismo* conoscono già Daniel Zimmermann, autore di un libro splendidamente intitolato *L'anno del mondo* (1997). Daniel Zimmermann ha raccontato la vita nei "campi di sterminio" attraverso un personaggio inedito. Il libro offre una panoramica abbastanza completa di tutte le atrocità commesse dai nazisti nei campi di concentramento, in questo caso Auschwitz e Treblinka. Leggiamo, ad esempio, che un prigioniero viene crocifisso "come una farfalla", mentre il dottor Mengele "infila siringhe nel petto dei bambini", raccoglie cervelli ebraici in barattoli di formaldeide e usa teste rimpicciolite di ebrei come fermacarte, nello stile dei villaggi degli indiani d'America. Ad un altro prigioniero vengono strappati i genitali da un pastore tedesco; le SS vengono picchiate a morte dai "musulmani"... Insomma, un orrore! C'è anche la scena del barbecue gigante. "François", l'eroe, attizza il fuoco della pira funebre versando del grasso fuso sui corpi, come se si trattasse di un cosciotto di agnello nel forno!

Il lettore attonito assiste a scene atroci, molto comuni nella letteratura sull'olocausto, in cui si vedono SS che soffiano la testa dei bambini contro i muri o li gettano vivi nei carboni. Ovviamente, non

---

[661]Si legga in Hervé Ryssen, *Le Mirroir du Judaísme*, Baskerville, 2009, p. 319, 329, 338.

crediamo a una sola parola di ciò che dice Daniel Zimmermann. Al contrario, pensiamo che sia un malato di mente con un'immaginazione delirante.

Forse c'è molto di vero in questa massima di Cyrano de Bergerac[662]: "Dove la memoria è forte, l'immaginazione diminuisce; e quest'ultima diventa più grande quando l'altra diminuisce". "Ora, sappiamo che gli ebrei hanno un'immaginazione straripante, per non dire febbrile, persino francamente malsana. Non è un caso che siano stati i fondatori di Hollywood e che siano ancora oggi così influenti nell'industria cinematografica. Gli intellettuali ebrei parlano molto di "memoria". Lo sospettavamo, ma ora, grazie a Cyrano de Bergerac, siamo certi che è perché non ne hanno. In ogni caso, non c'è dubbio che per molti ebrei la verità storica sia di gran lunga meno importante dei miti creati da profeti, favolisti e romanzieri.

Il "caso Zimmermann" conferma la nostra analisi. Già un decennio prima, nel 1987, Daniel Zimmermann aveva sentito il bisogno di approfondire la questione dell'incesto. Nel suo romanzo *Il Bobo (Le Gogol) ha* proiettato il proprio senso di colpa su un goy a cui ha dato un nome bretone. Questo è ciò che si può leggere sulla quarta di copertina: "Questo Patrick è un povero ragazzo, soprannominato "Bobo" perché si suppone che sia un idiota? È brutto, ha un cattivo odore, si dice che sia stato martirizzato da suo padre e che sia il capro espiatorio dei suoi compagni di classe e dei suoi insegnanti. Solo un insegnante specializzato dedicato alle persone socialmente escluse lo protegge, ma questo falso ritardato è superbamente intelligente! Non sopporta passivamente il suo destino, lo fabbrica. Trasforma le situazioni e le istituzioni a suo vantaggio, domina l'insegnante, conquista la madre e gioca con il padre controllandolo a suo piacimento. Riuscirà Edipo a Savigny-sur-Orge a sfuggire alla punizione? Con un'audacia senza compromessi, Daniel Zimmermann, che è stato a lungo insegnante di bambini disadattati, porta i grandi miti in periferia per sovvertirli. Violento, crudele, questo testo è anche la storia bella e ingenua di un amore straordinario."

Fin dalla prima pagina, vediamo l'ovvia inversione di ruoli: "Messo all'angolo contro la facciata della scuola Jules Ferry, Patrick Leguern affronta il branco dei suoi compagni di scuola. Senza fiato, sudato, combatte con le unghie e con i denti, con insulti, sputi e patate. David Kupfermann, [l'insegnante] assiste al linciaggio da lontano."

Il testo è di una mediocrità letteraria evidente, il che non sorprende

---

[662]Cyrano de Bergerac (1619-1655) è stato un poeta, drammaturgo e pensatore francese, contemporaneo di Boileau e Molière.

se proviene da un intellettuale ebreo. Uno dei capitoli era intitolato "Il fratello-figlio". Il "folle" Patrick Leguern è cresciuto e abbiamo appreso che ha ingravidato la sua stessa madre. Il caso volle che il suo nome fosse "Maria": "Maria non stava pensando di impiccarsi, stava lavorando a maglia un cestino. Incinta di sette mesi, la sua pancia era enorme. Patrick era orgoglioso, un ragazzo grande, suo fratello-figlio. Mary sorrise con indulgenza[663]."

Alla fine del libro, un altro capitolo recitava: "Il fratello-padre", e il successivo: "L'amante-madre". Patrick e sua madre stavano cambiando casa e avevano due figli. Il romanzo si concludeva con queste parole: "Quando camminavano insieme, mano nella mano, i passanti li seguivano con uno sguardo divertito - la felicità esiste anche per le persone brutte - anche se un po' critico, perché a causa della differenza di età lei poteva essere sua madre."

Un altro piccolo e intelligente piumino ebraico ci ha invitato a "decodificare" il messaggio. Nel suo saggio del 2006, originariamente intitolato *On Anti-Semitism*, Stephane Zagdanski ha scritto: "Per decodificare: essi si abbandonano egoisticamente ai piaceri oscuri dell'incesto ai quali ci è stato negato l'accesso. Bisogna capire che l'antisemita è molto preoccupato per l'incesto, il che è logico, dato che soffre di una carenza dei suoi limiti[664]. "Due pagine dopo, Zagdanski fa dire a un immaginario personaggio antisemita: "La gioia degli ebrei è strana per noi. Questa gioia privata è tabù, ecco perché ce la proibiscono! Sono il tabù incarnato dell'incesto, perché godono di ciò che noi desideriamo invano[665]."

Incesto e pedofilia

Gli stretti legami tra incesto e pedofilia sono ben noti. Secondo alcune statistiche, quasi tutti gli adulti che commettono tali abusi lo fanno all'interno della propria famiglia. Inoltre, circa la metà di loro abuserebbe anche di bambini al di fuori del proprio ambiente familiare e il 19% commetterebbe anche stupri su donne adulte.

---

[663]Daniel Zimmermann, *Le Gogol*, Le Cherche midi, 1987, p. 149

[664]I termini "ebreo" e "antisemita" devono essere scambiati per ottenere il significato corretto della frase.

[665]Stéphane Zagdanski, *De l'Antisémitisme*, Climats, 1995, 2006, pag. 206, 208. Leggiamo anche in questo saggio: ""Y" è un ebreo vergognoso, grasso e soprannaturalmente stupido, convinto di essere un genio dalla madre incestuosa fin dalla prima infanzia. " (pagina 267). "La lettera Yod (Y) designa solitamente un ebreo", scrive David Bakan, in *Freud et la tradition mystique juive*, 1963, Payot, 2001, p. 65.

Ricordiamo che il regista Roman Polanski dovette fuggire dagli Stati Uniti nel 1977, dopo aver drogato e sodomizzato una ragazzina di 13 anni che aveva invitato a casa sua per un servizio fotografico quando aveva 43 anni. Dopo averla fatta ubriacare e averle somministrato un forte sedativo, e dopo aver controllato le sue regole, l'ha violentata, sodomizzandola per due volte di seguito nonostante le proteste della ragazza. Rischiava fino a 50 anni di carcere, ma il suo avvocato aveva raggiunto un accordo con il giudice e, nell'agosto del 1977, il regista di *Rosemary's Baby* aveva accettato di dichiararsi colpevole di "rapporto sessuale illecito" per evitare la pena massima. Ma il processo non è andato come sperava e alla fine ha deciso di non partecipare alla seconda sessione. Pur essendo libero su cauzione, si recò a Londra prima di rifugiarsi in Francia, paese di cui era diventato cittadino un anno prima. La giustizia statunitense ha cercato invano per anni di arrestarlo durante i suoi viaggi all'estero. Infine, il 27 settembre 2009, trentadue anni dopo i fatti, Roman Polanski è stato arrestato a Zurigo mentre si recava a un festival cinematografico per ricevere un premio onorario per la sua intera carriera. Molto rapidamente, ha ricevuto il sostegno di un centinaio di rappresentanti del mondo politico e artistico francese e internazionale. E ancora una volta, come per caso, l'elenco comprendeva soprattutto membri della sua comunità. In Francia, tutti gli intellettuali ebrei sono scesi in campo per difendere il pedofilo come un uomo solo: Bernard-Henri Levy, Claude Lelouch, Pedro Almodóvar, Woody Allen, Constantine Costa-Gavras, Alain Finkielkraut e così via. Anche il ministro Frederic Mitterrand è stato colpito dalla sorte del pedofilo, poiché egli stesso aveva raccontato le sue avventure sessuali in Thailandia in un libro del 2005. Un mese dopo, Polanski è stato rilasciato su cauzione. Nel luglio 2010, il ministro della Giustizia svizzero ha deciso di non estradarlo negli Stati Uniti e Polanski è stato presto rilasciato. Tutte quelle star e quegli intellettuali che parlavano solo di "diritti umani" ora difendevano un criminale, solo perché era un membro della loro piccola setta.

In Francia, altri personaggi noti, come Daniel Cohn-Bendit, ex leader studentesco del Maggio '68, o l'animatore culturale Michel Polac, ad esempio, hanno difeso la pedofilia nei loro libri. Giornalista televisivo e radiofonico, regista e scrittore, Michel Polac ha avuto il suo momento di gloria nel programma televisivo *"Droit de réponse"* negli anni Ottanta. Nel suo *Diario*, pubblicato nel 2000, ha osato confessare di aver avuto una relazione sessuale a quarant'anni con un ragazzo "che avrà avuto 10 o 11 anni, forse meno"."

L'ex ministro della Cultura, Jack Lang, rilasciava regolarmente interviste al giornale *Gai Pied Hebdo*, una rivista omosessuale al limite della legalità che promuoveva la pedofilia. In *Gai Pied Hebdo* del 31 gennaio 1991 si legge, ad esempio: "La sessualità infantile è ancora un continente proibito. Spetterà agli scopritori del XXI secolo affrontare le sue coste. "Oggi gli amanti di queste pratiche sono un po' più discreti.

Nel settembre 2009, Jacques Asline, ex direttore del telegiornale delle 20.00 di TF1, si è suicidato a Suresnes gettandosi sui binari del treno. Era stato posto sotto sorveglianza giudiziaria e da gennaio era indagato per possesso e consumo di materiale pedopornografico. Il 60enne era un amico intimo del conduttore del TG1 Patrick Poivre d'Arvor.

Sebbene queste pratiche pedofile sembrino essere condannate con maggior forza al giorno d'oggi, a quanto pare non era così negli anni '70, quando l'ascesa della filosofia freudo-marxista e la "liberazione sessuale dei costumi" erano in pieno svolgimento e si facevano portabandiera degli ideali di rivolta dei giovani contro la società[666]. Il quotidiano *Le Monde*, ad esempio, aveva pubblicato il 26 gennaio 1977 un manifesto che chiedeva la liberazione di tre persone condannate per pedofilia. Così si leggeva: "Riteniamo che vi sia una manifesta sproporzione tra, da un lato, la qualifica di "crimine" che giustifica una tale severità della pena e la natura degli atti rimproverati; e, dall'altro, tra la legge antiquata e la realtà quotidiana di una società che tende a riconoscere nei bambini e negli adolescenti l'esistenza di una vita sessuale (Perché una tredicenne ha diritto alla pillola abortiva?)[667]. "Questo manifesto è stato sostenuto da diverse personalità, tra cui Louis Aragon, Roland Barthes, Simone de Beauvoir, Gilles e Fanny Deleuze, Gilles e Fanny Deleuze, André Glucksmann, Felix Guattari, Bernard Kouchner, Jack Lang, Jean-Paul Sartre, Philippe Sollers, ecc. Sebbene tutti i firmatari non fossero ebrei, rappresentavano comunque una percentuale significativa che poteva essere spiegata solo dal peso della tradizione.

Nel 1978, militanti trotskisti (Comitati comunisti per l'autogestione) pubblicarono e distribuirono a Parigi un opuscolo dal titolo esplicito: *Omosessualità e pedofilia*, nelle *"éditions La Commune"*. Questo opuscolo sosteneva che l'omosessualità e la pedofilia erano correlate e che era necessario "eliminare i pregiudizi" su di esse. Ci informava anche che la situazione dei pedofili nelle società sviluppate dell'Occidente assomigliava alla "schiavitù" e che "gli innamorati dei bambini erano vittime di un genocidio, cioè di una

---

[666]Hervé Ryssen, *Speranze planetarie*, (2022).
[667]http://www.unification.net/french/misc/hom.html

distruzione di massa". La pedofilia è stata considerata rivoluzionaria perché "la pratica dell'amore con i bambini è una sfida permanente all'autorità della famiglia e costituisce una trasgressione dei rapporti sociali dominanti". "Sappiamo anche che i leader del movimento trotskista sono tutti ebrei, indipendentemente dalla parrocchia in cui predicano[668].

Nel febbraio 1981, nel numero 114 de *L'Étincelle*, il bollettino interno della Lega dei Comunisti Rivoluzionari, una mozione chiedeva "la soppressione di tutte le leggi che reprimono le relazioni reciprocamente consensuali tra adulti e bambini e quindi la soppressione della nozione di maggiore età sessuale". "L'individuo al centro di questa operazione politicamente scorretta era un bisessuale dichiarato di nome Boris Fraenkel. Nel 1995 ha avuto una breve notorietà mediatica quando ha rivelato di essere stato un "agente di collegamento" per Lionel Jospin, candidato alle elezioni presidenziali del 2002, nel periodo in cui quest'ultimo era un infiltrato trotzkista nell'apparato del Partito socialista. Negli anni '60, Boris Fraenkle è stato uno dei primi attivisti in Francia a favore dell'omosessualità e della libertà sessuale. Collaboratore dell'editore François Maspero, anche lui in seguito militante della Lega comunista rivoluzionaria, scrisse per la rivista *Partisans* e tradusse in francese le opere di Wihelm Reich[669]. Nel 1967 organizzò una conferenza all'Università di Nanterre dal titolo "Gioventù e sessualità", che ebbe un grande impatto e che ancora oggi è generalmente considerata come un precursore della rivoluzione del maggio '68.

L'editore François Maspero ha curato i libri di Daniel Guérin, che alla fine degli anni Trenta era stato uno strettissimo collaboratore di Leon Trotsky, con il quale aveva intrattenuto una lunga e famosa corrispondenza. Daniel Guérin ha pubblicato alcuni libri fondamentali su quel movimento politico, come *Fascismo e grandi imprese*. Uno dei suoi articoli, pubblicato sul numero 39 de *L'Étincelle*, era intitolato "Il movimento operaio e l'omosessualità". "Nel numero 4 di un'altra pubblicazione, *Marge* (novembre 1974), il suo articolo era intitolato "Per il diritto di amare un minore". Lo stesso Daniel Guérin fu nel 1971 uno dei fondatori del Front homosexual de l'action révolutionnaire. Possiamo aggiungere che Daniel Guérin era ebreo, poiché sua madre proveniva dalla famosa famiglia Eichtal.

Il famoso scrittore Bernard Werber, tanto famoso quanto mediocre,

---

[668]Hervé Ryssen, *Speranze planetarie, messianismo trotskista,* (2022).
[669]Su Wihelm Reich e il freudo-marxismo, *Speranze planetarie, (2022).*

i cui libri sono venduti in tutti i supermercati del mondo, è anche un fervente globalista. Da alcuni anni dichiara apertamente il suo desiderio di un governo mondiale. Nel suo romanzo economico *Cassandra's Mirror*, pubblicato nel 2009, il protagonista può vedere il futuro, ma nessuno gli crede. A pagina 485 di quello stupido romanzo ci sono alcuni ingredienti dell'ebraismo - sempre gli stessi, a dire il vero: l'ossessione per un governo mondiale, la guerra contro i "tiranni" e i cattivi, l'unificazione del mondo, la pace sulla terra, la cancellazione di tutte le differenze, sociali, nazionali, etniche... e, come sempre, quel problema lancinante negli ebrei: l'incesto e la pedofilia, che già ossessionava Sigmund Freud e che ancora ossessiona molti ebrei in tutto il mondo per ovvie ragioni. Ascoltiamo quello che Bernard Werber fa dire ai suoi personaggi: "Ebbene, cosa vedreste se foste un ottimista, Barone? - Il contrario di una grande guerra nucleare è la pace nel mondo e la smilitarizzazione del pianeta. E poi buttiamo fuori tutti i tiranni e i dittatori fanatici? Già, ci vorrebbe un'Assemblea dei Saggi con un vero potere esecutivo per imporre la pace nel mondo...". Questo ci dà un'idea dello stile di Bernard Werber, quel "grande genio della letteratura". "Duchessa?", chiede Kim. - L'opposto della sovrappopolazione è il controllo delle nascite a livello planetario. Sarei favorevole all'Assemblea dei Saggi di tutte le nazioni proposta da Barone. Poiché sappiamo che con la medicina la mortalità infantile è molto più contenuta rispetto al passato, la qualità sarebbe da privilegiare rispetto alla quantità. Un bambino per famiglia, ma con il diritto automatico e obbligatorio di essere amato, nutrito ed educato fin dalla nascita. Niente più reti di pedofili, niente più genitori violenti, ogni bambino nato sarebbe amato dai suoi genitori ed educato a valutare ciò che è meglio. "L'ossessione globalista della "pace in terra" di Bernard Werber e dei suoi simili ha origine nella prima infanzia. In effetti, ci sembra abbastanza chiaro che Bernard Werber, come Sigmund Freud, sia stato "maltrattato" dal padre da bambino, mentre la madre lo consolava regolarmente a letto dicendogli che era un "grande genio", forse addirittura il messia in persona. È così che alcuni ebrei, da adulti, si immaginano di essere i "prescelti" la cui missione è salvare il pianeta.

Pedofilia tra i rabbini

Vediamo come i media occidentali si indignano sempre e puntano i riflettori su ogni caso accertato di pedofilia nella Chiesa cattolica. Ciò che il grande pubblico ignora è che questo clamore mediatico ebraico è una tipica inversione accusatoria. In effetti, il problema è molto più pressante e preoccupante nella comunità ebraica[670]. In questa sede citeremo solo i casi più recenti:

Il 7 ottobre 2008, una notizia ha riportato che un rabbino della comunità chassidica di Anversa è stato arrestato a Brooklyn. La polizia aveva perquisito la sua casa e lo aveva portato in commissariato in manette. Il rabbino Israel Weingarten, 58 anni, è stato accusato di aver violentato una bambina per un decennio. Gli abusi sono iniziati quando la bambina aveva nove anni. Nel 2008, la ragazza aveva 28 anni quando ha denunciato il rabbino. L'aveva portata in Belgio e in Israele (un po' come in *Lolita* di Stanley Kubrick). Queste informazioni erano state pubblicate da un giornalista ebreo di nome Steve Lieberman su *The Journal News*. Weingarten e sei dei suoi figli si erano rifiutati di rispondere agli agenti dell'FBI. Il rabbino si era chiuso in casa, così la polizia ha sfondato la porta per arrestarlo.

Il 2 giugno 2009, abbiamo appreso da *La Presse Canadienne* che Andy Blatchford, ex capo della sezione del Quebec del B'nai B'rith, è stato accusato di possesso di materiale pedopornografico.

Bill Surkis, 69 anni, ex direttore del Montreal Holocaust Memorial Centre, era stato citato a comparire davanti alla Corte di Giustizia di Montreal. La polizia aveva sequestrato 86 video e 653 foto di pornografia infantile sul suo computer. Bill Surkis è stato denunciato dopo aver portato il suo computer in un negozio di informatica per rimuovere i virus. Sposato e nonno, ha finito per passare le notti dietro le sbarre.

Sul *New York Times* del 13 novembre 2008, un articolo di Paul Vitello ha affrontato questa delicata questione. Il giornale riportava come un politico locale, Dov Hikind, avesse affrontato il tema degli abusi sessuali su minori nella comunità ebraica ortodossa, invitando gli ascoltatori della radio a testimoniare. Ha quindi raccolto più di 1000 denunce e i nomi di 60 predatori sessuali di New York e del New Jersey. Le vittime erano venute nel suo ufficio per raccontare le loro storie. "Insegnanti e rabbini commettono abusi a scuola. Pedofili per le strade. Incesto in casa. "Dov Hikind ha dichiarato di aver tenuto queste storie chiuse nel suo ufficio di Brooklyn perché le persone che si erano fatte avanti gli avevano giurato di mantenere il segreto, temendo di essere

---

[670]Il 2018 ha visto l'uscita di *M*, un documentario francese diretto da Yolande Zauberman che è passato un po' inosservato. Il documentario *M*, presentato al Festival di Locarno e girato in yiddish a Bnei Brak, ha sollevato il velo sulla pedofilia negli ambienti ebraici ortodossi in Israele. Una delle frasi scioccanti del documentario è stata pronunciata dalla protagonista nei pressi di una sinagoga: "Lì sono stata circoncisa, lì mi sono fatta i riccioli, lì mi sono sposata, lì ho divorziato e lì sono stata violentata". (NdT)

ostracizzate dalla loro comunità, di perdere il lavoro e la casa. Tuttavia, nell'ottobre 2008, uno stimato avvocato, Michael Dowd, che rappresentava una mezza dozzina di ex studenti *di yeshiva* (scuola talmudica) che sostenevano di essere stati abusati sessualmente dal rabbino Yehuda Kolko della *yeshiva* Teminah di Brooklyn, era riuscito a far sì che Hikind venisse citato in giudizio e fosse obbligato a produrre i propri documenti come prova. Michael Dowd ha sostenuto che le informazioni erano cruciali per dimostrare le affermazioni dei suoi clienti secondo cui gli abusi sessuali erano comuni e venivano abitualmente coperti dagli amministratori *della yeshiva*. Dov Hikind si era rifiutato: "Non tradirò la loro fiducia per nulla al mondo", aveva dichiarato. Secondo lui, tra tutti coloro che gli avevano confessato di essere stati vittime, "il 99% non si rivolgerà mai, in nessun caso, alla polizia". Questo conflitto aveva rivelato le tensioni all'interno della comunità ortodossa, come avevano rivelato la stampa ebraica e siti web come failemessiah.com e unorthodoxjews.blogspot.com.

Dopo questo caso, un ebreo di 23 anni, Joel Engelman, cresciuto nella comunità ortodossa di Williamsburg, Brooklyn, ha creato un'associazione di vittime chiamata *"Survivors for Justice"*. Ha ritenuto che, nonostante "le sue buone intenzioni", Dov Hikind non sia andato fino in fondo alle sue responsabilità. "La comunità non può avere una propria polizia. Lo ha dimostrato ripetutamente. "Joe Engelman aveva denunciato un insegnante della *United Talmudical Academy* che lo aveva violentato quando aveva otto anni. L'insegnante aveva ricevuto una semplice sospensione temporanea e aveva ripreso le sue funzioni. Da parte sua, il professor Marci Hamilton, professore associato presso la *Yeshiva University School of Law* e specialista in abusi sessuali all'interno della comunità ebraica, ha considerato "oltraggioso" il rifiuto di Hikind di fornire i nomi dei presunti predatori.

Il quotidiano *Le Figaro* del 16 luglio 2009 ha pubblicato un articolo sugli eccessi della reality television negli Stati Uniti, in particolare attraverso il programma di caccia al maniaco sessuale *"To Catch the Predator"*. Lo spettacolo ha riunito le star della televisione nazionale. In questo caso, l'uomo catturato era un pedofilo. Era stato adescato da una ragazza di 18 anni che si era spacciata per una dodicenne attraverso un forum di discussione su Internet. Una sera, lei annunciò all'uomo che i suoi genitori erano fuori e che lui poteva venire a trovarla. Il maniaco è apparso bussando alla porta di uno chalet ed è stato accolto nel soggiorno da una ragazza. La ragazza ha usato il pretesto di andare in bagno, così che un giornalista è apparso all'improvviso con due telecamere per richiamare l'attenzione del maniaco: "Cosa ci fai qui, sapevi che aveva dodici anni"! L'uomo, che era un rabbino, scoppiò a piangere: "Ho perso la mia sinagoga, ho perso la mia famiglia!"I poliziotti sono apparsi alla porta, a sirene spiegate, puntando le armi di ordinanza contro di lui. A quanto pare, il pubblico americano ama questo tipo di risultato!

In Francia, il programma *"Les Infiltrés"* (*Gli infiltrati*) aveva catturato un pedofilo nello stesso modo. Il quotidiano *Le Parisien* dell'8 aprile 2010 ha riportato il caso nelle sue pagine. Un consigliere del comune di Mesnil-Saint-Denis, responsabile di Internet, era stato ingannato. Aveva scambiato messaggi su Internet con una quindicenne, Jessica, alla quale aveva assicurato che le avrebbe "insegnato a fare l'amore senza farle male". Ma dietro il personaggio di Jessica c'era una giornalista. Una volta terminato il dialogo su Internet, l'uomo è stato denunciato dai giornalisti alla polizia di Nanterre. Pochi giorni dopo, a metà febbraio, anche Maurice Gutman, un eminente membro del Concistoro[671], fu arrestato.

Nel gennaio 2010, il quotidiano israeliano *Haaretz ha riferito* che la Corte Suprema aveva annullato all'unanimità la decisione del tribunale distrettuale di Gerusalemme che aveva autorizzato l'estradizione di Avraham Mandrowitz negli Stati Uniti. Avraham Mandrowitz, 62 anni, padre di sette figli e membro del movimento chassidico, era stato accusato nel 1984 dai tribunali statunitensi di aver praticato la sodomia su bambini di età compresa tra i 5 e i 10 anni. All'epoca Mandrowitz viveva a Brooklyn, dove si presentava come rabbino e psicologo specializzato nei problemi dei bambini. L'accusa americana parla di oltre 100 vittime. Era fuggito con la sua famiglia in Israele. Nel 1985, le autorità statunitensi avevano presentato una richiesta di estradizione nei suoi confronti che le autorità israeliane avevano respinto sulla base delle disposizioni della Convenzione firmata tra Israele e gli Stati Uniti, che non includeva gli atti di sodomia nell'elenco dei reati. Questo si chiama "proctosemitismo". Tuttavia, nel gennaio 2007, questa Convenzione è stata emendata e ora prevede l'estradizione per qualsiasi pena detentiva superiore a un anno. Le autorità statunitensi hanno immediatamente reiterato la richiesta di estradizione e Mandrowitz è stato arrestato nel novembre 2007 dalla polizia israeliana nella sua casa di Gerusalemme e portato davanti al tribunale distrettuale di Gerusalemme che ha autorizzato la sua

---

[671]Concistoro ebraico centrale di Francia, situato in rue de la Victoire a Parigi. È l'istituzione creata nel 1808 da Napoleone I per amministrare la fede ebraica in Francia, sul modello delle altre due religioni ufficiali (cattolica e protestante). Nomina il rabbino capo di Francia.

estradizione.

Nel marzo 2010, dopo l'ennesimo caso di pedofilia in Israele, Yitzhak Kadman, presidente del *Consiglio Nazionale per l'Infanzia*, aveva dichiarato: "Da tempo diciamo che Israele è un paradiso per i pedofili."

Nell'aprile 2010, un rabbino di nome Bryan Bramly, 35 anni, è stato trasferito dall'Arizona a New York. Bryan Bramly è stato accusato di aver violentato una bambina di sette anni quando era uno studente della scuola rabbinica del *movimento conservatore*. Da allora si era sposato, aveva avuto due figli ed era diventato rabbino del Tempio Beth Sholom di East Valley a Chandler, in Arizona. L'uomo è stato rilasciato su cauzione di 10.000 dollari.

Sempre nell'aprile 2010, un rabbino newyorkese di 59 anni, Baruch Mordechai Lebovits, è stato condannato a 32 anni di carcere per aver aggredito sessualmente un'adolescente, ha annunciato l'ufficio del procuratore distrettuale di Brooklyn in un comunicato. "È stato condannato l'8 marzo per ripetute aggressioni sessuali nel 2004 e 2005 ai danni di un ragazzo di 16 anni", ha dichiarato il procuratore Charles Hynes. Il rabbino "è anche un importante uomo d'affari nella comunità di Borough Park, dove vive l'adolescente". Il denunciante, Yoav Schönberg, 22 anni, era un ebreo ortodosso, amico del rabbino Lebovits. Ha testimoniato a voce talmente bassa che il giudice Patricia DiMango gli ha chiesto più volte di ripetere ciò che aveva appena detto. Yoav Schönberg ha spiegato che il rabbino Lebovits gli aveva offerto lezioni di guida gratuite il 2 maggio 2004. Dopo qualche minuto in macchina, Lebovits gli aveva chiesto di parcheggiare. Lì, il rabbino ha sbottonato la patta di Yoav e gli ha praticato una fellatio. Secondo l'ADA, queste aggressioni sessuali si sono ripetute più volte tra quel giorno e il 22 febbraio 2005. Il rabbino Baruch Lebovits è stato accusato anche di altri due casi di pedofilia per i quali era in attesa di giudizio. Il caso era stato riportato dal *New York Daily News*.

Nel 2009, 40 bambini di quella piccola comunità ebraica di Brooklyn avevano dichiarato di essere stati "abusati", mentre c'erano solo 10 accuse di questo tipo che coinvolgevano la Chiesa cattolica nei cinquanta Stati americani: cioè 10 bambini abusati sessualmente per 68 milioni di cattolici americani, rispetto a 40 bambini per 2 milioni di ebrei di New York. Le probabilità di rischio per i piccoli ebrei erano quindi 130 volte superiori a quelle dei piccoli cattolici.

Un sito web specializzato nelle denunce di questi rabbini pedofili ha stimato che negli Stati Uniti, su 5,5 milioni di ebrei, 1,3 milioni hanno subito abusi sessuali[672]. Ciò significa che un ebreo su quattro è stato violentato durante l'infanzia; è come se 75 milioni di americani fossero stati violentati.

Nel dicembre 2010 abbiamo appreso che David Epstein, professore alla Columbia University, andava a letto con la propria figlia da diversi anni.

Ecco un caso più grave: nel 2008, il rabbino Elior Noam Chen è stato accusato di aver violentato bambini di età compresa tra i tre e i quattro anni e di averli torturati durante i riti di purificazione. Questi eventi hanno avuto luogo nella comunità cisgiordana di Beitar Illit. Il rabbino era fuggito in Canada dopo che una madre dei suoi discepoli era stata accusata di aver abusato dei propri figli. Li bruciava, li faceva mangiare i suoi escrementi e li rinchiudeva in valigie per giorni. È stato emesso un mandato di arresto internazionale nei suoi confronti. Chen e la sua famiglia erano stati infine arrestati in Brasile, dove erano riusciti a fuggire e a rifugiarsi nella comunità ultraortodossa di San Paolo, che li stava nascondendo.

Possiamo anche citare il caso emblematico di "Tony Alamo", leader carismatico di una setta cristiana apocalittica dell'Arkansas, negli Stati Uniti, che nel novembre 2009 è stato condannato a 175 anni di carcere per stupro e crimini sessuali contro i bambini. Tony Alamo ha approfittato del suo status di autoproclamato profeta per costringere al matrimonio ragazze minorenni (anche di otto anni) minacciandole di dannazione eterna all'inferno. Ordinò anche punizioni corporali di ogni tipo sui bambini dei suoi seguaci. Il suo vero nome era Bernie Lazar Hoffman. È nato nel 1934 da genitori ebrei originari della Romania.

Nell'aprile 2009 è stato pubblicato negli Stati Uniti il libro *Tempest in the Temple, che* denuncia gli abusi di numerosi rabbini. Il libro era sottotitolato: "Le comunità ebraiche e gli *scandali sessuali sui minori*". È stato il primo libro sull'argomento. La sua autrice, Amy Neustein, era un'ebrea americana di Baltimora. Ecco cosa si legge nell'introduzione del libro: "Nel 2006, il *New York Magazine* e la ABC hanno riportato storie di rabbini che avevano abusato di bambini. All'inizio del 2007, la *Jewish Telegraphic Agency ha* pubblicato un rapporto in cinque parti sugli stupri di bambini da parte dei rabbini. Nonostante la copertura mediatica, non è stata condotta alcuna indagine approfondita. *Tempest in the Temple racconta* i casi di una quindicina di rabbini, educatori e psicologi della comunità ebraica e il sostegno di cui hanno beneficiato."

Nel gennaio 2008 è stato pubblicato il libro autobiografico *The*

---

[672]http://www.theawarenesscenter.org

Rabbi's Daughter: Sex, Drugs, and Orthodoxy, che ha suscitato grande scalpore nella comunità ebraica. L'autrice è una certa Reva Mann. Era la nipote del secondo rabbino ashkenazita di Israele, Isser Yehuda Untermann. Madre cinquantenne di tre figli, Reva Mann aveva iniziato a ricordare la sua vita dopo il suicidio della madre. Raccontava, tra l'altro, di aver perso la verginità in sinagoga o della sua esperienza con l'LSD all'età di 16 anni. Alla domanda: "Qual è lo scopo di questo libro?", Reva Mann ha risposto: "A: Tutto ciò che avete sempre voluto sapere sull'ebraismo senza osare chiederlo. E B: spero che questo libro raggiunga le persone autodistruttive e che le aiuti a rimettersi in carreggiata con la loro vita."

Ora capiamo meglio perché gli ebrei, che controllano l'intero centro del sistema mediatico del mondo occidentale, accusano regolarmente il clero cattolico. Capiamo anche perché i media insistono sempre nel denunciare i siti web "negazionisti e pedofili".

Le prescrizioni del Talmud

Il Talmud è abbastanza esplicito su questi temi. Questo libro, che è "la tradizione degli antichi", è composto da innumerevoli commenti dei rabbini alla Legge [la Gemara]. Così, buona parte del testo consiste nell'enumerazione delle opinioni di questo o quel rabbino, seguita da un confronto con le opinioni di questo o quel rabbino e infine conclusa da una sorta di sintesi da parte di un altro rabbino. Nel 1935, per la prima volta, i 63 volumi, o trattati, furono tradotti in modo che le nuove generazioni, incapaci di comprendere le diverse lingue utilizzate nella versione originale, potessero accedere più facilmente al testo. Questa traduzione completa in inglese del Talmud, pubblicata nel 1935 dalla *Soncino Press*, è stata da allora denominata *Soncino Edition* of the *Talmud*[673]. Evidentemente, questa edizione non ha avuto una grande tiratura, né è stata messa in vendita al pubblico.

La lettura dei commentari è faticosa; abbiamo quindi preferito

---

[673]In versione inglese su www.halakhah.com. Il Talmud si compone di 63 trattati suddivisi in sei ordini principali. Gli ordini centrali sono Zeraim (le Semine: trattati di agricoltura), *Moed* (Stagioni e festività, contenente il fondamentale trattato sul sabato), *Nashim* (dedicato interamente alle donne, alla sessualità e alla riproduzione, e composto da numerosi trattati piuttosto scabrosi), e l'ordine propriamente giuridico chiamato *Nezikin* (sui danni. Diritto civile e penale). L'esclusivismo e la nozione di purezza razziale e sessuale sono onnipresenti nel Talmud. In effetti, un intero trattato, chiamato *Niddah*, tratta del sangue delle donne e delle mestruazioni. Fondamentalmente, il Talmud tratta le questioni del denaro, del sesso, della purezza e del messianismo. Si veda ancora la nota del traduttore nell'Allegato I. (NdT).

riassumere il testo di alcune note a piè di pagina. Ricordiamo che il Talmud è il codice giuridico su cui si basa la legge religiosa ebraica ed è il libro utilizzato per la formazione dei rabbini.

Nel trattato *Sanhedrin 54a-54b si* legge: "La pederastia[674] con un bambino di meno di nove anni non è considerata come la pederastia con un bambino più grande. Samuel ha detto: "La pederastia con un bambino che ha meno di tre anni non è considerata allo stesso modo della pederastia con un bambino più grande[675]." Qual è la base del suo disaccordo? Rab sostiene che solo un soggetto passivo che era in grado di avere un rapporto sessuale come soggetto attivo può incorrere nella colpevolezza del soggetto attivo; mentre un bambino incapace di essere soggetto attivo non può essere considerato come soggetto passivo di un atto di pederastia[676]. Samuel, da parte sua, sostiene che la Scrittura dice: "Non giacere con gli uomini come con le donne; è un abominio". (*Levitico, XVIII, 22*). È stato quindi insegnato, in accordo con l'opinione di Rab, che l'atto di pederastia è considerato un crimine da nove anni e un giorno; ma chi commette bestialità, per vie naturali o innaturali, o se una donna cerca di essere abusata in modo bestiale, per vie naturali o innaturali, è meritevole di punizione."

Sanhedrin, 55b "Una ragazza di tre anni e un giorno, il cui padre ha organizzato il suo fidanzamento [matrimoniale], è impegnata in un rapporto sessuale, poiché lo stato legale del rapporto sessuale con lei è quello di un rapporto sessuale completo. Nel caso in cui il marito senza figli di una bambina di tre anni e un giorno muoia, se il fratello ha un rapporto sessuale con lei, la acquisisce come moglie. La pena dell'adulterio può essere commessa per mezzo di lei: essa contamina colui che ha rapporti con lei, in modo che egli contamini a sua volta ciò su cui giace, come un indumento che ha giaciuto su una persona affetta

---

[674]"Ci troviamo qui dal punto di vista del soggetto passivo della sodomia. Come è stato stabilito sopra in 54a, la colpa è del soggetto attivo della sodomia, anche se il soggetto passivo è un minore (sotto i tredici anni). Tuttavia, di seguito verrà fatta un'ulteriore distinzione per i soggetti passivi di età inferiore ai tredici anni. "

[675]*Talmud, Sanhedrin 54b*, nota 24: "Rab pone l'età minima a nove anni; ma se la sodomia è praticata su un bambino più giovane, non si incorre in alcuna colpa. Samuel, invece, fissa l'età minima a tre anni". *Talmud, Sanhedrin 54b*: "Rab disse: La pederastia con un bambino di età inferiore ai nove anni non è considerata pederastia con un bambino di età superiore. Samuel ha detto: La pederastia con un bambino di età inferiore ai tre anni non è trattata come quella con un bambino di età superiore. Qual è la base della loro disputa? - Rab sostiene che solo chi è capace di avere rapporti sessuali può, in quanto soggetto passivo della pederastia, addossare la colpa [al colpevole attivo]. " (NdT).

[676]All'età di nove anni, il bambino maschio ha raggiunto la maturità sessuale. *Sanhedrin 54b, nota 25.*

da gonorrea."

Nello stesso passo vediamo una nota che recita: "Una variante di questo passo è: "C'è qualcosa che è permesso a un ebreo e che è proibito a un pagano? I rapporti sessuali in modo innaturale sono consentiti a un ebreo[677]."

Sanhedrin, 69b: "I nostri Rabbini hanno insegnato: se una donna si unisce in modo lascivo con il suo giovane figlio [un minorenne], e lui commette il primo stadio del rapporto sessuale con lei, Beth Shammai dice che questo la rende inadatta al sacerdozio. Ma il Beth Hillel la dichiara ancora idonea? Tutti concordano sul fatto che il rapporto sessuale di un bambino di nove anni e un giorno è un vero rapporto sessuale, mentre non lo è quello di un bambino di meno di otto anni. La loro controversia riguarda solo il caso di un bambino di otto anni. Beth Shammai sostiene che dovremmo basare la nostra decisione sulle generazioni precedenti, ma Beth Hillel sostiene che non dovremmo[678]".

Talmud Kethuboth, 11a-11b: "Rabbah disse: "Quando un uomo adulto ha un rapporto sessuale con una bambina, non è niente, perché quando la bambina ha meno di tre anni, è come se le si mettesse un dito nell'occhio; ma quando un ragazzino ha un rapporto sessuale con una donna adulta, questo è equivalente al caso in cui "una bambina viene ferita [penetrata] da un pezzo di legno"".

"La verginità di una ragazza viene presa in considerazione solo a partire dall'età di tre anni e un giorno. Se viene violentata al di sotto di questa età, il colpevole viene assolto, perché il Talmud dice che "è come se le avessero messo un dito nell'occhio"; la verginità viene riformata. Al di sopra dei tre anni e un giorno, una vergine non sposata che viene violentata - poiché si intende che può sposarsi solo a partire dai nove anni e un giorno - ha diritto a un risarcimento. Se viene violentata da due uomini o da dieci uomini, solo il primo paga la multa. Se uno dei due l'ha violentata in modo anomalo, è lui a pagare la multa. Ma se dieci l'hanno violentata con mezzi normali e uno con mezzi anormali, allora tutti devono pagare[679]."

---

[677]*Talmud, Sanhedrin, 58b*: "Rava dice: C'è un'azione per la quale un ebreo non è responsabile, ma un gentile è responsabile per averla fatta? Un ebreo non è responsabile dei rapporti anali con la moglie. " (NdT).

[678]*Talmud, Sanhedrin, 69b, nota 5*: "Quindi, se aveva nove anni e un giorno o più, Beth Hillel è d'accordo che sia invalidata per il sacerdozio; mentre, se aveva meno di otto anni, Beth Shammai è d'accordo che non lo sia. "Shammai e il fariseo Hillel (-110 a.C., -10 d.C.) furono i primi due studiosi antichi a discutere e sistematizzare l'interpretazione della Torah scritta. Il fariseo Saulo di Tarso (San Paolo) era discepolo di Gamaliele, nipote di Hillel (NdT).

[679]Roger Peyrefitte, *Les juifs, (Deuxième partie, Chapitre 5)*, Flammarion, 1965.

Per questo motivo, il Talmud proibisce alle madri ebree di dormire con i propri figli quando questi hanno più di nove anni e un giorno. Secondo questo libro sacro, la stessa proibizione si applica al padre quando il bambino ha più di tre anni e un giorno. Inoltre, secondo il Talmud, una vedova ebrea non deve mai tenere un cane. Pertanto, quando vediamo una signora che porta a spasso il suo cane per strada, sappiamo che non è una vedova ebrea, anche se può avere un cane.

Il complesso di Edipo finalmente spiegato

Ora capiamo perfettamente perché la psicoanalisi è nata nel cervello di un membro del "popolo eletto". Nato in Moravia, Sigmund Freud proveniva da un ambiente ebraico chassidico tradizionale. I suoi genitori erano ebrei provenienti dalla Galizia, nella parte occidentale dell'odierna Ucraina. Sua madre è nata a Brody, uno dei maggiori centri di pensiero chassidico dell'Europa orientale. A Vienna, dove la famiglia si era stabilita, i suoi genitori parlavano ancora tedesco, fortemente mescolato con lo yiddish. Sebbene Freud, come Karl Marx e molti altri ebrei, avesse preso le distanze dalla religione ebraica, non aveva, al contrario, rinunciato alla sua appartenenza comunitaria. Nella prefazione in ebraico a *Mosè e la religione monoteista*, scrive che "si era separato dalla religione ebraica ma non aveva ripudiato il popolo ebraico[680]."

Freud non ebbe il coraggio di rivelare al mondo che il famoso "complesso di Edipo" era in realtà il "complesso di Israele". Da buon ebreo, aveva proiettato la nevrosi del giudaismo sul resto dell'umanità riprendendo una leggenda greca, in modo che i Goyim accettassero più facilmente la sua "scoperta".

La leggenda greca narra che l'oracolo predisse a Edipo, figlio del

---

Sconsigliamo la lettura del libro di Roger Peyrefitte, che tende a dimostrare, soprattutto attraverso l'onomastica, che "tutti sarebbero un po' ebrei". A quanto pare, nonostante la sua grande erudizione, Roger Peyrefitte aveva una scarsa comprensione della questione ebraica.

[680]David Bakan, *Freud et la tradition mystique juive*, 1963, Payot, 2001, p. 320. ["Non sono mai riuscito a capire perché dovrei vergognarmi della mia origine o, come allora si cominciava a dire, della mia razza. Ho anche rinunciato, senza troppo sentimento, alla nazionalità che mi era stata negata. Pensavo, infatti, che per un lavoratore zelante ci sarebbe sempre stato un posto, per quanto piccolo, nei ranghi dell'umanità operosa, anche se non apparteneva a nessuno dei gruppi nazionali. Ma queste prime impressioni universitarie ebbero la conseguenza più importante di abituarmi fin dall'inizio a stare nelle file dell'opposizione e fuori dalla 'maggioranza compatta', dandomi una certa indipendenza di giudizio", in Sigmund Freud, *Uno studio autobiografico*, (1924), S. E. XX. p. 9. (NdT)]

re di Corinto, che un giorno avrebbe ucciso il padre e sposato la madre. Il giovane principe, inorridito, fugge dal regno e parte per Tebe. Durante il viaggio, Edipo uccide due uomini che volevano che lui desse loro un passaggio. Quando finalmente raggiunse le porte della città, dovette rispondere alla domanda della Sfinge che lo attendeva all'ingresso. Questo mostro con il volto e il busto di una donna, il corpo di un leone e le ali di un uccello, terrorizzava la regione, divorando coloro che non riuscivano a indovinare i suoi enigmi. Ma Edipo ha capito bene[681] e la Sfinge è dovuta fuggire. Edipo diventa quindi re di Tebe e sposa la regina Giocasta, vedova di Laio, il re tebano ucciso da Edipo sulla strada a sua insaputa. In seguito, venne a sapere che molti anni prima Laio aveva ordinato l'omicidio del figlio appena nato. L'ordine non era stato eseguito e il bambino era stato raccolto da pastori che lo avevano consegnato al re di Corinto, che Edipo aveva sempre creduto suo figlio. La predizione dell'oracolo si era quindi avverata. Edipo, disperato, si strappa gli occhi e fugge in esilio per diventare un mendicante.

Il complesso di Edipo è in realtà una specificità ebraica. David Bakan ha confermato le nostre stesse conclusioni in forma edulcorata: "La principale critica mossa alla dottrina del complesso di Edipo è che essa si ispira a un particolare tipo di costellazione familiare presente nell'ambiente culturale diretto di Freud, e che Freud avrebbe commesso l'errore dell'"etnocentrismo", generalizzando eccessivamente da una determinata cultura[682]."

D'altra parte, Freud aveva una certa predisposizione a comprendere i suoi pazienti, poiché egli stesso sembrava essere affetto dal disturbo che stava studiando. All'età di quarantadue anni, mentre era ancora impegnato nell'autoanalisi, accusò il proprio padre, morto da poco nel 1896, come testimonia questo passo di una lettera al suo grande amico, il dottor Wilhelm Fliess: "Purtroppo mio padre era uno di quei pervertiti. È lui la causa dell'isteria di mio fratello e di alcune delle mie sorelle minori. La frequenza di queste relazioni mi fa spesso riflettere."

Nel libro di Martha Robert, *La rivoluzione psicoanalitica*, troviamo un passaggio interessante. Martha Robert, come molti suoi coetanei che sentono il bisogno di "parlarne", si esprime per ellissi: "Scopre allora dentro di sé... i suoi sentimenti ostili verso il padre, la sua tenerezza incestuosa verso la madre, i suoi desideri di morte, la sua inafferrabilità... La sua riluttanza a divulgare il segreto del mondo

---

[681]"Qual è l'unica creatura che all'alba cammina a quattro zampe, a mezzogiorno cammina su due gambe e al tramonto cammina su tre zampe?

[682]David Bakan, *Freud et la tradition mystique juive*, 1963, Payot, 2001, pag. 298.

oscuro in cui è appena entrata è tale che, nelle lettere all'unico amico a cui confessa i risultati della sua analisi, racconta i suoi ricordi della madre che scrive in latino[683]."

Evidentemente anche Freud era stato maltrattato dal padre durante l'infanzia e si consolava nel letto della madre, che probabilmente gli assicurava di essere un "genio", forse addirittura il messia in persona[684].

Freud dovette anche soffrire del fatto che aveva alcuni difetti ereditari nella sua ascendenza. Ecco cosa scriveva nel 1886 dello zio di Breslau, fratello minore del padre: "È un commerciante e la storia della sua famiglia è molto triste. Dei suoi quattro figli, solo una figlia è normale e si è sposata in Polonia. Uno dei figli è idrocefalo e ritardato; un altro, che era promettente da bambino, è impazzito a 19 anni; l'altra figlia è impazzita a vent'anni... L'altro mio zio di Vienna è morto epilettico. Non posso più attribuire questa eredità solo alla famiglia di mia madre. Devo ammettere che nella mia famiglia ci sono difetti neuropatologici molto gravi[685]. "Anche Giuseppe, fratello di suo padre Giacobbe, aveva un figlio epilettico: "Anche se, come delinquente, sembrava più un pervertito che un pazzo. Secondo Jacob Freud, deve essere considerato piuttosto un imbecille". Quindi, bisogna riconoscere che "tutto il ramo paterno della sua famiglia... conta quasi esclusivamente degenerati"."

Sigmund Freud era ben consapevole di questa fatalità genetica e osservava con rammarico: "Queste storie sono così frequenti nelle famiglie ebraiche. "Martha Robert aggiunge, inoltre, distorcendo leggermente la questione: "Freud non può fare a meno di attribuire questo difetto manifesto alla 'bellissima tendenza alla nevrastenia' di cui ha sofferto a lungo e che è presente anche nella sorella Rosa e nel fratello Emmanuel[686]."

All'inizio del XX secolo, gli ebrei provenienti dagli *shtetls della* Polonia e della Russia affluivano nella capitale dell'Impero austro-ungarico, poiché una legge del 1869 aveva concesso loro la parità di diritti. Nei circoli culturali e finanziari, molti ebrei si affermarono ben

---

[683]Marthe Robert, *La Révolution psychoanalytique, tomo I*, Payot, 1964, p. 41. Hervé Ryssen, *Le Miroir du judaïsme*, p. 349, 350.

[684]In Il *male di Portnoy*, il romanziere americano Philip Roth ha scritto: "Che cosa c'era di sbagliato in questi genitori ebrei, che cosa erano capaci di far credere a noi giovani ebrei, da un lato, che eravamo principi, unici al mondo, come unicorni, geni, più brillanti di chiunque altro e più belli di qualsiasi altro bambino nella storia? "Philip Roth, Il *male di Portnoy*", Debols!llo, Penguin Random House, Barcellona, 2008, p. 131.

[685]Corrispondenza, lettera a Martha del 10 febbraio 1886, p. 222-223.

[686]Marthe Robert era ebrea e sposata con un ebreo.

presto, tanto che Vienna all'inizio del XX secolo, come Berlino e Mosca negli anni Venti, fu per loro un'epoca d'oro, proprio come lo sono oggi Parigi e New York. All'inizio del XX secolo, gli ebrei della capitale dell'Impero austro-ungarico occupavano posizioni molto dominanti nel mondo della finanza e della cultura. Gli scrittori, i giornalisti e gli artisti più popolari dell'epoca, cioè quelli che godevano di maggiore pubblicità, erano membri della comunità ebraica: Sigmund Freud, Stefan Zweig, Arthur Schnitzler, Franz Werfel, Franz Kafka, Gustav Mahler, Karl Krauss, Hugo von Hofmansthal, e così via. Ma questi numerosi ebrei emergenti, appena usciti dal ghetto, non avevano intenzione di perdere la loro identità assimilandosi alla società austriaca. Come altrove, gli ebrei preferivano vivere tra di loro[687].

Sebbene fosse poco interessato alla religione, Sigmund Freud rimase comunque strettamente legato alla sua comunità. Aveva studiato le Scritture e l'ebraico a scuola e aveva lo stesso zelo per la conoscenza e lo studio dei suoi antenati talmudici[688]. Ha vissuto ed è cresciuto in un ambiente esclusivamente ebraico, e anche durante la sua carriera professionale. Nel comitato direttivo della Società psicoanalitica di Vienna, tutti i membri erano ebrei, tranne Richard Sterba, che Freud una volta indicò ridendo come un'eccezione. In effetti, questa situazione è stata riassunta da una frase scritta da Freud: "Sebbene mi sia separato da tempo dalla religione dei miei antenati, non ho mai perso il sentimento di solidarietà con il mio popolo[689]."

---

[687]La vita nei ghetti era quindi desiderata dagli stessi ebrei. Cfr. Hervé Ryssen, *Le Miroir du Judaïsme*, Baskerville (2009), p. 48-53 e *Histoire de l'antisémitisme*, Baskerville (2010). p. 280, 400.

[688] "La mia profonda devozione per gli scritti biblici (iniziata quasi contemporaneamente all'apprendimento dell'arte della lettura) ebbe, come riconobbi molti anni dopo, un effetto duraturo sulla linea dei miei interessi. "Sigmund Freud, *Uno studio autobiografico*, (1924), S. E. XX. p. 8. Queste parole furono confermate da quelle del padre, Jacob Freud, che il giorno del suo 35° compleanno scrisse al figlio la seguente dedica nella Bibbia Philippson che Sigmund usava da bambino: "All'età di sette anni lo spirito di Dio cominciò ad avvicinarsi a te e ti disse: "Va' e leggi i libri che ho scritto, e ti saranno aperte le fonti della saggezza, della conoscenza e della comprensione". Il Libro dei Libri è il pozzo che i saggi hanno coltivato e nel quale i legislatori hanno imparato la conoscenza e la rettitudine.... "Questa Bibbia era un'edizione bilingue (ebraico-tedesco), con spiegazioni e illustrazioni, pubblicata per la prima volta nel 1854 dal rabbino Ludwig Philippson. Si legga in Ostow, M.: *Sigmund e Jacob Freud e la Bibbia di Philippson*, 1989, IRPA, p. 16, 483 e in Pfrimmer, T.: *Freud, lecteur de la Bible*, Presses Universitaire de France, 1982, Paris. (NdT).

[689]Marthe Robert, *D'Oedipe à Moïse*, 1974, Agorà, 1987, p. 35, 45, 51, 56. ["Fate tutto il necessario per ristabilire l'interesse dei nostri compatrioti (*folksbrider*) per il nostro Istituto scientifico ebraico di Vilnius. Noi ebrei abbiamo sempre tenuto in grande considerazione i valori spirituali. Grazie a loro siamo rimasti uniti e abbiamo resistito

Tutti i discepoli di Freud che hanno dato un contributo originale alla psicoanalisi erano ebrei, con la notevole eccezione di Jung. Inoltre, il giornalista investigativo Emmanuel Ratier ha portato alla luce l'appartenenza di Sigmund Freud alla setta massonica B'nai B'rith, una massoneria riservata esclusivamente agli ebrei[690]. Dal 1900 al 1902, partecipò come "fratello fondatore" alla creazione della seconda loggia B'nai B'rith di Vienna, la Loggia Harmony.

Freud sapeva di dover conquistare a tutti i costi il mondo intellettuale goy per garantire la più ampia diffusione possibile della nuova "scienza". Per questo motivo, egli incoronò Jung, l'unico goy del movimento, come presidente della Società psicoanalitica. Nel suo libro intitolato *Misteri e segreti del B'nai B'rith*, il giornalista investigativo Emmanuel Ratier ha trascritto le dichiarazioni di uno psicoanalista austro-ungarico, Fritz Wittels, che ha raccontato un evento poco conosciuto durante il secondo congresso psicoanalitico del 1910: "Diversi discepoli ebrei presero molto male la promozione di Carl Gustav Jung alla presidenza del movimento psicoanalitico, che aveva provocato un grande malcontento tra i discepoli viennesi che sospettavano che Jung avesse pregiudizi antiebraici. "Freud avrebbe esclamato a se stesso in quel momento: "La maggior parte di voi sono ebrei, e per questo motivo siete incompetenti a conquistare amici per la nuova scienza". Gli ebrei devono accontentarsi del modesto ruolo di preparare il terreno. È assolutamente necessario essere in grado di

---

fino ad oggi. Per me è sempre stato un esempio della nostra storia il fatto che, subito dopo la distruzione del Tempio di Gerusalemme, Rabbi Johanan ben Zakkai chiese all'oppressore il permesso di aprire la prima scuola superiore di studi ebraici. Anche ora è arrivato un momento difficile per il nostro popolo. Questo tempo ci impone di unire ancora una volta le forze per poter sostenere la nostra cultura e la nostra scienza in queste tempeste. E voi siete ben consapevoli del ruolo svolto in questo compito dall'Istituto scientifico ebraico di Vilna" Sigmund Freud, per la rivista dell'Istituto scientifico ebraico di Vilna *Ivo bleter*, novembre-dicembre 1938, T.XIII. n. 7-8, p. 32].

[690] B'nai B'rith, letteralmente Figli dell'Alleanza, Figli del Patto o Figli della Luce. Dal 1843 è stata ufficialmente riconosciuta come massoneria esclusivamente ebraica. L'*Encyclopaedia Judaica* del 1901 afferma che il linguaggio tecnico, il simbolismo e i riti della Massoneria sono pieni di idee ebraiche (Cyrus Adler, *The Jewish Encyclopedia, vol III*, Ed. Funk and Wagnalls, 1901, p. 503-504). In effetti, l'intero armamentario simbolico della Massoneria speculativa ruota attorno all'iconografia ebraica: Geova, il Tempio di Salomone, il tabernacolo, Hiram Abiff, Tubal Cain, la scala di Giacobbe, Abramo, ecc. Le forme di società segrete iniziatiche come la Massoneria e le scienze occulte derivano dalla Cabala ebraica, nata in ambienti ebraici che erano in contatto con le conoscenze esoteriche di Babilonia, dell'Egitto e delle scuole mistiche pagane dell'antichità ellenistica, soprattutto nelle città di Alessandria e Antiochia. Sulla Massoneria e le sue origini consigliamo il documentato lavoro di Alberto León Cebrián, *Las Revoluciones Masonónicas*, Bubok, 2015. (NdT).

creare legami con la comunità scientifica[691]." Il giudaismo, come al solito, non è avanzato allo scoperto. Al contrario.

Cabala, chassidismo e psicoanalisi

Negli shtetl dell'Europa orientale, gli ebrei vivevano in una condizione di confinamento sfavorevole alla liberazione degli spiriti: "Il modo di vivere degli ebrei, scrive David Bakan, era codificato punto per punto, da un momento all'altro, da un giorno all'altro, da una settimana all'altra, da una stagione all'altra, e così via dalla nascita alla morte. Tutto è stato fatto secondo l'Alleanza. In queste circostanze, la vita era "un'occupazione religiosa a tempo pieno"."

Nel suo libro *Freud e la tradizione mistica ebraica*, David Bakan ha cercato di dimostrare che la psicoanalisi era in realtà ampiamente derivata dai metodi della Cabala ebraica. Questa corrente mistica ebraica, che ha avuto un vero e proprio sviluppo nel XVI secolo e che ha poi dato origine ad alcune eresie ferocemente combattute dai rabbini, si è perpetuata e, in un certo senso, stabilizzata negli ebrei chassidici di oggi. Sono gli eredi di questa tradizione esoterica. Bakan ha ricordato l'appassionato attaccamento dei pii ebrei alla loro Torah e alla sua Legge: "Per secoli, la Torah è stata considerata un documento così altamente sacro che ogni lettera, ogni sfumatura nello stile e persino la dimensione delle lettere nei rotoli scritti a mano, aveva per i mistici e gli esegeti un significato profondo e nascosto. "In effetti, il testo non doveva essere letto solo alla lettera. Per scoprire il "significato nascosto", i cabalisti dispongono di tecniche antiche esposte nello Zohar, il libro di riferimento dei cabalisti ebrei.

I giochi di parole sono parte integrante della ricerca del significato nascosto della Torah, ha spiegato Bakan. Ma oltre ai semplici giochi di parole che si possono vedere da un capo all'altro dello Zohar, ci sono anche molti giochi di numeri, basati in gran parte sul fatto che ogni carattere ebraico ha un valore numerico. Il gioco delle lettere - chiamato *Zeruf* (combinazione) nella mistica ebraica - è classificato in tre sezioni principali: gematria, notarikon e temurah. La gematria stabilisce il significato in base al valore numerico delle parole. Il notarikon procede per acronimi, come metodo di selezione di una parola utilizzando ciascuna delle sue lettere iniziali o finali per formare un'altra parola: così *"chen"* che significa "grazia" ha le stesse prime lettere (consonanti, *chn*) di *"chokmah nistarah"* che significa "saggezza nascosta".

---

[691]Emmanuel Ratier, *Mystères et secrets du B'Nai B'Rith*, 1993, pagg. 145-149.

Temurah modifica le parole cambiando l'ordine delle lettere. Bakan credeva di percepire nei testi la "tendenza tematica di Freud".

Secondo lui, i metodi dei cabalisti potrebbero aver ispirato il metodo psicoanalitico. Bakan ha osservato che il metodo freudiano di interpretazione dei sogni, che consiste nell'estrarre ogni elemento dal suo contesto, corrisponde esattamente alla "ricerca dei significati nascosti o più profondi della Torah". I cabalisti interpretavano la Torah "in un modo che assomiglia molto a quello dello psicanalista nell'interpretare le cariche e le digressioni dell'espressione umana". "Secondo Bakan, Freud "voleva informarci che, attraverso la psicoanalisi, stava analizzando un essere umano come gli ebrei avevano analizzato per secoli la Torah[692]."

David Bakan sostenne qui la sua tesi che Freud fosse un erede dei Sabbatiani, i cui principi, nella loro tendenza radicale, consistevano nell'andare sistematicamente contro la Torah e nel fare tutto ciò che era proibito[693]. Questi ebrei cabalisti furono perseguitati e scomunicati dai rabbini, ma è noto che in Europa centrale, e soprattutto in Polonia e Moravia, i sabbatiani avevano raggiunto posizioni forti all'interno dell'ebraismo. Per David Bakan, il metodo freudiano era quindi il "culmine finale del sabbateismo". Il suo metodo psicoanalitico era il suo modo personale di realizzare l'apostasia sabbatiana.

In Moravia, spiega Gershom Scholem, il movimento sabbatiano si affermò al punto da ottenere il sostegno di numerosi ebrei urbani e piccoli commercianti. "Secondo Jacob Emden, il valore numerico delle lettere ebraiche del versetto 3 del Salmo 14: "Non ci sono più uomini onesti, nemmeno uno" corrisponde al valore numerico delle lettere della parola ebraica Moravia. A Praga e a Mannheim apparvero centri di studio orientati in senso sabbatiano e i "diplomati" di queste istituzioni ebbero una grande influenza" nel XVIII secolo[694].

Non è nemmeno un caso che il primo libro di Freud riguardi *L'interpretazione dei sogni*. Nelle antiche comunità ebraiche, l'opera più richiesta dai venditori ambulanti di libri nei giorni di mercato era proprio *La chiave dei sogni*, che forniva il significato di tutti i sogni. "La *chiave dei sogni*, di Salomon B. Jacob e Pitorn Chalamot, era una delle più richieste", ha scritto David Bakan. "Il Tratto Berakoth, uno dei meno legalizzati del Talmud, contiene una delle più ampie esposizioni dei sogni e della loro interpretazione in tutta la letteratura rabbinica. Per

---

[692]David Bakan, *Freud et la tradition mystique juive*, 1963, Payot, 2001, p. 286-290, 276, 275, 272.

[693]Si veda ancora la nota del traduttore nell'Allegato VI. 3.

[694]Gershom Scholem, *Le Messianisme juif*, 1971, Calmann-Lévy, 1974, p. 156.

secoli è servita come guida all'interpretazione dei sogni."

Freud si sarebbe quindi largamente ispirato a queste letture, e Bakan ha osservato: "La somiglianza fondamentale tra i suoi metodi e quelli impiegati nella psicoanalisi è già stata riconosciuta dalla letteratura psicoanalitica. "Troviamo infatti caratteristiche molto simili nella teoria psicoanalitica. Pertanto, il Berakoth fornisce queste spiegazioni: Se una persona ha sognato di aver innaffiato le olive con l'olio: "si tratta di una persona che ha convissuto con sua madre". Se una persona ha sognato che "i suoi occhi si baciavano, allora ha convissuto con sua sorella". E se una persona ha sognato di baciare la luna, allora ha "commesso adulterio[695]." Come si vede, secondo le Berakoth i sogni hanno un significato sessuale e sono il culmine di un desiderio. E così, insieme a David Bakan, possiamo vedere ancora una volta come la questione dell'incesto sembri essere un'ossessione nella comunità ebraica.

La questione del parricidio

Il tema del parricidio è un tema importante nell'opera di Sigmund Freud. È presente ne *L'interpretazione dei sogni* (1900). È rappresentato nuovamente in *Totem e tabù* (1912) e culmina in *Mosè e la religione monoteista* (1934). In un passo di quest'ultimo libro, Freud riprende, ventitré anni dopo, quanto aveva già affermato in *Totem e tabù* sulle origini primitive della società umana, un'eredità della tesi darwiniana dell'"orda primitiva".

Secondo lui, "nella preistoria gli uomini primitivi avrebbero vissuto in piccole orde dominate da un maschio potente":

"Il maschio potente sarebbe stato padrone e padre dell'intera orda, senza limiti di potere, che esercitava brutalmente. Tutte le femmine gli appartenevano: sia le donne e le figlie della sua stessa orda, sia forse anche quelle rubate ad altri. Il destino dei figli era duro: se suscitavano la gelosia del padre, venivano uccisi, castrati o messi al bando. Erano condannati a vivere insieme in piccole comunità e a procurarsi le donne rapendole, una situazione in cui l'uno o l'altro poteva riuscire a conquistare una posizione analoga a quella del padre nell'orda primitiva. Per ragioni naturali, il figlio minore, protetto dall'amore della madre, godeva di una posizione privilegiata e poteva approfittare della vecchiaia del padre per soppiantarlo dopo la sua morte....Il passo successivo e decisivo verso la modifica di questa prima forma di

---

[695]David Bakan, *Freud et la tradition mystique juive*, 1963, Payot, 2001, p. 282.

organizzazione "sociale" sarebbe consistito nel fatto che i fratelli, banditi e riuniti in una comunità, si concertarono per dominare il padre divorando il suo cadavere crudo, secondo l'usanza del tempo... Crediamo che non solo odiassero e temessero il padre, ma lo venerassero anche come modello, e che in realtà ognuno dei figli volesse prendere il suo posto. In questo modo, l'atto cannibalistico diventa comprensibile come un tentativo di garantire l'identificazione con il padre incorporando una parte del padre stesso."

Nasce così, secondo Freud, la prima forma di organizzazione sociale "basata sulla rinuncia agli istinti, sul riconoscimento degli obblighi reciproci, sulla creazione di certe istituzioni, proclamate come inviolabili (sacre); in breve, le origini della morale e del diritto". Ciascuno ha rinunciato all'ideale di conquistare per sé la posizione paterna, di possedere la madre e le sorelle. In questo modo furono stabiliti il tabù dell'incesto e il precetto dell'esogamia."

Fu quindi istituito un giorno di festa per celebrare "la vittoria dei figli alleati contro il padre". Durante questo "banchetto totemico" veniva divorato un animale come sostituto del padre[696]. E Freud concludeva: "Abbiamo tutte le ragioni per considerare il totemismo come la prima forma in cui la religione si manifesta nella storia umana[697]. "Così, "l'ostilità contro il padre che ha spinto alla sua uccisione si è spenta nel corso di un lungo periodo di tempo, per lasciare il posto all'amore e far nascere un ideale il cui contenuto era l'onnipotenza e la mancanza di limiti del padre primitivo combattuto un giorno, e la volontà di sottomettersi a lui". "La società poggia quindi sulla responsabilità comune per il crimine collettivo, la religione sulla coscienza della colpa e del rimorso."

Freud aggiunge inoltre in *Totem e tabù* che "questo atto criminale e memorabile che ha costituito il punto di partenza delle organizzazioni sociali, delle restrizioni morali e della religione" è il "grande evento con cui è iniziata la civiltà e che da allora non ha cessato di tormentare l'umanità[698]."

Tuttavia, possiamo legittimamente stupirci che Freud abbia scritto nelle stesse pagine che "questo stato sociale primitivo non è stato osservato da nessuna parte", e che ciò non gli abbia impedito di

---

[696]Durante la festa di Pasqua, gli ebrei macellano e mangiano ritualmente gli agnelli, gli animali sacri degli egiziani.

[697]Sigmund Freud, *Mosè e la religione monoteista: tre saggi*, Opere collettive, EpubLibre, Trad. Luis López Ballesteros y de Torres, 2001, p. 4408, 4409, 4410

[698]Sigmund Freud, *Totem e tabù*, Opere collettive, EpubLibre, trad. Luis Lopez Ballesteros y de Torres, 2001, p. 2478, 2476, 2473, 2475

postulare la sua teoria come una legge universale invariabilmente applicabile a tutti i popoli della terra.

Lo studio antropologico di Freud sulla società primitiva è dubbio. David Bakan sosteneva da parte sua che Freud aveva trovato la sua ispirazione in ciò che gli era più familiare: "Riteniamo che le antiche religioni semitiche, così come sono state mantenute secondo Freud nel corso dei secoli nella vita degli ebrei, costituiscano gli elementi fondamentali di riferimento per *Totem e Tabù699*."

In effetti, Freud si è ispirato principalmente alle usanze della comunità ebraica per scrivere queste righe ed elaborare la sua teoria. Solo nella comunità ebraica, infatti, il padre possiede tutte le donne, comprese le proprie figlie, e in nessun altro luogo. "Tutte le femmine appartenevano a lui", ha scritto. Quanto all'idea che "il figlio minore, protetto dall'amore della madre" possa "approfittare della vecchiaia del padre per soppiantarlo dopo la sua morte", essa si ispira evidentemente a una lunga tradizione familiare ebraica.

Come cancellare la traccia

Freud aveva evidentemente subito forti pressioni da parte del suo entourage e dei suoi colleghi per non rivelare il grande segreto della comunità ebraica. Da quelle rivelazioni, che dovevano essere lette come un riflesso in uno specchio, gli intellettuali ebrei hanno escogitato di cancellare le tracce per fuorviare e ingannare i Goyim. Nel *Libro nero della psicoanalisi*, pubblicato nel 2005[700], alcuni autori hanno interpretato il passaggio dalla "teoria della seduzione" alla "teoria della fantasia", che aveva portato Freud a scoprire il presunto "complesso di Edipo", in modo tale da nascondere completamente la scena del crimine. Per Allen Esterson, quindi, il problema non era se i pazienti di Freud - che evidentemente appartenevano alla sua stessa comunità - fossero stati vittime di incesto o se lo avessero sognato. In effetti, Esterson sosteneva che non gli avevano mai detto di essere stati abusati sessualmente da bambini: "Contrariamente a quanto avrebbe affermato nei suoi rapporti successivi, Freud scrisse all'epoca che i suoi pazienti "non avevano alcun ricordo" e gli assicurarono "con veemenza che non credevano" ai traumi sessuali di cui insisteva[701]. "Pertanto, sarebbe stato Freud stesso a suggerire l'idea dell'incesto ai suoi pazienti.

---

[699]David Bakan, *Freud et la tradition mystique juive*, 1963, Payot, 2001, p. 321.

[700]Nel 2005 la Francia era ancora, insieme all'Argentina, il paese più freudiano del mondo, *The Black Book of Psychoanalysis*, Introduction.

[701]*The Black Book of Psychoanalysis*, Collective, a cura di Catherine Meyer, pag. 20.

Nel *Libro nero della psicoanalisi*, Hans Israel ha confermato che Freud non ha mai scritto che i suoi pazienti, maschi e femmine, affermavano di essere stati abusati sessualmente: "Nei suoi articoli del 1896, Freud ripete che esortava i suoi pazienti a confessargli di essere stati abusati sessualmente nell'infanzia, ma che non ricordavano, e che, anche dopo essere stati curati, continuavano a rifiutarsi di credere a queste "scene". Non racconta mai di pazienti che si sono rivolti a lui per parlare di abusi sessuali - al contrario, poiché ciò sarebbe stato contrario alla sua stessa teoria! La sua "teoria della seduzione" del 1896 è in realtà molto diversa dalla descrizione che ne ha dato in seguito."

D'altra parte, "Freud sosteneva che i sintomi isterici "scomparivano immediatamente e senza ritorno" quando l'evento traumatico represso che ne era all'origine veniva riportato alla coscienza. Un'affermazione che ha ripetuto per tutta la sua carriera: la psicoanalisi, grazie all'analisi del transfert e delle resistenze, si concentra sulle cause della nevrosi, a differenza di altre terapie che ottengono solo cure superficiali e temporanee... Si trattava di un argomento pubblicitario molto potente, a lungo efficace per giustificare il costo e la durata infinita dei trattamenti analitici[702]."

Hans Israel ha scritto che Freud pensava di poter curare i suoi pazienti "facendo loro rivelare i ricordi inconsci di abusi sessuali subiti in età molto giovane". Era così convinto che non esitava a vantarsi pubblicamente dei successi terapeutici che non aveva ancora raggiunto. Nelle sue lettere a Fliess, continua a ripetere che lavora molto duramente per raggiungere il successo terapeutico con i suoi pazienti, ma che non ci è ancora riuscito. Lo ripete continuamente, ammettendo infine nell'autunno del 1897 di non credere più alla sua teoria. La prima ragione che adduce per giustificare questa inversione di tendenza è che non è stato in grado di portare a termine "una sola analisi". Vediamo quindi che la spiegazione è sorprendentemente semplice, non c'è nulla di misterioso. Freud ha semplicemente avuto un'idea, che non ha funzionato. Ci ha provato con tutte le sue forze, ma è stato un fallimento. Così decise di abbandonarlo. È una sciocchezza. "Hans Israel conclude così: "Freud non riusciva a dubitare dei racconti dei suoi pazienti per la buona ragione che non aveva mai avuto[703]!"

In breve, sarebbe stato Freud stesso a suggerire ai suoi pazienti i ricordi di abusi sessuali, poiché essi non gli hanno mai raccontato spontaneamente quelle scene di incesto e perversione che egli chiedeva loro di ricordare. Quindi, cari lettori, dimenticate tutte le storie di

---

[702]*The Black Book of Psychoanalysis*, Collective, a cura di Catherine Meyer, p. 24, 42.
[703]*Il libro nero della psicoanalisi*, Collective, a cura di Catherine Meyer, p. 25.

incesto!

In effetti, l'introduzione al *Libro nero* rivelava all'inizio la genesi della psicoanalisi nel cervello di Freud, ma avallava la tesi del trauma incestuoso raccontato dalle pazienti. Nel 1897, dopo la sua autoanalisi, Freud "si rese finalmente conto che da bambino aveva avuto desideri erotici per la madre e sentimenti di gelosia verso il padre". Ecco perché aveva dato così facilmente credito alle accuse dei suoi pazienti sulle seduzioni dei suoi genitori: lui stesso voleva uccidere suo padre! Ed ecco perché tutti i suoi pazienti gli avevano raccontato queste storie poco plausibili di incesto: non erano ricordi, ma fantasie che esprimevano il desiderio infantile di essere sedotti dal padre. Freud aveva appena scoperto la sessualità infantile, il ruolo delle fantasie inconsce nella vita psichica delle nevrosi e l'universalità di quello che in seguito avrebbe chiamato "complesso di Edipo"[704].

In effetti, abbiamo l'impressione che questo libro sia stato scritto, come molti altri sull'argomento, per sviare i lettori goyim, perché non possiamo concepire che questi intellettuali ebrei, per di più psicanalisti, ignorino la realtà dell'incesto nella loro stessa comunità e nelle loro stesse famiglie.

Femminismo e matriarcato

Le tradizioni e le usanze del popolo ebraico possono sembrare piuttosto sconcertanti per uno spirito europeo. È interessante notare come gli ebrei, soprattutto quelli pii, trattino la donna, figlia o moglie, secondo usanze particolari. Nel suo grande studio sugli ebrei degli shtetl dell'Europa orientale, Mark Zborowski ha scritto: "La donna non deve studiare, perché non sarà più ebrea se studia. Per quanto perfetta e obbediente alla Legge possa essere, il suo ebraismo, rispetto a quello di un uomo istruito, non sarà mai completo. Non viene considerata come un essere indipendente, ma come un membro di un insieme i cui elementi sono complementari[705]."

Non è necessario che una donna conosca la legge ebraica: è sufficiente che una ragazza sappia leggere e pregare un po'. Esistono quindi due tipi di letteratura parallela che il *"Moicher Sforim"*, il venditore ambulante di libri, offre di shtetl in shtetl: testi sacri in ebraico per uomini istruiti e un'abbondante letteratura yiddish riservata alle

---

[704]*The Black Book of Psychoanalysis*, Collective, a cura di Catherine Meyer, pag. 13.
[705]Mark Zborowski, *Olam*, 1952, Plon, 1992, p. 72.

donne e alle *prostitute706* fatta di libri religiosi e profani scritti con una semplicità e una chiarezza indegne di un vero studioso. "Lo shtetl ha stabilito una cultura maschile in cui le donne sono ufficialmente subordinate e inferiori. Lo studio della legge, primo fattore di avanzamento sociale, non è loro consentito, per cui le donne sono automaticamente escluse dai vertici della società."

Le leggende talmudiche e la pratica sociale nello shtetl concordano, inoltre, nell'indicare la natura radicalmente peccaminosa delle donne. Poiché è un peccato contaminare lo studio della Legge con sogni sensuali ad occhi aperti", scrive Zborowski, "il matrimonio dei ragazzi è relativamente precoce. Soddisfatti nei loro desideri, sono quindi liberi nello spirito di studiare..... L'ideale dello shtetl prescrive agli uomini di evitare assolutamente le donne. L'atteggiamento verso questo ideale va dall'osservanza fanatica a un relativo rispetto indifferente... Non ci si difende dal sesso, ma dalla sua intrusione inopportuna e sgradita. "E queste precauzioni sono severe: "Per attenuare il fascino maligno della donna sposata, le vengono tagliati i capelli corti e dovrà portare per tutta la vita una parrucca e un fazzoletto. Le maniche corte sono proibite e un uomo non deve studiare in una stanza dove una donna è a braccia nude... Se un ebreo ortodosso è costretto a stringere la mano a una donna, le copre abilmente la mano con la gonna del suo caftano per evitare qualsiasi contatto[707]. "Mark Zborowski ha inoltre affermato: "L'uomo ringrazia Dio ogni giorno per non averlo fatto diventare una donna"; e tutti possono verificare che queste tradizioni sono ancora in vigore oggi nelle comunità di ebrei ortodossi.

Una ragazza può forse mostrare una grande tenacia nella sua determinazione a studiare e imparare, tanto che il padre alla fine si arrende. Alcune ragazze hanno potuto accedere al sapere tradizionale, come Yentl nel film di Barbara Streisand (USA, 1983) in cui si assiste alla scena della piazza del mercato in cui il venditore ambulante grida a gran voce: "Libri illustrati per le donne! Libri sacri per gli uomini!". Il suo compagno Avigdor, al quale un giorno presenta la sua ragazza, risponde: "Non ho bisogno che lei pensi. "Questo riassume il tradizionale ruolo subordinato della donna ebrea.

Lo studio altamente idealizzato di Mark Zborowski non ha ovviamente rivelato tutto, trattandosi di un libro destinato al grande pubblico. Ma sappiamo d'altra parte che il Talmud disapprova espressamente che le donne studino la Legge, che è riservata solo agli

---

[706]*Proste yidn*: la gente comune. Si veda la nota 501.
[707]Mark Zborowski, *Olam*, 1952, Plon, 1992, p. 115-129.

uomini: "Rabbi Eliezer disse: Chiunque insegni a sua figlia la Torah le insegna la promiscuità[708]."

Secondo la Tractate Kethuboth, una donna può essere ripudiata senza restituire la pensione vedovile nei seguenti casi: se dà cibo proibito al marito; se lo inganna sui suoi periodi mestruali; se non adempie ai suoi doveri verso la *Halacha* (i comandamenti della Legge, le *mitzvot*); se esce di casa a capo scoperto; se corre per strada. Abba Saul aggiunse se avesse insultato i genitori del marito in sua presenza. Rabbi Tarfon disse: se è rumorosa. Samuel intende quando alza la voce in casa e i vicini la sentono. Secondo Rab, è solo la donna che viene sentita da un'altra stanza durante i rapporti coniugali.

Ricordiamo inoltre che una donna che ha le sue regole è considerata impura: il marito deve rispettare nei suoi confronti le "leggi dell'isolamento": dodici giorni al mese (cinque di esame e sette di purezza), durante i quali non deve toccare la moglie. "Non appena una persona è in stato di *niddah*, non può nemmeno toccare la mano del marito, né dargli un oggetto, né lanciarglielo, né riceverlo da lui. L'oggetto viene lasciato e lui lo prende. "Nello stato di *niddah*, una donna non può viaggiare nella stessa auto con il marito, nella stessa barca, nello stesso carro. Una coppia ebraica deve quindi avere due letti, perché "sarebbe un crimine giacere nello stesso letto in stato di *niddah709*. "Nella sinagoga, naturalmente, le donne sono tenute separate in un'altra stanza e non possono partecipare o assistere alla cerimonia religiosa degli uomini.

Il settimanale economico *L'Expansion* ci ha fornito nel numero di marzo 2006 alcuni dettagli sulla vita familiare nelle colonie ebraiche della Cisgiordania: "Nella popolazione ultraortodossa, dove c'è una media di sette figli per famiglia, solo la donna lavora (in genere nell'istruzione), mentre l'uomo si dedica a tempo pieno allo studio della Torah. "Queste colonie attraggono molte imprese e si stanno sviluppando molto bene grazie alla loro "forza lavoro femminile a basso costo e auto-sacrificata[710]."

È questo che ha spinto Daniel Cohn-Bendit a dire a Bernard Kouchner: "Conosce quella preghiera quotidiana ebraica che fa dire agli uomini: "Ringrazio Dio di non essere diventato donna"?" E Bernard Kouchner avrebbe risposto con finta ingenuità: "Che orrore, non la

---

[708]Talmud *Sota, 20a* (www.sefaria.org/Sotah.20a)

[709]Roger Peyrefitte, *Les Juifs*, Flammarion, 1965, pagg. 97-99.

[710]"È normale che lo studioso rimanga immerso nei suoi libri mentre la moglie va a guadagnarsi il sostentamento della famiglia. " (Mark Zborowski, *Olam*, 1952, Plon, 1992, p. 74).

conoscevo[711]!".

Le donne ebree fornivano anche i contingenti più numerosi di prostitute. Alla fine del XIX secolo, i protettori ebrei in Polonia non esitavano a rapire le ragazze della loro comunità negli shtetls per mandarle nei bordelli di New York o Buenos Aires. Nel suo famoso libro *La Francia ebraica*, del 1886, Edward Drumont aveva già notato questo aspetto: "Le donne ebree forniscono il più grande contingente di prostitute nelle grandi capitali. Il fatto è innegabile e gli stessi *Archivi israeliti lo* hanno riconosciuto[712]... "Da sempre, gli ebrei sono stati i principali protagonisti del papponaggio internazionale. Sappiamo che dopo la caduta dell'Unione Sovietica, nel caos e nella miseria dell'ambiente, migliaia di giovani donne russe, moldave e ucraine hanno risposto a falsi annunci che offrivano loro un lavoro come cameriere o cameriere in un hotel in Israele, finendo rapite e rinchiuse nei bordelli di Tel-Aviv[713].

Gli ebrei sono stati anche i pionieri dell'industria pornografica[714]. Anche Edward Drumont denunciò gli eccessi della pornografia del suo tempo: "È una vera e propria sentina ebraica, quella strada del *Croissant*, quel mercato centrale delle riviste pornografiche, dove i negozi israeliani si accalcano l'uno contro l'altro, lottando tra loro per vedere chi produrrà le fantasie più spudorate[715]."

È quindi più facile capire cosa abbia spinto le donne ebree degli shtetl a entrare nella società europea alla fine del XIX secolo. Sottoposte per secoli a leggi che le relegavano in una posizione subalterna decisamente orientale, le donne ebree volevano approfittare di questa improvvisa liberazione per rovesciare il patriarcato familiare che poteva abusare di loro nel quadro del massimo rispetto e dell'osservanza della tradizione. Infine, non deve sorprendere che queste donne molestate si siano buttate a capofitto nel movimento femminista. Queste donne credevano di poter risolvere le loro nevrosi e i loro "conflitti edipici" combattendo il patriarcato in tutte le sue forme. Come Freud e gli altri intellettuali cosmopoliti, hanno trasferito al resto dell'umanità un problema che inizialmente era solo molto

---

[711]I due si fanno l'occhiolino a vicenda. D. Cohn-Bendit, B. Kouchner, *Quand tu seras président*, Robert Laffont, 2004, pag. 333.

[712]Édouard Drumond, *La France juive, tome I*, 1886, p. 88.

[713]Si veda il nostro lungo capitolo sulla tratta degli schiavi bianchi in Hervé Ryssen, *The Jewish Mafia*, (2008), (2022).

[714]Si veda Hervé Ryssen, *La mafia ebraica* (2008), (2022).

[715]Édouard Drumont, *La France juive, tome II*, 1886, p. 466. Capiamo perché gli "storici" ebrei accusano sempre Julius Streicher, il famoso propagandista antisemita tedesco, di essere stato un "pornografo".

personale e particolare. Quindi è nella società europea goy che le aveva accolte che le femministe hanno cercato di uccidere il padre. In questa guerra contro la società patriarcale, le donne ebree furono particolarmente coinvolte. In Francia, il movimento femminista è stato guidato e fortemente influenzato da personalità ebraiche come Gisele Halimi, Simone Veil o Elisabeth Badinter, che rivendicavano l'eredità di Emma Goldman e Louise Weiss. L'ebraismo è stato in effetti in prima linea in questo movimento "liberatorio". È interessante notare come il movimento femminista, nato alla fine del XIX secolo, coincida esattamente con il movimento per l'emancipazione degli ebrei dai ghetti dell'Europa orientale.

Elisabeth Badinter ha poi pubblicato diversi libri sull'argomento. Era la figlia ed ereditiera di Marcel Bleustein-Blanchet, un miliardario di origine "polacca" che aveva fondato una delle prime agenzie pubblicitarie in Francia, *Publicis*. Impegnata nella sinistra politica, Elisabeth Bleustein sposò Robert Badinter, ex ministro della Giustizia socialista di François Mitterrand.

In *Le scuderie dell'Occidente*, Jean Cau ha osservato con pertinenza, all'inizio degli anni Settanta, questa guerra all'ultimo sangue dichiarata al maschio occidentale. La sinistra intellettuale, ha detto, ha ingaggiato una lotta contro il padre. "Insegue la sua immagine ovunque: Dio, il capo, il colono, il conquistatore, l'insegnante, lo Stato, ecc.[716]"

La moda del femminismo era in concomitanza con il pensiero rivoluzionario freudo-marxista. Questa ideologia cercava di realizzare la rivoluzione socialista attraverso l'implosione della struttura familiare patriarcale europea, per liberare donne e bambini dalla terribile oppressione delle famiglie da parte del maschio bianco dominante. Wilhelm Reich e i suoi successori della scuola di Francoforte, come Theodor W. Adorno ("W" per "Wiesenthal"), Max Horkheimer o Herbert Marcuse, così come i giovani ribelli del maggio 1968, sono stati i più ferventi propagandisti, sia per l'odio verso la civiltà europea che, come abbiamo analizzato, per il loro fervido desiderio di accelerare la venuta del Messia[717].

Max Horkheimer e Theodor Wiesenthal Adorno erano in prima linea nella famosa Scuola di Francoforte. Nel libro scritto insieme, *La dialettica dell'illuminismo* (1944), in un capitolo intitolato *Elementi di antisemitismo,* i due si dimostrarono anche due grandi umoristi. I nostri

---

[716]Jean Cau, *Les Écuries de l'Occident,* Table ronde, 1973

[717]Su Wilhelm Reich e il freudo-marxismo: Hervé Ryssen, *Speranze planetarie,* pagg. 80-88.

lettori conoscono già il pensiero ebraico e sanno che gli intellettuali ebrei sono soprattutto stelle del circo: i re della contorsione! In quel testo, Horkheimer e Adorno confermarono brillantemente la vera vocazione dell'ebraismo, come dimostrato in modo eccellente da Barnum, Zavata, Gruss, Amar e gli altri Pinders. Sentite questa: "Gli ebrei sono oggi il gruppo che attira su di sé, in teoria e in pratica, la volontà di distruzione che il falso ordine sociale genera spontaneamente. Gli ebrei sono segnati dal male assoluto come male assoluto. Nell'immagine dell'ebreo che presentano al mondo, i razzisti esprimono la loro stessa essenza. I loro appetiti sono il possesso esclusivo, l'appropriazione, il potere illimitato, a qualsiasi prezzo. Essi caricano l'ebreo di questa colpa, lo deridono come re e signore, e così lo inchiodano alla croce... Il furore si sfoga su colui che appare inerme[718]."

In *Eros e civiltà* (1955), Herbert Marcuse sviluppò una riflessione basata sul famoso libro di Freud, *Il disagio nella civiltà*, ma prolungando la riflessione di Freud in senso rivoluzionario. Marcuse ha attaccato i simboli dell'autorità: il padre di famiglia, il leader politico, il capo dell'azienda, lo Stato. Predicava la "società senza padri", riprendendo l'argomentazione dei "francofortesi" e dei freudo-marxisti (Wilhelm Reich, Erich Fromm): non c'è liberazione sociale senza liberazione sessuale. Anche in questo caso, sembra di vedere l'intellettuale ebreo, appena uscito dal suo shtetl, proiettare sulla società europea il proprio senso di colpa per non aver avuto il coraggio di liberarsi dei propri demoni interiori - i suoi *dybbuk*. In effetti, fa un po' ridere ricevere lezioni di morale sull'arcaicità della nostra cultura da persone i cui costumi possono sembrare così discutibili e che trattano le donne in modo così duro[719].

Per tutto il XX secolo, gli ebrei emancipati non hanno smesso di cercare, attraverso il marxismo, il freudianesimo, il freudo-marxismo, il liberalismo e tutte le teorie cosmopolite, di trasferire sulle popolazioni

[718]Max Horkheimer e Theodor Adorno, *La Dialéctica de la Ilustración*, Editorial Trotta, Madrid, 1994, pagg. 213, 214, 216.
[719]Nel Talmud si legge ad esempio, tra le tante cose, quanto segue: "Rabbi Yohanan disse: Questa è l'affermazione di Yohanan ben Dehavai. Tuttavia, i rabbini dissero: la Halachah non concorda con l'opinione di Yohanan ben Dehavai. Piuttosto, qualsiasi cosa un uomo voglia fare con la propria moglie può farla. Può fare sesso con lei in qualsiasi modo desideri e non deve preoccuparsi di queste restrizioni. Come allegoria, è come la carne che arriva dal macellaio. Se vuole mangiarlo salato, può mangiarlo salato. Se volete mangiarla arrosto, potete mangiarla arrosto. Se volete mangiarlo cotto, potete mangiarlo cotto. Se volete mangiarlo bollito, potete mangiarlo bollito. E così è per il pesce che viene dal pescatore. "(*Talmud, Nedarim, 20b*) (NdT).

europee una nevrosi da cui non sanno come liberarsi, e in cui l'idea del Messia li addestra a un'eterna fuga in avanti, abbattendo tutto ciò che incontrano sul loro cammino e sacrificando tutte le altre civiltà nella speranza di vedere un giorno restaurato l'ipotetico regno di Davide.

Per liberare i bambini e le donne dall'odiosa oppressione del maschio bianco, il femminismo e gli ideologi freudo-marxisti stanno armeggiando con la storia a modo loro e propongono teorie che dovrebbero portare alla distruzione della cellula familiare patriarcale. Così apprendiamo che il periodo neolitico, che corrisponde all'invenzione dell'agricoltura e alla sedentarizzazione dei popoli tra l'8000 e il 3000 a.C., corrisponde all'"età dell'oro dell'umanità". Lo stesso Karl Marx collocò il comunismo primitivo in questo periodo. Queste società ideali erano apparentemente di tipo matriarcale: "Il Neolitico ha inventato la metallurgia: ora i gioielli e il rame per gli oggetti da cucina sono usati principalmente dalle donne, il che rafforza la nostra convinzione di una società matriarcale", si legge in questa letteratura freudo-marxista. A quanto pare, l'umanità viveva in pace, finché non arrivarono i malvagi indoeuropei a rovinare tutto: "Oggi è stato formalmente dimostrato che la guerra è comparsa molto più tardi... La causa scatenante è innegabilmente l'invenzione della guerra con l'addomesticamento del cavallo da parte delle tribù ariane. In un colpo solo, una tappa giornaliera passava da 20 km a 200 km, il che consentiva incursioni a sorpresa in città e ricchezze, granai di grano, belle donne e gioielli, ecc. Così apparvero due classi dirigenti: i guerrieri e i sacerdoti, esclusivamente maschili, che "introdussero il patriarcato autoritario e sottomisero le donne nella sfera sociale e sessuale". "Tuttavia, nel Medioevo c'erano ancora delle reminiscenze di quella società ideale: "A riprova di ciò, abbiamo, ad esempio, anche in tempi più recenti, il caso di Eleonora d'Aquitania e delle sue Corti di Giustizia d'Amore, che quasi sempre si pronunciavano a favore dell'amante a scapito del marito. "Ma i malvagi erano in agguato: "Luigi IX il Santo sterminò questa società femminista prima del tempo durante la Crociata contro gli Albigesi."

Questo è un esempio piuttosto caricaturale di ciò che può produrre il fanatismo al servizio dell'escatologia ebraica. La storia viene distorta in modo che possa adattarsi allo stampo ideologico, secondo il noto principio che il fine giustifica sempre i mezzi.

Il filosofo freudo-marxista Jurgen Habermas ha descritto a modo suo l'ideale comunista di una società matriarcale negli anni '70: "Una relazione simile alla famiglia esiste solo tra madre e figlio o tra fratelli. L'incesto tra madre e figlio adolescente non è consentito, anche se non esiste una limitazione analoga all'incesto tra padre e figlia, perché non esiste un ruolo paterno[720]. "Il ruolo del padre è effettivamente meno importante nelle società matriarcali in cui solo le madri si occupano della famiglia, mentre i maschi (come in alcune società di primati) sono abbandonati a se stessi e si dedicano al vagabondaggio sessuale.

Queste società matriarcali sono quindi poligame. E come per caso, abbiamo visto all'inizio di questo studio Jacques Attali promuovere la poligamia, sia nel suo *Dizionario del XXI secolo*, pubblicato nel 1998, sia nel suo libro intitolato *Uomo nomade*, del 2003. Va notato che questa struttura familiare era la norma tra gli ebrei dell'antichità, come scrive Attali in un altro dei suoi libri: "La poligamia è e rimarrà a lungo la pratica accettata dagli ebrei, come lo è per tutti i popoli della regione[721]." Forse dovremmo vedere ancora una volta che la poligamia era la norma tra gli ebrei dell'antichità, come scrive Attali in un altro dei suoi libri: "La poligamia è e rimarrà a lungo la pratica accettata dagli ebrei, come lo è per tutti i popoli della regione. "Forse dovremmo rivedere qui quella patologica incapacità di "vedere il punto di vista degli altri", che li porta a ragionare solo secondo i propri standard, e a volerli imporre a tutti i costi al resto dell'umanità".

E che dire della legge sovietica che depenalizza l'incesto in URSS, sapendo il ruolo preponderante che molti ebrei hanno avuto in quel regime durante i primi trent'anni?

Anche Karl Marx, che proveniva da una famiglia ebraica, aveva evocato questa idea di società primitiva ideale. Un sociologo americano, Lewis Samuel Feuer, aveva notato che Karl Marx insisteva molto sul fatto che l'incesto fosse la regola nell'umanità primitiva. E a ragione, Lewis Samuel Feuer ha aggiunto: "Il fatto che Marx abbia potuto immaginare che l'incesto fosse la regola dice di più su Karl Marx stesso che sulle società primitive[722]. "

Disturbi sessuali

Nel suo studio sulla *vita sessuale degli ebrei*, pubblicato nel 1981, il dottor Georges Valensin, ebreo sefardita, ha spiegato che i giovani ebrei venivano introdotti alla sessualità molto presto: "Il giovane ebreo, già a dieci anni, veniva sensibilizzato alla natura dei rapporti sessuali

---

[720]Jurgen Habermas, *La reconstrucción del materialismo histórico*, Taurus ediciones, 1981, Madrid, pag. 136.

[721]Jacques Attali, *Les Juifs, le monde et l'argent*, Fayard, 2002, pag. 24.

[722]Lewis Feuer citato da Nathaniel Weyl, in *Karl Marx and the Promethean Complex*, *Encounter*, dicembre 1968, p. 15-30.

attraverso la lettura del Talmud, che era molto importante per lui se, come spesso accadeva, il suo matrimonio era precoce. In quella lettura trovò storie sessuali molto spinte; storie con molte note e commenti appassionati che lo aiutarono a parlare liberamente di sessualità. Un altro sessuologo, Kinsey, spiegò di essere stato "colpito dalla libertà di parola in materia sessuale dei giovani ebrei americani". "Ha aggiunto: "Gli ebrei parlano di questioni sessuali con molto meno riserbo rispetto agli altri uomini, e questo è probabilmente il motivo per cui si è diffusa la leggenda che fossero molto attivi sessualmente[723]. "Il dottor Valensin ha effettivamente spiegato che gli ebrei soffrono generalmente di maggiori carenze sessuali rispetto agli altri uomini. Non è quindi un caso che ci siano così tanti ebrei nel campo della sessuologia[724].

A volte, inoltre, le abitudini intime delle famiglie ebraiche possono dare origine a individui "ipersessuali". Pensiamo a Dominique Strauss-Kahn, ex ministro socialista dell'Economia e delle Finanze e presidente del Fondo Monetario Internazionale, che nel 2011 si è rivelato uno stupratore compulsivo. Pensiamo anche al presidente israeliano Moshe Katzav, accusato da diverse donne nell'ottobre 2006. Casi del genere sono abbondanti[725].

A questo proposito va notato il ruolo del padre autoritario e della madre violenta in questo comportamento. Negli Stati Uniti, una ricerca su 412 casi di adulti "ipersessuali" (337 uomini, 75 donne) è giunta a questa conclusione: "In generale, queste persone hanno vissuto in una famiglia in cui un padre brutale ha dato loro l'immagine di non poter essere amati; la madre ha abusato sessualmente, risvegliando precocemente la loro sessualità e facendo loro vedere che questo è l'unico modo per relazionarsi e per essere presi in considerazione dagli altri. In questi adulti la sessualità sarà estremamente apprezzata, portando a un'attività sessuale sfrenata e allo sfruttamento sessuale, prima dei fratelli e delle sorelle e poi di chiunque altro. Questa sessualità debordante si manifesta in alcuni comportamenti tollerati dalla società (masturbazione, omosessualità, prostituzione) e in altri che lo sono meno, come l'esibizionismo e il voyeurismo[726]."

Ma soffermiamoci un po' su due casi. Thierry Chichportich, il famoso sessuologo, era più "ipo" che "iper", poiché aveva bisogno di

---

[723]A. Kinsey, *Le Comportement sexuelle de l'homme*, Éd. Du Pavois, Paris, 1950, p. 617; in Georges Valensin, *La Vie sexuelle juive*, Éditions philosophiques, 1981, p. 170.

[724]Si veda Hervé Ryssen, *Il fanatismo ebraico*.

[725]Si veda Hervé Ryssen, *Il fanatismo ebraico*.

[726]Jacques-Dominique de Lannoy, *L'Inceste*, Presses Universitaires de France, 1992, p. 94.

cullare le sue pazienti per addormentarle prima di violentarle. Nel maggio 2006, il "massaggiatore delle star", soprannominato "l'uomo dalle dita d'oro" dall'élite cinematografica mondiale, è stato condannato a 18 anni di carcere dal tribunale di Nizza per gli stupri di dodici donne avvenuti nel 2003 durante le sedute di massaggio. Ha usato le sue referenze come massaggiatore di grandi star - Carole Bouquet, Emmanuelle Béart, Penélope Cruz, Monica Bellucci - per attirare i suoi clienti. In precedenza erano stati cullati nel sonno a loro insaputa da un narcotico somministrato in una bevanda. Tutte le vittime hanno testimoniato davanti al giudice che, prima del massaggio, l'uomo ha servito loro un pasto o una bevanda "dal sapore amaro" che ha avuto l'effetto di lasciarle addormentate o in "stato comatoso". Alcune delle giovani donne hanno scoperto di aver avuto una relazione sessuale con Thierry Chichportich guardando le videocassette sequestrate a casa sua. In effetti, il massaggiatore registrava i suoi rapporti sessuali con le donne inconsapevoli. La prima denuncia era stata presentata da una delle vittime che aveva parzialmente ripreso conoscenza durante lo stupro. La scoperta dei video e degli stupefacenti utilizzati ha permesso di perseguirlo.

Nel novembre 2009, Thierry Chichportich è comparso davanti al tribunale delle Alpi Marittime per altri due stupri commessi nel 2001. Una giovane donna, Christine, manicure nella regione di Parigi, ha spiegato durante l'udienza di aver incontrato il massaggiatore nell'ottobre 2001. Lui l'aveva invitata a cena a casa sua e lei si era addormentata dopo cena: "A un certo punto ho sentito un corpo pesante sul mio. Una sensazione di penetrazione. Mi ha svegliato. "Lo stesso copione di un'altra donna, Cecilia, manager della comunicazione, che aveva conosciuto Thierry Chichportich a Cannes nel 2001, e che sosteneva di essersi addormentata dopo aver bevuto un tè che lui le aveva servito in una cabina sulla spiaggia del Carlton.

Chichportich aveva negato i fatti in udienza, sostenendo di essere vittima di una cospirazione. Le "pseudo-vittime", secondo lui, avevano sporto denuncia per ottenere denaro. Assumendo egli stesso il ruolo di vittima, aveva accusato i media di essere all'origine delle denunce delle donne, prima di denunciare le loro cattive condizioni di vita nel carcere dell'Alta Corsica. Questo tentativo di suscitare compassione da parte della giuria non ha dato i suoi frutti, in quanto è stato condannato ad altri dodici anni di carcere, oltre ai diciotto anni del processo precedente.

Il caso Tordjman è stato emblematico. Sessuologo di fama mondiale, il famosissimo Gilbert Tordjamn è stato il fondatore della sessuologia in Francia. La prima denuncia contro di lui risale al 1999. In seguito, numerose donne hanno accusato lo specialista di abusi sessuali. Gilbert Tordjamn è stato accusato nel marzo 2002, all'età di 75 anni. In totale, quarantaquattro donne, ex pazienti, si erano presentate davanti al giudice istruttore per testimoniare contro l'ex presidente dell'Associazione mondiale di sessuologia.

Il settimanale *Le Point* del 9 agosto 2002 ha riportato le testimonianze delle sue vittime. Il primo risale al 1983. La testimonianza era stata precedentemente pubblicata sotto forma di un lungo racconto intitolato "L'orrore dietro la porta" sulla rivista *Psychologies*. Anne ha raccontato come la sua terapia con il dottor Tordjman fosse terminata in albergo e come lui avesse approfittato del suo status di medico per avere rapporti sessuali con lei, distruggendola psicologicamente. Nel testo, il nome del Dr. Tordjman non è stato menzionato. All'epoca era impensabile", racconta Anne. È successo nel 1978. Mi ci sono voluti cinque anni per superarlo e altri quattro prima di accettare di parlarne."

Beatrice, 44 anni, aveva subito un abuso nel 1988. Gilbert Tordjman le accarezzava il clitoride e si masturbava contro di lei durante le sedute. "Non sapevo cosa un sessuologo avesse il diritto di fare. Mi diceva: 'Se non vuoi farlo, non lo otterrai mai'". Carolina, 45 anni, ha raccontato come si svolgevano le sedute laser nel 1991: "Ero nuda su un tavolo, a gambe larghe, con il laser sul mio sesso. Mi chiese di fare l'amore fingendo di gemere mentre mi accarezzava il seno, la pancia e il sesso. Ero disperata e totalmente imbarazzata. Poi iniziò la sessione di masturbazione profonda, a dorso nudo, con la proiezione di un film porno che doveva riecheggiare le mie fantasie."

Le testimonianze si sono ripetute negli anni. Il copione era quasi sempre lo stesso: proiezione di film pornografici, sedute di laser, ipnosi, poi masturbazione dei pazienti, a volte di se stesso, e infine, per alcuni di loro, penetrazione sessuale.

Per giustificarsi, il famoso sessuologo ha dedicato a questo caso un editoriale nel 2001 nella sua rivista *Les Cahiers de sexologie clinique*: "Tra la diagnosi o la pratica terapeutica, e il gesto sessuale, o interpretato come tale, il confine può essere difficile da stabilire per alcuni pazienti fragili e indottrinati.... Gli esami che effettuiamo sui pazienti che si rivolgono a noi per disfunzioni sessuali sono di natura strettamente medica. "In breve, le vittime avevano frainteso la situazione: avevano confuso il contatto vaginale con la masturbazione.

Il sessuologo sembrava privilegiare le vittime che avevano subito abusi sessuali durante l'infanzia. È il caso di Monica (il nome è stato cambiato dal giornale), che aveva consultato il dottor Tordjman insieme al marito nel 1993. Monica era stata violentata dal fratello e da allora non era più in grado di provare desiderio durante i rapporti sessuali. Durante le sedute di ipnosi, il dottor Tordjman moltiplicava le carezze e le parole volgari, per poi passare ai toccamenti vaginali, sussurrandole all'orecchio cose come: "Ti voglio, sei così desiderabile". "In seguito, Monica avrebbe tentato il suicidio.

Silvia, una bionda 45enne piccola e dinamica, ha scatenato la bufera giudiziaria e mediatica. Nel marzo 1999, si era recata dal medico con il marito per una mancanza di libido. "Sono andato dal dottor Tordjman perché era una persona molto affidabile. Conoscevamo i suoi libri. Avevo piena fiducia in lui. "Ma fin dall'inizio Silvia è rimasta sconcertata dai gesti del sessuologo, dal modo in cui le toccava la pancia molto vicino al pube e dalle parole scurrili che le mormorava all'orecchio. Poi, seduta dopo seduta, le cose sono peggiorate: "Mi ha leccato i seni, ha inserito diverse dita nella mia vagina. Ero perso, non sapevo cosa fare. "Dopo aver confessato al marito ciò che aveva subito, si recò al consiglio provinciale dell'Ordine dei Medici di Parigi per denunciare il caso. Nel frattempo, la moglie del Dr. Tordjman gli aveva telefonato per pregarlo di non rivelare nulla, adducendo i problemi cardiaci del marito. "Lei ci ha provato in tutti i modi, ma io ho tenuto duro e siamo andati davanti al Consiglio regionale, dove abbiamo assistito a una vera e propria parodia della giustizia."

Gilbert Tordjamn ha ricevuto solo un'ammonizione, ma non per gli atti commessi sul suo paziente, bensì per aver violato il segreto professionale rivelando alla moglie quanto era accaduto. Silvia ha fatto appello, insieme al Ministero della Salute. Il 13 giugno 2001 il Consiglio nazionale dell'Ordine ha inflitto al dottor Tordjman una sospensione di un mese, ma per violazione del segreto professionale e non per abusi sessuali. Tuttavia, la pubblicità di questa condanna ha permesso alle vittime di riunirsi nell'Ancas (Associazione nazionale contro gli abusi sessuali da parte di operatori sanitari) e molte di loro hanno deciso di presentare una denuncia penale. Il 13 marzo è stata finalmente annunciata l'accusa di stupro.

Il dottor Tordjman non può esprimersi liberamente a causa delle indagini in corso", ha spiegato il suo avvocato Jacques-Georges Bitoun. Ma è deciso a difendersi fino in fondo, perché nessuna delle testimonianze ha senso. Queste donne sono chiaramente fabbricatrici o pazze. Il dottor Tordjamn ha esaminato più di 7000 donne nel corso della sua carriera e anche se sette di loro lo denunciano, non è grave perché hanno una lunga storia psicologica. Inoltre, nessuno va da un sessuologo per farsi sondare le tonsille!"

Nel 2003, mentre era in libertà vigilata, Gilbert Tordjamn ha violato la decisione del tribunale che gli vietava di esercitare la sua professione. Fu immediatamente arrestato e rinchiuso nella prigione di Fresnes. Il 4 maggio 2005, il quotidiano *Le Figaro ha* riferito che il "papa della sessuologia" sarebbe comparso nuovamente davanti al tribunale penale. Il processo era previsto per l'aprile 2009, ma Tordjman è morto poco prima nella sua cella.

Gli ebrei costituiscono grandi battaglioni di professionisti della salute nell'ambito della psicoanalisi e della sessuologia[727]. Se è probabilmente vero che gli psicoanalisti cercano di curare i loro pazienti, possiamo pensare che cerchino anche di curare se stessi attraverso i loro pazienti. Lo psichiatra Jacques-Dominique de Lannoy ha affermato a questo proposito: "Il terapeuta ha spesso subito egli stesso un trauma durante l'infanzia e può accadere che i pazienti diventino le uniche persone con cui riesce a stabilire un legame... da qui lo scambio di ruoli nella relazione terapeutica[728]."

La maggior parte delle terapie individuali implica un rapporto personale prolungato con il terapeuta, quindi non sorprende che negli studi medici si verifichino numerosi casi di abusi sessuali, soprattutto su donne che hanno subito violenze da parte dei genitori durante l'infanzia[729].

Bisessualità freudiana

L'idea della bisessualità degli individui è stata fin dall'inizio parte del corpus dottrinale dei movimenti femministi e freudo-marxisti. Questo concetto, come tutto ciò che proviene dal popolo ebraico, è stato elevato a legge universale applicabile a tutti gli individui di tutte le civiltà, anche se in pratica il suo campo di applicazione è limitato alla popolazione europea.

Facendo credere all'uomo europeo di essere anche un po' donna, si pensa che accetterà più facilmente la nuova società matriarcale che

---

[727]Tuttavia, va notato che il numero di psicoanalisti è diminuito notevolmente negli ultimi anni a causa del discredito di questa "scienza".

[728]Jacques-Dominique de Lannoy, *L'Inceste*, Presses Universitaires de France, 1992, pagg. 100-103.

[729]Abbiamo riassunto numerosi casi di stupro di pazienti da parte di medici in *Il fanatismo ebraico*, capitolo *Stupri in psichiatria*, e in *Le Mirroir du judaïsme*, Baskerville (2009), p. 296-302.

gli verrà imposta per "liberarlo". Bisogna accettare e comprendere che, nella società patriarcale terribilmente repressiva, gli uomini europei hanno represso i loro naturali istinti femminili e che è stata questa "inibizione" a rendere gli uomini bianchi così aggressivi nei confronti degli stranieri, soprattutto degli ebrei.

Nel 1987, ad esempio, la femminista Yolande Cohen scriveva in *Donne e contropoteri*: nella società di oggi, "uomini e donne saranno costretti a sviluppare e a esternare l'"altra parte" di sé che è stata repressa dall'educazione di un tempo. Inoltre, le donne saranno obbligate a svolgere il ruolo degli uomini e gli uomini quello delle donne. La bisessualità originaria è tornata, spazzando via tutto ciò che si trovava sul suo cammino, la disuguaglianza e la rigida complementarità dei sessi... L'arrivo del terzo millennio coincide con uno straordinario rovesciamento dei rapporti di forza. Non solo il sistema patriarcale sarà morto e scomparso nella maggior parte dell'Occidente industrializzato, ma assisteremo anche alla nascita di un nuovo squilibrio nei rapporti tra i sessi, questa volta a vantaggio esclusivo delle donne[730]."

Il desiderio di distruzione della società europea è ancora una volta molto percepibile, perché, evidentemente, l'apologia della bisessualità non è altro che un modo velato di incoraggiare l'omosessualità. Ma in queste dichiarazioni si percepisce anche quell'ambivalenza tipicamente isterica, che non è altro che la proiezione sul resto dell'umanità di una nevrosi molto specifica dell'ebraismo.

Vediamo cosa ha detto lo psicoterapeuta Michel Steyaert: "I temi omosessuali sono quasi costanti nella follia isterica, sia che si tratti di un'omosessualità attiva (che non impedisce la coesistenza con le relazioni eterosessuali), sia che si tratti di un'omosessualità non attiva, ma che si manifesta molto chiaramente nelle fantasie e nelle fasi deliranti....Si passa così al problema della bisessualità che si osserva spesso nella follia isterica, poiché la vera domanda fondamentale dell'isterico è: chi sono, uomo o donna?[731]?"

Questa ambiguità della personalità isterica è la stessa che abbiamo percepito in numerosi testi della letteratura cosmopolita. Non dobbiamo quindi più stupirci, visto il controllo e la presenza degli ebrei nel nostro sistema mediatico, di tutti quei programmi e serie televisive che dagli anni '90 sostengono l'omosessualità. Questa propaganda corrisponde al desiderio di distruggere la società europea tradizionale, ma anche a una

---

[730]Yolande Cohen, *Femmes et contre-pouvoirs*, Boréal, 1987, p. 214-216.
[731]Michel Steyaert, *Hystérie, folie et psychose*, Éd. Les Empêcheurs de penser en rond, 1992, pagg. 67-68.

profonda nevrosi che porta i malati a proiettare i propri "conflitti edipici" sul resto dell'umanità.

Questo ci ricorda ad esempio il film del 1998 del regista Jean-Jacques Zilbermann, che trattava dell'omosessualità all'interno della comunità ebraica: *L'Homme est une femme comme les autres (L'uomo è una donna come tutte le altre)*.

L'omosessualità è probabilmente molto più diffusa di quanto si creda all'interno della setta. Il presentatore televisivo Stephane Bern è arrivato a dichiarare inaspettatamente in un articolo del quotidiano *Libération* del maggio 2000 che "le madri ebree sono degli ottimi omosessuali".

Di seguito sono riportati alcuni dei film più recenti e più noti sul tema:

Bruno (USA, 2009), ad esempio, è un film "irritante" e "scomodo" di Larry Charles e Sacha Baron Cohen. Racconta la bizzarra storia di un giornalista austriaco gay che decide di diventare una star a Los Angeles.

In *Whatever works* (USA, 2009), il famoso regista Woody Allen trasforma una coppia di cristiani. La moglie diventa un'appassionata di orge, mentre il marito diventa un omosessuale convinto.

Il film del regista cinese Lou Ye, *Spring Drunken Nights* (Cina, 2009), è "un film appassionato sull'omosessualità in Cina", riporta *Le Monde*. Il film, selezionato per il Festival di Cannes, è stato sovvenzionato con 70.000 euro dalla regione Ile-de-France e 120.000 euro dal Fondo Sud del Ministero degli Affari Esteri (Quay d'Orsay), che sostiene le opere culturali straniere. Il giornale ha dichiarato che il film è stato prodotto da Sylvain Bursztein.

Nell'aprile 2011, *Tomboy*, il nuovo film di Celine Sciamma, racconta la storia di Laura, 10 anni e *garçon manqué*[732]. Nel suo nuovo quartiere, fa credere a Lisa e alla sua banda di essere un ragazzo. Laura diventa "Miguel", un ragazzo come gli altri, abbastanza diverso da attirare l'attenzione e far innamorare Lisa.

La femminilizzazione delle società occidentali e l'ascesa dell'omosessualità non sono una coincidenza, ma sono senza dubbio la conseguenza del potere mediatico acquisito da numerosi e influenti uomini d'affari, intellettuali e giornalisti ebrei. Possono girare il problema in tutte le direzioni: non c'è altra spiegazione. Non si tratta solo di un processo politico che mira alla distruzione del mondo europeo, basato su un delirio profetico tipico dell'ebraismo, ma anche

---

[732] Bad boy; ragazza con un forte carattere virile; Tomboy.

di una proiezione nevrotica che si traduce in: "una regressione anale, legata al mancato superamento dei conflitti edipici". Le teorie freudiane, come abbiamo visto, funzionano meglio se applicate alla matrice ebraica stessa.

Il tema della bisessualità, divulgato precocemente da Sigmund Freud, è in effetti un'ossessione molto antica degli ebrei cabalisti, come ha ricordato David Bakan. Per gli aderenti allo Zohar e alla Cabala, infatti, la dottrina teologica della Shechinah (una forma di ierogamia sacra) occupa un posto essenziale. La Shechinah è in qualche modo la parte femminile di Dio, la "Divina Presenza di Dio", la "madre celeste" e una parte di Dio stesso. "Lo Zohar parla ripetutamente dell'unione di Dio con la sua Shechinah... La Shechinah è la moglie di Dio, che è stata ripudiata dal suo Signore, ma sta per arrivare il momento in cui Egli getterà di nuovo su di lei uno sguardo favorevole."

David Bakan ha spiegato che "la bisessualità dell'uomo" è un "tema dominante" dello Zohar: poiché la Divinità ha una parte femminile, è logico pensare "che Adamo sia stato creato a immagine di Dio e della Shechinah, o di Dio che contiene la Shechinah in lui". Così, Adamo, la cui costola è servita per creare Eva, è sia maschio che femmina. "Così possiamo "far risalire il germe di questa dottrina della bisessualità alla tradizione cabalistica[733] " divulgata da Freud.

Per molti ebrei, evidentemente, "la Shechinah è anche identificata con la comunità di Israele, come la sposa di Dio[734]. "E ora comprendiamo meglio il paragone di Otto Weininger tra "l'ebreo" e "la donna", anche se può essere sembrato un po' ridicolo quando lo abbiamo letto per la prima volta. In realtà, il confronto era molto più profondo di quanto sembrasse[735].

Ora abbiamo anche una migliore comprensione del messianismo ebraico. Ogni disgrazia che colpisce la comunità, ogni cataclisma, viene identificato dai rabbini e dagli intellettuali ebrei con "le doglie del parto

---

[733] David Bakan, *Freud et la tradition mystique juive*, 1963, Payot, 2001, p. 301, 33, 306.

[734] David Bakan, *Freud et la tradition mystique juive*, 1963, Payot, 2001, p. 297. [Il dovere dei pii ebrei è quello di ripristinare attraverso le loro preghiere e i loro atti religiosi la perfetta unità divina, sotto forma di unione sessuale, tra le divinità maschili e femminili. Così, prima della maggior parte degli atti rituali, si recita la seguente formula cabalistica: "Per il bene dell'unione [sessuale] del Santo e della Sua Shechinah.... "In Israel Shahak, *Historia judía, Religión judía, El peso de tres mil años*, Ediciones A.Machado, 2016, Madrid, p. 75. Si veda anche la nota del traduttore nell'allegato VIII].

[735] Rileggete Weininger nel capitolo *L'odio di sé*. "L'ebreo è per natura una femmina", spiega il giovane ebreo nel film di Henry Bean *The Believer* (2001).

del Messia" - in ebraico *"Hevlei Mashiah"*. Il vocabolario utilizzato dall'ebraismo per esprimere il desiderio della venuta del Messia è sorprendentemente simile a quello dell'analisi medica del fenomeno isterico.

"Le doglie del parto del Messia", questo ci è ormai molto evidente, sono in realtà i sintomi della gravidanza immaginaria[736].

Grotte e cantine della civiltà

Mentre la psicoanalisi è in continua regressione e quasi scomparsa, le teorie freudiane, che avevano ampiamente ispirato i movimenti "ribelli" degli anni '60 e '70, continuano a permeare la società occidentale. Continuano a rappresentare una matrice ideologica che genera risentimento e ostilità verso la società europea tradizionale. Attraverso il femminismo e la tesi della bisessualità, essi costituiscono un attacco permanente al maschio bianco, favorendo così un'introspezione dannosa per gli individui, nonché un'omosessualità trasmessa con compiacimento dai media occidentali. Con la "scoperta" della sessualità infantile, le teorie freudiane giustificano anche la pedofilia e la "liberazione" sessuale. La valorizzazione del libero amore, a scapito del matrimonio e dell'impegno, mina la cellula familiare e il tasso di natalità europeo tanto quanto la legge sul velo[737] sull'aborto. La pornografia, che si insinua su ogni schermo, partecipa al grande movimento di "liberazione". Se a questo si aggiunge un'incessante propaganda mediatica emulativa che mira a rendere colpevole l'uomo europeo e a fargli accettare la società multirazziale, allora siamo davvero arrivati a una vera e propria impresa di distruzione.

La proiezione nevrotica ebraica è accompagnata da uno spirito di rivalsa molto caratteristico, ben visibile in molti testi e in molti modi diversi: attacchi anticristiani e apologia della società plurale, marxismo e liberalismo, psicoanalisi e femminismo. Il secolare risentimento contro la civiltà europea e il cristianesimo ha sempre dato origine negli ebrei a una letteratura vendicativa che si nutre di invidia impotente e di odio implacabile mascherato dietro una fraseologia egualitaria. Questa fusione tra spirito di risentimento e nevrosi è stata l'essenza dello spirito ebraico per tutto il XX secolo, a partire dall'esodo dal ghetto.

---

[736]Rileggete il capitolo *Speranza messianica*.
[737]Simone Veil. Un politico francese di origine ebraica che ha spinto per una legge del genere nel 1975.

Freud, come altri ebrei, nutriva un odio profondo per la Chiesa cattolica e la civiltà europea. Da qui la sua ammirazione per Annibale Barca, quell'eroe semita dell'antichità che aveva combattuto senza tregua e tenuto in scacco Roma per anni. Freud scrisse molto esplicitamente ne *L'interpretazione dei sogni*: "Annibale aveva un posto di rilievo nelle mie fantasie". La scena in cui Amilcare fa giurare al figlio di vendicarsi dei Romani esalta la sua immaginazione: Annibale rappresenta la tenacia ebraica di fronte all'aborrita Roma.

Mentre Marx aveva elaborato le sue teorie presumibilmente universali sulla lotta di classe, Freud aveva fatto lo stesso con il suo complesso di Edipo, altrettanto "universale". Karl Marx sosteneva che la cultura e la politica di tutte le società dipendevano quasi interamente dal sistema economico e dal potere della classe proprietaria. Pertanto, secondo lui, le "sovrastrutture" culturali e le mentalità occidentali si sarebbero inevitabilmente modificate non appena le strutture di sfruttamento economico della borghesia fossero state distrutte e sostituite dal potere del proletario liberatore. Il metodo di Freud, suo congenere, era in definitiva molto simile. Era una sorta di trasposizione a misura d'uomo delle analisi sociali del marxismo. Freud divise l'essere umano in "Ego", "Io" e "Overself", proprio come Marx aveva diviso la società in classi sociali irrimediabilmente antagoniste[738]. L'Overself, che rappresenta le norme soffocanti della società, costringe l'individuo a "inibire" i suoi istinti naturali, svolgendo così il ruolo assegnato alla polizia su ordine della borghesia nello schema marxista-leninista.

Comunque sia, Karl Marx e Sigmund Freud sono sempre stati alla ricerca di ciò che potesse spiegare i conflitti naturali che esistono in ogni essere umano e in tutte le società. "Possiamo dedurre di conseguenza che nel complesso di Edipo coincidono gli inizi della religione, della morale, della società e dell'arte, una coincidenza che è perfettamente in accordo con la dimostrazione fornita dalla psicoanalisi che questo complesso costituisce il nodulo di tutte le nevrosi[739] ", scriveva Freud. Freud scavava nell'inconscio dell'essere umano per trovare quanto di più sporco ci fosse, per portarlo alla superficie della coscienza e per "liberare" il paziente dalle sue frustrazioni e nevrosi. Oggi sappiamo che le interminabili e rovinose sedute di psicoanalisi avevano soprattutto l'effetto di minare ulteriormente il morale delle persone depresse.

---

[738] Si veda Hervé Ryssen, *Speranze planetarie*, (2022).
[739] Sigmund Freud, *Totem e tabù*, *Opere collettive*, EpubLibre, Trad. Luis López Ballesteros y de Torres, 200, p. 2485.

Freud era consapevole del suo metodo: "Ero sempre al piano terra o nei sotterranei dell'edificio", scriveva, osservando come "ai piani superiori" fossero alloggiati "ospiti illustri come la religione, l'arte, ecc.[740]..."

Questa immagine si ritrova anche nel romanziere Albert Cohen, di cui Leon Poliakov ha detto: "Per l'ebreo mediterraneo Albert Cohen, l'ebraismo è una prigione misteriosa, una cantina buia che il suo eroe "Solal" frequenta e ama in segreto. Nel suo romanzo *Bella del Signore*, come scrive Bernard-Henri Lévy, "Solal il Magnifico, il Granduca della SDN, che parla alla pari con i più grandi, allo stesso tempo nutre e protegge nella sua cantina una sorta di 'corte dei miracoli' composta da ebrei scrofolosi, malati, emarginati, non rappresentati nel mondo in cui è uno dei re e che è costretto a visitare in segreto di notte".

Non è forse rivelatore di una mentalità che tende all'azione sotterranea, a rovistare, a scavare gallerie, ad agire in segreto, piuttosto che a creare e far germogliare ciò che di più bello e nobile c'è nell'animo umano?

Non sorprende quindi, in queste condizioni, che i nazionalsocialisti abbiano fatto la caricatura dei loro nemici dichiarati come animali e insetti che abitano in grotte, cantine, fogne e tubi di ventilazione, intenzionati a minare le strutture dell'edificio. Senza dubbio, lo spirito di vendetta e la determinazione a distruggere ciò che altri hanno creato nel corso dei secoli non aiutano a far emergere ciò che di più bello c'è negli esseri umani. Le carenze dell'ebraismo nei campi della cultura e dell'arte non possono essere spiegate in altro modo.

Di certo, la sistematizzazione ideologica con pretese universali, come quella di Karl Marx e Sigmund Freud, non è stata il germe di una grande creazione artistica, per così dire. Quando infine si esprime nella pittura o nella scultura, ad esempio, la creatività ebraica ci mostra soprattutto il disordine nevrotico e patologico: basta guardare quei quadri nelle gallerie d'arte contemporanea o quelle sculture nelle piazze e nelle rotonde delle nostre città, una più contorta e orrenda dell'altra.

L'ebraismo in psichiatria

L'universalizzazione della nevrosi freudiana sembra coincidere con la tendenza generale degli intellettuali ebrei a ritenere che tutta l'umanità debba essere confusa con l'ebraismo. Questo è ciò che ha permesso a Elie Wiesel di dire con naturalezza: "Le cose stanno così e

---

[740] Marthe Robert, *D'Oedipe à Moïse*, 1974, Agorà, 1987, p. 181.

non c'è nulla che si possa fare: il nemico degli ebrei è il nemico dell'umanità[741]. "D'altra parte, poiché gli ebrei sono innocenti di tutto ciò che può essere loro imputato, chi se la prende con loro se la prende con l'intera umanità. Nelle sue *memorie*, Elie Wiesel ha scritto: "L'odio per gli ebrei non è mai stato limitato ai soli ebrei: trabocca e prende di mira altre minoranze. Inizia con l'odio per l'ebreo e finisce con l'odio per chi è diverso, per chi viene da altrove, per chi pensa e vive in modo diverso. Ecco perché l'antisemitismo non riguarda solo gli ebrei, ma colpisce la società in cui viviamo nel suo complesso[742]."

Bernard-Henri Levy si è espresso nello stesso modo nel 2002, quando gli ebrei di Francia sono stati bersaglio di accuse da parte di giovani immigrati in solidarietà con il popolo palestinese. In quell'occasione, erano state commesse alcune violenze contro le sinagoghe, e il filosofo cercò di arruolare i francesi nella sua lotta contro l'Islam radicale: "Gli ebrei sono in prima linea, ma dietro di loro c'è la Francia... Questo antisemitismo è nuovo... Quando una sinagoga viene attaccata con un ariete, viene attaccato il simbolo in quanto tale, l'istituzione, l'universale[743]." A meno che, ovviamente, non si tratti semplicemente di una sinagoga.

La verità è che i discorsi di Elie Wiesel e Bernard-Henri Levy esprimono una terribile paura di vedere il "popolo eletto" solo di fronte alle sue contraddizioni e, soprattutto, di fronte alle proprie contraddizioni ("Temono la solitudine, e i momenti di separazione li riempiono di angoscia", diceva il medico). L'ebreo porta con sé tutte le sofferenze dell'umanità, ci ha detto il filosofo Alain Finkielkraut: "Dalla donna picchiata all'operaio immigrato, dalla giunta cilena ai bambini cambogiani e ai prigionieri del gulag, ogni vittima ha fatto risorgere l'ebreo[744]. "D'altra parte, quando un ebreo viene colpito, tutta l'umanità soffre. Conosciamo il ritornello.

André Neher, da parte sua, ha ripreso le parole di Vladimir Jankelevitch: "Auschwitz è il fallimento dell'avventura millenaria del pensiero umano[745] ", ha scritto. In realtà, fu soprattutto un duro colpo per il pensiero ebraico.

La proiezione della nevrosi ebraica sul piano universale si manifesta anche nella dimensione religiosa. Proponendo la sua teoria dell'orda primitiva, dell'assassinio del padre e della festa totemica,

---

[741] Elie Wiesel, *Mémoires II*, Éditions du Seuil, 1996, p. 72.

[742] Elie Wiesel, *Mémoires II*, Éditions du Seuil, 1996, p. 128-129.

[743] Bernard-Henri Lévy, *Récidives*, Grasset, 2004, p. 845.

[744] Alain Finkielkraut, *Le Juif imaginaire*, 1980, Points Seuil, 1983, pag. 211.

[745] André Neher, *Le dur Bonheur d'être juif*, Le Centurion, 1978, p. 47.

Freud intendeva mostrare, in *Totem e tabù*, il carattere nevrotico della religione, che, secondo lui, non era altro "che la nevrosi dell'umanità". Ma ora sappiamo che, se esiste una nevrosi, essa corrisponde a un caso molto specifico. Gli intellettuali ebrei vanno sempre letti con uno specchio.

Come è noto, tutti gli intellettuali ebrei si dilettano nel "mistero" dell'ebraismo. Nel suo libro del 1992 *La ferita*, il famoso direttore della stampa Jean Daniel (Bensaïd) ha espresso la sua angoscia: "Il mistero ebraico è un fenomeno commovente che può sollevare domande mistiche e portare alcuni a credere nell'elezione di un popolo[746]. "Tredici anni prima si era già interrogato, incapace di trovare una soluzione al suo problema: "Posso dire che questo mistero, quando mi abita, offusca i miei pensieri invece di arricchirli.... Dove si trova questo popolo se non nella persecuzione? Nessuno è stato finora in grado di definirlo[747]. "E ancora una volta sentiamo l'eco delle parole di André Glucksmann: "Due millenni in cui è stata una domanda viva per il mondo intero. Due millenni di innocenza, che non hanno nulla a che fare con[748]."

Alla fine del suo libro *L'ebreo immaginario*, Alain Finkielkraut si interrogava anche sulla natura sfuggente dell'ebraismo: "Popolo, religione, nazione? Tutte queste categorie sono più o meno applicabili: nessuna è veramente soddisfacente... Il popolo ebraico non sa cosa sia[749]."

Come ha detto André Neher: "Non esiste una risposta alla domanda "Chi è un ebreo? Questa domanda sarà sempre una domanda perché contiene in sé una frangia che la trascende per sempre[750]."

"Al di fuori della famiglia, la comunità ebraica è una finzione che esiste solo nei discorsi di coloro che la proclamano. Ci sono ovviamente le istituzioni, la stampa, le scuole, i notabili, gli enti di beneficenza, ma l'ebreo vive come la maggior parte dei suoi coetanei al di fuori di questa rete. "È "una collettività che non ha un'esistenza collettiva[751]. "Tuttavia, queste affermazioni non impediscono al filosofo di infierire, qualche pagina più avanti, contro chi osa pensare che gli ebrei abbiano uno spirito molto particolare, e che proprio da questo possano essere identificati, piuttosto che dalle loro abitudini, dai loro nomi o dai loro

---

[746] Jean Daniel, *La Blessure*, Grasset, 1992, p. 259.

[747] Jean Daniel, *L'Ère des ruptures*, Grasset. 1979, p. 113

[748] André Glucksmann, *Le Discours de la haine*, Plon, 2004, p. 88.

[749] Alain Finkielkraut, *Le Juif imaginaire*, 1980, Points Seuil, 1983, pagg. 199, 204.

[750] André Neher, *Le dur Bonheur d'être juif*, Le Centurion, 1978, p. 215.

[751] Alain Finkielkraut, *Le Juif imaginaire*, 1980, Points Seuil, 1983, p. 113.

nasi. Guardate le contorsioni intellettuali che ha mostrato: "L'antisemitismo è diventato razzismo il giorno fatidico in cui, a causa dell'emancipazione, non era più possibile riconoscere un ebreo a prima vista. Poiché, a causa della ripugnante promiscuità sociale, gli ebrei non portavano più un segno distintivo, venivano puniti con una mentalità diversa. La scienza ha fatto ciò che era fuori dalla portata degli occhi: garantire l'estraneità dell'avversario, stigmatizzare la nazione di Israele racchiudendola nella sua realtà ebraica. "Si suppone che siano stati "la paura e il risentimento" ad animare gli antisemiti. "L'odio razziale, quella rabbia cieca, in realtà punì gli ebrei perché non esibirono più la loro differenza[752]."

Nel nostro libro precedente abbiamo ironizzato su questa apparente incomprensione degli intellettuali ebrei riguardo all'ostilità che i loro ragionamenti e le loro procedure possono suscitare nel mondo dei goyim. Ora capiamo meglio perché i loro discorsi possono essere sinceri e come questa caratteristica *"chutzpah"* possa essere in definitiva l'espressione della loro ambiguità e delle loro esitazioni identitarie.

Nelle sue *Riflessioni sulla questione ebraica*, nel 1946, Jean-Paul Sartre aveva scritto: "L'ebreo è un uomo che gli altri uomini considerano ebreo: questa è la pura e semplice verità da cui bisogna partire... Infatti, contrariamente a un'idea molto diffusa, non è il carattere ebraico a provocare l'antisemitismo, ma, al contrario, è l'antisemita che crea l'ebreo... Se gli ebrei non esistessero, l'antisemita li inventerebbe[753]."

Questa tesi, che a prima vista sembra grottesca, in realtà contiene una parte di verità, nel senso che corrisponde molto bene alla percezione che gli ebrei hanno della loro identità, in assenza di una spiegazione della realtà delle cause dell'antisemitismo. La testimonianza di Jean Daniel è illuminante: "Il libro di Sartre? È stata una liberazione. Avevo l'impressione che un ragazzo mi avesse finalmente capito. Era difficile credere che non fosse anche lui un ebreo, perché era capace di andare fino in fondo alla nostra umiliazione. L'invenzione di questo ebreo implicito fu in quel momento una liberazione. "Anche Alain Finkielkraut è rimasto estasiato: "Questo breve saggio è un testo affascinante, fondamentale e salvifico[754]. "Il settimanale *Marianne* del 25 giugno 2005 riporta la testimonianza del

---

[752] Alain Finkielkraut, *Le Juif imaginaire*, 1980, Points Seuil, 1983, p. 106.

[753] Jean-Paul Sartre, *Riflessioni sulla questione ebraica*, Seix Barral, Barcellona, 2005, pp. 77-78, 159, 15.

[754] Alain Finkielkraut, *Le Juif imaginaire*, 1980, Points Seuil, 1983, p. 17.

regista Claude Lanzmann, che conferma: "Questo libro ha rappresentato un momento essenziale. In un certo senso, Sartre ci ha restituito il gusto della vita. Su questa terra, c'era almeno un uomo vicino a noi che ci aveva capito."

Per quanto possa sembrare sorprendente ai goyim stagionati della "questione ebraica", queste testimonianze non possono essere considerate una manifestazione di quella che alcuni chiamano "perfidia" ebraica. Contrariamente a quanto avremmo potuto pensare nel nostro libro precedente, probabilmente c'è molta sincerità in queste affermazioni. Ricordiamo ciò che scrisse Otto Weininger: "Non c'è ebreo maschio che, per quanto confusamente, non soffra per il suo ebraismo, cioè per la sua mancanza di fede... è l'individuo più lacerato, il più povero di identità interiore[755]."

"Ho una storia e un volto segnati da venti secoli di disgrazie, scriveva Finkielkraut: posso in un momento di depressione maledire la mia mancanza di personalità, la mia incoerenza e i miei dubbi[756]. "E allora il filosofo tornò alle eterne geremiadi ebraiche, perché gli ebrei, dobbiamo saperlo, sono deboli, molto deboli, e la loro debolezza li lascia in balia della follia degli uomini. La Germania hitleriana aveva quindi deciso di sterminare questi esseri deboli, proprio a causa della loro debolezza (non cercate altre spiegazioni!): "Lo Stato più potente del mondo ha pianificato la scomparsa di un popolo senza esercito, senza terra e senza alleanze. Tra un Paese sovra-equipaggiato e una nazione non difesa, non c'è mai stata una guerra così impari e assoluta. "I poveri ebrei sono quindi i "capri espiatori[757] ", sempre perseguitati e sempre innocenti.

Nel maggio 2006, un Elie Wiesel ormai al tramonto ha finalmente fatto alcune confessioni nel suo "romanzo", *Una voglia matta di ballare. Il* suo eroe "soffre di una follia dovuta a un eccesso di memoria". Ha confessato a uno psicanalista: "Sono paranoico, schizofrenico, isterico, nevrotico? "Attraverso il suo personaggio Elie Wiesel si è espresso così: "Come il *dybbuk*, mi rifugio nella mia follia come in un letto caldo in una notte d'inverno. Sì, proprio così. È un *dybbuk* che mi perseguita, che vive dentro di me. Lui, colui che prende il mio posto. Lui, colui che usurpa la mia identità e mi impone il suo destino? Da dove viene il mio grande disagio, questi cambiamenti, queste metamorfosi improvvise, senza spiegazioni o riti di passaggio, questo essere in panne vicino all'ottundimento, questa vacillazione

---

[755] Otto Weininger, *Sesso e carattere*, 1902, Ediciones 62 s|a, 1985, Barcellona, p. 322.

[756] Alain Finkielkraut, *Le Juif imaginaire*, 1980, Points Seuil, 1983, p. 15.

[757] Alain Finkielkraut, *Le Juif imaginaire*, 1980, Points Seuil, 1983, pagg. 64, 162, 60.

dell'essere che caratterizza il mio malessere[758]?".

Come molti altri, Alain Finkielkraut si è stufato e disgustato di questa interminabile messa in discussione della sua identità ebraica: "Ne avevo abbastanza della mia ebraicità. Il disgusto. La saturazione. La stanchezza. Ero sazio, sfinito dal martellamento, stordito dal ritornello sul nostro impareggiabile destino, bombardato dall'eterno canto del popolo disprezzato. Imbottito, implorava pietà. Non a Dio, non al sistema, ma a coloro che tenevano l'imbuto, i miei genitori e la loro eterna ossessione ebraica. Ossessione, questa è la parola giusta? Non mi hanno forse ricordato continuamente la nostra solitudine, la nostra maledizione? "

Finkielkraut si dichiarerà incapace di trovare le cause della sua esitazione identitaria: "Non sono in grado di spiegare, dopo mille altri, in seguito a quale trauma sono diventato ebreo, perché per quanto mi ricordo, sono sempre stato uno[759]."

Freud aveva capito che l'origine dell'ebraismo non era di natura religiosa, ma sessuale. Il poeta "tedesco" Heinrich Heine aveva, tra l'altro, l'abitudine di dichiarare sarcasticamente che l'ebraismo non era una religione, ma una "vergogna familiare" (*Familienunglück*). Solo gli iniziati potevano capire il contesto del suo pensiero.

Come sappiamo, l'origine del male è l'incesto, che è all'origine della patologia isterica che caratterizza così bene l'ebraismo: istrionismo, egocentrismo, angoscia, paranoia cronica, intolleranza della frustrazione, fabulazione, amnesia selettiva, ambiguità identitaria e sessuale, megalomania e così via. Tutto si riassume infine in questa frase: l'*ebraismo è quella malattia che la psicoanalisi pretendeva di curare.*

Non si tratta più di "popolo eletto", ma di riconoscere una diagnosi medica. Così, per tremila anni, l'ebraismo sembra essere stato una lunga successione di generazioni incestuose. In effetti, nella maggior parte dei casi, l'autore dell'incesto è stato a sua volta abusato sessualmente da bambino da un adulto, di solito un parente stretto[760]. Attraverso il trauma, il bambino incestuoso diventa a sua volta un genitore incestuoso e queste disposizioni vengono così trasmesse di generazione in generazione. Leggendo gli intellettuali ebrei di oggi, dobbiamo presumere che la psicoanalisi freudiana non sia riuscita a liberarli dalla loro nevrosi ossessiva. Jean Daniel, che desiderava chiaramente

---

[758] Elie Wiesel, *Un Désir fou de danser*, Ed. Seuil, 2006, pag. 13, 29

[759] Alain Finkielkraut, *Le Juif imaginaire*, 1980, Points Seuil, 1983, pagg. 127 e 209.

[760] Jacques-Dominique de Lannoy, *L'Inceste*, Presses Universitaires de France, 1992, pagg. 92, 91.

uscirne, si ribella all'eccesso di zelo di alcuni custodi della tradizione, come il grande Emmanuel Levinas, ad esempio, "che rimprovera e proclama che abbandonare l'ebraismo è condividere l'intenzione del Faraone (oggi Hitler) e portare a termine il genocidio abortito". È così che si esercita la serratura più dura della prigione", ha scritto Jean Daniel. Evidentemente, qualcosa lo turbava, perché rivendicava per gli ebrei il diritto di poter "uscire dall'ordine se si ritengono indegni di una scelta troppo pesante[761]."

Dieci anni dopo, Jean Daniel era ancora rinchiuso dietro le mura, come ha finalmente espresso chiaramente nel suo libro del 2003, *La prigione ebraica*: "L'ebraismo è una chiamata alla santità", ha scritto, prima di chiedersi: "Dio ha investito questi uomini di una missione disumana? Questo comandamento dell'Elezione può essere giudicato come il rovescio di una maledizione? "E ha osservato che l'ebraismo è un mondo chiuso, tagliato fuori dal resto del mondo: "È quasi impossibile entrare nella comunità ebraica e si fa di tutto per impedire alle persone di uscirne. Siamo chiaramente in presenza di una prigione[762]."

Nel verbale della sua conferenza del 14 marzo 2005 all'Istituto Itshak Rabin di Parigi, il direttore della stampa Alexandre Adler ha ricordato il ruolo di ogni ebreo: "C'è un imperativo onnipresente. L'imperativo è di non permettere che nessun ebreo si perda. Purtroppo, a volte capita che alcuni ebrei si perdano, ma gli ebrei non devono essere complici di questo. Il ruolo di ogni ebreo nel mondo è quello di essere il custode di suo fratello... cioè di riportarlo a casa. Per dirgli: torna, torna, non dimenticare[763]."

Mark Zborowski ci ha dato un'idea della pressione esercitata dal gruppo su un uomo che voleva fuggire dalla "prigione": "Una persona che abiura la fede è considerata morta per sempre: si fa un funerale per lui, si tiene una cerimonia simbolica, si osserva il lutto per un'ora, e il nome dello "scomparso" è bandito dalle conversazioni... Si farà tutto il possibile per evitare una simile catastrofe. Il rabbino, gli amici e la famiglia esortano il rinnegato a rinsavire prima che sia troppo tardi. In caso di fallimento, il *meshumed*, o convertito, viene dichiarato morto dal gruppo[764]."

Si noti che Jean Daniel non mette mai la parola "ebreo" in

---

[761] Jean Daniel, *La Blessure*, Grasset, 1992, pagg. 258-260.

[762] Jean Daniel, *La prisión judía. Meditaciones intempestivas de un testigo*, Tusquets, Barcellona, 2007, p. 79, 172.

[763] http://www.beit-haverim.com

[764] Mark Zborowski, *Olam*, 1952, Plon, 1992, p. 217.

maiuscolo. Questo perché il popolo ebraico non è una razza, né una religione - perché ci sono molti ebrei atei - ma piuttosto un attaccamento e una devozione alla storia ebraica, alla Legge mosaica, all'idea dell'unificazione del mondo, all'idea della "pace" sulla terra e alla venuta del Messia. Per questo motivo dovrebbe essere considerata piuttosto come una setta: si è ebrei come si è comunisti, membri del Grande Oriente o testimoni di Geova. Anche se è vero che è molto più facile essere ammessi a qualsiasi altra religione che a quella ebraica, dove la filiazione attraverso la madre è una regola quasi intangibile. Tuttavia, si può notare come molti ebrei che non saranno mai considerati tali dagli ortodossi - perché non discendono da una madre - non si sentano meno solidali con quella comunità. L'ex ministro Bernard Kouchner, ad esempio, non è un ebreo purosangue, come lo era solo suo padre. Tuttavia, ha assimilato completamente i riflessi intellettuali dell'ebraismo, portandolo all'universalismo e all'apologia di un mondo senza frontiere, cosicché nulla lo distingue in questo senso dal pensiero del più fanatico dei rabbini. L'ebraismo, infatti, si incarna essenzialmente in un progetto politico.

Da quando, nel XIX secolo, hanno lasciato gli shtetl e i ghetti urbani per vivere tra le nazioni, molti ebrei hanno preferito lasciare che la nevrosi che avevano dentro si spegnesse e si fondesse con la società europea. I loro figli e nipoti hanno così potuto dimenticare il loro essere ebrei e sentirsi pienamente europei. La vera assimilazione avviene solo attraverso la perdita dell'ebraismo. Il processo può richiedere due o tre generazioni, o essere il risultato di una volontà personale, ma esiste. Ed è proprio questo che i leader delle comunità ebraiche di tutto il mondo temono di più: mettono costantemente in guardia gli ebrei contro i matrimoni misti, cercando di mantenere vivo in loro il senso della propria ebraicità, alimentando la paura dell'antisemitismo per serrare i ranghi.

Molti ebrei hanno quindi abbandonato definitivamente l'ebraismo e si sono completamente assimilati nei Paesi in cui si sono stabiliti: "Naturalmente, molti ebrei si sono completamente assimilati e hanno completamente disconosciuto[765] ", ha riconosciuto con rammarico Jacob Talmon.

Lo storico Leon Poliakov ha anche notato che molti dei suoi compagni ebrei avevano cercato di "sfuggire alla sofferenza di essere ebrei abolendo l'ebraismo per conto proprio". "Ha osservato questo fenomeno all'inizio del XIX secolo tra gli ebrei più ricchi che potevano

---

[765] J.-L. Talmon, *Destin d'Israël*, 1965, Calman-Lévy, 1967, pag. 44.

facilmente eludere la terribile sorveglianza comunale. Un'impresa fattibile, scriveva Poliakov, "a condizione di avere coraggio e soprattutto mezzi finanziari sufficienti". Conversioni, nobilitazioni, matrimoni aristocratici, insediamenti a Vienna, Parigi o Londra; ovunque fosse più facile farsi dimenticare: la posterità dei ricchi ebrei dell'epoca si è completamente dissolta nella massa (tranne in pochi casi, come i Rothschild), soprattutto nell'aristocrazia cristiana[766]."

La nevrosi è a volte così pressante e angosciante che l'ebreo rivendica il diritto di liberarsi consapevolmente senza aspettare oltre, convertendosi sinceramente al cristianesimo attraverso un impegno militante contro i suoi ex "carnefici". Otto Weininger, che aveva già abbandonato l'ebraismo prima di combatterlo, notò a suo tempo: "Gli uomini più famosi, tuttavia, erano quasi sempre antisemiti (Tacito, Pascal, Voltaire, Herder, Goethe, Kant, Jean Paul, Schopenhauer, Gillparzer, Wagner), e questo deve essere attribuito al fatto che, in quanto geni, avevano molte personalità all'interno della loro mente, e quindi erano in grado di comprendere meglio l'ebraismo. "Quest'uomo, che conosceva le contraddizioni dello spirito ebraico e le sofferenze che lo accompagnavano, voleva anche liberare l'ebreo dal suo ebraismo: "Sarebbe necessario, prima di tutto, che gli ebrei arrivassero a comprendersi, a imparare a conoscersi e a combattersi, e quindi a superare l'ebraismo che contengono in loro.... Di conseguenza, il problema ebraico può essere risolto solo individualmente e ogni semita deve cercare di risolverlo nella propria persona[767]. "In effetti, per lui la questione ebraica poteva essere risolta solo individualmente.

Gli psicoterapeuti ritengono che si debba iniziare a superare i tabù e i silenzi che circondano l'incesto all'interno della famiglia e praticare la terapia di gruppo per combattere l'isolamento in cui i protagonisti dell'incesto tendono a rinchiudersi. David Bakan lo ha espresso con un messaggio criptico: "Gli ebrei possono essere liberati dai loro tabù e dai loro sensi di colpa prendendo coscienza dell'origine storica di questi tabù, nello stesso modo in cui un individuo, con la psicoanalisi, può essere liberato dalle sue inibizioni e dai suoi sensi di colpa prendendo coscienza delle sue origini infantili[768]. "

Anzi, probabilmente sarebbe benefico e salutare per gli ebrei aprirsi di più al mondo esterno, piuttosto che rimanere chiusi in se stessi. Questo "autoassorbimento teso e pusillanime nelle identità più povere", come ha detto Bernard-Henri Levy, non favorisce la

---

[766] Léon Poliakov, *Histoire de l'antisémitisme, tome II*, 1981, Points Seuil, 1990, p. 97.
[767] Otto Weininger, *Sesso e carattere*, Ediciones 62 s|a Barcelona, 1985, p. 300, 308.
[768] David Bakan, *Freud et la tradition mystique juive*, 1963, Payot, 2001, p. 322.

liberazione dello spirito. Dovremmo quindi iniziare a rifiutare queste tradizioni polverose e tutto il loro "armamentario di antichità[769] " che "li fa sembrare un popolo di pazzi" agli occhi del mondo intero. Ricordiamo le parole di Alain Minc: "Come si deve curare questa malattia psicologica? Quale psicoanalisi collettiva ci libererà da questa paranoia?" L'attuale comunità ebraica deve essere in grado di guardarsi allo specchio: "Deve guarire se stessa e le sue élite devono fare il loro dovere" e "lottare contro il delirio xenofobo[770] " che ha rinchiuso gli ebrei nel suo ghetto mentale per tanto tempo.

Qualsiasi straniero che arrivi in Occidente potrebbe infatti rimanere stupito nel vedere che, a differenza di chiese, templi e moschee che sono aperti, le sinagoghe e i siti ebraici sono invariabilmente chiusi a chiave e pesantemente sorvegliati, come se gli ebrei avessero qualche motivo per essere confinati. Questo confino è durato abbastanza. Gli ebrei devono liberarsi da questa "paranoia collettiva" e rendersi conto che la loro cultura identitaria è un "vicolo cieco" che "li rinchiude nella paura e nell'odio[771]."

Pertanto, la terapia di gruppo dovrebbe essere condotta da un professionista esterno alla comunità. Il "protocollo di guarigione" enunciato da Philip Roth può quindi essere ripreso, ma nel senso corretto, cioè invertendo i termini e sostituendo la parola "ebrei" con "goyim", e "antisemitismo" con "ebraismo":

"Riconosciamo di essere persone piene di pregiudizi e di odio che sono impotenti a controllare... Riconosciamo che non sono i goyim a farci del male, ma siamo noi a ritenere i goyim responsabili dei nostri mali e di quelli del mondo in generale. Siamo noi che facciamo del male ai goyim, credendo a una cosa del genere... Un goy può avere i suoi difetti, come qualsiasi altro essere umano, ma quelli che dobbiamo affrontare francamente qui sono quelli che abbiamo noi stessi: paranoia, sadismo, negativismo, distruttività, invidia, ecc."

Poiché l'identità ebraica è essenzialmente un'idea, un'esitazione, molti ebrei non possono fare a meno di interrogarsi su di essa. Spesso ci danno l'impressione di poter uscire da se stessi solo accumulando beni materiali e ricchezza, o lanciandosi in una frenesia messianica. È aggrappandosi alla loro "missione" di unificazione del mondo che riescono finalmente a dare un senso e una giustificazione alla loro esistenza sulla terra. Una volta superata l'esitazione identitaria, e in

---

[769]Bernard-Henri Lévy, *L'Idéologie française*, Grasset, 1981, pagg. 212-216.

[770]Alain Minc, *La vendetta delle nazioni*, Grasset, 1990, p. 11, 15, 179, 207

[771]Pierre Lévy, *Filosofia del mondo*, Odile Jacob, 2000, p. 147.

qualche modo esaltato da questa missione "divina" che lo rende membro del "popolo eletto", l'ebreo si trasforma in una macchina da guerra. Bisogna leggere con attenzione quello che ci dicono alcuni intellettuali ebrei, come Abraham Livni. Nel suo libro *Il ritorno di Israele e la speranza del mondo*, pubblicato nel 1999, ci ha assicurato che stiamo vivendo "la fine di un'epoca storica di duemila anni, quella dell'esilio del popolo ebraico e della sua dispersione tra i popoli, e l'inizio di un nuovo ciclo incentrato sulla resurrezione del popolo di Israele". "Il male, a quanto pare, era profondamente radicato nel nostro spirito: "Auschwitz è il risultato sorprendente ma in fondo logico di una civiltà di duemila anni. Auschwitz è la dimostrazione suprema e assurda delle estreme conseguenze della menzogna su cui la civiltà cristiana è stata costruita per venti secoli[772]."

Sono come quelle macchine di ferro che non si fermano finché non si rompono. Le parole di Nicolas Sarkozy risuonano ancora nelle nostre orecchie. Il 16 gennaio 2009, il Presidente della Repubblica francese ha trasmesso i suoi auguri al corpo diplomatico straniero. Ancora una volta ha parlato di questo Nuovo Ordine Mondiale, ma questa volta in termini quasi minacciosi: "*Nous irons ensemble vers le nouvel ordre mondial, et personne, je dis bien personne, ne pourra s'y opposer[773]*."

Non deve sorprendere che nella Russia bolscevica, dopo la presa del potere da parte degli ebrei nel 1917, gli oppositori politici siano stati rinchiusi in ospedali psichiatrici, se non semplicemente liquidati. Questa tendenza a considerare "pazzi" tutti coloro che si oppongono ai loro progetti di dominio è una tendenza molto marcata nell'ebraismo. Nell'estate del 2008, ad esempio, nella ricca città di Neuilly-sur-Seine, feudo politico di Sarkozy, sono apparsi dei graffiti: "Sarkozy, ebrei, chorizos". Un articolo di *Le Parisien* dell'8 agosto menziona il caso: un uomo di 63 anni, che aveva già espresso il suo antisemitismo contro alcuni negozianti della città, è stato arrestato e ha ammesso i fatti. L'uomo era stato "internato in un ospedale psichiatrico": "La perizia psichiatrica è giunta alla conclusione di un delirio di persecuzione e di una totale assenza di discernimento, per cui è stato immediatamente internato"."

È così che la maggior parte degli ebrei alla fine viene a patti con la propria unicità. Possono anche trovare un punto d'appoggio nelle loro tradizioni secolari. Certamente non è necessario osservare

---

[772]Abraham Livni, *Le Retour d'Israël et l'espérance du monde*, Éditions du Rocher, 1999, p. 11, 27, 28.
[773]"Andremo insieme verso il nuovo ordine mondiale e nessuno, dico nessuno, potrà opporsi. "

scrupolosamente tutte le prescrizioni quotidiane dell'ebraismo per essere un ebreo, per pensare come un ebreo, per agire come un ebreo e per "raccogliere le scintille divine", come sostiene la Cabala[774]. Ma i riti comunitari possono aiutare gli ebrei a portare il loro fardello e a sopportare se stessi, perché sono ben consapevoli del peso delle loro colpe e delle loro follie. Una volta all'anno, alla vigilia della festa religiosa dello Yum Kippur, gli ebrei hanno l'opportunità di espiare i propri peccati con un curioso rituale.

Il manuale ebraico di vita e condotta, il *Shulchan Aruch* (La Tavola Servita), fornisce le spiegazioni nel capitolo CXXXI: "È consuetudine in tutte le comunità ebraiche eseguire le *Kaparot* alla vigilia di Yom Kippur. Una gallina viene presa per ogni membro della famiglia e macellata per espiare i nostri peccati. L'usanza è quella di macellare un gallo per l'uomo e una gallina per la donna. È inoltre consuetudine scegliere uccelli bianchi per simboleggiare la purificazione dei peccati. Per le donne incinte si macellano due galline e un gallo: una gallina per la donna, un'altra per l'eventuale bambino che nascerà e il gallo per il futuro bambino, se è un maschio. Si prende il gallo o la gallina, lo si fa roteare intorno alla testa e si dice per tre volte: *"Ze halifati, ze temurati, ze kaparati, ze atarnegol / atarnegolet lishjita ielej"*: "Questo è il mio sostituto, questo è il mio cambiamento, questa è la mia espiazione, questo gallo / gallina sarà decapitato e io sarò sigillato per la buona vita e la pace[775]".

È così che gli ebrei trasferiscono la loro colpa e ottengono la remissione dei loro peccati: facendo girare un gallo o una gallina intorno alla testa prima di sgozzarlo[776].

Elie Wiesel aveva sperimentato tali pratiche religiose nell'ambito della Cabala, ma era stato piuttosto scettico sui risultati: "Le cosiddette esperienze mistiche di cui si parla nei libri ingialliti dal passare dei secoli mi eccitano. Mescolare in modo rituale l'aceto con il sangue di un gallo sgozzato, pronunciare formule magiche per scacciare Satana oltre le montagne, era possibile? Ripetere alcuni "nomi" in un'ora precisa per dominare le forze del male, abbattere aerei, respingere carri armati, sconfiggere e umiliare i cavalieri della Morte? A distanza di cinquant'anni, posso dire la verità: non funziona. Parlo per

---

[774]Si veda la nota del traduttore nell'Allegato IV. 3.

[775]*Kaparot e Vespri dello Yom Kippur*. Il *Shulchan Aruch* è opera di Rabbi Joseph Caro (Safed, 1563). Fu pubblicato nel 1565 a Venezia.

[776]Nouvelle Revue d'Ethnopsychiatrie, *Psychopathologie du Judaïsme*, N°31, settembre 1996, p. 43-45.

esperienza[777]."

Infatti, i carri armati, gli aerei e i "cavalieri della morte" che gli ebrei hanno più da temere sono soprattutto al loro interno. Quanto al messia che verrà un giorno a liberarli - è ormai certo - indosserà il camice bianco di uno psichiatra e sarà accompagnato da due o tre robuste infermiere. Non possiamo immaginare le cose in altro modo[778].

Parigi, giugno 2006
Ottobre 2011 per questa seconda edizione.

---

[777]Elie Wiesel, *Mémoires, tome I*, Seuil, 1994, p. 49.
[778]Per i reclami, contattare l'Ufficio nazionale per il monitoraggio dell'antisemitismo. Chiamare il numero (0033) 6 63 88 30 29 e chiedere di Sammy Ghozlan.

ALLEGATO I

IL TALMUD

Il Talmud è un libro fondamentale. È una sorta di costituzione o Magna Carta per gli ebrei. Si tratta di un'opera che raccoglie principalmente discussioni rabbiniche sulla legge ebraica, tradizioni, usanze, narrazioni e detti, parabole, storie e leggende. Non è un libro di pensiero o di filosofia. Si tratta di un immenso codice civile e religioso basato sulla Torah [l'Antico Testamento], compilato tra il terzo e il quinto secolo [forse fino all'ottavo secolo secondo alcuni ricercatori] da studiosi ebrei in Babilonia e Israele: "Il Talmud è composto da 63 libri. Questi libri sono la raccolta di scritti legislativi, etici e storici, scritti dagli antichi rabbini. È stata scritta cinque secoli dopo la nascita di Gesù Cristo. È un compendio di leggi e tradizioni. Rappresenta il codice giuridico su cui si basa la legge religiosa ebraica ed è il libro utilizzato per la formazione dei rabbini. " (Rabbi Morris N. Kertzer, *Look Magazine,* 17 giugno 1952).

Esistono due versioni note del Talmud: il *Talmud* di Gerusalemme (*Talmud Yerushalmi*), scritto nella provincia romana di Filistia, allora appena creata, e il Talmud babilonese (*Talmud Babli*), scritto nella regione di Babilonia. Entrambe le versioni sono state scritte nel corso di molti secoli da generazioni di studiosi provenienti da numerose accademie rabbiniche istituite fin dall'antichità. Si compone della Mishnah (raccolta scritta delle leggi orali, secondo *Esodo 24:12),* della Gemara (i commenti dei rabbini alla Mishnah) e della Aggadah (racconti di valore secondario, vedi nota 105). Le mitzvot (singolare mitzvah) sono i precetti o comandamenti della Legge ebraica.

Nel Talmud *Berakhot 5a* (prima sezione del Talmud, *Le benedizioni)* si legge: "Rabbi Shimon ben Lakish disse: Dio disse a Mosè: "Sali da me sul monte e resta lì, e ti darò le tavole di pietra e la Torà e le Mitzvòt che ho scritto perché tu le insegni"" (*Esodo 24:12*), il che significa che Dio rivelò a Mosè non solo la Torà scritta, ma l'intera Torà, così come sarebbe stata tramandata attraverso le generazioni. Le "tavole di pietra" sono i dieci comandamenti scritti sulle tavole dell'Alleanza, la "Torah" sono i cinque libri di Mosè. La "Mitzvah" è la Mishnah, che comprende le spiegazioni delle mitzvot [i precetti e i comandamenti] e le modalità di adempimento. "Che ho scritto" si riferisce ai Profeti e agli Scritti, scritti con ispirazione divina. "Perché tu possa insegnare loro" si riferisce al Talmud [la Gemara], che spiega la Mishnah. Queste spiegazioni sono il fondamento delle regole della Halachah pratica [Legge ebraica, vedi nota 167]. Questo versetto insegna che tutti gli aspetti della Torah furono dati a Mosè dal Sinai. Una nota metafora dei rabbini sul Talmud recita: "La Torah è acqua, la Mishnah è vino e la Gemara è vino con miele". "Si deve quindi comprendere che per i rabbini la Legge deriva principalmente dalla (loro) Gemara.

Arsène Darmesteter (1846-1888), noto filologo e studioso di ebraismo del XIX secolo, nel suo libro sul Talmud scrive quanto segue: "Oggi l'ebraismo trova la sua espressione più perfetta nel Talmud; questo libro non ha influenzato lontanamente l'ebraismo, né l'ebraismo ne è solo una debole eco, ma il Talmud si è incarnato nell'ebraismo e l'ebraismo ha preso forma nel Talmud, passando così dallo stato di astrazione alla realtà. Lo studio dell'ebraismo è lo studio del Talmud, così come lo studio del Talmud è lo studio dell'ebraismo (...) Sono due cose inseparabili, meglio ancora, sono una cosa sola (...) Di conseguenza, il Talmud è l'espressione più completa del nostro movimento religioso, e questo codice di infinite prescrizioni e di minuziosi cerimoniali rappresenta nella sua massima perfezione l'opera totale dell'idea religiosa..... Questo miracolo è stato compiuto in un libro: il Talmud (...)

Nulla può eguagliare l'importanza del Talmud se non l'ignoranza che prevale su di esso (...) Il Talmud è composto da due parti distinte, la Mishnah e la Gemara; la prima è il testo vero e proprio, la seconda è il commento al testo (...) Con il termine Mishnah si intende una raccolta di sentenze e leggi tradizionali, che comprende tutti i settori della legislazione, sia civile che religiosa. Questo codice fu opera di diverse generazioni di rabbini (...) Una singola pagina del Talmud può contenere brani scritti in tre o quattro lingue diverse, o meglio, brani scritti in un'unica lingua fissati a diversi livelli di degenerazione (...) Spesso, una Mishnah di cinque o sei righe è seguita da cinquanta o sessanta pagine di commento [Gemara] (...) La Halakhah è la Legge in tutta la sua autorità; costituisce il dogma e il culto; è l'elemento fondamentale del Talmud....Lo studio quotidiano del Talmud, che tra gli ebrei inizia all'età di dieci anni e termina solo con la vita stessa, è necessariamente un esercizio faticoso per la mente, grazie al quale essa acquisisce una sottigliezza e una destrezza incomparabili (...) Perché il

Talmud aspira a una sola cosa: diventare per l'ebraismo una sorta di *"corpus juris ecclesiastici"*. "Arsène Darmesteter, (*Il Talmud*, 1888). *The Talmud*, The Jewish Publication Society of America, Philadelphia, 1897, p. 60, 61, 89, 7, 10, 14, 15, 17, 25, 26.

ALLEGATO II

LO ZOHAR

Secondo Gershom Scholem, la Cabala medievale si sviluppò in Linguadoca e Provenza intorno al 1150-1200, all'interno di comunità ebraiche influenzate dai movimenti monastici cristiani e dall'eresia gnostica catara. Il *Sofer Bahir*, il *Sofer Yetsirah* e la *Merkabah* erano tre importanti opere esoteriche che prefiguravano lo *Zohar*. Da lì sarebbero passati in Catalogna e poi in Castiglia, dove l'attività dei cabalisti raggiunse il suo apice, con Moisés de León che fu il principale e definitivo compositore dello *Zohar*. Le influenze della Cabala sono il Neoplatonismo, la Gnosi[779] e le antiche dottrine mistiche ebraiche trasmesse oralmente e dalla *Aggadah* talmudica (vedi nota 105):

"La Cabala - letteralmente: tradizione, e in particolare tradizione esoterica - è il movimento in cui le tendenze mistiche dell'ebraismo, soprattutto tra il XII e il XVII secolo, hanno trovato la loro sedimentazione religiosa sotto forma di molteplici ramificazioni e spesso nel corso di uno sviluppo disomogeneo". Il complesso qui

---

[779]La base dello gnosticismo è la sua interpretazione dualistica del cosmo. Il vero Dio non è il Dio creatore, è "nascosto". La creazione è opera di un demiurgo o demone o *"grande architetto"*. Il vero Dio buono e il mondo materiale sono due opposti. Gli gnostici considerano quindi il mondo materiale come diabolico. Alcuni pensano che questo insegnamento del carattere malvagio del mondo possa essere molto pericoloso per la società e la vita umana. D'altra parte, il neoplatonismo di Plotino è un monismo dell'Essere, una filosofia dell'Uno contraria al dualismo dell'Essere della teologia tradizionale ebraica e cristiana (Dio creatore del mondo *exnihilo*) che ha avuto un'influenza molto potente su mistici e filosofi fino alla modernità. Ci sono molti riferimenti su questo argomento: il più importante è probabilmente Mircea Eliade e la sua *Storia delle credenze e delle idee religiose, volume II*. La Cabala ebraica sembra essere legata a queste dottrine, oltre alla sua naturale filiazione con le dottrine talmudiche. Sulla Cabala ebraica il lettore può consultare l'opera dello studioso spagnolo Marcelino Menendez Pelayo: *Historia de los Heterodoxos españoles*, Volume I, Ed. F. Maroto, Madrid, 1880, pagg. 82-86 e pagg. 385-393. Per un'esposizione completa di queste questioni nell'ebraismo si legga: Gershom Scholem, *Concetti fondamentali dell'ebraismo: Dio, creazione, rivelazione, tradizione, salvezza*. Editorial Trotta, 1998-2018, Madrid (NdT).

presentato non è affatto, come spesso si sente dire, un sistema unitario di idee mistiche e soprattutto teosofiche. Un concetto come, ad esempio, "la dottrina dei cabalisti" non esiste. Si tratta invece di un processo, spesso sorprendente per la molteplicità e l'abbondanza dei suoi motivi, che si è travasato in sistemi o semisistemi totalmente diversi. Alimentata da fonti sotterranee di probabilissima origine orientale, la Cabala vide per la prima volta la luce nel sud della Francia, nelle stesse regioni e nello stesso momento in cui il mondo non ebraico contemplava l'apogeo del movimento cataro o del neomanicheismo. Nella Spagna del XIII secolo fiorì con uno sviluppo rapido e sorprendentemente intenso fino a raggiungere la pienezza delle sue costruzioni, culminando nel libro pseudepigrafico *Zohar* di Rabbi Mosè di Leon, una sorta di Bibbia per i cabalisti, che nel corso dei secoli è riuscito ad affermare la posizione quasi inattaccabile di un testo sacro e autorevole. Nella Palestina del XVI secolo - grazie a una seconda fioritura - divenne una potenza storica e spirituale di primo piano all'interno dell'ebraismo; ciò fu possibile perché seppe dare una risposta agli stati d'animo eccitati degli ebrei spagnoli, colpiti dalla catastrofe dell'espulsione del 1492, in relazione alla questione - il cui risorgere veniva costantemente sollevato - del significato dell'esilio. Ricca di energie messianiche, esplose nel XVII secolo sulla scia del grande movimento intorno a Shabtai Tzvi, movimento che, pur crollando, riuscì a dare origine a un mondo di eresia mistica ebraica, una Cabala eretica che nei suoi impulsi e movimenti evolutivi ha paradossalmente svolto un ruolo importantissimo nella nascita dell'ebraismo moderno, anche se questa importanza è stata a lungo ignorata e solo ora viene gradualmente riconosciuta."

In Gershom Scholem, *La Kabbalah y su simbolismo*, Siglo XXI Editores, Madrid 2009, p. 108.

E più in dettaglio:

"È difficile ammettere un legame diretto tra questi gruppi ebraici orientali dell'VIII-X secolo e i più antichi conventuali cabalistici del sud della Francia nel XII secolo. D'altra parte, è possibile che queste antiche tradizioni gnostiche, come altre tra i cabalisti, siano riconducibili a diversi gruppi in Oriente, di cui non abbiamo testimonianze scritte. Nelle vicinanze delle comunità manichee e mandaiche della Mesopotamia, il materiale gnostico rimase vivo in una grande varietà di forme, tanto che possiamo facilmente immaginare l'esistenza di questi ebrei gnostici. Alcuni frammenti delle loro dottrine, mescolati ad altri materiali, potrebbero essere giunti in Europa... Ma non dobbiamo sottovalutare le difficoltà poste da una simile ipotesi. Se i chassidim tedeschi, come abbiamo spesso mostrato in questo capitolo, possono aver conosciuto alcune parti di questi frammenti, altre possono essere rimaste inedite. È possibile che queste tradizioni siano arrivate direttamente dall'Oriente in Provenza, evolvendosi lì parallelamente al catarismo? La difficoltà di scoprirlo risiede nella forma non teorica o filosofica in cui l'idea della metempsicosi è presentata nel *Bahir*. Infatti, nella religione dualista dei Catari, che predicava una differenza essenziale tra la natura e l'origine del mondo fisico e di quello spirituale, questa idea non presenta le stesse difficoltà della teologia e della psicologia filosofica del monoteismo. L'ipotesi di un passaggio dell'anima individuale in un altro corpo poteva sembrare molto più discutibile per la dottrina aristotelica dell'anima come entelechia dell'organismo che per la psicologia dualistica di tipo platonico, dove tale dottrina poteva essere facilmente accolta. Eppure anche un neoplatonico ebreo come Abraham bar Hiyya era intollerante nei confronti della dottrina della trasmigrazione delle anime, eppure come fece a penetrare in Provenza una o due generazioni dopo di lui? Per il momento, credo che si debba lasciare aperta la questione della provenienza storica della dottrina della metempsicosi esposta nel *Bahir*, nonostante la sua vicinanza nel tempo e nel luogo al movimento cataro. In generale sono propenso ad accettare la prima ipotesi, ossia che si tratti di frammenti di una tradizione gnostica più antica, giunta dall'Oriente per vie che non riusciamo più a decifrare e che ha raggiunto i circoli in cui ha avuto origine il *Bahir*."

Gershom Scholem, *Los orígenes de la Cábala*, Ediciones Paidós Ibérica, 2001 p. 117.

ALLEGATO III

LA CABALA DI LURIA

1. "È una dottrina generale dell'universo... Dio, all'origine della sua azione, non si è rivelato prima agli altri attraverso la creazione. Si è nascosto. Si è ritirato nel mistero più profondo della sua natura profonda. Per questo, per il Suo nascondimento e ritiro, il mondo è apparso a sua volta. Poi, ha avuto luogo un secondo atto, l'emanazione dei mondi, la creazione dei mondi, nonché la manifestazione della divinità come Dio personale, come Creatore e Signore di Israele (...) Perché possa esistere qualcosa di diverso da Dio, è indispensabile che Dio si rifugi in se stesso. Solo allora può lanciare i suoi raggi di luce (le *Sephiroth*, le luci divine) nello spazio creato dalla sua contrazione (*tsimtsum*) e trovare le sue opere... Senza la contrazione, tutto tornerebbe a essere divinità. Senza l'emanazione, nulla sarebbe creato (...) Per mezzo delle sue forze, attraverso le quali vuole costruire la creazione, forma dei recipienti (*kelim*) che devono poi servire alla rivelazione della sua stessa essenza (...) La luce, che deve ricevere una forma plastica per realizzare l'opera del Creatore e dalla quale poi emergeranno le creature, è stata attirata nei recipienti dopo un grande shock (...) [Ma] per alcune ragioni spirituali, la luce è stata attirata nei recipienti dopo un grande shock (...) [Ma] per alcune ragioni spirituali, la luce è stata attirata nei recipienti dopo un grande shock (...).) [Ma] per ragioni spirituali che i cabalisti hanno esposto a lungo, questi recipienti furono rotti (...) Questo è l'atto che i cabalisti chiamano "rottura dei recipienti" (*shevirat ha-kelim*) (...) Essendo stati rotti i recipienti, la luce è stata dispersa. La maggior parte di essa è tornata alla sua fonte; ma il resto, o meglio le scintille di quella luce, sono cadute verso il basso dove si sono disperse, mentre altre sono risalite verso l'alto. Questa è la storia del fondamentale esilio interiore della Creazione (...) Da lì viene l'esilio. Da quell'istante, nulla è più in uno stato di perfezione. La luce divina... non è più al posto giusto, perché i recipienti sono rotti (...) Tutto è ormai fuori posto.... In altre parole, tutto ciò che esiste è in esilio."

In Gershom Scholem, *Le Messianisme juif*, 1971, Les Belles

Lettres, 2020, pagg. 92-94.

2. "Le scintille della luce divina sono state gettate in un abisso dove sono costituite le forze del male, con le quali il Creatore ha voluto che le creature fossero messe alla prova. Le creature devono quindi dimostrare la loro forza e la loro capacità di scelta combattendo contro le forze del male. In questo mondo del male, dell'oscurità e dell'impurità - il mondo dei cosiddetti "gusci" (*Qelipot*), [*Qelipah*, singolare] - sono cadute, secondo il mito cabalistico, forze di santità, scintille di luce divina che si sono fissate nei "gusci" dopo la rottura dei recipienti. C'è quindi un esilio della divinità (...) Siamo qui in presenza di una nozione cosmica di esilio. Non è più solo l'esilio del popolo d'Israele, ma prima di tutto l'esilio della Presenza divina dall'origine dell'universo. Ciò che viene al mondo non può che essere l'espressione di questo esilio primitivo ed essenziale (...) Tutta l'imperfezione del mondo si spiega con questo. Le cose impure hanno trionfato sulle forze della santità, sulle scintille della luce santa, e le tengono sotto il loro giogo (...) Tale è la situazione della Creazione dopo la rottura dei recipienti (...) [Questo] è un difetto che richiede una riparazione (*Tikun*) (...) [Questo] è un difetto che richiede una riparazione (*Tikun*) (...).È la riparazione di un vizio primitivo (...) È l'imperfezione, il difetto, il vizio originario che si trova in tutte le cose, perché non c'è nulla al mondo che non sia stato viziato quando i primi recipienti sono stati rotti. È nostro compito rimediare a questo vizio, riportare le cose al loro posto e alla loro natura. Questo è lo scopo della religione, il ruolo assegnato all'uomo religioso come all'uomo comune. L'uomo deve riparare il mondo (...) L'esilio di Israele è solo l'espressione più necessaria, più concreta e più crudele della situazione attuale di un mondo che è ancora in uno stato precedente alla riparazione e alla redenzione (...) L'esilio di Israele non è un evento casuale, ma fa parte della realtà stessa del mondo, nel senso che Israele non ha ancora completato la riparazione, né ha rimesso le cose al loro posto. Come fare questa riparazione? Attraverso la Legge (*Torah*) e i precetti (*Mitzvot*). " In Gershom Scholem, *Le Messianisme juif*, 1971, Les Belles Lettres, 2020, p. 94-96.

Altri aspetti esoterici sviluppati nello *Zohar* sono: L'Albero della Vita (*Sephiroth*), l'Uomo Supremo - androgino maschio-femmina - (*Adam Kadmon),* la Presenza Divina femminile (la *Shechinah*) e la Teurgia (magia e invocazione di poteri ultraterreni).

Al lettore interessato a penetrare l'incredibile universo mentale[780]

---

[780]Usiamo questa parola in senso letterale. (NdT).

della Cabala, raccomandiamo l'opera del famoso occultista britannico Arthur Edward Waite (1857-1942), *The Secret Doctrine in Israel - A Study of the Zohar and its Connections*, Occult Research Press Publishers, New York (scaricabile in Pdf su archives.org e scribd.com). A nostra volta, suggeriamo i libri del ricercatore americano indipendente Christopher Jon Bjerknes, il cui studio esaustivo della Cabala lo ha portato a conclusioni che, se vere e plausibili, sono davvero inquietanti per l'Umanità (su www.cjbbooks.com).

3. "L'estrema diffusione degli insegnamenti di Rabbi Isaac Luria e dei suoi discepoli aveva avuto l'effetto di introdurre ovunque le teorie della Cabala nella concezione tradizionale ebraica della figura e della funzione del Messia. Così i cabalisti divennero a tutti gli effetti i teologi del popolo ebraico per tutto il XVII secolo. Le speculazioni mistiche di Luria sulla natura della redenzione e sul "mondo restaurato" (*olam ha-tikkun*), che sarebbe avvenuto subito dopo, avevano introdotto nuove idee e prospettive nel folklore popolare riguardo al Messia, l'eroe nazionale chiamato a emergere vittorioso da un supremo dramma cosmico. Da quel momento in poi, la redenzione non fu più concepita solo come un evento temporale, che avrebbe portato all'emancipazione di Israele dal giogo delle Nazioni, ma anche come una trasformazione radicale dell'intera creazione, che avrebbe riguardato sia il mondo materiale che quello spirituale, e che avrebbe portato alla riparazione della catastrofe primordiale chiamata "la rottura dei recipienti" (*shevirat ha-kelim*). Durante questa riparazione, i mondi divini devono ritrovare la loro unità e perfezione originaria... Si credeva che la diffusione degli insegnamenti di Luria avrebbe addirittura accelerato la venuta del Redentore."

In Gershom Scholem, *Le Messianisme juif*, 1971, Les Belles Lettres, 2020, p. 149-150.

ALLEGATO IV

IL CHASSIDISMO E I MAESTRI JABAB LUBAVITCH

1. La Cabala di Luria fu straordinariamente fruttuosa. Da esso nacquero nei secoli successivi movimenti mistico-messianici molto popolari che lasciarono un'impronta profonda nell'ebraismo. Alcuni di questi, come il sabbateismo e il frankismo, sfociarono in un settarismo messianico segnato da "paradossi" e "aberrazioni", come vedremo nella seconda parte di questo studio. Per contro, il chassidismo del XVIII secolo, fondato da Israel Ben Eliezer (Ba'al Shem Tov) e continuatore più moderato della Cabala, ha avuto forse un ruolo più duraturo, fino ai giorni nostri. "Il chassidismo ha cercato di eliminare l'elemento messianico - con il suo amalgama abbagliante ma eccessivamente pericoloso di misticismo e spirito apocalittico - senza rinunciare al fascino del cabalismo successivo", o meglio ha effettuato "una "neutralizzazione" dell'elemento messianico", perché non lo ha mai veramente abbandonato, ha scritto Gershom Scholem.

Scholem ha insistito sulle circostanze di questo apparente cambiamento: "Il chassidismo fu una reazione consapevole ai pericoli intrinseci delle iniziative messianiche che avevano portato allo sconvolgimento sabbatiano. Non rifiutò l'insegnamento di Isaac Luria sulle scintille divine, la cui influenza era troppo grande per essere respinta, ma lo reinterpretò in modo tale da eliminare il pericoloso pungolo del messianismo... L'obiettivo immediato del chassidismo in quel momento non poteva più essere la redenzione nazionale dall'esilio o la redenzione universale. Dopo il fuoco sabbatico, infatti, questo avrebbe significato di nuovo messianismo. L'obiettivo... divenne la redenzione mistica dell'individuo *hic et nunc,* cioè la redenzione *nell'*esilio, non *dell'*esilio, o, in altre parole, la vittoria sull'esilio attraverso la sua spiritualizzazione. Il sabbateismo, la rivolta contro l'esilio, era fallito. Il chassidismo, con le conseguenze distruttive di quel tragico fallimento davanti agli occhi, rinunciò all'idea di una rivoluzione messianica. Ha fatto pace con l'esilio, una pace precaria e difficile, certo, ma pur sempre pace? Ora capiamo perché il chassidismo ha insistito sia sulla *devekut* [comunione mistica con Dio], un elemento senza sfumature escatologiche, come ho mostrato, sia sulla dottrina delle scintille nella sua nuova forma. "La *devekut* ha lo scopo di condurre ciascuno alla redenzione individuale che si adatta alla sua anima", ha dichiarato il Ba'al Shem. La redenzione mistica e la redenzione individuale vengono così identificate in opposizione alla redenzione messianica, che perde il significato concreto e immediato che aveva nella Cabala di Luria. "Solo quando avremo raggiunto la redenzione individuale potrà avvenire la redenzione universale e il Messia si manifesterà", così dice un'altra frase del Ba'al Shem[781]. "

Così, "il chassidismo, in termini generali, rappresenta un tentativo di rendere il mondo della Cabala accessibile alle masse attraverso una certa trasformazione o reinterpretazione". "Molti dei seguaci di Ba'al Shem, discepoli dei suoi discepoli, divennero i fondatori di dinastie chassidiche in cui la guida di grandi e piccoli gruppi chassidici veniva e viene tuttora tramandata, più o meno automaticamente, di padre in figlio". Così questi leader chassidici, chiamati *rebe*[782], si sono succeduti fino ai giorni nostri, continuando la tradizione e portando anche nuove idee, anche se, come ha riconosciuto Gershom Scholem, "non è sempre possibile distinguere tra gli elementi rivoluzionari e quelli conservatori del chassidismo, o meglio, il chassidismo nel suo complesso è una riforma del misticismo precedente, ma allo stesso tempo rimane più o meno identico ad esso"."

La dinastia chassidica più fiorente e attiva oggi è senza dubbio quella di Chabad-Lubavitch, e questo perché questa scuola ha prodotto una "teoria cabalistica veramente originale". Scholem sosteneva che la caratteristica di questa nuova scuola era che "i segreti della divinità sono espressi alla maniera di una psicologia mistica", portando così "una nuova enfasi sull'aspetto psicologico piuttosto che su quello teosofico". Il cabalismo diventa uno strumento di analisi psicologica e di conoscenza di sé", dando così "agli scritti di Chabad il loro carattere specifico di un misto di culto di Dio e interpretazione panteistica... e di un'intensa preoccupazione per la mente umana e i suoi impulsi". "Grazie a una maggiore comprensione psicologica ed emotiva, "il

---

[781]Per una spiegazione completa di questa neutralizzazione si legga Gershom Scholem, *Le Messianisme juif*, 1971, Les Belles Lettres, 2020, *La neutralisation du messianisme dans le hassidisme primitif (III - IV)*, p. 278-301 e, sul Chassidismo in generale, *Las grandes tendencias de la mística judía*, Novena Conferencia: El Hasidismo, la última etapa, Fondo de cultura económica, 1997, Buenos Aires, p. 264-283. (NdT).

[782]Per saperne di più sui *rebbes*, leggere Hervé Ryssen, *Il fanatismo ebraico* (NdT).

cabalismo non appare più sotto una veste teosofica... La teosofia, con tutte le sue complicate teorie, non è più al centro della coscienza religiosa". Il movimento chassidico raggiunse così un successo e un'efficacia maggiori, perché "ciò che divenne veramente importante fu il significato della vita personale nel misticismo". Il chassidismo è misticismo pratico al suo livello più alto", ha scritto Scholem. Ora capiamo perché le opinioni e le dichiarazioni di questi leader chassidici sono così importanti per i loro seguaci ebrei in tutto il mondo, perché ciò che i Chabad-Lubavitch hanno realizzato è, come ha osservato Martin Buber, un "cabalismo trasformato in *ethos*", poiché "quasi tutte le idee cabalistiche sono ora collegate ai valori propri della vita individuale, e un'enfasi particolare è posta su idee e concetti che riguardano il rapporto tra gli individui e Dio". "Qui sta la vera originalità del pensiero chassidico. Come moralisti mistici, i Chassidim trovarono una via per l'organizzazione sociale."

In Gershom Scholem, *Las grandes tendencias de la mística judía, Novena Conferencia: El Hasidismo, la última etapa,* Fondo de cultura económica, 1997, Buenos Aires, pagg. 266, 267, 269, 274, 276, 278 e in *Le Messianisme juif,* 1971, Les Belles Lettres, 2020, pagg. 292, 293.

Yosef Yitzchak Schneerson (1880-1950) è stato il sesto *rebbe* della dinastia Chabad. Il suo primo discorso come leader della dinastia nel 1920 è stato tradotto e pubblicato nel 1987 in un libro intitolato *An End to Evil Reishis Goyim Amalek.* In esso si possono leggere alcuni dei suoi insegnamenti mistici: "È scritto, *Reishis Goyim Amalek, veachriso adei oveid* - "Amalek è il primo tra i popoli, e alla fine sarà distrutto". La frase iniziale significa che Amalek è la fonte e la radice delle Sette Nazioni malvagie, ma è separato da esse. Lo stesso vale (pur tenendo presente la distinzione tra santità e il suo opposto) per le forze dell'empietà che vengono chiamate collettivamente *Qelipot* [le bucce del mondo del Male]. Amalek, che personifica la *Qelippah* più dura, è la fonte e la radice spirituale di tutte queste nazioni, anche se si distingue da esse. La conclusione del versetto precedente ("e alla fine sarà distrutta") sembra implicare che la *Qelippah* di Amalek non contiene alcun elemento che possa essere salvato per mezzo del servizio divino chiamato *beirurim* (il vaglio e la raffinazione della materialità attraverso l'elevazione delle scintille divine in essa incorporate). La *Qelippah di* Amalek, a quanto pare, non può essere riabilitata in qualcosa di positivo e quindi portata a uno stato di riparazione (*Tikkun*). Piuttosto, l'unica "riparazione" di Amalek è il suo totale sradicamento e distruzione. Questo è accennato nel versetto "e alla fine sarà distrutto": la consumazione di Amalek è la sua distruzione."

Il suo successore e genero, il settimo *rebbe* della dinastia Chabad, fu Menachem Mendel Schneerson (1902-1994), che nel corso del suo insegnamento raggiunse fama internazionale. Le sue sono le seguenti affermazioni tratte da un libro di messaggi registrati ai suoi seguaci in Israele: "La differenza tra un ebreo e un non ebreo nasce dall'espressione comune: 'differenziamoci' (...) Il corpo di un ebreo è di una qualità totalmente diversa dal corpo di tutte le nazioni del mondo... La differenza nella qualità interiore, tuttavia, è così grande che i corpi devono essere considerati come una specie completamente diversa... i loro corpi sono vani. Una differenza ancora maggiore esiste per quanto riguarda l'anima. Esistono due tipi opposti di anima: l'anima non ebraica proviene da tre sfere sataniche, mentre l'anima ebraica proviene dalla santità. "In *Gatherings of Conversations* (1965), tradotto da Israel Shahak e Norton Mezvinsky, *Jewish Fundamentalism in Israel,* Pluto Press, Londra, 1999, p. 59-61.

Nella stessa ottica, Rabbi Yitzchak Ginsburg, un'altra eminente autorità Chabad-Lubavitch, ha scritto: "Tutti gli esseri umani possiedono una scintilla divina. La differenza tra un essere umano e un altro sta nella misura in cui la scintilla è entrata e svolge un ruolo attivo nella sua psiche... Quando la scintilla entra pienamente nella psiche, è conosciuta come anima divina. Ecco perché si parla di ebrei che possiedono un'anima divina. Rispetto a un non ebreo, la scintilla divina fluttua sulla psiche (non vi entra nemmeno sul piano inconscio)". E quest'altra considerazione: "Per comprendere meglio il rapporto tra l'ebreo e il non ebreo (...) notiamo innanzitutto che l'origine delle anime non ebraiche è il mondo primordiale del Caos (*Tohu*) che precede il mondo della Rettificazione (*Tikun*), l'origine delle anime ebraiche". In Rabbi Yitzchak Ginsburg, *Kabbalah e meditazione per le nazioni,* ed. Istituto Gal Einai, 2007, p. 55, 125.

Questi insegnamenti sono direttamente collegati a quelli del *Tanya,* l'opera fondamentale dello Jabab-Lubavitch scritta dal suo fondatore Schneur Zalman di Liadi per vent'anni e pubblicata nel 1797. Possiamo leggere alcuni passi tradotti su www.Sefaria.org, *Tanya, Parte prima, Il libro degli uomini medi* (*Introduzione*, 17): "Le anime delle persone del mondo, invece, emanano dalle altre *Qelipot* impure che non contengono nulla di buono. Come è scritto in *Etz Chayim* (Portale 49, capitolo 3): tutto il bene che le persone fanno, lo fanno per motivazioni egoistiche. Così, come commenta la Gemara (*Bava Batra 10b*) sul versetto (*Mishlei 14:34*), "La bontà del popolo è peccato" - poiché tutta la carità e la bontà fatta dalla gente del mondo è solo per la loro autoglorificazione, ecc."

Nel 1978, il Congresso degli Stati Uniti chiese al presidente Jimmy

Carter di designare la data di nascita di Menachem Mendel Schneerson come Giornata nazionale dell'istruzione negli Stati Uniti, da allora commemorata come Giornata dell'istruzione e dello scambio. Nel 1994 gli è stata conferita postuma la Medaglia d'oro del Congresso per i suoi "eccezionali e duraturi contributi al miglioramento dell'educazione mondiale, alla moralità e agli atti di carità".

3. "In virtù del grande mito dell'esilio e della redenzione che costituisce la Cabala lurianica, le "scintille" della vita e della luce divine sono state gettate in esilio in tutto il mondo e attendono con ansia di essere "risollevate" attraverso le azioni degli uomini e reintegrate nel loro posto primordiale nell'armonia divina di tutti gli esseri..... Per il Chassidismo le "scintille sacre" sono presenti ovunque, senza eccezioni... L'uomo ha ovunque l'opportunità, persino l'obbligo, di suscitare le "scintille sacre"... Ogni coscienza aperta alla contemplazione può scoprire le "scintille" in qualsiasi aspetto della vita e può così conferire al mondo profano un immediato significato religioso... I Chassidim non rifuggivano da formule paradossali per esprimere il loro pensiero. "Una chiacchierata con il proprio vicino può essere il luogo di una profonda meditazione", ha detto Ba'al Shem. "La cosa più importante nel modo di servire Dio", diceva un altro maestro chassidico, "è farlo per mezzo di cose profane, per mezzo di cose non spirituali. Un altro ancora: "È persino nelle chiacchiere da tavolino della politica e nelle conversazioni sulla guerra tra i popoli che un uomo può raggiungere un'intima unione con Dio". Questa frase sorprendente non era una semplice battuta: il suo autore forniva istruzioni dettagliate su come realizzare questa impresa. Il rabbino di Polnoa [Yaakov Yossef Hakohen], discepolo del Ba'al Shem, lo riassume così: "Nulla, grande o piccolo, in questo mondo è separato da Dio, perché in tutte le cose Egli è presente. L'uomo consacrato può abbandonarsi a profonde meditazioni e ad atti contemplativi di "unificazione" anche nelle sue azioni più terrene, nel mangiare, nel bere, nei rapporti sessuali e persino nel fare affari. Questi atti mistici che i cabalisti chiamano "unificazioni" (in ebraico *yihudim*) non devono essere compiuti in solitudine o in ritiro; devono essere compiuti anche nel mercato, proprio nei luoghi che sembrano più lontani dallo spirituale. È proprio lì che il vero chassid scopre il teatro dei sogni dove il paradosso è al suo culmine."

In Gershom Scholem, *Le Messianisme juif*, 1971, Les Belles Lettres, 2020, p. 344, 345, 346.

4. "Il rischio di una deviazione dall'autorità tradizionale verso l'incontrollato e l'incontrollabile è profondamente radicato nella natura dell'esperienza mistica. L'educazione religiosa del gruppo lascia ancora aperta la porta a numerose avventure dello spirito, che si oppongono agli schemi e alle dottrine riconosciute e che possono portare a uno scontro tra il mistico e l'autorità religiosa... Questo deve essere considerato come uno dei numerosi fattori decisivi che hanno contribuito alla formazione dell'opinione che nel misticismo sia assolutamente necessaria una guida spirituale, un guru, come dicono gli indù. Naturalmente, il guru svolge soprattutto, *prima facie*, una funzione psicologica. Egli impedisce al discepolo... di commettere errori e di mettersi in pericolo. Chi cerca la propria strada da solo, naturalmente, può facilmente smarrirsi e persino cadere nella follia... Gli yogi, i sufi e i cabalisti rivendicano questa guida intellettuale non meno dei manuali della mistica cattolica. Senza una guida si rischia di perdersi nella natura selvaggia dell'avventura mistica... La guida... dirige e determina l'interpretazione dell'esperienza mistica, anche prima che essa si verifichi. Come ci riesce?... Fornisce i simboli cabalistici tradizionali con cui descrivere o interpretare questo pellegrinaggio di un mistico ebreo verso la comprensione della divinità, assicurando così, per quanto possibile, la conformità con l'autorità proprio nei punti più pericolosi della strada. I compromessi concordati tra il mistico e l'autorità religiosa trasmessa, volti a consentire al mistico di rimanere nell'ambito di quest'ultima, rivelano... una gamma molto ampia di varietà.

...Qui i compromessi erano inevitabili, almeno per quanto riguarda il riconoscimento delle differenze di grado.....Così nel giudaismo rabbinico, all'interno del quale si è sviluppata la mistica cabalistica, sono state riconosciute come autentiche e autorevoli diverse possibili esperienze rivelatorie, ad esempio quelle di Mosè, dei profeti, dello Spirito Santo (che parlava attraverso gli agiografi della Bibbia), dei destinatari della "voce celeste" (*bat-col*, percepibile in epoca talmudica) e, infine, della "manifestazione del profeta Elia"....Per questo i cabalisti rivendicavano per sé solo il rango apparentemente modesto di "destinatari di una manifestazione del profeta Elia"... Il profeta Elia rappresenta nella tradizione ebraica, fin dalle origini dell'ebraismo rabbinico, una figura particolare strettamente legata ai desideri di questo ebraismo: è il portatore di messaggi divini attraverso tutte le generazioni.Così, una rivelazione cabalistica del profeta Elia rappresenta un'interpretazione dell'esperienza mistica che, per sua natura, tende piuttosto a confermare l'autorità che a infrangerla. Se consideriamo le prime personalità nella storia della Cabala per le quali è stato rivendicato l'accesso a tale rango, è molto significativo che siano Rabbi Abraham di Posquières e suo figlio Isaac il Cieco, [e] Abraham ben David (morto nel 1198)...."

"Quanto minore era l'erudizione e la formazione teologica di un aspirante all'illuminazione mistica, tanto più immediato era il pericolo di un conflitto con l'autorità. Tutti i manuali di mistica che sono stati scritti dal punto di vista dell'autorità tradizionale ci forniscono tutti gli esempi che vogliamo, indipendentemente, naturalmente, dalla dottrina specifica di ciascuno... Questo è né più né meno il caso di alcune teorie chassidiche. Quando Israel Ba'al-Sem, il fondatore del chassidismo polacco nel XVIII secolo, sostenne la tesi mistica secondo cui la comunione con Dio (*debecut*) è più importante dello studio delle Scritture, suscitò una notevole opposizione e fu citato da tutti gli scritti polemici contrari al movimento come prova della sua tendenza antirabbinica e sovversiva.Nell'ebraismo, ad esempio, si è cercato di prevenire ogni possibile conflitto prescrivendo che l'accesso al regno della pratica e della speculazione mistica fosse riservato esclusivamente ai saggi con un'approfondita formazione talmudica. In questo senso l'avvertimento di Maimonide è citato in tutti i libri: "Nessuno è degno di entrare in paradiso (cioè nel regno della mistica) se prima non si è rimpinzato di pane e carne" (*Mishne Torah*, hilchot *Yesodeh haTorah*, IV, 13), cioè del cibo della pura saggezza rabbinica....Sebbene molti grandi cabalisti corrispondessero pienamente alla suddetta richiesta di Maimonide, nata da uno spirito conservatore, ce ne sono stati altri che possedevano solo una debole conoscenza rabbinica o che, in ogni caso, non avevano frequentato con assiduità alcuna scuola talmudica adeguata. Il più famoso di tutti i mistici ebrei degli ultimi tempi, il già citato Israel Ba'al-Sem, ne è un tipico esempio. La sua "conoscenza", nel senso tradizionale del termine, era molto limitata; gli mancava un maestro in carne e ossa che gli indicasse la strada, e l'unico che riconosceva come "guru" spirituale era il profeta Ahijah di Shiloh, con il quale era in costante contatto visionario e spirituale. Insomma, era un perfetto mistico laico, eppure il movimento da lui fondato - in cui questo elemento laico occupava un posto di rilievo e costituiva, quanto meno, uno dei fattori decisivi del suo sviluppo - riuscì nella sua lotta per ottenere la parità di diritti nell'ambito dell'autorità trasmessa (non senza, ovviamente, essersi dimostrato disposto - a titolo di prezzo - al compromesso). Altri movimenti mistici in cui anche l'elemento secolare occupava un posto importante all'interno dell'ebraismo, come il movimento sabbetaico, non riuscirono a raggiungere questo obiettivo e furono spinti a entrare in conflitto con l'autorità rabbinica....

"In assoluto e inconciliabile contrasto con tutti i tentativi di compromesso o di soluzioni simili per eliminare la tensione tra il mistico e l'autorità religiosa, tuttavia, è il fenomeno estremo del misticismo nichilista, della negazione di ogni autorità in nome dell'esperienza mistica o dell'illuminazione stessa...."

In Gershom Scholem, *La Kabbalah y su simbolismo, La autoridad religiosa y la mística*, Siglo XXI Editores, 2009, Madrid, pagg. 21-25, 30-33.

ALLEGATO V

GIACOBBE ED ESAÙ NELL'ESEGESI CABALISTICA

Il popolo di Yahweh è Giacobbe:

"Quando l'Altissimo diede alle nazioni la loro dimora e stabilì le divisioni dell'uomo, fissò i confini dei popoli in relazione al numero di Yisrael. Perché la porzione di Yahweh è il suo popolo, Yaaqov [Giacobbe] l'eredità che gli spettava. L'ha trovata in una regione desertica, in una landa desolata e vuota. L'ha circondata, l'ha sorvegliata, l'ha custodita come la pupilla dei suoi occhi. Come un'aquila che volteggia sul suo nido, si libra sui suoi nidiacei, così egli spiegò le sue ali, lo prese, lo portò sulle sue piume; Yahweh solo li guidò, senza alcuna divinità straniera al suo fianco. " (*Deuteronomio 32, 8-12, Bibbia Nazarena Israelita 2011*). Leggere anche *Malachia 1, 1-5*.

Esaù, Edom e Amalek sono i termini utilizzati dagli esegeti cabalistici per indicare i cristiani e il cristianesimo, più precisamente gli europei e i loro discendenti:

"Con la tua spada vivrai e servirai tuo fratello" Questo non è ancora avvenuto, perché Esaù non è ancora servo di Giacobbe. Questo perché Giacobbe non ha ancora bisogno di lui. " (*Zohar, 1: 145a*);

"Giacobbe si umiliò davanti a Esaù, affinché Esaù diventasse poi suo servo. Controllandolo, ha realizzato il significato del versetto: "I popoli ti servano e le nazioni si prostrino a te" (*Genesi 27:29*). Non era ancora giunto il momento per Giacobbe di governare su Esaù. Giacobbe lasciò che questo accadesse più tardi, perché allora era umile" (*Zohar, 1:166b*).

"Dopo l'ascesa del Re Messia, Giacobbe riceverà le cose di sopra e quelle di sotto, mentre Esaù perderà tutto. Non avrà alcuna porzione, eredità o ricordo nel mondo. Questo è il significato del versetto: "La casa di Giacobbe sarà un fuoco, la casa di Giuseppe una fiamma e la casa di Esaù una stoppia" (*Abdia 1:18*), perché Esaù perderà tutto e Giacobbe erediterà i due mondi, questo mondo e il mondo a venire, cioè la parte superiore del cielo e della terra. " (*Zohar. 1:143b*)

"Esaù si vanterà di signori, mentre Giacobbe partorirà profeti, e se Esaù avrà principi, Giacobbe avrà re. Sono loro, Israele e Roma, le due nazioni destinate a essere odiate dal mondo intero. Uno supererà l'altro in forza. Prima Esaù soggiogherà il mondo intero, ma alla fine Giacobbe regnerà su tutti. Il maggiore dei due [Esaù] servirà il minore [Giacobbe]. " (*Leggende degli Ebrei, 1:6*).

Fonte: https://www.sefaria.org.

"(...) In futuro, il cristianesimo subirà un processo di giudaizzazione per porsi alla destra di Israele, la destra di Israele al momento della redenzione. Questo processo inizia, tuttavia, con la frantumazione del potere del cristianesimo. Nel *Sefer HaMeshiv*, il corso degli eventi è così rappresentato: "In virtù del potere del *Grande Nome di Quarantadue Lettere* [il Nome Divino], ti evoco anche contro la tua volontà di non avere il potere di volare o di fare qualcosa o di fare qualsiasi altra accusa contro la nazione israelita come hai fatto fino ad ora. Ti legherò e ti farò evocare in modo che tu non abbia più il potere di accusare Israele in ogni momento. Al contrario, da oggi in poi, tu difenderai la nazione israelita... così farai tu e Rabbi Giuseppe, voi due insieme... e con questo spezzerai il potere di Samael [angelo demoniaco caduto] e affretterai la Redenzione nel tuo tempo". Il passaggio dall'accusa alla difesa non è che il riflesso di un processo che avviene all'interno del Divino, un tema affrontato in *Sefer HaMeshiv*: "Sappiate che Esaù è la creazione dell'Isacco Celeste (la *Sefirah Gevurah*) per governare e guidare il mondo, e il suo nome è Lot, e il suo nome è Esaù... quando il regno sarà suo, egli salirà attraverso la finestra dell'Isacco Celeste (riceverà l'emanazione direttamente dalla *Sefirah Gevurah*). Sarà principe su di voi e vi accuserà che non avete diritto di esistere nel mondo... perché Esaù è Lot, anche se sarà conosciuto con il nome di Esaù quando verrà il tempo della venuta del Re Messia. Allora si saprà questo segreto, che Esaù non è altro che il malvagio Samael, e nei tempi della nascita del Messia sarà chiamato Esaù, (le lettere ebraiche, *Ayin-Sin-Waw*) che significa *Asu* (letteralmente: hanno fatto). Cioè, lo costrinsero a entrare nel mistero dell'Alleanza Celeste della Circoncisione, perché a tutt'oggi non è ancora sceso oltre il mistero della "rudezza", cioè il mistero della *Sefirah Tiferet* (simbolo del Messia). Tuttavia, presto sarà costretto ad affrontare il mistero del Patto di Circoncisione (la *Sefirah Yesod*). Questo è il segreto celeste del nome *Ayin-Sin-Waw* (Esau-Ásu)... All'inizio Esau si colloca nella *Sefirah Gevurah* (simboleggiata da Isacco). Scende poi nella *Sefirah Tiferet* (Giacobbe); è quindi costretto a entrare nella *Sefirah Yesod* (il Patto di

Circoncisione) insieme a Giacobbe. Questa voce indica il passaggio da "Edom" all'"Alleanza", cioè la conversione dal cristianesimo al giudaismo...."

In Moshe Idel, *The Attitude to Christianity in Sefer Ha-Meshiv*, p. 86, 88. Il dottor Moshe Idel è professore presso il Dipartimento di pensiero ebraico dell'Università di Gerusalemme.

ALLEGATO VI

SHABTAI TZVI E IL SABBATISMO

1. "La spiegazione elaborata è stata la seguente. Finché le ultime scintille divine *(nitzotzot)* di santità e bontà, cadute durante il peccato primordiale di Adamo nel dominio impuro delle *Qelipot* (cioè le forze materiali del Male, la cui presenza è particolarmente forte tra i Gentili), non saranno raccolte e riportate alla fonte, la redenzione non sarà giunta al termine. Questa è l'opera che spetta al Redentore, il più santo di tutti gli uomini: Egli deve compiere ciò che le anime più giuste del passato non sono state in grado di fare; deve scendere attraverso le porte dell'impurità *(sha'are tum' ah)* nel dominio delle *Qelipot* e salvare le scintille divine ivi trattenute. Non appena questo compito sarà portato a termine, il regno del Male crollerà su se stesso, perché può essere mantenuto solo dalle scintille divine al suo interno. Il Messia è costretto a compiere "atti strani" *(ma'asim zarim*: una nozione centrale della teologia sabbatiana). E tra questi atti, la sua apostasia è la più sconvolgente. Questi atti sono necessari per adempiere alla loro missione. Secondo la formulazione di Cardoso[783]: "È stato decretato che il Messia-Re avrebbe preso le sembianze di un maiale e sarebbe andato in incognito tra i suoi compagni ebrei. In breve, è stato decretato che diventerà un porco come me*"... La nuova dottrina della necessaria apostasia del Messia fu accettata da tutti i "credenti". Si è rivelato più ricco di simbolismi di quanto si pensasse, perché ha saputo rendere conto della contraddizione tra la realtà esterna della storia e la realtà interna della vita dei "credenti". Una volta stabilita questa dottrina, il ritardo della liberazione esterna non era più sorprendente, perché poteva essere spiegato invocando il principio mistico dell'essere "buono in sé ma rivestito di abiti contaminati"."

In Gershom Scholem, *Le Messianisme juif*, 1971, Les Belles Lettres, 2020, p. 158, 164. (*Inyanei *Shabtai Zevi*, édition A. Freimann, 1913, p. 88).

---

[783]Abraham Miguel Cardoso (1626, Río Seco, Aragona -1706). Amico di Tzvi e importante ideologo e proselito della setta.

2. "Per evocare questo vangelo della perversione, il meglio che posso fare è citare l'eccellente opera sullo gnosticismo del filosofo Hans Jonas*. Egli mostra come un'etica della perversione possa nascere nella "*pneumatica784* " di tendenza nichilista del secondo secolo:

"L'etica spiritualista di questi *pneumatici* portava con sé un elemento rivoluzionario che stimolava le loro convinzioni. I loro insegnamenti immorali erano caratterizzati da un rifiuto dichiarato e assoluto di tutte le regole e le usanze tradizionali e da un desiderio di libertà portato all'estremo che li portava a considerare la libertà di fare ciò che volevano come una prova di autenticità e un favore del cielo... Questa dottrina si basa sull'idea che essi avessero ricevuto un'"anima in più" e che il nuovo tipo di uomo che aveva aderito a questo privilegio non dovesse più seguire le usanze e gli obblighi che erano stati la regola fino ad allora. A differenza dell'uomo ordinario, cioè dell'uomo solo "psichico", il *pneumatico* è un uomo libero. È liberato dalle esigenze della Legge..... Ma nella misura in cui ciò richiede atti liberi, il suo atteggiamento emancipato non è affatto da considerarsi un comportamento negativo. Questo nichilismo morale rivela la crisi di un mondo in transizione. Quando l'uomo vuole vedersi totalmente libero e si vanta della sua dedizione al peccato sacro, è perché cerca di riempire il vuoto che si apre nell'"interregno" di due periodi diversi e opposti della Legge. Questa tendenza anarchica è caratterizzata da una dichiarata ostilità a tutti i regimi costituiti, dalla necessità di differenziarsi nettamente e di separarsi dalla maggioranza degli uomini, dal desiderio di rovesciare l'autorità "divina", cioè i poteri che governano questo mondo e sono i difensori dei precedenti criteri etici. In questo atteggiamento c'è molto di più di un semplice rifiuto del passato; c'è il desiderio di insultare questi poteri e di ribellarsi ad essi. Questo è molto formalmente ciò che si chiama rivoluzione e il cuore di questa rivoluzione gnostica del pensiero religioso è costituito da questo vangelo della sovversione. Infine, gli gnostici dovevano avere una buona dose di "spavalderia" che permetteva loro di far credere alla loro natura "spirituale". È noto infatti che, in tutti i periodi rivoluzionari, agli uomini piace ubriacarsi di paroloni".

Questa descrizione si applica perfettamente al sabbateismo radicale e soprattutto al frankismo."

In Gershom Scholem, *Le Messianisme juif,* 1971, Les Belles Lettres, 2020, p. 206, 207. (*Hans Jonas, *Gnosis und Spaätaniker Geist,* 1934, volume I, p. 234).

784Dal greco *pneuma*, lo spirito. Gli spirituali sono i predestinati alla salvezza.

3. "Le dottrine degli antinomisti... erano da parte loro interpretate come la nuova Torah spirituale che Shabtai Tzvi aveva portato nel mondo terreno, e come la dottrina destinata a invalidare la vecchia *Torah de-beria,* che essi identificavano con la Torah dei tempi pre-messianici. Il contenuto mistico della Torah si è liberato dai suoi legami con il significato tradizionale del testo; è diventato indipendente, non potendo più trovare, in questa situazione, la sua adeguata espressione nei simboli del tradizionale stile di vita ebraico. Al contrario, si trovò in una situazione antagonista rispetto ad esse: il perfezionamento e la realizzazione della nuova Torah spirituale [*Torah de-aŝilut*] portò con sé l'invalidazione della *Torah de-beritica,* rappresentativa di un livello inferiore, con la quale l'ebraismo rabbinico si identificò d'ora in poi. L'antinomismo porta al nichilismo mistico, che predicava la conversione di tutti i valori precedenti e portava sulla sua bandiera la seguente parola d'ordine: *bitulah ŝel Torah zehu quiyumah,* "la nullificazione della Torah è il suo compimento"."

In Gershom Scholem, *La Kabbalah y su simbolismo*, Siglo XXI Editores, Madrid, 2009, p. 100.

4. "Il nichilismo dei movimenti sabbatiani e frankisti, quel nichilismo che deriva da questa dottrina, così profondamente sconvolgente per la concezione ebraica, [che postula] che 'è violando la Torah che essa si compie' *(bitulah ŝel Torah zehu quiyumah),* era il culmine dialettico della fede nella messianicità di Shabtai Tzvi. Più tardi, quando la sua ispirazione religiosa si esaurì, questo nichilismo aprì la strada alla Haskalah[785] e al movimento di riforma del XIX secolo. Infine, (...) fu nel mondo spirituale delle sette sabbatiane, nel Santosanctorum della mistica cabalistica, che si manifestò per la prima volta questa crisi di fede che colpì l'intero popolo ebraico quando uscì dal suo isolamento medievale. Molti ebrei che vivevano all'interno del ghetto avevano già iniziato, pur aderendo esteriormente alle pratiche dei loro antenati, ad avventurarsi nelle vie di un'interiorità originale radicalmente nuova. Prima della Rivoluzione francese, non c'erano ancora le condizioni per permettere che una tale alterazione sfociasse in una lotta sociale; il risultato fu che questa alterazione si rivolse verso l'interno, rimbombando nel santuario segreto dell'anima ebraica. Il desiderio di liberazione totale che ha tragicamente portato i Sabbatiani a prendere quella strada non era solo un desiderio di autodistruzione. Al contrario, sotto la superficie del rifiuto della Torah, dell'antinomismo e

---

[785]L'"Illuminismo ebraico". La Haskalah segna l'inizio del tentativo di integrare gli ebrei europei con il mondo secolare, dando vita al primo movimento politico ebraico e alla lotta per l'emancipazione. Si veda la nota 328.

del nichilismo catastrofico, c'era un'ispirazione molto costruttiva.... In particolare, ha alimentato il sogno di una rivoluzione universale che cancellasse in un colpo solo il passato e permettesse di ricostruire il mondo. La speranza di un cambiamento radicale di tutte le leggi e di tutti i costumi che Frank aveva sollevato divenne improvvisamente una realtà a livello storico verso la fine della sua vita. La Rivoluzione francese permise ai progetti sabbatiani e frankisti di rovesciare la vecchia morale e la religione di trovare un campo di applicazione: sappiamo infatti che i nipoti di Frank, in virtù delle loro convinzioni o per qualsiasi altro motivo, svolsero un ruolo attivo in vari circoli rivoluzionari di Parigi e Strasburgo. Sicuramente hanno visto nella Rivoluzione la conferma delle loro opinioni nichiliste...."

In Gershom Scholem, *Le Messianisme juif*, 1971, Les Belles Lettres, 2020, pp. 146, 210, 211.

ALLEGATO VII

IL GIUDAISMO SECONDO WERNER SOMBART E KARL MARX

Questa natura contrattuale e persino mercantilista dell'ebraismo è stata studiata in dettaglio dal sociologo ed economista tedesco Werner Sombart nella sua opera fondamentale, *Gli ebrei e la vita economica (1911)*, in cui ha esposto il ruolo fondamentale e fondante dell'ebraismo nel capitalismo moderno. Werner Sombart esponeva così le "idee fondamentali della religione ebraica":

"Lo dichiaro senza preliminari: ho trovato alla base della religione ebraica le stesse idee guida che caratterizzano il capitalismo... Esso è, dall'inizio alla fine, nei suoi tratti fondamentali, un'opera della ragione, una formazione intellettuale e finalistica, proiettata nel mondo esterno come un organismo meccanico e artificiale, allo scopo di distruggere e sottomettere il mondo naturale, e di assicurarsi il dominio di tutti i settori della vita. La religione ebraica si comporta esattamente come il capitalismo, che è esso stesso una formazione estranea, venuta da chissà dove e come, in mezzo a un mondo naturale, dominato da una potenza creatrice, un prodotto razionale e artificiale in mezzo a una vita guidata dall'istinto e dalla spontaneità. Il razionalismo è la caratteristica fondamentale sia dell'ebraismo che del capitalismo. Razionalismo o piuttosto intellettualismo: entrambi ugualmente opposti a ciò che è irrazionale e misterioso nella vita e nel mondo, entrambi ugualmente nemici di tutto ciò che è arte, creazione, lavoro dell'immaginazione, gioia sensibile. La religione ebraica non conosce misteri. È addirittura l'unica religione al mondo che ignora il mistero. Non conosce quello stato di estasi in cui il credente raggiunge l'unione con la divinità, cioè quello stato che le altre religioni esaltano come lo stato supremo, il più alto, il più santo. "Così, "ciò che rende la religione ebraica ancora più simile al capitalismo è la regolamentazione contrattuale, direi addirittura commerciale, se questa parola non avesse un significato così profano, delle relazioni tra Yahweh e Israele. L'intero sistema religioso ebraico non è altro che un trattato tra Yahweh e il suo popolo eletto: un trattato con tutte le conseguenze obbligatorie che generalmente derivano da un contratto... Tra Dio e l'uomo è possibile solo una forma di comunione: l'uomo adempie a determinati obblighi prescritti dalla Torah, in cambio dei quali riceve da Dio una ricompensa corrispondente. Così l'uomo non dovrebbe avvicinarsi a Dio in preghiera senza avere in mano una contropartita da offrire in cambio del favore richiesto (*Sifre*, 12b; *Wachchikra Rabba*, c31)... La differenza tra la somma e il peso delle *"Mitzwoth"* e la somma e il peso delle infrazioni stabilisce se l'individuo è giusto o condannato. Il risultato del calcolo viene registrato in un rapporto contenente il *"Mizwoth"* e l'*"Aberoth"*, ed è soggetto all'approvazione della persona interessata. È inutile dire che una tale contabilità non è affatto facile da tenere... Secondo *Ruth rabba* (86a), Elia è colui che esegue questa contabilità, e secondo *Ester rabba* (86a), gli angeli sono incaricati di questo compito, e così via. Così, l'uomo ha un conto aperto in cielo secondo *Sifra* (224b)...."

In Werner Sombart, *Les Juifs et la vie économique*, Kontre Kulture, 2012, Saint-Denis, p. 367, 368, 371, 373. Pubblicato anche in spagnolo dall'Universidad Completense de Madrid nel 2008, *Los Judíos y la vida económica*. [Sombart si riferiva all'ebraismo rabbinico, più razionale e pratico, e non a quello mistico-cabalistico, che probabilmente non conosceva].

Karl Marx fu ancora più diretto e lapidario quando scrisse ne *La questione ebraica*:

"Il denaro è il Dio geloso di Israele, davanti al quale nessun altro Dio può giustamente prevalere. Il denaro svilisce tutti gli dei dell'uomo e li trasforma in merce. Il denaro è il valore generale di tutte le cose, costituito in sé. In questo modo ha privato il mondo intero del suo valore peculiare, sia il mondo dell'uomo che quello della natura. Il denaro è l'essenza alienata del lavoro e dell'esistenza dell'uomo, e questa essenza aliena lo domina e lo venera. Il Dio degli ebrei si è secolarizzato, è diventato il Dio del mondo. Il cambiamento è il vero Dio dell'ebreo. Il suo Dio è solo un cambiamento illusorio."

In Karl Marx, *La cuestión judía*, Anthropos Editorial, 2009, Barcelona, p. 160.

ALLEGATO VIII

LA SHECHINAH E LA COMUNITÀ DI ISRAELE

"Nella letteratura talmudica e nell'ebraismo rabbinico non cabalistico, ciò che si intende con il termine *Shechinah* - letteralmente "residenza", ma residenza di Dio nel mondo - non è altro che Dio stesso nella sua onnipresenza e attività nel mondo e in particolare in Israele. La *presenza* di Dio, ciò che nella Bibbia è chiamato "volto", equivale nell'uso idiomatico rabbinico alla sua *Shechinah*. In nessuna parte della letteratura antica troviamo una separazione tra Dio stesso e la sua *Shechinah, nel senso di un'*ipostasi speciale realmente distinguibile da Dio. Ben diverso è il caso del patrimonio espressivo della Cabala dal *Bahir* in poi, che contiene già quasi tutte le proposizioni essenziali della *Sekhinah*. In essa, Sekhinah è considerata come un aspetto divino, dotato di un carattere femminile e, possiamo dire, reso indipendente.

(...) L'affermazione di un elemento femminile in Dio è, ovviamente, uno dei passi più consequenziali che la Cabala ha compiuto e che ha cercato di fondare sull'esegesi gnostica. L'enorme popolarità che gli aspetti mitici di questa concezione hanno raggiunto in ambienti molto ampi del popolo ebraico, nonostante sia stata spesso considerata con il massimo scetticismo dal settore ebraico strettamente rabbinico e non cabalistico, e nonostante l'altrettanto frequente e frettoloso tentativo dell'apologetica cabalistica di incanalarlo in direzioni innocue - il femminile della *Shechinah*, inteso come guida provvidenziale della creazione, è senza dubbio la prova che i cabalisti si sono appellati a uno degli impulsi fondamentali di certe prime concezioni religiose e degli effetti più perenni dell'ebraismo.

(...) Nel Talmud e nel Midrash[786] troviamo il concetto di "comunità di Israele" (da cui deriva il concetto cristiano di *ecclesia*) solo come personificazione dell'Israele storico, reale, e come tale chiaramente opposto a Dio. L'interpretazione allegorica del Cantico dei Cantici nel

---

[786]Si vedano ancora le note 109 e 445.

senso della relazione di Dio con l'ecclesia ebraica, come è sempre stata accolta nel giudaismo, ignora l'elevazione mitica del ruolo dell'ecclesia al rango di potenza divina o addirittura di ipostasi. La letteratura talmudica non identifica mai la *Shechinah* con l'ecclesia. Ben diverso è ciò che accade nella Cabala, dove questa identificazione porta con sé la piena irruzione del simbolismo del femminile nella sfera del divino. Tutto ciò che era stato detto nelle interpretazioni talmudiche del Cantico dei Cantici sulla comunità di Israele come figlia e moglie veniva ora trasportato sulle ali di quell'identificazione con la *Shechinah*. Dubito che si possano fare affermazioni ragionevoli sul punto a cui corrisponde la priorità in questo processo: al ripristino dell'idea di un elemento femminile di Dio da parte degli antichi cabalisti o all'identificazione esegetica dei due concetti, un tempo separati, di ecclesia d'Israele e di *Shechinah*, attraverso i quali una parte così ampia dell'eredità gnostica ha potuto essere trasmessa sotto una metamorfosi puramente ebraica. Non mi è possibile separare qui il processo psicologico e quello storico, che rappresentano, nella loro unità, il passo decisivo della teosofia cabalistica... L'origine dell'anima nella sfera del femminile in Dio stesso è diventata, per la psicologia della Cabala, un fattore di importanza decisiva. Ma l'idea della *Sekhinnah che abbiamo* appena descritto nei suoi tratti più elementari ottiene il suo carattere interamente mitico solo grazie a due complessi di idee assolutamente inseparabili da essa, ossia quello dell'ambivalenza della *Sekhinnah* e quello del suo esilio."

In Gershom Scholem, *La Cábala y su simbolismo*, Siglo XXI Editores, 2009, Madrid, p. 126-128.

"Ma questa idea dell'ambivalenza della *Shechinah*, delle sue "fasi" mutevoli, è già legata a quella del suo esilio (*galut*). Il concetto di esilio della *Shechinah* è talmudico: "In ogni esilio in cui Israele è dovuto andare, la *Shechinah* lo ha accompagnato". Tuttavia, questo non aveva altro significato se non che la *presenza* di Dio era con Israele in tutti i suoi esiliati. Questa idea, al contrario, nella Cabala significa quanto segue: *Qualcosa che appartiene a Dio stesso è stato esiliato da Dio.* Entrambi i motivi, quello dell'esilio dell'ecclesia di Israele nel Midrash e quello dell'esilio dell'anima dal suo luogo di origine, che ritroviamo non solo negli ambienti gnostici, ma anche in molte altre sfere ideologiche, sono ora uniti nel nuovo mito cabalistico dell'esilio della *Sekhinah*. Questo esilio è spesso rappresentato come l'espulsione della regina o della figlia del re da parte del marito o del padre, mentre altre volte è rappresentato come la sottomissione da parte delle forze demoniache, dell'"altra parte", che irrompono distruttivamente nel suo recinto, la dominano e la sottopongono alla loro azione giudicante.

Questo esilio non è ancora, di norma, nella Cabala antica, qualcosa che ha origine con l'inizio della creazione. Un'idea simile è stata raggiunta in seguito nella Cabala safedica del XVI secolo. L'esilio della *Sekhinah*, ovvero la separazione del principio maschile e femminile in Dio, è per lo più inteso come azione distruttiva del peccato umano e del suo significato magico. Il peccato di Adamo si ripete incessantemente in ogni peccato. Adamo, invece di penetrare nella contemplazione di tutte le sephiroth nella loro grandiosa unità, si è lasciato attrarre, quando gli è stata offerta la possibilità di scegliere, dalla soluzione più facile di contemplare solo l'ultima sephirah - nella quale tutto il resto sembrava riflettersi, come se fosse la divinità, trascurando le altre sephiroth. Invece di contribuire a mantenere l'unità dell'azione divina nell'universo nel suo complesso - che era ancora impregnato della vita segreta della divinità - e di sostenerla nella sua consumazione, ha distrutto questa unità. Da allora si è verificata una profonda separazione tra il basso e l'alto, tra il maschile e il femminile. Questa separazione è descritta attraverso molteplici simboli... E come per il sentimento religioso degli antichi cabalisti l'esilio della *Shechinah* è un simbolo della nostra profonda inculturazione, così l'azione religiosa deve di conseguenza mirare alla rimozione di questo esilio, o almeno allo sforzo di ovviare a questa rimozione. Il significato della redenzione consiste nella riunificazione di Dio e della sua *Sekhinah*. Attraverso di essa, il principio maschile e quello femminile ritroveranno la loro unità primordiale - sempre parlando da un punto di vista mitico - e grazie all'unificazione ininterrotta dei due, le forze generative torneranno a fluire senza ostacoli nell'universo. Sotto la regola della Cabala ogni azione religiosa doveva essere accompagnata dalla formula che essa veniva compiuta espressamente "per l'unione di Dio e della sua *Sekhinah*"... A titolo di colophon vorrei notare, solo per questo punto, che di questo grande mito, di per sé così ricco di conseguenze per la storia della Cabala, della *Sekhinah* e del suo esilio, si trovano rappresentazioni in un numero infinitamente grande di riti antichi, ma allo stesso tempo anche in altri di apparizione successiva. Il rituale dei cabalisti è, dall'inizio alla fine, determinato da questa idea profondamente mitica. "In Gershom Scholem, *La Kabbala y su simbolismo*, Siglo XXI Editores, 2009, Madrid, p. 129 -131.

"(...)Che aspetto ha questo rituale cabalistico dei mistici? Prima dell'inizio del sabato, all'ora del vespro del venerdì, i cabalisti di Safed e Gerusalemme uscivano dalla città vestiti di bianco... e si recavano in campo aperto per l'arrivo della *Sekhinah*. Questa partenza rappresenta un corteo alla ricerca della sposa, per incontrarla. Allo stesso tempo, si cantavano alcuni inni alla sposa e salmi di gioiosa emozione (come il Salmo 29 e, tra gli altri, i Salmi 95-99). Il più famoso di questi inni, il canto composto nella cerchia di Mosè Cordovero da Selomo Alcabes a Safed: *Vieni mia amata, incontro alla sposa/ il volto del sabato accogliamo*, mette in stretto contatto le speranze messianiche per il salvataggio della *Sekhinah* dall'esilio con la mistica simbolica, ed è cantato ancora oggi in tutte le sinagoghe. Quando la vera e propria uscita in campo cessò, rimase l'usanza di celebrare il salvataggio della sposa nel cortile della sinagoga, e quando anche questa cessò di essere praticata, rimase fino ad oggi l'usanza di voltarsi verso ovest al momento dell'ultima strofa del grande inno e inchinarsi alla sposa attesa.Notevole è anche l'usanza, più volte attestata, di recitare i salmi del sabato con gli occhi chiusi, il cui motivo è, secondo i cabalisti, che la *Shechinah* nello *Zohar* è chiamata "la bella vergine che non ha occhi", colei che è scoppiata in lacrime in esilio. Venerdì sera, il Cantico dei Cantici è stato recitato anche come canto nuziale della *Shechinah*, che si riferisce, secondo l'interpretazione tradizionale, all'intima unione del "Santo, sia lodato, con l'Ecclesia di Israele". Solo alla fine del rito dell'incontro con la sposa sono state recitate le tradizionali preghiere del sabato."

In Gershom Scholem, *La Cábala y su simbolismo*, Siglo XXI Editores, 2009, Madrid, pag. 170-171.

Altri titoli

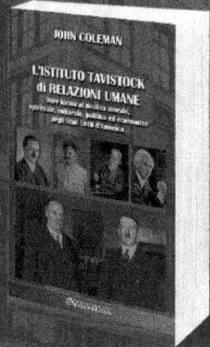

www.ingramcontent.com/pod-product-compliance
Lightning Source LLC
Chambersburg PA
CBHW072000270326
41928CB00009B/1494